纪检监察指导用书

# 纪检监察

## 常用法律及党内法规汇编

JIJIAN JIANCHA CHANGYONG FALü
JI DANGNEI FAGUI HUIBIAN

中国法制出版社
CHINA LEGAL PUBLISHING HOUSE

# 编辑说明

党的十九大作出战略部署，要求“构建党统一指挥、全面覆盖、权威高效的监督体系”。党的十九届四中全会要求深化纪检监察体制改革，推进纪检监察工作规范化、法治化，为新时代纪检监察工作高质量发展进一步指明了方向、提供了遵循。2020 年 1 月召开的党的十九届中央纪委四次全会也要求，各级纪检监察机关要牢牢抓住监督这个基本职责、第一职责，精准监督、创新监督。要构建一体推进不敢腐、不能腐、不想腐体制机制，进一步巩固和发展反腐败斗争压倒性胜利。会议还指出要发挥纪委监委专责监督作用，加强对权力运行的监督；强化上级纪委对下级党组织的监督，紧盯“关键少数”、关键岗位，围绕权力运行各个环节，严格日常监督，实事求是运用“四种形态”，完善发现问题、纠正偏差、精准问责有效机制，用好纪检监察建议有力武器。

2020 年 2 月，中共中央办公厅印发的《纪检监察机关处理检举控告工作规则》着眼坚持和完善党和国家监督体系，贯彻党的群众路线，拓宽党内监督、群众监督渠道，保障检举控告人监督权利，维护党员、干部合法权益，规范纪检监察机关处理检举控告的接收、受理、办理、处置程序，促进监督执纪执法权正确行使，对于推动全面从严治党向纵深发展具有重要意义。这也说明了党中央对各级纪检监察机关的要求。

推动全面从严治党向纵深发展需要加强纪律建设。推进反腐败工作法治化、规范化，前提是纪检监察机关自身运行要法治化、规范化。新时代全面从严治党以及反腐败工作的深入开展，势必要求各级纪检监察机关工作人员全面掌握纪检监察常用法律及党内法规。为此，我们编写了这本《纪检监察常用法律及党内法规汇编》。本书分为纪检监察法律法规、纪检监察实体法规、纪检监察程序法规，全面收录了常用的纪检监察法律法规和党内纪检监察方面的法规和规范性文件，并且涵盖了纪检监察机关办案的整个环节，以便广大纪检监察机关工作人员在工作中学习和使用。

由于编写水平有限，书中如有疏漏和不足之处，敬请读者批评指正！

# 目　录

## 一、纪检监察法律法规

### （一）党内法规



### （二）政纪法律法规

## 二、纪检监察实体法规

### （一）政治纪律



### （二）组织纪律

## （三）廉洁纪律

## （四）群众纪律

## （五）工作纪律



## （六）人事纪律

## 三、纪检监察程序法规

### （一）检举控告

## （二）执纪审查



## （三）案件审理

## （四）违纪处分

## （五）申诉复查

# 一、纪检监察法律法规

## （一）党内法规

### 中国共产党章程

（中国共产党第十九次全国代表大会部分修改，2017年10月24日通过）

#### 总　纲

中国共产党是中国工人阶级的先锋队，同时是中国人民和中华民族的先锋队，是中国特色社会主义事业的领导核心，代表中国先进生产力的发展要求，代表中国先进文化的前进方向，代表中国最广大人民的根本利益。党的最高理想和最终目标是实现共产主义。

中国共产党以马克思列宁主义、毛泽东思想、邓小平理论、“三个代表”重要思想、科学发展观、习近平新时代中国特色社会主义思想作为自己的行动指南。

马克思列宁主义揭示了人类社会历史发展的规律，它的基本原理是正确的，具有强大的生命力。中国共产党人追求的共产主义最高理想，只有在社会主义社会充分发展和高度发达的基础上才能实现。社会主义制度的发展和完善是一个长期的历史过程。坚持马克思列宁主义的基本原理，走中国人民自愿选择的适合中国国情的道路，中国的社会主义事业必将取得最终的胜利。

以毛泽东同志为主要代表的中国共产党人，把马克思列宁主义的基本原理同中国革命的具体实践结合起来，创立了毛泽东思想。毛泽东思想是马克思列宁主义在中国的运用和发展，是被实践证明了的关于中国革命和建设的正确的理论原则和经验总结，是中国共产党集体智慧的结晶。在毛泽东思想指引下，中国共产党领导全国各族人民，经过长期的反对帝国主义、封建主义、官僚资本主义的革命斗争，取得了新民主主义革命的胜利，建立了人民民主专政的中华人民共和国；新中国成立以后，顺利地进行了社会主义改造，完成了从新民主主义到社会主义的过渡，确立了社会主义基本制度，发展了社会主义的经济、政治和文化。

十一届三中全会以来，以邓小平同志为主要代表的中国共产党人，总结新中国成立以来正反两方面的经验，解放思想，实事求是，实现全党工作中心向经济建设的转移，实行改革开放，开辟了社会主义事业发展的新时期，逐步形成了建设中国特色社会主义的路线、方针、政策，阐明了在中国建设社会主义、巩固和发展社会主义的基本问题，创立了邓小平理论。邓小平理论是马克思列宁主义的基本原理同当代中国实践和时代特征相结合的产物，是毛泽东思想在新的历史条件下的继承和发展，是马克思主义在中国发展的新阶段，是当代中国的马克思主义，是中国共产党集体智慧的结晶，引导着我国社会主义现代化事业不断前进。

十三届四中全会以来，以江泽民同志为主要代表的中国共产党人，在建设中国特色社会主义的实践中，加深了对什么是社会主义、怎样建设社会主义和建设什么样的党、怎样建设党的认识，积累了治党治国新的宝贵经验，形成了“三个代表”重要思想。“三个代表”重要思想是对马克思列宁主义、毛泽东思想、邓小平理论的继承和发展，反映了当代世界和中国的发展变化对党和国家工作的新要求，是加强和改进党的建设、推进我国社会主义自我完善和发展的强大理论武器，是中国共产党集体智慧的结晶，是党必须长期坚持的指导思想。始终做到“三个代表”，是我们党的立党之本、执政之基、力量之源。

十六大以来，以胡锦涛同志为主要代表的中国共产党人，坚持以邓小平理论和“三个代表”重要思想为指导，根据新的发展要求，深刻认识和回答了新形势下实现什么样的发展、怎样发展等重大问题，形成了以人为本、全面协调可持续发展的科学发展观。科学发展观是同马克思列宁主义、毛泽东思想、邓小平理论、“三个代表”重要思想既一脉相承又与时俱进的科学理论，是马克思主义关于发展的世界观和方法论的集中体现，是马克思主义中国化重大成果，是中国共产党集体智慧的结晶，是发展中国特色社会主义必须长期坚持的指导思想。

十八大以来，以习近平同志为主要代表的中国共产党人，顺应时代发展，从理论和实践结合上系统回答了新时代坚持和发展什么样的中国特色社会主义、怎样坚持和发展中国特色社会主义这个重大时代课题，创立了习近平新时代中国特色社会主义思想。习近平新时代中国特色社会主义思想是对马克思列宁主义、毛泽东思想、邓小平理论、“三个代表”重要思想、科学发展观的继承和发展，是马克思主义中国化最新成果，是党和人民实践经验和集体智慧的结晶，是中国特色社会主义理论体系的重要组成部分，是全党全国人民为实现中华民族伟大复兴而奋斗的行动指南，必须长期坚持并不断发展。在习近平新时代中国特色社会主义思想指导下，中国共产党领导全国各族人民，统揽伟大斗争、伟大工程、伟大事业、伟大梦想，推动中国特色社会主义进入了新时代。

改革开放以来我们取得一切成绩和进步的根本原因，归结起来就是：开辟了中国特色社会主义道路，形成了中国特色社会主义理论体系，确立了中国特色社会主义制度，发展了中国特色社会主义文化。全党同志要倍加珍惜、长期坚持和不断发展党历经艰辛开创的这条道路、这个理论体系、这个制度、这个文化，高举中国特色社会主义伟大旗帜，坚定道路自信、理论自信、制度自信、文化自信，贯彻党的基本理论、基本路线、基本方略，为实现推进现代化建设、完成祖国统一、维护世界和平与促进共同发展这三大历史任务，实现“两个一百年”奋斗目标、实现中华民族伟大复兴的中国梦而奋斗。

我国正处于并将长期处于社会主义初级阶段。这是在原本经济文化落后的中国建设社会主义现代化不可逾越的历史阶段，需要上百年的时间。我国的社会主义建设，必须从我国的国情出发，走中国特色社会主义道路。在现阶段，我国社会的主要矛盾是人民日益增长的美好生活需要和不平衡不充分的发展之间的矛盾。由于国内的因素和国际的影响，阶级斗争还在一定范围内长期存在，在某种条件下还有可能激化，但已经不是主要矛盾。我国社会主义建设的根本任务，是进一步解放生产力，发展生产力，逐步实现社会主义现代化，并且为此而改革生产关系和上层建筑中不适应生产力发展的方面和环节。必须坚持和完善公有制为主体、多种所有制经济共同发展的基本经济制度，坚持和完善按劳分配为主体、多种分配方式并存的分配制度，鼓励一部分地区和一部分人先富起来，逐步消灭贫穷，达到共同富裕，在生产发展和社会财富增长的基础上不断满足人民日益增长的美好生活需要，促进人的全面发展。发展是我们党执政兴国的第一要务。必须坚持以人民为中心的发展思想，坚持创新、协调、绿色、开放、共享的发展理念。各项工作都要把有利于发展社会主义社会的生产力，有利于增强社会主义国家的综合国力，有利于提高人民的生活水平，作为总的出发点和检验标准，尊重劳动、尊重知识、尊重人才、尊重创造，做到发展为了人民、发展依靠人民、发展成果由人民共享。跨入新世纪，我国进入全面建设小康社会、加快推进社会主义现代化的新的发展阶段。必须按照中国特色社会主义事业“五位一体”总体布局和“四个全面”战略布局，统筹推进经济建设、政治建设、文化建设、社会建设、生态文明建设，协调推进全面建成小康社会、全面深化改革、全面依法治国、全面从严治党。在新世纪新时代，经济和社会发展的战略目标是，到建党一百年时，全面建成小康社会；到新中国成立一百年时，全面建成社会主义现代化强国。

中国共产党在社会主义初级阶段的基本路线是：领导和团结全国各族人民，以经济建设为中心，坚持四项基本原则，坚持改革开放，自力更生，艰苦创业，为把我国建设成为富强民主文明和谐美丽的社会主义现代化强国而奋斗。

中国共产党在领导社会主义事业中，必须坚持以经济建设为中心，其他各项工作都服从和服务于这个中心。要实施科教兴国战略、人才强国战略、创新驱动发展战略、乡村振兴战略、区域协调发展战略、可持续发展战略、军民融合发展战略，充分发挥科学技术作为第一生产力的作用，充分发挥创新作为引领发展第一动力的作用，依靠科技进步，提高劳动者素质，促进国民经济更高质量、更有效率、更加公平、更可持续发展。

坚持社会主义道路、坚持人民民主专政、坚持中国共产党的领导、坚持马克思列宁主义毛泽东思想这四项基本原则，是我们的立国之本。在社会主义现代化建设的整个过程中，必须坚持四项基本原则，反对资产阶级自由化。

坚持改革开放，是我们的强国之路。只有改革开放，才能发展中国、发展社会主义、发展马克思主义。要全面深化改革，完善和发展中国特色社会主义制度，推进国家治理体系和治理能力现代化。要从根本上改革束缚生产力发展的经济体制，坚持和完善社会主义市场经济体制；与此相适应，要进行政治体制改革和其他领域的改革。要坚持对外开放的基本国策，吸收和借鉴人类社会创造的一切文明成果。改革开放应当大胆探索，勇于开拓，提高改革决策的科学性，更加注重改革的系统性、整体性、协同性，在实践中开创新路。

中国共产党领导人民发展社会主义市场经济。毫不动摇地巩固和发展公有制经济，毫不动摇地鼓励、支持、引导非公有制经济发展。发挥市场在资源配置中的决定性作用，更好发挥政府作用，建立完善的宏观调控体系。统筹城乡发展、区域发展、经济社会发展、人与自然和谐发展、国内发展和对外开放，调整经济结构，转变经济发展方式，推进供给侧结构性改革。促进新型工业化、信息化、城镇化、农业现代化同步发展，建设社会主义新农村，走中国特色新型工业化道路，建设创新型国家和世界科技强国。

中国共产党领导人民发展社会主义民主政治。坚持党的领导、人民当家作主、依法治国有机统一，走中国特色社会主义政治发展道路，扩大社会主义民主，建设中国特色社会主义法治体系，建设社会主义法治国家，巩固人民民主专政，建设社会主义政治文明。坚持和完善人民代表大会制度、中国共产党领导的多党合作和政治协商制度、民族区域自治制度以及基层群众自治制度。发展更加广泛、更加充分、更加健全的人民民主，推进协商民主广泛、多层、制度化发展，切实保障人民管理国家事务和社会事务、管理经济和文化事业的权利。尊重和保障人权。广开言路，建立健全民主选举、民主决策、民主管理、民主监督的制度和程序。完善中国特色社会主义法律体系，加强法律实施工作，实现国家各项工作法治化。

中国共产党领导人民发展社会主义先进文化。建设社会主义精神文明，实行依法治国和以德治国相结合，提高全民族的思想道德素质和科学文化素质，为改革开放和社会主义现代化建设提供强大的思想保证、精神动力和智力支持，建设社会主义文化强国。加强社会主义核心价值体系建设，坚持马克思主义指导思想，树立中国特色社会主义共同理想，弘扬以爱国主义为核心的民族精神和以改革创新为核心的时代精神，培育和践行社会主义核心价值观，倡导社会主义荣辱观，增强民族自尊、自信和自强精神，抵御资本主义和封建主义腐朽思想的侵蚀，扫除各种社会丑恶现象，努力使我国人民成为有理想、有道德、有文化、有纪律的人民。对党员要进行共产主义远大理想教育。大力发展教育、科学、文化事业，推动中华优秀传统文化创造性转化、创新性发展，继承革命文化，发展社会主义先进文化，提高国家文化软实力。牢牢掌握意识形态工作领导权，不断巩固马克思主义在意识形态领域的指导地位，巩固全党全国人民团结奋斗的共同思想基础。

中国共产党领导人民构建社会主义和谐社会。按照民主法治、公平正义、诚信友爱、充满活力、安定有序、人与自然和谐相处的总要求和共同建设、共同享有的原则，以保障和改善民生为重点，解决好人民最关心、最直接、最现实的利益问题，使发展成果更多更公平惠及全体人民，不断增强人民群众获得感，努力形成全体人民各尽其能、各得其所而又和谐相处的局面。加强和创新社会治理。严格区分和正确处理敌我矛盾和人民内部矛盾这两类不同性质的矛盾。加强社会治安综合治理，依法坚决打击各种危害国家安全和利益、危害社会稳定和经济发展的犯罪活动和犯罪分子，保持社会长期稳定。坚持总体国家安全观，坚决维护国家主权、安全、发展利益。

中国共产党领导人民建设社会主义生态文明。树立尊重自然、顺应自然、保护自然的生态文明理念，增强绿水青山就是金山银山的意识，坚持节约资源和保护环境的基本国策，坚持节约优先、保护优先、自然恢复为主的方针，坚持生产发展、生活富裕、生态良好的文明发展道路。着力建设资源节约型、环境友好型社会，实行最严格的生态环境保护制度，形成节约资源和保护环境的空间格局、产业结构、生产方式、生活方式，为人民创造良好生产生活环境，实现中华民族永续发展。

中国共产党坚持对人民解放军和其他人民武装力量的绝对领导，贯彻习近平强军思想，加强人民解放军的建设，坚持政治建军、改革强军、科技兴军、依法治军，建设一支听党指挥、能打胜仗、作风优良的人民军队，切实保证人民解放军有效履行新时代军队使命任务，充分发挥人民解放军在巩固国防、保卫祖国和参加社会主义现代化建设中的作用。

中国共产党维护和发展平等团结互助和谐的社会主义民族关系，积极培养、选拔少数民族干部，帮助少数民族和民族地区发展经济、文化和社会事业，铸牢中华民族共同体意识，实现各民族共同团结奋斗、共同繁荣发展。全面贯彻党的宗教工作基本方针，团结信教群众为经济社会发展作贡献。

中国共产党同全国各民族工人、农民、知识分子团结在一起，同各民主党派、无党派人士、各民族的爱国力量团结在一起，进一步发展和壮大由全体社会主义劳动者、社会主义事业的建设者、拥护社会主义的爱国者、拥护祖国统一和致力于中华民族伟大复兴的爱国者组成的最广泛的爱国统一战线。不断加强全国人民包括香港特别行政区同胞、澳门特别行政区同胞、台湾同胞和海外侨胞的团结。按照“一个国家、两种制度”的方针，促进香港、澳门长期繁荣稳定，完成祖国统一大业。

中国共产党坚持独立自主的和平外交政策，坚持和平发展道路，坚持互利共赢的开放战略，统筹国内国际两个大局，积极发展对外关系，努力为我国的改革开放和现代化建设争取有利的国际环境。在国际事务中，坚持正确义利观，维护我国的独立和主权，反对霸权主义和强权政治，维护世界和平，促进人类进步，推动构建人类命运共同体，推动建设持久和平、共同繁荣的和谐世界。在互相尊重主权和领土完整、互不侵犯、互不干涉内政、平等互利、和平共处五项原则的基础上，发展我国同世界各国的关系。不断发展我国同周边国家的睦邻友好关系，加强同发展中国家的团结与合作。遵循共商共建共享原则，推进“一带一路”建设。按照独立自主、完全平等、互相尊重、互不干涉内部事务的原则，发展我党同各国共产党和其他政党的关系。

中国共产党要领导全国各族人民实现“两个一百年”奋斗目标、实现中华民族伟大复兴的中国梦，必须紧密围绕党的基本路线，坚持党要管党、全面从严治党，加强党的长期执政能力建设、先进性和纯洁性建设，以改革创新精神全面推进党的建设新的伟大工程，以党的政治建设为统领，全面推进党的政治建设、思想建设、组织建设、作风建设、纪律建设，把制度建设贯穿其中，深入推进反腐败斗争，全面提高党的建设科学化水平。坚持立党为公、执政为民，发扬党的优良传统和作风，不断提高党的领导水平和执政水平，提高拒腐防变和抵御风险的能力，不断增强自我净化、自我完善、自我革新、自我提高能力，不断增强党的阶级基础和扩大党的群众基础，不断提高党的创造力、凝聚力、战斗力，建设学习型、服务型、创新型的马克思主义执政党，使我们党始终走在时代前列，成为领导全国人民沿着中国特色社会主义道路不断前进的坚强核心。党的建设必须坚决实现以下五项基本要求：

第一，坚持党的基本路线。全党要用邓小平理论、“三个代表”重要思想、科学发展观、习近平新时代中国特色社会主义思想和党的基本路线统一思想，统一行动，并且毫不动摇地长期坚持下去。必须把改革开放同四项基本原则统一起来，全面落实党的基本路线，反对一切“左”的和右的错误倾向，要警惕右，但主要是防止“左”。加强各级领导班子建设，培养选拔党和人民需要的好干部，培养和造就千百万社会主义事业接班人，从组织上保证党的基本理论、基本路线、基本方略的贯彻落实。

第二，坚持解放思想，实事求是，与时俱进，求真务实。党的思想路线是一切从实际出发，理论联系实际，实事求是，在实践中检验真理和发展真理。全党必须坚持这条思想路线，积极探索，大胆试验，开拓创新，创造性地开展工作，不断研究新情况，总结新经验，解决新问题，在实践中丰富和发展马克思主义，推进马克思主义中国化。

第三，坚持全心全意为人民服务。党除了工人阶级和最广大人民群众的利益，没有自己特殊的利益。党在任何时候都把群众利益放在第一位，同群众同甘共苦，保持最密切的联系，坚持权为民所用、情为民所系、利为民所谋，不允许任何党员脱离群众，凌驾于群众之上。我们党的最大政治优势是密切联系群众，党执政后的最大危险是脱离群众。党风问题、党同人民群众联系问题是关系党生死存亡的问题。党在自己的工作中实行群众路线，一切为了群众，一切依靠群众，从群众中来，到群众中去，把党的正确主张变为群众的自觉行动。

第四，坚持民主集中制。民主集中制是民主基础上的集中和集中指导下的民主相结合。它既是党的根本组织原则，也是群众路线在党的生活中的运用。必须充分发扬党内民主，尊重党员主体地位，保障党员民主权利，发挥各级党组织和广大党员的积极性创造性。必须实行正确的集中，牢固树立政治意识、大局意识、核心意识、看齐意识，坚定维护以习近平同志为核心的党中央权威和集中统一领导，保证全党的团结统一和行动一致，保证党的决定得到迅速有效的贯彻执行。加强和规范党内政治生活，增强党内政治生活的政治性、时代性、原则性、战斗性，发展积极健康的党内政治文化，营造风清气正的良好政治生态。党在自己的政治生活中正确地开展批评和自我批评，在原则问题上进行思想斗争，坚持真理，修正错误。努力造成又有集中又有民主，又有纪律又有自由，又有统一意志又有个人心情舒畅生动活泼的政治局面。

第五，坚持从严管党治党。全面从严治党永远在路上。新形势下，党面临的执政考验、改革开放考验、市场经济考验、外部环境考验是长期的、复杂的、严峻的，精神懈怠危险、能力不足危险、脱离群众危险、消极腐败危险更加尖锐地摆在全党面前。要把严的标准、严的措施贯穿于管党治党全过程和各方面。坚持依规治党、标本兼治，坚持把纪律挺在前面，加强组织性纪律性，在党的纪律面前人人平等。强化管党治党主体责任和监督责任，加强对党的领导机关和党员领导干部特别是主要领导干部的监督，不断完善党内监督体系。深入推进党风廉政建设和反腐败斗争，以零容忍态度惩治腐败，构建不敢腐、不能腐、不想腐的有效机制。

中国共产党的领导是中国特色社会主义最本质的特征，是中国特色社会主义制度的最大优势。党政军民学，东西南北中，党是领导一切的。党要适应改革开放和社会主义现代化建设的要求，坚持科学执政、民主执政、依法执政，加强和改善党的领导。党必须按照总揽全局、协调各方的原则，在同级各种组织中发挥领导核心作用。党必须集中精力领导经济建设，组织、协调各方面的力量，同心协力，围绕经济建设开展工作，促进经济社会全面发展。党必须实行民主的科学的决策，制定和执行正确的路线、方针、政策，做好党的组织工作和宣传教育工作，发挥全体党员的先锋模范作用。党必须在宪法和法律的范围内活动。党必须保证国家的立法、司法、行政、监察机关，经济、文化组织和人民团体积极主动地、独立负责地、协调一致地工作。党必须加强对工会、共产主义青年团、妇女联合会等群团组织的领导，使它们保持和增强政治性、先进性、群众性，充分发挥作用。党必须适应形势的发展和情况的变化，完善领导体制，改进领导方式，增强执政能力。共产党员必须同党外群众亲密合作，共同为建设中国特色社会主义而奋斗。

## 第一章 党 员

**第一条** 年满十八岁的中国工人、农民、军人、知识分子和其他社会阶层的先进分子，承认党的纲领和章程，愿意参加党的一个组织并在其中积极工作、执行党的决议和按期交纳党费的，可以申请加入中国共产党。

**第二条** 中国共产党党员是中国工人阶级的有共产主义觉悟的先锋战士。

中国共产党党员必须全心全意为人民服务，不惜牺牲个人的一切，为实现共产主义奋斗终身。

中国共产党党员永远是劳动人民的普通一员。除了法律和政策规定范围内的个人利益和工作职权以外，所有共产党员都不得谋求任何私利和特权。

**第三条** 党员必须履行下列义务：

（一）认真学习马克思列宁主义、毛泽东思想、邓小平理论、“三个代表”重要思想、科学发展观、习近平新时代中国特色社会主义思想，学习党的路线、方针、政策和决议，学习党的基本知识，学习科学、文化、法律和业务知识，努力提高为人民服务的本领。

（二）贯彻执行党的基本路线和各项方针、政策，带头参加改革开放和社会主义现代化建设，带动群众为经济发展和社会进步艰苦奋斗，在生产、工作、学习和社会生活中起先锋模范作用。

（三）坚持党和人民的利益高于一切，个人利益服从党和人民的利益，吃苦在前，享受在后，克己奉公，多做贡献。

（四）自觉遵守党的纪律，首先是党的政治纪律和政治规矩，模范遵守国家的法律法规，严格保守党和国家的秘密，执行党的决定，服从组织分配，积极完成党的任务。

（五）维护党的团结和统一，对党忠诚老实，言行一致，坚决反对一切派别组织和小集团活动，反对阳奉阴违的两面派行为和一切阴谋诡计。

（六）切实开展批评和自我批评，勇于揭露和纠正违反党的原则的言行和工作中的缺点、错误，坚决同消极腐败现象作斗争。

（七）密切联系群众，向群众宣传党的主张，遇事同群众商量，及时向党反映群众的意见和要求，维护群众的正当利益。

（八）发扬社会主义新风尚，带头实践社会主义核心价值观和社会主义荣辱观，提倡共产主义道德，弘扬中华民族传统美德，为了保护国家和人民的利益，在一切困难和危险的时刻挺身而出，英勇斗争，不怕牺牲。

**第四条**　党员享有下列权利：

（一）参加党的有关会议，阅读党的有关文件，接受党的教育和培训。

（二）在党的会议上和党报党刊上，参加关于党的政策问题的讨论。

（三）对党的工作提出建议和倡议。

（四）在党的会议上有根据地批评党的任何组织和任何党员，向党负责地揭发、检举党的任何组织和任何党员违法乱纪的事实，要求处分违法乱纪的党员，要求罢免或撤换不称职的干部。

（五）行使表决权、选举权，有被选举权。

（六）在党组织讨论决定对党员的党纪处分或作出鉴定时，本人有权参加和进行申辩，其他党员可以为他作证和辩护。

（七）对党的决议和政策如有不同意见，在坚决执行的前提下，可以声明保留，并且可以把自己的意见向党的上级组织直至中央提出。

（八）向党的上级组织直至中央提出请求、申诉和控告，并要求有关组织给以负责的答复。

党的任何一级组织直至中央都无权剥夺党员的上述权利。

**第五条** 发展党员，必须把政治标准放在首位，经过党的支部，坚持个别吸收的原则。

申请入党的人，要填写入党志愿书，要有两名正式党员作介绍人，要经过支部大会通过和上级党组织批准，并且经过预备期的考察，才能成为正式党员。

介绍人要认真了解申请人的思想、品质、经历和工作表现，向他解释党的纲领和党的章程，说明党员的条件、义务和权利，并向党组织作出负责的报告。

党的支部委员会对申请入党的人，要注意征求党内外有关群众的意见，进行严格的审查，认为合格后再提交支部大会讨论。

上级党组织在批准申请人入党以前，要派人同他谈话，作进一步的了解，并帮助他提高对党的认识。

在特殊情况下，党的中央和省、自治区、直辖市委员会可以直接接收党员。

**第六条** 预备党员必须面向党旗进行入党宣誓。誓词如下：我志愿加入中国共产党，拥护党的纲领，遵守党的章程，履行党员义务，执行党的决定，严守党的纪律，保守党的秘密，对党忠诚，积极工作，为共产主义奋斗终身，随时准备为党和人民牺牲一切，永不叛党。

**第七条** 预备党员的预备期为一年。党组织对预备党员应当认真教育和考察。

预备党员的义务同正式党员一样。预备党员的权利，除了没有表决权、选举权和被选举权以外，也同正式党员一样。

预备党员预备期满，党的支部应当及时讨论他能否转为正式党员。认真履行党员义务，具备党员条件的，应当按期转为正式党员；需要继续考察和教育的，可以延长预备期，但不能超过一年；不履行党员义务，不具备党员条件的，应当取消预备党员资格。预备党员转为正式党员，或延长预备期，或取消预备党员资格，都应当经支部大会讨论通过和上级党组织批准。

预备党员的预备期，从支部大会通过他为预备党员之日算起。党员的党龄，从预备期满转为正式党员之日算起。

**第八条** 每个党员，不论职务高低，都必须编入党的一个支部、小组或其他特定组织，参加党的组织生活，接受党内外群众的监督。党员领导干部还必须参加党委、党组的民主生活会。不允许有任何不参加党的组织生活、不接受党内外群众监督的特殊党员。

**第九条** 党员有退党的自由。党员要求退党，应当经支部大会讨论后宣布除名，并报上级党组织备案。

党员缺乏革命意志，不履行党员义务，不符合党员条件，党的支部应当对他进行教育，要求他限期改正；经教育仍无转变的，应当劝他退党。劝党员退党，应当经支部大会讨论决定，并报上级党组织批准。如被劝告退党的党员坚持不退，应当提交支部大会讨论，决定把他除名，并报上级党组织批准。

党员如果没有正当理由，连续六个月不参加党的组织生活，或不交纳党费，或不做党所分配的工作，就被认为是自行脱党。支部大会应当决定把这样的党员除名，并报上级党组织批准。

## 第二章　党的组织制度

**第十条** 党是根据自己的纲领和章程，按照民主集中制组织起来的统一整体。党的民主集中制的基本原则是：

（一）党员个人服从党的组织，少数服从多数，下级组织服从上级组织，全党各个组织和全体党员服从党的全国代表大会和中央委员会。

（二）党的各级领导机关，除它们派出的代表机关和在非党组织中的党组外，都由选举产生。

（三）党的最高领导机关，是党的全国代表大会和它所产生的中央委员会。党的地方各级领导机关，是党的地方各级代表大会和它们所产生的委员会。党的各级委员会向同级的代表大会负责并报告工作。

（四）党的上级组织要经常听取下级组织和党员群众的意见，及时解决他们提出的问题。党的下级组织既要向上级组织请示和报告工作，又要独立负责地解决自己职责范围内的问题。上下级组织之间要互通情报、互相支持和互相监督。党的各级组织要按规定实行党务公开，使党员对党内事务有更多的了解和参与。

（五）党的各级委员会实行集体领导和个人分工负责相结合的制度。凡属重大问题都要按照集体领导、民主集中、个别酝酿、会议决定的原则，由党的委员会集体讨论，作出决定；委员会成员要根据集体的决定和分工，切实履行自己的职责。

（六）党禁止任何形式的个人崇拜。要保证党的领导人的活动处于党和人民的监督之下，同时维护一切代表党和人民利益的领导人的威信。

**第十一条** 党的各级代表大会的代表和委员会的产生，要体现选举人的意志。选举采用无记名投票的方式。候选人名单要由党组织和选举人充分酝酿讨论。可以直接采用候选人数多于应选人数的差额选举办法进行正式选举。也可以先采用差额选举办法进行预选，产生候选人名单，然后进行正式选举。选举人有了解候选人情况、要求改变候选人、不选任何一个候选人和另选他人的权利。任何组织和个人不得以任何方式强迫选举人选举或不选举某个人。

党的地方各级代表大会和基层代表大会的选举，如果发生违反党章的情况，上一级党的委员会在调查核实后，应作出选举无效和采取相应措施的决定，并报再上一级党的委员会审查批准，正式宣布执行。

党的各级代表大会代表实行任期制。

**第十二条** 党的中央和地方各级委员会在必要时召集代表会议，讨论和决定需要及时解决的重大问题。代表会议代表的名额和产生办法，由召集代表会议的委员会决定。

**第十三条** 凡是成立党的新组织，或是撤销党的原有组织，必须由上级党组织决定。

在党的地方各级代表大会和基层代表大会闭会期间，上级党的组织认为有必要时，可以调动或者指派下级党组织的负责人。

党的中央和地方各级委员会可以派出代表机关。

**第十四条** 党的中央和省、自治区、直辖市委员会实行巡视制度，在一届任期内，对所管理的地方、部门、企事业单位党组织实现巡视全覆盖。

中央有关部委和国家机关部门党组（党委）根据工作需要，开展巡视工作。

党的市（地、州、盟）和县（市、区、旗）委员会建立巡察制度。

**第十五条** 党的各级领导机关，对同下级组织有关的重要问题作出决定时，在通常情况下，要征求下级组织的意见。要保证下级组织能够正常行使他们的职权。凡属应由下级组织处理的问题，如无特殊情况，上级领导机关不要干预。

**第十六条** 有关全国性的重大政策问题，只有党中央有权作出决定，各部门、各地方的党组织可以向中央提出建议，但不得擅自作出决定和对外发表主张。

党的下级组织必须坚决执行上级组织的决定。下级组织如果认为上级组织的决定不符合本地区、本部门的实际情况，可以请求改变；如果上级组织坚持原决定，下级组织必须执行，并不得公开发表不同意见，但有权向再上一级组织报告。

党的各级组织的报刊和其他宣传工具，必须宣传党的路线、方针、政策和决议。

**第十七条** 党组织讨论决定问题，必须执行少数服从多数的原则。决定重要问题，要进行表决。对于少数人的不同意见，应当认真考虑。如对重要问题发生争论，双方人数接近，除了在紧急情况下必须按多数意见执行外，应当暂缓作出决定，进一步调查研究，交换意见，下次再表决；在特殊情况下，也可将争论情况向上级组织报告，请求裁决。

党员个人代表党组织发表重要主张，如果超出党组织已有决定的范围，必须提交所在的党组织讨论决定，或向上级党组织请示。任何党员不论职务高低，都不能个人决定重大问题；如遇紧急情况，必须由个人作出决定时，事后要迅速向党组织报告。不允许任何领导人实行个人专断和把个人凌驾于组织之上。

**第十八条** 党的中央、地方和基层组织，都必须重视党的建设，经常讨论和检查党的宣传工作、教育工作、组织工作、纪律检查工作、群众工作、统一战线工作等，注意研究党内外的思想政治状况。

## 第三章 党的中央组织

**第十九条** 党的全国代表大会每五年举行一次，由中央委员会召集。中央委员会认为有必要，或者有三分之一以上的省一级组织提出要求，全国代表大会可以提前举行；如无非常情况，不得延期举行。

全国代表大会代表的名额和选举办法，由中央委员会决定。

**第二十条** 党的全国代表大会的职权是：

（一）听取和审查中央委员会的报告；

（二）审查中央纪律检查委员会的报告；

（三）讨论并决定党的重大问题；

（四）修改党的章程；

（五）选举中央委员会；

（六）选举中央纪律检查委员会。

**第二十一条** 党的全国代表会议的职权是：讨论和决定重大问题；调整和增选中央委员会、中央纪律检查委员会的部分成员。调整和增选中央委员及候补中央委员的数额，不得超过党的全国代表大会选出的中央委员及候补中央委员各自总数的五分之一。

**第二十二条** 党的中央委员会每届任期五年。全国代表大会如提前或延期举行，它的任期相应地改变。中央委员会委员和候补委员必须有五年以上的党龄。中央委员会委员和候补委员的名额，由全国代表大会决定。中央委员会委员出缺，由中央委员会候补委员按照得票多少依次递补。

中央委员会全体会议由中央政治局召集，每年至少举行一次。中央政治局向中央委员会全体会议报告工作，接受监督。

在全国代表大会闭会期间，中央委员会执行全国代表大会的决议，领导党的全部工作，对外代表中国共产党。

**第二十三条** 党的中央政治局、中央政治局常务委员会和中央委员会总书记，由中央委员会全体会议选举。中央委员会总书记必须从中央政治局常务委员会委员中产生。

中央政治局和它的常务委员会在中央委员会全体会议闭会期间，行使中央委员会的职权。

中央书记处是中央政治局和它的常务委员会的办事机构；成员由中央政治局常务委员会提名，中央委员会全体会议通过。

中央委员会总书记负责召集中央政治局会议和中央政治局常务委员会会议，并主持中央书记处的工作。

党的中央军事委员会组成人员由中央委员会决定，中央军事委员会实行主席负责制。

每届中央委员会产生的中央领导机构和中央领导人，在下届全国代表大会开会期间，继续主持党的经常工作，直到下届中央委员会产生新的中央领导机构和中央领导人为止。

**第二十四条** 中国人民解放军的党组织，根据中央委员会的指示进行工作。中央军事委员会负责军队中党的工作和政治工作，对军队中党的组织体制和机构作出规定。

## 第四章 党的地方组织

**第二十五条** 党的省、自治区、直辖市的代表大会，设区的市和自治州的代表大会，县（旗）、自治县、不设区的市和市辖区的代表大会，每五年举行一次。

党的地方各级代表大会由同级党的委员会召集。在特殊情况下，经上一级委员会批准，可以提前或延期举行。

党的地方各级代表大会代表的名额和选举办法，由同级党的委员会决定，并报上一级党的委员会批准。

**第二十六条** 党的地方各级代表大会的职权是：

（一）听取和审查同级委员会的报告；

（二）审查同级纪律检查委员会的报告；

（三）讨论本地区范围内的重大问题并作出决议；

（四）选举同级党的委员会，选举同级党的纪律检查委员会。

**第二十七条** 党的省、自治区、直辖市、设区的市和自治州的委员会，每届任期五年。这些委员会的委员和候补委员必须有五年以上的党龄。

党的县（旗）、自治县、不设区的市和市辖区的委员会，每届任期五年。这些委员会的委员和候补委员必须有三年以上的党龄。

党的地方各级代表大会如提前或延期举行，由它选举的委员会的任期相应地改变。

党的地方各级委员会的委员和候补委员的名额，分别由上一级委员会决定。党的地方各级委员会委员出缺，由候补委员按照得票多少依次递补。

党的地方各级委员会全体会议，每年至少召开两次。

党的地方各级委员会在代表大会闭会期间，执行上级党组织的指示和同级党代表大会的决议，领导本地方的工作，定期向上级党的委员会报告工作。

**第二十八条** 党的地方各级委员会全体会议，选举常务委员会和书记、副书记，并报上级党的委员会批准。党的地方各级委员会的常务委员会，在委员会全体会议闭会期间，行使委员会职权；在下届代表大会开会期间，继续主持经常工作，直到新的常务委员会产生为止。

党的地方各级委员会的常务委员会定期向委员会全体会议报告工

作，接受监督。

**第二十九条** 党的地区委员会和相当于地区委员会的组织，是党的省、自治区委员会在几个县、自治县、市范围内派出的代表机关。它根据省、自治区委员会的授权，领导本地区的工作。

## 第五章 党的基层组织

**第三十条** 企业、农村、机关、学校、科研院所、街道社区、社会组织、人民解放军连队和其他基层单位，凡是有正式党员三人以上的，都应当成立党的基层组织。

党的基层组织，根据工作需要和党员人数，经上级党组织批准，分别设立党的基层委员会、总支部委员会、支部委员会。基层委员会由党员大会或代表大会选举产生，总支部委员会和支部委员会由党员大会选举产生，提出委员候选人要广泛征求党员和群众的意见。

**第三十一条** 党的基层委员会、总支部委员会、支部委员会每届任期三年至五年。基层委员会、总支部委员会、支部委员会的书记、副书记选举产生后，应报上级党组织批准。

**第三十二条** 党的基层组织是党在社会基层组织中的战斗堡垒，是党的全部工作和战斗力的基础。它的基本任务是：

（一）宣传和执行党的路线、方针、政策，宣传和执行党中央、上级组织和本组织的决议，充分发挥党员的先锋模范作用，积极创先争优，团结、组织党内外的干部和群众，努力完成本单位所担负的任务。

（二）组织党员认真学习马克思列宁主义、毛泽东思想、邓小平理论、“三个代表”重要思想、科学发展观、习近平新时代中国特色社会主义思想，推进“两学一做”学习教育常态化制度化，学习党的路线、方针、政策和决议，学习党的基本知识，学习科学、文化、法律和业务知识。

（三）对党员进行教育、管理、监督和服务，提高党员素质，坚定理想信念，增强党性，严格党的组织生活，开展批评和自我批评，维护和执行党的纪律，监督党员切实履行义务，保障党员的权利不受侵犯。加强和改进流动党员管理。

（四）密切联系群众，经常了解群众对党员、党的工作的批评和意见，维护群众的正当权利和利益，做好群众的思想政治工作。

（五）充分发挥党员和群众的积极性创造性，发现、培养和推荐他们中间的优秀人才，鼓励和支持他们在改革开放和社会主义现代化建设中贡献自己的聪明才智。

（六）对要求入党的积极分子进行教育和培养，做好经常性的发展党员工作，重视在生产、工作第一线和青年中发展党员。

（七）监督党员干部和其他任何工作人员严格遵守国家法律法规，严格遵守国家的财政经济法规和人事制度，不得侵占国家、集体和群众的利益。

（八）教育党员和群众自觉抵制不良倾向，坚决同各种违纪违法行为作斗争。

**第三十三条** 街道、乡、镇党的基层委员会和村、社区党组织，领导本地区的工作和基层社会治理，支持和保证行政组织、经济组织和群众自治组织充分行使职权。

国有企业党委（党组）发挥领导作用，把方向、管大局、保落实，依照规定讨论和决定企业重大事项。国有企业和集体企业中党的基层组织，围绕企业生产经营开展工作。保证监督党和国家的方针、政策在本企业的贯彻执行；支持股东会、董事会、监事会和经理（厂长）依法行使职权；全心全意依靠职工群众，支持职工代表大会开展工作；参与企业重大问题的决策；加强党组织的自身建设，领导思想政治工作、精神文明建设和工会、共青团等群团组织。

非公有制经济组织中党的基层组织，贯彻党的方针政策，引导和监督企业遵守国家的法律法规，领导工会、共青团等群团组织，团结凝聚职工群众，维护各方的合法权益，促进企业健康发展。

社会组织中党的基层组织，宣传和执行党的路线、方针、政策，领导工会、共青团等群团组织，教育管理党员，引领服务群众，推动事业发展。

实行行政领导人负责制的事业单位中党的基层组织，发挥战斗堡垒作用。实行党委领导下的行政领导人负责制的事业单位中党的基层组织，对重大问题进行讨论和作出决定，同时保证行政领导人充分行使自己的职权。

各级党和国家机关中党的基层组织，协助行政负责人完成任务，改进工作，对包括行政负责人在内的每个党员进行教育、管理、监督，不领导本单位的业务工作。

**第三十四条** 党支部是党的基础组织，担负直接教育党员、管理党员、监督党员和组织群众、宣传群众、凝聚群众、服务群众的职责。

## 第六章 党的干部

**第三十五条** 党的干部是党的事业的骨干，是人民的公仆，要做到忠诚干净担当。党按照德才兼备、以德为先的原则选拔干部，坚持五湖四海、任人唯贤，坚持事业为上、公道正派，反对任人唯亲，努力实现干部队伍的革命化、年轻化、知识化、专业化。

党重视教育、培训、选拔、考核和监督干部，特别是培养、选拔优秀年轻干部。积极推进干部制度改革。

党重视培养、选拔女干部和少数民族干部。

**第三十六条** 党的各级领导干部必须信念坚定、为民服务、勤政务实、敢于担当、清正廉洁，模范地履行本章程第三条所规定的党员的各项义务，并且必须具备以下的基本条件：

（一）具有履行职责所需要的马克思列宁主义、毛泽东思想、邓小平理论、“三个代表”重要思想、科学发展观的水平，带头贯彻落实习近平新时代中国特色社会主义思想，努力用马克思主义的立场、观点、方法分析和解决实际问题，坚持讲学习、讲政治、讲正气，经得起各种风浪的考验。

（二）具有共产主义远大理想和中国特色社会主义坚定信念，坚决执行党的基本路线和各项方针、政策，立志改革开放，献身现代化事业，在社会主义建设中艰苦创业，树立正确政绩观，做出经得起实践、人民、历史检验的实绩。

（三）坚持解放思想，实事求是，与时俱进，开拓创新，认真调查研究，能够把党的方针、政策同本地区、本部门的实际相结合，卓有成效地开展工作，讲实话，办实事，求实效。

（四）有强烈的革命事业心和政治责任感，有实践经验，有胜任领导工作的组织能力、文化水平和专业知识。

（五）正确行使人民赋予的权力，坚持原则，依法办事，清正廉洁，勤政为民，以身作则，艰苦朴素，密切联系群众，坚持党的群众路线，自觉地接受党和群众的批评和监督，加强道德修养，讲党性、重品行、作表率，做到自重、自省、自警、自励，反对形式主义、官僚主义、享乐主义和奢靡之风，反对任何滥用职权、谋求私利的行为。

（六）坚持和维护党的民主集中制，有民主作风，有全局观念，善于团结同志，包括团结同自己有不同意见的同志一道工作。

**第三十七条** 党员干部要善于同党外干部合作共事，尊重他们，虚心学习他们的长处。

党的各级组织要善于发现和推荐有真才实学的党外干部担任领导工作，保证他们有职有权，充分发挥他们的作用。

**第三十八条** 党的各级领导干部，无论是由民主选举产生的，或是由领导机关任命的，他们的职务都不是终身的，都可以变动或解除。

年龄和健康状况不适宜于继续担任工作的干部，应当按照国家的规定退、离休。

## 第七章　党的纪律

**第三十九条** 党的纪律是党的各级组织和全体党员必须遵守的行为规则，是维护党的团结统一、完成党的任务的保证。党组织必须严格执行和维护党的纪律，共产党员必须自觉接受党的纪律的约束。

**第四十条** 党的纪律主要包括政治纪律、组织纪律、廉洁纪律、群众纪律、工作纪律、生活纪律。

坚持惩前毖后、治病救人，执纪必严、违纪必究，抓早抓小、防微杜渐，按照错误性质和情节轻重，给以批评教育直至纪律处分。运用监督执纪“四种形态”，让“红红脸、出出汗”成为常态，党纪处分、组织调整成为管党治党的重要手段，严重违纪、严重触犯刑律的党员必须开除党籍。

党内严格禁止用违反党章和国家法律的手段对待党员，严格禁止打击报复和诬告陷害。违反这些规定的组织或个人必须受到党的纪律和国家法律的追究。

**第四十一条** 对党员的纪律处分有五种：警告、严重警告、撤销党内职务、留党察看、开除党籍。

留党察看最长不超过两年。党员在留党察看期间没有表决权、选举权和被选举权。党员经过留党察看，确已改正错误的，应当恢复其党员的权利；坚持错误不改的，应当开除党籍。

开除党籍是党内的最高处分。各级党组织在决定或批准开除党员党籍的时候，应当全面研究有关的材料和意见，采取十分慎重的态度。

**第四十二条** 对党员的纪律处分，必须经过支部大会讨论决定，报党的基层委员会批准；如果涉及的问题比较重要或复杂，或给党员以开除党籍的处分，应分别不同情况，报县级或县级以上党的纪律检查委员会审查批准。在特殊情况下，县级和县级以上各级党的委员会和纪律检查委员会有权直接决定给党员以纪律处分。

对党的中央委员会委员、候补委员，给以警告、严重警告处分，由中央纪律检查委员会常务委员会审议后，报党中央批准。对地方各级党的委员会委员、候补委员，给以警告、严重警告处分，应由上一级纪律检查委员会批准，并报它的同级党的委员会备案。

对党的中央委员会和地方各级委员会的委员、候补委员，给以撤销党内职务、留党察看或开除党籍的处分，必须由本人所在的委员会全体会议三分之二以上的多数决定。在全体会议闭会期间，可以先由中央政治局和地方各级委员会常务委员会作出处理决定，待召开委员会全体会议时予以追认。对地方各级委员会委员和候补委员的上述处分，必须经过上级纪律检查委员会常务委员会审议，由这一级纪律检查委员会报同级党的委员会批准。

严重触犯刑律的中央委员会委员、候补委员，由中央政治局决定开除其党籍；严重触犯刑律的地方各级委员会委员、候补委员，由同级委员会常务委员会决定开除其党籍。

**第四十三条** 党组织对党员作出处分决定，应当实事求是地查清事实。处分决定所依据的事实材料和处分决定必须同本人见面，听取本人说明情况和申辩。如果本人对处分决定不服，可以提出申诉，有关党组织必须负责处理或者迅速转递，不得扣压。对于确属坚持错误意见和无理要求的人，要给以批评教育。

**第四十四条** 党组织如果在维护党的纪律方面失职，必须问责。

对于严重违犯党的纪律、本身又不能纠正的党组织，上一级党的委员会在查明核实后，应根据情节严重的程度，作出进行改组或予以解散的决定，并报再上一级党的委员会审查批准，正式宣布执行。

## 第八章 党的纪律检查机关

**第四十五条** 党的中央纪律检查委员会在党的中央委员会领导下进行工作。党的地方各级纪律检查委员会和基层纪律检查委员会在同级党的委员会和上级纪律检查委员会双重领导下进行工作。上级党的纪律检查委员会加强对下级纪律检查委员会的领导。

党的各级纪律检查委员会每届任期和同级党的委员会相同。

党的中央纪律检查委员会全体会议，选举常务委员会和书记、副书记，并报党的中央委员会批准。党的地方各级纪律检查委员会全体会议，选举常务委员会和书记、副书记，并由同级党的委员会通过，报上级党的委员会批准。党的基层委员会是设立纪律检查委员会，还是设立纪律检查委员，由它的上一级党组织根据具体情况决定。党的总支部委员会和支部委员会设纪律检查委员。

党的中央和地方纪律检查委员会向同级党和国家机关全面派驻党的纪律检查组。纪律检查组组长参加驻在部门党的领导组织的有关会议。他们的工作必须受到该机关党的领导组织的支持。

**第四十六条** 党的各级纪律检查委员会是党内监督专责机关，主要任务是：维护党的章程和其他党内法规，检查党的路线、方针、政策和决议的执行情况，协助党的委员会推进全面从严治党、加强党风建设和组织协调反腐败工作。

党的各级纪律检查委员会的职责是监督、执纪、问责，要经常对党员进行遵守纪律的教育，作出关于维护党纪的决定；对党的组织和党员领导干部履行职责、行使权力进行监督，受理处置党员群众检举举报，开展谈话提醒、约谈函询；检查和处理党的组织和党员违反党的章程和其他党内法规的比较重要或复杂的案件，决定或取消对这些案件中的党员的处分；进行问责或提出责任追究的建议；受理党员的控告和申诉；保障党员的权利。

各级纪律检查委员会要把处理特别重要或复杂的案件中的问题和处理的结果，向同级党的委员会报告。党的地方各级纪律检查委员会和基层纪律检查委员会要同时向上级纪律检查委员会报告。

各级纪律检查委员会发现同级党的委员会委员有违犯党的纪律的行为，可以先进行初步核实，如果需要立案检查的，应当在向同级党的委员会报告的同时向上一级纪律检查委员会报告；涉及常务委员的，报告上一级纪律检查委员会，由上一级纪律检查委员会进行初步核实，需要审查的，由上一级纪律检查委员会报它的同级党的委员会批准。

**第四十七条** 上级纪律检查委员会有权检查下级纪律检查委员会的工作，并且有权批准和改变下级纪律检查委员会对于案件所作的决定。如果所要改变的该下级纪律检查委员会的决定，已经得到它的同级党的委员会的批准，这种改变必须经过它的上一级党的委员会批准。

党的地方各级纪律检查委员会和基层纪律检查委员会如果对同级党的委员会处理案件的决定有不同意见，可以请求上一级纪律检查委员会予以复查；如果发现同级党的委员会或它的成员有违犯党的纪律的情况，在同级党的委员会不给予解决或不给予正确解决的时候，有权向上级纪律检查委员会提出申诉，请求协助处理。

## 第九章 党　　组

**第四十八条**　在中央和地方国家机关、人民团体、经济组织、文化组织和其他非党组织的领导机关中，可以成立党组。党组发挥领导核心作用。党组的任务，主要是负责贯彻执行党的路线、方针、政策；加强对本单位党的建设的领导，履行全面从严治党责任；讨论和决定本单位的重大问题；做好干部管理工作；讨论和决定基层党组织设置调整和发展党员、处分党员等重要事项；团结党外干部和群众，完成党和国家交给的任务；领导机关和直属单位党组织的工作。

**第四十九条**　党组的成员，由批准成立党组的党组织决定。党组设书记，必要时还可以设副书记。

党组必须服从批准它成立的党组织领导。

**第五十条**　对下属单位实行集中统一领导的国家工作部门可以建立党委，党委的产生办法、职权和工作任务，由中央另行规定。

## 第十章 党和共产主义青年团的关系

**第五十一条**　中国共产主义青年团是中国共产党领导的先进青年的群团组织，是广大青年在实践中学习中国特色社会主义和共产主义的学校，是党的助手和后备军。共青团中央委员会受党中央委员会领导。共青团的地方各级组织受同级党的委员会领导，同时受共青团上级组织领导。

**第五十二条**　党的各级委员会要加强对共青团的领导，注意团的干部的选拔和培训。党要坚决支持共青团根据广大青年的特点和需要，生动活泼地、富于创造性地进行工作，充分发挥团的突击队作用和联系广大青年的桥梁作用。

团的县级和县级以下各级委员会书记，企业事业单位的团委员会书记，是党员的，可以列席同级党的委员会和常务委员会的会议。

## 第十一章　党徽党旗

**第五十三条**　中国共产党党徽为镰刀和锤头组成的图案。

**第五十四条**　中国共产党党旗为旗面缀有金黄色党徽图案的红旗。

**第五十五条**　中国共产党的党徽党旗是中国共产党的象征和标志。党的各级组织和每一个党员都要维护党徽党旗的尊严。要按照规定制作和使用党徽党旗。

# 中国共产党纪律处分条例

（中共中央2018年8月18日印发）

## 第一编　总　　则

## 第一章　指导思想、原则和适用范围

**第一条**　为了维护党章和其他党内法规，严肃党的纪律，纯洁党的组织，保障党员民主权利，教育党员遵纪守法，维护党的团结统一，保证党的路线、方针、政策、决议和国家法律法规的贯彻执行，根据《中国共产党章程》，制定本条例。

**第二条**　党的纪律建设必须坚持以马克思列宁主义、毛泽东思想、邓小平理论、“三个代表”重要思想、科学发展观、习近平新时代中国特色社会主义思想为指导，坚持和加强党的全面领导，坚决维护习近平总书记党中央的核心、全党的核心地位，坚决维护党中央权威和集中统一领导，落实新时代党的建设总要求和全面从严治党战略部署，全面加强党的纪律建设。

**第三条**　党章是最根本的党内法规，是管党治党的总规矩。党的纪律是党的各级组织和全体党员必须遵守的行为规则。党组织和党员必须牢固树立政治意识、大局意识、核心意识、看齐意识，自觉遵守党章，严格执行和维护党的纪律，自觉接受党的纪律约束，模范遵守国家法律法规。

**第四条**　党的纪律处分工作应当坚持以下原则：

（一）坚持党要管党、全面从严治党。加强对党的各级组织和全体党员的教育、管理和监督，把纪律挺在前面，注重抓早抓小、防微杜渐。

（二）党纪面前一律平等。对违犯党纪的党组织和党员必须严肃、公正执行纪律，党内不允许有任何不受纪律约束的党组织和党员。

（三）实事求是。对党组织和党员违犯党纪的行为，应当以事实为依据，以党章、其他党内法规和国家法律法规为准绳，准确认定违纪性质，区别不同情况，恰当予以处理。

（四）民主集中制。实施党纪处分，应当按照规定程序经党组织集体讨论决定，不允许任何个人或者少数人擅自决定和批准。上级党组织对违犯党纪的党组织和党员作出的处理决定，下级党组织必须执行。

（五）惩前毖后、治病救人。处理违犯党纪的党组织和党员，应当实行惩戒与教育相结合，做到宽严相济。

**第五条**　运用监督执纪“四种形态”，经常开展批评和自我批评、约谈函询，让“红红脸、出出汗”成为常态；党纪轻处分、组织调整成为违纪处理的大多数；党纪重处分、重大职务调整的成为少数；严重违纪涉嫌违法立案审查的成为极少数。

**第六条**　本条例适用于违犯党纪应当受到党纪责任追究的党组织和党员。

## 第二章　违纪与纪律处分

**第七条**　党组织和党员违反党章和其他党内法规，违反国家法律法规，违反党和国家政策，违反社会主义道德，危害党、国家和人民利益的行为，依照规定应当给予纪律处理或者处分的，都必须受到追究。

重点查处党的十八大以来不收敛、不收手，问题线索反映集中、群众反映强烈，政治问题和经济问题交织的腐败案件，违反中央八项规定精神的问题。

**第八条** 对党员的纪律处分种类：

（一）警告；

（二）严重警告；

（三）撤销党内职务；

（四）留党察看；

（五）开除党籍。

**第九条** 对于违犯党的纪律的党组织，上级党组织应当责令其作出检查或者进行通报批评。对于严重违犯党的纪律、本身又不能纠正的党组织，上一级党的委员会在查明核实后，根据情节严重的程度，可以予以：

（一）改组；

（二）解散。

**第十条** 党员受到警告处分一年内、受到严重警告处分一年半内，不得在党内提升职务和向党外组织推荐担任高于其原任职务的党外职务。

**第十一条** 撤销党内职务处分，是指撤销受处分党员由党内选举或者组织任命的党内职务。对于在党内担任两个以上职务的，党组织在作处分决定时，应当明确是撤销其一切职务还是一个或者几个职务。如果决定撤销其一个职务，必须撤销其担任的最高职务。如果决定撤销其两个以上职务，则必须从其担任的最高职务开始依次撤销。对于在党外组织担任职务的，应当建议党外组织依照规定作出相应处理。

对于应当受到撤销党内职务处分，但是本人没有担任党内职务的，应当给予其严重警告处分。同时，在党外组织担任职务的，应当建议党外组织撤销其党外职务。

党员受到撤销党内职务处分，或者依照前款规定受到严重警告处分的，二年内不得在党内担任和向党外组织推荐担任与其原任职务相当或者高于其原任职务的职务。

**第十二条** 留党察看处分，分为留党察看一年、留党察看二年。对于受到留党察看处分一年的党员，期满后仍不符合恢复党员权利条件的，应当延长一年留党察看期限。留党察看期限最长不得超过二年。

党员受留党察看处分期间，没有表决权、选举权和被选举权。留党察看期间，确有悔改表现的，期满后恢复其党员权利；坚持不改或者又发现其他应当受到党纪处分的违纪行为的，应当开除党籍。

党员受到留党察看处分，其党内职务自然撤销。对于担任党外职务的，应当建议党外组织撤销其党外职务。受到留党察看处分的党员，恢复党员权利后二年内，不得在党内担任和向党外组织推荐担任与其原任职务相当或者高于其原任职务的职务。

**第十三条** 党员受到开除党籍处分，五年内不得重新入党，也不得推荐担任与其原任职务相当或者高于其原任职务的党外职务。另有规定不准重新入党的，依照规定。

**第十四条** 党的各级代表大会的代表受到留党察看以上（含留党察看）处分的，党组织应当终止其代表资格。

**第十五条** 对于受到改组处理的党组织领导机构成员，除应当受到撤销党内职务以上（含撤销党内职务）处分的外，均自然免职。

**第十六条** 对于受到解散处理的党组织中的党员，应当逐个审查。其中，符合党员条件的，应当重新登记，并参加新的组织过党的生活；不符合党员条件的，应当对其进行教育、限期改正，经教育仍无转变的，予以劝退或者除名；有违纪行为的，依照规定予以追究。

## 第三章 纪律处分运用规则

**第十七条** 有下列情形之一的，可以从轻或者减轻处分：

（一）主动交代本人应当受到党纪处分的问题的；

（二）在组织核实、立案审查过程中，能够配合核实审查工作，如实说明本人违纪违法事实的；

（三）检举同案人或者其他人应当受到党纪处分或者法律追究的问题，经查证属实的；

（四）主动挽回损失、消除不良影响或者有效阻止危害结果发生的；

（五）主动上交违纪所得的；

（六）有其他立功表现的。

**第十八条** 根据案件的特殊情况，由中央纪委决定或者经省（部）级纪委（不含副省级市纪委）决定并呈报中央纪委批准，对违纪党员也可以在本条例规定的处分幅度以外减轻处分。

**第十九条** 对于党员违犯党纪应当给予警告或者严重警告处分，但是具有本条例第十七条规定的情形之一或者本条例分则中另有规定的，可以给予批评教育、责令检查、诫勉或者组织处理，免予党纪处分。对违纪党员免予处分，应当作出书面结论。

**第二十条** 有下列情形之一的，应当从重或者加重处分：

（一）强迫、唆使他人违纪的；

（二）拒不上交或者退赔违纪所得的；

（三）违纪受处分后又因故意违纪应当受到党纪处分的；

（四）违纪受到党纪处分后，又被发现其受处分前的违纪行为应当受到党纪处分的；

（五）本条例另有规定的。

**第二十一条** 从轻处分，是指在本条例规定的违纪行为应当受到的处分幅度以内，给予较轻的处分。

从重处分，是指在本条例规定的违纪行为应当受到的处分幅度以内，给予较重的处分。

**第二十二条** 减轻处分，是指在本条例规定的违纪行为应当受到的处分幅度以外，减轻一档给予处分。

加重处分，是指在本条例规定的违纪行为应当受到的处分幅度以外，加重一档给予处分。

本条例规定的只有开除党籍处分一个档次的违纪行为，不适用第一款减轻处分的规定。

**第二十三条** 一人有本条例规定的两种以上（含两种）应当受到党纪处分的违纪行为，应当合并处理，按其数种违纪行为中应当受到的最高处分加重一档给予处分；其中一种违纪行为应当受到开除党籍处分的，应当给予开除党籍处分。

**第二十四条** 一个违纪行为同时触犯本条例两个以上（含两个）条款的，依照处分较重的条款定性处理。

一个条款规定的违纪构成要件全部包含在另一个条款规定的违纪构成要件中，特别规定与一般规定不一致的，适用特别规定。

**第二十五条** 二人以上（含二人）共同故意违纪的，对为首者，从重处分，本条例另有规定的除外；对其他成员，按照其在共同违纪中所起的作用和应负的责任，分别给予处分。

对于经济方面共同违纪的，按照个人所得数额及其所起作用，分别给予处分。对违纪集团的首要分子，按照集团违纪的总数额处分；对其他共同违纪的为首者，情节严重的，按照共同违纪的总数额处分。

教唆他人违纪的，应当按照其在共同违纪中所起的作用追究党纪责任。

**第二十六条** 党组织领导机构集体作出违犯党纪的决定或者实施其他违犯党纪的行为，对具有共同故意的成员，按共同违纪处理；对过失违纪的成员，按照各自在集体违纪中所起的作用和应负的责任分别给予处分。

## 第四章　对违法犯罪党员的纪律处分

**第二十七条** 党组织在纪律审查中发现党员有贪污贿赂、滥用职权、玩忽职守、权力寻租、利益输送、徇私舞弊、浪费国家资财等违反法律涉嫌犯罪行为的，应当给予撤销党内职务、留党察看或者开除党籍处分。

**第二十八条** 党组织在纪律审查中发现党员有刑法规定的行为，虽不构成犯罪但须追究党纪责任的，或者有其他违法行为，损害党、国家和人民利益的，应当视具体情节给予警告直至开除党籍处分。

**第二十九条** 党组织在纪律审查中发现党员严重违纪涉嫌违法犯罪的，原则上先作出党纪处分决定，并按照规定给予政务处分后，再移送有关国家机关依法处理。

**第三十条** 党员被依法留置、逮捕的，党组织应当按照管理权限中止其表决权、选举权和被选举权等党员权利。根据监察机关、司法机关处理结果，可以恢复其党员权利的，应当及时予以恢复。

**第三十一条** 党员犯罪情节轻微，人民检察院依法作出不起诉决定的，或者人民法院依法作出有罪判决并免予刑事处罚的，应当给予撤销党内职务、留党察看或者开除党籍处分。

党员犯罪，被单处罚金的，依照前款规定处理。

**第三十二条** 党员犯罪，有下列情形之一的，应当给予开除党籍处分：

（一）因故意犯罪被依法判处刑法规定的主刑（含宣告缓刑）的；

（二）被单处或者附加剥夺政治权利的；

（三）因过失犯罪，被依法判处三年以上（不含三年）有期徒刑的。

因过失犯罪被判处三年以下（含三年）有期徒刑或者被判处管制、拘役的，一般应当开除党籍。对于个别可以不开除党籍的，应当对照处分党员批准权限的规定，报请再上一级党组织批准。

**第三十三条** 党员依法受到刑事责任追究的，党组织应当根据司法机关的生效判决、裁定、决定及其认定的事实、性质和情节，依照本条例规定给予党纪处分，是公职人员的由监察机关给予相应政务处分。

党员依法受到政务处分、行政处罚，应当追究党纪责任的，党组织可以根据生效的政务处分、行政处罚决定认定的事实、性质和情节，经核实后依照规定给予党纪处分或者组织处理。

党员违反国家法律法规，违反企事业单位或者其他社会组织的规章制度受到其他纪律处分，应当追究党纪责任的，党组织在对有关方面认定的事实、性质和情节进行核实后，依照规定给予党纪处分或者组织处理。

党组织作出党纪处分或者组织处理决定后，司法机关、行政机关等依法改变原生效判决、裁定、决定等，对原党纪处分或者组织处理决定产生影响的，党组织应当根据改变后的生效判决、裁定、决定等重新作出相应处理。

## 第五章　其他规定

**第三十四条**　预备党员违犯党纪，情节较轻，可以保留预备党员资格的，党组织应当对其批评教育或者延长预备期；情节较重的，应当取消其预备党员资格。

**第三十五条**　对违纪后下落不明的党员，应当区别情况作出处理：

（一）对有严重违纪行为，应当给予开除党籍处分的，党组织应当作出决定，开除其党籍；

（二）除前项规定的情况外，下落不明时间超过六个月的，党组织应当按照党章规定对其予以除名。

**第三十六条**　违纪党员在党组织作出处分决定前死亡，或者在死亡之后发现其曾有严重违纪行为，对于应当给予开除党籍处分的，开除其党籍；对于应当给予留党察看以下（含留党察看）处分的，作出违犯党纪的书面结论和相应处理。

**第三十七条**　违纪行为有关责任人员的区分：

（一）直接责任者，是指在其职责范围内，不履行或者不正确履行自己的职责，对造成的损失或者后果起决定性作用的党员或者党员领导干部。

（二）主要领导责任者，是指在其职责范围内，对直接主管的工作不履行或者不正确履行职责，对造成的损失或者后果负直接领导责任的党员领导干部。

（三）重要领导责任者，是指在其职责范围内，对应管的工作或者参与决定的工作不履行或者不正确履行职责，对造成的损失或者后果负次要领导责任的党员领导干部。

本条例所称领导责任者，包括主要领导责任者和重要领导责任者。

**第三十八条** 本条例所称主动交代，是指涉嫌违纪的党员在组织初核前向有关组织交代自己的问题，或者在初核和立案审查其问题期间交代组织未掌握的问题。

**第三十九条** 计算经济损失主要计算直接经济损失。直接经济损失，是指与违纪行为有直接因果关系而造成财产损失的实际价值。

**第四十条** 对于违纪行为所获得的经济利益，应当收缴或者责令退赔。

对于违纪行为所获得的职务、职称、学历、学位、奖励、资格等其他利益，应当由承办案件的纪检机关或者由其上级纪检机关建议有关组织、部门、单位按照规定予以纠正。

对于依照本条例第三十五条、第三十六条规定处理的党员，经调查确属其实施违纪行为获得的利益，依照本条规定处理。

**第四十一条** 党纪处分决定作出后，应当在一个月内向受处分党员所在党的基层组织中的全体党员及其本人宣布，是领导班子成员的还应当向所在党组织领导班子宣布，并按照干部管理权限和组织关系将处分决定材料归入受处分者档案；对于受到撤销党内职务以上（含撤销党内职务）处分的，还应当在一个月内办理职务、工资、工作及其他有关待遇等相应变更手续；涉及撤销或者调整其党外职务的，应当建议党外组织及时撤销或者调整其党外职务。特殊情况下，经作出或者批准作出处分决定的组织批准，可以适当延长办理期限。办理期限最长不得超过六个月。

**第四十二条** 执行党纪处分决定的机关或者受处分党员所在单位，应当在六个月内将处分决定的执行情况向作出或者批准处分决定的机关报告。

党员对所受党纪处分不服的，可以依照党章及有关规定提出申诉。

**第四十三条** 本条例总则适用于有党纪处分规定的其他党内法规，但是中共中央发布或者批准发布的其他党内法规有特别规定的除外。

# 第二编 分 则

## 第六章 对违反政治纪律行为的处分

**第四十四条** 在重大原则问题上不同党中央保持一致且有实际言论、行为或者造成不良后果的，给予警告或者严重警告处分；情节较重的，给予撤销党内职务或者留党察看处分；情节严重的，给予开除党籍处分。

**第四十五条** 通过网络、广播、电视、报刊、传单、书籍等，或者利用讲座、论坛、报告会、座谈会等方式，公开发表坚持资产阶级自由化立场、反对四项基本原则，反对党的改革开放决策的文章、演说、宣言、声明等的，给予开除党籍处分。

发布、播出、刊登、出版前款所列文章、演说、宣言、声明等或者为上述行为提供方便条件的，对直接责任者和领导责任者，给予严重警告或者撤销党内职务处分；情节严重的，给予留党察看或者开除党籍处分。

**第四十六条** 通过网络、广播、电视、报刊、传单、书籍等，或者利用讲座、论坛、报告会、座谈会等方式，有下列行为之一，情节较轻的，给予警告或者严重警告处分；情节较重的，给予撤销党内职务或者留党察看处分；情节严重的，给予开除党籍处分：

（一）公开发表违背四项基本原则，违背、歪曲党的改革开放决策，或者其他有严重政治问题的文章、演说、宣言、声明等的；

（二）妄议党中央大政方针，破坏党的集中统一的；

（三）丑化党和国家形象，或者诋毁、诬蔑党和国家领导人、英雄模范，或者歪曲党的历史、中华人民共和国历史、人民军队历史的。

发布、播出、刊登、出版前款所列内容或者为上述行为提供方便条件的，对直接责任者和领导责任者，给予严重警告或者撤销党内职务处分；情节严重的，给予留党察看或者开除党籍处分。

**第四十七条** 制作、贩卖、传播第四十五条、第四十六条所列内容之一的书刊、音像制品、电子读物、网络音视频资料等，情节较轻的，给予警告或者严重警告处分；情节较重的，给予撤销党内职务或者留党察看处分；情节严重的，给予开除党籍处分。

私自携带、寄递第四十五条、第四十六条所列内容之一的书刊、音像制品、电子读物等入出境，情节较重的，给予警告或者严重警告处分；情节严重的，给予撤销党内职务、留党察看或者开除党籍处分。

**第四十八条** 在党内组织秘密集团或者组织其他分裂党的活动的，给予开除党籍处分。

参加秘密集团或者参加其他分裂党的活动的，给予留党察看或者开除党籍处分。

**第四十九条** 在党内搞团团伙伙、结党营私、拉帮结派、培植个人势力等非组织活动，或者通过搞利益交换、为自己营造声势等活动捞取政治资本的，给予严重警告或者撤销党内职务处分；导致本地区、本部门、本单位政治生态恶化的，给予留党察看或者开除党籍处分。

**第五十条** 党员领导干部在本人主政的地方或者分管的部门自行其是，搞山头主义，拒不执行党中央确定的大政方针，甚至背着党中央另搞一套的，给予撤销党内职务、留党察看或者开除党籍处分。

落实党中央决策部署不坚决，打折扣、搞变通，在政治上造成不良影响或者严重后果的，给予警告或者严重警告处分；情节严重的，给予撤销党内职务、留党察看或者开除党籍处分。

**第五十一条** 对党不忠诚不老实，表里不一，阳奉阴违，欺上瞒下，搞两面派，做两面人，情节较轻的，给予警告或者严重警告处分；情节较重的，给予撤销党内职务或者留党察看处分；情节严重的，给予开除党籍处分。

**第五十二条** 制造、散布、传播政治谣言，破坏党的团结统一的，给予警告或者严重警告处分；情节较重的，给予撤销党内职务或者留党察看处分；情节严重的，给予开除党籍处分。

政治品行恶劣，匿名诬告，有意陷害或者制造其他谣言，造成损害或者不良影响的，依照前款规定处理。

**第五十三条** 擅自对应当由党中央决定的重大政策问题作出决定、对外发表主张的，对直接责任者和领导责任者，给予严重警告或者撤销党内职务处分；情节严重的，给予留党察看或者开除党籍处分。

**第五十四条** 不按照有关规定向组织请示、报告重大事项，情节较重的，给予警告或者严重警告处分；情节严重的，给予撤销党内职务或者留党察看处分。

**第五十五条** 干扰巡视巡察工作或者不落实巡视巡察整改要求，情节较轻的，给予警告或者严重警告处分；情节较重的，给予撤销党内职务或者留党察看处分；情节严重的，给予开除党籍处分。

**第五十六条** 对抗组织审查，有下列行为之一的，给予警告或者严重警告处分；情节较重的，给予撤销党内职务或者留党察看处分；情节严重的，给予开除党籍处分：

（一）串供或者伪造、销毁、转移、隐匿证据的；

（二）阻止他人揭发检举、提供证据材料的；

（三）包庇同案人员的；

（四）向组织提供虚假情况，掩盖事实的；

（五）有其他对抗组织审查行为的。

**第五十七条** 组织、参加反对党的基本理论、基本路线、基本方略或者重大方针政策的集会、游行、示威等活动的，或者以组织讲座、论坛、报告会、座谈会等方式，反对党的基本理论、基本路线、基本方略或者重大方针政策，造成严重不良影响的，对策划者、组织者和骨干分子，给予开除党籍处分。

对其他参加人员或者以提供信息、资料、财物、场地等方式支持上述活动者，情节较轻的，给予警告或者严重警告处分；情节较重的，给予撤销党内职务或者留党察看处分；情节严重的，给予开除党籍处分。

对不明真相被裹挟参加，经批评教育后确有悔改表现的，可以免予处分或者不予处分。

未经组织批准参加其他集会、游行、示威等活动，情节较轻的，给予警告或者严重警告处分；情节较重的，给予撤销党内职务或者留党察看处分；情节严重的，给予开除党籍处分。

**第五十八条** 组织、参加旨在反对党的领导、反对社会主义制度或者敌视政府等组织的，对策划者、组织者和骨干分子，给予开除党籍处分。

对其他参加人员，情节较轻的，给予警告或者严重警告处分；情节较重的，给予撤销党内职务或者留党察看处分；情节严重的，给予开除党籍处分。

**第五十九条** 组织、参加会道门或者邪教组织的，对策划者、组织者和骨干分子，给予开除党籍处分。

对其他参加人员，情节较轻的，给予警告或者严重警告处分；情节较重的，给予撤销党内职务或者留党察看处分；情节严重的，给予开除党籍处分。

对不明真相的参加人员，经批评教育后确有悔改表现的，可以免予处分或者不予处分。

**第六十条** 从事、参与挑拨破坏民族关系制造事端或者参加民族分裂活动的，对策划者、组织者和骨干分子，给予开除党籍处分。

对其他参加人员，情节较轻的，给予警告或者严重警告处分；情节较重的，给予撤销党内职务或者留党察看处分；情节严重的，给予开除党籍处分。

对不明真相被裹挟参加，经批评教育后确有悔改表现的，可以免予处分或者不予处分。

有其他违反党和国家民族政策的行为，情节较轻的，给予警告或者严重警告处分；情节较重的，给予撤销党内职务或者留党察看处分；情节严重的，给予开除党籍处分。

**第六十一条**　组织、利用宗教活动反对党的路线、方针、政策和决议，破坏民族团结的，对策划者、组织者和骨干分子，给予开除党籍处分。

对其他参加人员，给予撤销党内职务或者留党察看处分；情节严重的，给予开除党籍处分。

对不明真相被裹挟参加，经批评教育后确有悔改表现的，可以免予处分或者不予处分。

有其他违反党和国家宗教政策的行为，情节较轻的，给予警告或者严重警告处分；情节较重的，给予撤销党内职务或者留党察看处分；情节严重的，给予开除党籍处分。

**第六十二条**　对信仰宗教的党员，应当加强思想教育，经党组织帮助教育仍没有转变的，应当劝其退党；劝而不退的，予以除名；参与利用宗教搞煽动活动的，给予开除党籍处分。

**第六十三条**　组织迷信活动的，给予撤销党内职务或者留党察看处分；情节严重的，给予开除党籍处分。

参加迷信活动，造成不良影响的，给予警告或者严重警告处分；情节较重的，给予撤销党内职务或者留党察看处分；情节严重的，给予开除党籍处分。

对不明真相的参加人员，经批评教育后确有悔改表现的，可以免予处分或者不予处分。

**第六十四条**　组织、利用宗族势力对抗党和政府，妨碍党和国家的方针政策以及决策部署的实施，或者破坏党的基层组织建设的，对策划者、组织者和骨干分子，给予开除党籍处分。

对其他参加人员，给予撤销党内职务或者留党察看处分；情节严重的，给予开除党籍处分。

对不明真相被裹挟参加，经批评教育后确有悔改表现的，可以免予处分或者不予处分。

**第六十五条** 在国（境）外、外国驻华使（领）馆申请政治避难，或者违纪后逃往国（境）外、外国驻华使（领）馆的，给予开除党籍处分。

在国（境）外公开发表反对党和政府的文章、演说、宣言、声明等的，依照前款规定处理。

故意为上述行为提供方便条件的，给予留党察看或者开除党籍处分。

**第六十六条** 在涉外活动中，其言行在政治上造成恶劣影响，损害党和国家尊严、利益的，给予撤销党内职务或者留党察看处分；情节严重的，给予开除党籍处分。

**第六十七条** 不履行全面从严治党主体责任、监督责任或者履行全面从严治党主体责任、监督责任不力，给党组织造成严重损害或者严重不良影响的，对直接责任者和领导责任者，给予警告或者严重警告处分；情节严重的，给予撤销党内职务或者留党察看处分。

**第六十八条** 党员领导干部对违反政治纪律和政治规矩等错误思想和行为不报告、不抵制、不斗争，放任不管，搞无原则一团和气，造成不良影响的，给予警告或者严重警告处分；情节严重的，给予撤销党内职务或者留党察看处分。

**第六十九条** 违反党的优良传统和工作惯例等党的规矩，在政治上造成不良影响的，给予警告或者严重警告处分；情节较重的，给予撤销党内职务或者留党察看处分；情节严重的，给予开除党籍处分。

## 第七章　对违反组织纪律行为的处分

**第七十条** 违反民主集中制原则，有下列行为之一的，给予警告或者严重警告处分；情节严重的，给予撤销党内职务或者留党察看处分：

（一）拒不执行或者擅自改变党组织作出的重大决定的；

（二）违反议事规则，个人或者少数人决定重大问题的；

（三）故意规避集体决策，决定重大事项、重要干部任免、重要项目安排和大额资金使用的；

（四）借集体决策名义集体违规的。

**第七十一条** 下级党组织拒不执行或者擅自改变上级党组织决定的，对直接责任者和领导责任者，给予警告或者严重警告处分；情节严重的，给予撤销党内职务或者留党察看处分。

**第七十二条** 拒不执行党组织的分配、调动、交流等决定的，给予警告、严重警告或者撤销党内职务处分。

在特殊时期或者紧急状况下，拒不执行党组织决定的，给予留党察看或者开除党籍处分。

**第七十三条** 有下列行为之一，情节较重的，给予警告或者严重警告处分：

（一）违反个人有关事项报告规定，隐瞒不报的；

（二）在组织进行谈话、函询时，不如实向组织说明问题的；

（三）不按要求报告或者不如实报告个人去向的；

（四）不如实填报个人档案资料的。

篡改、伪造个人档案资料的，给予严重警告处分；情节严重的，给予撤销党内职务或者留党察看处分。

隐瞒入党前严重错误的，一般应当予以除名；对入党后表现尚好的，给予严重警告、撤销党内职务或者留党察看处分。

**第七十四条** 党员领导干部违反有关规定组织、参加自发成立的老乡会、校友会、战友会等，情节严重的，给予警告、严重警告或者撤销党内职务处分。

**第七十五条** 有下列行为之一的，给予警告或者严重警告处分；情节较重的，给予撤销党内职务或者留党察看处分；情节严重的，给予开除党籍处分：

（一）在民主推荐、民主测评、组织考察和党内选举中搞拉票、助选等非组织活动的；

（二）在法律规定的投票、选举活动中违背组织原则搞非组织活动，组织、怂恿、诱使他人投票、表决的；

（三）在选举中进行其他违反党章、其他党内法规和有关章程活动的。

搞有组织的拉票贿选，或者用公款拉票贿选的，从重或者加重处分。

**第七十六条**　在干部选拔任用工作中，有任人唯亲、排斥异己、封官许愿、说情干预、跑官要官、突击提拔或者调整干部等违反干部选拔任用规定行为，对直接责任者和领导责任者，情节较轻的，给予警告或者严重警告处分；情节较重的，给予撤销党内职务或者留党察看处分；情节严重的，给予开除党籍处分。

用人失察失误造成严重后果的，对直接责任者和领导责任者，依照前款规定处理。

**第七十七条**　在干部、职工的录用、考核、职务晋升、职称评定和征兵、安置复转军人等工作中，隐瞒、歪曲事实真相，或者利用职权或者职务上的影响违反有关规定为本人或者其他人谋取利益的，给予警告或者严重警告处分；情节较重的，给予撤销党内职务或者留党察看处分；情节严重的，给予开除党籍处分。

弄虚作假，骗取职务、职级、职称、待遇、资格、学历、学位、荣誉或者其他利益的，依照前款规定处理。

**第七十八条**　侵犯党员的表决权、选举权和被选举权，情节较重的，给予警告或者严重警告处分；情节严重的，给予撤销党内职务处分。

以强迫、威胁、欺骗、拉拢等手段，妨害党员自主行使表决权、选举权和被选举权的，给予撤销党内职务、留党察看或者开除党籍处分。

**第七十九条** 有下列行为之一的，给予警告或者严重警告处分；情节较重的，给予撤销党内职务或者留党察看处分；情节严重的，给予开除党籍处分：

（一）对批评、检举、控告进行阻挠、压制，或者将批评、检举、控告材料私自扣压、销毁，或者故意将其泄露给他人的；

（二）对党员的申辩、辩护、作证等进行压制，造成不良后果的；

（三）压制党员申诉，造成不良后果的，或者不按照有关规定处理党员申诉的；

（四）有其他侵犯党员权利行为，造成不良后果的。

对批评人、检举人、控告人、证人及其他人员打击报复的，从重或者加重处分。

党组织有上述行为的，对直接责任者和领导责任者，依照第一款规定处理。

**第八十条** 违反党章和其他党内法规的规定，采取弄虚作假或者其他手段把不符合党员条件的人发展为党员，或者为非党员出具党员身份证明的，对直接责任者和领导责任者，给予警告或者严重警告处分；情节严重的，给予撤销党内职务处分。

违反有关规定程序发展党员的，对直接责任者和领导责任者，依照前款规定处理。

**第八十一条** 违反有关规定取得外国国籍或者获取国（境）外永久居留资格、长期居留许可的，给予撤销党内职务、留党察看或者开除党籍处分。

**第八十二条** 违反有关规定办理因私出国（境）证件、前往港澳通行证，或者未经批准出入国（边）境，情节较轻的，给予警告或者严重警告处分；情节较重的，给予撤销党内职务处分；情节严重的，给予留党察看处分。

**第八十三条** 驻外机构或者临时出国（境）团（组）中的党员擅自脱离组织，或者从事外事、机要、军事等工作的党员违反有关规定同国（境）外机构、人员联系和交往的，给予警告、严重警告或者撤销党内职务处分。

**第八十四条** 驻外机构或者临时出国（境）团（组）中的党员，脱离组织出走时间不满六个月又自动回归的，给予撤销党内职务或者留党察看处分；脱离组织出走时间超过六个月的，按照自行脱党处理，党内予以除名。

故意为他人脱离组织出走提供方便条件的，给予警告、严重警告或者撤销党内职务处分。

## 第八章　对违反廉洁纪律行为的处分

**第八十五条** 党员干部必须正确行使人民赋予的权力，清正廉洁，反对任何滥用职权、谋求私利的行为。

利用职权或者职务上的影响为他人谋取利益，本人的配偶、子女及其配偶等亲属和其他特定关系人收受对方财物，情节较重的，给予警告或者严重警告处分；情节严重的，给予撤销党内职务、留党察看或者开除党籍处分。

**第八十六条** 相互利用职权或者职务上的影响为对方及其配偶、子女及其配偶等亲属、身边工作人员和其他特定关系人谋取利益搞权权交易的，给予警告或者严重警告处分；情节较重的，给予撤销党内职务或者留党察看处分；情节严重的，给予开除党籍处分。

**第八十七条** 纵容、默许配偶、子女及其配偶等亲属、身边工作人员和其他特定关系人利用党员干部本人职权或者职务上的影响谋取私利，情节较轻的，给予警告或者严重警告处分；情节较重的，给予撤销党内职务或者留党察看处分；情节严重的，给予开除党籍处分。

党员干部的配偶、子女及其配偶等亲属和其他特定关系人不实际工作而获取薪酬或者虽实际工作但领取明显超出同职级标准薪酬，党员干部知情未予纠正的，依照前款规定处理。

**第八十八条** 收受可能影响公正执行公务的礼品、礼金、消费卡和有价证券、股权、其他金融产品等财物，情节较轻的，给予警告或者严重警告处分；情节较重的，给予撤销党内职务或者留党察看处分；情节严重的，给予开除党籍处分。

收受其他明显超出正常礼尚往来的财物的，依照前款规定处理。

**第八十九条** 向从事公务的人员及其配偶、子女及其配偶等亲属和其他特定关系人赠送明显超出正常礼尚往来的礼品、礼金、消费卡和有价证券、股权、其他金融产品等财物，情节较重的，给予警告或者严重警告处分；情节严重的，给予撤销党内职务或者留党察看处分。

**第九十条** 借用管理和服务对象的钱款、住房、车辆等，影响公正执行公务，情节较重的，给予警告或者严重警告处分；情节严重的，给予撤销党内职务、留党察看或者开除党籍处分。

通过民间借贷等金融活动获取大额回报，影响公正执行公务的，依照前款规定处理。

**第九十一条** 利用职权或者职务上的影响操办婚丧喜庆事宜，在社会上造成不良影响的，给予警告或者严重警告处分；情节严重的，给予撤销党内职务处分；借机敛财或者有其他侵犯国家、集体和人民利益行为的，从重或者加重处分，直至开除党籍。

**第九十二条** 接受、提供可能影响公正执行公务的宴请或者旅游、健身、娱乐等活动安排，情节较重的，给予警告或者严重警告处分；情节严重的，给予撤销党内职务或者留党察看处分。

**第九十三条** 违反有关规定取得、持有、实际使用运动健身卡、会所和俱乐部会员卡、高尔夫球卡等各种消费卡，或者违反有关规定出入私人会所，情节较重的，给予警告或者严重警告处分；情节严重的，给予撤销党内职务或者留党察看处分。

**第九十四条** 违反有关规定从事营利活动，有下列行为之一，情节较轻的，给予警告或者严重警告处分；情节较重的，给予撤销党内职务或者留党察看处分；情节严重的，给予开除党籍处分：

（一）经商办企业的；

（二）拥有非上市公司（企业）的股份或者证券的；

（三）买卖股票或者进行其他证券投资的；

（四）从事有偿中介活动的；

（五）在国（境）外注册公司或者投资入股的；

（六）有其他违反有关规定从事营利活动的。

利用参与企业重组改制、定向增发、兼并投资、土地使用权出让等决策、审批过程中掌握的信息买卖股票，利用职权或者职务上的影响通过购买信托产品、基金等方式非正常获利的，依照前款规定处理。

违反有关规定在经济组织、社会组织等单位中兼职，或者经批准兼职但获取薪酬、奖金、津贴等额外利益的，依照第一款规定处理。

**第九十五条**　利用职权或者职务上的影响，为配偶、子女及其配偶等亲属和其他特定关系人在审批监管、资源开发、金融信贷、大宗采购、土地使用权出让、房地产开发、工程招投标以及公共财政支出等方面谋取利益，情节较轻的，给予警告或者严重警告处分；情节较重的，给予撤销党内职务或者留党察看处分；情节严重的，给予开除党籍处分。

利用职权或者职务上的影响，为配偶、子女及其配偶等亲属和其他特定关系人吸收存款、推销金融产品等提供帮助谋取利益的，依照前款规定处理。

**第九十六条**　党员领导干部离职或者退（离）休后违反有关规定接受原任职务管辖的地区和业务范围内的企业和中介机构的聘任，或者个人从事与原任职务管辖业务相关的营利活动，情节较轻的，给予警告或者严重警告处分；情节较重的，给予撤销党内职务处分；情节严重的，给予留党察看处分。

党员领导干部离职或者退（离）休后违反有关规定担任上市公司、基金管理公司独立董事、独立监事等职务，情节较轻的，给予警告或者严重警告处分；情节较重的，给予撤销党内职务处分；情节严重的，给予留党察看处分。

**第九十七条**　党员领导干部的配偶、子女及其配偶，违反有关规定在该党员领导干部管辖的地区和业务范围内从事可能影响其公正执行公务的经营活动，或者在该党员领导干部管辖的地区和业务范围内的外商独资企业、中外合资企业中担任由外方委派、聘任的高级职务或者违规任职、兼职取酬的，该党员领导干部应当按照规定予以纠正；拒不纠正的，其本人应当辞去现任职务或者由组织予以调整职务；不辞去现任职务或者不服从组织调整职务的，给予撤销党内职务处分。

**第九十八条** 党和国家机关违反有关规定经商办企业的，对直接责任者和领导责任者，给予警告或者严重警告处分；情节严重的，给予撤销党内职务处分。

**第九十九条** 党员领导干部违反工作、生活保障制度，在交通、医疗、警卫等方面为本人、配偶、子女及其配偶等亲属和其他特定关系人谋求特殊待遇，情节较重的，给予警告或者严重警告处分；情节严重的，给予撤销党内职务或者留党察看处分。

**第一百条** 在分配、购买住房中侵犯国家、集体利益，情节较轻的，给予警告或者严重警告处分；情节较重的，给予撤销党内职务或者留党察看处分；情节严重的，给予开除党籍处分。

**第一百零一条** 利用职权或者职务上的影响，侵占非本人经管的公私财物，或者以象征性地支付钱款等方式侵占公私财物，或者无偿、象征性地支付报酬接受服务、使用劳务，情节较轻的，给予警告或者严重警告处分；情节较重的，给予撤销党内职务或者留党察看处分；情节严重的，给予开除党籍处分。

利用职权或者职务上的影响，将本人、配偶、子女及其配偶等亲属应当由个人支付的费用，由下属单位、其他单位或者他人支付、报销的，依照前款规定处理。

**第一百零二条** 利用职权或者职务上的影响，违反有关规定占用公物归个人使用，时间超过六个月，情节较重的，给予警告或者严重警告处分；情节严重的，给予撤销党内职务处分。

占用公物进行营利活动的，给予警告或者严重警告处分；情节较重的，给予撤销党内职务或者留党察看处分；情节严重的，给予开除党籍处分。

将公物借给他人进行营利活动的，依照前款规定处理。

**第一百零三条** 违反有关规定组织、参加用公款支付的宴请、高消费娱乐、健身活动，或者用公款购买赠送或者发放礼品、消费卡（券）等，对直接责任者和领导责任者，情节较轻的，给予警告或者严重警告处分；情节较重的，给予撤销党内职务或者留党察看处分；情节严重的，给予开除党籍处分。

**第一百零四条** 违反有关规定自定薪酬或者滥发津贴、补贴、奖金等，对直接责任者和领导责任者，情节较轻的，给予警告或者严重警告处分；情节较重的，给予撤销党内职务或者留党察看处分；情节严重的，给予开除党籍处分。

**第一百零五条** 有下列行为之一，对直接责任者和领导责任者，情节较轻的，给予警告或者严重警告处分；情节较重的，给予撤销党内职务或者留党察看处分；情节严重的，给予开除党籍处分：

（一）公款旅游或者以学习培训、考察调研、职工疗养等为名变相公款旅游的；

（二）改变公务行程，借机旅游的；

（三）参加所管理企业、下属单位组织的考察活动，借机旅游的。

以考察、学习、培训、研讨、招商、参展等名义变相用公款出国（境）旅游的，依照前款规定处理。

**第一百零六条** 违反公务接待管理规定，超标准、超范围接待或者借机大吃大喝，对直接责任者和领导责任者，情节较重的，给予警告或者严重警告处分；情节严重的，给予撤销党内职务处分。

**第一百零七条** 违反有关规定配备、购买、更换、装饰、使用公务交通工具或者有其他违反公务交通工具管理规定的行为，对直接责任者和领导责任者，情节较重的，给予警告或者严重警告处分；情节严重的，给予撤销党内职务或者留党察看处分。

**第一百零八条** 违反会议活动管理规定，有下列行为之一，对直接责任者和领导责任者，情节较重的，给予警告或者严重警告处分；

情节严重的，给予撤销党内职务处分：

（一）到禁止召开会议的风景名胜区开会的；

（二）决定或者批准举办各类节会、庆典活动的。

擅自举办评比达标表彰活动或者借评比达标表彰活动收取费用的，依照前款规定处理。

**第一百零九条** 违反办公用房管理等规定，有下列行为之一，对直接责任者和领导责任者，情节较重的，给予警告或者严重警告处分；情节严重的，给予撤销党内职务处分：

（一）决定或者批准兴建、装修办公楼、培训中心等楼堂馆所的；

（二）超标准配备、使用办公用房的；

（三）用公款包租、占用客房或者其他场所供个人使用的。

**第一百一十条** 搞权色交易或者给予财物搞钱色交易的，给予警告或者严重警告处分；情节较重的，给予撤销党内职务或者留党察看处分；情节严重的，给予开除党籍处分。

**第一百一十一条** 有其他违反廉洁纪律规定行为的，应当视具体情节给予警告直至开除党籍处分。

## 第九章　对违反群众纪律行为的处分

**第一百一十二条** 有下列行为之一，对直接责任者和领导责任者，情节较轻的，给予警告或者严重警告处分；情节较重的，给予撤销党内职务或者留党察看处分；情节严重的，给予开除党籍处分：

（一）超标准、超范围向群众筹资筹劳、摊派费用，加重群众负担的；

（二）违反有关规定扣留、收缴群众款物或者处罚群众的；

（三）克扣群众财物，或者违反有关规定拖欠群众钱款的；

（四）在管理、服务活动中违反有关规定收取费用的；

（五）在办理涉及群众事务时刁难群众、吃拿卡要的；

（六）有其他侵害群众利益行为的。

在扶贫领域有上述行为的，从重或者加重处分。

**第一百一十三条** 干涉生产经营自主权，致使群众财产遭受较大损失的，对直接责任者和领导责任者，给予警告或者严重警告处分；情节严重的，给予撤销党内职务或者留党察看处分。

**第一百一十四条** 在社会保障、政策扶持、扶贫脱贫、救灾救济款物分配等事项中优亲厚友、明显有失公平的，给予警告或者严重警告处分；情节较重的，给予撤销党内职务或者留党察看处分；情节严重的，给予开除党籍处分。

**第一百一十五条** 利用宗族或者黑恶势力等欺压群众，或者纵容涉黑涉恶活动、为黑恶势力充当“保护伞”的，给予撤销党内职务或者留党察看处分；情节严重的，给予开除党籍处分。

**第一百一十六条** 有下列行为之一，对直接责任者和领导责任者，情节较重的，给予警告或者严重警告处分；情节严重的，给予撤销党内职务或者留党察看处分：

（一）对涉及群众生产、生活等切身利益的问题依照政策或者有关规定能解决而不及时解决，庸懒无为、效率低下，造成不良影响的；

（二）对符合政策的群众诉求消极应付、推诿扯皮，损害党群、干群关系的；

（三）对待群众态度恶劣、简单粗暴，造成不良影响的；

（四）弄虚作假，欺上瞒下，损害群众利益的；

（五）有其他不作为、乱作为等损害群众利益行为的。

**第一百一十七条** 盲目举债、铺摊子、上项目，搞劳民伤财的“形象工程”、“政绩工程”，致使国家、集体或者群众财产和利益遭受较大损失的，对直接责任者和领导责任者，给予警告或者严重警告处分；情节严重的，给予撤销党内职务、留党察看或者开除党籍处分。

**第一百一十八条** 遇到国家财产和群众生命财产受到严重威胁时，能救而不救，情节较重的，给予警告、严重警告或者撤销党内职务处分；情节严重的，给予留党察看或者开除党籍处分。

**第一百一十九条** 不按照规定公开党务、政务、厂务、村（居）

务等，侵犯群众知情权，对直接责任者和领导责任者，情节较重的，给予警告或者严重警告处分；情节严重的，给予撤销党内职务或者留党察看处分。

**第一百二十条** 有其他违反群众纪律规定行为的，应当视具体情节给予警告直至开除党籍处分。

## 第十章 对违反工作纪律行为的处分

**第一百二十一条** 工作中不负责任或者疏于管理，贯彻执行、检查督促落实上级决策部署不力，给党、国家和人民利益以及公共财产造成较大损失的，对直接责任者和领导责任者，给予警告或者严重警告处分；造成重大损失的，给予撤销党内职务、留党察看或者开除党籍处分。

贯彻创新、协调、绿色、开放、共享的发展理念不力，对职责范围内的问题失察失责，造成较大损失或者重大损失的，从重或者加重处分。

**第一百二十二条** 有下列行为之一，造成严重不良影响，对直接责任者和领导责任者，情节较轻的，给予警告或者严重警告处分；情节较重的，给予撤销党内职务或者留党察看处分；情节严重的，给予开除党籍处分：

（一）贯彻党中央决策部署只表态不落实的；

（二）热衷于搞舆论造势、浮在表面的；

（三）单纯以会议贯彻会议、以文件落实文件，在实际工作中不见诸行动的；

（四）工作中有其他形式主义、官僚主义行为的。

**第一百二十三条** 党组织有下列行为之一，对直接责任者和领导责任者，情节较重的，给予警告或者严重警告处分；情节严重的，给予撤销党内职务或者留党察看处分：

（一）党员被依法判处刑罚后，不按照规定给予党纪处分，或者对违反国家法律法规的行为，应当给予党纪处分而不处分的；

（二）党纪处分决定或者申诉复查决定作出后，不按照规定落实决定中关于被处分人党籍、职务、职级、待遇等事项的；

（三）党员受到党纪处分后，不按照干部管理权限和组织关系对受处分党员开展日常教育、管理和监督工作的。

**第一百二十四条** 因工作不负责任致使所管理的人员叛逃的，对直接责任者和领导责任者，给予警告或者严重警告处分；情节严重的，给予撤销党内职务处分。

因工作不负责任致使所管理的人员出走，对直接责任者和领导责任者，情节较重的，给予警告或者严重警告处分；情节严重的，给予撤销党内职务处分。

**第一百二十五条** 在上级检查、视察工作或者向上级汇报、报告工作时对应当报告的事项不报告或者不如实报告，造成严重损害或者严重不良影响的，对直接责任者和领导责任者，给予警告或者严重警告处分；情节严重的，给予撤销党内职务或者留党察看处分。

在上级检查、视察工作或者向上级汇报、报告工作时纵容、唆使、暗示、强迫下级说假话、报假情的，从重或者加重处分。

**第一百二十六条** 党员领导干部违反有关规定干预和插手市场经济活动，有下列行为之一，造成不良影响的，给予警告或者严重警告处分；情节较重的，给予撤销党内职务或者留党察看处分；情节严重的，给予开除党籍处分：

（一）干预和插手建设工程项目承发包、土地使用权出让、政府采购、房地产开发与经营、矿产资源开发利用、中介机构服务等活动的；

（二）干预和插手国有企业重组改制、兼并、破产、产权交易、清产核资、资产评估、资产转让、重大项目投资以及其他重大经营活动等事项的；

（三）干预和插手批办各类行政许可和资金借贷等事项的；

（四）干预和插手经济纠纷的；

（五）干预和插手集体资金、资产和资源的使用、分配、承包、租赁等事项的。

**第一百二十七条** 党员领导干部违反有关规定干预和插手司法活动、执纪执法活动，向有关地方或者部门打听案情、打招呼、说情，或者以其他方式对司法活动、执纪执法活动施加影响，情节较轻的，给予严重警告处分；情节较重的，给予撤销党内职务或者留党察看处分；情节严重的，给予开除党籍处分。

党员领导干部违反有关规定干预和插手公共财政资金分配、项目立项评审、政府奖励表彰等活动，造成重大损失或者不良影响的，依照前款规定处理。

**第一百二十八条** 泄露、扩散或者打探、窃取党组织关于干部选拔任用、纪律审查、巡视巡察等尚未公开事项或者其他应当保密的内容的，给予警告或者严重警告处分；情节较重的，给予撤销党内职务或者留党察看处分；情节严重的，给予开除党籍处分。

私自留存涉及党组织关于干部选拔任用、纪律审查、巡视巡察等方面资料，情节较重的，给予警告或者严重警告处分；情节严重的，给予撤销党内职务处分。

**第一百二十九条** 在考试、录取工作中，有泄露试题、考场舞弊、涂改考卷、违规录取等违反有关规定行为的，给予警告或者严重警告处分；情节较重的，给予撤销党内职务或者留党察看处分；情节严重的，给予开除党籍处分。

**第一百三十条** 以不正当方式谋求本人或者其他人用公款出国（境），情节较轻的，给予警告处分；情节较重的，给予严重警告处分；情节严重的，给予撤销党内职务处分。

**第一百三十一条** 临时出国（境）团（组）或者人员中的党员，擅自延长在国（境）外期限，或者擅自变更路线的，对直接责任者和领导责任者，给予警告或者严重警告处分；情节严重的，给予撤销党内职务处分。

**第一百三十二条** 驻外机构或者临时出国（境）团（组）中的党员，触犯驻在国家、地区的法律、法令或者不尊重驻在国家、地区的宗教习俗，情节较重的，给予警告或者严重警告处分；情节严重的，给予撤销党内职务、留党察看或者开除党籍处分。

**第一百三十三条** 在党的纪律检查、组织、宣传、统一战线工作以及机关工作等其他工作中，不履行或者不正确履行职责，造成损失或者不良影响的，应当视具体情节给予警告直至开除党籍处分。

## 第十一章 对违反生活纪律行为的处分

**第一百三十四条** 生活奢靡、贪图享乐、追求低级趣味，造成不良影响的，给予警告或者严重警告处分；情节严重的，给予撤销党内职务处分。

**第一百三十五条** 与他人发生不正当性关系，造成不良影响的，给予警告或者严重警告处分；情节较重的，给予撤销党内职务或者留党察看处分；情节严重的，给予开除党籍处分。

利用职权、教养关系、从属关系或者其他相类似关系与他人发生性关系的，从重处分。

**第一百三十六条** 党员领导干部不重视家风建设，对配偶、子女及其配偶失管失教，造成不良影响或者严重后果的，给予警告或者严重警告处分；情节严重的，给予撤销党内职务处分。

**第一百三十七条** 违背社会公序良俗，在公共场所有不当行为，造成不良影响的，给予警告或者严重警告处分；情节较重的，给予撤销党内职务或者留党察看处分；情节严重的，给予开除党籍处分。

**第一百三十八条** 有其他严重违反社会公德、家庭美德行为的，应当视具体情节给予警告直至开除党籍处分。

# 第三编 附 则

**第一百三十九条** 各省、自治区、直辖市党委可以根据本条例，结合各自工作的实际情况，制定单项实施规定。

**第一百四十条** 中央军事委员会可以根据本条例，结合中国人民解放军和中国人民武装警察部队的实际情况，制定补充规定或者单项规定。

**第一百四十一条** 本条例由中央纪律检查委员会负责解释。

**第一百四十二条** 本条例自 2018 年 10 月 1 日起施行。

本条例施行前，已结案的案件如需进行复查复议，适用当时的规定或者政策。尚未结案的案件，如果行为发生时的规定或者政策不认为是违纪，而本条例认为是违纪的，依照当时的规定或者政策处理；如果行为发生时的规定或者政策认为是违纪的，依照当时的规定或者政策处理，但是如果本条例不认为是违纪或者处理较轻的，依照本条例规定处理。

# 中国共产党党内监督条例

（2016 年 10 月 27 日中国共产党第十八届中央委员会第六次全体会议通过）

## 第一章　总　　则

**第一条** 为坚持党的领导，加强党的建设，全面从严治党，强化党内监督，保持党的先进性和纯洁性，根据《中国共产党章程》，制定本条例。

**第二条** 党内监督以马克思列宁主义、毛泽东思想、邓小平理论、“三个代表”重要思想、科学发展观为指导，深入贯彻习近平总书记系列重要讲话精神，围绕统筹推进“五位一体”总体布局和协调推进“四个全面”战略布局，尊崇党章，依规治党，坚持党内监督和人民群众监督相结合，增强党在长期执政条件下自我净化、自我完善、自我革新、自我提高能力，确保党始终成为中国特色社会主义事业的坚强领导核心。

**第三条** 党内监督没有禁区、没有例外。信任不能代替监督。各级党组织应当把信任激励同严格监督结合起来，促使党的领导干部做到有权必有责、有责要担当，用权受监督、失责必追究。

**第四条** 党内监督必须贯彻民主集中制，依规依纪进行，强化自上而下的组织监督，改进自下而上的民主监督，发挥同级相互监督作用。坚持惩前毖后、治病救人，抓早抓小、防微杜渐。

**第五条** 党内监督的任务是确保党章党规党纪在全党有效执行，维护党的团结统一，重点解决党的领导弱化、党的建设缺失、全面从严治党不力，党的观念淡漠、组织涣散、纪律松弛，管党治党宽松软问题，保证党的组织充分履行职能、发挥核心作用，保证全体党员发挥先锋模范作用，保证党的领导干部忠诚干净担当。

党内监督的主要内容是：

（一）遵守党章党规，坚定理想信念，践行党的宗旨，模范遵守宪法法律情况；

（二）维护党中央集中统一领导，牢固树立政治意识、大局意识、核心意识、看齐意识，贯彻落实党的理论和路线方针政策，确保全党令行禁止情况；

（三）坚持民主集中制，严肃党内政治生活，贯彻党员个人服从党的组织，少数服从多数，下级组织服从上级组织，全党各个组织和全体党员服从党的全国代表大会和中央委员会原则情况；

（四）落实全面从严治党责任，严明党的纪律特别是政治纪律和政治规矩，推进党风廉政建设和反腐败工作情况；

（五）落实中央八项规定精神，加强作风建设，密切联系群众，巩固党的执政基础情况；

（六）坚持党的干部标准，树立正确选人用人导向，执行干部选拔任用工作规定情况；

（七）廉洁自律、秉公用权情况；

（八）完成党中央和上级党组织部署的任务情况。

**第六条** 党内监督的重点对象是党的领导机关和领导干部特别是主要领导干部。

**第七条** 党内监督必须把纪律挺在前面，运用监督执纪“四种形态”，经常开展批评和自我批评、约谈函询，让“红红脸、出出汗”

成为常态；党纪轻处分、组织调整成为违纪处理的大多数；党纪重处分、重大职务调整的成为少数；严重违纪涉嫌违法立案审查的成为极少数。

**第八条** 党的领导干部应当强化自我约束，经常对照党章检查自己的言行，自觉遵守党内政治生活准则、廉洁自律准则，加强党性修养，陶冶道德情操，永葆共产党人政治本色。

**第九条** 建立健全党中央统一领导，党委（党组）全面监督，纪律检查机关专责监督，党的工作部门职能监督，党的基层组织日常监督，党员民主监督的党内监督体系。

## 第二章 党的中央组织的监督

**第十条** 党的中央委员会、中央政治局、中央政治局常务委员会全面领导党内监督工作。中央委员会全体会议每年听取中央政治局工作报告，监督中央政治局工作，部署加强党内监督的重大任务。

**第十一条** 中央政治局、中央政治局常务委员会定期研究部署在全党开展学习教育，以整风精神查找问题、纠正偏差；听取和审议全党落实中央八项规定精神情况汇报，加强作风建设情况监督检查；听取中央纪律检查委员会常务委员会工作汇报；听取中央巡视情况汇报，在一届任期内实现中央巡视全覆盖。中央政治局每年召开民主生活会，进行对照检查和党性分析，研究加强自身建设措施。

**第十二条** 中央委员会成员必须严格遵守党的政治纪律和政治规矩，发现其他成员有违反党章、破坏党的纪律、危害党的团结统一的行为应当坚决抵制，并及时向党中央报告。对中央政治局委员的意见，署真实姓名以书面形式或者其他形式向中央政治局常务委员会或者中央纪律检查委员会常务委员会反映。

**第十三条** 中央政治局委员应当加强对直接分管部门、地方、领域党组织和领导班子成员的监督，定期同有关地方和部门主要负责人就其履行全面从严治党责任、廉洁自律等情况进行谈话。

**第十四条** 中央政治局委员应当严格执行中央八项规定，自觉参加双重组织生活，如实向党中央报告个人重要事项。带头树立良好家风，加强对亲属和身边工作人员的教育和约束，严格要求配偶、子女及其配偶不得违规经商办企业，不得违规任职、兼职取酬。

## 第三章　党委（党组）的监督

**第十五条**　党委（党组）在党内监督中负主体责任，书记是第一责任人，党委常委会委员（党组成员）和党委委员在职责范围内履行监督职责。党委（党组）履行以下监督职责：

（一）领导本地区本部门本单位党内监督工作，组织实施各项监督制度，抓好督促检查；

（二）加强对同级纪委和所辖范围内纪律检查工作的领导，检查其监督执纪问责工作情况；

（三）对党委常委会委员（党组成员）、党委委员，同级纪委、党的工作部门和直接领导的党组织领导班子及其成员进行监督；

（四）对上级党委、纪委工作提出意见和建议，开展监督。

**第十六条**　党的工作部门应当严格执行各项监督制度，加强职责范围内党内监督工作，既加强对本部门本单位的内部监督，又强化对本系统的日常监督。

**第十七条**　党内监督必须加强对党组织主要负责人和关键岗位领导干部的监督，重点监督其政治立场、加强党的建设、从严治党，执行党的决议，公道正派选人用人，责任担当、廉洁自律，落实意识形态工作责任制情况。

上级党组织特别是其主要负责人，对下级党组织主要负责人应当平时多过问、多提醒，发现问题及时纠正。领导班子成员发现班子主要负责人存在问题，应当及时向其提出，必要时可以直接向上级党组织报告。

党组织主要负责人个人有关事项应当在党内一定范围公开，主动接受监督。

**第十八条**　党委（党组）应当加强对领导干部的日常管理监督，

掌握其思想、工作、作风、生活状况。党的领导干部应当经常开展批评和自我批评，敢于正视、深刻剖析、主动改正自己的缺点错误；对同志的缺点错误应当敢于指出，帮助改进。

**第十九条** 巡视是党内监督的重要方式。中央和省、自治区、直辖市党委一届任期内，对所管理的地方、部门、企事业单位党组织全面巡视。巡视党的组织和党的领导干部尊崇党章、党的领导、党的建设和党的路线方针政策落实情况，履行全面从严治党责任、执行党的纪律、落实中央八项规定精神、党风廉政建设和反腐败工作以及选人用人情况。发现问题、形成震慑，推动改革、促进发展，发挥从严治党利剑作用。

中央巡视工作领导小组应当加强对省、自治区、直辖市党委，中央有关部委，中央国家机关部门党组（党委）巡视工作的领导。省、自治区、直辖市党委应当推动党的市（地、州、盟）和县（市、区、旗）委员会建立巡察制度，使从严治党向基层延伸。

**第二十条** 严格党的组织生活制度，民主生活会应当经常化，遇到重要或者普遍性问题应当及时召开。民主生活会重在解决突出问题，领导干部应当在会上把群众反映、巡视反馈、组织约谈函询的问题说清楚、谈透彻，开展批评和自我批评，提出整改措施，接受组织监督。上级党组织应当加强对下级领导班子民主生活会的指导和监督，提高民主生活会质量。

**第二十一条** 坚持党内谈话制度，认真开展提醒谈话、诫勉谈话。发现领导干部有思想、作风、纪律等方面苗头性、倾向性问题的，有关党组织负责人应当及时对其提醒谈话；发现轻微违纪问题的，上级党组织负责人应当对其诫勉谈话，并由本人作出说明或者检讨，经所在党组织主要负责人签字后报上级纪委和组织部门。

**第二十二条** 严格执行干部考察考核制度，全面考察德、能、勤、绩、廉表现，既重政绩又重政德，重点考察贯彻执行党中央和上级党组织决策部署的表现，履行管党治党责任，在重大原则问题上的立场，对待人民群众的态度，完成急难险重任务的情况。考察考核中党组织主要负责人应当对班子成员实事求是作出评价。考核评语在同本人见面后载入干部档案。落实党组织主要负责人在干部选任、考察、决策等各个环节的责任，对失察失责的应当严肃追究责任。

**第二十三条** 党的领导干部应当每年在党委常委会（或党组）扩大会议上述责述廉，接受评议。述责述廉重点是执行政治纪律和政治规矩、履行管党治党责任、推进党风廉政建设和反腐败工作以及执行廉洁纪律情况。述责述廉报告应当载入廉洁档案，并在一定范围内公开。

**第二十四条** 坚持和完善领导干部个人有关事项报告制度，领导干部应当按规定如实报告个人有关事项，及时报告个人及家庭重大情况，事先请示报告离开岗位或者工作所在地等。有关部门应当加强抽查核实。对故意虚报瞒报个人重大事项、篡改伪造个人档案资料的，一律严肃查处。

**第二十五条** 建立健全党的领导干部插手干预重大事项记录制度，发现利用职务便利违规干预干部选拔任用、工程建设、执纪执法、司法活动等问题，应当及时向上级党组织报告。

## 第四章 党的纪律检查委员会的监督

**第二十六条** 党的各级纪律检查委员会是党内监督的专责机关，履行监督执纪问责职责，加强对所辖范围内党组织和领导干部遵守党章党规党纪、贯彻执行党的路线方针政策情况的监督检查，承担下列具体任务：

（一）加强对同级党委特别是常委会委员、党的工作部门和直接领导的党组织、党的领导干部履行职责、行使权力情况的监督；

（二）落实纪律检查工作双重领导体制，执纪审查工作以上级纪委领导为主，线索处置和执纪审查情况在向同级党委报告的同时向上级纪委报告，各级纪委书记、副书记的提名和考察以上级纪委会同组织部门为主；

（三）强化上级纪委对下级纪委的领导，纪委发现同级党委主要领导干部的问题，可以直接向上级纪委报告；下级纪委至少每半年向上级纪委报告1次工作，每年向上级纪委进行述职。

**第二十七条** 纪律检查机关必须把维护党的政治纪律和政治规矩放在首位，坚决纠正和查处上有政策、下有对策，有令不行、有禁不止，口是心非、阳奉阴违，搞团团伙伙、拉帮结派，欺骗组织、对抗组织等行为。

**第二十八条** 纪委派驻纪检组对派出机关负责，加强对被监督单位领导班子及其成员、其他领导干部的监督，发现问题应当及时向派出机关和被监督单位党组织报告，认真负责调查处置，对需要问责的提出建议。

派出机关应当加强对派驻纪检组工作的领导，定期约谈被监督单位党组织主要负责人、派驻纪检组组长，督促其落实管党治党责任。

派驻纪检组应当带着实际情况和具体问题，定期向派出机关汇报工作，至少每半年会同被监督单位党组织专题研究1次党风廉政建设和反腐败工作。对能发现的问题没有发现是失职，发现问题不报告、不处置是渎职，都必须严肃问责。

**第二十九条** 认真处理信访举报，做好问题线索分类处置，早发现早报告，对社会反映突出、群众评价较差的领导干部情况及时报告，对重要检举事项应当集体研究。定期分析研判信访举报情况，对信访反映的典型性、普遍性问题提出有针对性的处置意见，督促信访举报比较集中的地方和部门查找分析原因并认真整改。

**第三十条** 严把干部选拔任用“党风廉洁意见回复”关，综合日常工作中掌握的情况，加强分析研判，实事求是评价干部廉洁情况，防止“带病提拔”、“带病上岗”。

**第三十一条** 接到对干部一般性违纪问题的反映，应当及时找本人核实，谈话提醒、约谈函询，让干部把问题讲清楚。约谈被反映人，可以与其所在党组织主要负责人一同进行；被反映人对函询问题的说明，应当由其所在党组织主要负责人签字后报上级纪委。谈话记录和函询回复应当认真核实，存档备查。没有发现问题的应当了结澄清，对不如实说明情况的给予严肃处理。

**第三十二条** 依规依纪进行执纪审查，重点审查不收敛不收手，问题线索反映集中、群众反映强烈，现在重要岗位且可能还要提拔使用的领导干部，三类情况同时具备的是重中之重。执纪审查应当查清违纪事实，让审查对象从学习党章入手，从理想信念宗旨、党性原则、作风纪律等方面检查剖析自己，审理报告应当事实清楚、定性准确，反映审查对象思想认识情况。

**第三十三条** 对违反中央八项规定精神的，严重违纪被立案审查开除党籍的，严重失职失责被问责的，以及发生在群众身边、影响恶劣的不正之风和腐败问题，应当点名道姓通报曝光。

**第三十四条** 加强对纪律检查机关的监督。发现纪律检查机关及其工作人员有违反纪律问题的，必须严肃处理。各级纪律检查机关必须加强自身建设，健全内控机制，自觉接受党内监督、社会监督、群众监督，确保权力受到严格约束。

## 第五章 党的基层组织和党员的监督

**第三十五条** 党的基层组织应当发挥战斗堡垒作用，履行下列监督职责：

（一）严格党的组织生活，开展批评和自我批评，监督党员切实履行义务，保障党员权利不受侵犯；

（二）了解党员、群众对党的工作和党的领导干部的批评和意见，定期向上级党组织反映情况，提出意见和建议；

（三）维护和执行党的纪律，发现党员、干部违反纪律问题及时教育或者处理，问题严重的应当向上级党组织报告。

**第三十六条** 党员应当本着对党和人民事业高度负责的态度，积极行使党员权利，履行下列监督义务：

（一）加强对党的领导干部的民主监督，及时向党组织反映群众意见和诉求；

（二）在党的会议上有根据地批评党的任何组织和任何党员，揭露和纠正工作中存在的缺点和问题；

（三）参加党组织开展的评议领导干部活动，勇于触及矛盾问题、指出缺点错误，对错误言行敢于较真、敢于斗争；

（四）向党负责地揭发、检举党的任何组织和任何党员违纪违法的事实，坚决反对一切派别活动和小集团活动，同腐败现象作坚决斗争。

## 第六章　党内监督和外部监督相结合

**第三十七条**　各级党委应当支持和保证同级人大、政府、监察机关、司法机关等对国家机关及公职人员依法进行监督，人民政协依章程进行民主监督，审计机关依法进行审计监督。有关国家机关发现党的领导干部违反党规党纪、需要党组织处理的，应当及时向有关党组织报告。审计机关发现党的领导干部涉嫌违纪的问题线索，应当向同级党组织报告，必要时向上级党组织报告，并按照规定将问题线索移送相关纪律检查机关处理。

在纪律审查中发现党的领导干部严重违纪涉嫌违法犯罪的，应当先作出党纪处分决定，再移送行政机关、司法机关处理。执法机关和司法机关依法立案查处涉及党的领导干部案件，应当向同级党委、纪委通报；该干部所在党组织应当根据有关规定，中止其相关党员权利；依法受到刑事责任追究，或者虽不构成犯罪但涉嫌违纪的，应当移送纪委依纪处理。

**第三十八条**　中国共产党同各民主党派长期共存、互相监督、肝胆相照、荣辱与共。各级党组织应当支持民主党派履行监督职能，重视民主党派和无党派人士提出的意见、批评、建议，完善知情、沟通、反馈、落实等机制。

**第三十九条**　各级党组织和党的领导干部应当认真对待、自觉接受社会监督，利用互联网技术和信息化手段，推动党务公开、拓宽监督渠道，虚心接受群众批评。新闻媒体应当坚持党性和人民性相统一，坚持正确导向，加强舆论监督，对典型案例进行剖析，发挥警示作用。

## 第七章　整改和保障

**第四十条**　党组织应当如实记录、集中管理党内监督中发现的问题和线索，及时了解核实，作出相应处理；不属于本级办理范围的应当移送有权限的党组织处理。

**第四十一条**　党组织对监督中发现的问题应当做到条条要整改、件件有着落。整改结果应当及时报告上级党组织，必要时可以向下级党组织和党员通报，并向社会公开。

对于上级党组织交办以及巡视等移交的违纪问题线索，应当及时处理，并在3个月内反馈办理情况。

**第四十二条**　党委（党组）、纪委（纪检组）应当加强对履行党内监督责任和问题整改落实情况的监督检查，对不履行或者不正确履行党内监督职责，以及纠错、整改不力的，依照《中国共产党纪律处分条例》、《中国共产党问责条例》等规定处理。

**第四十三条**　党组织应当保障党员知情权和监督权，鼓励和支持党员在党内监督中发挥积极作用。提倡署真实姓名反映违纪事实，党组织应当为检举控告者严格保密，并以适当方式向其反馈办理情况。对干扰妨碍监督、打击报复监督者的，依纪严肃处理。

**第四十四条**　党组织应当保障监督对象的申辩权、申诉权等相关权利。经调查，监督对象没有不当行为的，应当予以澄清和正名。对以监督为名侮辱、诽谤、诬陷他人的，依纪严肃处理；涉嫌犯罪的移送司法机关处理。监督对象对处理决定不服的，可以依照党章规定提出申诉。有关党组织应当认真复议复查，并作出结论。

## 第八章　附　　则

**第四十五条**　中央军事委员会可以根据本条例，制定相关规定。

**第四十六条**　本条例由中央纪律检查委员会负责解释。

**第四十七条**　本条例自发布之日起施行。

# 中国共产党巡视工作条例

（中共中央2017年7月1日印发）

## 第一章 总 则

**第一条** 为落实全面从严治党要求，严肃党内政治生活，净化党内政治生态，加强党内监督，规范巡视工作，根据《中国共产党章程》，制定本条例。

**第二条** 党的中央和省、自治区、直辖市委员会实行巡视制度，建立专职巡视机构，在一届任期内对所管理的地方、部门、企事业单位党组织全面巡视。

中央有关部委、中央国家机关部门党组（党委）可以实行巡视制度，设立巡视机构，对所管理的党组织进行巡视监督。

党的市（地、州、盟）和县（市、区、旗）委员会建立巡察制度，设立巡察机构，对所管理的党组织进行巡察监督。

开展巡视巡察工作的党组织承担巡视巡察工作的主体责任。

**第三条** 巡视工作以马克思列宁主义、毛泽东思想、邓小平理论、“三个代表”重要思想、科学发展观为指导，深入贯彻习近平总书记系列重要讲话精神和治国理政新理念新思想新战略，牢固树立政治意识、大局意识、核心意识、看齐意识，坚定不移维护以习近平同志为核心的党中央权威和集中统一领导，统筹推进“五位一体”总体布局和协调推进“四个全面”战略布局，贯彻新发展理念，坚定对中国特色社会主义的道路自信、理论自信、制度自信、文化自信，尊崇党章，依规治党，落实中央巡视工作方针，深化政治巡视，聚焦坚持党的领导、加强党的建设、全面从严治党，发现问题、形成震慑，推动改革、促进发展，确保党始终成为中国特色社会主义事业的坚强领导核心。

**第四条** 巡视工作坚持中央统一领导、分级负责；坚持实事求是、依法依规；坚持群众路线、发扬民主。

## 第二章　机构和人员

**第五条**　党的中央和省、自治区、直辖市委员会成立巡视工作领导小组，分别向党中央和省、自治区、直辖市党委负责并报告工作。

巡视工作领导小组组长由同级党的纪律检查委员会书记担任，副组长一般由同级党委组织部部长担任。巡视工作领导小组组长为组织实施巡视工作的主要责任人。

中央巡视工作领导小组应当加强对省、自治区、直辖市党委，中央有关部委，中央国家机关部门党组（党委）巡视工作的领导。

**第六条**　巡视工作领导小组的职责是：

（一）贯彻党的中央委员会和同级党的委员会有关决议、决定；

（二）研究提出巡视工作规划、年度计划和阶段任务安排；

（三）听取巡视工作汇报；

（四）研究巡视成果的运用，分类处置，提出相关意见和建议；

（五）向同级党组织报告巡视工作情况；

（六）对巡视组进行管理和监督；

（七）研究处理巡视工作中的其他重要事项。

**第七条**　巡视工作领导小组下设办公室，为其日常办事机构。

中央巡视工作领导小组办公室设在中央纪律检查委员会。

省、自治区、直辖市党委巡视工作领导小组办公室为党委工作部门，设在同级党的纪律检查委员会。

**第八条**　巡视工作领导小组办公室的职责是：

（一）向巡视工作领导小组报告工作情况，传达贯彻巡视工作领导小组的决策和部署；

（二）统筹、协调、指导巡视组开展工作；

（三）承担政策研究、制度建设等工作；

（四）对派出巡视组的党组织、巡视工作领导小组决定的事项进行督办；

（五）配合有关部门对巡视工作人员进行培训、考核、监督和管理；

（六）办理巡视工作领导小组交办的其他事项。

**第九条** 党的中央和省、自治区、直辖市委员会设立巡视组，承担巡视任务。巡视组向巡视工作领导小组负责并报告工作。

**第十条** 巡视组设组长、副组长、巡视专员和其他职位。巡视组实行组长负责制，副组长协助组长开展工作。

巡视组组长根据每次巡视任务确定并授权。

**第十一条** 巡视工作人员应当具备下列条件：

（一）理想信念坚定，对党忠诚，在思想上政治上行动上同党中央保持高度一致；

（二）坚持原则，敢于担当，依法办事，公道正派，清正廉洁；

（三）遵守党的纪律，严守党的秘密；

（四）熟悉党务工作和相关政策法规，具有较强的发现问题、沟通协调、文字综合等能力；

（五）身体健康，能胜任工作要求。

**第十二条** 选配巡视工作人员应当严格标准条件，对不适合从事巡视工作的人员，应当及时予以调整。

巡视工作人员应当按照规定进行轮岗交流。

巡视工作人员实行任职回避、地域回避、公务回避。

## 第三章 巡视范围和内容

**第十三条** 中央巡视组的巡视对象和范围是：

（一）省、自治区、直辖市党委和人大常委会、政府、政协党组领导班子及其成员，省、自治区、直辖市高级人民法院、人民检察院党组主要负责人，副省级城市党委和人大常委会、政府、政协党组主要负责人；

（二）中央部委领导班子及其成员，中央国家机关部委、人民团体党组（党委）领导班子及其成员；

（三）中央管理的国有重要骨干企业、金融企业、事业单位党委

（党组）领导班子及其成员；

（四）中央要求巡视的其他单位的党组织领导班子及其成员。

**第十四条** 省、自治区、直辖市党委巡视组的巡视对象和范围是：

（一）市（地、州、盟）、县（市、区、旗）党委和人大常委会、政府、政协党组领导班子及其成员，市（地、州、盟）中级人民法院、人民检察院和县（市、区、旗）人民法院、人民检察院党组主要负责人；

（二）省、自治区、直辖市党委工作部门领导班子及其成员，政府部门、人民团体党组（党委、党工委）领导班子及其成员；

（三）省、自治区、直辖市管理的国有企业、事业单位党委（党组）领导班子及其成员；

（四）省、自治区、直辖市党委要求巡视的其他单位的党组织领导班子及其成员。

**第十五条** 巡视组对巡视对象执行《中国共产党章程》和其他党内法规，遵守党的纪律，落实全面从严治党主体责任和监督责任等情况进行监督，着力发现党的领导弱化、党的建设缺失、全面从严治党不力，党的观念淡漠、组织涣散、纪律松弛，管党治党宽松软问题：

（一）违反政治纪律和政治规矩，存在违背党的路线方针政策的言行，有令不行、有禁不止，阳奉阴违、结党营私、团团伙伙、拉帮结派，以及落实意识形态工作责任制不到位等问题；

（二）违反廉洁纪律，以权谋私、贪污贿赂、腐化堕落等问题；

（三）违反组织纪律，违规用人、任人唯亲、跑官要官、买官卖官、拉票贿选，以及独断专行、软弱涣散、严重不团结等问题；

（四）违反群众纪律、工作纪律、生活纪律，落实中央八项规定精神不力，搞形式主义、官僚主义、享乐主义和奢靡之风等问题；

（五）派出巡视组的党组织要求了解的其他问题。

**第十六条** 派出巡视组的党组织可以根据工作需要，针对所辖地方、部门、企事业单位的重点人、重点事、重点问题或者巡视整改情况，开展机动灵活的专项巡视。

## 第四章　工作方式和权限

**第十七条**　巡视组可以采取以下方式开展工作：

（一）听取被巡视党组织的工作汇报和有关部门的专题汇报；

（二）与被巡视党组织领导班子成员和其他干部群众进行个别谈话；

（三）受理反映被巡视党组织领导班子及其成员和下一级党组织领导班子主要负责人问题的来信、来电、来访等；

（四）抽查核实领导干部报告个人有关事项的情况；

（五）向有关知情人询问情况；

（六）调阅、复制有关文件、档案、会议记录等资料；

（七）召开座谈会；

（八）列席被巡视地区（单位）的有关会议；

（九）进行民主测评、问卷调查；

（十）以适当方式到被巡视地区（单位）的下属地方、单位或者部门了解情况；

（十一）开展专项检查；

（十二）提请有关单位予以协助；

（十三）派出巡视组的党组织批准的其他方式。

**第十八条**　巡视组依靠被巡视党组织开展工作，不干预被巡视地区（单位）的正常工作，不履行执纪审查的职责。

**第十九条**　巡视组应当严格执行请示报告制度，对巡视工作中的重要情况和重大问题及时向巡视工作领导小组请示报告。

特殊情况下，中央巡视组可以直接向中央巡视工作领导小组组长报告，省、自治区、直辖市党委巡视组可以直接向省、自治区、直辖市党委书记报告。

**第二十条**　巡视期间，经巡视工作领导小组批准，巡视组可以将被巡视党组织管理的干部涉嫌违纪违法的具体问题线索，移交有关纪律检查机关或者政法机关处理；对群众反映强烈、明显违反规定并且能够及时解决的问题，向被巡视党组织提出处理建议。

## 第五章　工作程序

**第二十一条**　巡视组开展巡视前，应当向同级纪检监察机关、政法机关和组织、审计、信访等部门和单位了解被巡视党组织领导班子及其成员的有关情况。

**第二十二条**　巡视组进驻被巡视地区（单位）后，应当向被巡视党组织通报巡视任务，按照规定的工作方式和权限，开展巡视了解工作。

巡视组对反映被巡视党组织领导班子及其成员的重要问题和线索，可以进行深入了解。

**第二十三条**　巡视了解工作结束后，巡视组应当形成巡视报告，如实报告了解的重要情况和问题，并提出处理建议。

对党风廉政建设等方面存在的普遍性、倾向性问题和其他重大问题，应当形成专题报告，分析原因，提出建议。

**第二十四条**　巡视工作领导小组应当及时听取巡视组的巡视情况汇报，研究提出处理意见，报派出巡视组的党组织决定。

**第二十五条**　派出巡视组的党组织应当及时听取巡视工作领导小组有关情况汇报，研究并决定巡视成果的运用。

**第二十六条**　经派出巡视组的党组织同意后，巡视组应当及时向被巡视党组织领导班子及其主要负责人分别反馈相关巡视情况，指出问题，有针对性地提出整改意见。

根据巡视工作领导小组要求，巡视组将巡视的有关情况通报同级党委和政府有关领导及其职能部门。

**第二十七条**　被巡视党组织收到巡视组反馈意见后，应当认真整改落实，并于2个月内将整改情况报告和主要负责人组织落实情况报告，报送巡视工作领导小组办公室。

被巡视党组织主要负责人为落实整改工作的第一责任人。

**第二十八条** 对巡视发现的问题和线索，派出巡视组的党组织作出分类处置的决定后，依据干部管理权限和职责分工，按照以下途径进行移交：

（一）对领导干部涉嫌违纪的线索和作风方面的突出问题，移交有关纪律检查机关；

（二）对执行民主集中制、干部选拔任用等方面存在的问题，移交有关组织部门；

（三）其他问题移交相关单位。

**第二十九条** 有关纪律检查机关、组织部门收到巡视移交的问题或者线索后，应当及时研究提出谈话函询、初核、立案或者组织处理等意见，并于3个月内将办理情况反馈巡视工作领导小组办公室。

**第三十条** 派出巡视组的党组织及其组织部门应当把巡视结果作为干部考核评价、选拔任用的重要依据。

**第三十一条** 巡视工作领导小组办公室应当会同巡视组采取适当方式，了解和督促被巡视地区（单位）整改落实工作并向巡视工作领导小组报告。

巡视工作领导小组可以直接听取被巡视党组织有关整改情况的汇报。

**第三十二条** 巡视进驻、反馈、整改等情况，应当以适当方式公开，接受党员、干部和人民群众监督。

## 第六章　纪律与责任

**第三十三条** 派出巡视组的党组织和巡视工作领导小组应当加强对巡视工作的领导。对领导巡视工作不力，发生严重问题的，依据有关规定追究相关责任人员的责任。

**第三十四条** 纪检监察机关、审计机关、政法机关和组织、信访等部门及其他有关单位，应当支持配合巡视工作。对违反规定不支持配合巡视工作，造成严重后果的，依据有关规定追究相关责任人员的责任。

**第三十五条** 巡视工作人员应当严格遵守巡视工作纪律。巡视工作人员有下列情形之一的，视情节轻重，给予批评教育、组织处理或者纪律处分；涉嫌犯罪的，移送司法机关依法处理：

（一）对应当发现的重要问题没有发现的；

（二）不如实报告巡视情况，隐瞒、歪曲、捏造事实的；

（三）泄露巡视工作秘密的；

（四）工作中超越权限，造成不良后果的；

（五）利用巡视工作的便利谋取私利或者为他人谋取不正当利益的；

（六）有违反巡视工作纪律的其他行为的。

**第三十六条** 被巡视党组织领导班子及其成员应当自觉接受巡视监督，积极配合巡视组开展工作。

党员有义务向巡视组如实反映情况。

**第三十七条** 被巡视地区（单位）及其工作人员有下列情形之一的，视情节轻重，对该地区（单位）领导班子主要负责人或者其他有关责任人员，给予批评教育、组织处理或者纪律处分；涉嫌犯罪的，移送司法机关依法处理：

（一）隐瞒不报或者故意向巡视组提供虚假情况的；

（二）拒绝或者不按照要求向巡视组提供相关文件材料的；

（三）指使、强令有关单位或者人员干扰、阻挠巡视工作，或者诬告、陷害他人的；

（四）无正当理由拒不纠正存在的问题或者不按照要求整改的；

（五）对反映问题的干部群众进行打击、报复、陷害的；

（六）其他干扰巡视工作的情形。

**第三十八条** 被巡视地区（单位）的干部群众发现巡视工作人员有本条例第三十五条所列行为的，可以向巡视工作领导小组或者巡视工作领导小组办公室反映，也可以依照规定直接向有关部门、组织反映。

## 第七章　附　　则

**第三十九条**　各省、自治区、直辖市党委可以根据本条例，结合各自实际，制定实施办法。

**第四十条**　中国人民解放军和中国人民武装警察部队的党组织实行巡视制度的规定，由中央军委参照本条例制定。

**第四十一条**　本条例由中央纪委会同中央组织部解释。

**第四十二条**　本条例自2015年8月3日起施行。2009年7月2日中共中央印发的《中国共产党巡视工作条例（试行）》同时废止。

# 中国共产党问责条例

（中共中央2019年8月25日印发）

**第一条**　为了坚持党的领导，加强党的建设，全面从严治党，保证党的路线方针政策和党中央重大决策部署贯彻落实，规范和强化党的问责工作，根据《中国共产党章程》，制定本条例。

**第二条**　党的问责工作坚持以马克思列宁主义、毛泽东思想、邓小平理论、“三个代表”重要思想、科学发展观、习近平新时代中国特色社会主义思想为指导，增强“四个意识”，坚定“四个自信”，坚决维护习近平总书记党中央的核心、全党的核心地位，坚决维护党中央权威和集中统一领导，围绕统筹推进“五位一体”总体布局和协调推进“四个全面”战略布局，落实管党治党政治责任，督促各级党组织、党的领导干部负责守责尽责，践行忠诚干净担当。

**第三条**　党的问责工作应当坚持以下原则：

（一）依规依纪、实事求是；

（二）失责必问、问责必严；

（三）权责一致、错责相当；

（四）严管和厚爱结合、激励和约束并重；

（五）惩前毖后、治病救人；

（六）集体决定、分清责任。

**第四条** 党委（党组）应当履行全面从严治党主体责任，加强对本地区本部门本单位问责工作的领导，追究在党的建设、党的事业中失职失责党组织和党的领导干部的主体责任、监督责任、领导责任。

纪委应当履行监督专责，协助同级党委开展问责工作。纪委派驻（派出）机构按照职责权限开展问责工作。

党的工作机关应当依据职能履行监督职责，实施本机关本系统本领域的问责工作。

**第五条** 问责对象是党组织、党的领导干部，重点是党委（党组）、党的工作机关及其领导成员，纪委、纪委派驻（派出）机构及其领导成员。

**第六条** 问责应当分清责任。党组织领导班子在职责范围内负有全面领导责任，领导班子主要负责人和直接主管的班子成员在职责范围内承担主要领导责任，参与决策和工作的班子成员在职责范围内承担重要领导责任。

对党组织问责的，应当同时对该党组织中负有责任的领导班子成员进行问责。

党组织和党的领导干部应当坚持把自己摆进去、把职责摆进去、把工作摆进去，注重从自身找问题、查原因，勇于担当、敢于负责，不得向下级党组织和干部推卸责任。

**第七条** 党组织、党的领导干部违反党章和其他党内法规，不履行或者不正确履行职责，有下列情形之一，应当予以问责：

（一）党的领导弱化，“四个意识”不强，“两个维护”不力，党的基本理论、基本路线、基本方略没有得到有效贯彻执行，在贯彻新发展理念，推进经济建设、政治建设、文化建设、社会建设、生态文明建设中，出现重大偏差和失误，给党的事业和人民利益造成严重损失，产生恶劣影响的；

（二）党的政治建设抓得不实，在重大原则问题上未能同党中央保持一致，贯彻落实党的路线方针政策和执行党中央重大决策部署不力，不遵守重大事项请示报告制度，有令不行、有禁不止，阳奉阴违、欺上瞒下，团团伙伙、拉帮结派问题突出，党内政治生活不严肃不健康，党的政治建设工作责任制落实不到位，造成严重后果或者恶劣影响的；

（三）党的思想建设缺失，党性教育特别是理想信念宗旨教育流于形式，意识形态工作责任制落实不到位，造成严重后果或者恶劣影响的；

（四）党的组织建设薄弱，党建工作责任制不落实，严重违反民主集中制原则，不执行领导班子议事决策规则，民主生活会、“三会一课”等党的组织生活制度不执行，领导干部报告个人有关事项制度执行不力，党组织软弱涣散，违规选拔任用干部等问题突出，造成恶劣影响的；

（五）党的作风建设松懈，落实中央八项规定及其实施细则精神不力，“四风”问题得不到有效整治，形式主义、官僚主义问题突出，执行党中央决策部署表态多调门高、行动少落实差，脱离实际、脱离群众，拖沓敷衍、推诿扯皮，造成严重后果的；

（六）党的纪律建设抓得不严，维护党的政治纪律、组织纪律、廉洁纪律、群众纪律、工作纪律、生活纪律不力，导致违规违纪行为多发，造成恶劣影响的；

（七）推进党风廉政建设和反腐败斗争不坚决、不扎实，削减存量、遏制增量不力，特别是对不收敛、不收手，问题线索反映集中、群众反映强烈，政治问题和经济问题交织的腐败案件放任不管，造成恶劣影响的；

（八）全面从严治党主体责任、监督责任落实不到位，对公权力的监督制约不力，好人主义盛行，不负责不担当，党内监督乏力，该发现的问题没有发现，发现问题不报告不处置，领导巡视巡察工作不力，落实巡视巡察整改要求走过场、不到位，该问责不问责，造成严重后果的；

（九）履行管理、监督职责不力，职责范围内发生重特大生产安全事故、群体性事件、公共安全事件，或者发生其他严重事故、事件，造成重大损失或者恶劣影响的；

（十）在教育医疗、生态环境保护、食品药品安全、扶贫脱贫、社会保障等涉及人民群众最关心最直接最现实的利益问题上不作为、乱作为、慢作为、假作为，损害和侵占群众利益问题得不到整治，以言代法、以权压法、徇私枉法问题突出，群众身边腐败和作风问题严重，造成恶劣影响的；

（十一）其他应当问责的失职失责情形。

**第八条** 对党组织的问责，根据危害程度以及具体情况，可以采取以下方式：

（一）检查。责令作出书面检查并切实整改。

（二）通报。责令整改，并在一定范围内通报。

（三）改组。对失职失责，严重违犯党的纪律、本身又不能纠正的，应当予以改组。

对党的领导干部的问责，根据危害程度以及具体情况，可以采取以下方式：

（一）通报。进行严肃批评，责令作出书面检查、切实整改，并在一定范围内通报。

（二）诫勉。以谈话或者书面方式进行诫勉。

（三）组织调整或者组织处理。对失职失责、危害较重，不适宜担任现职的，应当根据情况采取停职检查、调整职务、责令辞职、免职、降职等措施。

（四）纪律处分。对失职失责、危害严重，应当给予纪律处分的，依照《中国共产党纪律处分条例》追究纪律责任。

上述问责方式，可以单独使用，也可以依据规定合并使用。问责方式有影响期的，按照有关规定执行。

**第九条** 发现有本条例第七条所列问责情形，需要进行问责调查的，有管理权限的党委（党组）、纪委、党的工作机关应当经主要负责人审批，及时启动问责调查程序。其中，纪委、党的工作机关对同级党委直接领导的党组织及其主要负责人启动问责调查，应当报同级党委主要负责人批准。

应当启动问责调查未及时启动的，上级党组织应当责令有管理权限的党组织启动。根据问题性质或者工作需要，上级党组织可以直接启动问责调查，也可以指定其他党组织启动。

对被立案审查的党组织、党的领导干部问责的，不再另行启动问责调查程序。

**第十条** 启动问责调查后，应当组成调查组，依规依纪依法开展调查，查明党组织、党的领导干部失职失责问题，综合考虑主客观因素，正确区分贯彻执行党中央或者上级决策部署过程中出现的执行不当、执行不力、不执行等不同情况，精准提出处理意见，做到事实清楚、证据确凿、依据充分、责任分明、程序合规、处理恰当，防止问责不力或者问责泛化、简单化。

**第十一条** 查明调查对象失职失责问题后，调查组应当撰写事实材料，与调查对象见面，听取其陈述和申辩，并记录在案；对合理意见，应当予以采纳。调查对象应当在事实材料上签署意见，对签署不同意见或者拒不签署意见的，调查组应当作出说明或者注明情况。

调查工作结束后，调查组应当集体讨论，形成调查报告，列明调查对象基本情况、调查依据、调查过程，问责事实，调查对象的态度、认识及其申辩，处理意见以及依据，由调查组组长以及有关人员签名后，履行审批手续。

**第十二条** 问责决定应当由有管理权限的党组织作出。

对同级党委直接领导的党组织，纪委和党的工作机关报经同级党委或者其主要负责人批准，可以采取检查、通报方式进行问责。采取改组方式问责的，按照党章和有关党内法规规定的权限、程序执行。

对同级党委管理的领导干部，纪委和党的工作机关报经同级党委或者其主要负责人批准，可以采取通报、诫勉方式进行问责；提出组织调整或者组织处理的建议。采取纪律处分方式问责的，按照党章和有关党内法规规定的权限、程序执行。

**第十三条** 问责决定作出后，应当及时向被问责党组织、被问责领导干部及其所在党组织宣布并督促执行。有关问责情况应当向纪委和组织部门通报，纪委应当将问责决定材料归入被问责领导干部廉政档案，组织部门应当将问责决定材料归入被问责领导干部的人事档案，并报上一级组织部门备案；涉及组织调整或者组织处理的，相应手续应当在1个月内办理完毕。

被问责领导干部应当向作出问责决定的党组织写出书面检讨，并在民主生活会、组织生活会或者党的其他会议上作出深刻检查。建立健全问责典型问题通报曝光制度，采取组织调整或者组织处理、纪律处分方式问责的，应当以适当方式公开。

**第十四条** 被问责党组织、被问责领导干部及其所在党组织应当深刻汲取教训，明确整改措施。作出问责决定的党组织应当加强督促检查，推动以案促改。

**第十五条** 需要对问责对象作出政务处分或者其他处理的，作出问责决定的党组织应当通报相关单位，相关单位应当及时处理并将结果通报或者报告作出问责决定的党组织。

**第十六条** 实行终身问责，对失职失责性质恶劣、后果严重的，不论其责任人是否调离转岗、提拔或者退休等，都应当严肃问责。

**第十七条** 有下列情形之一的，可以不予问责或者免予问责：

（一）在推进改革中因缺乏经验、先行先试出现的失误，尚无明确限制的探索性试验中的失误，为推动发展的无意过失；

（二）在集体决策中对错误决策提出明确反对意见或者保留意见的；

（三）在决策实施中已经履职尽责，但因不可抗力、难以预见等因素造成损失的。

对上级错误决定提出改正或者撤销意见未被采纳，而出现本条例第七条所列问责情形的，依照前款规定处理。上级错误决定明显违法违规的，应当承担相应的责任。

**第十八条** 有下列情形之一，可以从轻或者减轻问责：

（一）及时采取补救措施，有效挽回损失或者消除不良影响的；

（二）积极配合问责调查工作，主动承担责任的；

（三）党内法规规定的其他从轻、减轻情形。

**第十九条** 有下列情形之一，应当从重或者加重问责：

（一）对党中央、上级党组织三令五申的指示要求，不执行或者执行不力的；

（二）在接受问责调查和处理中，不如实报告情况，敷衍塞责、推卸责任，或者唆使、默许有关部门和人员弄虚作假，阻扰问责工作的；

（三）党内法规规定的其他从重、加重情形。

**第二十条** 问责对象对问责决定不服的，可以自收到问责决定之日起1个月内，向作出问责决定的党组织提出书面申诉。作出问责决定的党组织接到书面申诉后，应当在1个月内作出申诉处理决定，并以书面形式告知提出申诉的党组织、领导干部及其所在党组织。

申诉期间，不停止问责决定的执行。

**第二十一条** 问责决定作出后，发现问责事实认定不清楚、证据不确凿、依据不充分、责任不清晰、程序不合规、处理不恰当，或者存在其他不应当问责、不精准问责情况的，应当及时予以纠正。必要时，上级党组织可以直接纠正或者责令作出问责决定的党组织予以纠正。

党组织、党的领导干部滥用问责，或者在问责工作中严重不负责任，造成不良影响的，应当严肃追究责任。

**第二十二条** 正确对待被问责干部，对影响期满、表现好的干部，符合条件的，按照干部选拔任用有关规定正常使用。

**第二十三条** 本条例所涉及的审批权限均指最低审批权限，工作中根据需要可以按照更高层级的审批权限报批。

**第二十四条** 纪委派驻（派出）机构除执行本条例外，还应当执行党中央以及中央纪委相关规定。

**第二十五条** 中央军事委员会可以根据本条例制定相关规定。

**第二十六条** 本条例由中央纪律检查委员会负责解释。

**第二十七条** 本条例自2019年9月1日起施行。2016年7月8日中共中央印发的《中国共产党问责条例》同时废止。此前发布的有关问责的规定，凡与本条例不一致的，按照本条例执行。

# （二）政纪法律法规

## 中华人民共和国宪法

（1982年12月4日第五届全国人民代表大会第五次会议通过　1982年12月4日全国人民代表大会公告公布施行　根据1988年4月12日第七届全国人民代表大会第一次会议通过的《中华人民共和国宪法修正案》、1993年3月29日第八届全国人民代表大会第一次会议通过的《中华人民共和国宪法修正案》、1999年3月15日第九届全国人民代表大会第二次会议通过的《中华人民共和国宪法修正案》、2004年3月14日第十届全国人民代表大会第二次会议通过的《中华人民共和国宪法修正案》和2018年3月11日第十三届全国人民代表大会第一次会议通过的《中华人民共和国宪法修正案》修正）

### 序　　言

中国是世界上历史最悠久的国家之一。中国各族人民共同创造了光辉灿烂的文化，具有光荣的革命传统。

一八四〇年以后，封建的中国逐渐变成半殖民地、半封建的国家。中国人民为国家独立、民族解放和民主自由进行了前仆后继的英勇奋斗。

二十世纪，中国发生了翻天覆地的伟大历史变革。

一九一一年孙中山先生领导的辛亥革命，废除了封建帝制，创立了中华民国。但是，中国人民反对帝国主义和封建主义的历史任务还没有完成。

一九四九年，以毛泽东主席为领袖的中国共产党领导中国各族人民，在经历了长期的艰难曲折的武装斗争和其他形式的斗争以后，终于推翻了帝国主义、封建主义和官僚资本主义的统治，取得了新民主主义革命的伟大胜利，建立了中华人民共和国。从此，中国人民掌握了国家的权力，成为国家的主人。

中华人民共和国成立以后，我国社会逐步实现了由新民主主义到社会主义的过渡。生产资料私有制的社会主义改造已经完成，人剥削人的制度已经消灭，社会主义制度已经确立。工人阶级领导的、以工农联盟为基础的人民民主专政，实质上即无产阶级专政，得到巩固和发展。中国人民和中国人民解放军战胜了帝国主义、霸权主义的侵略、破坏和武装挑衅，维护了国家的独立和安全，增强了国防。经济建设取得了重大的成就，独立的、比较完整的社会主义工业体系已经基本形成，农业生产显著提高。教育、科学、文化等事业有了很大的发展，社会主义思想教育取得了明显的成效。广大人民的生活有了较大的改善。

中国新民主主义革命的胜利和社会主义事业的成就，是中国共产党领导中国各族人民，在马克思列宁主义、毛泽东思想的指引下，坚持真理，修正错误，战胜许多艰难险阻而取得的。我国将长期处于社会主义初级阶段。国家的根本任务是，沿着中国特色社会主义道路，集中力量进行社会主义现代化建设。中国各族人民将继续在中国共产党领导下，在马克思列宁主义、毛泽东思想、邓小平理论、“三个代表”重要思想、科学发展观、习近平新时代中国特色社会主义思想指引下，坚持人民民主专政，坚持社会主义道路，坚持改革开放，不断完善社会主义的各项制度，发展社会主义市场经济，发展社会主义民主，健全社会主义法治，贯彻新发展理念，自力更生，艰苦奋斗，逐步实现工业、农业、国防和科学技术的现代化，推动物质文明、政治文明、精神文明、社会文明、生态文明协调发展，把我国建设成为富强民主文明和谐美丽的社会主义现代化强国，实现中华民族伟大复兴。

在我国，剥削阶级作为阶级已经消灭，但是阶级斗争还将在一定范围内长期存在。中国人民对敌视和破坏我国社会主义制度的国内外的敌对势力和敌对分子，必须进行斗争。

台湾是中华人民共和国的神圣领土的一部分。完成统一祖国的大业是包括台湾同胞在内的全中国人民的神圣职责。

社会主义的建设事业必须依靠工人、农民和知识分子，团结一切可以团结的力量。在长期的革命、建设、改革过程中，已经结成由中国共产党领导的，有各民主党派和各人民团体参加的，包括全体社会主义劳动者、社会主义事业的建设者、拥护社会主义的爱国者、拥护祖国统一和致力于中华民族伟大复兴的爱国者的广泛的爱国统一战线，这个统一战线将继续巩固和发展。中国人民政治协商会议是有广泛代表性的统一战线组织，过去发挥了重要的历史作用，今后在国家政治生活、社会生活和对外友好活动中，在进行社会主义现代化建设、维护国家的统一和团结的斗争中，将进一步发挥它的重要作用。中国共产党领导的多党合作和政治协商制度将长期存在和发展。

中华人民共和国是全国各族人民共同缔造的统一的多民族国家。平等团结互助和谐的社会主义民族关系已经确立，并将继续加强。在维护民族团结的斗争中，要反对大民族主义，主要是大汉族主义，也要反对地方民族主义。国家尽一切努力，促进全国各民族的共同繁荣。

中国革命、建设、改革的成就是同世界人民的支持分不开的。中国的前途是同世界的前途紧密地联系在一起的。中国坚持独立自主的对外政策，坚持互相尊重主权和领土完整、互不侵犯、互不干涉内政、平等互利、和平共处的五项原则，坚持和平发展道路，坚持互利共赢开放战略，发展同各国的外交关系和经济、文化交流，推动构建人类命运共同体；坚持反对帝国主义、霸权主义、殖民主义，加强同世界各国人民的团结，支持被压迫民族和发展中国家争取和维护民族独立、发展民族经济的正义斗争，为维护世界和平和促进人类进步事业而努力。

本宪法以法律的形式确认了中国各族人民奋斗的成果，规定了国家的根本制度和根本任务，是国家的根本法，具有最高的法律效力。全国各族人民、一切国家机关和武装力量、各政党和各社会团体、各企业事业组织，都必须以宪法为根本的活动准则，并且负有维护宪法尊严、保证宪法实施的职责。

## 第一章　总　　纲

**第一条**　中华人民共和国是工人阶级领导的、以工农联盟为基础的人民民主专政的社会主义国家。

社会主义制度是中华人民共和国的根本制度。中国共产党领导是中国特色社会主义最本质的特征。禁止任何组织或者个人破坏社会主义制度。

**第二条**　中华人民共和国的一切权力属于人民。

人民行使国家权力的机关是全国人民代表大会和地方各级人民代表大会。

人民依照法律规定，通过各种途径和形式，管理国家事务，管理经济和文化事业，管理社会事务。

**第三条**　中华人民共和国的国家机构实行民主集中制的原则。

全国人民代表大会和地方各级人民代表大会都由民主选举产生，对人民负责，受人民监督。

国家行政机关、监察机关、审判机关、检察机关都由人民代表大会产生，对它负责，受它监督。

中央和地方的国家机构职权的划分，遵循在中央的统一领导下，充分发挥地方的主动性、积极性的原则。

**第四条**　中华人民共和国各民族一律平等。国家保障各少数民族的合法的权利和利益，维护和发展各民族的平等团结互助和谐关系。禁止对任何民族的歧视和压迫，禁止破坏民族团结和制造民族分裂的行为。

国家根据各少数民族的特点和需要，帮助各少数民族地区加速经济和文化的发展。

各少数民族聚居的地方实行区域自治，设立自治机关，行使自治权。各民族自治地方都是中华人民共和国不可分离的部分。

各民族都有使用和发展自己的语言文字的自由，都有保持或者改革自己的风俗习惯的自由。

**第五条** 中华人民共和国实行依法治国，建设社会主义法治国家。

国家维护社会主义法制的统一和尊严。

一切法律、行政法规和地方性法规都不得同宪法相抵触。

一切国家机关和武装力量、各政党和各社会团体、各企业事业组织都必须遵守宪法和法律。一切违反宪法和法律的行为，必须予以追究。

任何组织或者个人都不得有超越宪法和法律的特权。

**第六条** 中华人民共和国的社会主义经济制度的基础是生产资料的社会主义公有制，即全民所有制和劳动群众集体所有制。社会主义公有制消灭人剥削人的制度，实行各尽所能、按劳分配的原则。

国家在社会主义初级阶段，坚持公有制为主体、多种所有制经济共同发展的基本经济制度，坚持按劳分配为主体、多种分配方式并存的分配制度。

**第七条** 国有经济，即社会主义全民所有制经济，是国民经济中的主导力量。国家保障国有经济的巩固和发展。

**第八条** 农村集体经济组织实行家庭承包经营为基础、统分结合的双层经营体制。农村中的生产、供销、信用、消费等各种形式的合作经济，是社会主义劳动群众集体所有制经济。参加农村集体经济组织的劳动者，有权在法律规定的范围内经营自留地、自留山、家庭副业和饲养自留畜。

城镇中的手工业、工业、建筑业、运输业、商业、服务业等行业的各种形式的合作经济，都是社会主义劳动群众集体所有制经济。

国家保护城乡集体经济组织的合法的权利和利益，鼓励、指导和帮助集体经济的发展。

**第九条** 矿藏、水流、森林、山岭、草原、荒地、滩涂等自然资源，都属于国家所有，即全民所有；由法律规定属于集体所有的森林和山岭、草原、荒地、滩涂除外。

国家保障自然资源的合理利用，保护珍贵的动物和植物。禁止任何组织或者个人用任何手段侵占或者破坏自然资源。

**第十条** 城市的土地属于国家所有。

农村和城市郊区的土地，除由法律规定属于国家所有的以外，属于集体所有；宅基地和自留地、自留山，也属于集体所有。

国家为了公共利益的需要，可以依照法律规定对土地实行征收或者征用并给予补偿。

任何组织或者个人不得侵占、买卖或者以其他形式非法转让土地。土地的使用权可以依照法律的规定转让。

一切使用土地的组织和个人必须合理地利用土地。

**第十一条** 在法律规定范围内的个体经济、私营经济等非公有制经济，是社会主义市场经济的重要组成部分。

国家保护个体经济、私营经济等非公有制经济的合法的权利和利益。国家鼓励、支持和引导非公有制经济的发展，并对非公有制经济依法实行监督和管理。

**第十二条** 社会主义的公共财产神圣不可侵犯。

国家保护社会主义的公共财产。禁止任何组织或者个人用任何手段侵占或者破坏国家的和集体的财产。

**第十三条** 公民的合法的私有财产不受侵犯。

国家依照法律规定保护公民的私有财产权和继承权。

国家为了公共利益的需要，可以依照法律规定对公民的私有财产实行征收或者征用并给予补偿。

**第十四条** 国家通过提高劳动者的积极性和技术水平，推广先进的科学技术，完善经济管理体制和企业经营管理制度，实行各种形式的社会主义责任制，改进劳动组织，以不断提高劳动生产率和经济效益，发展社会生产力。

国家厉行节约，反对浪费。

国家合理安排积累和消费，兼顾国家、集体和个人的利益，在发展生产的基础上，逐步改善人民的物质生活和文化生活。

国家建立健全同经济发展水平相适应的社会保障制度。

**第十五条** 国家实行社会主义市场经济。

国家加强经济立法，完善宏观调控。

国家依法禁止任何组织或者个人扰乱社会经济秩序。

**第十六条** 国有企业在法律规定的范围内有权自主经营。

国有企业依照法律规定，通过职工代表大会和其他形式，实行民主管理。

**第十七条** 集体经济组织在遵守有关法律的前提下，有独立进行经济活动的自主权。

集体经济组织实行民主管理，依照法律规定选举和罢免管理人员，决定经营管理的重大问题。

**第十八条** 中华人民共和国允许外国的企业和其他经济组织或者个人依照中华人民共和国法律的规定在中国投资，同中国的企业或者其他经济组织进行各种形式的经济合作。

在中国境内的外国企业和其他外国经济组织以及中外合资经营的企业，都必须遵守中华人民共和国的法律。它们的合法的权利和利益受中华人民共和国法律的保护。

**第十九条** 国家发展社会主义的教育事业，提高全国人民的科学文化水平。

国家举办各种学校，普及初等义务教育，发展中等教育、职业教育和高等教育，并且发展学前教育。

国家发展各种教育设施，扫除文盲，对工人、农民、国家工作人员和其他劳动者进行政治、文化、科学、技术、业务的教育，鼓励自学成才。

国家鼓励集体经济组织、国家企业事业组织和其他社会力量依照法律规定举办各种教育事业。

国家推广全国通用的普通话。

**第二十条** 国家发展自然科学和社会科学事业，普及科学和技术知识，奖励科学研究成果和技术发明创造。

**第二十一条** 国家发展医疗卫生事业，发展现代医药和我国传统医药，鼓励和支持农村集体经济组织、国家企业事业组织和街道组织举办各种医疗卫生设施，开展群众性的卫生活动，保护人民健康。

国家发展体育事业，开展群众性的体育活动，增强人民体质。

**第二十二条** 国家发展为人民服务、为社会主义服务的文学艺术事业、新闻广播电视事业、出版发行事业、图书馆博物馆文化馆和其他文化事业，开展群众性的文化活动。

国家保护名胜古迹、珍贵文物和其他重要历史文化遗产。

**第二十三条** 国家培养为社会主义服务的各种专业人才，扩大知识分子的队伍，创造条件，充分发挥他们在社会主义现代化建设中的作用。

**第二十四条** 国家通过普及理想教育、道德教育、文化教育、纪律和法制教育，通过在城乡不同范围的群众中制定和执行各种守则、公约，加强社会主义精神文明的建设。

国家倡导社会主义核心价值观，提倡爱祖国、爱人民、爱劳动、爱科学、爱社会主义的公德，在人民中进行爱国主义、集体主义和国际主义、共产主义的教育，进行辩证唯物主义和历史唯物主义的教育，反对资本主义的、封建主义的和其他的腐朽思想。

**第二十五条** 国家推行计划生育，使人口的增长同经济和社会发展计划相适应。

**第二十六条** 国家保护和改善生活环境和生态环境，防治污染和其他公害。

国家组织和鼓励植树造林，保护林木。

**第二十七条** 一切国家机关实行精简的原则，实行工作责任制，实行工作人员的培训和考核制度，不断提高工作质量和工作效率，反对官僚主义。

一切国家机关和国家工作人员必须依靠人民的支持，经常保持同人民的密切联系，倾听人民的意见和建议，接受人民的监督，努力为人民服务。

国家工作人员就职时应当依照法律规定公开进行宪法宣誓。

**第二十八条** 国家维护社会秩序，镇压叛国和其他危害国家安全的犯罪活动，制裁危害社会治安、破坏社会主义经济和其他犯罪的活动，惩办和改造犯罪分子。

**第二十九条** 中华人民共和国的武装力量属于人民。它的任务是巩固国防，抵抗侵略，保卫祖国，保卫人民的和平劳动，参加国家建设事业，努力为人民服务。

国家加强武装力量的革命化、现代化、正规化的建设，增强国防力量。

**第三十条** 中华人民共和国的行政区域划分如下：

（一）全国分为省、自治区、直辖市；

（二）省、自治区分为自治州、县、自治县、市；

（三）县、自治县分为乡、民族乡、镇。

直辖市和较大的市分为区、县。自治州分为县、自治县、市。

自治区、自治州、自治县都是民族自治地方。

**第三十一条** 国家在必要时得设立特别行政区。在特别行政区内实行的制度按照具体情况由全国人民代表大会以法律规定。

**第三十二条** 中华人民共和国保护在中国境内的外国人的合法权利和利益，在中国境内的外国人必须遵守中华人民共和国的法律。

中华人民共和国对于因为政治原因要求避难的外国人，可以给予受庇护的权利。

## 第二章　公民的基本权利和义务

**第三十三条**　凡具有中华人民共和国国籍的人都是中华人民共和国公民。

中华人民共和国公民在法律面前一律平等。

国家尊重和保障人权。

任何公民享有宪法和法律规定的权利，同时必须履行宪法和法律规定的义务。

**第三十四条**　中华人民共和国年满十八周岁的公民，不分民族、种族、性别、职业、家庭出身、宗教信仰、教育程度、财产状况、居住期限，都有选举权和被选举权；但是依照法律被剥夺政治权利的人除外。

**第三十五条**　中华人民共和国公民有言论、出版、集会、结社、游行、示威的自由。

**第三十六条**　中华人民共和国公民有宗教信仰自由。

任何国家机关、社会团体和个人不得强制公民信仰宗教或者不信仰宗教，不得歧视信仰宗教的公民和不信仰宗教的公民。

国家保护正常的宗教活动。任何人不得利用宗教进行破坏社会秩序、损害公民身体健康、妨碍国家教育制度的活动。

宗教团体和宗教事务不受外国势力的支配。

**第三十七条**　中华人民共和国公民的人身自由不受侵犯。

任何公民，非经人民检察院批准或者决定或者人民法院决定，并由公安机关执行，不受逮捕。

禁止非法拘禁和以其他方法非法剥夺或者限制公民的人身自由，禁止非法搜查公民的身体。

**第三十八条**　中华人民共和国公民的人格尊严不受侵犯。禁止用任何方法对公民进行侮辱、诽谤和诬告陷害。

**第三十九条**　中华人民共和国公民的住宅不受侵犯。禁止非法搜查或者非法侵入公民的住宅。

**第四十条**　中华人民共和国公民的通信自由和通信秘密受法律的保护。除因国家安全或者追查刑事犯罪的需要，由公安机关或者检察机关依照法律规定的程序对通信进行检查外，任何组织或者个人不得以任何理由侵犯公民的通信自由和通信秘密。

**第四十一条**　中华人民共和国公民对于任何国家机关和国家工作人员，有提出批评和建议的权利；对于任何国家机关和国家工作人员的违法失职行为，有向有关国家机关提出申诉、控告或者检举的权利，但是不得捏造或者歪曲事实进行诬告陷害。

对于公民的申诉、控告或者检举，有关国家机关必须查清事实，负责处理。任何人不得压制和打击报复。

由于国家机关和国家工作人员侵犯公民权利而受到损失的人，有依照法律规定取得赔偿的权利。

**第四十二条**　中华人民共和国公民有劳动的权利和义务。

国家通过各种途径，创造劳动就业条件，加强劳动保护，改善劳动条件，并在发展生产的基础上，提高劳动报酬和福利待遇。

劳动是一切有劳动能力的公民的光荣职责。国有企业和城乡集体经济组织的劳动者都应当以国家主人翁的态度对待自己的劳动。国家提倡社会主义劳动竞赛，奖励劳动模范和先进工作者。国家提倡公民从事义务劳动。

国家对就业前的公民进行必要的劳动就业训练。

**第四十三条**　中华人民共和国劳动者有休息的权利。

国家发展劳动者休息和休养的设施，规定职工的工作时间和休假制度。

**第四十四条**　国家依照法律规定实行企业事业组织的职工和国家机关工作人员的退休制度。退休人员的生活受到国家和社会的保障。

**第四十五条**　中华人民共和国公民在年老、疾病或者丧失劳动能力的情况下，有从国家和社会获得物质帮助的权利。国家发展为公民享受这些权利所需要的社会保险、社会救济和医疗卫生事业。

国家和社会保障残废军人的生活，抚恤烈士家属，优待军人家属。

国家和社会帮助安排盲、聋、哑和其他有残疾的公民的劳动、生活和教育。

**第四十六条** 中华人民共和国公民有受教育的权利和义务。

国家培养青年、少年、儿童在品德、智力、体质等方面全面发展。

**第四十七条** 中华人民共和国公民有进行科学研究、文学艺术创作和其他文化活动的自由。国家对于从事教育、科学、技术、文学、艺术和其他文化事业的公民的有益于人民的创造性工作，给以鼓励和帮助。

**第四十八条** 中华人民共和国妇女在政治的、经济的、文化的、社会的和家庭的生活等各方面享有同男子平等的权利。

国家保护妇女的权利和利益，实行男女同工同酬，培养和选拔妇女干部。

**第四十九条** 婚姻、家庭、母亲和儿童受国家的保护。

夫妻双方有实行计划生育的义务。

父母有抚养教育未成年子女的义务，成年子女有赡养扶助父母的义务。

禁止破坏婚姻自由，禁止虐待老人、妇女和儿童。

**第五十条** 中华人民共和国保护华侨的正当的权利和利益，保护归侨和侨眷的合法的权利和利益。

**第五十一条** 中华人民共和国公民在行使自由和权利的时候，不得损害国家的、社会的、集体的利益和其他公民的合法的自由和权利。

**第五十二条** 中华人民共和国公民有维护国家统一和全国各民族团结的义务。

**第五十三条** 中华人民共和国公民必须遵守宪法和法律，保守国家秘密，爱护公共财产，遵守劳动纪律，遵守公共秩序，尊重社会公德。

**第五十四条** 中华人民共和国公民有维护祖国的安全、荣誉和利益的义务，不得有危害祖国的安全、荣誉和利益的行为。

**第五十五条** 保卫祖国、抵抗侵略是中华人民共和国每一个公民的神圣职责。

依照法律服兵役和参加民兵组织是中华人民共和国公民的光荣义务。

**第五十六条** 中华人民共和国公民有依照法律纳税的义务。

## 第三章 国家机构

### 第一节 全国人民代表大会

**第五十七条** 中华人民共和国全国人民代表大会是最高国家权力机关。它的常设机关是全国人民代表大会常务委员会。

**第五十八条** 全国人民代表大会和全国人民代表大会常务委员会行使国家立法权。

**第五十九条** 全国人民代表大会由省、自治区、直辖市、特别行政区和军队选出的代表组成。各少数民族都应当有适当名额的代表。

全国人民代表大会代表的选举由全国人民代表大会常务委员会主持。

全国人民代表大会代表名额和代表产生办法由法律规定。

**第六十条** 全国人民代表大会每届任期五年。

全国人民代表大会任期届满的两个月以前，全国人民代表大会常务委员会必须完成下届全国人民代表大会代表的选举。如果遇到不能进行选举的非常情况，由全国人民代表大会常务委员会以全体组成人员的三分之二以上的多数通过，可以推迟选举，延长本届全国人民代表大会的任期。在非常情况结束后一年内，必须完成下届全国人民代表大会代表的选举。

**第六十一条** 全国人民代表大会会议每年举行一次，由全国人民代表大会常务委员会召集。如果全国人民代表大会常务委员会认为必要，或者有五分之一以上的全国人民代表大会代表提议，可以临时召集全国人民代表大会会议。

全国人民代表大会举行会议的时候，选举主席团主持会议。

**第六十二条** 全国人民代表大会行使下列职权：

（一）修改宪法；

（二）监督宪法的实施；

（三）制定和修改刑事、民事、国家机构的和其他的基本法律；

（四）选举中华人民共和国主席、副主席；

（五）根据中华人民共和国主席的提名，决定国务院总理的人选；根据国务院总理的提名，决定国务院副总理、国务委员、各部部长、各委员会主任、审计长、秘书长的人选；

（六）选举中央军事委员会主席；根据中央军事委员会主席的提名，决定中央军事委员会其他组成人员的人选；

（七）选举国家监察委员会主任；

（八）选举最高人民法院院长；

（九）选举最高人民检察院检察长；

（十）审查和批准国民经济和社会发展计划和计划执行情况的报告；

（十一）审查和批准国家的预算和预算执行情况的报告；

（十二）改变或者撤销全国人民代表大会常务委员会不适当的决定；

（十三）批准省、自治区和直辖市的建置；

（十四）决定特别行政区的设立及其制度；

（十五）决定战争和和平的问题；

（十六）应当由最高国家权力机关行使的其他职权。

**第六十三条** 全国人民代表大会有权罢免下列人员：

（一）中华人民共和国主席、副主席；

（二）国务院总理、副总理、国务委员、各部部长、各委员会主任、审计长、秘书长；

（三）中央军事委员会主席和中央军事委员会其他组成人员；

（四）国家监察委员会主任；

（五）最高人民法院院长；

（六）最高人民检察院检察长。

**第六十四条** 宪法的修改，由全国人民代表大会常务委员会或者五分之一以上的全国人民代表大会代表提议，并由全国人民代表大会以全体代表的三分之二以上的多数通过。

法律和其他议案由全国人民代表大会以全体代表的过半数通过。

**第六十五条** 全国人民代表大会常务委员会由下列人员组成：

委员长，

副委员长若干人，

秘书长，

委员若干人。

全国人民代表大会常务委员会组成人员中，应当有适当名额的少数民族代表。

全国人民代表大会选举并有权罢免全国人民代表大会常务委员会的组成人员。

全国人民代表大会常务委员会的组成人员不得担任国家行政机关、监察机关、审判机关和检察机关的职务。

**第六十六条** 全国人民代表大会常务委员会每届任期同全国人民代表大会每届任期相同，它行使职权到下届全国人民代表大会选出新的常务委员会为止。

委员长、副委员长连续任职不得超过两届。

**第六十七条** 全国人民代表大会常务委员会行使下列职权：

（一）解释宪法，监督宪法的实施；

（二）制定和修改除应当由全国人民代表大会制定的法律以外的其他法律；

（三）在全国人民代表大会闭会期间，对全国人民代表大会制定的法律进行部分补充和修改，但是不得同该法律的基本原则相抵触；

（四）解释法律；

（五）在全国人民代表大会闭会期间，审查和批准国民经济和社会发展计划、国家预算在执行过程中所必须作的部分调整方案；

（六）监督国务院、中央军事委员会、国家监察委员会、最高人民法院和最高人民检察院的工作；

（七）撤销国务院制定的同宪法、法律相抵触的行政法规、决定和命令；

（八）撤销省、自治区、直辖市国家权力机关制定的同宪法、法律和行政法规相抵触的地方性法规和决议；

（九）在全国人民代表大会闭会期间，根据国务院总理的提名，决定部长、委员会主任、审计长、秘书长的人选；

（十）在全国人民代表大会闭会期间，根据中央军事委员会主席的提名，决定中央军事委员会其他组成人员的人选；

（十一）根据国家监察委员会主任的提请，任免国家监察委员会副主任、委员；

（十二）根据最高人民法院院长的提请，任免最高人民法院副院长、审判员、审判委员会委员和军事法院院长；

（十三）根据最高人民检察院检察长的提请，任免最高人民检察院副检察长、检察员、检察委员会委员和军事检察院检察长，并且批准省、自治区、直辖市的人民检察院检察长的任免；

（十四）决定驻外全权代表的任免；

（十五）决定同外国缔结的条约和重要协定的批准和废除；

（十六）规定军人和外交人员的衔级制度和其他专门衔级制度；

（十七）规定和决定授予国家的勋章和荣誉称号；

（十八）决定特赦；

（十九）在全国人民代表大会闭会期间，如果遇到国家遭受武装侵犯或者必须履行国际间共同防止侵略的条约的情况，决定战争状态的宣布；

（二十）决定全国总动员或者局部动员；

（二十一）决定全国或者个别省、自治区、直辖市进入紧急状态；

（二十二）全国人民代表大会授予的其他职权。

**第六十八条** 全国人民代表大会常务委员会委员长主持全国人民代表大会常务委员会的工作，召集全国人民代表大会常务委员会会议。副委员长、秘书长协助委员长工作。

委员长、副委员长、秘书长组成委员长会议，处理全国人民代表大会常务委员会的重要日常工作。

**第六十九条** 全国人民代表大会常务委员会对全国人民代表大会负责并报告工作。

**第七十条** 全国人民代表大会设立民族委员会、宪法和法律委员会、财政经济委员会、教育科学文化卫生委员会、外事委员会、华侨委员会和其他需要设立的专门委员会。在全国人民代表大会闭会期间，各专门委员会受全国人民代表大会常务委员会的领导。

各专门委员会在全国人民代表大会和全国人民代表大会常务委员会领导下，研究、审议和拟订有关议案。

**第七十一条** 全国人民代表大会和全国人民代表大会常务委员会认为必要的时候，可以组织关于特定问题的调查委员会，并且根据调查委员会的报告，作出相应的决议。

调查委员会进行调查的时候，一切有关的国家机关、社会团体和公民都有义务向它提供必要的材料。

**第七十二条** 全国人民代表大会代表和全国人民代表大会常务委员会组成人员，有权依照法律规定的程序分别提出属于全国人民代表大会和全国人民代表大会常务委员会职权范围内的议案。

**第七十三条** 全国人民代表大会代表在全国人民代表大会开会期间，全国人民代表大会常务委员会组成人员在常务委员会开会期间，有权依照法律规定的程序提出对国务院或者国务院各部、各委员会的质询案。受质询的机关必须负责答复。

**第七十四条** 全国人民代表大会代表，非经全国人民代表大会会议主席团许可，在全国人民代表大会闭会期间非经全国人民代表大会常务委员会许可，不受逮捕或者刑事审判。

**第七十五条** 全国人民代表大会代表在全国人民代表大会各种会议上的发言和表决，不受法律追究。

**第七十六条** 全国人民代表大会代表必须模范地遵守宪法和法律，保守国家秘密，并且在自己参加的生产、工作和社会活动中，协助宪法和法律的实施。

全国人民代表大会代表应当同原选举单位和人民保持密切的联系，听取和反映人民的意见和要求，努力为人民服务。

**第七十七条** 全国人民代表大会代表受原选举单位的监督。原选举单位有权依照法律规定的程序罢免本单位选出的代表。

**第七十八条** 全国人民代表大会和全国人民代表大会常务委员会的组织和工作程序由法律规定。

## 第二节 中华人民共和国主席

**第七十九条** 中华人民共和国主席、副主席由全国人民代表大会选举。

有选举权和被选举权的年满四十五周岁的中华人民共和国公民可以被选为中华人民共和国主席、副主席。

中华人民共和国主席、副主席每届任期同全国人民代表大会每届任期相同。

**第八十条** 中华人民共和国主席根据全国人民代表大会的决定和全国人民代表大会常务委员会的决定，公布法律，任免国务院总理、副总理、国务委员、各部部长、各委员会主任、审计长、秘书长，授予国家的勋章和荣誉称号，发布特赦令，宣布进入紧急状态，宣布战争状态，发布动员令。

**第八十一条** 中华人民共和国主席代表中华人民共和国，进行国事活动，接受外国使节；根据全国人民代表大会常务委员会的决定，派遣和召回驻外全权代表，批准和废除同外国缔结的条约和重要协定。

**第八十二条** 中华人民共和国副主席协助主席工作。

中华人民共和国副主席受主席的委托，可以代行主席的部分职权。

**第八十三条** 中华人民共和国主席、副主席行使职权到下届全国人民代表大会选出的主席、副主席就职为止。

**第八十四条** 中华人民共和国主席缺位的时候，由副主席继任主席的职位。

中华人民共和国副主席缺位的时候，由全国人民代表大会补选。

中华人民共和国主席、副主席都缺位的时候，由全国人民代表大会补选；在补选以前，由全国人民代表大会常务委员会委员长暂时代理主席职位。

### 第三节　国　务　院

**第八十五条** 中华人民共和国国务院，即中央人民政府，是最高国家权力机关的执行机关，是最高国家行政机关。

**第八十六条** 国务院由下列人员组成：

总理，

副总理若干人，

国务委员若干人，

各部部长，

各委员会主任，

审计长，

秘书长。

国务院实行总理负责制。各部、各委员会实行部长、主任负责制。

国务院的组织由法律规定。

**第八十七条** 国务院每届任期同全国人民代表大会每届任期相同。

总理、副总理、国务委员连续任职不得超过两届。

**第八十八条** 总理领导国务院的工作。副总理、国务委员协助总理工作。

总理、副总理、国务委员、秘书长组成国务院常务会议。

总理召集和主持国务院常务会议和国务院全体会议。

**第八十九条** 国务院行使下列职权：

（一）根据宪法和法律，规定行政措施，制定行政法规，发布决定和命令；

（二）向全国人民代表大会或者全国人民代表大会常务委员会提出议案；

（三）规定各部和各委员会的任务和职责，统一领导各部和各委员会的工作，并且领导不属于各部和各委员会的全国性的行政工作；

（四）统一领导全国地方各级国家行政机关的工作，规定中央和省、自治区、直辖市的国家行政机关的职权的具体划分；

（五）编制和执行国民经济和社会发展计划和国家预算；

（六）领导和管理经济工作和城乡建设、生态文明建设；

（七）领导和管理教育、科学、文化、卫生、体育和计划生育工作；

（八）领导和管理民政、公安、司法行政等工作；

（九）管理对外事务，同外国缔结条约和协定；

（十）领导和管理国防建设事业；

（十一）领导和管理民族事务，保障少数民族的平等权利和民族自治地方的自治权利；

（十二）保护华侨的正当的权利和利益，保护归侨和侨眷的合法的权利和利益；

（十三）改变或者撤销各部、各委员会发布的不适当的命令、指示和规章；

（十四）改变或者撤销地方各级国家行政机关的不适当的决定和命令；

（十五）批准省、自治区、直辖市的区域划分，批准自治州、县、自治县、市的建置和区域划分；

（十六）依照法律规定决定省、自治区、直辖市的范围内部分地区进入紧急状态；

（十七）审定行政机构的编制，依照法律规定任免、培训、考核和奖惩行政人员；

（十八）全国人民代表大会和全国人民代表大会常务委员会授予的其他职权。

**第九十条** 国务院各部部长、各委员会主任负责本部门的工作；召集和主持部务会议或者委员会会议、委务会议，讨论决定本部门工作的重大问题。

各部、各委员会根据法律和国务院的行政法规、决定、命令，在本部门的权限内，发布命令、指示和规章。

**第九十一条** 国务院设立审计机关，对国务院各部门和地方各级政府的财政收支，对国家的财政金融机构和企业事业组织的财务收支，进行审计监督。

审计机关在国务院总理领导下，依照法律规定独立行使审计监督权，不受其他行政机关、社会团体和个人的干涉。

**第九十二条** 国务院对全国人民代表大会负责并报告工作；在全国人民代表大会闭会期间，对全国人民代表大会常务委员会负责并报告工作。

## 第四节　中央军事委员会

**第九十三条** 中华人民共和国中央军事委员会领导全国武装力量。

中央军事委员会由下列人员组成：

主席，

副主席若干人，

委员若干人。

中央军事委员会实行主席负责制。

中央军事委员会每届任期同全国人民代表大会每届任期相同。

**第九十四条** 中央军事委员会主席对全国人民代表大会和全国人民代表大会常务委员会负责。

## 第五节 地方各级人民代表大会和地方各级人民政府

**第九十五条** 省、直辖市、县、市、市辖区、乡、民族乡、镇设立人民代表大会和人民政府。

地方各级人民代表大会和地方各级人民政府的组织由法律规定。

自治区、自治州、自治县设立自治机关。自治机关的组织和工作根据宪法第三章第五节、第六节规定的基本原则由法律规定。

**第九十六条** 地方各级人民代表大会是地方国家权力机关。

县级以上的地方各级人民代表大会设立常务委员会。

**第九十七条** 省、直辖市、设区的市的人民代表大会代表由下一级的人民代表大会选举；县、不设区的市、市辖区、乡、民族乡、镇的人民代表大会代表由选民直接选举。

地方各级人民代表大会代表名额和代表产生办法由法律规定。

**第九十八条** 地方各级人民代表大会每届任期五年。

**第九十九条** 地方各级人民代表大会在本行政区域内，保证宪法、法律、行政法规的遵守和执行；依照法律规定的权限，通过和发布决议，审查和决定地方的经济建设、文化建设和公共事业建设的计划。

县级以上的地方各级人民代表大会审查和批准本行政区域内的国民经济和社会发展计划、预算以及它们的执行情况的报告；有权改变或者撤销本级人民代表大会常务委员会不适当的决定。

民族乡的人民代表大会可以依照法律规定的权限采取适合民族特点的具体措施。

**第一百条** 省、直辖市的人民代表大会和它们的常务委员会，在不同宪法、法律、行政法规相抵触的前提下，可以制定地方性法规，报全国人民代表大会常务委员会备案。

设区的市的人民代表大会和它们的常务委员会，在不同宪法、法律、行政法规和本省、自治区的地方性法规相抵触的前提下，可以依照法律规定制定地方性法规，报本省、自治区人民代表大会常务委员会批准后施行。

**第一百零一条**　地方各级人民代表大会分别选举并且有权罢免本级人民政府的省长和副省长、市长和副市长、县长和副县长、区长和副区长、乡长和副乡长、镇长和副镇长。

县级以上的地方各级人民代表大会选举并且有权罢免本级监察委员会主任、本级人民法院院长和本级人民检察院检察长。选出或者罢免人民检察院检察长，须报上级人民检察院检察长提请该级人民代表大会常务委员会批准。

**第一百零二条**　省、直辖市、设区的市的人民代表大会代表受原选举单位的监督；县、不设区的市、市辖区、乡、民族乡、镇的人民代表大会代表受选民的监督。

地方各级人民代表大会代表的选举单位和选民有权依照法律规定的程序罢免由他们选出的代表。

**第一百零三条**　县级以上的地方各级人民代表大会常务委员会由主任、副主任若干人和委员若干人组成，对本级人民代表大会负责并报告工作。

县级以上的地方各级人民代表大会选举并有权罢免本级人民代表大会常务委员会的组成人员。

县级以上的地方各级人民代表大会常务委员会的组成人员不得担任国家行政机关、监察机关、审判机关和检察机关的职务。

**第一百零四条**　县级以上的地方各级人民代表大会常务委员会讨论、决定本行政区域内各方面工作的重大事项；监督本级人民政府、监察委员会、人民法院和人民检察院的工作；撤销本级人民政府的不适当的决定和命令；撤销下一级人民代表大会的不适当的决议；依照法律规定的权限决定国家机关工作人员的任免；在本级人民代表大会闭会期间，罢免和补选上一级人民代表大会的个别代表。

**第一百零五条** 地方各级人民政府是地方各级国家权力机关的执行机关，是地方各级国家行政机关。

地方各级人民政府实行省长、市长、县长、区长、乡长、镇长负责制。

**第一百零六条** 地方各级人民政府每届任期同本级人民代表大会每届任期相同。

**第一百零七条** 县级以上地方各级人民政府依照法律规定的权限，管理本行政区域内的经济、教育、科学、文化、卫生、体育事业、城乡建设事业和财政、民政、公安、民族事务、司法行政、计划生育等行政工作，发布决定和命令，任免、培训、考核和奖惩行政工作人员。

乡、民族乡、镇的人民政府执行本级人民代表大会的决议和上级国家行政机关的决定和命令，管理本行政区域内的行政工作。

省、直辖市的人民政府决定乡、民族乡、镇的建置和区域划分。

**第一百零八条** 县级以上的地方各级人民政府领导所属各工作部门和下级人民政府的工作，有权改变或者撤销所属各工作部门和下级人民政府的不适当的决定。

**第一百零九条** 县级以上的地方各级人民政府设立审计机关。地方各级审计机关依照法律规定独立行使审计监督权，对本级人民政府和上一级审计机关负责。

**第一百一十条** 地方各级人民政府对本级人民代表大会负责并报告工作。县级以上的地方各级人民政府在本级人民代表大会闭会期间，对本级人民代表大会常务委员会负责并报告工作。

地方各级人民政府对上一级国家行政机关负责并报告工作。全国地方各级人民政府都是国务院统一领导下的国家行政机关，都服从国务院。

**第一百一十一条** 城市和农村按居民居住地区设立的居民委员会或者村民委员会是基层群众性自治组织。居民委员会、村民委员会的主任、副主任和委员由居民选举。居民委员会、村民委员会同基层政权的相互关系由法律规定。

居民委员会、村民委员会设人民调解、治安保卫、公共卫生等委员会，办理本居住地区的公共事务和公益事业，调解民间纠纷，协助维护社会治安，并且向人民政府反映群众的意见、要求和提出建议。

### 第六节　民族自治地方的自治机关

**第一百一十二条**　民族自治地方的自治机关是自治区、自治州、自治县的人民代表大会和人民政府。

**第一百一十三条**　自治区、自治州、自治县的人民代表大会中，除实行区域自治的民族的代表外，其他居住在本行政区域内的民族也应当有适当名额的代表。

自治区、自治州、自治县的人民代表大会常务委员会中应当有实行区域自治的民族的公民担任主任或者副主任。

**第一百一十四条**　自治区主席、自治州州长、自治县县长由实行区域自治的民族的公民担任。

**第一百一十五条**　自治区、自治州、自治县的自治机关行使宪法第三章第五节规定的地方国家机关的职权，同时依照宪法、民族区域自治法和其他法律规定的权限行使自治权，根据本地方实际情况贯彻执行国家的法律、政策。

**第一百一十六条**　民族自治地方的人民代表大会有权依照当地民族的政治、经济和文化的特点，制定自治条例和单行条例。自治区的自治条例和单行条例，报全国人民代表大会常务委员会批准后生效。自治州、自治县的自治条例和单行条例，报省或者自治区的人民代表大会常务委员会批准后生效，并报全国人民代表大会常务委员会备案。

**第一百一十七条**　民族自治地方的自治机关有管理地方财政的自治权。凡是依照国家财政体制属于民族自治地方的财政收入，都应当由民族自治地方的自治机关自主地安排使用。

**第一百一十八条**　民族自治地方的自治机关在国家计划的指导

下，自主地安排和管理地方性的经济建设事业。

国家在民族自治地方开发资源、建设企业的时候，应当照顾民族自治地方的利益。

**第一百一十九条** 民族自治地方的自治机关自主地管理本地方的教育、科学、文化、卫生、体育事业，保护和整理民族的文化遗产，发展和繁荣民族文化。

**第一百二十条** 民族自治地方的自治机关依照国家的军事制度和当地的实际需要，经国务院批准，可以组织本地方维护社会治安的公安部队。

**第一百二十一条** 民族自治地方的自治机关在执行职务的时候，依照本民族自治地方自治条例的规定，使用当地通用的一种或者几种语言文字。

**第一百二十二条** 国家从财政、物资、技术等方面帮助各少数民族加速发展经济建设和文化建设事业。

国家帮助民族自治地方从当地民族中大量培养各级干部、各种专业人才和技术工人。

### 第七节 监察委员会

**第一百二十三条** 中华人民共和国各级监察委员会是国家的监察机关。

**第一百二十四条** 中华人民共和国设立国家监察委员会和地方各级监察委员会。

监察委员会由下列人员组成：

主任，

副主任若干人，

委员若干人。

监察委员会主任每届任期同本级人民代表大会每届任期相同。国家监察委员会主任连续任职不得超过两届。

监察委员会的组织和职权由法律规定。

**第一百二十五条** 中华人民共和国国家监察委员会是最高监察机关。

国家监察委员会领导地方各级监察委员会的工作，上级监察委员会领导下级监察委员会的工作。

**第一百二十六条** 国家监察委员会对全国人民代表大会和全国人民代表大会常务委员会负责。地方各级监察委员会对产生它的国家权力机关和上一级监察委员会负责。

**第一百二十七条** 监察委员会依照法律规定独立行使监察权，不受行政机关、社会团体和个人的干涉。

监察机关办理职务违法和职务犯罪案件，应当与审判机关、检察机关、执法部门互相配合，互相制约。

## 第八节 人民法院和人民检察院

**第一百二十八条** 中华人民共和国人民法院是国家的审判机关。

**第一百二十九条** 中华人民共和国设立最高人民法院、地方各级人民法院和军事法院等专门人民法院。

最高人民法院院长每届任期同全国人民代表大会每届任期相同，连续任职不得超过两届。

人民法院的组织由法律规定。

**第一百三十条** 人民法院审理案件，除法律规定的特别情况外，一律公开进行。被告人有权获得辩护。

**第一百三十一条** 人民法院依照法律规定独立行使审判权，不受行政机关、社会团体和个人的干涉。

**第一百三十二条** 最高人民法院是最高审判机关。

最高人民法院监督地方各级人民法院和专门人民法院的审判工作，上级人民法院监督下级人民法院的审判工作。

**第一百三十三条** 最高人民法院对全国人民代表大会和全国人民代表大会常务委员会负责。地方各级人民法院对产生它的国家权力机关负责。

**第一百三十四条** 中华人民共和国人民检察院是国家的法律监督机关。

**第一百三十五条** 中华人民共和国设立最高人民检察院、地方各级人民检察院和军事检察院等专门人民检察院。

最高人民检察院检察长每届任期同全国人民代表大会每届任期相同，连续任职不得超过两届。

人民检察院的组织由法律规定。

**第一百三十六条** 人民检察院依照法律规定独立行使检察权，不受行政机关、社会团体和个人的干涉。

**第一百三十七条** 最高人民检察院是最高检察机关。

最高人民检察院领导地方各级人民检察院和专门人民检察院的工作，上级人民检察院领导下级人民检察院的工作。

**第一百三十八条** 最高人民检察院对全国人民代表大会和全国人民代表大会常务委员会负责。地方各级人民检察院对产生它的国家权力机关和上级人民检察院负责。

**第一百三十九条** 各民族公民都有用本民族语言文字进行诉讼的权利。人民法院和人民检察院对于不通晓当地通用的语言文字的诉讼参与人，应当为他们翻译。

在少数民族聚居或者多民族共同居住的地区，应当用当地通用的语言进行审理；起诉书、判决书、布告和其他文书应当根据实际需要使用当地通用的一种或者几种文字。

**第一百四十条** 人民法院、人民检察院和公安机关办理刑事案件，应当分工负责，互相配合，互相制约，以保证准确有效地执行法律。

## 第四章 国旗、国歌、国徽、首都

**第一百四十一条** 中华人民共和国国旗是五星红旗。

中华人民共和国国歌是《义勇军进行曲》。

**第一百四十二条** 中华人民共和国国徽，中间是五星照耀下的天安门，周围是谷穗和齿轮。

**第一百四十三条** 中华人民共和国首都是北京。

# 中华人民共和国公务员法

（2005年4月27日第十届全国人民代表大会常务委员会第十五次会议通过 根据2017年9月1日第十二届全国人民代表大会常务委员会第二十九次会议《关于修改〈中华人民共和国法官法〉等八部法律的决定》修正 2018年12月29日第十三届全国人民代表大会常务委员会第七次会议修订）

## 第一章 总 则

**第一条** 为了规范公务员的管理，保障公务员的合法权益，加强对公务员的监督，促进公务员正确履职尽责，建设信念坚定、为民服务、勤政务实、敢于担当、清正廉洁的高素质专业化公务员队伍，根据宪法，制定本法。

**第二条** 本法所称公务员，是指依法履行公职、纳入国家行政编制、由国家财政负担工资福利的工作人员。

公务员是干部队伍的重要组成部分，是社会主义事业的中坚力量，是人民的公仆。

**第三条** 公务员的义务、权利和管理，适用本法。

法律对公务员中领导成员的产生、任免、监督以及监察官、法官、检察官等的义务、权利和管理另有规定的，从其规定。

**第四条** 公务员制度坚持中国共产党领导，坚持以马克思列宁主义、毛泽东思想、邓小平理论、“三个代表”重要思想、科学发展观、习近平新时代中国特色社会主义思想为指导，贯彻社会主义初级阶段的基本路线，贯彻新时代中国共产党的组织路线，坚持党管干部原则。

**第五条** 公务员的管理，坚持公开、平等、竞争、择优的原则，依照法定的权限、条件、标准和程序进行。

**第六条** 公务员的管理，坚持监督约束与激励保障并重的原则。

**第七条** 公务员的任用，坚持德才兼备、以德为先，坚持五湖四海、任人唯贤，坚持事业为上、公道正派，突出政治标准，注重工作实绩。

**第八条** 国家对公务员实行分类管理，提高管理效能和科学化水平。

**第九条** 公务员就职时应当依照法律规定公开进行宪法宣誓。

**第十条** 公务员依法履行职责的行为，受法律保护。

**第十一条** 公务员工资、福利、保险以及录用、奖励、培训、辞退等所需经费，列入财政预算，予以保障。

**第十二条** 中央公务员主管部门负责全国公务员的综合管理工作。县级以上地方各级公务员主管部门负责本辖区内公务员的综合管理工作。上级公务员主管部门指导下级公务员主管部门的公务员管理工作。各级公务员主管部门指导同级各机关的公务员管理工作。

## 第二章 公务员的条件、义务与权利

**第十三条** 公务员应当具备下列条件：

（一）具有中华人民共和国国籍；

（二）年满十八周岁；

（三）拥护中华人民共和国宪法，拥护中国共产党领导和社会主义制度；

（四）具有良好的政治素质和道德品行；

（五）具有正常履行职责的身体条件和心理素质；

（六）具有符合职位要求的文化程度和工作能力；

（七）法律规定的其他条件。

**第十四条** 公务员应当履行下列义务：

（一）忠于宪法，模范遵守、自觉维护宪法和法律，自觉接受中国共产党领导；

（二）忠于国家，维护国家的安全、荣誉和利益；

（三）忠于人民，全心全意为人民服务，接受人民监督；

（四）忠于职守，勤勉尽责，服从和执行上级依法作出的决定和命令，按照规定的权限和程序履行职责，努力提高工作质量和效率；

（五）保守国家秘密和工作秘密；

（六）带头践行社会主义核心价值观，坚守法治，遵守纪律，恪守职业道德，模范遵守社会公德、家庭美德；

（七）清正廉洁，公道正派；

（八）法律规定的其他义务。

**第十五条** 公务员享有下列权利：

（一）获得履行职责应当具有的工作条件；

（二）非因法定事由、非经法定程序，不被免职、降职、辞退或者处分；

（三）获得工资报酬，享受福利、保险待遇；

（四）参加培训；

（五）对机关工作和领导人员提出批评和建议；

（六）提出申诉和控告；

（七）申请辞职；

（八）法律规定的其他权利。

## 第三章 职务、职级与级别

**第十六条** 国家实行公务员职位分类制度。

公务员职位类别按照公务员职位的性质、特点和管理需要，划分为综合管理类、专业技术类和行政执法类等类别。根据本法，对于具有职位特殊性，需要单独管理的，可以增设其他职位类别。各职位类别的适用范围由国家另行规定。

**第十七条** 国家实行公务员职务与职级并行制度，根据公务员职位类别和职责设置公务员领导职务、职级序列。

**第十八条** 公务员领导职务根据宪法、有关法律和机构规格设置。

领导职务层次分为：国家级正职、国家级副职、省部级正职、省部级副职、厅局级正职、厅局级副职、县处级正职、县处级副职、乡科级正职、乡科级副职。

**第十九条** 公务员职级在厅局级以下设置。

综合管理类公务员职级序列分为：一级巡视员、二级巡视员、一级调研员、二级调研员、三级调研员、四级调研员、一级主任科员、二级主任科员、三级主任科员、四级主任科员、一级科员、二级科员。

综合管理类以外其他职位类别公务员的职级序列，根据本法由国家另行规定。

**第二十条** 各机关依照确定的职能、规格、编制限额、职数以及结构比例，设置本机关公务员的具体职位，并确定各职位的工作职责和任职资格条件。

**第二十一条** 公务员的领导职务、职级应当对应相应的级别。公务员领导职务、职级与级别的对应关系，由国家规定。

根据工作需要和领导职务与职级的对应关系，公务员担任的领导职务和职级可以互相转任、兼任；符合规定资格条件的，可以晋升领导职务或者职级。

公务员的级别根据所任领导职务、职级及其德才表现、工作实绩和资历确定。公务员在同一领导职务、职级上，可以按照国家规定晋升级别。

公务员的领导职务、职级与级别是确定公务员工资以及其他待遇的依据。

**第二十二条** 国家根据人民警察、消防救援人员以及海关、驻外外交机构等公务员的工作特点，设置与其领导职务、职级相对应的衔级。

## 第四章 录　　用

**第二十三条** 录用担任一级主任科员以下及其他相当职级层次的

公务员，采取公开考试、严格考察、平等竞争、择优录取的办法。

民族自治地方依照前款规定录用公务员时，依照法律和有关规定对少数民族报考者予以适当照顾。

**第二十四条**　中央机关及其直属机构公务员的录用，由中央公务员主管部门负责组织。地方各级机关公务员的录用，由省级公务员主管部门负责组织，必要时省级公务员主管部门可以授权设区的市级公务员主管部门组织。

**第二十五条**　报考公务员，除应当具备本法第十三条规定的条件以外，还应当具备省级以上公务员主管部门规定的拟任职位所要求的资格条件。

国家对行政机关中初次从事行政处罚决定审核、行政复议、行政裁决、法律顾问的公务员实行统一法律职业资格考试制度，由国务院司法行政部门商有关部门组织实施。

**第二十六条**　下列人员不得录用为公务员：

（一）因犯罪受过刑事处罚的；

（二）被开除中国共产党党籍的；

（三）被开除公职的；

（四）被依法列为失信联合惩戒对象的；

（五）有法律规定不得录用为公务员的其他情形的。

**第二十七条**　录用公务员，应当在规定的编制限额内，并有相应的职位空缺。

**第二十八条**　录用公务员，应当发布招考公告。招考公告应当载明招考的职位、名额、报考资格条件、报考需要提交的申请材料以及其他报考须知事项。

招录机关应当采取措施，便利公民报考。

**第二十九条**　招录机关根据报考资格条件对报考申请进行审查。报考者提交的申请材料应当真实、准确。

**第三十条**　公务员录用考试采取笔试和面试等方式进行，考试内容根据公务员应当具备的基本能力和不同职位类别、不同层级机关分别设置。

**第三十一条** 招录机关根据考试成绩确定考察人选，并进行报考资格复审、考察和体检。

体检的项目和标准根据职位要求确定。具体办法由中央公务员主管部门会同国务院卫生健康行政部门规定。

**第三十二条** 招录机关根据考试成绩、考察情况和体检结果，提出拟录用人员名单，并予以公示。公示期不少于五个工作日。

公示期满，中央一级招录机关应当将拟录用人员名单报中央公务员主管部门备案；地方各级招录机关应当将拟录用人员名单报省级或者设区的市级公务员主管部门审批。

**第三十三条** 录用特殊职位的公务员，经省级以上公务员主管部门批准，可以简化程序或者采用其他测评办法。

**第三十四条** 新录用的公务员试用期为一年。试用期满合格的，予以任职；不合格的，取消录用。

## 第五章 考 核

**第三十五条** 公务员的考核应当按照管理权限，全面考核公务员的德、能、勤、绩、廉，重点考核政治素质和工作实绩。考核指标根据不同职位类别、不同层级机关分别设置。

**第三十六条** 公务员的考核分为平时考核、专项考核和定期考核等方式。定期考核以平时考核、专项考核为基础。

**第三十七条** 非领导成员公务员的定期考核采取年度考核的方式。先由个人按照职位职责和有关要求进行总结，主管领导在听取群众意见后，提出考核等次建议，由本机关负责人或者授权的考核委员会确定考核等次。

领导成员的考核由主管机关按照有关规定办理。

**第三十八条** 定期考核的结果分为优秀、称职、基本称职和不称职四个等次。

定期考核的结果应当以书面形式通知公务员本人。

**第三十九条** 定期考核的结果作为调整公务员职位、职务、职级、级别、工资以及公务员奖励、培训、辞退的依据。

## 第六章 职务、职级任免

**第四十条** 公务员领导职务实行选任制、委任制和聘任制。公务员职级实行委任制和聘任制。

领导成员职务按照国家规定实行任期制。

**第四十一条** 选任制公务员在选举结果生效时即任当选职务；任期届满不再连任或者任期内辞职、被罢免、被撤职的，其所任职务即终止。

**第四十二条** 委任制公务员试用期满考核合格，职务、职级发生变化，以及其他情形需要任免职务、职级的，应当按照管理权限和规定的程序任免。

**第四十三条** 公务员任职应当在规定的编制限额和职数内进行，并有相应的职位空缺。

**第四十四条** 公务员因工作需要在机关外兼职，应当经有关机关批准，并不得领取兼职报酬。

## 第七章 职务、职级升降

**第四十五条** 公务员晋升领导职务，应当具备拟任职务所要求的政治素质、工作能力、文化程度和任职经历等方面的条件和资格。

公务员领导职务应当逐级晋升。特别优秀的或者工作特殊需要的，可以按照规定破格或者越级晋升。

**第四十六条** 公务员晋升领导职务，按照下列程序办理：

（一）动议；

（二）民主推荐；

（三）确定考察对象，组织考察；

（四）按照管理权限讨论决定；

（五）履行任职手续。

**第四十七条** 厅局级正职以下领导职务出现空缺且本机关没有合适人选的，可以通过适当方式面向社会选拔任职人选。

**第四十八条** 公务员晋升领导职务的，应当按照有关规定实行任职前公示制度和任职试用期制度。

**第四十九条** 公务员职级应当逐级晋升，根据个人德才表现、工作实绩和任职资历，参考民主推荐或者民主测评结果确定人选，经公示后，按照管理权限审批。

**第五十条** 公务员的职务、职级实行能上能下。对不适宜或者不胜任现任职务、职级的，应当进行调整。

公务员在年度考核中被确定为不称职的，按照规定程序降低一个职务或者职级层次任职。

## 第八章 奖 励

**第五十一条** 对工作表现突出，有显著成绩和贡献，或者有其他突出事迹的公务员或者公务员集体，给予奖励。奖励坚持定期奖励与及时奖励相结合，精神奖励与物质奖励相结合、以精神奖励为主的原则。

公务员集体的奖励适用于按照编制序列设置的机构或者为完成专项任务组成的工作集体。

**第五十二条** 公务员或者公务员集体有下列情形之一的，给予奖励：

（一）忠于职守，积极工作，勇于担当，工作实绩显著的；

（二）遵纪守法，廉洁奉公，作风正派，办事公道，模范作用突出的；

（三）在工作中有发明创造或者提出合理化建议，取得显著经济效益或者社会效益的；

（四）为增进民族团结，维护社会稳定做出突出贡献的；

（五）爱护公共财产，节约国家资财有突出成绩的；

（六）防止或者消除事故有功，使国家和人民群众利益免受或者减少损失的；

（七）在抢险、救灾等特定环境中做出突出贡献的；

（八）同违纪违法行为作斗争有功绩的；

（九）在对外交往中为国家争得荣誉和利益的；

（十）有其他突出功绩的。

**第五十三条** 奖励分为：嘉奖、记三等功、记二等功、记一等功、授予称号。

对受奖励的公务员或者公务员集体予以表彰，并对受奖励的个人给予一次性奖金或者其他待遇。

**第五十四条** 给予公务员或者公务员集体奖励，按照规定的权限和程序决定或者审批。

**第五十五条** 按照国家规定，可以向参与特定时期、特定领域重大工作的公务员颁发纪念证书或者纪念章。

**第五十六条** 公务员或者公务员集体有下列情形之一的，撤销奖励：

（一）弄虚作假，骗取奖励的；

（二）申报奖励时隐瞒严重错误或者严重违反规定程序的；

（三）有严重违纪违法等行为，影响称号声誉的；

（四）有法律、法规规定应当撤销奖励的其他情形的。

## 第九章 监督与惩戒

**第五十七条** 机关应当对公务员的思想政治、履行职责、作风表现、遵纪守法等情况进行监督，开展勤政廉政教育，建立日常管理监督制度。

对公务员监督发现问题的，应当区分不同情况，予以谈话提醒、批评教育、责令检查、诫勉、组织调整、处分。

对公务员涉嫌职务违法和职务犯罪的，应当依法移送监察机关处理。

**第五十八条** 公务员应当自觉接受监督，按照规定请示报告工作、报告个人有关事项。

**第五十九条** 公务员应当遵纪守法，不得有下列行为：

（一）散布有损宪法权威、中国共产党和国家声誉的言论，组织或者参加旨在反对宪法、中国共产党领导和国家的集会、游行、示威等活动；

（二）组织或者参加非法组织，组织或者参加罢工；

（三）挑拨、破坏民族关系，参加民族分裂活动或者组织、利用宗教活动破坏民族团结和社会稳定；

（四）不担当，不作为，玩忽职守，贻误工作；

（五）拒绝执行上级依法作出的决定和命令；

（六）对批评、申诉、控告、检举进行压制或者打击报复；

（七）弄虚作假，误导、欺骗领导和公众；

（八）贪污贿赂，利用职务之便为自己或者他人谋取私利；

（九）违反财经纪律，浪费国家资财；

（十）滥用职权，侵害公民、法人或者其他组织的合法权益；

（十一）泄露国家秘密或者工作秘密；

（十二）在对外交往中损害国家荣誉和利益；

（十三）参与或者支持色情、吸毒、赌博、迷信等活动；

（十四）违反职业道德、社会公德和家庭美德；

（十五）违反有关规定参与禁止的网络传播行为或者网络活动；

（十六）违反有关规定从事或者参与营利性活动，在企业或者其他营利性组织中兼任职务；

（十七）旷工或者因公外出、请假期满无正当理由逾期不归；

（十八）违纪违法的其他行为。

**第六十条** 公务员执行公务时，认为上级的决定或者命令有错误的，可以向上级提出改正或者撤销该决定或者命令的意见；上级不改变该决定或者命令，或者要求立即执行的，公务员应当执行该决定或者命令，执行的后果由上级负责，公务员不承担责任；但是，公务员执行明显违法的决定或者命令的，应当依法承担相应的责任。

**第六十一条** 公务员因违纪违法应当承担纪律责任的，依照本法给予处分或者由监察机关依法给予政务处分；违纪违法行为情节轻微，经批评教育后改正的，可以免予处分。

对同一违纪违法行为，监察机关已经作出政务处分决定的，公务员所在机关不再给予处分。

**第六十二条** 处分分为：警告、记过、记大过、降级、撤职、开除。

**第六十三条** 对公务员的处分，应当事实清楚、证据确凿、定性准确、处理恰当、程序合法、手续完备。

公务员违纪违法的，应当由处分决定机关决定对公务员违纪违法的情况进行调查，并将调查认定的事实以及拟给予处分的依据告知公务员本人。公务员有权进行陈述和申辩；处分决定机关不得因公务员申辩而加重处分。

处分决定机关认为对公务员应当给予处分的，应当在规定的期限内，按照管理权限和规定的程序作出处分决定。处分决定应当以书面形式通知公务员本人。

**第六十四条** 公务员在受处分期间不得晋升职务、职级和级别，其中受记过、记大过、降级、撤职处分的，不得晋升工资档次。

受处分的期间为：警告，六个月；记过，十二个月；记大过，十八个月；降级、撤职，二十四个月。

受撤职处分的，按照规定降低级别。

**第六十五条** 公务员受开除以外的处分，在受处分期间有悔改表现，并且没有再发生违纪违法行为的，处分期满后自动解除。

解除处分后，晋升工资档次、级别和职务、职级不再受原处分的影响。但是，解除降级、撤职处分的，不视为恢复原级别、原职务、原职级。

## 第十章 培　　训

**第六十六条** 机关根据公务员工作职责的要求和提高公务员素质

的需要，对公务员进行分类分级培训。

国家建立专门的公务员培训机构。机关根据需要也可以委托其他培训机构承担公务员培训任务。

**第六十七条** 机关对新录用人员应当在试用期内进行初任培训；对晋升领导职务的公务员应当在任职前或者任职后一年内进行任职培训；对从事专项工作的公务员应当进行专门业务培训；对全体公务员应当进行提高政治素质和工作能力、更新知识的在职培训，其中对专业技术类公务员应当进行专业技术培训。

国家有计划地加强对优秀年轻公务员的培训。

**第六十八条** 公务员的培训实行登记管理。

公务员参加培训的时间由公务员主管部门按照本法第六十七条规定的培训要求予以确定。

公务员培训情况、学习成绩作为公务员考核的内容和任职、晋升的依据之一。

## 第十一章 交流与回避

**第六十九条** 国家实行公务员交流制度。

公务员可以在公务员和参照本法管理的工作人员队伍内部交流，也可以与国有企业和不参照本法管理的事业单位中从事公务的人员交流。

交流的方式包括调任、转任。

**第七十条** 国有企业、高等院校和科研院所以及其他不参照本法管理的事业单位中从事公务的人员，可以调入机关担任领导职务或者四级调研员以上及其他相当层次的职级。

调任人选应当具备本法第十三条规定的条件和拟任职位所要求的资格条件，并不得有本法第二十六条规定的情形。调任机关应当根据上述规定，对调任人选进行严格考察，并按照管理权限审批，必要时可以对调任人选进行考试。

**第七十一条** 公务员在不同职位之间转任应当具备拟任职位所要

求的资格条件，在规定的编制限额和职数内进行。

对省部级正职以下的领导成员应当有计划、有重点地实行跨地区、跨部门转任。

对担任机关内设机构领导职务和其他工作性质特殊的公务员，应当有计划地在本机关内转任。

上级机关应当注重从基层机关公开遴选公务员。

**第七十二条** 根据工作需要，机关可以采取挂职方式选派公务员承担重大工程、重大项目、重点任务或者其他专项工作。

公务员在挂职期间，不改变与原机关的人事关系。

**第七十三条** 公务员应当服从机关的交流决定。

公务员本人申请交流的，按照管理权限审批。

**第七十四条** 公务员之间有夫妻关系、直系血亲关系、三代以内旁系血亲关系以及近姻亲关系的，不得在同一机关双方直接隶属于同一领导人员的职位或者有直接上下级领导关系的职位工作，也不得在其中一方担任领导职务的机关从事组织、人事、纪检、监察、审计和财务工作。

公务员不得在其配偶、子女及其配偶经营的企业、营利性组织的行业监管或者主管部门担任领导成员。

因地域或者工作性质特殊，需要变通执行任职回避的，由省级以上公务员主管部门规定。

**第七十五条** 公务员担任乡级机关、县级机关、设区的市级机关及其有关部门主要领导职务的，应当按照有关规定实行地域回避。

**第七十六条** 公务员执行公务时，有下列情形之一的，应当回避：

（一）涉及本人利害关系的；

（二）涉及与本人有本法第七十四条第一款所列亲属关系人员的利害关系的；

（三）其他可能影响公正执行公务的。

**第七十七条** 公务员有应当回避情形的，本人应当申请回避；利害关系人有权申请公务员回避。其他人员可以向机关提供公务员需要回避的情况。

机关根据公务员本人或者利害关系人的申请，经审查后作出是否回避的决定，也可以不经申请直接作出回避决定。

**第七十八条** 法律对公务员回避另有规定的，从其规定。

## 第十二章 工资、福利与保险

**第七十九条** 公务员实行国家统一规定的工资制度。

公务员工资制度贯彻按劳分配的原则，体现工作职责、工作能力、工作实绩、资历等因素，保持不同领导职务、职级、级别之间的合理工资差距。

国家建立公务员工资的正常增长机制。

**第八十条** 公务员工资包括基本工资、津贴、补贴和奖金。

公务员按照国家规定享受地区附加津贴、艰苦边远地区津贴、岗位津贴等津贴。

公务员按照国家规定享受住房、医疗等补贴、补助。

公务员在定期考核中被确定为优秀、称职的，按照国家规定享受年终奖金。

公务员工资应当按时足额发放。

**第八十一条** 公务员的工资水平应当与国民经济发展相协调、与社会进步相适应。

国家实行工资调查制度，定期进行公务员和企业相当人员工资水平的调查比较，并将工资调查比较结果作为调整公务员工资水平的依据。

**第八十二条** 公务员按照国家规定享受福利待遇。国家根据经济社会发展水平提高公务员的福利待遇。

公务员执行国家规定的工时制度，按照国家规定享受休假。公务员在法定工作日之外加班的，应当给予相应的补休，不能补休的按照国家规定给予补助。

**第八十三条** 公务员依法参加社会保险，按照国家规定享受保险待遇。

公务员因公牺牲或者病故的，其亲属享受国家规定的抚恤和优待。

**第八十四条** 任何机关不得违反国家规定自行更改公务员工资、福利、保险政策，擅自提高或者降低公务员的工资、福利、保险待遇。任何机关不得扣减或者拖欠公务员的工资。

## 第十三章 辞职与辞退

**第八十五条** 公务员辞去公职，应当向任免机关提出书面申请。任免机关应当自接到申请之日起三十日内予以审批，其中对领导成员辞去公职的申请，应当自接到申请之日起九十日内予以审批。

**第八十六条** 公务员有下列情形之一的，不得辞去公职：

（一）未满国家规定的最低服务年限的；

（二）在涉及国家秘密等特殊职位任职或者离开上述职位不满国家规定的脱密期限的；

（三）重要公务尚未处理完毕，且须由本人继续处理的；

（四）正在接受审计、纪律审查、监察调查，或者涉嫌犯罪，司法程序尚未终结的；

（五）法律、行政法规规定的其他不得辞去公职的情形。

**第八十七条** 担任领导职务的公务员，因工作变动依照法律规定需要辞去现任职务的，应当履行辞职手续。

担任领导职务的公务员，因个人或者其他原因，可以自愿提出辞去领导职务。

领导成员因工作严重失误、失职造成重大损失或者恶劣社会影响的，或者对重大事故负有领导责任的，应当引咎辞去领导职务。

领导成员因其他原因不再适合担任现任领导职务的，或者应当引咎辞职本人不提出辞职的，应当责令其辞去领导职务。

**第八十八条** 公务员有下列情形之一的，予以辞退：

（一）在年度考核中，连续两年被确定为不称职的；

（二）不胜任现职工作，又不接受其他安排的；

（三）因所在机关调整、撤销、合并或者缩减编制员额需要调整工作，本人拒绝合理安排的；

（四）不履行公务员义务，不遵守法律和公务员纪律，经教育仍无转变，不适合继续在机关工作，又不宜给予开除处分的；

（五）旷工或者因公外出、请假期满无正当理由逾期不归连续超过十五天，或者一年内累计超过三十天的。

**第八十九条** 对有下列情形之一的公务员，不得辞退：

（一）因公致残，被确认丧失或者部分丧失工作能力的；

（二）患病或者负伤，在规定的医疗期内的；

（三）女性公务员在孕期、产假、哺乳期内的；

（四）法律、行政法规规定的其他不得辞退的情形。

**第九十条** 辞退公务员，按照管理权限决定。辞退决定应当以书面形式通知被辞退的公务员，并应当告知辞退依据和理由。

被辞退的公务员，可以领取辞退费或者根据国家有关规定享受失业保险。

**第九十一条** 公务员辞职或者被辞退，离职前应当办理公务交接手续，必要时按照规定接受审计。

## 第十四章 退 休

**第九十二条** 公务员达到国家规定的退休年龄或者完全丧失工作能力的，应当退休。

**第九十三条** 公务员符合下列条件之一的，本人自愿提出申请，经任免机关批准，可以提前退休：

（一）工作年限满三十年的；

（二）距国家规定的退休年龄不足五年，且工作年限满二十年的；

（三）符合国家规定的可以提前退休的其他情形的。

**第九十四条** 公务员退休后，享受国家规定的养老金和其他待遇，国家为其生活和健康提供必要的服务和帮助，鼓励发挥个人专长，参与社会发展。

## 第十五章　申诉与控告

**第九十五条**　公务员对涉及本人的下列人事处理不服的，可以自知道该人事处理之日起三十日内向原处理机关申请复核；对复核结果不服的，可以自接到复核决定之日起十五日内，按照规定向同级公务员主管部门或者作出该人事处理的机关的上一级机关提出申诉；也可以不经复核，自知道该人事处理之日起三十日内直接提出申诉：

（一）处分；

（二）辞退或者取消录用；

（三）降职；

（四）定期考核定为不称职；

（五）免职；

（六）申请辞职、提前退休未予批准；

（七）不按照规定确定或者扣减工资、福利、保险待遇；

（八）法律、法规规定可以申诉的其他情形。

对省级以下机关作出的申诉处理决定不服的，可以向作出处理决定的上一级机关提出再申诉。

受理公务员申诉的机关应当组成公务员申诉公正委员会，负责受理和审理公务员的申诉案件。

公务员对监察机关作出的涉及本人的处理决定不服向监察机关申请复审、复核的，按照有关规定办理。

**第九十六条**　原处理机关应当自接到复核申请书后的三十日内作出复核决定，并以书面形式告知申请人。受理公务员申诉的机关应当自受理之日起六十日内作出处理决定；案情复杂的，可以适当延长，但是延长时间不得超过三十日。

复核、申诉期间不停止人事处理的执行。

公务员不因申请复核、提出申诉而被加重处理。

**第九十七条**　公务员申诉的受理机关审查认定人事处理有错误的，原处理机关应当及时予以纠正。

**第九十八条** 公务员认为机关及其领导人员侵犯其合法权益的，可以依法向上级机关或者监察机关提出控告。受理控告的机关应当按照规定及时处理。

**第九十九条** 公务员提出申诉、控告，应当尊重事实，不得捏造事实，诬告、陷害他人。对捏造事实，诬告、陷害他人的，依法追究法律责任。

## 第十六章 职位聘任

**第一百条** 机关根据工作需要，经省级以上公务员主管部门批准，可以对专业性较强的职位和辅助性职位实行聘任制。

前款所列职位涉及国家秘密的，不实行聘任制。

**第一百零一条** 机关聘任公务员可以参照公务员考试录用的程序进行公开招聘，也可以从符合条件的人员中直接选聘。

机关聘任公务员应当在规定的编制限额和工资经费限额内进行。

**第一百零二条** 机关聘任公务员，应当按照平等自愿、协商一致的原则，签订书面的聘任合同，确定机关与所聘公务员双方的权利、义务。聘任合同经双方协商一致可以变更或者解除。

聘任合同的签订、变更或者解除，应当报同级公务员主管部门备案。

**第一百零三条** 聘任合同应当具备合同期限，职位及其职责要求，工资、福利、保险待遇，违约责任等条款。

聘任合同期限为一年至五年。聘任合同可以约定试用期，试用期为一个月至十二个月。

聘任制公务员实行协议工资制，具体办法由中央公务员主管部门规定。

**第一百零四条** 机关依据本法和聘任合同对所聘公务员进行管理。

**第一百零五条** 聘任制公务员与所在机关之间因履行聘任合同发生争议的，可以自争议发生之日起六十日内申请仲裁。

省级以上公务员主管部门根据需要设立人事争议仲裁委员会，受理仲裁申请。人事争议仲裁委员会由公务员主管部门的代表、聘用机关的代表、聘任制公务员的代表以及法律专家组成。

当事人对仲裁裁决不服的，可以自接到仲裁裁决书之日起十五日内向人民法院提起诉讼。仲裁裁决生效后，一方当事人不履行的，另一方当事人可以申请人民法院执行。

## 第十七章　法律责任

**第一百零六条**　对有下列违反本法规定情形的，由县级以上领导机关或者公务员主管部门按照管理权限，区别不同情况，分别予以责令纠正或者宣布无效；对负有责任的领导人员和直接责任人员，根据情节轻重，给予批评教育、责令检查、诫勉、组织调整、处分；构成犯罪的，依法追究刑事责任：

（一）不按照编制限额、职数或者任职资格条件进行公务员录用、调任、转任、聘任和晋升的；

（二）不按照规定条件进行公务员奖惩、回避和办理退休的；

（三）不按照规定程序进行公务员录用、调任、转任、聘任、晋升以及考核、奖惩的；

（四）违反国家规定，更改公务员工资、福利、保险待遇标准的；

（五）在录用、公开遴选等工作中发生泄露试题、违反考场纪律以及其他严重影响公开、公正行为的；

（六）不按照规定受理和处理公务员申诉、控告的；

（七）违反本法规定的其他情形的。

**第一百零七条**　公务员辞去公职或者退休的，原系领导成员、县处级以上领导职务的公务员在离职三年内，其他公务员在离职两年内，不得到与原工作业务直接相关的企业或者其他营利性组织任职，不得从事与原工作业务直接相关的营利性活动。

公务员辞去公职或者退休后有违反前款规定行为的，由其原所在机关的同级公务员主管部门责令限期改正；逾期不改正的，由县级以上市场监管部门没收该人员从业期间的违法所得，责令接收单位将该人员予以清退，并根据情节轻重，对接收单位处以被处罚人员违法所得一倍以上五倍以下的罚款。

**第一百零八条** 公务员主管部门的工作人员，违反本法规定，滥用职权、玩忽职守、徇私舞弊，构成犯罪的，依法追究刑事责任；尚不构成犯罪的，给予处分或者由监察机关依法给予政务处分。

**第一百零九条** 在公务员录用、聘任等工作中，有隐瞒真实信息、弄虚作假、考试作弊、扰乱考试秩序等行为的，由公务员主管部门根据情节作出考试成绩无效、取消资格、限制报考等处理；情节严重的，依法追究法律责任。

**第一百一十条** 机关因错误的人事处理对公务员造成名誉损害的，应当赔礼道歉、恢复名誉、消除影响；造成经济损失的，应当依法给予赔偿。

## 第十八章　附　　则

**第一百一十一条** 本法所称领导成员，是指机关的领导人员，不包括机关内设机构担任领导职务的人员。

**第一百一十二条** 法律、法规授权的具有公共事务管理职能的事业单位中除工勤人员以外的工作人员，经批准参照本法进行管理。

**第一百一十三条** 本法自2019年6月1日起施行。

# 中华人民共和国监察法

（2018年3月20日第十三届全国人民代表大会第一次会议通过　2018年3月20日中华人民共和国主席令第三号公布　自公布之日起施行）

## 第一章　总　　则

**第一条** 为了深化国家监察体制改革，加强对所有行使公权力的公职人员的监督，实现国家监察全面覆盖，深入开展反腐败工作，推进国家治理体系和治理能力现代化，根据宪法，制定本法。

**第二条** 坚持中国共产党对国家监察工作的领导，以马克思列宁主义、毛泽东思想、邓小平理论、“三个代表”重要思想、科学发展观、习近平新时代中国特色社会主义思想为指导，构建集中统一、权威高效的中国特色国家监察体制。

**第三条** 各级监察委员会是行使国家监察职能的专责机关，依照本法对所有行使公权力的公职人员（以下称公职人员）进行监察，调查职务违法和职务犯罪，开展廉政建设和反腐败工作，维护宪法和法律的尊严。

**第四条** 监察委员会依照法律规定独立行使监察权，不受行政机关、社会团体和个人的干涉。

监察机关办理职务违法和职务犯罪案件，应当与审判机关、检察机关、执法部门互相配合，互相制约。

监察机关在工作中需要协助的，有关机关和单位应当根据监察机关的要求依法予以协助。

**第五条** 国家监察工作严格遵照宪法和法律，以事实为根据，以法律为准绳；在适用法律上一律平等，保障当事人的合法权益；权责对等，严格监督；惩戒与教育相结合，宽严相济。

**第六条** 国家监察工作坚持标本兼治、综合治理，强化监督问责，严厉惩治腐败；深化改革、健全法治，有效制约和监督权力；加强法治教育和道德教育，弘扬中华优秀传统文化，构建不敢腐、不能腐、不想腐的长效机制。

## 第二章 监察机关及其职责

**第七条** 中华人民共和国国家监察委员会是最高监察机关。

省、自治区、直辖市、自治州、县、自治县、市、市辖区设立监察委员会。

**第八条** 国家监察委员会由全国人民代表大会产生，负责全国监察工作。

国家监察委员会由主任、副主任若干人、委员若干人组成，主任由全国人民代表大会选举，副主任、委员由国家监察委员会主任提请全国人民代表大会常务委员会任免。

国家监察委员会主任每届任期同全国人民代表大会每届任期相同，连续任职不得超过两届。

国家监察委员会对全国人民代表大会及其常务委员会负责，并接受其监督。

**第九条** 地方各级监察委员会由本级人民代表大会产生，负责本行政区域内的监察工作。

地方各级监察委员会由主任、副主任若干人、委员若干人组成，主任由本级人民代表大会选举，副主任、委员由监察委员会主任提请本级人民代表大会常务委员会任免。

地方各级监察委员会主任每届任期同本级人民代表大会每届任期相同。

地方各级监察委员会对本级人民代表大会及其常务委员会和上一级监察委员会负责，并接受其监督。

**第十条** 国家监察委员会领导地方各级监察委员会的工作，上级监察委员会领导下级监察委员会的工作。

**第十一条** 监察委员会依照本法和有关法律规定履行监督、调查、处置职责：

（一）对公职人员开展廉政教育，对其依法履职、秉公用权、廉洁从政从业以及道德操守情况进行监督检查；

（二）对涉嫌贪污贿赂、滥用职权、玩忽职守、权力寻租、利益输送、徇私舞弊以及浪费国家资财等职务违法和职务犯罪进行调查；

（三）对违法的公职人员依法作出政务处分决定；对履行职责不力、失职失责的领导人员进行问责；对涉嫌职务犯罪的，将调查结果移送人民检察院依法审查、提起公诉；向监察对象所在单位提出监察建议。

**第十二条** 各级监察委员会可以向本级中国共产党机关、国家机关、法律法规授权或者委托管理公共事务的组织和单位以及所管辖的行政区域、国有企业等派驻或者派出监察机构、监察专员。

监察机构、监察专员对派驻或者派出它的监察委员会负责。

**第十三条** 派驻或者派出的监察机构、监察专员根据授权，按照管理权限依法对公职人员进行监督，提出监察建议，依法对公职人员进行调查、处置。

**第十四条** 国家实行监察官制度，依法确定监察官的等级设置、任免、考评和晋升等制度。

## 第三章 监察范围和管辖

**第十五条** 监察机关对下列公职人员和有关人员进行监察：

（一）中国共产党机关、人民代表大会及其常务委员会机关、人民政府、监察委员会、人民法院、人民检察院、中国人民政治协商会议各级委员会机关、民主党派机关和工商业联合会机关的公务员，以及参照《中华人民共和国公务员法》管理的人员；

（二）法律、法规授权或者受国家机关依法委托管理公共事务的组织中从事公务的人员；

（三）国有企业管理人员；

（四）公办的教育、科研、文化、医疗卫生、体育等单位中从事管理的人员；

（五）基层群众性自治组织中从事管理的人员；

（六）其他依法履行公职的人员。

**第十六条** 各级监察机关按照管理权限管辖本辖区内本法第十五条规定的人员所涉监察事项。

上级监察机关可以办理下一级监察机关管辖范围内的监察事项，必要时也可以办理所辖各级监察机关管辖范围内的监察事项。

监察机关之间对监察事项的管辖有争议的，由其共同的上级监察机关确定。

**第十七条** 上级监察机关可以将其所管辖的监察事项指定下级监察机关管辖，也可以将下级监察机关有管辖权的监察事项指定给其他监察机关管辖。

监察机关认为所管辖的监察事项重大、复杂，需要由上级监察机关管辖的，可以报请上级监察机关管辖。

## 第四章 监察权限

**第十八条** 监察机关行使监督、调查职权，有权依法向有关单位和个人了解情况，收集、调取证据。有关单位和个人应当如实提供。

监察机关及其工作人员对监督、调查过程中知悉的国家秘密、商业秘密、个人隐私，应当保密。

任何单位和个人不得伪造、隐匿或者毁灭证据。

**第十九条** 对可能发生职务违法的监察对象，监察机关按照管理权限，可以直接或者委托有关机关、人员进行谈话或者要求说明情况。

**第二十条** 在调查过程中，对涉嫌职务违法的被调查人，监察机关可以要求其就涉嫌违法行为作出陈述，必要时向被调查人出具书面通知。

对涉嫌贪污贿赂、失职渎职等职务犯罪的被调查人，监察机关可以进行讯问，要求其如实供述涉嫌犯罪的情况。

**第二十一条** 在调查过程中，监察机关可以询问证人等人员。

**第二十二条** 被调查人涉嫌贪污贿赂、失职渎职等严重职务违法或者职务犯罪，监察机关已经掌握其部分违法犯罪事实及证据，仍有重要问题需要进一步调查，并有下列情形之一的，经监察机关依法审批，可以将其留置在特定场所：

（一）涉及案情重大、复杂的；

（二）可能逃跑、自杀的；

（三）可能串供或者伪造、隐匿、毁灭证据的；

（四）可能有其他妨碍调查行为的。

对涉嫌行贿犯罪或者共同职务犯罪的涉案人员，监察机关可以依照前款规定采取留置措施。

留置场所的设置、管理和监督依照国家有关规定执行。

**第二十三条** 监察机关调查涉嫌贪污贿赂、失职渎职等严重职务违法或者职务犯罪，根据工作需要，可以依照规定查询、冻结涉案单位和个人的存款、汇款、债券、股票、基金份额等财产。有关单位和个人应当配合。

冻结的财产经查明与案件无关的，应当在查明后三日内解除冻结，予以退还。

**第二十四条** 监察机关可以对涉嫌职务犯罪的被调查人以及可能隐藏被调查人或者犯罪证据的人的身体、物品、住处和其他有关地方进行搜查。在搜查时，应当出示搜查证，并有被搜查人或者其家属等见证人在场。

搜查女性身体，应当由女性工作人员进行。

监察机关进行搜查时，可以根据工作需要提请公安机关配合。公安机关应当依法予以协助。

**第二十五条** 监察机关在调查过程中，可以调取、查封、扣押用以证明被调查人涉嫌违法犯罪的财物、文件和电子数据等信息。采取调取、查封、扣押措施，应当收集原物原件，会同持有人或者保管人、见证人，当面逐一拍照、登记、编号，开列清单，由在场人员当场核对、签名，并将清单副本交财物、文件的持有人或者保管人。

对调取、查封、扣押的财物、文件，监察机关应当设立专用账户、专门场所，确定专门人员妥善保管，严格履行交接、调取手续，定期对账核实，不得毁损或者用于其他目的。对价值不明物品应当及时鉴定，专门封存保管。

查封、扣押的财物、文件经查明与案件无关的，应当在查明后三日内解除查封、扣押，予以退还。

**第二十六条** 监察机关在调查过程中，可以直接或者指派、聘请具有专门知识、资格的人员在调查人员主持下进行勘验检查。勘验检查情况应当制作笔录，由参加勘验检查的人员和见证人签名或者盖章。

**第二十七条** 监察机关在调查过程中，对于案件中的专门性问题，可以指派、聘请有专门知识的人进行鉴定。鉴定人进行鉴定后，应当出具鉴定意见，并且签名。

**第二十八条** 监察机关调查涉嫌重大贪污贿赂等职务犯罪，根据需要，经过严格的批准手续，可以采取技术调查措施，按照规定交有关机关执行。

批准决定应当明确采取技术调查措施的种类和适用对象，自签发之日起三个月以内有效；对于复杂、疑难案件，期限届满仍有必要继续采取技术调查措施的，经过批准，有效期可以延长，每次不得超过三个月。对于不需要继续采取技术调查措施的，应当及时解除。

**第二十九条** 依法应当留置的被调查人如果在逃，监察机关可以决定在本行政区域内通缉，由公安机关发布通缉令，追捕归案。通缉范围超出本行政区域的，应当报请有权决定的上级监察机关决定。

**第三十条** 监察机关为防止被调查人及相关人员逃匿境外，经省级以上监察机关批准，可以对被调查人及相关人员采取限制出境措施，由公安机关依法执行。对于不需要继续采取限制出境措施的，应当及时解除。

**第三十一条** 涉嫌职务犯罪的被调查人主动认罪认罚，有下列情形之一的，监察机关经领导人员集体研究，并报上一级监察机关批准，可以在移送人民检察院时提出从宽处罚的建议：

（一）自动投案，真诚悔罪悔过的；

（二）积极配合调查工作，如实供述监察机关还未掌握的违法犯罪行为的；

（三）积极退赃，减少损失的；

（四）具有重大立功表现或者案件涉及国家重大利益等情形的。

**第三十二条** 职务违法犯罪的涉案人员揭发有关被调查人职务违法犯罪行为，查证属实的，或者提供重要线索，有助于调查其他案件的，监察机关经领导人员集体研究，并报上一级监察机关批准，可以在移送人民检察院时提出从宽处罚的建议。

**第三十三条** 监察机关依照本法规定收集的物证、书证、证人证言、被调查人供述和辩解、视听资料、电子数据等证据材料，在刑事诉讼中可以作为证据使用。

监察机关在收集、固定、审查、运用证据时，应当与刑事审判关于证据的要求和标准相一致。

以非法方法收集的证据应当依法予以排除，不得作为案件处置的依据。

**第三十四条** 人民法院、人民检察院、公安机关、审计机关等国家机关在工作中发现公职人员涉嫌贪污贿赂、失职渎职等职务违法或者职务犯罪的问题线索，应当移送监察机关，由监察机关依法调查处置。

被调查人既涉嫌严重职务违法或者职务犯罪，又涉嫌其他违法犯罪的，一般应当由监察机关为主调查，其他机关予以协助。

## 第五章　监察程序

**第三十五条** 监察机关对于报案或者举报，应当接受并按照有关规定处理。对于不属于本机关管辖的，应当移送主管机关处理。

**第三十六条** 监察机关应当严格按照程序开展工作，建立问题线索处置、调查、审理各部门相互协调、相互制约的工作机制。

监察机关应当加强对调查、处置工作全过程的监督管理，设立相应的工作部门履行线索管理、监督检查、督促办理、统计分析等管理协调职能。

**第三十七条** 监察机关对监察对象的问题线索，应当按照有关规定提出处置意见，履行审批手续，进行分类办理。线索处置情况应当定期汇总、通报，定期检查、抽查。

**第三十八条** 需要采取初步核实方式处置问题线索的，监察机关应当依法履行审批程序，成立核查组。初步核实工作结束后，核查组应当撰写初步核实情况报告，提出处理建议。承办部门应当提出分类处理意见。初步核实情况报告和分类处理意见报监察机关主要负责人审批。

**第三十九条** 经过初步核实，对监察对象涉嫌职务违法犯罪，需要追究法律责任的，监察机关应当按照规定的权限和程序办理立案手续。

监察机关主要负责人依法批准立案后，应当主持召开专题会议，研究确定调查方案，决定需要采取的调查措施。

立案调查决定应当向被调查人宣布，并通报相关组织。涉嫌严重职务违法或者职务犯罪的，应当通知被调查人家属，并向社会公开发布。

**第四十条** 监察机关对职务违法和职务犯罪案件，应当进行调查，收集被调查人有无违法犯罪以及情节轻重的证据，查明违法犯罪事实，形成相互印证、完整稳定的证据链。

严禁以威胁、引诱、欺骗及其他非法方式收集证据，严禁侮辱、打骂、虐待、体罚或者变相体罚被调查人和涉案人员。

**第四十一条** 调查人员采取讯问、询问、留置、搜查、调取、查封、扣押、勘验检查等调查措施，均应当依照规定出示证件，出具书面通知，由二人以上进行，形成笔录、报告等书面材料，并由相关人员签名、盖章。

调查人员进行讯问以及搜查、查封、扣押等重要取证工作，应当对全过程进行录音录像，留存备查。

**第四十二条** 调查人员应当严格执行调查方案，不得随意扩大调查范围、变更调查对象和事项。

对调查过程中的重要事项，应当集体研究后按程序请示报告。

**第四十三条** 监察机关采取留置措施，应当由监察机关领导人员集体研究决定。设区的市级以下监察机关采取留置措施，应当报上一级监察机关批准。省级监察机关采取留置措施，应当报国家监察委员会备案。

留置时间不得超过三个月。在特殊情况下，可以延长一次，延长时间不得超过三个月。省级以下监察机关采取留置措施的，延长留置时间应当报上一级监察机关批准。监察机关发现采取留置措施不当的，应当及时解除。

监察机关采取留置措施，可以根据工作需要提请公安机关配合。公安机关应当依法予以协助。

**第四十四条** 对被调查人采取留置措施后，应当在二十四小时以内，通知被留置人员所在单位和家属，但有可能毁灭、伪造证据，干扰证人作证或者串供等有碍调查情形的除外。有碍调查的情形消失后，应当立即通知被留置人员所在单位和家属。

监察机关应当保障被留置人员的饮食、休息和安全，提供医疗服务。讯问被留置人员应当合理安排讯问时间和时长，讯问笔录由被讯问人阅看后签名。

被留置人员涉嫌犯罪移送司法机关后，被依法判处管制、拘役和有期徒刑的，留置一日折抵管制二日，折抵拘役、有期徒刑一日。

**第四十五条** 监察机关根据监督、调查结果，依法作出如下处置：

（一）对有职务违法行为但情节较轻的公职人员，按照管理权限，直接或者委托有关机关、人员，进行谈话提醒、批评教育、责令检查，或者予以诫勉；

（二）对违法的公职人员依照法定程序作出警告、记过、记大过、降级、撤职、开除等政务处分决定；

（三）对不履行或者不正确履行职责负有责任的领导人员，按照管理权限对其直接作出问责决定，或者向有权作出问责决定的机关提出问责建议；

（四）对涉嫌职务犯罪的，监察机关经调查认为犯罪事实清楚，证据确实、充分的，制作起诉意见书，连同案卷材料、证据一并移送人民检察院依法审查、提起公诉；

（五）对监察对象所在单位廉政建设和履行职责存在的问题等提

出监察建议。

监察机关经调查，对没有证据证明被调查人存在违法犯罪行为的，应当撤销案件，并通知被调查人所在单位。

**第四十六条** 监察机关经调查，对违法取得的财物，依法予以没收、追缴或者责令退赔；对涉嫌犯罪取得的财物，应当随案移送人民检察院。

**第四十七条** 对监察机关移送的案件，人民检察院依照《中华人民共和国刑事诉讼法》对被调查人采取强制措施。

人民检察院经审查，认为犯罪事实已经查清，证据确实、充分，依法应当追究刑事责任的，应当作出起诉决定。

人民检察院经审查，认为需要补充核实的，应当退回监察机关补充调查，必要时可以自行补充侦查。对于补充调查的案件，应当在一个月内补充调查完毕。补充调查以二次为限。

人民检察院对于有《中华人民共和国刑事诉讼法》规定的不起诉的情形的，经上一级人民检察院批准，依法作出不起诉的决定。监察机关认为不起诉的决定有错误的，可以向上一级人民检察院提请复议。

**第四十八条** 监察机关在调查贪污贿赂、失职渎职等职务犯罪案件过程中，被调查人逃匿或者死亡，有必要继续调查的，经省级以上监察机关批准，应当继续调查并作出结论。被调查人逃匿，在通缉一年后不能到案，或者死亡的，由监察机关提请人民检察院依照法定程序，向人民法院提出没收违法所得的申请。

**第四十九条** 监察对象对监察机关作出的涉及本人的处理决定不服的，可以在收到处理决定之日起一个月内，向作出决定的监察机关申请复审，复审机关应当在一个月内作出复审决定；监察对象对复审决定仍不服的，可以在收到复审决定之日起一个月内，向上一级监察机关申请复核，复核机关应当在二个月内作出复核决定。复审、复核期间，不停止原处理决定的执行。复核机关经审查，认定处理决定有错误的，原处理机关应当及时予以纠正。

## 第六章　反腐败国际合作

**第五十条**　国家监察委员会统筹协调与其他国家、地区、国际组织开展的反腐败国际交流、合作，组织反腐败国际条约实施工作。

**第五十一条**　国家监察委员会组织协调有关方面加强与有关国家、地区、国际组织在反腐败执法、引渡、司法协助、被判刑人的移管、资产追回和信息交流等领域的合作。

**第五十二条**　国家监察委员会加强对反腐败国际追逃追赃和防逃工作的组织协调，督促有关单位做好相关工作：

（一）对于重大贪污贿赂、失职渎职等职务犯罪案件，被调查人逃匿到国（境）外，掌握证据比较确凿的，通过开展境外追逃合作，追捕归案；

（二）向赃款赃物所在国请求查询、冻结、扣押、没收、追缴、返还涉案资产；

（三）查询、监控涉嫌职务犯罪的公职人员及其相关人员进出国（境）和跨境资金流动情况，在调查案件过程中设置防逃程序。

## 第七章　对监察机关和监察人员的监督

**第五十三条**　各级监察委员会应当接受本级人民代表大会及其常务委员会的监督。

各级人民代表大会常务委员会听取和审议本级监察委员会的专项工作报告，组织执法检查。

县级以上各级人民代表大会及其常务委员会举行会议时，人民代表大会代表或者常务委员会组成人员可以依照法律规定的程序，就监察工作中的有关问题提出询问或者质询。

**第五十四条**　监察机关应当依法公开监察工作信息，接受民主监督、社会监督、舆论监督。

**第五十五条**　监察机关通过设立内部专门的监督机构等方式，加强对监察人员执行职务和遵守法律情况的监督，建设忠诚、干净、担当的监察队伍。

**第五十六条** 监察人员必须模范遵守宪法和法律，忠于职守、秉公执法，清正廉洁、保守秘密；必须具有良好的政治素质，熟悉监察业务，具备运用法律、法规、政策和调查取证等能力，自觉接受监督。

**第五十七条** 对于监察人员打听案情、过问案件、说情干预的，办理监察事项的监察人员应当及时报告。有关情况应当登记备案。

发现办理监察事项的监察人员未经批准接触被调查人、涉案人员及其特定关系人，或者存在交往情形的，知情人应当及时报告。有关情况应当登记备案。

**第五十八条** 办理监察事项的监察人员有下列情形之一的，应当自行回避，监察对象、检举人及其他有关人员也有权要求其回避：

（一）是监察对象或者检举人的近亲属的；

（二）担任过本案的证人的；

（三）本人或者其近亲属与办理的监察事项有利害关系的；

（四）有可能影响监察事项公正处理的其他情形的。

**第五十九条** 监察机关涉密人员离岗离职后，应当遵守脱密期管理规定，严格履行保密义务，不得泄露相关秘密。

监察人员辞职、退休三年内，不得从事与监察和司法工作相关联且可能发生利益冲突的职业。

**第六十条** 监察机关及其工作人员有下列行为之一的，被调查人及其近亲属有权向该机关申诉：

（一）留置法定期限届满，不予以解除的；

（二）查封、扣押、冻结与案件无关的财物的；

（三）应当解除查封、扣押、冻结措施而不解除的；

（四）贪污、挪用、私分、调换以及违反规定使用查封、扣押、冻结的财物的；

（五）其他违反法律法规、侵害被调查人合法权益的行为。

受理申诉的监察机关应当在受理申诉之日起一个月内作出处理决

定。申诉人对处理决定不服的，可以在收到处理决定之日起一个月内向上一级监察机关申请复查，上一级监察机关应当在收到复查申请之日起二个月内作出处理决定，情况属实的，及时予以纠正。

**第六十一条** 对调查工作结束后发现立案依据不充分或者失实，案件处置出现重大失误，监察人员严重违法的，应当追究负有责任的领导人员和直接责任人员的责任。

## 第八章 法律责任

**第六十二条** 有关单位拒不执行监察机关作出的处理决定，或者无正当理由拒不采纳监察建议的，由其主管部门、上级机关责令改正，对单位给予通报批评；对负有责任的领导人员和直接责任人员依法给予处理。

**第六十三条** 有关人员违反本法规定，有下列行为之一的，由其所在单位、主管部门、上级机关或者监察机关责令改正，依法给予处理：

（一）不按要求提供有关材料，拒绝、阻碍调查措施实施等拒不配合监察机关调查的；

（二）提供虚假情况，掩盖事实真相的；

（三）串供或者伪造、隐匿、毁灭证据的；

（四）阻止他人揭发检举、提供证据的；

（五）其他违反本法规定的行为，情节严重的。

**第六十四条** 监察对象对控告人、检举人、证人或者监察人员进行报复陷害的；控告人、检举人、证人捏造事实诬告陷害监察对象的，依法给予处理。

**第六十五条** 监察机关及其工作人员有下列行为之一的，对负有责任的领导人员和直接责任人员依法给予处理：

（一）未经批准、授权处置问题线索，发现重大案情隐瞒不报，或者私自留存、处理涉案材料的；

（二）利用职权或者职务上的影响干预调查工作、以案谋私的；

（三）违法窃取、泄露调查工作信息，或者泄露举报事项、举报受理情况以及举报人信息的；

（四）对被调查人或者涉案人员逼供、诱供，或者侮辱、打骂、虐待、体罚或者变相体罚的；

（五）违反规定处置查封、扣押、冻结的财物的；

（六）违反规定发生办案安全事故，或者发生安全事故后隐瞒不报、报告失实、处置不当的；

（七）违反规定采取留置措施的；

（八）违反规定限制他人出境，或者不按规定解除出境限制的；

（九）其他滥用职权、玩忽职守、徇私舞弊的行为。

**第六十六条** 违反本法规定，构成犯罪的，依法追究刑事责任。

**第六十七条** 监察机关及其工作人员行使职权，侵犯公民、法人和其他组织的合法权益造成损害的，依法给予国家赔偿。

## 第九章 附 则

**第六十八条** 中国人民解放军和中国人民武装警察部队开展监察工作，由中央军事委员会根据本法制定具体规定。

**第六十九条** 本法自公布之日起施行。《中华人民共和国行政监察法》同时废止。

# 中华人民共和国刑法（节录）*

（1979年7月1日第五届全国人民代表大会第二次会议通过　1997年3月14日第八届全国人民代表大会第五次会议修订　1997年3月14日中华人民共和国主席令第83号公布　自1997年10月1日起施行）

……

**第九十三条　【国家工作人员的范围】**本法所称国家工作人员，是指国家机关中从事公务的人员。

国有公司、企业、事业单位、人民团体中从事公务的人员和国家

---

* 根据1998年12月29日第九届全国人民代表大会常务委员会第六次会议通过的《全国人民代表大会常务委员会关于惩治骗购外汇、逃汇和非法买卖外汇犯罪的决定》、1999年12月25日第九届全国人民代表大会常务委员会第十三次会议通过的《中华人民共和国刑法修正案》、2001年8月31日第九届全国人民代表大会常务委员会第二十三次会议通过的《中华人民共和国刑法修正案（二）》、2001年12月29日第九届全国人民代表大会常务委员会第二十五次会议通过的《中华人民共和国刑法修正案（三）》、2002年12月28日第九届全国人民代表大会常务委员会第三十一次会议通过的《中华人民共和国刑法修正案（四）》、2005年2月28日第十届全国人民代表大会常务委员会第十四次会议通过的《中华人民共和国刑法修正案（五）》、2006年6月29日第十届全国人民代表大会常务委员会第二十二次会议通过的《中华人民共和国刑法修正案（六）》、2009年2月28日第十一届全国人民代表大会常务委员会第七次会议通过的《中华人民共和国刑法修正案（七）》、2009年8月27日第十一届全国人民代表大会常务委员会第十次会议通过的《关于修改部分法律的决定》、2011年2月25日第十一届全国人民代表大会常务委员会第十九次会议通过的《中华人民共和国刑法修正案（八）》、2015年8月29日第十二届全国人民代表大会常务委员会第十六次会议通过的《中华人民共和国刑法修正案（九）》、2017年11月4日第十二届全国人民代表大会常务委员会第三十次会议通过的《中华人民共和国刑法修正案（十）》修正。

机关、国有公司、企业、事业单位委派到非国有公司、企业、事业单位、社会团体从事公务的人员，以及其他依照法律从事公务的人员，以国家工作人员论。

……

**第三百八十二条　【贪污罪】**国家工作人员利用职务上的便利，侵吞、窃取、骗取或者以其他手段非法占有公共财物的，是贪污罪。

受国家机关、国有公司、企业、事业单位、人民团体委托管理、经营国有财产的人员，利用职务上的便利，侵吞、窃取、骗取或者以其他手段非法占有国有财物的，以贪污论。

与前两款所列人员勾结，伙同贪污的，以共犯论处。

**第三百八十三条　【对贪污罪的处罚】**对犯贪污罪的，根据情节轻重，分别依照下列规定处罚：

（一）贪污数额较大或者有其他较重情节的，处三年以下有期徒刑或者拘役，并处罚金。

（二）贪污数额巨大或者有其他严重情节的，处三年以上十年以下有期徒刑，并处罚金或者没收财产。

（三）贪污数额特别巨大或者有其他特别严重情节的，处十年以上有期徒刑或者无期徒刑，并处罚金或者没收财产；数额特别巨大，并使国家和人民利益遭受特别重大损失的，处无期徒刑或者死刑，并处没收财产。

对多次贪污未经处理的，按照累计贪污数额处罚。

犯第一款罪，在提起公诉前如实供述自己罪行、真诚悔罪、积极退赃，避免、减少损害结果的发生，有第一项规定情形的，可以从轻、减轻或者免除处罚；有第二项、第三项规定情形的，可以从轻处罚。

犯第一款罪，有第三项规定情形被判处死刑缓期执行的，人民法院根据犯罪情节等情况可以同时决定在其死刑缓期执行二年期满依法减为无期徒刑后，终身监禁，不得减刑、假释。

**第三百八十四条　【挪用公款罪】**国家工作人员利用职务上的便

利，挪用公款归个人使用，进行非法活动的，或者挪用公款数额较大、进行营利活动的，或者挪用公款数额较大、超过三个月未还的，是挪用公款罪，处五年以下有期徒刑或者拘役；情节严重的，处五年以上有期徒刑。挪用公款数额巨大不退还的，处十年以上有期徒刑或者无期徒刑。

挪用用于救灾、抢险、防汛、优抚、扶贫、移民、救济款物归个人使用的，从重处罚。

**第三百八十五条　【受贿罪】**国家工作人员利用职务上的便利，索取他人财物的，或者非法收受他人财物，为他人谋取利益的，是受贿罪。

国家工作人员在经济往来中，违反国家规定，收受各种名义的回扣、手续费，归个人所有的，以受贿论处。

**第三百八十六条　【对受贿罪的处罚】**对犯受贿罪的，根据受贿所得数额及情节，依照本法第三百八十三条的规定处罚。索贿的从重处罚。

**第三百八十七条　【单位受贿罪】**国家机关、国有公司、企业、事业单位、人民团体，索取、非法收受他人财物，为他人谋取利益，情节严重的，对单位判处罚金，并对其直接负责的主管人员和其他直接责任人员，处五年以下有期徒刑或者拘役。

前款所列单位，在经济往来中，在账外暗中收受各种名义的回扣、手续费的，以受贿论，依照前款的规定处罚。

**第三百八十八条　【受贿罪】**国家工作人员利用本人职权或者地位形成的便利条件，通过其他国家工作人员职务上的行为，为请托人谋取不正当利益，索取请托人财物或者收受请托人财物的，以受贿论处。

**第三百八十八条之一　【利用影响力受贿罪】**国家工作人员的近亲属或者其他与该国家工作人员关系密切的人，通过该国家工作人员职务上的行为，或者利用该国家工作人员职权或者地位形成的便利条件，通过其他国家工作人员职务上的行为，为请托人谋取不正当利益，索取请托人财物或者收受请托人财物，数额较大或者有其他较重情节的，处三年以下有期徒刑或者拘役，并处罚金；数额巨大或者有其他严重情节的，处三年以上七年以下有期徒刑，并处罚金；数额特别巨大或者有其他特别严重情节的，处七年以上有期徒刑，并处罚金或者没收财产。

离职的国家工作人员或者其近亲属以及其他与其关系密切的人，利用该离职的国家工作人员原职权或者地位形成的便利条件实施前款行为的，依照前款的规定定罪处罚。

**第三百八十九条　【行贿罪】** 为谋取不正当利益，给予国家工作人员以财物的，是行贿罪。

在经济往来中，违反国家规定，给予国家工作人员以财物，数额较大的，或者违反国家规定，给予国家工作人员以各种名义的回扣、手续费的，以行贿论处。

因被勒索给予国家工作人员以财物，没有获得不正当利益的，不是行贿。

**第三百九十条　【对行贿罪的处罚】** 对犯行贿罪的，处五年以下有期徒刑或者拘役，并处罚金；因行贿谋取不正当利益，情节严重的，或者使国家利益遭受重大损失的，处五年以上十年以下有期徒刑，并处罚金；情节特别严重的，或者使国家利益遭受特别重大损失的，处十年以上有期徒刑或者无期徒刑，并处罚金或者没收财产。

行贿人在被追诉前主动交待行贿行为的，可以从轻或者减轻处罚。其中，犯罪较轻的，对侦破重大案件起关键作用的，或者有重大立功表现的，可以减轻或者免除处罚。

**第三百九十条之一　【对有影响力的人行贿罪】** 为谋取不正当利益，向国家工作人员的近亲属或者其他与该国家工作人员关系密切的人，或者向离职的国家工作人员或者其近亲属以及其他与其关系密切的人行贿的，处三年以下有期徒刑或者拘役，并处罚金；情节严重的，或者使国家利益遭受重大损失的，处三年以上七年以下有期徒刑，并处罚金；情节特别严重的，或者使国家利益遭受特别重大损失的，处七年以上十年以下有期徒刑，并处罚金。

单位犯前款罪的，对单位判处罚金，并对其直接负责的主管人员和其他直接责任人员，处三年以下有期徒刑或者拘役，并处罚金。

**第三百九十一条　【对单位行贿罪】**为谋取不正当利益，给予国家机关、国有公司、企业、事业单位、人民团体以财物的，或者在经济往来中，违反国家规定，给予各种名义的回扣、手续费的，处三年以下有期徒刑或者拘役，并处罚金。

单位犯前款罪的，对单位判处罚金，并对其直接负责的主管人员和其他直接责任人员，依照前款的规定处罚。

**第三百九十二条　【介绍贿赂罪】**向国家工作人员介绍贿赂，情节严重的，处三年以下有期徒刑或者拘役，并处罚金。

介绍贿赂人在被追诉前主动交待介绍贿赂行为的，可以减轻处罚或者免除处罚。

**第三百九十三条　【单位行贿罪】**单位为谋取不正当利益而行贿，或者违反国家规定，给予国家工作人员以回扣、手续费，情节严重的，对单位判处罚金，并对其直接负责的主管人员和其他直接责任人员，处五年以下有期徒刑或者拘役，并处罚金。因行贿取得的违法所得归个人所有的，依照本法第三百八十九条、第三百九十条的规定定罪处罚。

**第三百九十四条　【贪污罪】**国家工作人员在国内公务活动或者对外交往中接受礼物，依照国家规定应当交公而不交公，数额较大的，依照本法第三百八十二条、第三百八十三条的规定定罪处罚。

**第三百九十五条　【巨额财产来源不明罪】**国家工作人员的财产、支出明显超过合法收入，差额巨大的，可以责令该国家工作人员说明来源，不能说明来源的，差额部分以非法所得论，处五年以下有期徒刑或者拘役；差额特别巨大的，处五年以上十年以下有期徒刑。财产的差额部分予以追缴。

**【隐瞒境外存款罪】**国家工作人员在境外的存款，应当依照国家规定申报。数额较大、隐瞒不报的，处二年以下有期徒刑或者拘役；

情节较轻的，由其所在单位或者上级主管机关酌情给予行政处分。

**第三百九十六条　【私分国有资产罪】**国家机关、国有公司、企业、事业单位、人民团体，违反国家规定，以单位名义将国有资产集体私分给个人，数额较大的，对其直接负责的主管人员和其他直接责任人员，处三年以下有期徒刑或者拘役，并处或者单处罚金；数额巨大的，处三年以上七年以下有期徒刑，并处罚金。

**【私分罚没财物罪】**司法机关、行政执法机关违反国家规定，将应当上缴国家的罚没财物，以单位名义集体私分给个人的，依照前款的规定处罚。

**第三百九十七条　【滥用职权罪】【玩忽职守罪】**国家机关工作人员滥用职权或者玩忽职守，致使公共财产、国家和人民利益遭受重大损失的，处三年以下有期徒刑或者拘役；情节特别严重的，处三年以上七年以下有期徒刑。本法另有规定的，依照规定。

国家机关工作人员徇私舞弊，犯前款罪的，处五年以下有期徒刑或者拘役；情节特别严重的，处五年以上十年以下有期徒刑。本法另有规定的，依照规定。

……

**第四百零六条　【国家机关工作人员签订、履行合同失职被骗罪】**国家机关工作人员在签订、履行合同过程中，因严重不负责任被诈骗，致使国家利益遭受重大损失的，处三年以下有期徒刑或者拘役；致使国家利益遭受特别重大损失的，处三年以上七年以下有期徒刑。

**第四百零七条　【违法发放林木采伐许可证罪】**林业主管部门的工作人员违反森林法的规定，超过批准的年采伐限额发放林木采伐许可证或者违反规定滥发林木采伐许可证，情节严重，致使森林遭受严重破坏的，处三年以下有期徒刑或者拘役。

**第四百零八条　【环境监管失职罪】**负有环境保护监督管理职责的国家机关工作人员严重不负责任，导致发生重大环境污染事故，致使公私财产遭受重大损失或者造成人身伤亡的严重后果的，处三年以下有期徒刑或者拘役。

**第四百零八条之一　【食品监管渎职罪】**负有食品安全监督管理职责的国家机关工作人员，滥用职权或者玩忽职守，导致发生重大食品安全事故或者造成其他严重后果的，处五年以下有期徒刑或者拘役；造成特别严重后果的，处五年以上十年以下有期徒刑。

徇私舞弊犯前款罪的，从重处罚。

……

**第四百一十条　【非法批准征收、征用、占用土地罪】【非法低价出让国有土地使用权罪】**国家机关工作人员徇私舞弊，违反土地管理法规，滥用职权，非法批准征收、征用、占用土地，或者非法低价出让国有土地使用权，情节严重的，处三年以下有期徒刑或者拘役；致使国家或者集体利益遭受特别重大损失的，处三年以上七年以下有期徒刑。

# 二、纪检监察实体法规

## （一）政治纪律

### 关于新形势下党内政治生活的若干准则

（2016年10月27日中国共产党第十八届中央委员会第六次全体会议通过）

办好中国的事情，关键在党，关键在党要管党、从严治党。党要管党必须从党内政治生活管起，从严治党必须从党内政治生活严起。

开展严肃认真的党内政治生活，是我们党的优良传统和政治优势。在长期实践中，我们党坚持把开展严肃认真的党内政治生活作为党的建设重要任务来抓，形成了以实事求是、理论联系实际、密切联系群众、批评和自我批评、民主集中制、严明党的纪律等为主要内容的党内政治生活基本规范，为巩固党的团结和集中统一、保持党的先进性和纯洁性、增强党的生机活力积累了丰富经验，为保证完成党在各个历史时期中心任务发挥了重要作用。

一九八〇年，党的十一届五中全会深刻总结历史经验特别是“文化大革命”的教训，制定了《关于党内政治生活的若干准则》，为拨乱反正、恢复和健全党内政治生活、推进党的建设发挥了重要作用，其主要原则和规定今天依然适用，要继续坚持。

新形势下，党内政治生活状况总体是好的。同时，一个时期以来，党内政治生活中也出现了一些突出问题，主要是：在一些党员、干部包括高级干部中，理想信念不坚定、对党不忠诚、纪律松弛、脱离群众、独断专行、弄虚作假、庸懒无为，个人主义、分散主义、自由主义、好人主义、宗派主义、山头主义、拜金主义不同程度存在，形式主义、官僚主义、享乐主义和奢靡之风问题突出，任人唯亲、跑官要官、买官卖官、拉票贿选现象屡禁不止，滥用权力、贪污受贿、腐化堕落、违法乱纪等现象滋生蔓延。特别是高级干部中极少数人政治野心膨胀、权欲熏心，搞阳奉阴违、结党营私、团团伙伙、拉帮结派、谋取权位等政治阴谋活动。这些问题，严重侵蚀党的思想道德基础，严重破坏党的团结和集中统一，严重损害党内政治生态和党的形象，严重影响党和人民事业发展。这就要求我们必须继续以改革创新精神加强党的建设，加强和规范党内政治生活，全面提高党的建设科学化水平。

党的十八大以来，以习近平同志为核心的党中央身体力行、率先垂范，坚定推进全面从严治党，坚持思想建党和制度治党紧密结合，集中整饬党风，严厉惩治腐败，净化党内政治生态，党内政治生活展现新气象，赢得了党心民心，为开创党和国家事业新局面提供了重要保证。

历史经验表明，我们党作为马克思主义政党，必须旗帜鲜明讲政治，严肃认真开展党内政治生活。为更好进行具有许多新的历史特点的伟大斗争、推进党的建设新的伟大工程、推进中国特色社会主义伟大事业，经受“四大考验”、克服“四种危险”，有必要制定一部新形势下党内政治生活的准则。

新形势下加强和规范党内政治生活，必须以党章为根本遵循，坚持党的政治路线、思想路线、组织路线、群众路线，着力增强党内政治生活的政治性、时代性、原则性、战斗性，着力增强党自我净化、自我完善、自我革新、自我提高能力，着力提高党的领导水平和执政水平、增强拒腐防变和抵御风险能力，着力维护党中央权威、保证党的团结统一、保持党的先进性和纯洁性，努力在全党形成又有集中又有民主、又有纪律又有自由、又有统一意志又有个人心情舒畅生动活泼的政治局面。

新形势下加强和规范党内政治生活，重点是各级领导机关和领导干部，关键是高级干部特别是中央委员会、中央政治局、中央政治局常务委员会的组成人员。高级干部特别是中央领导层组成人员必须以身作则，模范遵守党章党规，严守党的政治纪律和政治规矩，坚持不忘初心、继续前进，坚持率先垂范、以上率下，为全党全社会作出示范。

**一、坚定理想信念**

共产主义远大理想和中国特色社会主义共同理想，是中国共产党人的精神支柱和政治灵魂，也是保持党的团结统一的思想基础。必须高度重视思想政治建设，把坚定理想信念作为开展党内政治生活的首要任务。

理想信念动摇是最危险的动摇，理想信念滑坡是最危险的滑坡。全党同志必须把对马克思主义的信仰、对社会主义和共产主义的信念作为毕生追求，在改造客观世界的同时不断改造主观世界，解决好世界观、人生观、价值观这个“总开关”问题，不断增强政治定力，自觉成为共产主义远大理想和中国特色社会主义共同理想的坚定信仰者和忠实实践者；必须坚定对中国特色社会主义的道路自信、理论自信、制度自信、文化自信。领导干部特别是高级干部要以实际行动让党员和群众感受到理想信念的强大力量。

全体党员必须永远保持建党时中国共产党人的奋斗精神，把理想信念的坚定性体现在做好本职工作的过程中，自觉为推进中国特色社会主义事业而苦干实干，在胜利时和顺境中不骄傲不自满，在困难时和逆境中不消沉不动摇，经受住各种赞誉和诱惑考验，经受住各种风险和挑战考验，永葆共产党人政治本色。

坚定理想信念，必须加强学习。思想理论上的坚定清醒是政治上坚定的前提。全党必须毫不动摇坚持马克思主义指导思想，党的各级组织必须坚持不懈抓好理论武装，广大党员、干部特别是高级干部必须自觉抓好学习、增强党性修养。把马克思主义理论作为必修课，认真学习马克思列宁主义、毛泽东思想、邓小平理论、“三个代表”重要思想、科学发展观，认真学习习近平总书记系列重要讲话精神，认真学习党章党规，不断提高马克思主义思想觉悟和理论水平。系统掌握马克思主义基本原理，学会用马克思主义立场、观点、方法观察问题、分析问题、解决问题，特别是要聚焦现实问题，不断深化对共产党执政规律、社会主义建设规律、人类社会发展规律的认识。适应时代进步和事业发展要求，广泛学习经济、政治、文化、社会、生态文明以及哲学、历史、法律、科技、国防、国际等各方面知识，提高战略思维、创新思维、辩证思维、法治思维、底线思维能力，提高领导能力专业化水平。

坚持和创新党内学习制度。以党委（党组）中心组学习等制度为主要抓手，各级党组织要定期开展集体学习。党员、干部每年要完成规定的学习任务，领导干部要定期参加党校学习。坚持开展党内集中学习教育。各级党组织要加强督促检查，把学习情况作为领导班子和领导干部考核的重要内容。坚持中央领导同志作专题报告制度。健全党内重大思想理论问题分析研究和情况通报制度，强化互联网思想理论引导，把深层次思想理论问题讲清楚，帮助党员、干部站稳政治立场，分清是非界限，坚决抵制错误思想侵蚀。

**二、坚持党的基本路线**

党在社会主义初级阶段的基本路线是党和国家的生命线、人民的幸福线，也是党内政治生活正常开展的根本保证。必须全面贯彻执行党的基本路线，把以经济建设为中心同坚持四项基本原则、坚持改革开放这两个基本点统一于中国特色社会主义伟大实践，任何时候都不能有丝毫偏离和动摇。

全党必须毫不动摇坚持以经济建设为中心，聚精会神抓好发展这个党执政兴国的第一要务，坚持以人民为中心的发展思想，统筹推进“五位一体”总体布局和协调推进“四个全面”战略布局，坚持创新、协调、绿色、开放、共享的发展理念，努力提高发展质量和效益，不断提高人民生活水平，为实现“两个一百年”奋斗目标、实现中华民族伟大复兴的中国梦打下坚实物质基础。

全党必须毫不动摇坚持四项基本原则，根本是坚持党的领导，坚持中国特色社会主义道路、中国特色社会主义理论体系、中国特色社会主义制度、中国特色社会主义文化，做到头脑清醒、立场坚定，矢志不移坚持和发展中国特色社会主义。

全党必须毫不动摇坚持改革开放，发挥群众首创精神，勇于自我革命，勇于推进理论创新、实践创新、制度创新、文化创新以及其他各方面创新，坚定不移实施对外开放基本国策，决不能安于现状、墨守成规。新形势下，党领导人民全面深化改革，是为了推动中国特色社会主义制度自我完善和发展，推进国家治理体系和治理能力现代化，既不走封闭僵化的老路、也不走改旗易帜的邪路。

全党必须把坚持党的思想路线贯穿于执行党的基本路线全过程，坚持解放思想、实事求是、与时俱进、求真务实，坚持理论联系实际，一切从实际出发，在实践中检验真理和发展真理，既反对各种否定马克思主义的错误倾向，又破除对马克思主义的教条式理解。坚持从我国仍处于并将长期处于社会主义初级阶段这个基本国情出发，不断研究新情况、总结新经验、解决新问题，不断推进马克思主义中国化。

全党必须坚决捍卫党的基本路线，对否定党的领导、否定我国社会主义制度、否定改革开放的言行，对歪曲、丑化、否定中国特色社会主义的言行，对歪曲、丑化、否定党的历史、中华人民共和国历史、人民军队历史的言行，对歪曲、丑化、否定党的领袖和英雄模范的言行，对一切违背、歪曲、否定党的基本路线的言行，必须旗帜鲜明反对和抵制。

考察识别干部特别是高级干部必须首先看是否坚定不移贯彻党的基本路线。党员、干部特别是高级干部在大是大非面前不能态度暧昧，不能动摇基本政治立场，不能被错误言论所左右。当人民利益受到损害、党和国家形象受到破坏、党的执政地位受到威胁时，要挺身而出、亮明态度，主动坚决开展斗争。对在大是大非问题上没有立场、没有态度、无动于衷、置身事外，在错误言行面前不抵制、不斗争，明哲保身、当老好人等政治不合格的坚决不用，已在领导岗位的要坚决调整，情节严重的要严肃处理。

**三、坚决维护党中央权威**

坚决维护党中央权威、保证全党令行禁止，是党和国家前途命运所系，是全国各族人民根本利益所在，也是加强和规范党内政治生活的重要目的。必须坚持党员个人服从党的组织，少数服从多数，下级组织服从上级组织，全党各个组织和全体党员服从党的全国代表大会和中央委员会，核心是全党各个组织和全体党员服从党的全国代表大会和中央委员会。

坚持党的领导，首先是坚持党中央的集中统一领导。一个国家、一个政党，领导核心至关重要。全党必须牢固树立政治意识、大局意识、核心意识、看齐意识，自觉在思想上政治上行动上同党中央保持高度一致。党的各级组织、全体党员特别是高级干部都要向党中央看齐，向党的理论和路线方针政策看齐，向党中央决策部署看齐，做到党中央提倡的坚决响应、党中央决定的坚决执行、党中央禁止的坚决不做。

涉及全党全国性的重大方针政策问题，只有党中央有权作出决定和解释。各部门各地方党组织和党员领导干部可以向党中央提出建议，但不得擅自作出决定和对外发表主张。对党中央作出的决议和制定的政策如有不同意见，在坚决执行的前提下，可以向党组织提出保留意见，也可以按组织程序把自己的意见向党的上级组织直至党中央提出。

全党必须自觉服从党中央领导。全国人大、国务院、全国政协，中央纪律检查委员会，最高人民法院、最高人民检察院，中央和国家机关各部门，人民军队，各人民团体，各地方，各企事业单位、社会组织，其党组织都要不折不扣执行党中央决策部署。

全党必须严格执行重大问题请示报告制度。全国人大常委会、国务院、全国政协，中央纪律检查委员会，最高人民法院、最高人民检察院，中央和国家机关各部门，各人民团体，各省、自治区、直辖市，其党组织要定期向党中央报告工作。研究涉及全局的重大事项或作出重大决定要及时向党中央请示报告，执行党中央重要决定的情况要专题报告。遇有突发性重大问题和工作中重大问题要及时向党中央请示报告，情况紧急必须临机处置的，要尽职尽力做好工作，并迅速报告。

省、自治区、直辖市党委在党中央领导下开展工作，同级各个组织中的党组织和领导干部要自觉接受同级党委领导、向同级党委负责，重大事项和重要情况及时向同级党委请示报告。

全党必须自觉防止和反对个人主义、分散主义、自由主义、本位主义。对党中央决策部署，任何党组织和任何党员都不准合意的执行、不合意的不执行，不准先斩后奏，更不准口是心非、阳奉阴违。属于部门和地方职权范围内的工作部署，要以贯彻党中央决策部署为前提，发挥积极性、主动性、创造性，但决不允许自行其是、各自为政，决不允许有令不行、有禁不止，决不允许搞上有政策、下有对策。

**四、严明党的政治纪律**

纪律严明是全党统一意志、统一行动、步调一致前进的重要保障，是党内政治生活的重要内容。必须严明党的纪律，把纪律挺在前面，用铁的纪律从严治党。

坚持纪律面前一律平等，遵守纪律没有特权，执行纪律没有例外，党内决不允许存在不受纪律约束的特殊组织和特殊党员。每一个党员对党的纪律都要心存敬畏、严格遵守，任何时候任何情况下都不能违反党的纪律。党的各级组织和全体党员要坚决同一切违反党的纪律的行为作斗争。

政治纪律是党最根本、最重要的纪律，遵守党的政治纪律是遵守党的全部纪律的基础。全党特别是高级干部必须严格遵守党的政治纪律和政治规矩。党员不准散布违背党的理论和路线方针政策的言论，不准公开发表违背党中央决定的言论，不准泄露党和国家秘密，不准参与非法组织和非法活动，不准制造、传播政治谣言及丑化党和国家形象的言论。党员不准搞封建迷信，不准信仰宗教，不准参与邪教，不准纵容和支持宗教极端势力、民族分裂势力、暴力恐怖势力及其活动。

党员、干部特别是高级干部不准在党内搞小山头、小圈子、小团伙，严禁在党内拉私人关系、培植个人势力、结成利益集团。对那些投机取巧、拉帮结派、搞团团伙伙的人，要严格防范，依纪依规处理。坚决防止野心家、阴谋家窃取党和国家权力。

党的各级组织和全体党员必须对党忠诚老实、光明磊落，说老实话、办老实事、做老实人，如实向党反映和报告情况，反对搞两面派、做“两面人”，反对弄虚作假、虚报浮夸，反对隐瞒实情、报喜不报忧。领导机关和领导干部不准以任何理由和名义纵容、唆使、暗示或强迫下级说假话。凡因弄虚作假、隐瞒实情给党和人民事业造成重大损失的，凡因弄虚作假、隐瞒实情骗取荣誉、地位、奖励或其他利益的，凡因纵容、唆使、暗示或强迫下级弄虚作假、隐瞒实情的，都要依纪依规严肃问责追责。对坚持原则、敢于说真话的同志，要给予支持、保护、鼓励。

党内不准搞拉拉扯扯、吹吹拍拍、阿谀奉承。对领导人的宣传要实事求是，禁止吹捧，禁止给领导人祝寿、送礼、发致敬函电，禁止在领导干部国内考察工作时组织迎送、张贴标语、敲锣打鼓、铺红地毯、举行宴会等。

党的各级组织必须担负起执行和维护政治纪律和政治规矩的责任，对违反政治纪律的行为要坚决批评制止，不能听之任之。党的各级组织和纪律检查机关要加强纪律执行情况的监督和检查，坚决防止和纠正执行纪律宽松软的问题。

**五、保持党同人民群众的血肉联系**

人民立场是党的根本政治立场，人民群众是党的力量源泉。我们党来自人民，失去人民拥护和支持，党就会失去根基。必须把坚持全心全意为人民服务的根本宗旨、保持党同人民群众的血肉联系作为加强和规范党内政治生活的根本要求。

全党必须牢固树立人民群众是历史创造者的历史唯物主义观点，站稳群众立场，增进群众感情。党的各级组织、全体党员特别是各级领导机关和领导干部要贯彻党的群众路线，做到一切为了群众，一切依靠群众，从群众中来，到群众中去，为群众办实事、解难事，当好人民公仆。坚持问政于民、问需于民、问计于民，决不允许在群众面前自以为是、盛气凌人，决不允许当官做老爷、漠视群众疾苦，更不允许欺压群众、损害和侵占群众利益。改进和创新联系群众方法，建立和完善民意调查等制度，利用传统媒体和互联网等各种渠道了解社情民意，倾听群众呼声，密切党群干群关系，把对上负责和对下负责一致起来，着力实现好、维护好、发展好最广大人民根本利益。

全党必须坚决反对形式主义、官僚主义、享乐主义和奢靡之风，领导干部特别是高级干部要以身作则。反对形式主义，重在解决作风飘浮、工作不实，文山会海、表面文章，贪图虚名、弄虚作假等问题。反对官僚主义，重在解决脱离实际、脱离群众，消极应付、推诿扯皮，作风霸道、迷恋特权等问题。反对享乐主义，重在解决追名逐利、贪图享受，讲究排场、玩物丧志等问题。反对奢靡之风，重在解决铺张浪费、挥霍无度，骄奢淫逸、腐化堕落等问题。坚持抓常、抓细、抓长，特别是要防范和查处各种隐性、变异的“四风”问题，把落实中央八项规定精神常态化、长效化。

党的各级组织、全体党员特别是领导干部必须提高做群众工作能力，既服务群众又带领群众坚定不移贯彻落实党的理论和路线方针政策，把党的主张变为群众的自觉行动，引领群众听党话、跟党走。坚决反对命令主义，坚决反对“尾巴主义”，不允许为了个人政绩、选票和形象脱离实际随意决策、随便许愿。

坚持领导干部调查研究、定期接待群众来访、同干部群众谈心、群众满意度测评等制度。各级领导干部必须深入实际、深入基层、深入群众，多到条件艰苦、情况复杂、矛盾突出的地方解决问题，千方百计为群众排忧解难。领导干部下基层要接地气，轻车简从，了解实情，督查落实，解决问题，坚决反对作秀、哗众取宠。对一切搞劳民伤财的“形象工程”和“政绩工程”的行为，要严肃问责追责，依纪依法处理。在应对重大安全事件、重大突发事件、重大自然灾害事件等事件中，领导干部必须深入一线、靠前指挥，及时协调解决突出问题，及时回应社会关切。

党员、干部必须顾全大局，自觉维护社会和谐稳定，遇到涉及自身利益和局部利益的问题应该通过正常渠道向上级反映，积极主动做好化解社会矛盾、防控社会风险工作，不准组织、参与、纵容扰乱社会秩序的非法活动。

**六、坚持民主集中制原则**

民主集中制是党的根本组织原则，是党内政治生活正常开展的重要制度保障。坚持集体领导制度，实行集体领导和个人分工负责相结合，是民主集中制的重要组成部分，必须始终坚持，任何组织和个人在任何情况下都不允许以任何理由违反这项制度。

各级党委（党组）必须坚持集体领导制度。凡属重大问题，要按照集体领导、民主集中、个别酝酿、会议决定的原则，由集体讨论、按少数服从多数作出决定，不允许用其他形式取代党委及其常委会（或党组）的领导。落实党委常委会（或党组）议事规则和决策程序，健全常委会向全委会定期报告工作并接受监督制度，坚决反对和防止独断专行或各自为政，坚决反对和防止议而不决、决而不行、行而不实，坚决反对和防止以党委集体决策名义集体违规。各级党委（党组）要善于观大势、抓大事、管全局，及时发现和解决矛盾和难题，不上推下卸，不留后遗症。建立上级组织在作出同下级组织有关重要决策前征求下级组织意见的制度。

领导班子成员必须增强全局观念和责任意识，在研究工作时充分发表意见，决策形成后一抓到底，不得违背集体决定自作主张、自行其是。坚决反对和纠正当面不说、背后乱说，会上不说、会后乱说，当面一套、背后一套等错误言行。坚持讲原则、讲规矩，共同维护坚持党性原则基础上的团结。

党委（党组）主要负责同志必须发扬民主、善于集中、敢于担责。在研究讨论问题时要把自己当成班子中平等的一员，充分发扬民主，严格按程序决策、按规矩办事，注意听取不同意见，正确对待少数人意见，不能搞一言堂甚至家长制。支持班子成员在职责范围内独立负责开展工作，坚决防止和克服名为集体领导、实际上个人或少数人说了算，坚决防止和克服名为集体负责、实际上无人负责。

领导班子成员必须坚决执行党组织决定，如有不同意见，可以保留或向上一级党组织提出，但在上级或本级党组织改变决定以前，除执行决定会立即引起严重后果等紧急情况外，必须无条件执行已作出的决定。

领导班子成员分工按规定向上级党委报备，无正当理由、未向上级党委报备不得调整。领导干部要自觉服从组织分工安排，任何人都不能向组织讨价还价、不服从组织安排。领导干部不准把分管工作、分管领域和地方当作“私人领地”，不准搞独断专行。

在党的工作和活动中，该以组织名义出面不能以个人名义出面，该由集体研究不能个人擅自表态，不允许用个人主张代替党组织的主张、用个人决定代替党组织的决定。

**七、发扬党内民主和保障党员权利**

党内民主是党的生命，是党内政治生活积极健康的重要基础。要坚持和完善党内民主各项制度，提高党内民主质量，党内决策、执行、监督等工作必须执行党章党规确定的民主原则和程序，任何党组织和个人都不得压制党内民主、破坏党内民主。

中央委员会、中央政治局、中央政治局常务委员会和党的各级委员会作出重大决策部署，必须深入开展调查研究，广泛听取各方面意见和建议，凝聚智慧和力量，做到科学决策、民主决策、依法决策。

必须尊重党员主体地位、保障党员民主权利，落实党员知情权、参与权、选举权、监督权，保障全体党员平等享有党章规定的党员权利、履行党章规定的党员义务，坚持党内民主平等的同志关系，党内一律称同志。任何党组织和党员不得侵害党员民主权利。

畅通党员参与讨论党内事务的途径，拓宽党员表达意见渠道，营造党内民主讨论的政治氛围。健全党内重大决策论证评估和征求意见等制度。党的各级组织对重大决策和重大问题应该采取多种方式征求党员意见，党员有权在党的会议上发表不同意见，对党的决议和政策如有不同意见，在坚决执行的前提下，可以声明保留，并且可以把自己的意见向党的上级组织直至党中央提出。推进党务公开，发展和用好党务公开新形式，使党员更好了解和参与党内事务。

党内选举必须体现选举人意志，规范和完善选举制度规则。党的任何组织和个人不得以任何方式妨碍选举人依照规定自主行使选举权，坚决反对和防止侵犯党员选举权和被选举权的现象，坚决防止和查处拉票贿选等行为。

坚持党的代表大会制度。未经批准不得提前或延期召开党的代表大会。落实党代表大会代表任期制，实行代表提案制，健全代表参与重大决策、参加重要干部推荐和民主评议、列席党委有关会议、联系党员群众等制度。更好发挥党的地方各级委员会及委员作用。健全党内情况通报制度、情况反映制度，畅通党员表达意见、要求撤换不称职基层党组织领导班子成员的渠道。按期进行党的基层委员会、总支部和支部委员会换届。

党员有权向党负责地揭发、检举党的任何组织和任何党员违纪违法的事实，提倡实名举报。党员有权在党的会议上有根据地批评党的任何组织和任何党员。党组织既要严肃处理对举报者的歧视、刁难、压制行为特别是打击报复行为，又要严肃追查处理诬告陷害行为。对受到诽谤、诬告、严重失实举报的党员，党组织要及时为其澄清和正名。要保障党员申辩、申诉等权利。对执纪中的过错或违纪行为，要依规及时纠正、消除影响并追究有关组织和人员的责任。

**八、坚持正确选人用人导向**

坚持正确选人用人导向，是严肃党内政治生活的组织保证。必须严格标准、健全制度、完善政策、规范程序，使选出来的干部组织放心、群众满意、干部服气。

选拔任用干部必须坚持党章规定的干部条件，坚持德才兼备、以德为先，坚持五湖四海、任人唯贤，坚持信念坚定、为民服务、勤政务实、敢于担当、清正廉洁的好干部标准。把公道正派作为干部工作核心理念贯穿选人用人全过程，做到公道对待干部、公平评价干部、公正使用干部。

选人用人必须强化党组织的领导和把关作用，落实干部选拔任用工作纪实制度，确保每个环节都规范操作。组织部门要严格按政策、原则、制度办事，实事求是考察评价干部，敢于为干部说公道话，敢于抵制选人用人中的违规行为，形成能者上、庸者下、劣者汰的选人用人导向。加强选人用人监督问责，对用人失察失误的严肃追究责任。

党的各级组织必须自觉防范和纠正用人上的不正之风和种种偏向。坚决禁止跑官要官、买官卖官、拉票贿选等行为，坚决禁止向党伸手要职务、要名誉、要待遇行为，坚决禁止向党组织讨价还价、不服从组织决定的行为。坚决纠正唯票、唯分、唯生产总值、唯年龄等取人偏向，坚决克服由少数人在少数人中选人的倾向。领导干部要带头执行党的干部政策，不准任人唯亲、搞亲亲疏疏，不准封官许愿、跑风漏气、收买人心，不准个人为干部提拔任用打招呼、递条子。领导干部不得干预曾经工作生活过的地方、曾经工作过的单位和不属于自己分管领域的干部选拔任用工作，有关地方和单位党组织要抵制这种违反党的组织原则的行为。

任何人都不准把党的干部当作私有财产，党内不准搞人身依附关系。领导干部特别是高级干部不能搞家长制，要求别人唯命是从，特别是不能要求下级办违反党纪国法的事情；下级应该抵制上级领导干部的这种要求并向更上级党组织直至党中央报告，不应该对上级领导干部无原则服从。规范和纯洁党内同志交往，领导干部对党员不能颐指气使，党员对领导干部不能阿谀奉承。

干部是党的宝贵财富，必须既严格教育、严格管理、严格监督，又在政治上、思想上、工作上、生活上真诚关爱，鼓励干部干事创业、大胆作为。

建立容错纠错机制，宽容干部在工作中特别是改革创新中的失误。坚持惩前毖后、治病救人，正确对待犯错误的干部，帮助其认识和改正错误。不得混淆干部所犯错误性质或夸大错误程度对干部作出不适当的处理，不得利用干部所犯错误泄私愤、打击报复。

党的各级组织和领导干部必须牢记空谈误国、实干兴邦，践行正确政绩观，发扬钉钉子精神，力戒空谈，察实情、出实招、办实事、求实效，做到守土尽责。各级领导干部要无私无畏，做到面对矛盾敢于迎难而上，面对危险敢于挺身而出，面对失误敢于承担责任。党的各级组织要旗帜鲜明为敢于担当的干部担当，为敢于负责的干部负责。对不担当、不作为、敷衍塞责的干部要严肃批评，必要时给予组织处理或党纪处分；对失职渎职的要严肃问责，造成严重后果的要严肃追责，依纪依法处理。

**九、严格党的组织生活制度**

党的组织生活是党内政治生活的重要内容和载体，是党组织对党员进行教育管理监督的重要形式。必须坚持党的组织生活各项制度，创新方式方法，增强党的组织生活活力。

全体党员、干部特别是高级干部必须增强党的意识，时刻牢记自己第一身份是党员。任何党员都不能游离于党的组织之外，更不能凌驾于党的组织之上。每个党员无论职务高低，都要参加党的组织生活。党组织要严格执行组织生活制度，确保党的组织生活经常、认真、严肃。

坚持“三会一课”制度。党员必须参加党员大会、党小组会和上党课，党支部要定期召开支部委员会会议。“三会一课”要突出政治学习和教育，突出党性锻炼，坚决防止表面化、形式化、娱乐化、庸俗化。领导干部要以普通党员身份参加所在党支部或党小组的组织生活，坚持党员领导干部讲党课制度。每个党员都要按规定自觉交纳党费，党费使用和管理要公开透明。

坚持民主生活会和组织生活会制度。会前要广泛听取意见、深入谈心交心，会上要认真查摆问题、深刻剖析根源、明确整改方向，会后要逐一整改落实。上级党组织领导班子成员定期、随机参加下级党组织领导班子民主生活会和组织生活会，发现问题及时纠正。中央政治局带头开好民主生活会。

坚持谈心谈话制度。党组织领导班子成员之间、班子成员和党员之间、党员和党员之间要开展经常性的谈心谈话，坦诚相见，交流思想，交换意见。领导干部要带头谈，也要接受党员、干部约谈。

坚持对党员进行民主评议。督促党员对照党章规定的党员标准、对照入党誓词、联系个人实际进行党性分析，强化党员意识、增强党的观念、提高党性修养。对党性不强的党员，及时进行批评教育，限期改正；经教育仍无转变的，应劝其退党或除名。

领导干部必须强化组织观念，工作中重大问题和个人有关事项必须按规定按程序向组织请示报告，离开岗位或工作所在地要事先向组织请示报告。对无正当理由不按时报告、不如实报告或隐瞒不报的，要严肃处理。

**十、开展批评和自我批评**

批评和自我批评是我们党强身治病、保持肌体健康的锐利武器，也是加强和规范党内政治生活的重要手段。必须坚持不懈把批评和自我批评这个武器用好。

批评和自我批评必须坚持实事求是，讲党性不讲私情、讲真理不讲面子，坚持“团结——批评——团结”，按照“照镜子、正衣冠、洗洗澡、治治病”的要求，严肃认真提意见，满腔热情帮同志，决不能把自我批评变成自我表扬、把相互批评变成相互吹捧。

党员、干部必须严于自我解剖，对发现的问题要深入剖析原因，认真整改。对待批评要有则改之、无则加勉，不能搞无原则的纷争。

批评必须出于公心，不主观武断，不发泄私愤。坚决反对事不关己、高高挂起，明知不对、少说为佳的庸俗哲学和好人主义，坚决克服文过饰非、知错不改等错误倾向。

党的领导机关和领导干部对各种不同意见都必须听取，鼓励下级反映真实情况。党内工作会议的报告、讲话以及各类工作总结，上级机关和领导干部检查指导工作，既要讲成绩和经验，又要讲问题和不足；既要注重解决问题，又要从问题中反思自身工作和领导责任。

领导干部特别是高级干部必须带头从谏如流、敢于直言，以批评和自我批评的示范行动引导党员、干部打消自我批评怕丢面子、批评上级怕穿小鞋、批评同级怕伤和气、批评下级怕丢选票等思想顾虑。把发现和解决自身问题的能力作为考核评价领导班子的重要依据。

**十一、加强对权力运行的制约和监督**

监督是权力正确运行的根本保证，是加强和规范党内政治生活的重要举措。必须加强对领导干部的监督，党内不允许有不受制约的权力，也不允许有不受监督的特殊党员。

完善权力运行制约和监督机制，形成有权必有责、用权必担责、滥权必追责的制度安排。实行权力清单制度，公开权力运行过程和结果，健全不当用权问责机制，把权力关进制度笼子，让权力在阳光下运行。

党的各级组织和领导干部必须在宪法法律范围内活动，增强法治意识、弘扬法治精神，自觉按法定权限、规则、程序办事，决不能以言代法、以权压法、徇私枉法，决不能违规干预司法。

营造党内民主监督环境，畅通党内民主监督渠道。党的各级组织和全体党员要增强监督意识，既履行监督责任，又接受各方面监督。

党内监督必须突出党的领导机关和领导干部特别是主要领导干部。领导干部要正确对待监督，主动接受监督，习惯在监督下开展工作，决不能拒绝监督、逃避监督。

领导干部特别是高级干部必须加强自律、慎独慎微，自觉检查和及时纠正在行使权力、廉政勤政方面存在的问题，做到可以行使的权力按规则正确行使，该由上级组织行使的权力下级组织不能行使，该由领导班子集体行使的权力班子成员个人不能擅自行使，不该由自己行使的权力决不能行使。

对涉及违纪违法行为的举报，对党员反映的问题，任何党组织和领导干部都不准隐瞒不报、拖延不办。涉及所反映问题的领导干部应该回避，不准干预或插手组织调查。

党员、干部反映他人的问题，应该出于党性，通过党内正常渠道实名进行，不准散布小道消息，不准散发匿名信，不准诬告陷害等。对通过正常渠道反映问题的党员，任何组织和个人都不准打击报复，不准擅自进行追查，不准采取调离工作岗位、降格使用等惩罚措施。

坚持授权者要负责监督，发现问题要及时处置。强化上级组织对下级组织特别是主要领导干部行使权力的监督，防止权力失控和滥用。

对党组织和党员、干部行使权力进行监督，必须依纪依法进行。纪检监察、司法机关严格依纪依法按程序对涉嫌严重违纪违法行为进行调查。任何组织和个人不得自行决定或受指使对党员、干部采取非法调查手段。对违反规定的，要严肃追究纪律和法律责任。

**十二、保持清正廉洁的政治本色**

建设廉洁政治，坚决反对腐败，是加强和规范党内政治生活的重要任务。必须筑牢拒腐防变的思想防线和制度防线，着力构建不敢腐、不能腐、不想腐的体制机制，保持党的肌体健康和队伍纯洁。

各级领导干部必须严以修身、严以用权、严以律己，谋事要实、创业要实、做人要实，经得起权力、金钱、美色考验，用党和人民赋予的权力为人民服务。

领导干部特别是高级干部必须带头践行社会主义核心价值观，继承和发扬党的优良传统和作风，弘扬中华民族传统美德，讲修养、讲道德、讲诚信、讲廉耻，养成共产党人的高风亮节，自觉远离低级趣味。

各级领导干部是人民公仆，没有搞特殊化的权利。中央政治局要带头执行中央八项规定。各级领导干部特别是高级干部要坚持立党为公、执政为民，坚持公私分明、先公后私、克己奉公，带头保持谦虚、谨慎、不骄、不躁的作风，保持艰苦奋斗的作风，带头执行廉洁自律准则，自觉同特权思想和特权现象作斗争，不准利用权力为自己和他人谋取私利，禁止违反财经制度批钱批物批项目，禁止用各种借口或巧立名目侵占、挥霍国家和集体财物，禁止违反规定提高干部待遇标准。

领导干部特别是高级干部必须注重家庭、家教、家风，教育管理好亲属和身边工作人员。严格执行领导干部个人有关事项报告制度，进一步规范领导干部配偶子女从业行为。禁止利用职权或影响力为家属亲友谋求特殊照顾，禁止领导干部家属亲友插手领导干部职权范围内的工作、插手人事安排。各级领导班子和领导干部对来自领导干部家属亲友的违规干预行为要坚决抵制，并将有关情况报告党组织。

全体党员、干部特别是高级干部必须拒腐蚀、永不沾，坚决同消极腐败现象作斗争，坚决抵制潜规则，自觉净化社交圈、生活圈、朋友圈，决不能把商品交换那一套搬到党内政治生活和工作中来。党的各级组织要担负起反腐倡廉政治责任，坚持有腐必反、有贪必肃，坚持“老虎”、“苍蝇”一起打，坚持无禁区、全覆盖、零容忍，党内决不允许有腐败分子藏身之地。

加强和规范党内政治生活是全党的共同任务，必须全党一起动手。各级党委（党组）要全面履行加强和规范党内政治生活的领导责任，着力解决突出问题，建立健全党内政治生活制度体系，把加强和规范党内政治生活各项任务落到实处。深入开展党内政治生活准则宣传教育，把党内政治生活准则列为党员、干部教育培训的必修内容。

落实党委主体责任和纪委监督责任，强化责任追究。党委（党组）主要负责人要认真履行第一责任人责任。党的各级组织要强化对党内政治生活准则落实情况的督促检查，建立健全问责机制，上级党组织要加强对下级党组织的指导监督检查，各级组织部门和机关党组织要加强日常管理，各级纪律检查机关要严肃查处违反党内政治生活准则的各种行为。

加强和规范党内政治生活，要从中央委员会、中央政治局、中央政治局常务委员会做起。高级干部要清醒认识自己岗位对党和国家的特殊重要性，职位越高越要自觉按照党提出的标准严格要求自己，越要做到党性坚强、党纪严明，做到对党始终忠诚、永不叛党。制定高级干部贯彻落实本准则的实施意见，指导和督促高级干部在遵守和执行党内政治生活准则上作全党表率。

全面从严治党永远在路上。全党要坚持不懈努力，共同营造风清气正的政治生态，确保党始终成为中国特色社会主义事业的坚强领导核心。

# 中共中央关于加强党的政治建设的意见

（2019 年 1 月 31 日）

为深入贯彻落实习近平新时代中国特色社会主义思想和党的十九大精神，切实加强党的政治建设，坚持和加强党的全面领导，推进全面从严治党向纵深发展，不断提高党的执政能力和领导水平，确保全党统一意志、统一行动、步调一致向前进，现提出如下意见。

**一、加强党的政治建设的总体要求**

旗帜鲜明讲政治是我们党作为马克思主义政党的根本要求。党的政治建设是党的根本性建设，决定党的建设方向和效果，事关统揽推进伟大斗争、伟大工程、伟大事业、伟大梦想。

在革命、建设、改革各个时期，我们党都高度重视党的政治建设，形成了讲政治的优良传统。党的十八大以来，以习近平同志为核心的党中央把党的政治建设摆在更加突出位置，加大力度抓，形成了鲜明的政治导向，消除了党内严重政治隐患，推动党的政治建设取得重大历史性成就。同时，必须清醒看到，党内存在的政治问题还没有得到根本解决，一些党组织和党员干部忽视政治、淡化政治、不讲政治的问题还比较突出，有的甚至存在偏离中国特色社会主义方向的严重问题。切实有效解决这些问题，必须进一步加强党的政治建设。

加强党的政治建设，必须高举中国特色社会主义伟大旗帜，全面贯彻党的十九大精神，坚持以马克思列宁主义、毛泽东思想、邓小平理论、“三个代表”重要思想、科学发展观、习近平新时代中国特色社会主义思想为指导，坚持党的基本理论、基本路线、基本方略，落实新时代党的建设总要求，增强“四个意识”，坚定“四个自信”，坚决维护习近平总书记党中央的核心、全党的核心地位，坚决维护党中央权威和集中统一领导，把准政治方向，坚持党的政治领导，夯实政治根基，涵养政治生态，防范政治风险，永葆政治本色，提高政治能力，把我们党建设得更加坚强有力，确保我们党始终成为中国特色社会主义事业的坚强领导核心，为实现“两个一百年”奋斗目标和中华民族伟大复兴的中国梦提供坚强政治保证。

加强党的政治建设，目的是坚定政治信仰，强化政治领导，提高政治能力，净化政治生态，实现全党团结统一、行动一致。要以党章为根本遵循，把党章明确的党的性质和宗旨、指导思想和奋斗目标、路线和纲领落到实处。要突显党的政治建设的根本性地位，聚焦党的政治属性、政治使命、政治目标、政治追求持续发力。要以党的政治建设为统领，把政治标准和政治要求贯穿党的思想建设、组织建设、作风建设、纪律建设以及制度建设、反腐败斗争始终，以政治上的加强推动全面从严治党向纵深发展，引领带动党的建设质量全面提高。要坚持问题导向，注重“靶向治疗”，针对政治意识不强、政治立场不稳、政治能力不足、政治行为不端等突出问题强弱项补短板。要把党的政治建设融入党和国家重大决策部署的制定和落实全过程，做到党的政治建设与各项业务工作特别是中心工作紧密结合、相互促进。

**二、坚定政治信仰**

加强党的政治建设，必须坚持马克思主义指导地位，坚持用习近平新时代中国特色社会主义思想武装全党、教育人民，夯实思想根基，牢记初心使命，凝聚同心共筑中国梦的磅礴力量。

（一）坚持用党的科学理论武装头脑

马克思主义是我们立党立国的根本指导思想。习近平新时代中国特色社会主义思想是当代中国马克思主义、21 世纪马克思主义，是全党全国人民为实现中华民族伟大复兴而奋斗的行动指南，是经过实践检验、富有实践伟力的强大思想武器，必须长期坚持并不断发展。要深入学习习近平新时代中国特色社会主义思想，加强思想政治教育，推动学习教育往深里走、往心里走、往实里走，真正做到学深悟透、融会贯通、真信笃行，巩固全党全国人民团结奋斗的共同思想基础。要坚定理想信念，牢固树立共产主义远大理想和中国特色社会主义共同理想，挺起共产党人的精神脊梁，坚决防止不信马列信鬼神、不信真理信金钱，坚决反对各种歪曲、篡改、否定马克思主义的错误思想。要坚定“四个自信”，坚信中国特色社会主义是科学社会主义理论逻辑和中国社会发展历史逻辑的辩证统一，是当代中国发展进步的根本方向，是全面建成小康社会、全面建成社会主义现代化强国、实现中华民族伟大复兴的必由之路。领导干部要带头学理论、强信念，筑牢信仰之基，补足精神之钙，把稳思想之舵。实施年轻干部理想信念宗旨教育计划，大力培养造就具有坚定共产主义信仰和较高马克思主义理论素养的社会主义建设者和接班人。

（二）坚定执行党的政治路线

党在社会主义初级阶段的基本路线作为党的政治路线，是党和国家的生命线、人民的幸福线，必须坚决捍卫、坚定执行。越是面临严峻复杂的国际国内形势，越是处于中华民族伟大复兴的关键时期，越要保持清醒头脑和战略定力，全面贯彻执行党的政治路线，把以经济建设为中心同坚持四项基本原则、坚持改革开放两个基本点统一于中国特色社会主义伟大实践，绝不能有丝毫偏离和动摇。坚持党的政治路线，必须全面贯彻实施新时代中国特色社会主义基本方略，统筹推进“五位一体”总体布局和协调推进“四个全面”战略布局，为实现“两个一百年”奋斗目标不懈努力。全党制定执行大政方针，要从党的政治路线出发；部署推进党和国家事业发展重大战略、重大任务、重大工作，要紧紧围绕党的政治路线来进行。各地区各部门确定工作思路、工作部署、政策措施，要自觉同党的政治路线对标对表、及时校准偏差。要坚决同一切违背、歪曲、否定党的政治路线的言行作斗争。

（三）坚决站稳政治立场

政治立场事关根本。全党必须始终坚定马克思主义立场，坚持党性和人民性相统一，坚决站稳党性立场和人民立场。要坚持以党的旗帜为旗帜、以党的方向为方向、以党的意志为意志，始终做到在党言党、在党忧党、在党为党，任何时候都同党同心同德。要坚持以人民为中心，立党为公、执政为民，践行全心全意为人民服务的根本宗旨，树立真挚的人民情怀，把人民放在心中最高位置，始终相信人民，紧紧依靠人民，把人民对美好生活的向往作为奋斗目标。要把对党负责和对人民负责高度统一起来，想问题、作决策、办事情都从人民利益出发，崇尚实干、勤政为民，把精力和心思用在稳增长、促改革、调结构、惠民生、防风险、保稳定上，着力解决人民群众最关心最直接最现实的利益问题，努力让人民群众有更多获得感、幸福感、安全感。

**三、坚持党的政治领导**

党是最高政治领导力量，党的领导是中国特色社会主义最本质的特征，是中国特色社会主义制度的最大优势。加强党的政治建设，必须坚持和加强党的全面领导，完善党的领导体制，改进党的领导方式，承担起执政兴国的政治责任。

（四）坚决做到“两个维护”

事在四方，要在中央。坚持和加强党的全面领导，最重要的是坚决维护党中央权威和集中统一领导；坚决维护党中央权威和集中统一领导，最关键的是坚决维护习近平总书记党中央的核心、全党的核心地位。要教育引导党员干部从历史和现实、理论和实践、国内和国际的结合上深刻认识、强化认同，不断增强拥护核心、跟随核心、捍卫核心的思想自觉政治自觉行动自觉，始终同以习近平同志为核心的党中央保持高度一致，做到党中央提倡的坚决响应、党中央决定的坚决执行、党中央禁止的坚决不做。要以党章为根本依据，不断完善保障“两个维护”的制度机制，严格执行《关于新形势下党内政治生活的若干准则》、《中国共产党重大事项请示报告条例》、《中共中央政治局关于加强和维护党中央集中统一领导的若干规定》等党内法规，加强对贯彻执行党的路线方针政策和决议情况的督促检查，完善党中央重大决策部署和习近平总书记重要指示批示贯彻落实的督查问责机制。要以正确的认识、正确的行动坚决做到“两个维护”，坚决防止和纠正一切偏离“两个维护”的错误言行，不得搞任何形式的“低级红”、“高级黑”，决不允许对党中央阳奉阴违做两面人、搞两面派、搞“伪忠诚”。

（五）完善党的领导体制

坚持党总揽全局、协调各方，建立健全坚持和加强党的全面领导的制度体系，为把党的领导落实到改革发展稳定、内政外交国防、治党治国治军各领域各方面各环节提供坚实制度保障。研究制定党领导经济社会各方面重要工作的党内法规。健全党中央集中统一领导重大工作的体制机制。完善地方党委、党组、党的工作机关实施党的领导的体制机制。建立健全国有企业党委（党组）和农村、事业单位、街道社区等的基层党组织发挥领导作用的制度规定。贯彻落实宪法规定，制定和修改有关法律法规要明确规定党领导相关工作的法律地位。将坚持党的全面领导的要求载入人大、政府、法院、检察院的组织法，载入政协、民主党派、工商联、人民团体、国有企业、高等学校、有关社会组织等的章程，健全党对这些组织实施领导的制度规定，确保其始终在党的领导下积极主动、独立负责、协调一致地开展工作。

（六）改进党的领导方式

着眼于党把方向、谋大局、定政策、促改革，强化战略思维、创新思维、辩证思维、法治思维、底线思维，正确制定和坚决执行党的路线方针政策，不断增强党的政治领导力、思想引领力、群众组织力、社会号召力。要坚持民主集中制这一根本领导制度，善于运用民主的办法汇集意见、科学决策，善于通过协商的方式增进共识、凝聚力量，同时善于集中、敢于担责，防止议而不决、决而不行。要坚持群众路线这一基本领导方法，不断增强群众工作本领，大兴调查研究之风，改进和创新联系群众的途径方法，坚持走好网上群众路线，汇集民智民力，善于通过群众喜闻乐见方式宣传党的理论和路线方针政策，把党的主张变为群众自觉行动。坚决反对“四风”特别是形式主义、官僚主义。要坚持依法执政这一基本领导方式，注重运用法治思维和法治方式治国理政，善于使党的主张通过法定程序成为国家意志、转化为法律法规，自觉把党的领导活动纳入制度轨道。

**四、提高政治能力**

加强党的政治建设，关键是要提高各级各类组织和党员干部的政治能力。必须进一步增强党组织政治功能，彰显国家机关政治属性，发挥群团组织政治作用，强化国有企事业单位政治导向，不断提高党员干部特别是领导干部政治本领。

（七）增强党组织政治功能

党的力量来自组织。政治属性是党组织的根本属性，政治功能是党组织的基本功能，要认真贯彻落实新时代党的组织路线，不断强化各级各类党组织的政治属性和政治功能。党中央是党的最高领导机关，是党的组织体系的大脑和中枢，对党和国家事业发展重大工作实行集中统一领导，涉及全党全国性的重大方针政策问题只能由党中央作出决定和解释。地方党委要在党中央和上级党委领导下，全面领导本地区经济社会发展，全面负责本地区党的建设，坚决纠正党的领导弱化、党的建设缺失、全面从严治党不力问题。党的基层组织要着力提升组织力，突出政治功能、强化政治引领，下大气力解决软弱涣散问题。党支部要担负起直接教育党员、管理党员、监督党员和组织群众、宣传群众、凝聚群众、服务群众的职责，发挥好战斗堡垒作用。党组要在批准其设立的党组织领导下，在本部门本单位发挥好把方向、管大局、保落实的重要作用，确保党中央和上级党组织决策部署在本部门本单位贯彻落实。党的各级纪委要进一步强化党内监督专责机关的职能定位，全面监督执纪问责，坚决维护党章党规党纪的严肃性和权威性。党的工作机关要更好发挥党委参谋助手作用，提高履职尽责的政治性和有效性，力求参当其时、谋当其用，更好服务党委决策、抓好决策落实。党员要强化党的意识和组织观念，自觉做到思想上认同组织、政治上依靠组织、工作上服从组织、感情上信赖组织。

所有党组织和全体党员都必须牢固树立一盘棋意识，在党中央集中统一领导下齐心协力、步调一致开展工作，形成党的组织体系整体合力。

（八）彰显国家机关政治属性

中央和地方各级人大机关、行政机关、政协机关、监察机关、审判机关、检察机关本质上都是政治机关，旗帜鲜明讲政治是应尽之责。要始终坚持在党的领导下依法实施经济社会管理活动，坚决贯彻落实党的基本理论、基本路线、基本方略，积极主动将党的领导主张和重大决策部署转化为法律法规和政策政令，转化为对经济社会管理的部署安排和工作活动，转化为领导体制、工作机制和管理方式方法创新，转化为推动经济社会发展的实际效果。国家机关履行职责、开展工作，要提高政治站位，把准政治方向，注重政治效果，考虑政治影响，坚决防止和纠正把政治与业务割裂开来、对立起来的错误认识和做法，确保政治和业务融为一体、高度统一。

（九）发挥群团组织政治作用

工会、共青团、妇联等群团组织是党领导下的政治组织，政治性是群团组织的灵魂。各群团组织要认真履行政治职责，充分发挥联系人民群众的桥梁和纽带作用，加大政治动员、政治引领、政治教育工作力度，更好承担起引导群众听党话、跟党走的政治任务，把自己联系的群众最广泛最紧密地团结在党的周围。要坚定不移坚持党的领导，坚定不移走中国特色社会主义群团发展道路，不折不扣落实党中央关于群团改革的决策部署，切实增强群团组织的政治性、先进性、群众性。

（十）强化国有企事业单位政治导向

国有企业是中国特色社会主义的重要物质基础和政治基础，事业单位承担着满足人民群众日益增长的公益服务需求职责，都是我们党执政兴国的重要依靠力量。国有企事业单位必须始终坚持党的领导，坚决贯彻执行党的路线方针政策，认真落实党中央关于推进国有企事业单位改革发展的决策部署，切实加强本单位党的建设工作，充分发挥党组织重要作用，保证本单位工作坚持正确政治方向、取得良好政治效果。

（十一）提高党员干部政治本领

党员干部特别是领导干部要加强政治能力训练和政治实践历练，切实提高把握方向、把握大势、把握全局的能力和辨别政治是非、保持政治定力、驾驭政治局面、防范政治风险的能力。要在大是大非面前态度鲜明、立场坚定，始终在政治立场、政治方向、政治原则、政治道路上同以习近平同志为核心的党中央保持高度一致。要善于从政治上研判形势、分析问题，自觉在党和国家工作大局下想问题、做工作，做到一切服从大局、一切服务大局。要强化忧患意识、风险意识，增强政治敏锐性和政治鉴别力，对容易诱发政治问题特别是重大突发事件的敏感因素、苗头性倾向性问题，对意识形态领域各种错误思潮、模糊认识、不良现象，保持高度警惕，做到眼睛亮、见事早、行动快。要提高风险处置能力，及时阻断不同领域风险转换通道，防止非公共性风险扩大为公共性风险、非政治性风险演变为政治风险。要增强斗争精神，强化政治担当，敢于亮剑、善于斗争，发现违反政治纪律、危害政治安全的行为坚决抵制，做勇于斗争的"战士"，不做爱惜羽毛的"绅士"，严防对挑战政治底线的错误言论和不良风气听之任之、逃避责任、失职失察。

**五、净化政治生态**

加强党的政治建设，必须把营造风清气正的政治生态作为基础性、经常性工作，浚其源、涵其林，养正气、固根本，锲而不舍、久久为功，实现正气充盈、政治清明。

（十二）严肃党内政治生活

营造良好政治生态，必须严格执行《关于新形势下党内政治生活的若干准则》，着力提高党内政治生活质量，努力在全党形成又有集中又有民主、又有纪律又有自由、又有统一意志又有个人心情舒畅生动活泼的政治局面。增强党内政治生活的政治性，强化政治教育和政治引领，让党员干部经常接受政治体检，打扫政治灰尘，净化政治灵魂，增强政治免疫力，坚决防止和克服党内政治生活忽视政治、淡化政治、不讲政治的倾向。增强党内政治生活的时代性，主动适应信息时代新形势和党员队伍新变化，积极运用互联网、大数据等新兴技术，创新党组织活动内容方式，推进“智慧党建”，使党内政治生活始终充满活力，坚决防止和克服党内政治生活不讲创新、不讲活力、照搬照套的倾向。增强党内政治生活的原则性，坚持按原则开展党的工作和活动，按原则处理党内各种关系，按原则解决党内矛盾和问题，严格执行党的组织生活制度，认真召开民主生活会和组织生活会，提高“三会一课”质量，落实谈心谈话、民主评议党员和主题党日等制度，坚持和完善重温入党誓词、党员过“政治生日”等政治仪式，使党内生活庄重、严肃、规范，坚决防止和克服党内政治生活不讲原则、平淡化庸俗化随意化的倾向。增强党内政治生活的战斗性，坚持以整风精神开展批评和自我批评，勇于思想交锋、揭短亮丑，旗帜鲜明坚持真理、修正错误，统一意志、增进团结，建立健全民主生活会列席指导、及时叫停、责令重开、整改通报等制度，坚决防止和克服党内政治生活一团和气、评功摆好、明哲保身的倾向。

（十三）严明党的政治纪律和政治规矩

政治纪律是党最根本、最重要的纪律，是净化政治生态的重要保证。要把坚决做到“两个维护”作为首要政治纪律，在全党持续深入开展忠诚教育，开展“守纪律、讲规矩”模范机关创建和先进个人评选活动，教育督促党员干部始终对党忠诚老实，决不允许在重大政治原则问题上、大是大非问题上同党中央唱反调，搞自由主义。严格执行《中国共产党纪律处分条例》，严肃查处违反政治纪律的行为，通过严明政治纪律带动党的其他纪律严起来。坚持“五个必须”，必须维护党中央权威，决不允许背离党中央要求另搞一套；必须维护党的团结，决不允许在党内培植个人势力；必须遵循组织程序，决不允许擅作主张、我行我素；必须服从组织决定，决不允许搞非组织活动；必须管好领导干部亲属和身边工作人员，决不允许他们擅权干政、谋取私利。严肃查处“七个有之”问题，把政治上蜕变的两面人及时辨别出来、清除出去，坚决防止党内形成利益集团攫取政治权力、改变党的性质，坚决防止山头主义和宗派主义危害党的团结、破坏党的集中统一。

（十四）发展积极健康的党内政治文化

营造良好政治生态，离不开党内政治文化的浸润滋养。坚持“三严三实”，大力弘扬忠诚老实、公道正派、实事求是、清正廉洁等价值观，充分利用各类爱国主义教育基地和党性教育基地对广大党员干部进行教育和熏陶，增强党员干部的政治定力、纪律定力、道德定力、拒腐定力。大力倡导清清爽爽的同志关系、规规矩矩的上下级关系、干干净净的政商关系，弘扬正气、树立新风。推动中华优秀传统文化创造性转化、创新性发展，培育党员干部政治气节、政治风骨。发扬革命文化，传承红色基因，弘扬革命精神，教育党员干部正确处理公和私、义和利、是和非、正和邪、苦和乐的关系。弘扬社会主义先进文化，推进社会主义核心价值观宣传教育，引导党员干部带头做社会主义核心价值观的坚定信仰者、积极传播者、模范践行者。坚决抵制庸俗腐朽的政治文化，自觉抵制商品交换原则对党内生活的侵蚀，狠刹权权交易、权钱交易、权色交易等不正之风，破除关系学、厚黑学、官场术等封建糟粕，坚决防止和反对个人主义、分散主义、自由主义、本位主义、好人主义，坚决防止和反对宗派主义、圈子文化、码头文化。

（十五）突出政治标准选人用人

选人用人是政治生态的风向标。要坚持党管干部原则，贯彻新时期好干部标准，始终把政治标准放在第一位，注重选拔任用牢固树立“四个意识”、自觉坚定“四个自信”、坚决做到“两个维护”、全面贯彻执行党的理论和路线方针政策、忠诚干净担当的干部，对政治不合格的干部实行“一票否决”，已经在领导岗位的坚决调整。严格执行《党政领导干部选拔任用工作条例》，在选人用人中进一步突出政治标准，强化政治把关。制定实施《党政领导干部考核工作条例》，建立健全领导干部政治素质识别和评价机制，强化对干部政治忠诚、政治定力、政治担当、政治能力、政治自律等方面的深入考察考核，坚决把政治上的两面人挡在门外。匡正选人用人风气，坚持不懈整治选人用人上的不正之风，对任人唯亲、说情打招呼、跑官要官、买官卖官、拉票贿选等行为发现一起查处一起，对“带病提拔”的干部实行倒查，对政治标准把关不严的严肃处理。严格执行干部选拔任用工作纪实制度，对私自干预下级或者原任职地方和单位选人用人的，记录在案并严肃追究责任。

（十六）永葆清正廉洁的政治本色

坚决反对腐败，建设廉洁政治，是涵养政治生态的必要条件和重要任务。强化不敢腐的震慑，坚持反腐败无禁区、全覆盖、零容忍，坚持重遏制、强高压、长震慑，运用监督执纪“四种形态”，重点查处党的十八大以来不收敛、不收手，问题线索反映集中、群众反映强烈，政治问题和经济问题交织的腐败案件，严肃查处违反中央八项规定精神的问题，持续保持反腐败高压态势。扎紧不能腐的笼子，健全党和国家监督体系，加强对权力运行的制约和监督，通过改革和制度创新切断利益输送链条。特别要针对管人管钱管物管项目的单位和岗位，查找廉政风险点，通过科学管理、严格监督和发挥巡视利剑作用，切实管住权力，坚决反对特权行为和特权现象，让人民群众真正感受到清正干部、清廉政府、清明政治就在身边。增强不想腐的自觉，领导干部特别是高级干部要带头加强党性修养，知敬畏、存戒惧、守底线，坚决防范被利益集团“围猎”，持之以恒锤炼政德，明大德、守公德、严私德，带头遵守《中国共产党廉洁自律准则》，注重家庭家教家风，自觉做廉洁自律、廉洁用权、廉洁齐家的模范。

**六、强化组织实施**

加强党的政治建设是一项重大艰巨的政治任务。各地区各部门要进一步增强推进党的政治建设的自觉性坚定性，把思想和行动统一到党中央部署要求上来，加强组织领导、强化责任担当，确保本意见提出的各项举措落到实处，确保党的政治建设取得成效。

（十七）落实领导责任

建立健全推进党的政治建设工作责任制，各级党委（党组）要切实负起本地区本部门党的政治建设工作主体责任，将其纳入党委（党组）工作总体布局，摆在首要位置来抓，认真研究部署、大力推进落实。党委（党组）书记要认真履行第一责任人职责，对党的政治建设重要工作亲自部署、重要问题亲自过问、重大事件亲自处置。党委（党组）其他成员要根据职责分工，按照“一岗双责”要求，抓好分管部门和领域党的政治建设工作。各级党的建设工作领导小组要发挥统筹协调的职能作用，各级纪检监察机关和党委有关部门要各司其职、各负其责，履行推进党的政治建设工作相关职责。中央和国家机关要在推进党的政治建设上带好头、作示范，在深入学习贯彻习近平新时代中国特色社会主义思想上作表率，在始终同党中央保持高度一致上作表率，在坚决贯彻落实党中央决策部署上作表率，建设让党中央放心、让人民群众满意的模范机关。

（十八）抓住“关键少数”

加强党的政治建设，要坚持抓“关键少数”和管“绝大多数”相结合，重点是抓住领导机关和领导干部，发挥其示范引领作用。各级领导干部特别是高级干部要深刻认识自己在加强党的政治建设中的特殊重要性和肩负的重大责任，职位越高越要自觉严格要求自己，注重加强政治历练、积累政治经验、增进政治智慧，做到信念如磐、意志如铁，政治坚定、绝对忠诚，清正廉洁、担当负责，坚决做到“两个维护”，成为坚定的马克思主义者。实施“一把手”政治能力提升计划。

（十九）强化制度保障

加强党的政治建设，要把建章立制贯穿全过程各方面，建立健全长效机制，形成系统完备、有效管用的政治规范体系，真正实现党的政治建设有章可循、有据可依。坚持集成联动，完善党内法规制度体系有关制度，健全国家法律体系有关规定，在各类章程中明确提出有关要求，做到相辅相成、有机统一。坚持明确标准，既提出政治高线，激励党员干部向往践行，又划出政治底线，防止党员干部逾矩失范。坚持执规必严，加大宣传教育和执行力度，督促党员干部把党的政治规范刻印在心上、落实在行动上，坚决维护制度权威。

（二十）加强监督问责

各地区各部门要加强对党的政治建设工作的监督检查，将其作为巡视巡察和督查检查的重要内容，深化政治巡视，强化政治监督，着力发现和纠正政治偏差。探索建立本地区本部门政治生态评价体系。把党的政治建设工作情况纳入党委（党组）书记抓党建述职评议和党建考核评价体系，并突出其权重。坚持失责必问、问责必严，对落实党的政治建设责任不到位、推进党的政治建设工作不力以及违反党的政治纪律和政治规矩的行为严肃追责问责。

各地区各部门要紧密结合自身实际制定贯彻实施本意见的具体措施。中央军委可以根据本意见提出加强军队党的政治建设的具体意见。

## （二）组织纪律

# 中国共产党支部工作条例（试行）

（中共中央 2018 年 10 月 28 日印发）

### 第一章　总　　则

**第一条**　为了坚持和加强党的全面领导，弘扬“支部建在连上”光荣传统，落实党要管党、全面从严治党要求，全面提升党支部组织力，强化党支部政治功能，充分发挥党支部战斗堡垒作用，巩固党长期执政的组织基础，根据《中国共产党章程》和有关党内法规，制定本条例。

**第二条**　党支部是党的基础组织，是党组织开展工作的基本单元，是党在社会基层组织中的战斗堡垒，是党的全部工作和战斗力的基础，担负直接教育党员、管理党员、监督党员和组织群众、宣传群众、凝聚群众、服务群众的职责。

**第三条** 党支部工作必须遵循以下原则：

（一）坚持以马克思列宁主义、毛泽东思想、邓小平理论、“三个代表”重要思想、科学发展观、习近平新时代中国特色社会主义思想为指导，遵守党章，加强思想理论武装，坚定理想信念，不忘初心、牢记使命，始终保持先进性和纯洁性。

（二）坚持把党的政治建设摆在首位，牢固树立“四个意识”，坚定“四个自信”，做到“四个服从”，旗帜鲜明讲政治，坚决维护习近平总书记党中央的核心、全党的核心地位，坚决维护党中央权威和集中统一领导。

（三）坚持践行党的宗旨和群众路线，组织引领党员、群众听党话、跟党走，成为党员、群众的主心骨。

（四）坚持民主集中制，发扬党内民主，尊重党员主体地位，严肃党的纪律，提高解决自身问题的能力，增强生机活力。

（五）坚持围绕中心、服务大局，充分发挥积极性主动性创造性，确保党的路线方针政策和决策部署贯彻落实。

## 第二章　组织设置

**第四条** 党支部设置一般以单位、区域为主，以单独组建为主要方式。企业、农村、机关、学校、科研院所、社区、社会组织、人民解放军和武警部队连（中）队以及其他基层单位，凡是有正式党员3人以上的，都应当成立党支部。

党支部党员人数一般不超过50人。

**第五条** 结合实际创新党支部设置形式，使党的组织和党的工作全覆盖。

规模较大、跨区域的农民专业合作组织，专业市场、商业街区、商务楼宇等，符合条件的，应当成立党支部。

正式党员不足3人的单位，应当按照地域相邻、行业相近、规模适当、便于管理的原则，成立联合党支部。联合党支部覆盖单位一般不超过5个。

为期6个月以上的工程、工作项目等，符合条件的，应当成立党支部。

流动党员较多，工作地或者居住地相对固定集中，应当由流出地党组织商流入地党组织，依托园区、商会、行业协会、驻外地办事机构等成立流动党员党支部。

**第六条** 党支部的成立，一般由基层单位提出申请，所在乡镇（街道）或者单位基层党委召开会议研究决定并批复，批复时间一般不超过1个月。

基层党委审批同意后，基层单位召开党员大会选举产生党支部委员会或者不设委员会的党支部书记、副书记。批复和选举结果由基层党委报上级党委组织部门备案。

根据工作需要，上级党委可以直接作出在基层单位成立党支部的决定。

**第七条** 对因党员人数或者所在单位、区域等发生变化，不再符合设立条件的党支部，上级党组织应当及时予以调整或者撤销。

党支部的调整和撤销，一般由党支部报所在乡镇（街道）或者单位基层党委批准，也可以由所在乡镇（街道）或者单位基层党委直接作出决定，并报上级党委组织部门备案。

**第八条** 为执行某项任务临时组建的机构，党员组织关系不转接的，经上级党组织批准，可以成立临时党支部。

临时党支部主要组织党员开展政治学习，教育、管理、监督党员，对入党积极分子进行教育培养等，一般不发展党员、处分处置党员，不收缴党费，不选举党代表大会代表和进行换届。

临时党支部书记、副书记和委员由批准其成立的党组织指定。

临时组建的机构撤销后，临时党支部自然撤销。

## 第三章　基本任务

**第九条**　党支部的基本任务是：

（一）宣传和贯彻落实党的理论和路线方针政策，宣传和执行党中央、上级党组织及本党支部的决议。讨论决定或者参与决定本地区本部门本单位重要事项，充分发挥党员先锋模范作用，团结组织群众，努力完成本地区本部门本单位所担负的任务。

（二）组织党员认真学习马克思列宁主义、毛泽东思想、邓小平理论、“三个代表”重要思想、科学发展观、习近平新时代中国特色社会主义思想，推进“两学一做”学习教育常态化制度化，学习党的路线方针政策和决议，学习党的基本知识，学习科学、文化、法律和业务知识。做好思想政治工作和意识形态工作。

（三）对党员进行教育、管理、监督和服务，突出政治教育，提高党员素质，坚定理想信念，增强党性，严格党的组织生活，开展批评和自我批评，维护和执行党的纪律，监督党员切实履行义务，保障党员的权利不受侵犯。加强和改进流动党员管理。关怀帮扶生活困难党员和老党员。做好党费收缴、使用和管理工作。依规稳妥处置不合格党员。

（四）密切联系群众，向群众宣传党的政策，经常了解群众对党员、党的工作的批评和意见，了解群众诉求，维护群众的正当权利和利益，做好群众的思想政治工作，凝聚广大群众的智慧和力量。领导本地区本部门本单位工会、共青团、妇女组织等群团组织，支持它们依照各自章程独立负责地开展工作。

（五）对要求入党的积极分子进行教育和培养，做好经常性的发展党员工作，把政治标准放在首位，严格程序、严肃纪律，发展政治品质纯洁的党员。发现、培养和推荐党员、群众中间的优秀人才。

（六）监督党员干部和其他任何工作人员严格遵守国家法律法规，严格遵守国家的财政经济法规和人事制度，不得侵占国家、集体和群众的利益。

（七）实事求是对党的建设、党的工作提出意见建议，及时向上级党组织报告重要情况。教育党员、群众自觉抵制不良倾向，坚决同各种违纪违法行为作斗争。

（八）按照规定，向党员、群众通报党的工作情况，公开党内有关事务。

**第十条** 不同领域党支部结合实际，分别承担各自不同的重点任务：

（一）村党支部，全面领导隶属本村的各类组织和各项工作，围绕实施乡村振兴战略开展工作，组织带领农民群众发展集体经济，走共同富裕道路，领导村级治理，建设和谐美丽乡村。贫困村党支部应当动员和带领群众，全力打赢脱贫攻坚战。

（二）社区党支部，全面领导隶属本社区的各类组织和各项工作，围绕巩固党在城市执政基础、增进群众福祉开展工作，领导基层社会治理，组织整合辖区资源，服务社区群众、维护和谐稳定、建设美好家园。

（三）国有企业和集体企业中的党支部，保证监督党和国家方针政策的贯彻执行，围绕企业生产经营开展工作，按规定参与企业重大问题的决策，服务改革发展、凝聚职工群众、建设企业文化，创造一流业绩。

（四）高校中的党支部，保证监督党的教育方针贯彻落实，巩固马克思主义在高校意识形态领域的指导地位，加强思想政治引领，筑牢学生理想信念根基，落实立德树人根本任务，保证教学科研管理各项任务完成。

（五）非公有制经济组织中的党支部，引导和监督企业严格遵守国家法律法规，团结凝聚职工群众，依法维护各方合法权益，建设企业先进文化，促进企业健康发展。

（六）社会组织中的党支部，引导和监督社会组织依法执业、诚信从业，教育引导职工群众增强政治认同，引导和支持社会组织有序参与社会治理、提供公共服务、承担社会责任。

（七）事业单位中的党支部，保证监督改革发展正确方向，参与重要决策，服务人才成长，促进事业发展。事业单位中发挥领导作用的党支部，对重大问题进行讨论和作出决定。

（八）各级党和国家机关中的党支部，围绕服务中心、建设队伍开展工作，发挥对党员的教育、管理、监督作用，协助本部门行政负责人完成任务、改进工作。

（九）流动党员党支部，组织流动党员开展政治学习，过好组织生活，进行民主评议，引导党员履行党员义务，行使党员权利，充分发挥作用。对组织关系不在本党支部的流动党员民主评议等情况，应当通报其组织关系所在党支部。

（十）离退休干部职工党支部，宣传执行党的路线方针政策，根据党员实际情况，组织参加学习，开展党的组织生活，听取意见建议，引导他们结合自身实际发挥作用。

## 第四章　工作机制

**第十一条**　党支部党员大会是党支部的议事决策机构，由全体党员参加，一般每季度召开1次。

党支部党员大会的职权是：听取和审查党支部委员会的工作报告；按照规定开展党支部选举工作，推荐出席上级党代表大会的代表候选人，选举出席上级党代表大会的代表；讨论和表决接收预备党员和预备党员转正、延长预备期或者取消预备党员资格；讨论决定对党员的表彰表扬、组织处置和纪律处分；决定其他重要事项。

村、社区重要事项以及与群众利益密切相关的事项，必须经过党支部党员大会讨论。

党支部党员大会议题提交表决前，应当经过充分讨论。表决必须有半数以上有表决权的党员到会方可进行，赞成人数超过应到会有表决权的党员的半数为通过。

**第十二条**　党支部委员会是党支部日常工作的领导机构。

党支部委员会会议一般每月召开1次，根据需要可以随时召开，对党支部重要工作进行讨论、作出决定等。党支部委员会会议须有半数以上委员到会方可进行。重要事项提交党员大会决定前，一般应当经党支部委员会会议讨论。

**第十三条** 党员人数较多或者党员工作地、居住地比较分散的党支部，按照便于组织开展活动原则，应当划分若干党小组，并设立党小组组长。党小组组长由党支部指定，也可以由所在党小组党员推荐产生。

党小组主要落实党支部工作要求，完成党支部安排的任务。

党小组会一般每月召开 1 次，组织党员参加政治学习、谈心谈话、开展批评和自我批评等。

**第十四条** 党支部党员大会、党支部委员会会议由党支部书记召集并主持。书记不能参加会议的，可以委托副书记或者委员召集并主持。党小组会由党小组组长召集并主持。

## 第五章 组织生活

**第十五条** 党支部应当严格执行党的组织生活制度，经常、认真、严肃地开展批评和自我批评，增强党内政治生活的政治性、时代性、原则性、战斗性。

党员领导干部应当带头参加所在党支部或者党小组组织生活。

**第十六条** 党支部应当组织党员按期参加党员大会、党小组会和上党课，定期召开党支部委员会会议。

"三会一课" 应当突出政治学习和教育，突出党性锻炼，以"两学一做"为主要内容，结合党员思想和工作实际，确定主题和具体方式，做到形式多样、氛围庄重。

党课应当针对党员思想和工作实际，回应普遍关心的问题，注重身边人讲身边事，增强吸引力感染力。党员领导干部应当定期为基层党员讲党课，党委（党组）书记每年至少讲 1 次党课。

党支部每月相对固定 1 天开展主题党日，组织党员集中学习、过组织生活、进行民主议事和志愿服务等。主题党日开展前，党支部应当认真研究确定主题和内容；开展后，应当抓好议定事项的组织落实。

对经党组织同意可以不转接组织关系的党员，所在单位党组织可以将其纳入一个党支部或者党小组，参加组织生活。

**第十七条** 党支部每年至少召开1次组织生活会，一般安排在第四季度，也可以根据工作需要随时召开。组织生活会一般以党支部党员大会、党支部委员会会议或者党小组会形式召开。

组织生活会应当确定主题，会前认真学习，谈心谈话，听取意见；会上查摆问题，开展批评和自我批评，明确整改方向；会后制定整改措施，逐一整改落实。

**第十八条** 党支部一般每年开展1次民主评议党员，组织党员对照合格党员标准、对照入党誓词，联系个人实际进行党性分析。

党支部召开党员大会，按照个人自评、党员互评、民主测评的程序，组织党员进行评议。党员人数较多的党支部，个人自评和党员互评可以在党小组范围内进行。党支部委员会会议或者党员大会根据评议情况和党员日常表现情况，提出评定意见。

民主评议党员可以结合组织生活会一并进行。

**第十九条** 党支部应当经常开展谈心谈话。党支部委员之间、党支部委员和党员之间、党员和党员之间，每年谈心谈话一般不少于1次。谈心谈话应当坦诚相见、交流思想、交换意见、帮助提高。

党支部应当注重分析党员思想状况和心理状态。对家庭发生重大变故和出现重大困难、身心健康存在突出问题等情况的党员，党支部书记应当帮助做好心理疏导；对受到处分处置以及有不良反映的党员，党支部书记应当有针对性地做好思想政治工作。

## 第六章 党支部委员会建设

**第二十条** 有正式党员7人以上的党支部，应当设立党支部委员会。党支部委员会由3至5人组成，一般不超过7人。

党支部委员会设书记和组织委员、宣传委员、纪检委员等，必要时可以设1名副书记。

正式党员不足7人的党支部，设1名书记，必要时可以设1名副书记。

**第二十一条** 村、社区党支部委员会每届任期5年，其他基层单位党支部委员会一般每届任期3年。

党支部委员会由党支部党员大会选举产生，党支部书记、副书记一般由党支部委员会会议选举产生，不设委员会的党支部书记、副书记由党支部党员大会选举产生。选出的党支部委员，报上级党组织备案；党支部书记、副书记，报上级党组织批准。党支部书记、副书记、委员出现空缺，应当及时进行补选。确有必要时，上级党组织可以指派党支部书记或者副书记。

建立健全党支部按期换届提醒督促机制。根据党组织隶属关系和干部管理权限，上级党组织对任期届满的党支部，一般提前6个月以发函或者电话通知等形式，提醒做好换届准备。对需要延期或者提前换届的，应当认真审核、从严把关，延长或者提前期限一般不超过1年。

**第二十二条** 党支部书记主持党支部全面工作，督促党支部其他委员履行职责、发挥作用，抓好党支部委员会自身建设，向党支部委员会、党员大会和上级党组织报告工作。

党支部副书记协助党支部书记开展工作。党支部其他委员按照职责分工开展工作。

**第二十三条** 党支部书记应当具备良好政治素质，热爱党的工作，具有一定的政策理论水平、组织协调能力和群众工作本领，敢于担当、乐于奉献，带头发挥先锋模范作用，在党员、群众中有较高威信，一般应当具有1年以上党龄。

**第二十四条** 上级党组织应当结合不同领域实际，突出政治标准，按照组织程序，采取多种方式，选拔符合条件的优秀党员担任党支部书记。

村、社区应当注重从带富能力强的村民、复员退伍军人、经商务工人员、乡村教师、乡村医生、社会工作者、大学生村官、退休干部职工等群体中选拔党支部书记。对没有合适人选的，上级党组织可以跨地域或者从机关和企事业单位选派党支部书记。根据工作需要，上级党组织可以选派优秀干部到村、社区担任党支部第一书记，指导、帮助党支部书记开展工作，主要承担建强党支部、推动中心工作、为民办事服务、提升治理水平等职责任务。符合条件的村、社区党支部书记可以通过法定程序担任村民委员会、居民委员会主任。

机关、国有企业、事业单位，党支部书记一般由本部门本单位主要负责人担任，也可以由本部门本单位其他负责人担任。根据工作需要，上级党组织可以选派党员干部担任专职党支部书记。

非公有制经济组织、社会组织，一般从管理层中选任党支部书记，应当注重从业务骨干中选拔党支部书记。没有合适人选的，可以由上级党组织选派党支部书记。

加强党支部书记后备队伍建设，注意发现优秀党员作为党支部书记后备人才培养，建立村、社区等领域党支部书记后备人才库。

**第二十五条** 上级党组织应当经常对党支部书记、副书记和其他委员进行培训。

党支部书记培训纳入党员、干部教育培训规划，对新任党支部书记应当进行任职培训。中央组织部组织开展党支部书记示范培训，地方、行业、系统一般根据党组织隶属关系，分层分类开展党支部书记全员轮训。党支部书记每年应当至少参加1次县级以上党组织举办的集中轮训。注意统筹安排，防止频繁参训，确保党支部书记做好日常工作。

对党支部书记、副书记和其他委员的培训应当突出党的基本理论、基本政策、基本知识及党务工作基本要求，党的优良传统和作风，党规党纪等内容。注重发挥优秀党支部书记传帮带作用。

**第二十六条** 注重从优秀村、社区党支部书记中选拔乡镇和街道领导干部，考录公务员和招聘事业单位人员。

培养树立党支部书记先进典型，对优秀党支部书记给予表彰表扬。

**第二十七条** 党支部委员会成员应当自觉接受上级党组织和党员、群众监督，加强互相监督。

党支部书记每年应当向上级党组织和党支部党员大会述职，接受评议考核，考核结果作为评先评优、选拔使用的重要依据。

**第二十八条** 建立持续整顿软弱涣散党支部工作机制。对不适宜担任党支部书记、副书记和委员职务的，上级党组织应当及时作出调整。对存在换届选举拉票贿选、宗族宗教和黑恶势力干扰渗透等问题的，上级党组织应当及时严肃处理。

## 第七章 领导和保障

**第二十九条** 各级党委（党组）应当把党支部建设作为最重要的基本建设，定期研究讨论、加强领导指导，切实履行主体责任。县级党委每年至少专题研究1次党支部建设工作。

各级党委（党组）书记应当带头建立党支部工作联系点，带头深入基层调查研究，发现和解决问题，总结推广经验。

**第三十条** 党委组织部门应当经常对党支部建设情况进行分析研判，加强分类指导和督促检查，扩大先进党支部增量，提升中间党支部水平，整顿后进党支部。加强党支部标准化、规范化建设。基层党委一般应当配备专兼职组织员，加强对党支部建设的具体指导。

各级党委组织部门应当注意通过党支部了解掌握党员干部日常表现，干部考察应当听取考察对象所在党支部的意见。

村、社区党支部书记纳入县级党委组织部备案管理。

**第三十一条** 村、社区党支部工作纳入县级党委巡察监督工作内容。

**第三十二条** 抓党支部建设情况应当列入各级党委书记抓基层党建工作述职评议考核的重要内容，作为评判其履行管党治党政治责任情况的重要依据。对抓党支部建设不力、各项工作不落实的，上级党委及其组织部门应当进行约谈。对党支部建设出现严重问题，党员、群众反映强烈的，应当按照规定严肃问责。

**第三十三条** 各级党组织应当为党支部开展工作提供必要条件，给予经费保障。增强村、社区党支部运转经费保障能力，落实村、社区党支部书记报酬待遇，并根据当地经济发展水平建立正常增长机制。给予非公有制经济组织和社会组织党支部工作经费支持。加强村、社区和园区等领域基层党组织活动场所建设，积极运用现代技术和信息化手段，充分发挥办公议事、开展党的活动、提供便民服务等综合功能。

县级以上党委管理的党费每年应当按照一定比例下拨到党支部，重点支持贫困村党支部、困难国有企业党支部、非公有制经济组织和社会组织党支部、流动党员党支部、离退休干部职工党支部等开展党的活动。

## 第八章　附　　则

**第三十四条** 村、社区党的基层委员会、总支部委员会，按照本条例执行。

**第三十五条** 中央军事委员会可以根据本条例，制定相关规定。

**第三十六条** 本条例由中央组织部负责解释。

**第三十七条** 本条例自2018年10月28日起施行。其他有关党支部的规定与本条例不一致的，按照本条例执行。

# 中国共产党党组工作条例

（中共中央2019年4月6日印发）

## 第一章　总　　则

**第一条** 为了进一步规范和改进党组工作，坚持和加强党的全面领导，提高党的长期执政能力和领导水平，更好发挥党总揽全局、协调各方的领导核心作用，根据《中国共产党章程》，制定本条例。

**第二条** 党组是党在中央和地方国家机关、人民团体、经济组织、文化组织和其他非党组织的领导机关中设立的领导机构，在本单位发挥领导作用，是党对非党组织实施领导的重要组织形式。

**第三条** 党组工作必须坚持以马克思列宁主义、毛泽东思想、邓小平理论、“三个代表”重要思想、科学发展观、习近平新时代中国特色社会主义思想为指导，坚决维护习近平总书记核心地位，坚决维护党中央权威和集中统一领导，切实履行领导职责，充分发挥领导作用，不断提高领导水平，确保本单位全面贯彻党的基本理论、基本路线、基本方略，确保党始终成为中国特色社会主义事业的坚强领导核心。

**第四条** 党组工作应当遵循以下原则：

（一）坚持旗帜鲜明讲政治，加强党的领导，增强“四个意识”、坚定“四个自信”、做到“两个维护”，坚决贯彻落实党的理论和路线方针政策，坚决贯彻落实党中央重大决策部署，在思想上政治上行动上同以习近平同志为核心的党中央保持高度一致；

（二）坚持全面从严治党，担当管党治党主体责任，贯彻新时代党的建设总要求，贯彻新时代党的组织路线，推动全面从严治党向纵深发展；

（三）坚持民主集中制，确保党组活力和坚强有力，推动形成良好政治局面；

（四）坚持依据党章党规开展工作，在宪法法律范围内活动；

（五）坚持正确领导方式，实现党组发挥领导作用与本单位领导班子依法依章程履行职责相统一。

**第五条** 党中央和地方各级党委加强对党组工作的领导。党组必须服从批准其设立的党组织领导。

党委组织部门负责党组设立审核、日常管理等方面的具体工作，纪检监察机关、党的机关工委和其他工作机关根据职责做好相关工作。

## 第二章 设　　立

**第六条** 中央和地方国家机关、人民团体、经济组织、文化组织和其他非党组织的领导机关中，有党员领导成员 3 人以上的，经批准可以设立党组。

**第七条** 下列单位一般应当设立党组：

（一）县级以上人大常委会、政府、政协、法院、检察院；

（二）县级以上政府工作部门、派出机关（街道办事处除外）、直属事业单位；

（三）县级以上工会、妇联等人民团体；

（四）中管企业；

（五）县级以上政府设立的有关管委会的工作部门；

（六）其他有必要设立党组的单位。

**第八条** 下列单位经党中央批准，可以设立党组：

（一）全国性的重要文化组织、社会组织；

（二）其他需要设立党组的单位。

**第九条** 下列单位一般不设立党组：

（一）领导机关中的党员领导成员不足 3 人的；

（二）与党的机关合并设立或者合署办公的；

（三）由党的机关代管或者管理等并纳入党的机关序列的；

（四）县级以上政府直属事业单位以外的其他事业单位；

（五）共青团组织；

（六）中管企业的下属企业，地方国有企业；

（七）地方文化组织、社会组织。

**第十条** 市级以上人大常委会、政府、政协，应当设立机关党组。县级人大常委会、政府、政协根据工作需要，可以设立机关党组。

人大常委会、政府、政协设立机关党组的，其办公厅（室）不再设立党组。

**第十一条** 下列单位经批准，可以设立分党组：

（一）国务院有关部门的派出机构；

（二）具有行业、系统管理需要的国务院有关直属事业单位、中央一级有关人民团体的下属单位；

（三）省级以上人大、政协的专门委员会；

（四）市级以上法院、检察院的派出机构。

设立分党组的单位，其下属单位不再设立分党组。

**第十二条** 党组的设立，应当由党中央或者本级地方党委审批。有关管委会的工作部门设立党组，由本级党委授权管委会党工委审批。党组不得审批设立党组。

分党组的设立，由党组报本级党委组织部门审批。

新成立的有关单位符合设立党组条件的，党中央或者本级地方党委可以根据需要作出设立党组的决定，也可以由需要设立党组的单位或者其上级主管部门党组织提出设立申请，由党中央或者本级地方党委审批。

变更、撤销党组的，由批准其设立的党组织作出决定。

**第十三条** 国家机关、人民团体党组一般不设立工作机构，确需设立的经批准可以在本单位有关内设机构加挂党组办公室牌子。

**第十四条** 党组设书记，必要时可以设副书记。

党组书记一般由本单位领导班子主要负责人担任，主要负责人不是中共党员或者由上级领导兼任以及因其他情况不宜担任党组书记的，党组书记、主要负责人可以分设。党组其他成员一般由本单位领导班子成员中的党员干部、派驻本单位的纪检监察组组长担任，必要时也可以由本单位重要职能部门或者下属单位党员主要负责人担任。

国有企业党组书记根据企业内部治理结构形式确定，建立董事会的一般由董事长担任，未建立董事会的一般由总经理担任。党组其他成员一般由进入董事会、监事会、经理层的党员领导人员和纪检监察组组长（派驻本企业的纪检监察组组长）根据工作需要担任。

党组成员一般设 3 至 7 人。副省部级以上单位、中管企业党组成员一般不超过 9 人，个别单位确需增加的，由党中央决定。市县两级政府及县级以上地方政府个别工作部门确需增加的，按程序报请省级党委批准，但总数不得超过 9 人。

**第十五条** 党组成员除应当具备党章和《党政领导干部选拔任用

工作条例》规定的党员领导干部的基本条件外，还应当有 3 年以上党龄，其中厅局级以上单位的党组成员应当有 5 年以上党龄。

党组成员的任免一般由批准设立党组的党组织决定。实行双重领导的单位设立党组的，其党组成员的任免按照干部管理权限执行。分党组成员的任免由上级单位党组决定。企业党组成员的任免，按照干部管理权限执行。

## 第三章　职　　责

**第十六条**　党组发挥把方向、管大局、保落实的领导作用，全面履行领导责任，加强对本单位业务工作和党的建设的领导，推动党的主张和重大决策转化为法律法规、政策政令和社会共识，确保党的理论和路线方针政策的贯彻落实。

**第十七条**　党组讨论和决定本单位下列重大问题：

（一）贯彻落实党中央以及上级党组织决策部署的重大举措；

（二）制定拟订法律法规规章和重要规范性文件中的重大事项；

（三）业务工作发展战略、重大部署和重大事项；

（四）重大改革事项；

（五）重要人事任免等事项；

（六）重大项目安排；

（七）大额资金使用、大额资产处置、预算安排；

（八）职能配置、机构设置、人员编制事项；

（九）审计、巡视巡察、督查检查、考核奖惩等重大事项；

（十）重大思想动态的政治引导；

（十一）党的建设方面的重大事项；

（十二）其他应当由党组讨论和决定的重大问题。

党组应当紧密结合本单位实际，对前款规定的重大问题进行明确细化、列出具体清单。清单内容根据需要动态调整。

**第十八条**　党组必须坚持党建工作与业务工作同谋划、同部署、同推进、同考核，加强对本单位党的建设的领导，落实新时代党的建设总要求，履行全面从严治党责任，提高党的建设质量。具体包括：

（一）把党的政治建设摆在首位，增强“四个意识”、坚定“四个自信”、做到“两个维护”，提高政治站位，彰显政治属性，强化政治引领，切实增强政治能力，始终在政治立场、政治方向、政治原则、政治道路上同以习近平同志为核心的党中央保持高度一致；

（二）强化理论武装，组织学习习近平新时代中国特色社会主义思想，推进“两学一做”学习教育常态化制度化，引导党员、干部坚定理想信念宗旨，自觉加强党性锻炼；

（三）落实意识形态工作责任制，确保业务工作体现意识形态工作要求、维护意识形态安全；

（四）按照党管干部、党管人才原则，加强高素质专业化干部队伍建设，做好人才工作；

（五）加强党的基层组织建设和党员队伍建设，讨论和决定基层党组织设置调整和发展党员、处分党员等重要事项；

（六）加强和改进作风，密切联系群众，严格落实中央八项规定精神，坚决反对“四风”特别是形式主义、官僚主义；

（七）加强党的纪律建设，履行党风廉政建设主体责任，支持纪检监察机关履行监督责任；

（八）推进建章立制，建立健全体现党中央要求、符合本单位特点、比较完备、务实管用的党建工作制度，并抓好落实。

党组领导机关和直属单位党组织的工作，支持配合党的机关工委对本单位党的工作的统一领导，自觉接受党的机关工委对其履行机关党建主体责任的指导督促。

党组书记必须认真履行抓党建第一责任人职责，党组其他成员按照“一岗双责”要求抓好职责范围内党的建设工作。

**第十九条** 党组应当加强对本单位统战工作和工会、共青团、妇联等群团工作的领导，重视对党外干部、人才的培养使用，更好团结带领党外干部和群众，凝聚各方面智慧力量，完成党中央以及上级党组织交给的任务。

**第二十条**　实行双重领导并以上级单位领导为主的单位党组，可以讨论和决定本系统工作规划部署、机构设置、干部队伍管理、党的建设等重要事项。

国有企业党组讨论和决定重大事项时，应当与《中华人民共和国公司法》、《中华人民共和国企业国有资产法》等法律法规相符合，并与公司章程相衔接。重大经营管理事项必须经党组研究讨论后，再由董事会或者经理层作出决定。

**第二十一条**　党组书记主持党组全面工作，负责召集和主持党组会议，组织党组活动，签发党组文件。

党组副书记和党组其他成员根据党组决定，按照授权负责有关工作，行使相关职权。

党组书记空缺时，上级党组织可以指定党组副书记或者党组其他成员主持党组日常工作。

**第二十二条**　党组及其成员应当自觉加强自身建设，坚定政治信仰，增强“四个意识”、坚定“四个自信”、做到“两个维护”，严肃党内政治生活，严守党的纪律规矩，弘扬党的优良传统作风，不断提高领导本领，敢于担当负责，自觉接受监督，在深入学习贯彻习近平新时代中国特色社会主义思想上作表率，在始终同以习近平同志为核心的党中央保持高度一致上作表率，在坚决贯彻落实党中央决策部署上作表率。

## 第四章　组织原则

**第二十三条**　党组及其成员必须始终在政治立场、政治方向、政治原则、政治道路上同以习近平同志为核心的党中央保持高度一致，坚决执行党中央决策部署以及上级党组织决定，党组任何工作部署都必须以贯彻党中央精神为前提，坚决维护习近平总书记核心地位，坚决维护党中央权威和集中统一领导。

**第二十四条**　下列党组在履行职责过程中，除必须服从批准其设立的党组织领导外，还应当按照规定接受有关党组的领导或者指导：

（一）人大常委会机关党组、政府机关党组、政协机关党组，分别接受人大常委会党组、政府党组、政协党组的领导；

（二）政府工作部门党组、政府派出机关党组、政府直属事业单位党组，接受政府党组的指导督促；

（三）政府工作部门管理的单位党组，接受部门党组的指导督促；

（四）实行双重领导的单位党组，接受上级单位党组的领导。

中央组织部负责全国国有企业党建工作的宏观指导，会同国务院国资委党委履行对中管企业党建工作的具体指导职能，国务院国资委党委履行对中管企业党建工作的日常管理职责。

**第二十五条** 分党组应当接受上级单位党组的领导，上级单位设立机关党组的，还应当接受机关党组的指导。

**第二十六条** 党组应当按照《中国共产党重大事项请示报告条例》等有关规定，向批准其设立的党组织和其他有关党组织请示报告工作。

县级以上人大常委会党组、政府党组、政协党组、法院党组、检察院党组应当按照规定，向本级党委请示报告工作。

**第二十七条** 党组对有关重要问题作出决定时，应当根据需要充分征求机关和直属单位党组织以及本单位党员群众的意见，重要情况应当及时进行通报。党组应当按照规定实行党务公开。

**第二十八条** 党组实行集体领导制度。凡属党组职责范围内的事项，必须执行少数服从多数的原则，由党组成员集体讨论和决定，任何个人或者少数人无权擅自决定。

党组书记应当带头执行民主集中制，不得凌驾于组织之上，不得独断专行。党组其他成员应当对党组讨论和决定的事项积极提出意见和建议。

党组成员必须坚决服从党组集体决定，有不同意见的，在坚决执行的前提下，可以声明保留，也可以向上级党组织反映，但不得在其他场合发表不同意见。

**第二十九条** 以党组名义发布或者上报的文件、发表的文章，党组成员代表党组的讲话和报告，应当事先经党组集体讨论或者传批审定。党组成员署名发表或者出版同工作有关的文章、著作、言论，应当事先经党组审定或者党组书记批准。

党组成员在调查研究、检查指导工作或者参加其他公务活动时发表的个人意见，应当符合党中央以及上级党组织、党组的有关精神。

## 第五章　决策与执行

**第三十条**　党组应当按照集体领导、民主集中、个别酝酿、会议决定的原则作出决策，实行科学决策、民主决策、依法决策。

**第三十一条**　党组作出重大决策，一般应当经过调查研究、征求意见、充分酝酿等程序，按照规则由集体讨论和决定。

党组讨论和决定人事任免事项，应当严格按照《党政领导干部选拔任用工作条例》等有关规定执行。

党组讨论和决定基层党组织设置调整和发展党员、处分党员重要事项，应当严格按照党章党规和党中央有关规定执行。

**第三十二条**　党组决策一般采用党组会议形式。党组会议一般每月召开1次，遇有重要情况可以随时召开。

党组会议议题由党组书记提出，或者由党组其他成员提出建议、党组书记综合考虑后确定。会议议题应当提前书面通知党组成员。

**第三十三条**　党组会议应当有半数以上党组成员到会方可召开，讨论和决定干部任免、处分党员事项必须有三分之二以上党组成员到会。党组成员因故不能参加会议的应当在会前请假，其意见可以用书面形式表达。党组会议议题涉及本人或者其亲属以及存在其他需要回避情形的，有关党组成员应当回避。

根据工作需要，召开党组会议可以请不是党组成员的本单位领导班子成员列席。会议召集人可以根据议题指定有关人员列席会议。批准其设立的党组织等可以派员列席党组会议。

**第三十四条**　党组会议议题提交表决前，应当进行充分讨论。

表决可以采用口头、举手、无记名投票或者记名投票等方式进行，赞成票超过应到会党组成员半数为通过。未到会党组成员的书面意见不得计入票数。表决实行会议主持人末位表态制。会议研究决定多个事项的，应当逐项进行表决。

党组会议由专门人员如实记录，决定事项应当编发会议纪要，并按照规定存档备查。

**第三十五条** 党组决策一经作出，应当坚决执行。党组应当督促推动本单位领导班子依法依章程及时全面落实党组决策。党组成员应当在职责范围内认真抓好党组决策贯彻落实。

党组应当建立有效的督查、评估和反馈机制，确保党组决策落实。

## 第六章 党组性质党委

**第三十六条** 党组性质党委，是指党在对下属单位实行集中统一领导的国家工作部门和有关单位的领导机关中设立的领导机构，在本单位、本系统发挥领导作用。

党组性质党委，由上级党组织直接批准设立，不同于由选举产生的地方党委和基层党委。

**第三十七条** 下列国家工作部门和单位经批准，可以设立党组性质党委：

（一）对下属单位实行集中统一领导的国家工作部门；

（二）根据中央授权对有关单位实行集中统一领导的国家工作部门；

（三）政治要求高、工作性质特殊、系统规模大的国家工作部门；

（四）对下级单位实行垂直管理的国家工作部门；

（五）金融监管机构；

（六）中管金融企业。

地方国家机关设立党组性质党委，一般应当同中央国家机关对应。

**第三十八条** 党组性质党委的设立、变更和撤销，一般应当由党中央或者本级地方党委审批。

对下属单位实行集中统一领导的国家工作部门和单位党组性质党

委，根据党中央授权可以负责审批下属单位党组性质党委的设立、变更和撤销。

党组性质党委根据需要并按照规定权限和程序审批后，可以设立工作机构。

**第三十九条** 党组性质党委除履行本条例第三章规定的党组相关职责外，还领导或者指导本系统党组织的工作，讨论和决定下属单位工作规划部署、机构设置、干部队伍管理、党的建设等重要事项。

## 第七章 监督与追责

**第四十条** 建立党组（党委）书记述责述廉制度。批准设立党组（党委）的党组织根据需要可以听取党组（党委）书记报告履职情况，加强对权力运行的监督制约。

建立党组（党委）及其成员履职考核制度，一般由批准设立党组（党委）的党组织负责考核，纪检监察机关、党的有关工作机关、党的机关工委参与。

实行双重领导且以上级单位领导为主的单位党组（党委）及其成员，可以由上级单位党组（党委）会同地方党委组织开展考核。具体考核工作按照党中央有关规定执行。

实行垂直管理单位的党组性质党委及其成员，由上级单位党组性质党委组织开展考核，如有需要，可以按照规定征求地方党委意见。

党组（党委）及其成员执行本条例情况，应当自觉接受纪检监察机关、本单位基层党组织和党员群众的监督，纳入巡视巡察范围和党员民主评议内容。

**第四十一条** 党组（党委）及其成员、有关党组织及其工作人员应当严格按照本条例履行职责。违反本条例的，根据情节轻重，给予批评教育、责令作出检查、诫勉、通报批评或者调离岗位、责令辞职、免职、降职等处理，或者依规依纪依法给予处分；涉嫌犯罪的，依法追究刑事责任。

对发生集体违反本条例行为的，或者在其他党组（党委）成员出现严重违反本条例行为上存在重大过失的，还应当追究党组（党委）书记的相关责任。

党组（党委）重大决策失误的，对参与决策的党组（党委）成员实行终身责任追究。

党组（党委）成员在讨论和决定有关事项时，对重大失误决策明确持不赞成态度或者保留意见的，应当免除或者减轻责任。

## 第八章　附　　则

**第四十二条**　党组性质党委、机关党组、分党组的设立和运行等，除本条例有专门规定外，适用党组有关规定。

**第四十三条**　党组（党委）应当根据本条例，结合实际制定和完善工作规则。

**第四十四条**　本条例由中央组织部会同中央办公厅解释。

**第四十五条**　本条例自2019年4月6日起施行。2015年6月11日中共中央印发的《中国共产党党组工作条例（试行）》同时废止。其他有关党组（党委）规定，凡与本条例不一致的，按照本条例执行。

# 中国共产党国有企业基层组织工作条例（试行）

（2019年11月29日中共中央政治局会议审议批准
2019年12月30日中共中央发布）

## 第一章　总　　则

**第一条**　为了深入贯彻习近平新时代中国特色社会主义思想，贯彻落实新时代党的建设总要求和新时代党的组织路线，坚持和加强党对国有企业的全面领导，提高国有企业党的建设质量，推动国有企业高质量发展，根据《中国共产党章程》和有关法律，制定本条例。

**第二条**　国有企业党组织必须高举中国特色社会主义伟大旗帜，以马克思列宁主义、毛泽东思想、邓小平理论、“三个代表”重要思想、科学发展观、习近平新时代中国特色社会主义思想为指导，坚持党的基本理论、基本路线、基本方略，增强“四个意识”、坚定“四个自信”、做到“两个维护”，坚持和加强党的全面领导，坚持党要管党、全面从严治党，突出政治功能，提升组织力，强化使命意识和责任担当，推动国有企业深化改革，完善中国特色现代企业制度，增强国有经济竞争力、创新力、控制力、影响力、抗风险能力，为做强做优做大国有资本提供坚强政治和组织保证。

**第三条** 国有企业党组织工作应当遵循以下原则：

（一）坚持加强党的领导和完善公司治理相统一，把党的领导融入公司治理各环节；

（二）坚持党建工作与生产经营深度融合，以企业改革发展成果检验党组织工作成效；

（三）坚持党管干部、党管人才，培养高素质专业化企业领导人员队伍和人才队伍；

（四）坚持抓基层打基础，突出党支部建设，增强基层党组织生机活力；

（五）坚持全心全意依靠工人阶级，体现企业职工群众主人翁地位，巩固党执政的阶级基础。

## 第二章 组织设置

**第四条** 国有企业党员人数100人以上的，设立党的基层委员会（以下简称党委）。党员人数不足100人、确因工作需要的，经上级党组织批准，也可以设立党委。

党员人数50人以上、100人以下的，设立党的总支部委员会（以下简称党总支）。党员人数不足50人、确因工作需要的，经上级党组织批准，也可以设立党总支。

正式党员3人以上的，成立党支部。正式党员7人以上的党支部，设立支部委员会。

经党中央批准，中管企业一般设立党组，中管金融企业设立党组性质党委。

**第五条** 国有企业党委由党员大会或者党员代表大会选举产生，每届任期一般为5年。党总支和支部委员会由党员大会选举产生，每届任期一般为3年。任期届满应当按期进行换届选举。根据党组织隶属关系和干部管理权限，上级党组织一般应当提前6个月提醒做好换届准备工作。

中央企业直属企业（单位）党组织换届选举工作，以中央企业党委（党组）为主指导，审批程序按照党内有关规定办理。中央企业及其直属企业（单位）召开党员代表大会，可以为党组织隶属地方党组织的下一级企业（单位）分配代表名额。

**第六条** 国有企业党委一般由5至9人组成，最多不超过11人，其中书记1人、副书记1至2人。设立常务委员会的，党委常务委员会委员一般5至7人、最多不超过9人，党委委员一般15至21人。党委委员一般应当有3年以上党龄，其中中央企业及其直属企业（单位）、省属国有企业的党委委员应当有5年以上党龄。

国有企业党总支一般由5至7人组成，最多不超过9人；支部委员会由3至5人组成，一般不超过7人。正式党员不足7人的党支部，设1名书记，必要时可以设1名副书记。党支部（党总支）书记一般应当有1年以上党龄。

**第七条** 国有企业党组织书记、副书记以及设立常务委员会的党委常务委员会委员，一般由本级委员会全体会议选举产生。选举结果报上级党组织批准。

中央企业党委（党组）认为有必要时，可以调动或者指派直属企业（单位）党组织负责人。

**第八条** 国有企业党委设立纪律检查委员会或者纪律检查委员，党总支和支部委员会设立纪律检查委员。

**第九条** 国有企业在推进混合所有制改革过程中，应当同步设置或者调整党的组织，理顺党组织隶属关系，同步选配好党组织负责人和党务工作人员，有效开展党的工作。

**第十条** 为执行某项任务临时组建的工程项目、研发团队等机构，党员组织关系不转接的，经上级党组织批准，可以成立临时党组织。临时党组织领导班子成员由批准其成立的党组织指定。

## 第三章 主要职责

**第十一条** 国有企业党委（党组）发挥领导作用，把方向、管大局、保落实，依照规定讨论和决定企业重大事项。主要职责是：

（一）加强企业党的政治建设，坚持和落实中国特色社会主义根本制度、基本制度、重要制度，教育引导全体党员始终在政治立场、政治方向、政治原则、政治道路上同以习近平同志为核心的党中央保持高度一致；

（二）深入学习和贯彻习近平新时代中国特色社会主义思想，学习宣传党的理论，贯彻执行党的路线方针政策，监督、保证党中央重大决策部署和上级党组织决议在本企业贯彻落实；

（三）研究讨论企业重大经营管理事项，支持股东（大）会、董事会、监事会和经理层依法行使职权；

（四）加强对企业选人用人的领导和把关，抓好企业领导班子建设和干部队伍、人才队伍建设；

（五）履行企业党风廉政建设主体责任，领导、支持内设纪检组织履行监督执纪问责职责，严明政治纪律和政治规矩，推动全面从严治党向基层延伸；

（六）加强基层党组织建设和党员队伍建设，团结带领职工群众积极投身企业改革发展；

（七）领导企业思想政治工作、精神文明建设、统一战线工作，领导企业工会、共青团、妇女组织等群团组织。

**第十二条** 国有企业党支部（党总支）以及内设机构中设立的党委围绕生产经营开展工作，发挥战斗堡垒作用。主要职责是：

（一）学习宣传和贯彻落实党的理论和路线方针政策，宣传和执行党中央、上级党组织和本组织的决议，团结带领职工群众完成本单位各项任务。

（二）按照规定参与本单位重大问题的决策，支持本单位负责人开展工作。

（三）做好党员教育、管理、监督、服务和发展党员工作，严格党的组织生活，组织党员创先争优，充分发挥党员先锋模范作用。

（四）密切联系职工群众，推动解决职工群众合理诉求，认真做好思想政治工作。领导本单位工会、共青团、妇女组织等群团组织，支持它们依照各自章程独立负责地开展工作。

（五）监督党员、干部和企业其他工作人员严格遵守国家法律法规、企业财经人事制度，维护国家、集体和群众的利益。

（六）实事求是对党的建设、党的工作提出意见建议，及时向上级党组织报告重要情况。按照规定向党员、群众通报党的工作情况。

## 第四章　党的领导和公司治理

**第十三条**　国有企业应当将党建工作要求写入公司章程，写明党组织的职责权限、机构设置、运行机制、基础保障等重要事项，明确党组织研究讨论是董事会、经理层决策重大问题的前置程序，落实党组织在公司治理结构中的法定地位。

**第十四条**　坚持和完善“双向进入、交叉任职”领导体制，符合条件的党委（党组）班子成员可以通过法定程序进入董事会、监事会、经理层，董事会、监事会、经理层成员中符合条件的党员可以依照有关规定和程序进入党委（党组）。

党委（党组）书记、董事长一般由一人担任，党员总经理担任副书记。确因工作需要由上级企业领导人员兼任董事长的，根据企业实际，党委书记可以由党员总经理担任，也可以单独配备。

不设董事会只设执行董事的独立法人企业，党委书记和执行董事一般由一人担任。总经理单设且是党员的，一般应当担任党委副书记。

分公司等非独立法人企业，党委书记和总经理是否分设，结合实际确定。分设的一般由党委书记担任副总经理、党员总经理担任党委副书记。

中央企业党委（党组）配备专职副书记，专职副书记一般进入董事会且不在经理层任职，专责抓好党建工作。规模较大、职工和党员人数较多的中央企业所属企业（单位）和地方国有企业党委，可以配备专职副书记。国有企业党委（党组）班子中的内设纪检组织负责人，一般不兼任其他职务，确需兼任的，报上级党组织批准。

国有企业党组织实行集体领导和个人分工负责相结合的制度，进入董事会、监事会、经理层的党组织领导班子成员必须落实党组织决定。

**第十五条** 国有企业重大经营管理事项必须经党委（党组）研究讨论后，再由董事会或者经理层作出决定。研究讨论的事项主要包括：

（一）贯彻党中央决策部署和落实国家发展战略的重大举措；

（二）企业发展战略、中长期发展规划，重要改革方案；

（三）企业资产重组、产权转让、资本运作和大额投资中的原则性方向性问题；

（四）企业组织架构设置和调整，重要规章制度的制定和修改；

（五）涉及企业安全生产、维护稳定、职工权益、社会责任等方面的重大事项；

（六）其他应当由党委（党组）研究讨论的重要事项。

国有企业党委（党组）应当结合企业实际制定研究讨论的事项清单，厘清党委（党组）和董事会、监事会、经理层等其他治理主体的权责。

具有人财物重大事项决策权且不设党委的独立法人企业的党支部（党总支），一般由党员负责人担任书记和委员，由党支部（党总支）对企业重大事项进行集体研究把关。

**第十六条** 国有企业党组织应当按照干部管理权限，规范动议提名、组织考察、讨论决定等程序，落实对党忠诚、勇于创新、治企有方、兴企有为、清正廉洁的要求，做好选配企业领导人员工作，加大优秀年轻领导人员培养选拔力度，加强企业领导人员管理监督，保证党对干部人事工作的领导权和对重要干部的管理权。

实施人才强企战略，健全人才培养、引进、使用机制，重点做好企业经营管理人才、专业技术人才、高技能人才以及特殊领域紧缺人才工作，激发和保护企业家精神，营造鼓励创新创业的良好环境。

**第十七条** 健全以职工代表大会为基本形式的民主管理制度，探索职工参与管理的有效方式，推进厂务公开、业务公开，保障职工知情权、参与权、表达权、监督权，维护职工合法权益。重大决策应当听取职工意见，涉及职工切身利益的重大问题必须经过职工代表大会或者职工大会审议。坚持和完善职工董事制度、职工监事制度，保证职工代表有序参与公司治理。

## 第五章 党员队伍建设

**第十八条** 国有企业党组织应当坚持集中教育和经常性教育相结合，采取集中轮训、党委（党组）理论学习中心组学习、理论宣讲、在线学习培训等方式，强化政治理论教育、党的宗旨教育、党章党规党纪教育和革命传统教育，组织引导党员认真学习党史、新中国史、改革开放史，推进“两学一做”学习教育常态化制度化，把不忘初心、牢记使命作为加强党的建设的永恒课题和全体党员、干部的终身课题，形成长效机制。

**第十九条** 严肃党的组织生活，认真召开民主生活会和组织生活会，提高“三会一课”质量，落实谈心谈话、民主评议党员和主题党日等制度，增强党内政治生活的政治性、时代性、原则性、战斗性。坚持重温入党誓词、重温入党志愿书等有效做法，落实党员领导干部讲党课制度。

**第二十条** 强化党员日常管理，及时转接党员组织关系，督促党员按期足额交纳党费，增强党员意识。加强和改进青年党员、农民工党员、出国（境）党员、流动党员、劳务派遣制员工党员的管理服务。有针对性做好离退休职工党员、兼并重组和破产企业职工党员管理服务工作。

从政治、思想、工作、生活上关心关爱党员，建立健全党内关怀帮扶机制，在重要节日、纪念日等走访慰问功勋荣誉表彰奖励获得者，经常联系关心因公伤残党员、老党员、生活困难党员和因公殉职、牺牲党员的家庭，帮助解决实际问题。

严格执行党的纪律，对违犯党的纪律的党员，按照党内有关规定及时进行教育或者处理。

**第二十一条** 按照控制总量、优化结构、提高质量、发挥作用的总要求和有关规定发展党员。坚持把政治标准放在首位，重视在生产经营一线、青年职工和高知识群体中发展党员，力争每个班组都有党员。注重把生产经营骨干培养成党员，把党员培养成生产经营骨干。对技术能手、青年专家等优秀人才，党组织应当加强联系、重点培养。

**第二十二条** 紧密结合企业生产经营开展党组织活动，通过设立党员责任区、党员示范岗、党员突击队、党员服务队等形式，引导党员创先争优、攻坚克难，争当生产经营的能手、创新创业的模范、提高效益的标兵、服务群众的先锋。引导党员积极参与志愿服务，注重发挥党员在区域化党建和基层治理中的重要作用。

## 第六章　党的政治建设

**第二十三条** 国有企业党组织必须把党的政治建设摆在首位，担负起党的政治建设责任，提高政治站位，强化政治引领，增强政治能力，涵养政治生态，防范政治风险，坚决落实党中央决策部署，推动企业聚焦主责主业，服务国家发展战略，全面履行经济责任、政治责任、社会责任。

**第二十四条** 坚持用党的创新理论武装党员干部职工，突出政治教育和政治训练，推动习近平新时代中国特色社会主义思想进企业、进车间、进班组、进头脑，引领职工群众听党话、跟党走。开展中国特色社会主义和实现中华民族伟大复兴中国梦宣传教育，加强爱国主义、集体主义、社会主义教育，抓好形势政策教育。

**第二十五条** 坚持以社会主义核心价值观引领企业文化建设，传承弘扬国有企业优良传统和作风，培育家国情怀，增强应对挑战的斗志，提升产业兴国、实业报国的精气神。深化文明单位创建，组织开展岗位技能竞赛，开展群众性文化体育活动，弘扬劳模精神、工匠精神，大力宣传、表彰先进典型，发挥示范引领作用，造就有理想守信念、懂技术会创新、敢担当讲奉献的新时代国有企业职工队伍。

**第二十六条** 把思想政治工作作为经常性、基础性工作，把解决思想问题同解决实际问题结合起来，多做得人心、暖人心、稳人心的工作，积极构建和谐劳动关系，努力将矛盾化解在基层。健全落实企业领导人员基层联系点、党员与职工结对帮带等制度，定期开展职工思想动态分析，有针对性做好人文关怀和心理疏导。注意在企业改革重组、化解过剩产能、处置“僵尸企业”和企业破产等过程中，深入细致做好思想工作，解决职工群众困难，引导职工群众拥护支持改革，积极参与改革。

**第二十七条** 坚持党建带群建，充分发挥群团组织桥梁纽带作用，推动群团组织团结动员职工群众围绕企业改革发展和生产经营建功立业，多为职工群众办好事、解难事，维护和发展职工群众利益。

## 第七章　党内民主和监督

**第二十八条** 国有企业党组织应当落实党员的知情权、参与权、选举权、监督权，畅通党员参与党内事务的途径，推进党务公开，建立健全党员定期评议党组织领导班子等制度。落实党员代表大会代表任期制，健全代表联系党员群众等制度，积极反映基层党组织和党员意见建议。

**第二十九条** 落实全面从严治党责任，强化政治监督，加强对党的理论和路线方针政策以及重大决策部署贯彻落实的监督检查。严格落实中央八项规定及其实施细则精神，坚决反对形式主义、官僚主义、享乐主义和奢靡之风。加强对制度执行的监督，加强对企业关键岗位、重要人员特别是主要负责人的监督，强化对权力集中、资金密集、资源富集、资产聚集的重点部门和单位的监督，突出“三重一大”决策、工程招投标、改制重组、产权变更和交易等重点环节的监督，严肃查处侵吞挥霍国有资产、利益输送等违规违纪问题。问题严重的，应当及时向上级党组织报告。

**第三十条** 落实党内监督责任，建立健全党内监督制度机制，强化日常管理和监督，充分发挥内设纪检组织、党委工作机构、基层党组织和党员的监督作用。加强对企业领导人员的党性教育、宗旨教育、警示教育，落实谈心谈话制度，加大提醒、函询、诫勉等力度，通过巡视巡察、考察考核、调研督导、处理信访举报、抽查核实个人有关事项报告等方式，督促企业领导人员依规依法用权、廉洁履职。

善用企业监事会、审计、法律、财务等监督力量，发挥职工群众监督、社会监督和舆论监督作用，推动各类监督有机贯通、相互协调，形成监督合力，提高监督效能。

**第三十一条** 国有企业内设纪检组织履行监督执纪问责职责，协助党委推进全面从严治党、加强党风建设和组织协调反腐败工作，精准运用监督执纪“四种形态”，坚决惩治和预防腐败。

各级纪委监委派驻企业的纪检监察机构根据授权履行纪检、监察职责，代表上级纪委监委对企业党委（党组）实行监督，督促推动国有企业党委（党组）落实全面从严治党主体责任。

## 第八章 领导和保障

**第三十二条** 各级党委应当把国有企业党的建设纳入整体工作部署和党的建设总体规划，按照管人管党建相统一的原则，健全上下贯通、执行有力的严密体系，形成党委统一领导、党委组织部门牵头抓总、国有资产监管部门党组（党委）具体指导和日常管理、有关部门密切配合、企业党组织履职尽责的工作格局。中央组织部负责全国国有企业党的建设工作的宏观指导。

中央企业直属企业（单位）党建工作，以中央企业党委（党组）领导、指导为主，企业所在地的市地以上党委协助。

中管金融企业党委垂直领导本系统的党组织，负责抓好本系统党建工作。

**第三十三条** 国有企业党组织履行党的建设主体责任，书记履行第一责任人职责，专职副书记履行直接责任，内设纪检组织负责人履行监督责任，党组织领导班子其他成员履行“一岗双责”，董事会、监事会和经理层党员成员应当积极支持、主动参与企业党建工作。

各级党组织应当强化党建工作责任制落实情况的督促检查，层层传导压力，推动工作落实。

**第三十四条** 全面推行党组织书记抓基层党建述职评议考核。强化考核结果运用，考核结果在一定范围内通报，并作为企业领导人员政治素质考察和综合考核评价的重要依据。

企业党组织每年年初向上级党组织全面报告上年度党建工作情况，党组织领导班子成员定期向本企业党组织报告抓党建工作情况。

**第三十五条** 国有企业党委按照有利于加强党的工作和精干高效协调原则，根据实际需要设立办公室、组织部、宣传部等工作机构，有关机构可以与企业职能相近的管理部门合署办公。领导人员管理和基层党组织建设一般由一个部门统一负责，分属两个部门的应当由同一个领导班子成员分管。

**第三十六条** 根据企业职工人数和实际需要，配备一定比例专兼职党务工作人员。选优配强党组织书记，把党支部书记岗位作为培养选拔企业领导人员的重要台阶。注重选拔政治素质好、熟悉经营管理、作风正派、在职工群众中有威信的党员骨干做企业党建工作，把党务工作岗位作为培养企业复合型人才的重要平台。严格落实同职级、同待遇政策，推动党务工作人员与其他经营管理人员双向交流。

加强对党支部书记和党务工作人员的培训，确保党支部书记和党务工作人员每年至少参加 1 次集中培训。新任党支部书记一般应当在半年内完成任职培训。

**第三十七条** 通过纳入管理费用、党费留存等渠道，保障企业党组织工作经费，并向生产经营一线倾斜。纳入管理费用的部分，一般按照企业上年度职工工资总额1%的比例安排，由企业纳入年度预算。整合利用各类资源，建好用好党组织活动阵地。

建立党支部工作经常性督查指导机制，推进党支部标准化、规范化建设，抓好软弱涣散基层党组织整顿提升。注重运用网络信息化手段和新媒体平台，增强党组织活动和党员教育管理工作的吸引力、实效性。

**第三十八条** 坚持有责必问、失责必究。对国有企业党的建设思想不重视、工作不得力的，应当及时提醒、约谈或者通报批评，限期整改。对违反本条例规定的，按照有关规定追究责任。

## 第九章 附 则

**第三十九条** 本条例适用于国有独资、全资企业和国有资本绝对控股企业。国有资本相对控股并具有实际控制力的企业，结合实际参照本条例执行。

**第四十条** 本条例由中央组织部负责解释。

**第四十一条** 本条例自2019年12月30日起施行。其他有关国有企业党组织工作的规定，凡与本条例不一致的，按照本条例执行。

# 中国共产党党和国家机关基层组织工作条例

（2010年4月21日中共中央政治局常委会会议审议批准 2010年6月4日中共中央发布 2019年11月29日中共中央政治局会议修订）

## 第一章 总 则

**第一条** 为了深入贯彻习近平新时代中国特色社会主义思想，贯彻落实新时代党的建设总要求和新时代党的组织路线，坚持和完善中国特色社会主义制度、推进国家治理体系和治理能力现代化，切实加强和改进机关党的工作，充分发挥机关基层党组织作用，推动机关治理和各项事业发展，根据《中国共产党章程》和有关党内法规，制定本条例。

**第二条** 机关基层党组织在上级党的委员会或者党的机关工作委员会和本单位党组（党委）（包括不设党组、党委的单位领导班子，下同）领导下，协助本单位负责人完成任务，改进工作，对包括本单位负责人在内的每个党员进行教育、管理、监督，不领导本单位业务工作。

**第三条** 机关基层党组织必须高举中国特色社会主义伟大旗帜，以马克思列宁主义、毛泽东思想、邓小平理论、“三个代表”重要思想、科学发展观、习近平新时代中国特色社会主义思想为指导，坚持党的基本理论、基本路线、基本方略，增强“四个意识”、坚定“四个自信”、做到“两个维护”，以党的政治建设为统领，以提升组织力为重点，以党支部建设为基础，全面提高机关党的建设质量，在深入学习贯彻习近平新时代中国特色社会主义思想上作表率，在始终同以习近平同志为核心的党中央保持高度一致上作表率，在坚决贯彻落实党中央各项决策部署上作表率，建设让党中央放心、让人民群众满意的模范机关，促进本单位各项工作任务的完成。

**第四条** 机关基层党组织工作应当遵循以下原则：

（一）坚持和加强党的全面领导，旗帜鲜明讲政治，把政治标准、政治要求贯彻到工作全过程和事业发展各方面；

（二）坚持党要管党、全面从严治党，抓住“关键少数”、管好“绝大多数”，始终保持党的先进性和纯洁性；

（三）坚持围绕中心、建设队伍、服务群众，推动党建工作与业务工作深度融合、相互促进；

（四）坚持以上率下，发挥领导机关和领导干部示范引领作用；

（五）坚持继承和创新相结合，增强机关党建工作实效。

## 第二章　组织设置

**第五条** 机关党员100人以上的，设立党的基层委员会。党员不足100人的，因工作需要，经上级党组织批准，也可以设立党的基层委员会。党的基层委员会由党员大会或者党员代表大会选举产生，每届任期一般为5年。

机关党的代表大会代表实行任期制。

**第六条** 机关党员50人以上、100人以下的，设立党的总支部委员会。党员不足50人的，因工作需要，经上级党组织批准，也可以设立党的总支部委员会。党的总支部委员会由党员大会选举产生，每届任期一般为3年。

**第七条** 机关正式党员3人以上的，成立党支部。正式党员7人以上的党支部，设立支部委员会；正式党员不足7人的党支部，设1名书记，必要时可以设1名副书记。党的支部委员会和不设支部委员会的支部书记、副书记，每届任期一般为3年。

**第八条** 机关基层党组织应当严格执行任期制度，任期届满按期进行换届选举。书记、副书记选举产生后，报上级党组织批准。

机关党的基层委员会和不设党的基层委员会的总支部委员会的书记，应当由本单位党员负责人担任。党员人数和直属单位较多的机关党的基层委员会，设专职副书记。党支部书记原则上由本单位党员主要负责人担任。书记、副书记在任期内职务变动，应当征得上级党组织同意。

**第九条** 机关党的基层委员会应当设立机关党的纪律检查委员会。机关党的纪律检查委员会书记由机关党的基层委员会副书记担任。机关党的总支部委员会和支部委员会设立纪律检查委员。

机关党的纪律检查委员会在同级机关党的基层委员会和上级机关纪检监察工作委员会双重领导下进行工作，接受派驻纪检监察组的业务指导和监督检查。

## 第三章 基本职责

**第十条** 机关党的基层委员会（含不设党的基层委员会的总支部委员会、支部委员会）的基本职责是：

（一）深入学习和贯彻习近平新时代中国特色社会主义思想，坚持和落实中国特色社会主义根本制度、基本制度、重要制度，宣传和执行党的路线、方针、政策，宣传和执行党中央、党的上级组织和本组织的决议，充分发挥党组织战斗堡垒作用和党员先锋模范作用，积极创先争优，团结、组织党内外干部和群众，努力完成本单位所担负的任务。

（二）推进“两学一做”学习教育常态化制度化，组织党员深入学习党的创新理论，学习党的路线、方针、政策和决议，学习党的基本知识和党史、新中国史、改革开放史，学习党章党规党纪和国家法律法规，学习业务知识和经济、政治、文化、社会、生态文明等各方面知识。

（三）对党员进行教育、管理、监督和服务，严格党的组织生活，维护和执行党的纪律，监督党员切实履行义务，保障党员权利不受侵犯。监督党员干部和其他任何工作人员严格遵守国家法律法规，加强党风廉政建设，坚决同各种违纪违法行为作斗争。

（四）密切联系群众，经常了解群众对党员、党的工作的批评和意见，了解群众诉求，维护群众正当权利和利益。

（五）对要求入党的积极分子进行教育、培养和考察，做好发展党员工作。

（六）做好思想政治工作和意识形态工作，推进机关社会主义精神文明建设，培育和践行社会主义核心价值观。

（七）协助党组（党委）管理机关基层党组织和群团组织的干部；配合组织人事部门对机关领导干部进行考察、考核和民主评议，对机关干部的选拔任用和奖惩提出意见。

（八）领导机关工会、共青团、妇女组织等群团组织，支持这些组织依照各自的章程独立负责地开展工作。

（九）按照党组织的隶属关系，领导直属单位党的工作。

**第十一条**　机关党的纪律检查委员会的职责是监督、执纪、问责，主要包括：

（一）维护党章和其他党内法规，经常对党员进行遵守纪律的教育，作出关于维护党纪的决定。

（二）检查党组织和党员贯彻执行党的路线、方针、政策和决议的情况，对党组织和党员领导干部履行职责、行使权力进行监督。

（三）协助机关党的基层委员会推进全面从严治党、加强党风建设和组织协调反腐败工作。

（四）受理处置党员群众检举举报，开展谈话提醒、约谈函询。

（五）按照有关规定，检查、处理党组织和党员违反党章和其他党内法规的案件，决定或者取消对这些案件中的党员的处分；进行问责或者提出责任追究的建议。

（六）受理党员控告和申诉；保障党员权利。

## 第四章　党的政治建设

**第十二条**　机关基层党组织必须把党的政治建设摆在首位，落实党的政治建设责任，推动党和国家机关彰显政治属性，在加强党的政治建设上带好头、作示范。

**第十三条**　坚持以党的创新理论武装头脑，引导党员、干部学深悟透、融会贯通、真信笃行，自觉做习近平新时代中国特色社会主义思想的坚定信仰者、忠实实践者。把不忘初心、牢记使命作为加强党的建设的永恒课题和全体党员、干部的终身课题，形成长效机制，锤炼党员、干部忠诚干净担当的政治品格。发挥领导干部领学促学作用，提高党员、干部运用党的创新理论指导实践、推动工作的能力。有计划地对年轻干部进行理想信念宗旨教育。

**第十四条**　坚持党的政治领导，教育引导党员、干部坚决做到“两个维护”，在思想上政治上行动上同以习近平同志为核心的党中央保持高度一致。严明党的政治纪律和政治规矩，严肃党内政治生活，发展积极健康的党内政治文化。加强对党忠诚教育，落实“四个服从”，严格执行重大事项请示报告制度。

**第十五条**　提高政治能力，强化政治担当，强化制度执行力，推动党的主张和决策部署转化为本单位本领域的政策法规、制度措施，提升治理效能。发扬斗争精神，有效防范化解风险。坚持全心全意为人民服务的根本宗旨，贯彻党的群众路线，完善党员、干部联系群众制度，为群众办实事、解难事。

**第十六条** 坚决反对形式主义、官僚主义、享乐主义和奢靡之风，教育引导党员、干部坚持实事求是的思想路线，树立正确政绩观，把对上负责和对下负责一致起来，转变作风，真抓实干。

**第十七条** 围绕党和国家重要工作部署以及本单位业务工作，针对机关工作人员思想情况，做好思想政治工作。对机关工作人员进行政治理论教育，爱国主义、集体主义、社会主义教育，形势政策教育，纪律和廉政教育，政治品德、职业道德、社会公德、家庭美德教育，引导机关工作人员弘扬优良传统作风，保持为民务实清廉的政治本色。将解决思想问题与解决实际问题相结合，增强思想政治工作实效。定期向党的机关工作委员会和本单位党组（党委）汇报机关思想政治工作情况，提出改进工作的意见和建议。

## 第五章 党员队伍建设

**第十八条** 机关基层党组织应当坚持集中教育和经常性教育相结合、组织培训和个人自学相结合，提高机关党员学习教育的针对性和实效性。组织党员和党组织领导班子成员每年参加集中培训。组织党员认真参加党内集中学习教育。落实党员领导干部讲党课制度。

**第十九条** 严格执行党的组织生活制度，确保党的组织生活经常、认真、严肃。开好民主生活会和组织生活会，认真开展批评和自我批评。经常分析党员思想状况，提高“三会一课”质量，落实谈心谈话、民主评议党员和主题党日等制度，完善重温入党誓词、入党志愿书等活动。党员领导干部应当自觉参加双重组织生活，推动所在党支部建设成为先进党支部。稳妥有序处置不合格党员。

**第二十条** 做好党员服务工作，建立健全党内关怀帮扶长效机制。关心党员思想、学习、工作和生活，了解党员需求，及时反映涉及党员切身利益的重要情况。关心关爱因公殉职、牺牲党员的家庭和因公伤残党员。认真做好离退休干部职工党员、流动党员的服务工作，为生活困难党员提供帮助。

**第二十一条** 组织开展创建党员先锋岗、争当服务群众标兵、党员承诺践诺等活动，鼓励党员到社区为群众服务，引导和激励党员带头贯彻落实党中央决策部署、做好本职工作、完成急难险重任务，带动机关工作人员建功新时代、争创新业绩。

**第二十二条** 坚持把政治标准放在首位，按照控制总量、优化结构、提高质量、发挥作用的总要求和有关规定发展党员，严格发展程序，严肃工作纪律。

## 第六章 党内民主和监督

**第二十三条** 机关基层党组织必须坚持民主集中制，加强机关党内基层民主建设，切实推进党内民主，充分发挥机关基层党组织和广大党员的积极性、主动性、创造性，坚决维护党的集中统一。

**第二十四条** 坚持集体领导制度，凡属重要事项都应当按照集体领导、民主集中、个别酝酿、会议决定的原则，由集体讨论、按少数服从多数作出决定。机关基层党组织负责人应当带头发扬民主，自觉接受党员监督。

**第二十五条** 尊重党员主体地位，保障党员民主权利，落实机关党员知情权、参与权、选举权、监督权。推进党务公开，健全党内情况通报制度、情况反映制度，畅通党员参与讨论党内事务的途径，拓宽党员表达意见渠道。机关基层党组织讨论决定重要事项前，应当充分听取党员的意见。

**第二十六条** 机关基层党组织应当加强对党员特别是党员领导干部的日常监督，保证党员严格遵守党章党规党纪、严格遵守和执行制度、做到忠诚干净担当，维护党的团结和统一，增强党组织的创造力、凝聚力、战斗力。

（一）定期检查、通报党员参加组织生活的情况，向上级党组织报告党员领导干部参加双重组织生活的情况；

（二）督促开好党员领导干部民主生活会，加强对本单位内设机构和直属单位党员领导干部民主生活会的指导；

（三）机关基层党组织专职副书记列席本单位党员领导干部民主生活会和党组（党委）以及本单位负责人召开的有关会议；

（四）了解并掌握机关党员以及领导干部的思想、作风和工作情况，及时向上级党组织和本单位党组（党委）反映；

（五）了解党员、干部落实廉政风险防控措施情况，发现问题及时向上级党组织和本单位党组（党委）报告；

（六）每年至少召开 1 次机关党员干部大会，听取本单位主要负责人通报工作情况；

（七）做好群众来信来访工作；

（八）支持党员行使监督权利，履行监督义务，防止各种形式的打击报复。

**第二十七条** 机关基层党组织应当对党员、干部平时多过问、多提醒，及时发现和纠正苗头性、倾向性问题，问题严重的向上级党组织报告。对违犯党纪的党组织和党员依规依纪恰当予以处理。

## 第七章 党务工作人员队伍建设

**第二十八条** 机关基层党组织根据工作需要，本着有利于加强党的工作和精干高效的原则，设置办事机构，配备必要的工作人员。

**第二十九条** 坚持把党务工作岗位作为培养锻炼干部的重要平台，注重选拔政治强、业务精、作风好的干部专兼职从事党务工作，建设一支高素质专业化的机关党务工作人员队伍。

**第三十条** 机关专职党务工作人员的配备，一般占机关工作人员总数的 1% 至 2%。机关工作人员较少的单位，应当保证有专人负责。机关党建任务较重、工作力量不足的单位，应当适当增加人员。机关专职党务工作人员的编制，列入机关行政编制。

**第三十一条** 按照守信念、讲奉献、有本领、重品行的要求，加强机关基层党组织书记队伍建设。以明确责任、考核监督、保障服务为重点，加强对机关基层党组织领导班子的管理。定期安排机关党务工作人员特别是机关基层党组织负责人轮训。对新任机关基层党组织负责人进行任职培训。

**第三十二条** 有计划地安排机关专职党务工作人员与行政、业务工作人员之间的双向交流。把兼职的党务工作人员开展党务工作情况作为干部年度考核和评优评先的重要参考。及时发现、表彰和宣传机关党务工作人员中的先进典型。

## 第八章 领导和保障

**第三十三条** 机关党建工作在各级党委领导下，由同级党的机关工作委员会统一领导、单位党组（党委）具体领导和管理，有关部门各负其责、密切配合，形成工作合力。

**第三十四条** 党的机关工作委员会统一领导所属机关党的工作，指导督促各单位党组（党委）落实机关党建主体责任。定期对各单位党组（党委）、机关基层党组织、党员领导干部落实机关党建工作责任制、机关党建重点工作和重要制度情况进行督查，及时向同级党委报告有关情况。

机关纪检监察工作委员会作为同级纪委监委的派出机构，在同级纪委监委、党的机关工作委员会双重领导下，领导各单位机关党的纪律检查委员会工作。

**第三十五条** 党组（党委）领导机关和直属单位党组织的工作，履行全面从严治党主体责任。

党组（党委）应当定期研究机关党建工作，督促落实各项任务。通过机关基层党组织了解机关工作人员的思想情况，以及对重要决策和领导干部廉洁自律等方面的反映和意见，支持机关基层党组织对党员特别是党员领导干部进行监督。建立健全党建工作制度体系，加强党建工作保障。

党组（党委）主要负责人履行第一责任人职责，其他成员按照

"一岗双责"要求抓好职责范围内党建工作。党组（党委）每年在本单位一定范围内通报抓机关党建工作情况、接受评议。

**第三十六条** 对党组织关系实行属地管理的下级单位党建工作，党组（党委）应当加强与其所在地党委的沟通配合，及时研究解决重要问题。

对归口领导或者管理的单位党建工作，党组（党委）应当加强监督指导，履行全面从严治党相关责任。

**第三十七条** 机关党的基层委员会（含不设党的基层委员会的总支部委员会、支部委员会）的设置调整、换届、委员会组成以及机关党的纪律检查委员会的组成，书记、副书记的任免等，经党组（党委）讨论决定后，报党的机关工作委员会审批。

机关党的基层委员会审批预备党员或者预备党员转正，应当提前报党组（党委）讨论决定。机关不设党的基层委员会的总支部委员会、支部委员会接收预备党员或者讨论预备党员转正，应当经党组（党委）审核把关后，报党的机关工作委员会审批。

党组（党委）按照干部管理权限，讨论决定处分党员有关事项，在作出党纪处分决定前应当与派驻纪检监察组交换意见。处分决定生效后，有关处分决定和材料应当按照要求报机关纪检监察工作委员会备案。

**第三十八条** 落实机关党建责任、加强机关党建工作情况应当纳入各单位领导班子以及领导干部考核内容。地方各级党委常委会每年至少听取1次党的机关工作委员会的工作汇报。

**第三十九条** 开展党组织书记抓基层党建述职评议考核工作。按照有关规定，党的机关工作委员会书记每年向同级党委述职，机关基层党组织书记每年向上级党组织述职，接受评议考核。

**第四十条** 机关基层党组织开展活动，所需财政资金列入本单位部门预算，保障"三会一课"、主题党日、党员和入党积极分子教育培训、学习调研等需要。党费主要作为党员教育经费的补充。

## 第九章　附　　则

**第四十一条**　本条例适用于县级以上各级党的机关、人大机关、行政机关、政协机关、监察机关、审判机关、检察机关以及群团机关的党组织。党组织关系在党的机关工作委员会的其他单位的基层党组织参照本条例执行，另有规定的从其规定。

**第四十二条**　本条例由中央组织部负责解释。

**第四十三条**　本条例自发布之日起施行。

# 中国共产党工作机关条例（试行）

（中共中央2017年3月1日印发）

## 第一章　总　　则

**第一条**　为了规范党的工作机关的设立和运行，提高党的工作机关履职能力和工作水平，保证党的理论和路线方针政策得到有效贯彻执行，根据《中国共产党章程》，制定本条例。

**第二条**　党的工作机关是党实施政治、思想和组织领导的政治机关，是落实党中央和地方各级党委决策部署，实施党的领导、加强党的建设、推进党的事业的执行机关，主要包括办公厅（室）、职能部门、办事机构和派出机关。

**第三条**　本条例适用于中央和地方党的工作机关。

党委直属事业单位、设在党的工作机关或者由党的工作机关管理的机关，参照本条例执行，法律法规和中央另有规定的除外。

党的纪律检查机关的产生和运行，按照党章和中央有关规定执行。

**第四条**　党的工作机关开展工作应当遵循以下原则：

（一）坚持加强党的领导，坚决维护党中央权威；

（二）坚持党的政治路线、思想路线、组织路线、群众路线；

（三）坚持贯彻民主集中制，增强党的团结统一和机关工作活力；

（四）坚持各司其职、相互配合，确保党的各项工作协调一致、协同推进；

（五）坚持全面从严治党、依规治党，依照党章党规履行职责；

（六）坚持在宪法法律范围内活动，支持同级国家机关和其他组织依法依章程开展工作。

## 第二章　设　　立

**第五条**　党的工作机关的设立，应当适应加强党的领导和党的建设的需要，遵循精简、统一、效能原则，实行总量控制和限额管理。

根据工作需要，党的工作机关可以与职责相近的国家机关等合并设立或者合署办公。合并设立或者合署办公仍由党委主管。

严格控制议事协调机构常设办事机构的设立。议事协调机构负责的事项，可以交由现有工作机关牵头协调或者建立协调配合机制解决的，不另设常设办事机构。

**第六条**　党中央工作机关的设立、撤销、合并或者变更，由中央机构编制管理部门提出方案，按程序报党中央审批决定。

地方党委工作机关的设立、撤销、合并或者变更，由同级机构编制管理部门提出方案，按规定程序由本级党委讨论决定后，报上级党委审批。

**第七条**　党的工作机关的领导机构和决策形式是部（厅、室）务会或者委员会，一般由正职、副职、派驻纪检组组长或者纪工委书记及其他成员组成。

党的工作机关的领导职数，根据工作需要和从严控制的原则，严格按照有关规定执行。

党的工作机关正职由上级机构领导成员兼任的，可以设常务副职，协助其处理日常工作。

党的工作机关不设正职领导助理，一般不设秘书长。确有必要时，经党中央批准，党中央职能部门可以设秘书长。

**第八条** 党的工作机关根据工作需要和精干效能的原则设置必要的内设机构。内设机构的设立、撤销、合并或者变更，按照规定的权限和程序审批。

**第九条** 党的工作机关在核定的行政编制内配备机关工作人员。

## 第三章 职 责

**第十条** 党的工作机关应当职责明确、权责一致，其职责一般依据党章党规确定，具体职责由有关职能配置、内设机构、人员编制规定予以明确。

应当由党委履行的职责，党委不得将其授予工作机关。

**第十一条** 党的工作机关应当履行以下职责：

（一）坚决贯彻落实党的理论和路线方针政策以及党委决策部署，确保政令畅通；

（二）研究部署职责范围内的工作，按照规定制发党内法规和规范性文件，抓好组织实施和督促落实；

（三）当好党委参谋助手，及时报告有关情况、反映问题、提出意见建议，为党委决策提供服务；

（四）抓好机关党的建设工作，加强对本单位群团工作的领导；

（五）承办党委和上级工作机关交办的有关事项。

**第十二条** 党委办公厅（室）是党委的综合部门，负责推动党委决策部署的落实，按照党委要求协调有关方面开展工作，承担党委运行保障具体事务。

**第十三条** 党委职能部门是负责党委某一方面工作的主管部门，按照规定行使相对独立的管理职能，制定相关政策法规并组织实施，协调指导本系统、本领域工作。

**第十四条** 党委办事机构是协助党委办理某一方面重要事务的机构，一般是指党委为加强跨领域、跨部门重要工作的领导和组织协调而设立的议事协调机构的常设办事机构，承担议事协调机构的综合性服务工作，可以根据有关规定履行特定管理职责。

**第十五条** 党委派出机关是党委为加强对特定领域、行业、系统领导而派出的工作机关，根据有关规定代表党委领导该领域、行业、系统的工作。

**第十六条** 党的工作机关必须牢固树立政治意识、大局意识、核心意识、看齐意识，始终在思想上政治上行动上同党中央保持高度一致。按照全面从严治党要求，加强机关党的建设和队伍思想政治建设，教育引导党员干部坚定理想信念，强化宗旨意识，始终保持对党的事业、对党中央的绝对忠诚，自觉践行“三严三实”要求，在守纪律、讲规矩方面作出表率。

党的工作机关应当加强业务能力建设，开展经常性的学习培训和业务交流，勇于探索实践，善于总结工作规律，不断提高干部队伍专业化水平和履职尽责本领。

## 第四章 决策与执行

**第十七条** 党的工作机关必须坚持民主集中制，领导班子实行集体领导和个人分工负责相结合的制度。凡属本机关重大事项，应当按照集体领导、民主集中、个别酝酿、会议决定的原则，由领导班子集体研究决定。领导班子成员应当根据集体决定和分工，勇于担当，敢于负责，切实履行职责。

**第十八条** 党的工作机关应当通过召开部（厅、室）务会会议、委员会会议等形式讨论决定下列重大事项：

（一）学习贯彻党中央、上级和本级党委的有关决定、指示和工作部署；

（二）研究讨论贯彻执行本机关职责范围内相关方针政策与法律法规的具体措施；

（三）讨论决定本机关重大决策、重要人事任免、重大项目安排、大额资金使用等事项；

（四）审议向党中央或者本级党委以及上级党的工作机关请示报告的重要事项；

（五）研究部署本机关党的建设方面的重要事项；

（六）研究讨论其他重要事项。

党的工作机关领导班子应当科学决策、民主决策、依法决策。对重大事项的决策，一般应当经过调查研究、征求意见、专业评估、合法合规性审查和集体讨论决定等程序。

**第十九条** 部（厅、室）务会会议、委员会会议由党的工作机关主要负责同志召集并主持，领导班子成员参加。根据工作需要，会议召集人可以确定有关人员列席会议。会议由专门人员如实记录，对决定事项编发会议纪要，并按照规定存档备查。

**第二十条** 党的工作机关应当建立有效的督查、评估和反馈机制，确保领导班子决策落实。

**第二十一条** 党的工作机关根据工作需要，可以召开部长（主任、书记）办公会议，组织推进部（厅、室）务会会议、委员会会议决策事项的落实和研究讨论专项工作。部长（主任、书记）办公会议由部长（主任、书记）或者委托领导班子其他成员主持召开，领导班子有关成员和有关内设机构主要负责人等参加。部长（主任、书记）办公会议不得代替部（厅、室）务会会议、委员会会议作出决策。

**第二十二条** 党的工作机关领导班子及其成员应当加强思想政治建设，认真学习马克思列宁主义、毛泽东思想，坚持用中国特色社会主义理论体系武装头脑，深入学习贯彻习近平总书记系列重要讲话精神和治国理政新理念新思想新战略，不断增强中国特色社会主义的道路自信、理论自信、制度自信、文化自信。严守党的政治纪律和政治规矩，严肃党内政治生活。严格落实中央关于改进工作作风、密切联系群众的各项规定，坚决反对形式主义、官僚主义、享乐主义和奢靡之风。

党的工作机关领导班子应当认真履行全面从严治党主体责任，落实党风廉政建设责任制，模范执行廉洁自律各项规定，坚决维护党的纪律，推动形成风清气正、干事创业的良好环境。

## 第五章　监督与追责

**第二十三条**　党的工作机关接受党委的全面监督，每年至少向党委作 1 次全面工作情况报告，遇有重要情况及时请示报告。执行党中央和上级党组织某项重要指示和决定的情况，应当进行专题报告。对党的工作机关作出的不适当决定，本级党委或者上级党的工作机关有权撤销或者变更。

党的工作机关应当自觉接受党的纪律检查机关及其派驻机构、党委直属机关纪工委以及机关纪委的监督。

**第二十四条**　党的工作机关领导班子应当自觉接受党内监督和群众监督。领导班子成员应当如实向党组织报告个人有关事项、述职述廉述德，接受组织监督。

**第二十五条**　党委应当定期对所属工作机关履职情况进行检查考核，具体工作由党委组织部门负责，考核结果在一定范围内通报。

**第二十六条**　党的工作机关领导班子成员违反本条例有关规定的，根据情节轻重，给予批评教育、责令作出检查、诫勉、通报批评或者调离岗位、责令辞职、免职、降职等处理；应当追究党纪政纪责任的，依照有关规定给予相应处分。

## 第六章　附　　则

**第二十七条**　机构编制管理部门应当根据本条例科学编制党的工作机关职能配置、内设机构、人员编制规定，按程序报本级党委审批后，以党委文件或者党委办公厅（室）文件形式发布。

**第二十八条**　中央军事委员会可以根据本条例，制定相关规定。

**第二十九条**　本条例由中央办公厅商中央组织部、中央机构编制委员会办公室解释。

**第三十条**　本条例自 2017 年 3 月 1 日起施行。

# 中国共产党党务公开条例（试行）

（2017年12月20日起施行）

## 第一章　总　　则

**第一条**　为了贯彻落实党的十九大精神，推动全面从严治党向纵深发展，加强和规范党务公开工作，发展党内民主，强化党内监督，使广大党员更好了解和参与党内事务，动员组织人民群众贯彻落实好党的理论和路线方针政策，提高党的执政能力和领导水平，根据《中国共产党章程》，制定本条例。

**第二条**　本条例所称党务公开，是指党的组织将其实施党的领导活动、加强党的建设工作的有关事务，按规定在党内或者向党外公开。

**第三条**　本条例适用于党的中央组织、地方组织、基层组织，党的纪律检查机关、工作机关以及其他党的组织。

**第四条**　党务公开应当遵循以下原则：

（一）坚持正确方向。坚持维护以习近平同志为核心的党中央权威和集中统一领导，认真贯彻落实习近平新时代中国特色社会主义思想，牢固树立“四个意识”，坚定“四个自信”，把党务公开放到新时代中国特色社会主义的伟大实践中来谋划和推进，把坚持和完善党的领导要求贯彻到党务公开的全过程和各方面。

（二）坚持发扬民主。保障党员民主权利，落实党员知情权、参与权、选举权、监督权，更好调动全党积极性、主动性、创造性，及时回应党员和群众关切，以公开促落实、促监督、促改进。

（三）坚持积极稳妥。注重党务公开与政务公开等的衔接联动，统筹各层级、各领域党务公开工作，一般先党内后党外，分类实施，务求实效。

（四）坚持依规依法。尊崇党章，依规治党，依法办事，科学规范党务公开的内容、范围、程序和方式，增强严肃性、公信度，不断提升党务公开工作制度化、规范化水平。

**第五条** 建立健全党中央统一领导，地方党委分级负责，各部门各单位各负其责的党务公开工作领导体制。

中央办公厅承担党中央党务公开的具体工作，负责统筹协调和督促指导整个党务公开工作。地方党委办公厅（室）承担本级党委党务公开的具体工作，负责统筹协调和督促指导本地区的党务公开工作。各地区各部门应当加强党务公开工作机构和人员队伍建设。

**第六条** 党的组织应当根据所承担的职责任务，建立健全党务公开的保密审查、风险评估、信息发布、政策解读、舆论引导、舆情分析、应急处置等工作机制。

## 第二章 公开的内容和范围

**第七条** 党的组织贯彻落实党的基本理论、基本路线、基本方略情况，领导经济社会发展情况，落实全面从严治党责任、加强党的建设情况，以及党的组织职能、机构等情况，除涉及党和国家秘密不得公开或者依照有关规定不宜公开的事项外，一般应当公开。

加强对权力运行的制约和监督，让人民监督权力，让权力在阳光下运行。

党务公开不得危及政治安全特别是政权安全、制度安全，以及经济安全、军事安全、文化安全、社会安全、国土安全和国民安全等。

**第八条** 党的组织应当根据党务与党员和群众的关联程度合理确定公开范围：

（一）领导经济社会发展、涉及人民群众生产生活的党务，向社会公开；

（二）涉及党的建设重大问题或者党员义务权利，需要全体党员普遍知悉和遵守执行的党务，在全党公开；

（三）各地区、各部门、各单位的党务，在本地区、本部门、本单位公开；

（四）涉及特定党的组织、党员和群众切身利益的党务，对特定党的组织、党员和群众公开。

**第九条** 党的中央组织公开党的理论和路线方针政策，管党治党、治国理政重大决策部署，习近平总书记有关重要讲话、重要指示，党中央重要会议、活动和重要人事任免，党的中央委员会、中央政治局、中央政治局常务委员会加强自身建设等情况。

**第十条** 党的地方组织应当公开以下内容：

（一）学习贯彻党中央和上级组织决策部署，坚决维护以习近平同志为核心的党中央权威和集中统一领导情况；

（二）本地区经济社会发展部署安排、重大改革事项、重大民生措施等重大决策和推进落实情况，以及重大突发事件应急处置情况；

（三）履行全面从严治党主体责任，坚持贯彻民主集中制原则，严肃党内政治生活，全面负责本地区党的建设情况；

（四）本地区党的重要会议、活动和重要人事任免情况；

（五）党的地方委员会加强自身建设情况；

（六）其他应当公开的党务。

**第十一条** 党的基层组织应当公开以下内容：

（一）学习贯彻党中央和上级组织决策部署，坚决维护以习近平同志为核心的党中央权威和集中统一领导情况；

（二）任期工作目标、阶段性工作部署、重点工作任务及落实情况；

（三）加强思想政治工作、开展党内学习教育、组织党员教育培训、执行“三会一课”制度等情况；

（四）换届选举、党组织设立、发展党员、民主评议、召开组织生活会、保障党员权利、党费收缴使用管理以及党组织自身建设等情况；

（五）防止和纠正“四风”现象，联系服务党员和群众情况；

（六）落实管党治党政治责任，加强党风廉政建设，对党员作出组织处理和纪律处分情况；

（七）其他应当公开的党务。

**第十二条** 党的纪律检查机关应当公开以下内容：

（一）学习贯彻党中央大政方针和重大决策部署，坚决维护以习近平同志为核心的党中央权威和集中统一领导，贯彻落实本级党委、上级纪律检查机关工作部署情况；

（二）开展纪律教育、加强纪律建设，维护党章党规党纪情况；

（三）查处违反中央八项规定精神，发生在群众身边、影响恶劣的不正之风和腐败问题情况；

（四）对党员领导干部严重违纪涉嫌违法犯罪进行立案审查、组织审查和给予开除党籍处分情况；

（五）对党员领导干部严重失职失责进行问责情况；

（六）加强纪律检查机关自身建设情况；

（七）其他应当公开的党务。

**第十三条** 党的工作机关、党委派出机关、党委直属事业单位和党组应当根据本条例第七条第一款规定，结合实际确定公开内容。

党的工作机关和党委直属事业单位应当重点公开落实党委决策部署、开展党的工作情况。

党委派出机关应当重点公开代表党委领导本地区、本领域、本行业、本系统党的工作情况。

党组应当重点公开在本单位发挥领导作用和落实党建工作责任制情况。

**第十四条** 党的组织应当根据本条例规定的党务公开内容和范围编制党务公开目录，并根据职责任务要求动态调整。党务公开目录应当报党的上一级组织备案，并按照规定在党内或者向社会公开。

中央纪律检查委员会、中央各部门应当加强对本系统本领域党务公开目录编制的指导。

## 第三章 公开的程序和方式

**第十五条** 凡列入党务公开目录的事项，有关党的组织应当按照以下程序及时主动公开：

（一）提出。党的组织有关部门研究提出党务公开方案，拟订公开的内容、范围、时间、方式等。

（二）审核。党的组织有关部门进行保密审查，并从必要性、准确性等方面进行审核。

（三）审批。党的组织依照职权对党务公开方案进行审批，超出职权范围的必须按程序报批。

（四）实施。党的组织有关部门按照经批准的方案实施党务公开。

**第十六条** 党的组织应当根据党务公开的内容和范围，选择适当的公开方式。

在党内公开的，一般采取召开会议、制发文件、编发简报、在局域网发布等方式。向社会公开的，一般采取发布公报、召开新闻发布会、接受采访，在报刊、广播、电视、互联网、新媒体、公开栏发布等方式，优先使用党报党刊、电台电视台、重点新闻网站等党的媒体进行发布。

党的中央纪律检查机关、党中央有关工作机关，县级以上地方党委以及地方纪律检查机关、地方党委有关工作机关应当建立和完善党委新闻发言人制度，逐步建立例行发布制度，及时准确发布重要党务信息。

**第十七条** 党务公开可以与政务公开、厂务公开、村（居）务公开、公共事业单位办事公开等方面的载体和平台实现资源共享的，应当统筹使用。

有条件的党的组织可以建立统一的党务信息公开平台。

**第十八条** 注重党务公开相关信息监测反馈，对引起重大舆情反应的，应当及时报告。发现有不真实、不完整、不准确的信息，应当及时加以澄清和引导。

**第十九条** 建立健全党员旁听党委会议、党的代表大会代表列席党委会议、党内情况通报反映、党内事务咨询、重大决策征求意见、重大事项社会公示和社会听证等制度，发展和用好党务公开新形式，不断拓展党员和群众参与党务公开的广度和深度。

## 第四章　监督与追责

**第二十条**　党的组织应当将党务公开工作情况纳入向上一级组织报告工作或者抓党建工作专题报告的重要内容。

**第二十一条**　党的组织应当将党务公开工作情况作为履行全面从严治党政治责任的重要内容，对下级组织及其主要负责人进行考核。

党的组织应当每年向有关党员和群众通报党务公开情况，并纳入党员民主评议范围，主动听取群众意见。

**第二十二条**　党的组织应当建立健全党务公开工作督查机制，开展经常性检查和专项督查，专项督查可以与党风廉政建设责任制检查考核、党建工作考核等相结合。督查情况应当在适当范围通报。

**第二十三条**　对违反本条例规定并造成不良后果的，应当依规依纪追究有关党的组织、党员领导干部和工作人员的责任。

## 第五章　附　　则

**第二十四条**　中央军事委员会可以根据本条例，制定有关党务公开规定。

**第二十五条**　中央纪律检查委员会、中央各部门，各省、自治区、直辖市党委应当根据本条例制定实施细则。

**第二十六条**　本条例由中央办公厅会同中央组织部解释。

**第二十七条**　本条例自2017年12月20日起施行。

# 中国共产党地方委员会工作条例

（中共中央2015年12月25日印发）

## 第一章　总　　则

**第一条**　为了落实全面从严治党要求，加强和改进党的地方委员会工作，提高党的执政能力和领导水平，促进党的执政目标的实现，根据《中国共产党章程》，制定本条例。

**第二条** 本条例适用于党的省、自治区、直辖市，设区的市和自治州，县（旗）、自治县、不设区的市和市辖区委员会及其常务委员会。

**第三条** 党的地方委员会在本地区发挥总揽全局、协调各方的领导核心作用，按照协调推进“四个全面”战略布局，对本地区经济建设、政治建设、文化建设、社会建设、生态文明建设实行全面领导，对本地区党的建设全面负责。

**第四条** 党的地方委员会工作必须遵循以下原则：

（一）坚持高举中国特色社会主义伟大旗帜，坚决贯彻党的理论和路线方针政策。

（二）坚持立党为公、执政为民，认真践行党的宗旨和群众路线。

（三）坚持解放思想、实事求是、与时俱进、求真务实，结合本地区实际创造性开展工作。

（四）坚持民主集中制，增强党的地方委员会领导集体活力和党的团结统一。

（五）坚持党要管党、从严治党，始终保持党的先进性和纯洁性。

（六）坚持在宪法和法律范围内活动，依据党章和其他党内法规履职尽责。

**第五条** 党的地方委员会主要实行政治、思想和组织领导，把方向、管大局、作决策、保落实：

（一）对本地区重大问题作出决策。

（二）通过法定程序使党组织的主张成为地方性法规、地方政府规章或者其他政令。

（三）加强对本地区宣传思想文化工作的领导，牢牢掌握意识形态工作领导权、话语权。

（四）按照干部管理权限任免和管理干部，向地方国家机关、政协组织、人民团体、国有企事业单位等推荐重要干部。

（五）支持和保证人大、政府、政协、法院、检察院、人民团体等依法依章程独立负责、协调一致地开展工作，发挥这些组织中党组的领导核心作用。

（六）加强对本地区群团工作和统一战线工作的领导。

（七）动员、组织所属党组织和广大党员，团结带领群众实现党的目标任务。

## 第二章　组织和成员

**第六条**　党的地方委员会由同级党代表大会选举产生，由委员、候补委员组成，每届任期5年。

党的地方委员会的常务委员会（简称常委会）由党的地方委员会全体会议（简称全会）选举产生，由党的地方委员会书记、副书记和常委会其他委员组成。

**第七条**　党的地方委员会委员、候补委员配备应当具有代表性，符合党龄、年龄、性别、专业等方面要求。人选应当包括书记、副书记和常委会其他委员，一般还应当包括同级政府领导班子成员，同级人大常委会、政协、法院、检察院主要负责人，同级党委和政府有关部门主要负责人，同级工会、共青团、妇联主要负责人，下一级党委和政府主要负责人，以及适当比例的基层党员。

党的地方委员会任期内，委员出缺的由候补委员按照得票多少依次递补，递补后仍有空缺的可以召开党代表大会或者党代表会议补选。

因调离本地区、辞去公职、退休等原因不适宜继续担任党委委员、候补委员的，应当辞去或者由所在的党的地方委员会按程序免去其党委委员、候补委员职务。死亡、丧失国籍、被追究刑事责任、被停止党籍、受到留党察看以上党纪处分的，委员、候补委员职务自动终止。辞去、免去或者自动终止委员、候补委员职务的，应当报上一级党委备案。确有必要时，上一级党委可以任免下级党委委员、候补委员职务。

**第八条**　常委会委员配备，由上级党委根据工作需要，按照有利于贯彻执行民主集中制、提高议事决策水平的原则决定。常委会委员名额，省级为11至13人，市、县两级为9至11人，个别地方需要适当增减的，由党中央决定或者省级党委根据中央精神审批。

党的地方委员会设书记1名、副书记2名，个别民族自治地方需要适当增加副书记职数的，由党中央决定或者省级党委根据中央精神审批。

党的地方委员会换届时，书记、副书记和常委会其他委员由全会选举产生，并报上一级党委审批。新当选的书记、副书记和常委会其他委员一般应当任满一届。在党代表大会闭会期间，上级党委可以根据工作需要，调动、任免下级党委书记、副书记和常委会其他委员，其数额在任期内一般不得超过常委会委员职数的二分之一。

## 第三章 职 责

**第九条** 党的地方委员会在党代表大会闭会期间，执行上级党组织的指示和同级党代表大会的决议、决定，领导本地区的工作。

党的地方委员会应当通过召开全会的方式履行以下职责：

（一）制定贯彻执行党中央和上级党组织决策部署以及同级党代表大会决议、决定的重大措施。

（二）讨论和决定本地区经济社会发展战略、重大改革事项、重大民生保障等经济社会发展重大问题。

（三）讨论和决定本地区党的建设方面的重大问题，审议通过重要党内法规或者规范性文件。

（四）决定召开同级党代表大会或者党代表会议，并对提议事项先行审议、提出意见。

（五）听取和审议常委会工作报告或者专项工作报告。

（六）选举书记、副书记和常委会其他委员；通过同级党的纪律检查委员会全体会议选举产生的书记、副书记和常委会其他委员。

（七）决定递补党委委员；批准辞去或者决定免去党委委员、候补委员；决定改组或者解散下一级党组织；决定或者追认给予党委委员、候补委员撤销党内职务以上党纪处分。

（八）研究讨论本地区行政区划调整以及有关党政群机构设立、变更和撤销方案。

（九）对常委会提请决定的事项或者应当由全会决定的其他重要事项作出决策。

**第十条** 常委会在全会闭会期间行使党的地方委员会职权，主持经常工作。其主要职责是：

（一）召集全会，向全会报告工作并接受监督；对拟提交全会讨论和决定的事项先行审议、提出意见。

（二）组织实施上级党组织决策部署和全会决议、决定。

（三）向上级党组织请示报告工作，讨论和决定下级党组织请示报告的重要事项。

（四）对本地区经济社会发展和宣传思想文化工作、组织工作、纪律检查工作、群众工作、统一战线工作、政法工作等方面经常性工作中的重要问题作出决定。

（五）按照有关规定推荐、提名、任免干部，必要时对重要干部的任免可以征求党委委员意见；教育、管理、监督干部；研究决定党员干部纪律处分有关事项。

（六）对应当由常委会决定的其他重要事项作出决定。

**第十一条** 党委书记主持党的地方委员会全面工作，组织常委会活动，协调常委会委员的工作，对党委工作负主要责任。

担任政府正职的党委副书记主持政府全面工作，组织政府党组活动。不担任政府职务的党委副书记主要协助书记抓党的建设工作，同时可以根据需要协调和负责其他方面工作。

常委会其他委员根据分工负责有关工作，履行分管领域从严治党责任。

**第十二条** 党的地方委员会应当建立职责清单制度，明确常委会及其成员职责，并在一定范围内公开。

**第十三条** 党的地方委员会必须认真履行全面从严治党主体责

任，书记必须履行抓党建第一责任人职责。常委会应当定期研究党建工作，每年至少向全会和上一级党委专题报告1次抓党建工作情况。充分发挥党的建设工作领导小组职能作用。加强基层党组织建设，实行市、县两级党委书记抓基层党建工作述职评议考核制度，完善党建工作考核综合评价体系，确保党建各项部署落到实处。

党的地方委员会应当认真履行党风廉政建设主体责任，领导和支持纪律检查机关履行监督责任，坚持纪在法前、纪严于法，严格执行和维护党的纪律，推动形成不敢腐、不能腐、不想腐的廉洁从政环境。

**第十四条** 党的地方委员会及其成员应当加强思想政治建设，坚持用马克思列宁主义、毛泽东思想、中国特色社会主义理论体系武装头脑，深入学习贯彻习近平总书记系列重要讲话精神，坚定理想信念，严守政治纪律和政治规矩。严肃党内政治生活，按照规定参加民主生活会和组织生活会。严格落实中央关于改进工作作风、密切联系群众的各项规定，坚决反对形式主义、官僚主义、享乐主义和奢靡之风。切实增强践行“三严三实”要求的思想自觉和行动自觉，带头营造良好政治生态。严格遵守《中国共产党廉洁自律准则》等有关规定，切实做到为民、务实、清廉。

## 第四章 组织原则

**第十五条** 党的地方委员会必须始终在思想上政治上行动上同党中央保持高度一致，坚决贯彻执行党中央决策部署和上级党组织决定，坚决维护党中央权威，任何地方工作部署都必须以贯彻中央精神为前提。

党的地方委员会应当每年向上一级党委作1次全面工作情况报告，执行党中央和上级党组织某项重要决定的情况应当专题报告。遇有重大突发事件、重大问题应当及时请示报告。

**第十六条** 党的地方委员会应当支持和保证下级党组织依法依规正常履职。凡属下级党组织职责范围内的事项，如无特殊情况，应当由下级党组织处理。

党的地方委员会作出同下级党组织有关的重要决定，一般应当事前征求下级党组织意见。需要同级党代表大会代表、下级党组织和党员了解的重要情况和重大问题，应当及时通报。

**第十七条** 党的地方委员会应当坚持民主集中制，实行集体领导和个人分工负责相结合的制度。凡属应当由全会或者常委会会议讨论和决定的事项，必须由集体研究决定，任何个人或者少数人无权擅自决定。在集体讨论和决定问题时，个人应当充分发表意见。个人对集体作出的决定必须坚决执行，有不同意见的可以保留，也可以向上级党组织报告。

常委会委员应当根据分工和集体决定，勇于担当、敢于负责，切实履行职责；对不属于自己分管的工作，也应当从全局出发关心支持，加强研究，积极提出意见和建议。

**第十八条** 党委书记应当带头执行民主集中制，充分发扬党内民主，善于集中正确意见，自觉接受常委会其他委员监督，不得凌驾于组织之上、班子之上，不得搞独断专行。

常委会其他委员应当支持书记开展工作，自觉接受书记对其工作的督促检查。

常委会委员应当在党性原则基础上维护团结，互相信任、互相谅解、互相支持、互相监督。

**第十九条** 常委会委员代表党委的讲话和报告，署名发表或者出版同工作有关的文章、著作、言论，应当事先经过常委会审定或者党委书记批准。

常委会委员在调查研究、检查指导工作或者参加其他公务活动时发表的个人意见，应当符合党委集体决定精神。

## 第五章 议事和决策

**第二十条** 党的地方委员会及其常委会议事决策应当坚持集体领导、民主集中、个别酝酿、会议决定，实行科学决策、民主决策、依法决策。

**第二十一条** 党的地方委员会及其常委会应当健全决策咨询机制，重大决策一般应当在调查研究基础上提出方案，充分听取各方面意见，进行风险评估和合法合规性审查，经过全会或者常委会会议讨论和决定。

**第二十二条** 全会每年至少召开2次，遇有重要情况可以随时召开。全会由常委会召集并主持，议题一般由常委会征询党委委员、候补委员意见后确定。

全会应当有三分之二以上党委委员到会方可召开。党委委员、候补委员因故不能参加会议的应当在会前请假，其意见可以用书面形式表达。根据工作需要，常委会可以确定有关人员列席全会。

表决可以根据讨论和决定事项的不同，采用举手、无记名投票或者记名投票等方式进行，赞成票超过应到会党委委员半数为通过。未到会党委委员的意见不得计入票数。候补委员没有表决权。

对党委委员、候补委员作出撤销党内职务以上党纪处分决定，必须由全会三分之二以上多数决定。在特殊情况下，可以先由常委会作出处理决定，待召开全会时予以追认。对党委委员、候补委员的上述处分，必须经上级党委批准。

**第二十三条** 常委会会议一般每月召开2次，遇有重要情况可以随时召开。

常委会会议由党委书记召集并主持。书记不能参加会议的，可以委托副书记召集并主持。会议议题由书记提出，或者由常委会其他委员提出建议、书记综合考虑后确定。

常委会会议应当有半数以上常委会委员到会方可召开。讨论和决定干部任免事项必须有三分之二以上常委会委员到会。常委会委员因故不能参加会议的应当在会前请假，其意见可以用书面形式表达。根据工作需要，会议召集人可以确定有关人员列席会议。

表决可以根据讨论和决定事项的不同，采用口头、举手、无记名投票或者记名投票等方式进行，赞成票超过应到会常委会委员半数为通过。未到会常委会委员的意见不得计入票数。会议讨论和决定多个事项，应当逐项表决。

常委会会议由专门人员如实记录，决定事项应当编发会议纪要。经常委会会议讨论通过、以党委名义上报或者下发的文件，由书记签发。

遇重大突发事件、抢险救灾等紧急情况，不能及时召开常委会会议决策的，书记、副书记或者常委会其他委员可以临机处置，事后应当及时向常委会报告。

**第二十四条** 党的地方委员会及其常委会可以根据工作需要召开扩大会议，但不得代替全会、常委会会议作出决策。

**第二十五条** 需要提交常委会会议审议的重要事项，可以先召开书记专题会议进行酝酿。书记专题会议由书记主持，副书记和其他有关常委会委员等参加。书记专题会议不得代替常委会会议作出决策。

常委会委员可以根据工作需要，在其职责范围内主持召开议事协调会议，研究解决有关问题，但不得超越权限作出决策。

党的地方委员会应当加强对同级人大、政府、政协等的领导，建立健全沟通协调机制，及时通报重要情况。注重通过国家机关、政协组织、民主党派、人民团体、基层单位等渠道，就经济社会发展重大问题和涉及群众切身利益实际问题，广泛协商、广集民智、增进共识、增强合力。

**第二十六条** 党的地方委员会通过全会作出的决策，由常委会负责组织实施；常委会作出的决策，由常委会委员分工负责组织实施。

党的地方委员会应当建立有效的督查、评估和反馈机制，确保决策落实。决策执行过程中需作重大调整的，应当按照谁决策、谁调整的原则通过召开全会或者常委会会议决定。

## 第六章 监督和追责

**第二十七条** 党的地方委员会向同级党代表大会负责并报告工作，应当自觉接受上级党委领导和工作监督，并接受上级和同级纪律检查机关监督，接受下级党组织和党员群众的监督，接受各民主党派和无党派人士的民主监督。

党的地方委员会应当有计划地邀请同级党代表大会代表列席全会或者常委会会议等重要会议，适当增加列席的人员数量和频次。定期组织党代表大会代表进行专题调研，组织党代表大会代表开展提案提议，充分听取意见建议。

**第二十八条** 上级党委应当定期对下一级党委常委会及其成员履行职责情况进行考核，建立健全奖惩机制。考核具体工作由上级党委组织部门牵头，纪律检查机关、党委有关部门参与。

**第二十九条** 违反本条例有关规定的，根据情节轻重，给予批评教育、责令作出检查、诫勉谈话、通报批评或者调离岗位、责令辞职、免职、降职等处理；应当追究党纪政纪责任的，依照《中国共产党纪律处分条例》、《行政机关公务员处分条例》等有关规定给予相应处分；涉嫌违法犯罪的，按照国家有关法律规定处理。

## 第七章　附　　则

**第三十条** 党的地区委员会和相当于地区委员会的组织，可以参照执行本条例。

**第三十一条** 党的地方各级委员会应当根据本条例，结合各自实际制定和完善工作规则。

**第三十二条** 本条例由中央办公厅商中央组织部解释。

**第三十三条** 本条例自2015年12月25日起施行。1996年4月5日中共中央印发的《中国共产党地方委员会工作条例（试行）》同时废止。

# 中国共产党党员权利保障条例

（中共中央2004年9月22日印发）

## 第一章　总　　则

**第一条** 为了发展党内民主，健全党内生活，坚持民主集中制原则，增强党的生机活力，保障党员权利的正常行使和不受侵犯，根据《中国共产党章程》，制定本条例。

**第二条** 党员享有的党章规定的各项权利必须受到尊重和保护，党的任何一级组织、任何党员都无权剥夺。

**第三条** 坚持在党的纪律面前人人平等，不允许任何党员享有特权。

**第四条** 坚持权利与义务相统一。党员应当正确行使党章规定的各项权利，并在宪法和法律的范围内活动，同时必须履行党章规定的义务，不得侵犯其他党员的权利。

**第五条** 对任何侵犯党员权利的行为，都应当予以追究；情节严重的，必须给予党纪处分。对侵犯党员权利行为的认定和处理，应当以事实为根据，以党章和其他党内法规为准绳。

## 第二章　党员权利

**第六条** 党员有权参加党小组会、支部大会、党员大会以及与其担任的党内职务和代表资格相应的会议。党员因故不能到会的，应当履行请假手续。

党员有权阅读按照规定可以阅读的党内文件。

党员有权提出接受教育和培训的要求。党员接受教育和培训应当服从组织安排。

**第七条** 党员有权在党的会议上参加关于党的政策和理论问题的讨论，并充分发表自己的意见。

党员有权在党报党刊上参加党的中央和地方组织组织的关于党的政策和理论问题的讨论。

党员在讨论党的政策和理论问题的过程中，应当自觉同党中央保持高度一致，不得公开发表与党的基本理论、基本路线、基本纲领和基本经验相违背的观点和意见。

**第八条** 党员有权以口头或者书面方式对本地区、本部门、本单位的党组织、上级党组织直至中央的各方面工作提出建议和倡议。

**第九条** 党员有权在党的会议上以口头或者书面方式有根据地批评党的任何组织和任何党员。党员以书面方式提出的批评意见应当按照规定送被批评者或者有关党组织。

党员有权向党组织负责地揭发、检举党的任何组织和任何党员的违法违纪事实；有权向所在党组织或者上级党组织提出处分有违法违纪行为党员的要求。

党员有权向所在党组织或者上级党组织提出罢免或者撤换不称职党员领导干部职务的要求。

党员在进行批评、揭发、检举以及提出处分或者罢免、撤换要求时，要按照组织原则，符合有关程序，不得随意扩散、传播，不得夸大和歪曲事实，更不得捏造事实、诬告陷害。

**第十条** 党员有权在党组织讨论决定问题时按照规定参加表决。表决时可以表示赞成、不赞成或者弃权。

每个正式党员都享有选举权和被选举权（受留党察看处分的党员除外）。参加选举的党员有权了解候选人情况、要求改变候选人、不选任何一个候选人和另选他人。

党员有权经过规定程序成为候选人和当选。

**第十一条** 在党组织讨论决定对党员的党纪处分或者作出鉴定时，本人有权参加和进行申辩，其他党员可以为其作证和辩护。

申辩、作证和辩护必须实事求是。

**第十二条** 党员对党的决议和政策如有不同意见，在坚决执行的前提下，可以在党的会议上或者向党组织声明保留，并且可以把自己的意见向党的上级组织直至中央反映。党员不得公开发表同中央决定相反的意见。

**第十三条** 党员在政治、工作、学习等方面遇到重要问题需要党组织帮助解决的，有权向本人所在党组织、上级党组织直至中央提出请求。

党员对于党组织给予本人的处分、鉴定、审查结论或者其他处理不服的，有权向本人所在党组织、上级党组织直至中央提出申诉；党员认为党组织给予其他党员的处分、鉴定、审查结论或者其他处理不当的，有权逐级向党组织直至中央提出意见。

党员的合法权益受到党组织或者其他党员侵害时，有权向本人所在党组织、上级党组织直至中央提出控告。

党员有权要求有关党组织对其提出的请求、申诉和控告给予负责的答复。

## 第三章　保障措施

**第十四条**　党组织应当按照规定召开有关会议，并创造条件保障党员参加其有权参加的各种会议。会议的组织、召集者要将会议的召开时间、议题等适时通知应到会党员。

**第十五条**　党组织应当为党员提供阅读党内有关文件的必要条件。党员因缺乏阅读能力或者其他原因无法直接阅读文件的，党组织要按照规定向其传达文件精神。

**第十六条**　党组织应当采取多种形式有计划地对党员进行教育和培训，提高党员素质。

**第十七条**　党的代表大会、代表会议和党的委员会全体会议以及其他重要会议召开后，党组织要按照规定将会议内容和精神向党员传达、通报。

党组织作出的决议、决定，按照规定及时向党员通报。

**第十八条**　下级党组织应当根据上级党组织的安排，积极组织和引导党员参加党的政策和理论问题的讨论，讨论的时间、方式和内容要以适当方式告知党员，以便党员参加。党的地方组织、基层组织应当认真组织党员对本地区、本部门、本单位贯彻落实党的政策的有关问题进行讨论。

党组织要支持和鼓励党员对党的工作提出建议和倡议。对于党员的建议和倡议，党组织应当认真听取、研究，合理的应当采纳；对改进工作有重大帮助的，应对提出建议和倡议的党员给予表扬或者奖励。

党组织要认真听取各种不同意见。对于持有不同意见的党员，只要本人坚决执行党的决议和政策，就不得对其歧视或者进行追究；对于持有错误意见的党员，应当对其进行帮助、教育。

**第十九条** 党组织应当鼓励党员在党内开展批评和自我批评，支持和保护党员同各种违法违纪行为和不正之风作斗争。对于党员的批评、揭发、检举、控告以及提出的有关处分和罢免、撤换要求，党组织要按照规定及时处理。

党组织要建立健全保护揭发、检举人权益的制度。对揭发、检举人以及揭发、检举的内容必须严格保密，严禁将检举、控告材料转给被检举、被控告的组织和人员；严禁对揭发、检举人和控告人歧视、刁难、压制，严禁各种形式的打击报复。

党组织对于署真实姓名的揭发、检举人，应以适当方式回访或者回函并告知其处理结果；对揭发、检举严重违法违纪问题经查证属实的，给予表扬或者奖励。

党组织对于不负责地揭发、检举、控告以及提出处分和罢免、撤换要求的，给予批评教育；对于捏造事实、诬告陷害他人的，依纪依法严肃处理。对于受到错告或者诬告的党员，应当澄清事实，并在一定范围内公布。

**第二十条** 党组织讨论决定问题，必须执行少数服从多数的原则。决定重要问题，要进行表决。根据不同情况，表决可以采取口头、举手和投票等方式，表决结果和表决方式应记录在案。对不同意见要如实记录。

重要问题主要是指：涉及党的路线、方针、政策的事项；重大工作任务的部署；按干部管理规定应该由集体讨论决定的干部推荐、任免、调动和奖惩；涉及人民群众生产、生活等切身利益的问题；发展新党员；上级党组织规定应当集体讨论决定的其他问题。

党组织作出重要决议、决定前，应当以适当方式在一定范围内征询党员意见。对于多数党员有不同意见或者存在重大分歧的，暂缓作出决定，进一步调查研究，交换意见，提交下次会议表决。

党的委员会及其组织部门、党的纪律检查委员会对下级党组织的表决情况进行监督检查，对于没有按照规定进行表决的，应当予以纠正。

**第二十一条** 党组织进行选举时，应当充分体现选举人的意志。选举采用无记名投票的方式。候选人名单要由党组织和选举人充分酝酿讨论，对候选人的情况应向选举人作介绍。对候选人可以投赞成票、可以投不赞成票，也可以弃权。投不赞成票者可以另选他人。

党的任何组织和任何党员不得以任何方式妨碍党员在党内自主行使选举权和被选举权，不得阻挠有选举权和被选举权的人到场，不得强迫选举人选举或者不选举某个人，不得搞非组织活动妨碍选举，不得以任何方式追查选举人的投票意向。

**第二十二条** 党组织对党员作出处分决定所依据的事实材料和处分决定必须同本人见面，听取本人说明情况和申辩。对于党员的申辩及其他党员为其所作的证明和辩护，有关党组织要认真听取、如实记录，并进一步核实，采纳其合理意见；不予采纳的，要向本人说明理由。党员实事求是的申辩、作证和辩护，应当受到保护。

处分决定应当写明党员享有的申诉权以及受理申诉的组织等内容并由受处分党员签署意见。本人对处分决定有不同意见的，可以提出申诉；拒不签署意见或者因其他原因不能签署意见的，党组织要在处分决定上注明。

**第二十三条** 对于受到党纪处分的党员，党组织要帮助其正确认识和改正错误。对于受到留党察看处分的党员，留党察看期间确已改正错误的，期满后应当恢复其党员权利；坚持错误不改或者又发现其他应受党纪处分的错误的，应当开除其党籍。

**第二十四条** 党组织要认真处理党员的申诉。对于党员的申诉，有关党组织要按照规定进行复议、复查，不得扣压。上级党组织认为必要时，可以直接或者指定有关党组织进行复议、复查。

经复议、复查或者审查决定，对于全部或者部分纠正的案件，重新作出的决定应当在一定范围内宣布。对于处理正确而本人拒不接受的，给予批评教育；对于无正当理由反复申诉的，有关党组织应当正式通知本人不再受理并在适当范围内宣布。

党员对于党组织给予其他党员的处分、鉴定、审查结论或者其他处理提出的意见，有关党组织应认真研究处理。

**第二十五条** 党组织对涉嫌违纪党员的检查和处理，必须既坚决又慎重，严格遵守有关规定，依纪依法进行。

建立执纪过错或者错案责任追究制。对于在执纪过程中有违纪行为或者其他过错的，应当批评纠正；情节严重的，应当追究有关责任者的责任。

**第二十六条** 党组织对于党员提出的请求，要及时受理。根据具体问题，有的要及时解决，有的要说明情况，有的要进行说服教育。

**第二十七条** 企业、农村和街道、社区等党的基层组织应注意维护流动党员的民主权利，保障其正常行使。

**第二十八条** 对于确有实际困难的党员，其所在基层党组织或者上级党组织可以给予适当帮助并鼓励党员之间开展互助，为党员正常行使权利创造条件。

## 第四章　责任追究

**第二十九条** 党的各级组织应当严格执行党员权利保障方面的方针、政策和党内法规，贯彻落实上级党组织和同级党的代表大会关于党员权利保障方面的决议、决定；明确同级纪委和党委工作部门、直属机构、派出机关以及相当于这一级别的党组（党委）在党员权利保障方面的任务和要求；督促下级党组织和党的领导干部切实履行党员权利保障方面的职责，宣传党员权利保障方面的方针、政策和党内法规，教育和引导广大党员正确行使权利。

**第三十条** 党的各级纪律检查机关在同级党委和上级纪委领导下，做好党员权利保障工作，受理有关党员权利保障方面的检举、控告和申诉，检查和处理侵犯党员权利方面的案件，对党的领导干部和下级党组织履行党员权利保障职责的情况进行监督检查。

**第三十一条** 党的组织、宣传等工作部门要按照党章和其他党内法规的规定以及上级党组织的要求，结合自身职能和实际工作，抓好党员权利保障工作的落实；研究解决职责范围内党员权利保障方面的重要问题，向同级党组织提出贯彻落实党员权利保障方面的意见和措施，为保障党员权利的正常行使创造条件、提供服务。

**第三十二条** 党的各级领导干部应模范遵守和严格执行党员权利保障方面的规定；充分尊重和关心党员权利，重视处理和解决党员权利保障方面的实际问题；采取切实措施抓好本地区、本部门、本单位党员权利保障工作的落实。

**第三十三条** 保障党员权利是党的各级组织和各级领导干部的重要职责。对于在保障党员权利方面失职、渎职的，按照规定追究有关责任者的责任。

**第三十四条** 对侵犯党员权利行为的处理是保障党员权利的重要环节。对于有侵犯党员权利行为的党员，其所在党组织或者上级党组织可以采取责令停止侵权行为、责令赔礼道歉、责令作出检查、诫勉谈话、通报批评等方式给予处理；情节较重的，按照规定给予党纪处分。

对于有侵犯党员权利行为的党组织，上级党组织应当对有关责任者进行批评教育；情节严重的，按照规定追究有关责任者的责任。

本条第一款规定的处理方式可以独立使用，也可以合并使用或者与党纪处分合并使用。

**第三十五条** 对于因侵犯党员权利受到党纪追究的党员或者在保障党员权利方面失职、渎职受到党纪追究的党的领导干部，需要给予行政处分或者其他纪律处分的，作出或者批准作出处理决定的党组织应当向监察机关或者其他有关机关、组织提出建议；涉嫌犯罪的，由司法机关处理。

## 第五章　附　　则

**第三十六条** 各省、自治区、直辖市党委，可以根据本条例，结合各自工作的实际情况，制定实施细则，并报中央备案。

中央军委可以根据本条例，结合中国人民解放军和中国人民武装警察部队的实际情况，制定实施细则或者补充规定。

**第三十七条** 本条例由中央纪委商中央组织部解释。

**第三十八条** 本条例自发布之日起施行。《中国共产党党员权利保障条例（试行）》同时废止。

# 党委（党组）落实全面从严治党主体责任规定

（2020年2月26日中共中央政治局常委会会议审议批准
2020年3月9日中共中央办公厅发布）

## 第一章 总 则

**第一条** 为了全面落实党委（党组）全面从严治党主体责任，推动全面从严治党向纵深发展，根据《中国共产党章程》和有关党内法规，制定本规定。

**第二条** 本规定适用于地方党委和按照《中国共产党党组工作条例》设立的党组（党委）。

党的纪律检查机关、党的工作机关、党委直属事业单位在本单位落实全面从严治党主体责任，党的基层组织落实全面从严治党主体责任，参照本规定执行。

**第三条** 党委（党组）必须深入贯彻习近平新时代中国特色社会主义思想，增强“四个意识”、坚定“四个自信”、做到“两个维护”，不忘初心、牢记使命，守责、负责、尽责，一以贯之、坚定不移全面从严治党，以伟大自我革命引领伟大社会革命，以科学理论引领全党理想信念，以“两个维护”引领全党团结统一，以正风肃纪反腐凝聚党心军心民心，永葆党的先进性和纯洁性，确保党始终成为中国特色社会主义事业的坚强领导核心。

**第四条** 党委（党组）落实全面从严治党主体责任，应当遵循以下原则：

（一）坚持紧紧围绕加强和改善党的全面领导；

（二）坚持全面从严治党各领域各方面各环节全覆盖；

（三）坚持真管真严、敢管敢严、长管长严；

（四）坚持全面从严治党过程和效果相统一。

**第五条** 中央和国家机关在全面从严治党中具有特殊地位和作用，必须在落实全面从严治党责任中走在前、作表率，全面提高机关党的建设质量，建设让党中央放心、让人民群众满意的模范机关，引领带动各地区各部门抓好全面从严治党。

## 第二章 责任内容

**第六条** 地方党委应当将党的建设与经济社会发展同谋划、同部署、同推进、同考核，加强对本地区全面从严治党各项工作的领导。主要包括：

（一）坚决维护以习近平同志为核心的党中央权威和集中统一领导，坚决贯彻执行党中央决策部署以及上级党组织决定；

（二）在本地区发挥总揽全局、协调各方的领导作用，在经济社会发展各项工作中坚持和加强党的全面领导，在同级各种组织中发挥领导作用；

（三）把党的政治建设摆在首位，坚定政治信仰，强化政治领导，提高政治能力，净化政治生态，始终在政治立场、政治方向、政治原则、政治道路上同党中央保持高度一致；

（四）把党的思想建设作为基础性建设来抓，坚定理想信念，用习近平新时代中国特色社会主义思想武装头脑、指导实践、推动工作，落实意识形态工作责任制；

（五）贯彻新时代党的组织路线，坚持民主集中制，树立和坚持正确选人用人导向，建设忠诚干净担当的高素质专业化干部队伍，加强党的基层组织和党员队伍建设，做好人才工作，夯实党执政的组织基础；

（六）持之以恒抓好党的作风建设，落实中央八项规定精神，持续整治“四风”特别是形式主义、官僚主义，反对特权思想和特权现象，密切党同人民群众的血肉联系；

（七）加强党的纪律建设，重点强化政治纪律和组织纪律，带动廉洁纪律、群众纪律、工作纪律、生活纪律严起来；

（八）落实制度治党、依规治党要求，加强本地区党内法规制度建设，严格落实党内法规执行责任制，确保党内法规制度落地见效；

（九）落实党风廉政建设主体责任，深入推进反腐败斗争，一体推进不敢腐、不能腐、不想腐，巩固发展反腐败斗争压倒性胜利；

（十）领导、支持和监督党的纪律检查机关、党的工作机关、党委直属事业单位、党组（党委）和下级地方党委、党的基层组织等落实全面从严治党主体责任，形成全面从严治党整体合力；

（十一）加强对本地区统一战线工作和群团工作的领导，动员、组织所属党组织和广大党员，团结带领群众实现党的目标任务；

（十二）勇于和善于结合本地区实际，切实解决影响全面从严治党的突出问题。

**第七条** 党组（党委）应当坚持党建工作与业务工作同谋划、同部署、同推进、同考核，加强对本单位（本系统）全面从严治党各项工作的领导。主要包括：

（一）坚决维护以习近平同志为核心的党中央权威和集中统一领导，坚决贯彻执行党中央决策部署以及上级党组织决定；

（二）在本单位（本系统）发挥把方向、管大局、保落实的领导作用，推动党的主张和重大决策转化为法律法规、政策政令和社会共识，确保党的理论和路线方针政策在本单位（本系统）贯彻落实；

（三）把党的政治建设摆在首位，提高政治站位，彰显政治属性，强化政治引领，增强政治能力，始终在政治立场、政治方向、政治原则、政治道路上同党中央保持高度一致，涵养良好的机关政治生态；

（四）强化理论武装，学懂弄通做实习近平新时代中国特色社会主义思想，引导党员、干部坚定理想信念宗旨，落实意识形态工作责任制；

（五）坚持民主集中制，贯彻党管干部、党管人才原则，加强忠诚干净担当的高素质专业化干部队伍建设，加强党的基层组织和党员队伍建设，着力提高党内活动和党的组织生活质量，做好人才工作；

（六）加强和改进作风，落实中央八项规定精神，持续整治“四风”特别是形式主义、官僚主义，反对特权思想和特权现象；

（七）加强党的纪律建设，履行党风廉政建设主体责任，支持纪检监察机关履行监督责任，一体推进不敢腐、不能腐、不想腐；

（八）带头遵守党内法规制度，严格落实党内法规执行责任制，建立健全本单位（本系统）党建工作制度，不断提高制度执行力；

（九）领导机关和直属单位党组织的工作，支持配合党的机关工委对本单位（本系统）党的工作的统一领导，自觉接受党的机关工委对其履行机关党建主体责任的指导督促，防止出现“灯下黑”；

（十）加强对本单位（本系统）统一战线工作和群团工作的领导，重视对党外干部、人才的培养使用，团结带领党外干部和群众，凝聚各方面智慧力量，完成党中央以及上级党组织交给的任务；

（十一）勇于和善于结合本单位（本系统）实际，切实解决影响全面从严治党的突出问题。

**第八条**　党委（党组）领导班子成员应当强化责任担当，狠抓责任落实，增强落实全面从严治党责任的自觉和能力，带头遵守执行全面从严治党各项规定，自觉接受党组织、党员和群众监督，在全面从严治党中发挥示范表率作用。

党委（党组）书记应当履行本地区本单位全面从严治党第一责任人职责，做到重要工作亲自部署、重大问题亲自过问、重点环节亲自协调、重要案件亲自督办；管好班子、带好队伍、抓好落实，支持、指导和督促领导班子其他成员、下级党委（党组）书记履行全面从严治党责任，发现问题及时提醒纠正。

党委（党组）领导班子其他成员根据工作分工对职责范围内的全

面从严治党工作负重要领导责任，按照“一岗双责”要求，领导、检查、督促分管部门和单位全面从严治党工作，对分管部门和单位党员干部从严进行教育管理监督。

**第九条** 党的建设工作领导小组是党委抓全面从严治党的议事协调机构，应当加强对本地区党的建设工作的指导，定期听取工作汇报，及时研究解决重大问题。

党的纪律检查机关在履行全面从严治党监督责任同时，应当通过重大事项请示报告、提出意见建议、监督推动党委（党组）决策落实等方式，协助党委（党组）落实全面从严治党主体责任。

党委办公厅（室）、职能部门、办事机构等是党委抓全面从严治党的具体执行机关，应当在党委统一领导下充分发挥职能作用，在职责范围内抓好全面从严治党相关工作。

党的机关工委作为党委派出机关，应当统一组织、规划、部署本级机关党的工作，指导机关开展党的各方面建设，指导机关各级党组织实施对党员特别是党员领导干部的监督和管理。

部门和单位机关党委作为机关党建工作专责机构，应当聚焦主责主业，充分发挥职能作用，协助党组（党委）落实全面从严治党主体责任。

## 第三章　责任落实

**第十条** 党委（党组）每半年应当至少召开1次常委会会议（党组会议）专题研究全面从严治党工作，分析研判形势，研究解决瓶颈和短板，提出加强和改进的措施。

**第十一条** 党委（党组）可以根据本规定，结合实际制定责任清单，具体明确党委（党组）及其书记和领导班子其他成员承担的全面从严治党责任。制定责任清单，应当坚持简便易行、务实管用。

**第十二条** 党委（党组）每年年初应当根据党中央决策部署以及上级党组织决定，结合本地区本单位全面从严治党形势和任务，坚持问题导向，突出工作重点，制定本地区本单位落实全面从严治党主体责任的年度任务安排，明确责任分工和完成时限。

**第十三条** 党委（党组）书记应当加强对全面从严治党的调查研究，了解工作推进情况，发现和解决实践中的突出问题。

调查研究应当注重听取党的代表大会代表、党员、干部、基层党组织和群众关于全面从严治党的意见建议。

**第十四条** 党委（党组）应当开展经常性的全面从严治党宣传教育，特别是党章党规和党性党风党纪教育，注重发挥正反典型的示范警示作用，在本地区本单位营造全面从严治党良好氛围。

**第十五条** 党委（党组）及其领导班子成员应当将落实全面从严治党责任情况作为年度民主生活会对照检查内容，深入查摆存在的问题，开展严肃认真的批评和自我批评，提出务实管用的整改措施。

本地区本单位发生重大违纪违法案件、严重“四风”问题，党委（党组）应当及时召开专题民主生活会，认真对照检查，深刻剖析反思，明确整改责任。

**第十六条** 党委（党组）书记对领导班子其他成员、下一级党委（党组）书记，领导班子其他成员对分管部门和单位党组织书记，发现存在政治、思想、工作、生活、作风、纪律等方面苗头性、倾向性问题的，应当及时进行提醒谈话；发现落实全面从严治党责任不到位、管党治党问题较多、党员群众来信来访反映问题较多的，应当及时进行约谈，严肃批评教育，督促落实责任。

**第十七条** 党委（党组）应当通过会议、文件等形式通报本地区本单位落实全面从严治党主体责任情况，及时通报因责任落实不力被问责的典型问题，采取组织调整或者组织处理、纪律处分方式问责的，应当以适当方式公开。

**第十八条** 党委（党组）应当开展有针对性的教育培训，强化政治教育和政治训练，增强本地区本单位党组织和党员领导干部落实全面从严治党责任的意识，提高落实全面从严治党责任的能力和水平。

## 第四章 监督追责

**第十九条** 地方党委每年年初应当向上一级党委书面报告上一年

度落实全面从严治党主体责任情况。地方党委常委会应当将落实全面从严治党主体责任情况作为向全会报告工作的一项重要内容。

党组（党委）每年年初应当向批准其设立的党组织书面报告上一年度落实全面从严治党主体责任情况。

**第二十条** 上级党组织应当加强对党委（党组）落实全面从严治党主体责任情况的监督检查和巡视巡察，着力发现和解决责任不明确、不全面、不落实等问题。

监督检查和巡视巡察中，应当注重发挥党员、干部、基层党组织和群众、新闻媒体等的作用，推动形成监督合力。

**第二十一条** 统筹党风廉政建设、意识形态工作、基层党建工作等方面考核，结合领导班子和领导干部考核，建立健全落实全面从严治党主体责任考核制度，在年度考核和相关考核工作中突出了解全面从严治党责任落实情况。

考核结果在本地区本单位一定范围内公布。考核结果作为对领导班子总体评价和领导干部选拔任用、实绩评价、激励约束的重要依据。

**第二十二条** 党委（党组）及其领导班子成员落实全面从严治党责任，有下列情形之一的，应当依规依纪追究责任：

（一）贯彻执行党中央关于全面从严治党重大决策部署以及上级党组织有关决定不认真、不得力；

（二）履行全面从严治党第一责任人职责、重要领导责任不担当、不作为；

（三）本地区本单位政治意识淡化、党的领导弱化、党建工作虚化、责任落实软化，管党治党宽松软；

（四）本地区本单位在管党治党方面出现重大问题或者造成严重后果；

（五）其他应当追究责任的情形。

## 第五章 附 则

**第二十三条** 中央军事委员会可以根据本规定，制定军队党委落实全面从严治党主体责任规定。

**第二十四条** 本规定由中央办公厅负责解释。

**第二十五条** 本规定自发布之日起施行。

# 县以上党和国家机关党员领导干部民主生活会若干规定

（中共中央2016年12月23日印发）

**第一条** 为了落实全面从严治党要求，坚持和完善县以上党和国家机关党员领导干部民主生活会制度，根据《中国共产党章程》和《关于新形势下党内政治生活的若干准则》、《中国共产党党内监督条例》等有关党内法规，制定本规定。

**第二条** 本规定所称县以上党和国家机关党员领导干部，是指县以上党的各级委员会、纪律检查委员会的常务委员会委员，工作委员会委员，党组（党委）成员，以及县以上党和国家机关各部门（含人民团体）的党员领导干部。

经济组织、文化组织、社会组织和其他组织的党组（党委）成员，执行本规定。

**第三条** 民主生活会是党内政治生活的重要内容，是发扬党内民主、加强党内监督、依靠领导班子自身力量解决矛盾和问题的重要方式。坚持和完善民主生活会制度，对于新形势下加强和规范党内政治生活，增强党自我净化、自我完善、自我革新、自我提高能力，实现党的正确领导，维护党的团结和集中统一，引导党员领导干部牢固树立政治意识、大局意识、核心意识、看齐意识特别是核心意识、看齐意识，自觉践行“三严三实”要求，始终做到忠诚干净担当，具有重要作用。

党员领导干部还应当以普通党员身份参加所在党支部（党小组）组织生活会，过好双重组织生活。

**第四条** 民主生活会应当遵循“团结——批评——团结”的方针，贯彻整风精神，充分发扬民主，开展积极健康的思想斗争，增强党内政治生活的政治性、时代性、原则性、战斗性。参加民主生活会的党员领导干部应当严肃认真开展批评和自我批评，坚持实事求是，讲党性不讲私情、讲真理不讲面子，按照“照镜子、正衣冠、洗洗澡、治治病”的要求，严肃认真提意见，满腔热情帮同志，达到统一思想、增进团结、互相监督、共同提高的目的。

**第五条** 民主生活会应当确定主题，一般由上级党组织统一确定，或者由领导班子根据自身建设实际确定，并报上级党组织同意。

**第六条** 民主生活会应当围绕主题，就以下基本内容进行对照检查，开展批评和自我批评：

（一）遵守党章，坚定理想信念，贯彻党的理论路线方针政策和决议，执行党的政治纪律和政治规矩，维护党中央权威的情况。

（二）加强领导班子自身建设，实行民主集中制，维护领导班子团结，严格党的组织生活制度，坚持正确用人导向，开展批评和自我批评的情况。

（三）正确行使权力，履职尽责、积极作为，坚持科学决策、民主决策、依法决策，反对特权、秉公用权的情况。

（四）带头践行社会主义核心价值观，艰苦奋斗，清正廉洁，遵纪守法，注重家庭、家教、家风，教育管理好亲属和身边工作人员的情况。

（五）执行党的群众路线，站稳人民立场，改进领导作风，深入调查研究，密切联系群众的情况。

（六）履行全面从严治党主体责任和监督责任，加强党风廉洁建设和反腐败工作的情况。

受到诫勉谈话的，应当说明整改情况。

**第七条** 民主生活会每年召开 1 次，一般安排在第四季度。因特殊情况需要提前或者延期召开的，应当报上级党组织同意。

民主生活会到会人数必须达到应到会人数的三分之二以上。

**第八条** 领导班子遇到重要或者普遍性问题，出现重大决策失误或者对突发事件处置失当，经纪律检查、巡视和审计发现重要问题，以及发生违纪违法案件等情况的，应当专门召开民主生活会，及时剖析整改。

**第九条** 召开民主生活会应当制定会议方案，提前10日报上级党组织审核，并做好以下准备工作：

（一）领导班子成员认真学习党章党规和党的创新理论以及有关文件，提高思想认识，把握标准要求。

（二）由党委（党组）或者委托组织部门、机关党组织征求党员、干部和群众的意见建议，并如实向领导班子及其成员反馈。领导班子成员应当就反映本人的有关问题，向组织作出说明。

（三）领导班子成员之间互相谈心谈话，交流思想，交换意见，并与分管单位主要负责人谈心，也应当接受党员、干部约谈。

（四）撰写领导班子对照检查材料和个人发言提纲，查摆问题，进行党性分析，提出整改措施。个人发言提纲应当自己动手撰写，并按规定说明个人有关事项。

**第十条** 民主生活会由领导班子主要负责人主持，一般按以下程序进行：

（一）通报上一次民主生活会整改措施落实情况和本次民主生活会征求意见情况。

（二）主要负责人代表领导班子作对照检查。

（三）领导班子成员逐一进行对照检查，作自我批评，其他成员对其提出批评意见。

（四）主要负责人总结会议情况，提出整改工作要求。

因故缺席的人员应当提交书面发言材料。会后，将会议情况和批评意见转告缺席人。

**第十一条** 民主生活会应当直面问题，领导干部应当在会上把自身存在的突出问题说清楚、谈透彻，开展批评和自我批评，明确整改方向。自我批评应当联系实际、针对问题、触及思想。相互批评应当开诚布公指出问题，防止以工作建议代替批评意见。对待批评应当有则改之、无则加勉，不搞无原则纷争，也不搞一团和气。

批评和自我批评的具体意见，不得随意散布。

**第十二条** 民主生活会列席人员，根据有关规定和会议内容确定。列席人员可以发言，对领导班子及其成员提出批评或者建议。

**第十三条** 民主生活会应当切实解决问题，对检查和反映出来的问题，领导班子及其成员应当制定整改措施，确定整改目标和完成时限。对群众反映强烈的突出问题进行专项整治。需要上级党组织帮助解决的，应当及时向上级党组织报告。反映领导班子成员的违纪问题，由党的纪律检查机关处理。

**第十四条** 在民主生活会上提出的重要问题，党组织没有及时研究解决和向上级党组织报告的，应当追究主要负责人责任；造成严重后果的，依纪依规严肃处理。

**第十五条** 民主生活会结束后15日内，应当将会议情况报告和会议记录报上级党组织，并报送上级纪委和党委组织部门。报告的主要内容是征求意见的情况、开展批评和自我批评的情况、检查和反映出来的主要问题及整改措施。省部级单位召开民主生活会的情况，由中央组织部会同中央纪委机关形成综合报告，报党中央。

民主生活会召开情况应当向下级党组织或者本单位通报。对于群众普遍关心问题的整改措施，以适当方式公布。

**第十六条** 中央政治局带头开好民主生活会。各级党委（党组）履行组织开好民主生活会的领导责任。上级党组织应当通过派出督导组、派人列席等方式，对下级单位召开的民主生活会进行督促检查和指导，具体工作由组织部门会同纪律检查机关负责。对问题突出的领导班子，上级党组织主要负责人应当亲自过问，派出得力的负责人列席民主生活会，严肃指出问题、深入分析原因、切实帮助解决。党的机关工作委员会参与对同级直属机关召开的民主生活会的督促检查和指导。党中央主要负责督促检查和指导省部级单位召开的民主生活会。

**第十七条** 上级党组织负责人，纪律检查机关、组织部门负责人每年应当随机参加一定数量的下级单位召开的民主生活会，了解情况，进行指导，发现问题及时纠正。纪律检查机关、组织部门派人列席下一级各单位召开的民主生活会。

**第十八条** 执行民主生活会制度情况，纳入领导班子及其成员履行全面从严治党责任考核内容，作为考核评价领导班子的重要依据。对不按规定召开民主生活会的应当严肃指出、限期整改，对走过场的责令重新召开，并在一定范围通报批评，情节严重的追究主要负责人责任。对无正当理由不参加民主生活会的党员领导干部，给予严肃批评教育。

**第十九条** 国有企业党组织、高等学校党组织、乡镇党委等基层党组织领导干部民主生活会，参照本规定执行。

**第二十条** 中国人民解放军和中国人民武装警察部队党组织的民主生活会制度，由中央军委参照本规定作出规定。

**第二十一条** 本规定由中央组织部负责解释。

**第二十二条** 本规定自2016年12月23日起施行。1990年5月25日中共中央印发的《关于县以上党和国家机关党员领导干部民主生活会的若干规定》同时废止。

# 中国共产党发展党员工作细则

（中共中央办公厅2014年5月28日印发）

## 第一章 总 则

**第一条** 为了规范发展党员工作，保证新发展的党员质量，保持党的先进性和纯洁性，根据《中国共产党章程》和党内有关规定，制定本细则。

**第二条** 党的基层组织应当把吸收具有马克思主义信仰、共产主义觉悟和中国特色社会主义信念，自觉践行社会主义核心价值观的先进分子入党，作为一项经常性重要工作。

**第三条** 发展党员工作应当贯彻党的基本理论、基本路线、基本纲领、基本经验、基本要求，按照控制总量、优化结构、提高质量、发挥作用的总要求，坚持党章规定的党员标准，始终把政治标准放在首位；坚持慎重发展、均衡发展，有领导、有计划地进行；坚持入党自愿原则和个别吸收原则，成熟一个，发展一个。

禁止突击发展，反对“关门主义”。

## 第二章 入党积极分子的确定和培养教育

**第四条** 党组织应当通过宣传党的政治主张和深入细致的思想政治工作，提高党外群众对党的认识，不断扩大入党积极分子队伍。

**第五条** 年满十八岁的中国工人、农民、军人、知识分子和其他社会阶层的先进分子，承认党的纲领和章程，愿意参加党的一个组织并在其中积极工作、执行党的决议和按期交纳党费的，可以申请加入中国共产党。

**第六条** 入党申请人应当向工作、学习所在单位党组织提出入党申请，没有工作、学习单位或工作、学习单位未建立党组织的，应当向居住地党组织提出入党申请。

流动人员还可以向单位所在地党组织或单位主管部门党组织提出入党申请，也可以向流动党员党组织提出入党申请。

**第七条** 组织收到入党申请书后，应当在一个月内派人同入党申请人谈话，了解基本情况。

**第八条** 在入党申请人中确定入党积极分子，应当采取党员推荐、群团组织推优等方式产生人选，由支部委员会（不设支部委员会的由支部大会，下同）研究决定，并报上级党委备案。

**第九条** 党组织应当指定一至两名正式党员作入党积极分子的培养联系人。培养联系人的主要任务是：

（一）向入党积极分子介绍党的基本知识；

（二）了解入党积极分子的政治觉悟、道德品质、现实表现和家庭情况等，做好培养教育工作，引导入党积极分子端正入党动机；

（三）及时向党支部汇报入党积极分子情况；

（四）向党支部提出能否将入党积极分子列为发展对象的意见。

**第十条** 党组织应当采取吸收入党积极分子听党课、参加党内有关活动，给他们分配一定的社会工作以及集中培训等方法，对入党积极分子进行马克思列宁主义、毛泽东思想和中国特色社会主义理论体系教育，党的路线、方针、政策和党的基本知识教育，党的历史和优良传统、作风教育以及社会主义核心价值观教育，使他们懂得党的性质、纲领、宗旨、组织原则和纪律，懂得党员的义务和权利，帮助他们端正入党动机，确立为共产主义事业奋斗终身的信念。

**第十一条** 党支部每半年对入党积极分子进行一次考察。基层党委每年对入党积极分子队伍状况作一次分析。针对存在的问题，采取改进措施。

**第十二条** 入党积极分子工作、学习所在单位（居住地）发生变动，应当及时报告原单位（居住地）党组织。原单位（居住地）党组织应当及时将培养教育等有关材料转交现单位（居住地）党组织。现单位（居住地）党组织应当对有关材料进行认真审查，并接续做好培养教育工作。培养教育时间可连续计算。

## 第三章 发展对象的确定和考察

**第十三条** 对经过一年以上培养教育和考察、基本具备党员条件的入党积极分子，在听取党小组、培养联系人、党员和群众意见的基础上，支部委员会讨论同意并报上级党委备案后，可列为发展对象。

**第十四条** 发展对象应当有两名正式党员作入党介绍人。入党介绍人一般由培养联系人担任，也可由党组织指定。

受留党察看处分、尚未恢复党员权利的党员，不能作入党介绍人。

**第十五条** 入党介绍人的主要任务是：

（一）向发展对象解释党的纲领、章程，说明党员的条件、义务和权利；

（二）认真了解发展对象的入党动机、政治觉悟、道德品质、工作经历、现实表现等情况，如实向党组织汇报；

（三）指导发展对象填写《中国共产党入党志愿书》，并认真填写自己的意见；

（四）向支部大会负责地介绍发展对象的情况；

（五）发展对象批准为预备党员后，继续对其进行教育帮助。

**第十六条**　党组织必须对发展对象进行政治审查。

政治审查的主要内容是：对党的理论和路线、方针、政策的态度；政治历史和在重大政治斗争中的表现；遵纪守法和遵守社会公德情况；直系亲属和与本人关系密切的主要社会关系的政治情况。

政治审查的基本方法是：同本人谈话、查阅有关档案材料、找有关单位和人员了解情况以及必要的函调或外调。在听取本人介绍和查阅有关材料后，情况清楚的可不函调或外调。对流动人员中的发展对象进行政治审查时，还应当征求其户籍所在地和居住地基层党组织的意见。

政治审查必须严肃认真、实事求是，注重本人的一贯表现。审查情况应当形成结论性材料。

凡是未经政治审查或政治审查不合格的，不能发展入党。

**第十七条**　基层党委或县级党委组织部门应当对发展对象进行短期集中培训。培训时间一般不少于三天（或不少于二十四个学时）。培训时主要学习党章、《关于党内政治生活的若干准则》等文件。中央组织部组织编写的《入党教材》，可以作为学习辅导材料。

未经培训的，除个别特殊情况外，不能发展入党。

## 第四章　预备党员的接收

**第十八条**　接收预备党员应当严格按照党章规定的程序办理。

**第十九条**　支部委员会应当对发展对象进行严格审查，经集体讨论认为合格后，报具有审批权限的基层党委预审。

基层党委对发展对象的条件、培养教育情况等进行审查，根据需要听取执纪执法等相关部门的意见。审查结果以书面形式通知党支部，并向审查合格的发展对象发放《中国共产党入党志愿书》。

发展对象未来三个月内将离开工作、学习单位的，一般不办理接收预备党员的手续。

**第二十条**　经基层党委预审合格的发展对象，由支部委员会提交支部大会讨论。

召开讨论接收预备党员的支部大会，有表决权的到会人数必须超过应到会有表决权人数的半数。

**第二十一条**　支部大会讨论接收预备党员的主要程序是：

（一）发展对象汇报对党的认识、入党动机、本人履历、家庭和主要社会关系情况，以及需向党组织说明的问题；

（二）入党介绍人介绍发展对象有关情况，并对其能否入党表明意见；

（三）支部委员会报告对发展对象的审查情况；

（四）与会党员对发展对象能否入党进行充分讨论，并采取无记名投票方式进行表决。赞成人数超过应到会有表决权的正式党员的半数，才能通过接收预备党员的决议。因故不能到会的有表决权的正式党员，在支部大会召开前正式向党支部提出书面意见的，应当统计在票数内。

支部大会讨论两个以上的发展对象入党时，必须逐个讨论和表决。

**第二十二条**　党支部应当及时将支部大会决议写入《中国共产党入党志愿书》，连同本人入党申请书、政治审查材料、培养教育考察材料等，一并报上级党委审批。

支部大会决议主要包括：发展对象的主要表现；应到会和实际到会有表决权的党员人数；表决结果；通过决议的日期；支部书记签名。

**第二十三条**　预备党员必须由党委（工委，下同）审批。

乡镇（街道）党委所属的基层党委，不能审批预备党员，但应当对支部大会通过接收的预备党员进行审议。

党总支不能审批预备党员，但应当对支部大会通过接收的预备党员进行审议。

除另有规定外，临时党组织不能接收、审批预备党员。

党组不能审批预备党员。

**第二十四条** 党委审批前，应当指派党委委员或组织员同发展对象谈话，作进一步的了解，并帮助发展对象提高对党的认识。谈话人应当将谈话情况和自己对发展对象能否入党的意见，如实填写在《中国共产党入党志愿书》上，并向党委汇报。

**第二十五条** 党委审批预备党员，必须集体讨论和表决。

党委主要审议发展对象是否具备党员条件、入党手续是否完备。发展对象符合党员条件、入党手续完备的，批准其为预备党员。党委审批意见写入《中国共产党入党志愿书》，注明预备期的起止时间，并通知报批的党支部。党支部应当及时通知本人并在党员大会上宣布。对未被批准入党的，应当通知党支部和本人，做好思想工作。

党委会审批两个以上的发展对象入党时，应当逐个审议和表决。

**第二十六条** 党委对党支部上报的接收预备党员的决议，应当在三个月内审批，并报上级党委组织部门备案。如遇特殊情况可适当延长审批时间，但不得超过六个月。

**第二十七条** 在特殊情况下，党的中央和省、自治区、直辖市委员会可以直接接收党员。

**第二十八条** 对在中国特色社会主义事业中为党和人民利益英勇献身，事迹突出，在一定范围内有较大影响，生前一贯表现良好并曾向党组织提出过入党要求的人员，可以追认为党员。

追认党员必须严格掌握，由所在单位党组织讨论决定后，经上级党委审查，报省一级党委批准。

## 第五章 预备党员的教育、考察和转正

**第二十九条** 党组织应当及时将上级党委批准的预备党员编入党

支部和党小组，对预备党员继续进行教育和考察。

**第三十条** 预备党员必须面向党旗进行入党宣誓。入党宣誓仪式，一般由基层党委或党支部（党总支）组织进行。

**第三十一条** 党组织应当通过党的组织生活、听取本人汇报、个别谈心、集中培训、实践锻炼等方式，对预备党员进行教育和考察。

**第三十二条** 预备党员的预备期为一年。预备期从支部大会通过其为预备党员之日算起。

预备党员预备期满，党支部应当及时讨论其能否转为正式党员。认真履行党员义务、具备党员条件的，应当按期转为正式党员；需要继续考察和教育的，可以延长一次预备期，延长时间不能少于半年，最长不超过一年；不履行党员义务、不具备党员条件的，应当取消其预备党员资格。

预备党员违犯党纪，情节较轻，尚可保留预备党员资格的，应当对其进行批评教育或延长预备期；情节较重的，应当取消其预备党员资格。

预备党员转为正式党员、延长预备期或取消预备党员资格，应当经支部大会讨论通过和上级党组织批准。

**第三十三条** 预备党员转正的手续是：本人向党支部提出书面转正申请；党小组提出意见；党支部征求党员和群众的意见；支部委员会审查；支部大会讨论、表决通过；报上级党委审批。

讨论预备党员转正的支部大会，对到会人数、赞成人数等要求与讨论接收预备党员的支部大会相同。

**第三十四条** 党委对党支部上报的预备党员转正的决议，应当在三个月内审批。审批结果应当及时通知党支部。党支部书记应当同本人谈话，并将审批结果在党员大会上宣布。

党员的党龄，从预备期满转为正式党员之日算起。

**第三十五条** 预备期未满的预备党员工作、学习所在单位（居住地）发生变动，应当及时报告原所在党组织。原所在党组织应当及时将对其培养教育和考察的情况，认真负责地介绍给接收预备党员的党组织。

党组织应当对转入的预备党员的入党材料进行严格审查，对无法认定的预备党员，报县级以上党委组织部门批准，不予承认。

**第三十六条** 基层党组织对转入的预备党员，在其预备期满时，如认为有必要，可推迟讨论其转正问题，推迟时间不超过六个月。转为正式党员的，其转正时间自预备期满之日算起。

**第三十七条** 预备党员转正后，党支部应当及时将其《中国共产党入党志愿书》、入党申请书、政治审查材料、转正申请书和培养教育考察材料，交党委存入本人人事档案。无人事档案的，建立党员档案，由所在党委或县级党委组织部门保存。

## 第六章 发展党员工作的领导和纪律

**第三十八条** 各级党委应当把发展党员工作列入重要议事日程，纳入党建工作责任制，作为党建工作述职、评议、考核和党务公开的重要内容。

对发展党员工作情况，市（地、州、盟）、县（市、区、旗）党委每半年检查一次，省、自治区、直辖市党委每年检查一次。检查结果及时上报，并向下通报。

重视从青年工人、农民、知识分子中发展党员，优化党员队伍结构。对具备发展党员条件但长期不做发展党员工作的基层党组织，上级党委应当加强指导和督促检查，必要时对其进行组织整顿。

**第三十九条** 各级党委组织部门每年应当向同级党委和上级党委组织部门报告发展党员工作情况和发展党员工作计划，如实反映带有倾向性的问题和对违反规定发展党员的查处情况。

**第四十条** 县以上党委及其组织部门应当重视对组织员的选拔、配备和培训，充分发挥他们在发展党员工作中的作用。

**第四十一条** 各级党组织对发展党员工作中出现的违纪违规问题和不正之风，应当严肃查处。对不坚持标准、不履行程序、超过审批时限和培养考察失职、审查把关不严的党组织及其负责人、直接责任人应当进行批评教育，情节严重的给予纪律处分。典型案例应当及时通报，对违反规定吸收入党的，一律不予承认，并在支部大会上公布。

对采取弄虚作假或其他手段把不符合党员条件的人发展为党员，或为非党员出具党员身份证明的，应当依纪依法严肃处理。

**第四十二条** 《中国共产党入党志愿书》的式样由中央组织部负责制定，省级党委组织部门按照式样统一印制，并严格管理。

## 第七章　附　　则

**第四十三条** 本细则由中央组织部负责解释。

**第四十四条** 本细则自发布之日起施行。《中国共产党发展党员工作细则（试行）》（中组发〔1990〕3号）同时废止。

# （三）廉洁纪律

## 中国共产党廉洁自律准则

（中共中央2015年10月18日印发）

中国共产党全体党员和各级党员领导干部必须坚定共产主义理想和中国特色社会主义信念，必须坚持全心全意为人民服务根本宗旨，必须继承发扬党的优良传统和作风，必须自觉培养高尚道德情操，努力弘扬中华民族传统美德，廉洁自律，接受监督，永葆党的先进性和纯洁性。

### 党员廉洁自律规范

**第一条** 坚持公私分明，先公后私，克己奉公。

**第二条** 坚持崇廉拒腐，清白做人，干净做事。

**第三条** 坚持尚俭戒奢，艰苦朴素，勤俭节约。

**第四条** 坚持吃苦在前，享受在后，甘于奉献。

## 党员领导干部廉洁自律规范

**第五条** 廉洁从政，自觉保持人民公仆本色。

**第六条** 廉洁用权，自觉维护人民根本利益。

**第七条** 廉洁修身，自觉提升思想道德境界。

**第八条** 廉洁齐家，自觉带头树立良好家风。

# 党政机关厉行节约反对浪费条例

（中共中央、国务院2013年11月18日印发）

## 第一章 总 则

**第一条** 为了进一步弘扬艰苦奋斗、勤俭节约的优良作风，推进党政机关厉行节约反对浪费，建设节约型机关，根据国家有关法律法规和中央有关规定，制定本条例。

**第二条** 本条例适用于党的机关、人大机关、行政机关、政协机关、审判机关、检察机关，以及工会、共青团、妇联等人民团体和参照公务员法管理的事业单位。

**第三条** 本条例所称浪费，是指党政机关及其工作人员违反规定进行不必要的公务活动，或者在履行公务中超出规定范围、标准和要求，不当使用公共资金、资产和资源，给国家和社会造成损失的行为。

**第四条** 党政机关厉行节约反对浪费，应当遵循下列原则：坚持从严从简，勤俭办一切事业，降低公务活动成本；坚持依法依规，遵守国家法律法规和党内法规制度的相关规定，严格按程序办事；坚持总量控制，科学设定相关标准，严格控制经费支出总额，加强厉行节约绩效考评；坚持实事求是，从实际出发安排公务活动，取消不必要的公务活动，保证正常公务活动；坚持公开透明，除涉及国家秘密事项外，公务活动中的资金、资产、资源使用等情况应予公开，接受各方面监督；坚持深化改革，通过改革创新破解体制机制障碍，建立健全厉行节约反对浪费工作长效机制。

**第五条** 中共中央办公厅、国务院办公厅负责统筹协调、指导检查全国党政机关厉行节约反对浪费工作，建立协调联络机制承办具体事务。地方各级党委办公厅（室）、政府办公厅（室）负责指导检查本地区党政机关厉行节约反对浪费工作。

纪检监察机关和组织人事、宣传、外事、发展改革、财政、审计、机关事务管理等部门根据职责分工，依法依规履行对厉行节约反对浪费相关工作的管理、监督等职责。

**第六条** 各级党委和政府应当加强对厉行节约反对浪费工作的组织领导。党政机关领导班子主要负责人对本地区、本部门、本单位的厉行节约反对浪费工作负总责，其他成员根据工作分工，对职责范围内的厉行节约反对浪费工作负主要领导责任。

## 第二章　经费管理

**第七条** 党政机关应当加强预算编制管理，按照综合预算的要求，将各项收入和支出全部纳入部门预算。

党政机关依法取得的罚没收入、行政事业性收费、政府性基金、国有资产收益和处置等非税收入，必须按规定及时足额上缴国库，严禁以任何形式隐瞒、截留、挤占、挪用、坐支或者私分，严禁转移到机关所属工会、培训中心、服务中心等单位账户使用。

**第八条** 党政机关应当遵循先有预算、后有支出的原则，严格执行预算，严禁超预算或者无预算安排支出，严禁虚列支出、转移或者套取预算资金。

严格控制国内差旅费、因公临时出国（境）费、公务接待费、公务用车购置及运行费、会议费、培训费等支出。年度预算执行中不予追加，因特殊需要确需追加的，由财政部门审核后按程序报批。

建立预算执行全过程动态监控机制，完善预算执行管理办法，建立健全预算绩效管理体系，增强预算执行的严肃性，提高预算执行的准确率，防止年底突击花钱等现象发生。

**第九条** 推进政府会计改革，进一步健全会计制度，准确核算机关运行经费，全面反映行政成本。

**第十条** 财政部门应当会同有关部门，根据国内差旅、因公临时出国（境）、公务接待、会议、培训等工作特点，综合考虑经济发展水平、有关货物和服务的市场价格水平，制定分地区的公务活动经费开支范围和开支标准。

加强相关开支标准之间的衔接，建立开支标准调整机制，定期根据有关货物和服务的市场价格变动情况调整相关开支标准，增强开支标准的协调性、规范性、科学性。

严格开支范围和标准，严格支出报销审核，不得报销任何超范围、超标准以及与相关公务活动无关的费用。

**第十一条** 全面实行公务卡制度。健全公务卡强制结算目录，党政机关国内发生的公务差旅费、公务接待费、公务用车购置及运行费、会议费、培训费等经费支出，除按规定实行财政直接支付或者银行转账外，应当使用公务卡结算。

**第十二条** 党政机关采购货物、工程和服务，应当遵循公开透明、公平竞争、诚实信用原则。

政府采购应当依法完整编制采购预算，严格执行经费预算和资产配置标准，合理确定采购需求，不得超标准采购，不得超出办公需要采购服务。

严格执行政府采购程序，不得违反规定以任何方式和理由指定或者变相指定品牌、型号、产地。采购公开招标数额标准以上的货物、工程和服务，应当进行公开招标，确需改变采购方式的，应当严格执行有关公示和审批程序。列入政府集中采购目录范围的，应当委托集中采购机构代理采购，并逐步实行批量集中采购。严格控制协议供货采购的数量和规模，不得以协议供货拆分项目的方式规避公开招标。

党政机关应当按照政府采购合同规定的采购需求组织验收。政府采购监督管理部门应当逐步建立政府采购结果评价制度，对政府采购的资金节约、政策效能、透明程度以及专业化水平进行综合、客观评价。

加快政府采购管理交易平台建设，推进电子化政府采购。

## 第三章　国内差旅和因公临时出国（境）

**第十三条**　党政机关应当建立健全并严格执行国内差旅内部审批制度，从严控制国内差旅人数和天数，严禁无明确公务目的的差旅活动，严禁以公务差旅为名变相旅游，严禁异地部门间无实质内容的学习交流和考察调研。

**第十四条**　国内差旅人员应当严格按规定乘坐交通工具、住宿、就餐，费用由所在单位承担。

差旅人员住宿、就餐由接待单位协助安排的，必须按标准交纳住宿费、餐费。差旅人员不得向接待单位提出正常公务活动以外的要求，不得接受礼金、礼品和土特产品等。

**第十五条**　统筹安排年度因公临时出国计划，严格控制团组数量和规模，不得安排照顾性、无实质内容的一般性出访，不得安排考察性出访，严禁集中安排赴热门国家和地区出访，严禁以各种名义变相公款出国旅游。严格执行因公临时出国限量管理规定，不得把出国作为个人待遇、安排轮流出国。严格控制跨地区、跨部门团组。

组织、外专等有关部门应当加强出国培训总体规划和监督管理，严格控制出国培训规模，科学设置培训项目，择优选派培训对象，提高出国培训的质量和实效。

**第十六条**　外事管理部门应当加强因公临时出国审核审批管理，对违反规定、不适合成行的团组予以调整或者取消。

加强因公临时出国经费预算总额控制，严格执行经费先行审核制度。无出国经费预算安排的不予批准，确有特殊需要的，按规定程序报批。严禁违反规定使用出国经费预算以外资金作为出国经费，严禁向所属单位、企业、我国驻外机构等摊派或者转嫁出国费用。

**第十七条** 出国团组应当按规定标准安排交通工具和食宿，不得违反规定乘坐民航包机，不得乘坐私人、企业和外国航空公司包机，不得安排超标准住房和用车，不得擅自增加出访国家或者地区，不得擅自绕道旅行，不得擅自延长在国外停留时间。

出国期间，不得与我国驻外机构和其他中资机构、企业之间用公款互赠礼品或者纪念品，不得用公款相互宴请。

**第十八条** 严格根据工作需要编制出境计划，加强因公出境审批和管理，不得安排出境考察，不得组织无实质内容的调研、会议、培训等活动。

严格遵守因公出境经费预算、支出、使用、核算等财务制度，不得接受超标准接待和高消费娱乐，不得接受礼金、贵重礼品、有价证券、支付凭证等。

## 第四章 公务接待

**第十九条** 建立健全国内公务接待集中管理制度。党政机关公务接待管理部门应当加强对国内公务接待工作的管理和指导。

**第二十条** 党政机关应当建立公务接待审批控制制度，对无公函的公务活动不予接待，严禁将非公务活动纳入接待范围。

**第二十一条** 党政机关应当严格执行国内公务接待标准，实行接待费支出总额控制制度。

接待单位应当严格按标准安排接待对象的住宿用房，协助安排用餐的按标准收取餐费，不得在接待费中列支应当由接待对象承担的费用，不得以举办会议、培训等名义列支、转移、隐匿接待费开支。

建立国内公务接待清单制度，如实反映接待对象、公务活动、接待费用等情况。接待清单作为财务报销的凭证之一并接受审计。

**第二十二条** 外宾接待工作应当遵循服务外交、友好对等、务实节俭的原则。外宾邀请单位应当严格按照有关规定安排接待活动，从严从紧控制外宾团组和接待费用。

**第二十三条** 有关部门和地方应当参照国内公务接待标准，制定招商引资等活动的接待办法，严格审批，强化管理，严禁超规格、超标准接待，严禁扩大接待范围、增加接待项目，严禁以招商引资等名义变相安排公务接待。

**第二十四条** 党政机关不得以任何名义新建、改建、扩建所属宾馆、招待所等具有接待功能的设施或者场所。

建立接待资源共享机制，推进机关所属接待、培训场所的集中统一管理和利用。健全服务经营机制，推行机关所属接待、培训场所企业化管理，降低服务经营成本。

积极推进国内公务接待服务社会化改革，有效利用社会资源为国内公务接待提供住宿、餐饮、用车等服务。

## 第五章 公务用车

**第二十五条** 坚持社会化、市场化方向，改革公务用车制度，合理有效配置公务用车资源，创新公务交通分类提供方式，保障公务出行，降低行政成本，建立符合国情的新型公务用车制度。

改革公务用车实物配给方式，取消一般公务用车，保留必要的执法执勤、机要通信、应急和特种专业技术用车及按规定配备的其他车辆。普通公务出行由公务人员自主选择，实行社会化提供。取消的一般公务用车，采取公开招标、拍卖等方式公开处置。

适度发放公务交通补贴，不得以车改补贴的名义变相发放福利。

**第二十六条** 党政机关应当从严配备实行定向化保障的公务用车，不得以特殊用途等理由变相超编制、超标准配备公务用车，不得以任何方式换用、借用、占用下属单位或者其他单位和个人的车辆，不得接受企事业单位和个人赠送的车辆。

严格按规定配备专车，不得擅自扩大专车配备范围或者变相配备专车。

从严控制执法执勤用车的配备范围、编制和标准。执法执勤用车配备应当严格限制在一线执法执勤岗位，机关内部管理和后勤岗位以及机关所属事业单位一律不得配备。

**第二十七条** 公务用车实行政府集中采购，应当选用国产汽车，优先选用新能源汽车。

公务用车严格按照规定年限更新，已到更新年限尚能继续使用的应当继续使用，不得因领导干部职务晋升、调任等原因提前更新。

公务用车保险、维修、加油等实行政府采购，降低运行成本。

**第二十八条** 除涉及国家安全、侦查办案等有保密要求的特殊工作用车外，执法执勤用车应当喷涂明显的统一标识。

**第二十九条** 根据公务活动需要，严格按规定使用公务用车，严禁以任何理由挪用或者固定给个人使用执法执勤、机要通信等公务用车，领导干部亲属和身边工作人员不得因私使用配备给领导干部的公务用车。

## 第六章 会议活动

**第三十条** 党政机关应当精简会议，严格执行会议费开支范围和标准。

党政机关会议实行分类管理、分级审批。财政部门应当会同机关事务管理等部门制定本级党政机关会议费管理办法，从严控制会议数量、会期和参会人员规模。完善并严格执行严禁党政机关到风景名胜区开会制度规定。

**第三十一条** 会议召开场所实行政府采购定点管理。会议住宿用房以标准间为主，用餐安排自助餐或者工作餐。

会议期间，不得安排宴请，不得组织旅游以及与会议无关的参观活动，不得以任何名义发放纪念品。

完善会议费报销制度。未经批准以及超范围、超标准开支的会议费用，一律不予报销。严禁违规使用会议费购置办公设备，严禁列支公务接待费等与会议无关的任何费用，严禁套取会议资金。

**第三十二条** 建立健全培训审批制度，严格控制培训数量、时间、规模，严禁以培训名义召开会议。

严格执行分类培训经费开支标准，严格控制培训经费支出范围，严禁在培训经费中列支公务接待费、会议费等与培训无关的任何费用。严禁以培训名义进行公款宴请、公款旅游活动。

**第三十三条** 未经批准，党政机关不得以公祭、历史文化、特色物产、单位成立、行政区划变更、工程奠基或者竣工等名义举办或者委托、指派其他单位举办各类节会、庆典活动，不得举办论坛、博览会、展会活动。严禁使用财政性资金举办营业性文艺晚会。从严控制举办大型综合性运动会和各类赛会。

经批准的节会、庆典、论坛、博览会、展会、运动会、赛会等活动，应当严格控制规模和经费支出，不得向下属单位摊派费用，不得借举办活动发放各类纪念品，不得超出规定标准支付费用邀请名人、明星参与活动。为举办活动专门配备的设备在活动结束后应当及时收回。

**第三十四条** 严格控制和规范各类评比达标表彰活动，实行中央和省（自治区、直辖市）两级审批制度。评比达标表彰项目费用由举办单位承担，不得以任何方式向相关单位和个人收取费用。

## 第七章　办公用房

**第三十五条** 党政机关办公用房建设应当从严控制。凡是违反规定的拟建办公用房项目，必须坚决终止；凡是未按照规定程序履行审批手续、擅自开工建设的办公用房项目，必须停建并予以没收；凡是超规模、超标准、超投资概算建设的办公用房项目，应当根据具体情况限期腾退超标准面积或者全部没收、拍卖。

党政机关办公用房应当严格管理，推进办公用房资源的公平配置和集约使用。凡是超过规定面积标准占有、使用办公用房以及未经批准租用办公用房的，必须腾退；凡是未经批准改变办公用房使用功能的，原则上应当恢复原使用功能。严禁出租出借办公用房，已经出租出借的，到期必须收回；租赁合同未到期的，租金收入应当按照收支两条线管理。

**第三十六条** 党政机关新建、改建、扩建、购置、置换、维修改造、租赁办公用房，必须严格按规定履行审批程序。采取置换方式配给办公用房的，应当执行新建办公用房各项标准，不得以未使用政府预算建设资金、资产整合等名义规避审批。

**第三十七条** 党政机关办公用房建设项目应当按照朴素、实用、安全、节能原则，严格执行办公用房建设标准、单位综合造价标准和公共建筑节能设计标准，符合土地利用和城市规划要求。党政机关办公楼不得追求成为城市地标建筑，严禁配套建设大型广场、公园等设施。

**第三十八条** 党政机关办公用房建设项目投资，统一由政府预算建设资金安排。土地收益和资产转让收益应当按照有关规定实行收支两条线管理，不得直接用于办公用房建设。

党政机关办公用房维修改造项目所需投资，统一列入预算由财政资金安排解决，未经审批的项目不得安排预算。

**第三十九条** 办公用房建设应当严格执行工程招投标和政府采购有关规定，加强对工程项目的全过程监理和审计监督。加快推行办公用房建设项目代建制。

办公用房因使用时间较长、设施设备老化、功能不全，不能满足办公需求的，可以进行维修改造。维修改造项目应当以消除安全隐患、恢复和完善使用功能、降低能源资源消耗为重点，严格履行审批程序，严格执行维修改造标准。

**第四十条** 建立健全办公用房集中统一管理制度，对办公用房实行统一调配、统一权属登记。

党政机关应当严格按照有关标准和本单位“三定”方案，从严核定、使用办公用房。超标部分应当移交同级机关事务管理部门用于统一调剂。

新建、调整办公用房的单位，应当按照“建新交旧”、“调新交旧”的原则，在搬入新建或者新调整办公用房的同时，将原办公用房腾退移交机关事务管理部门统一调剂使用。

因机构增设、职能调整确需增加办公用房的，应当在本单位现有办公用房中解决；本单位现有办公用房不能满足需要的，由机关事务管理部门整合办公用房资源调剂解决；无法调剂、确需租用解决的，应当严格履行报批手续，不得以变相补偿方式租用由企业等单位提供的办公用房。

**第四十一条** 党政机关领导干部应当按照标准配置使用一处办公用房，确因工作需要另行配置办公用房的，应当严格履行审批程序。领导干部不得长期租用宾馆、酒店房间作为办公用房。配置使用的办公用房，在退休或者调离时应当及时腾退并由原单位收回。

## 第八章 资源节约

**第四十二条** 党政机关应当节约集约利用资源，加强全过程节约管理，提高能源、水、粮食、办公家具、办公设备、办公用品等的利用效率和效益，统筹利用土地，杜绝浪费行为。

**第四十三条** 对能源、水的使用实行分类定额和目标责任管理。推广应用节能技术产品，淘汰高耗能设施设备，重点推广应用新能源和可再生能源。积极使用节水型器具，建设节水型单位。

健全节能产品政府采购政策，严格执行节能产品政府强制采购和优先采购制度。

**第四十四条** 优化办公家具、办公设备等资产的配置和使用，通过调剂方式盘活存量资产，节约购置资金。已到更新年限尚能继续使用的，不得报废处置。

对产生的非涉密废纸、废弃电器电子产品等废旧物品进行集中回收处理，促进循环利用；涉及国家秘密的，按照有关保密规定进行销毁。

**第四十五条** 党政机关政务信息系统建设应当统筹规划，统一组织实施，防止重复建设和频繁升级。

建立共享共用机制，加强资源整合，推动重要政务信息系统互联互通、信息共享和业务协同，降低软件开发、系统维护和升级等方面费用，防止资源浪费。

积极利用信息化手段，推行无纸化办公，减少一次性办公用品消耗。

## 第九章　宣传教育

**第四十六条**　宣传部门应当把厉行节约反对浪费作为重要宣传内容，充分发挥各级各类媒体作用，重视运用互联网等新兴媒体，通过新闻报道、文化作品、公益广告等形式，广泛宣传中华民族勤俭节约的优秀品德，宣传阐释相关制度规定，宣传推广厉行节约的经验做法和先进典型，倡导绿色低碳消费理念和健康文明生活方式。

**第四十七条**　党政机关应当把加强厉行节约反对浪费教育作为作风建设的重要内容，融入干部队伍建设和机关日常管理之中，建立健全常态化工作机制。对各种铺张浪费现象和行为，应当严肃批评、督促改正。

纪检监察机关应当不定期曝光铺张浪费的典型案例，发挥警示教育作用。

组织人事部门和党校、行政学院、干部学院应当把厉行节约反对浪费作为干部教育培训的重要内容，创新教育方法，切实增强教育培训的针对性和实效性。

**第四十八条**　党政机关应当围绕建设节约型机关，组织开展形式多样、便于参与的活动，引导干部职工增强节约意识、珍惜物力财力，积极培育和形成崇尚节约、厉行节约、反对浪费的机关文化，为在全社会形成节俭之风发挥示范表率作用。

## 第十章　监督检查

**第四十九条**　各级党委和政府应当建立厉行节约反对浪费监督检查机制，明确监督检查的主体、职责、内容、方法、程序等，加强经常性督促检查，针对突出问题开展重点检查、暗访等专项活动。

下级党委和政府应当每年向上级党委和政府报告本地区厉行节约

反对浪费工作情况，党委和政府所属部门、单位应当每年向本级党委和政府报告本部门、本单位厉行节约反对浪费工作情况。报告可结合领导班子年度考核和工作报告一并进行。

**第五十条**　领导干部厉行节约反对浪费工作情况，应当列为领导班子民主生活会和领导干部述职述廉的重要内容并接受评议。

**第五十一条**　党委办公厅（室）、政府办公厅（室）负责统筹协调相关部门开展对厉行节约反对浪费工作的督促检查。每年至少组织开展一次专项督查，并将督查情况在适当范围内通报。专项督查可以与党风廉政建设责任制检查考核、年终党建工作考核等相结合，督查考核结果应当按照干部管理权限送纪检监察机关和组织人事部门，作为干部管理监督、选拔任用的依据。

**第五十二条**　纪检监察机关应当加强对厉行节约反对浪费工作的监督检查，受理群众举报和有关部门移送的案件线索，及时查处违纪违法问题。

中央和省、自治区、直辖市党委巡视组应当按照有关规定，加强对有关党组织领导班子及其成员厉行节约反对浪费工作情况的巡视监督。

**第五十三条**　财政部门应当加强对党政机关预算编制、执行等财政、财务、政府采购和会计事项的监督检查，依法处理发现的违规问题，并及时向本级党委和政府汇报监督检查结果。

审计部门应当加大对党政机关公务支出和公款消费的审计力度，依法处理、督促整改违规问题，并将涉嫌违纪违法问题移送有关部门查处。

**第五十四条**　党政机关应当建立健全厉行节约反对浪费信息公开制度。除依照法律法规和有关要求须保密的内容和事项外，下列内容应当按照及时、方便、多样的原则，以适当方式进行公开：

（一）预算和决算信息；

（二）政府采购文件、采购预算、中标成交结果、采购合同等情况；

（三）国内公务接待的批次、人数、经费总额等情况；

（四）会议的名称、主要内容、支出金额等情况；

（五）培训的项目、内容、人数、经费等情况；

（六）节会、庆典、论坛、博览会、展会、运动会、赛会等活动举办信息；

（七）办公用房建设、维修改造、使用、运行费用支出等情况；

（八）公务支出和公款消费的审计结果；

（九）其他需要公开的内容。

**第五十五条** 推动和支持人民代表大会及其常务委员会依法严格审查批准党政机关公务支出预算，加强对预算执行情况的监督。发挥人大代表的监督作用，通过提出意见、建议、批评以及询问、质询等方式加强对党政机关厉行节约反对浪费工作的监督。

支持人民政协对党政机关厉行节约反对浪费工作的监督，自觉接受并积极支持政协委员通过调研、视察、提案等方式加强对党政机关厉行节约反对浪费工作的监督。

**第五十六条** 重视各级各类媒体在厉行节约反对浪费方面的舆论监督作用。建立舆情反馈机制，及时调查处理媒体曝光的违规违纪违法问题。

发挥群众对党政机关及其工作人员铺张浪费行为的监督作用，认真调查处理群众反映的问题。

## 第十一章　责任追究

**第五十七条** 建立党政机关厉行节约反对浪费工作责任追究制度。

对违反本条例规定造成浪费的，应当依纪依法追究相关人员的责任，对负有领导责任的主要负责人或者有关领导干部实行问责。

**第五十八条** 有下列情形之一的，追究相关人员的责任：

（一）未经审批列支财政性资金的；

（二）采取弄虚作假等手段违规取得审批的；

（三）违反审批要求擅自变通执行的；

（四）违反管理规定超标准或者以虚假事项开支的；

（五）利用职务便利假公济私的；

（六）有其他违反审批、管理、监督规定行为的。

**第五十九条** 有下列情形之一的，追究主要负责人或者有关领导干部的责任：

（一）本地区、本部门、本单位铺张浪费、奢侈奢华问题严重，对发现的问题查处不力，干部群众反映强烈的；

（二）指使、纵容下属单位或者人员违反本条例规定造成浪费的；

（三）不履行内部审批、管理、监督职责造成浪费的；

（四）不按规定及时公开本地区、本部门、本单位有关厉行节约反对浪费工作信息的；

（五）其他对铺张浪费问题负有领导责任的。

**第六十条** 违反本条例规定造成浪费的，根据情节轻重，由有关部门依照职责权限给予批评教育、责令作出检查、诫勉谈话、通报批评或者调离岗位、责令辞职、免职、降职等处理。

应当追究党纪政纪责任的，依照《中国共产党纪律处分条例》、《行政机关公务员处分条例》等有关规定给予相应的党纪政纪处分。

涉嫌违法犯罪的，依法追究法律责任。

**第六十一条** 违反本条例规定获得的经济利益，应当予以收缴或者纠正。

违反本条例规定，用公款支付、报销应由个人支付的费用，应当责令退赔。

**第六十二条** 受到责任追究的人员对处理决定不服的，可以按照相关规定向有关机关提出申诉。受理申诉机关应当依据有关规定认真受理并作出结论。

申诉期间，不停止处理决定的执行。

## 第十二章　附　　则

**第六十三条** 各省、自治区、直辖市党委和政府，中央和国家机关各部委，可以根据本条例，结合实际制定实施细则。有关职能部门应当根据各自职责，制定完善相关配套制度。

国有企业、国有金融企业、不参照公务员法管理的事业单位，参照本条例执行。

中国人民解放军和中国人民武装警察部队按照军队有关规定执行。

**第六十四条** 本条例由中共中央办公厅、国务院办公厅会同有关部门负责解释。

**第六十五条** 本条例自发布之日起施行。1997 年 5 月 25 日发布的《中共中央、国务院关于党政机关厉行节约制止奢侈浪费行为的若干规定》同时废止。其他有关党政机关厉行节约反对浪费的规定，凡与本条例不一致的，按照本条例执行。

# 党政机关国内公务接待管理规定

（中共中央办公厅、国务院办公厅 2013 年 12 月 1 日印发）

**第一条** 为了规范党政机关国内公务接待管理，厉行勤俭节约，反对铺张浪费，加强党风廉政建设，根据《党政机关厉行节约反对浪费条例》规定，制定本规定。

**第二条** 本规定适用于各级党的机关、人大机关、行政机关、政协机关、审判机关、检察机关，以及工会、共青团、妇联等人民团体和参照公务员法管理事业单位的国内公务接待行为。

本规定所称国内公务，是指出席会议、考察调研、执行任务、学习交流、检查指导、请示汇报工作等公务活动。

**第三条** 国内公务接待应当坚持有利公务、务实节俭、严格标准、简化礼仪、高效透明、尊重少数民族风俗习惯的原则。

**第四条** 各级党政机关公务接待管理部门应当结合当地实际，完善国内公务接待管理制度，制定国内公务接待标准。

县级以上党政机关公务接待管理部门负责管理本级党政机关国内

公务接待工作，指导下级党政机关国内公务接待工作。

乡镇党委、政府应当加强国内公务接待管理，严格执行有关管理规定和开支标准。

**第五条** 各级党政机关应当加强公务外出计划管理，科学安排和严格控制外出的时间、内容、路线、频率、人员数量，禁止异地部门间没有特别需要的一般性学习交流、考察调研，禁止重复性考察，禁止以各种名义和方式变相旅游，禁止违反规定到风景名胜区举办会议和活动。

公务外出确需接待的，派出单位应当向接待单位发出公函，告知内容、行程和人员。

**第六条** 接待单位应当严格控制国内公务接待范围，不得用公款报销或者支付应由个人负担的费用。

国家工作人员不得要求将休假、探亲、旅游等活动纳入国内公务接待范围。

**第七条** 接待单位应当根据规定的接待范围，严格接待审批控制，对能够合并的公务接待统筹安排。无公函的公务活动和来访人员一律不予接待。

公务活动结束后，接待单位应当如实填写接待清单，并由相关负责人审签。接待清单包括接待对象的单位、姓名、职务和公务活动项目、时间、场所、费用等内容。

**第八条** 国内公务接待不得在机场、车站、码头和辖区边界组织迎送活动，不得跨地区迎送，不得张贴悬挂标语横幅，不得安排群众迎送，不得铺设迎宾地毯；地区、部门主要负责人不得参加迎送。严格控制陪同人数，不得层层多人陪同。

接待单位安排的活动场所、活动项目和活动方式，应当有利于公务活动开展。安排外出考察调研的，应当深入基层、深入群众，不得走过场、搞形式主义。

**第九条** 接待住宿应当严格执行差旅、会议管理的有关规定，在定点饭店或者机关内部接待场所安排，执行协议价格。出差人员住宿费应当回本单位凭据报销，与会人员住宿费按会议费管理有关规定执行。

住宿用房以标准间为主，接待省部级干部可以安排普通套间。接待单位不得超标准安排接待住房，不得额外配发洗漱用品。

**第十条** 接待对象应当按照规定标准自行用餐。确因工作需要，接待单位可以安排工作餐一次，并严格控制陪餐人数。接待对象在10人以内的，陪餐人数不得超过3人；超过10人的，不得超过接待对象人数的三分之一。

工作餐应当供应家常菜，不得提供鱼翅、燕窝等高档菜肴和用野生保护动物制作的菜肴，不得提供香烟和高档酒水，不得使用私人会所、高消费餐饮场所。

**第十一条** 国内公务接待的出行活动应当安排集中乘车，合理使用车型，严格控制随行车辆。

接待单位应当严格按照有关规定使用警车，不得违反规定实行交通管控。确因安全需要安排警卫的，应当按照规定的警卫界限、警卫规格执行，合理安排警力，尽可能缩小警戒范围，不得清场闭馆。

**第十二条** 各级党政机关应当加强对国内公务接待经费的预算管理，合理限定接待费预算总额。公务接待费用应当全部纳入预算管理，单独列示。

禁止在接待费中列支应当由接待对象承担的差旅、会议、培训等费用，禁止以举办会议、培训为名列支、转移、隐匿接待费开支；禁止向下级单位及其他单位、企业、个人转嫁接待费用，禁止在非税收入中坐支接待费用；禁止借公务接待名义列支其他支出。

**第十三条** 县级以上地方党委、政府应当根据当地经济发展水平、市场价格等实际情况，按照当地会议用餐标准制定本级国内公务接待工作餐开支标准，并定期进行调整。接待住宿应当按照差旅费管理有关规定，执行接待对象在当地的差旅住宿费标准。接待开支标准应当报上一级党政机关公务接待管理部门、财政部门备案。

**第十四条** 接待费报销凭证应当包括财务票据、派出单位公函和接待清单。

接待费资金支付应当严格按照国库集中支付制度和公务卡管理有关规定执行。具备条件的地方应当采用银行转账或者公务卡方式结算，不得以现金方式支付。

**第十五条** 机关内部接待场所应当建立健全服务经营机制，推行企业化管理，推进劳动、用工和分配制度与市场接轨，建立市场化的接待费结算机制，降低服务经营成本，提高资产使用效率，逐步实现自负盈亏、自我发展。

各级党政机关不得以任何名义新建、改建、扩建内部接待场所，不得对机关内部接待场所进行超标准装修或者装饰、超标准配置家具和电器。推进机关内部接待场所集中统一管理和利用，建立资源共享机制。

**第十六条** 接待单位不得超标准接待，不得组织旅游和与公务活动无关的参观，不得组织到营业性娱乐、健身场所活动，不得安排专场文艺演出，不得以任何名义赠送礼金、有价证券、纪念品和土特产品等。

**第十七条** 县级以上党政机关公务接待管理部门应当会同有关部门加强对本级党政机关各部门和下级党政机关国内公务接待工作的监督检查。监督检查的主要内容包括：

（一）国内公务接待规章制度制定情况；

（二）国内公务接待标准执行情况；

（三）国内公务接待经费管理使用情况；

（四）国内公务接待信息公开情况；

（五）机关内部接待场所管理使用情况。

党政机关各部门应当定期汇总本部门国内公务接待情况，报同级党政机关公务接待管理部门、财政部门、纪检监察机关备案。

**第十八条** 财政部门应当对党政机关国内公务接待经费开支和使用情况进行监督检查。审计部门应当对党政机关国内公务接待经费进行审计，并加强对机关内部接待场所的审计监督。

**第十九条** 县级以上党政机关公务接待管理部门应当会同财政部门按年度组织公开本级国内公务接待制度规定、标准、经费支出、接待场所、接待项目等有关情况，接受社会监督。

**第二十条** 各级党政机关应当将国内公务接待工作纳入问责范围。纪检监察机关应当加强对国内公务接待违规违纪行为的查处，严肃追究接待单位相关负责人、直接责任人的党纪责任、行政责任并进行通报，涉嫌犯罪的移送司法机关依法追究刑事责任。

**第二十一条** 积极推进国内公务接待服务社会化改革，有效利用社会资源为国内公务接待提供住宿、用餐、用车等服务。推行接待用车定点服务制度。

**第二十二条** 地方各级党委、政府应当依照本规定制定本地区国内公务接待管理办法。

**第二十三条** 地方各级政府因招商引资等工作需要，接待除国家工作人员以外的其他因公来访人员，应当参照本规定实行单独管理，明确标准，控制经费总额，注重实际效益，加强审批管理，强化审计监督，杜绝奢侈浪费。严禁扩大接待范围、增加接待项目，严禁以招商引资为名变相安排公务接待。

**第二十四条** 国有企业、国有金融企业和不参照公务员法管理的事业单位参照本规定执行。

**第二十五条** 本规定由国家机关事务管理局会同有关部门负责解释。

**第二十六条** 本规定自发布之日起施行。2006 年 10 月 20 日中共中央办公厅、国务院办公厅印发的《党政机关国内公务接待管理规定》同时废止。

# 农村基层干部廉洁履行职责若干规定（试行）

（中共中央办公厅、国务院办公厅 2011 年 5 月 23 日印发）

为进一步加强农村党风廉政建设，促进农村基层干部廉洁履行职责，维护农村集体和农民群众利益，推动农村科学发展，促进农村社会和谐，依据《中国共产党章程》和其他有关党内法规、国家法律法规，制定本规定。

## 总　则

农村党风廉政建设关系党的执政基础。农村基层干部廉洁履行职责，是坚持以邓小平理论和“三个代表”重要思想为指导，深入贯彻落实科学发展观，全面贯彻落实党的路线方针政策，加快推进社会主义新农村建设的重要保障；是新形势下加强党的执政能力建设和先进性建设，造就高素质农村基层干部队伍的重要内容；是保证农村基层干部正确行使权力，发展基层民主，保障农民权益，促进农村和谐稳定的重要基础，是加强和创新社会管理，做好新形势下群众工作，密切党群干群关系的必然要求。

农村基层干部应当坚定理想信念，牢记和践行全心全意为人民服务的宗旨，恪尽职守、为民奉献；应当发扬党的优良传统和作风，求真务实、艰苦奋斗；应当遵守党的纪律和国家法律，知法守法、依法办事；应当正确履行职责和自觉接受监督，清正廉洁、公道正派；应当倡导健康文明的社会风尚，崇尚科学、移风易俗。

## 第一章　乡镇领导班子成员和基层站所负责人廉洁履行职责行为规范

**第一条**　禁止滥用职权，侵害群众合法权益。不准有下列行为：

（一）非法征占、侵占、“以租代征”转用、买卖农村土地和森林、山岭、草原、荒地、滩涂、水面等资源；

（二）违反乡镇土地利用总体规划、村镇建设规划和基本农田保护规定进行审批和建设；

（三）侵占、截留、挪用、挥霍或者违反规定借用农村集体财产或者各项强农惠农资金、物资以及征地补偿费等；

（四）违反规定干预、插手农村村级组织选举或者农村集体资金、资产、资源的使用、分配、承包、租赁以及农村工程建设等事项；

（五）违反规定扣押、收缴群众款物或者处罚群众；

（六）对发现的严重侵害群众合法权益的违纪违法行为隐瞒不报、压案不查；

（七）其他滥用职权，侵害群众合法权益的行为。

**第二条** 禁止利用职务之便，谋取不正当利益。不准有下列行为：

（一）索取、收受或者以借为名占用管理、服务对象财物，或者吃拿卡要；

（二）在管理、服务活动中违反规定收取费用或者谋取私利；

（三）用公款或者由村级组织、乡镇企业、私营企业报销、支付应当由个人负担的费用；

（四）设立"小金库"，侵吞、截留、挪用、坐支公款；

（五）利用职权和职务上的影响为亲属谋取利益；

（六）其他利用职务之便，为本人或者他人谋取不正当利益的行为。

**第三条** 禁止搞不正之风，损害党群干群关系。不准有下列行为：

（一）违反规定选拔任用干部，或者在乡镇党委和政府换届选举中拉票贿选，败坏选人用人风气；

（二）弄虚作假，骗取荣誉和其他利益；

（三）在社会保障、政策扶持、救灾救济款物分配等事项中违规办事、显失公平；

（四）漠视群众正当诉求，或者对待群众态度恶劣，故意刁难群众；

（五）大吃大喝，公款旅游，或者违反规定配备、使用小汽车；

（六）大操大办婚丧喜庆事宜，或者借机敛财。

## 第二章　村党组织领导班子成员和村民委员会成员廉洁履行职责行为规范

**第四条** 禁止在村级组织选举中拉票贿选、破坏选举。不准有下列行为：

（一）违反法定程序组织、参与选举，或者伪造选票、虚报选举票数、篡改选举结果；

（二）采取暴力、威胁、欺骗、贿赂等不正当手段参选或者妨害村民依法行使选举权、被选举权；

（三）利用宗教、宗族、家族势力或者黑恶势力干扰、操纵、破坏选举。

**第五条** 禁止在村级事务决策中独断专行、以权谋私。不准有下列行为：

（一）违反规定处置集体资金、资产、资源，或者擅自用集体财产为他人提供担保，损害集体利益；

（二）违法违规发包集体土地、调整收回农民承包土地、强迫或者阻碍农民流转土地承包经营权，非法转让、出租集体土地，或者违反规定强制调整农民宅基地；

（三）在政府拨付和接受社会捐赠的各类救灾救助、补贴补助资金、物资以及退耕还林退牧还草款物、征地补偿费使用分配发放等方面违规操作、挪用、侵占，或者弄虚作假、优亲厚友；

（四）在集体资金使用、集体经济项目和工程建设项目立项及承包、宅基地使用安排以及耕地、山林等集体资源承包、租赁、流转等经营活动中暗箱操作，为本人或者他人谋取私利；

（五）违背村民意愿超范围、超标准向村民筹资筹劳，加重村民负担，或者向村民乱集资、乱摊派、乱收费。

**第六条** 禁止在村级事务管理中滥用职权、损公肥私。不准有下列行为：

（一）采取侵占、截留、挪用、私分、骗取等手段非法占有集体资金、资产、资源或者其他公共财物；

（二）在计划生育、落户、殡葬等各项管理、服务工作中或者受委托从事公务活动时，吃拿卡要、故意刁难群众或者收受、索取财物；

（三）违反规定无据收（付）款，不按审批程序报销发票，或者设立“小金库”，隐瞒、截留、坐支集体收入；

（四）以虚报、冒领等手段套取、骗取或者截留、私分国家对集体土地的补偿、补助费以及各项强农惠农补助资金、项目扶持资金；

（五）未经批准擅自借用集体款物或者经批准借用集体款物但逾期不还，或者违反规定用集体资金、公物操办个人婚丧喜庆事宜；

（六）以办理村务为名，请客送礼、大吃大喝，挥霍浪费集体资金，或者滥发奖金、补贴，用集体资金支付应当由个人负担的费用。

**第七条** 禁止在村级事务监督中弄虚作假、逃避监督。不准有下列行为：

（一）不按照规定实行民主理财，或者伪造、变造、隐匿、销毁财务会计资料；

（二）阻挠、干扰村民依法行使询问质询权、罢免权等监督权利；

（三）阻挠、干扰经济责任审计以及其他重大事项的审计；

（四）阻挠、干扰有关机关、部门依法进行的监督检查或者案件查处。

**第八条** 禁止妨害和扰乱社会管理秩序。不准有下列行为：

（一）参与、纵容、支持黑恶势力活动；

（二）组织、参与宗族宗派纷争或者聚众闹事；

（三）参与色情、赌博、吸毒、迷信、邪教等活动或者为其提供便利条件；

（四）违反计划生育政策或者纵容、支持他人违反计划生育政策。

## 第三章 实施与监督

**第九条** 各级党委和政府负责本规定的贯彻实施。开展教育培训，完善考评激励，落实待遇保障，加强监督检查，促进农村基层干部自觉贯彻执行本规定。

**第十条** 各级党委和政府应当结合本规定的贯彻实施建立健全农村基层党务公开、政务公开、村务公开和办事公开制度以及农村基层干部经济责任审计制度，推进农村基层权力运行公开透明。

**第十一条** 县（市、区、旗）党委和政府每年应当对乡镇领导班子成员执行本规定的情况进行一次检查考核。

县（市、区、旗）有关主管部门每年应当按照干部管理权限对基层站所负责人执行本规定的情况进行一次检查考核。检查考核时应当充分听取基层站所所在地的乡镇党委和政府的意见，并将考核结果通报乡镇党委和政府。

乡镇党委和政府每年应当对村党组织领导班子成员和村民委员会成员执行本规定的情况进行一次检查考核。

**第十二条** 纪检监察机关协助同级党委和政府或者根据职责开展对本规定贯彻实施情况的监督检查，依纪依法查处农村基层干部违反本规定的行为。

**第十三条** 村党组织和村民委员会应当依据本规定完善村规民约，建立廉政承诺制度，健全监督制约机制，保证本规定的贯彻执行。

**第十四条** 村党组织和村民委员会应当结合贯彻执行本规定健全党组织领导的村级民主自治机制。对村级重大事务实行村党组织提议、村党组织和村民委员会商议、党员大会审议、村民会议或者村民代表会议决议，决议内容和实施结果应当公开。

**第十五条** 村党组织和村民委员会应当结合贯彻执行本规定建立健全党务公开、村务公开和财务公开制度。

**第十六条** 村党组织领导班子成员和村民委员会成员应当将贯彻执行本规定的情况作为民主生活会对照检查、年度述职述廉和民主评议的重要内容，接受党员和村民的监督。

**第十七条** 村务监督委员会或者其他形式的村务监督机构应当依法履行监督职责，对村民委员会成员执行本规定的情况进行监督。

**第十八条** 村民代表可以对村民委员会成员执行本规定的情况进行询问和质询。

**第十九条** 农村基层干部遵守本规定的情况应当作为对其奖励惩处、考核评价、选拔任用、考录的重要依据。

## 第四章　违反规定行为的处理

**第二十条**　乡镇领导班子成员和基层站所负责人有违反本规定第一章所列行为的，视情节轻重，由有关机关、部门依照职责权限给予诫勉谈话、通报批评、调离岗位、责令辞职、免职、降职等处理。

应当追究党纪政纪责任的，依照《中国共产党纪律处分条例》、《行政机关公务员处分条例》等有关规定给予相应的党纪政纪处分。

乡镇党委和政府领导班子成员因工作失职，应当进行问责的，依照《关于实行党政领导干部问责的暂行规定》处理。

涉嫌犯罪的，移送司法机关依法处理。

**第二十一条**　村党组织领导班子成员有违反本规定第二章所列行为的，视情节轻重，由有关机关、部门依照职责权限给予警示谈话、责令公开检讨、通报批评、停职检查、责令辞职、免职等处理。

应当追究党纪责任的，依照《中国共产党纪律处分条例》给予相应的党纪处分。

涉嫌犯罪的，移送司法机关依法处理。

**第二十二条**　村民委员会成员有违反本规定第二章所列行为的，视情节轻重，由有关机关、部门依照职责权限给予警示谈话、责令公开检讨、通报批评、取消当选资格等处理或者责令其辞职，拒不辞职的，依照《中华人民共和国村民委员会组织法》的规定予以罢免。

对其中的党员，应当追究党纪责任的，依照《中国共产党纪律处分条例》给予相应的党纪处分。

涉嫌犯罪的，移送司法机关依法处理。

**第二十三条**　农村基层干部违反本规定获取的不正当经济利益，应当依法予以没收、追缴或者责令退赔；给国家、集体或者村民造成损失的，应当依照有关规定承担赔偿责任。

**第二十四条**　村党组织领导班子成员和村民委员会成员受到本规定第二十一条、第二十二条处理的，由县（市、区、旗）或者乡镇党委和政府按照规定减发或者扣发绩效补贴（工资）、奖金。

**第二十五条** 村党组织领导班子成员和村民委员会成员中的党员因违反本规定受到撤销党内职务处分的，或者受到留党察看处分恢复党员权利后，两年内不得担任村党组织领导班子成员；被责令辞职、免职的，一年内不得担任村党组织领导班子成员。

## 第五章 附 则

**第二十六条** 本规定适用于乡镇党委和政府领导班子成员、人大主席团负责人、基层站所负责人，村（社区）党组织（含党委、总支、支部）领导班子成员、村（居）民委员会成员。

乡镇其他干部、基层站所其他工作人员，农村集体经济组织中的党组织（含党委、总支、支部）领导班子成员、农村集体经济组织负责人，村民小组负责人，参照执行本规定。

**第二十七条** 各省、自治区、直辖市党委和政府可以根据本规定，结合实际情况制定具体实施办法，并报中央纪委、监察部备案。

**第二十八条** 本规定由中央纪委、监察部负责解释。

**第二十九条** 本规定自发布之日起施行。

# 国有企业领导人员廉洁从业若干规定

（中共中央办公厅、国务院办公厅2009年7月1日印发）

## 第一章 总 则

**第一条** 为规范国有企业领导人员廉洁从业行为，加强国有企业反腐倡廉建设，维护国家和出资人利益，促进国有企业科学发展，依据国家有关法律法规和党内法规，制定本规定。

**第二条** 本规定适用于国有独资企业、国有控股企业（含国有独资金融企业和国有控股金融企业）及其分支机构的领导班子成员。

**第三条** 国有企业领导人员应当遵守国家法律法规和企业规章制度，依法经营、开拓创新、廉洁从业、诚实守信，切实维护国家利益、企业利益和职工合法权益，努力实现国有企业又好又快发展。

## 第二章　廉洁从业行为规范

**第四条**　国有企业领导人员应当切实维护国家和出资人利益。不得有滥用职权、损害国有资产权益的下列行为：

（一）违反决策原则和程序决定企业生产经营的重大决策、重要人事任免、重大项目安排及大额度资金运作事项；

（二）违反规定办理企业改制、兼并、重组、破产、资产评估、产权交易等事项；

（三）违反规定投资、融资、担保、拆借资金、委托理财、为他人代开信用证、购销商品和服务、招标投标等；

（四）未经批准或者经批准后未办理保全国有资产的法律手续，以个人或者其他名义用企业资产在国（境）外注册公司、投资入股、购买金融产品、购置不动产或者进行其他经营活动；

（五）授意、指使、强令财会人员进行违反国家财经纪律、企业财务制度的活动；

（六）未经履行国有资产出资人职责的机构和人事主管部门批准，决定本级领导人员的薪酬和住房补贴等福利待遇；

（七）未经企业领导班子集体研究，决定捐赠、赞助事项，或者虽经企业领导班子集体研究但未经履行国有资产出资人职责的机构批准，决定大额捐赠、赞助事项；

（八）其他滥用职权、损害国有资产权益的行为。

**第五条**　国有企业领导人员应当忠实履行职责。不得有利用职权谋取私利以及损害本企业利益的下列行为：

（一）个人从事营利性经营活动和有偿中介活动，或者在本企业的同类经营企业、关联企业和与本企业有业务关系的企业投资入股；

（二）在职或者离职后接受、索取本企业的关联企业、与本企业有业务关系的企业，以及管理和服务对象提供的物质性利益；

（三）以明显低于市场的价格向请托人购买或者以明显高于市场

的价格向请托人出售房屋、汽车等物品，以及以其他交易形式非法收受请托人财物；

（四）委托他人投资证券、期货或者以其他委托理财名义，未实际出资而获取收益，或者虽然实际出资，但获取收益明显高于出资应得收益；

（五）利用企业上市或者上市公司并购、重组、定向增发等过程中的内幕消息、商业秘密以及企业的知识产权、业务渠道等无形资产或者资源，为本人或者配偶、子女及其他特定关系人谋取利益；

（六）未经批准兼任本企业所出资企业或者其他企业、事业单位、社会团体、中介机构的领导职务，或者经批准兼职的，擅自领取薪酬及其他收入；

（七）将企业经济往来中的折扣费、中介费、佣金、礼金，以及因企业行为受到有关部门和单位奖励的财物等据为己有或者私分；

（八）其他利用职权谋取私利以及损害本企业利益的行为。

**第六条**　国有企业领导人员应当正确行使经营管理权，防止可能侵害公共利益、企业利益行为的发生。不得有下列行为：

（一）本人的配偶、子女及其他特定关系人，在本企业的关联企业、与本企业有业务关系的企业投资入股；

（二）将国有资产委托、租赁、承包给配偶、子女及其他特定关系人经营；

（三）利用职权为配偶、子女及其他特定关系人从事营利性经营活动提供便利条件；

（四）利用职权相互为对方及其配偶、子女和其他特定关系人从事营利性经营活动提供便利条件；

（五）本人的配偶、子女及其他特定关系人投资或者经营的企业与本企业或者有出资关系的企业发生可能侵害公共利益、企业利益的经济业务往来；

（六）按照规定应当实行任职回避和公务回避而没有回避；

（七）离职或者退休后三年内，在与原任职企业有业务关系的私营企业、外资企业和中介机构担任职务、投资入股，或者在上述企业或者机构从事、代理与原任职企业经营业务相关的经营活动；

（八）其他可能侵害公共利益、企业利益的行为。

**第七条** 国有企业领导人员应当勤俭节约，依据有关规定进行职务消费。不得有下列行为：

（一）超出报履行国有资产出资人职责的机构备案的预算进行职务消费；

（二）将履行工作职责以外的费用列入职务消费；

（三）在特定关系人经营的场所进行职务消费；

（四）不按照规定公开职务消费情况；

（五）用公款旅游或者变相旅游；

（六）在企业发生非政策性亏损或者拖欠职工工资期间，购买或者更换小汽车、公务包机、装修办公室、添置高档办公设备等；

（七）使用信用卡、签单等形式进行职务消费，不提供原始凭证和相应的情况说明；

（八）其他违反规定的职务消费以及奢侈浪费行为。

**第八条** 国有企业领导人员应当加强作风建设，注重自身修养，增强社会责任意识，树立良好的公众形象。不得有下列行为：

（一）弄虚作假，骗取荣誉、职务、职称、待遇或者其他利益；

（二）大办婚丧喜庆事宜，造成不良影响，或者借机敛财；

（三）默许、纵容配偶、子女和身边工作人员利用本人的职权和地位从事可能造成不良影响的活动；

（四）用公款支付与公务无关的娱乐活动费用；

（五）在有正常办公和居住场所的情况下用公款长期包租宾馆；

（六）漠视职工正当要求，侵害职工合法权益；

（七）从事有悖社会公德的活动。

## 第三章 实施与监督

**第九条** 国有企业应当依据本规定制定规章制度或者将本规定的

要求纳入公司章程，建立健全监督制约机制，保证本规定的贯彻执行。

国有企业党委（党组）书记、董事长、总经理为本企业实施本规定的主要责任人。

**第十条** 国有企业领导人员应当将贯彻落实本规定的情况作为民主生活会对照检查、年度述职述廉和职工代表大会民主评议的重要内容，接受监督和民主评议。

**第十一条** 国有企业应当明确决策原则和程序，在规定期限内将生产经营的重大决策、重要人事任免、重大项目安排及大额度资金运作事项的决策情况报告履行国有资产出资人职责的机构，将涉及职工切身利益的事项向职工代表大会报告。

需经职工代表大会讨论通过的事项，应当经职工代表大会讨论通过后实施。

**第十二条** 国有企业应当完善以职工代表大会为基本形式的企业民主管理制度，实行厂务公开制度，并报履行国有资产出资人职责的机构备案。

**第十三条** 国有企业应当按照有关规定建立健全职务消费制度，报履行国有资产出资人职责的机构备案，并将职务消费情况作为厂务公开的内容向职工公开。

**第十四条** 国有企业领导人员应当按年度向履行国有资产出资人职责的机构报告兼职、投资入股、国（境）外存款和购置不动产情况，配偶、子女从业和出国（境）定居及有关情况，以及本人认为应当报告的其他事项，并以适当方式在一定范围内公开。

**第十五条** 国有企业应当结合本规定建立领导人员从业承诺制度，规范领导人员从业行为以及离职和退休后的相关行为。

**第十六条** 履行国有资产出资人职责的机构和人事主管部门应当结合实际，完善国有企业领导人员的薪酬管理制度，规范和完善激励和约束机制。

**第十七条** 纪检监察机关、组织人事部门和履行国有资产出资人职责的机构，应当对国有企业领导人员进行经常性的教育和监督。

**第十八条** 履行国有资产出资人职责的机构和审计部门应当依法开展各项审计监督，严格执行国有企业领导人员任期和离任经济责任审计制度，建立健全纪检监察和审计监督工作的协调运行机制。

**第十九条** 各级纪检监察机关、组织人事部门和履行国有资产出资人职责机构的纪检监察机构，应当对所管辖的国有企业领导人员执行本规定的情况进行监督检查。

国有企业的纪检监察机构应当结合年度考核，每年对所管辖的国有企业领导人员执行本规定的情况进行监督检查，并作出评估，向企业党组织和上级纪检监察机构报告。

对违反本规定行为的检举和控告，有关机构应当及时受理，并作出处理决定或者提出处理建议。

对违反本规定行为的检举和控告符合函询条件的，应当按规定进行函询。

对检举、控告违反本规定行为的职工进行打击报复的，应当追究相关责任人的责任。

**第二十条** 各级组织人事部门和履行国有资产出资人职责的机构，应当将廉洁从业情况作为对国有企业领导人员考察、考核的重要内容和任免的重要依据。

**第二十一条** 国有企业的监事会应当依照有关规定加强对国有企业领导人员廉洁从业情况的监督。

按照本规定第十一条至第十四条向履行国有资产出资人职责的机构报告、备案的事项，应当同时抄报本企业监事会。

## 第四章　违反规定行为的处理

**第二十二条** 国有企业领导人员违反本规定第二章所列行为规范的，视情节轻重，由有关机构按照管理权限分别给予警示谈话、调离岗位、降职、免职处理。

应当追究纪律责任的，除适用前款规定外，视情节轻重，依照国家有关法律法规给予相应的处分。

对于其中的共产党员，视情节轻重，依照《中国共产党纪律处分条例》给予相应的党纪处分。

涉嫌犯罪的，依法移送司法机关处理。

**第二十三条** 国有企业领导人员受到警示谈话、调离岗位、降职、免职处理的，应当减发或者全部扣发当年的绩效薪金、奖金。

**第二十四条** 国有企业领导人员违反本规定获取的不正当经济利益，应当责令清退；给国有企业造成经济损失的，应当依据国家或者企业的有关规定承担经济赔偿责任。

**第二十五条** 国有企业领导人员违反本规定受到降职处理的，两年内不得担任与其原任职务相当或者高于其原任职务的职务。

受到免职处理的，两年内不得担任国有企业的领导职务；因违反国家法律，造成国有资产重大损失被免职的，五年内不得担任国有企业的领导职务。

构成犯罪被判处刑罚的，终身不得担任国有企业的领导职务。

## 第五章 附 则

**第二十六条** 国有企业领导班子成员以外的对国有资产负有经营管理责任的其他人员、国有企业所属事业单位的领导人员参照本规定执行。

国有参股企业（含国有参股金融企业）中对国有资产负有经营管理责任的人员参照本规定执行。

**第二十七条** 本规定所称履行国有资产出资人职责的机构，包括作为国有资产出资人代表的各级国有资产监督管理机构、尚未实行政资分开代行出资人职责的政府主管部门和其他机构以及授权经营的母公司。

本规定所称特定关系人，是指与国有企业领导人员有近亲属以及其他共同利益关系的人。

**第二十八条** 国务院国资委，各省、自治区、直辖市，可以根据本规定制定实施办法，并报中央纪委、监察部备案。

中国银监会、中国证监会、中国保监会，中央管理的国有独资金融企业和国有控股金融企业，可以结合金融行业的实际，制定本规定的补充规定，并报中央纪委、监察部备案。

**第二十九条** 本规定由中央纪委商中央组织部、监察部解释。

**第三十条** 本规定自发布之日起施行。2004 年发布的《国有企业领导人员廉洁从业若干规定（试行）》同时废止。

现行的其他有关规定，凡与本规定不一致的，依照本规定执行。

# 关于党政机关工作人员个人证券投资行为若干规定

（中共中央办公厅、国务院办公厅 2001 年 4 月 3 日印发）

**第一条** 为规范党政机关工作人员个人证券投资行为，促进党政机关工作人员廉洁自律，加强党风廉政建设，促进证券市场健康发展，制定本规定。

**第二条** 本规定所称党政机关工作人员个人证券投资行为，是指党政机关工作人员将其合法的财产以合法的方式投资于证券市场，买卖股票和证券投资基金的行为。

**第三条** 党政机关工作人员个人可以买卖股票和证券投资基金。在买卖股票和证券投资基金时，应当遵守有关法律、法规的规定，严禁下列行为：

（一）利用职权、职务上的影响或者采取其他不正当手段，索取或者强行买卖股票、索取或者倒卖认股权证；

（二）利用内幕信息直接或者间接买卖股票和证券投资基金，或者向他人提出买卖股票和证券投资基金的建议；

（三）买卖或者借他人名义持有、买卖其直接业务管辖范围内的上市公司的股票；

（四）借用本单位的公款，或者借用管理和服务对象的资金，或者借用主管范围内的下属单位和个人的资金，或者借用其他与其行使职权有关系的单位和个人的资金，购买股票和证券投资基金；

（五）以单位名义集资买卖股票和证券投资基金；

（六）利用工作时间、办公设施买卖股票和证券投资基金；

（七）其他违反《中华人民共和国证券法》和相关法律、法规的行为。

**第四条** 上市公司的主管部门以及上市公司的国有控股单位的主管部门中掌握内幕信息的人员及其父母、配偶、子女及其配偶，不准买卖上述主管部门所管理的上市公司的股票。

**第五条** 国务院证券监督管理机构及其派出机构、证券交易所和期货交易所的工作人员及其父母、配偶、子女及其配偶，不准买卖股票。

**第六条** 本人的父母、配偶、子女及其配偶在证券公司、基金管理公司任职的，或者在由国务院证券监督管理机构授予证券期货从业资格的会计（审计）师事务所、律师事务所、投资咨询机构、资产评估机构、资信评估机构任职的，该党政机关工作人员不得买卖与上述机构有业务关系的上市公司的股票。

**第七条** 掌握内幕信息的党政机关工作人员，在离开岗位三个月内，继续受本规定的约束。

由于新任职务而掌握内幕信息的党政机关工作人员，在任职前已持有的股票和证券投资基金必须在任职后一个月内作出处理，不得继续持有。

**第八条** 各综合性经济管理部门及行业管理部门，应当根据工作性质，对其工作人员进入证券市场的行为作出限制性规定，报中共中央纪委、监察部备案。

**第九条** 党政机关工作人员违反本规定的，应当给予党纪处分、行政处分或者其他纪律处分；有犯罪嫌疑的，移送司法机关依法处理。有违法所得的，应当予以没收。

**第十条** 本规定所称党政机关工作人员，是指党的机关、人大机关、行政机关、政协机关、审判机关、检察机关中的工作人员。依照公务员制度管理的事业单位，具有行政管理职能和行政执法职能的企业、事业单位，以及工会、共青团、妇联、文联、作协、科协等群众团体机关中的工作人员；各级党政机关、工会、共青团、妇联、文联、作协、科协等群众团体机关所属事业单位中的工作人员适用本规定。

**第十一条** 除买卖股票和证券投资基金外，买卖其他股票类证券及其衍生产品，适用本规定。

**第十二条** 本规定由中共中央纪委、监察部负责解释。

**第十三条** 本规定自发布之日起施行。对于本规定发布前党政机关工作人员利用职权或者职务上的影响购买、收受"原始股"，以及其他违反当时规定买卖股票的行为，应当继续依照原有的规定予以查处。

# 基层工会经费收支管理办法

（中华全国总工会办公厅2017年12月15日印发）

## 第一章 总 则

**第一条** 为加强基层工会收支管理，规范基层工会经费使用，根据《中华人民共和国工会法》和《中国工会章程》《工会会计制度》《工会预算管理办法》的有关规定，结合中华全国总工会（以下简称"全国总工会"）贯彻落实中央有关规定的相关要求，制定本办法。

**第二条** 本办法适用于企业、事业单位、机关和其他经济社会组织单独或联合建立的基层工会委员会。

**第三条** 基层工会经费收支管理应遵循以下原则：

（一）遵纪守法原则。基层工会应依据《中华人民共和国工会法》的有关规定，依法组织各项收入，严格遵守国家法律法规，严格执行全国总工会有关制度规定，严肃财经纪律，严格工会经费使用，加强工会经费收支管理。

（二）经费独立原则。基层工会应依据全国总工会关于工会法人登记管理的有关规定取得工会法人资格，依法享有民事权利、承担民事义务，并根据财政部、中国人民银行的有关规定，设立工会经费银行账户，实行工会经费独立核算。

（三）预算管理原则。基层工会应按照《工会预算管理办法》的要求，将单位各项收支全部纳入预算管理。基层工会经费年度收支预算（含调整预算）需经同级工会委员会和工会经费审查委员会审查同意，并报上级主管工会批准。

（四）服务职工原则。基层工会应坚持工会经费正确的使用方向，优化工会经费支出结构，严格控制一般性支出，将更多的工会经费用于为职工服务和开展工会活动，维护职工的合法权益，增强工会组织服务职工的能力。

（五）勤俭节约原则。基层工会应按照党中央、国务院关于厉行勤俭节约反对奢侈浪费的有关规定，严格控制工会经费开支范围和开支标准，经费使用要精打细算，少花钱多办事，节约开支，提高工会经费使用效益。

（六）民主管理原则。基层工会应依靠会员管好用好工会经费。年度工会经费收支情况应定期向会员大会或会员代表大会报告，建立经费收支信息公开制度，主动接受会员监督。同时，接受上级工会监督，依法接受国家审计监督。

## 第二章　工会经费收入

**第四条**　基层工会经费收入范围包括：

（一）会费收入。会费收入是指工会会员依照全国总工会规定按本人工资收入的5‰向所在基层工会缴纳的会费。

（二）拨缴经费收入。拨缴经费收入是指建立工会组织的单位按全部职工工资总额2%依法向工会拨缴的经费中的留成部分。

（三）上级工会补助收入。上级工会补助收入是指基层工会收到的上级工会拨付的各类补助款项。

（四）行政补助收入。行政补助收入是指基层工会所在单位依法对工会组织给予的各项经费补助。

（五）事业收入。事业收入是指基层工会独立核算的所属事业单位上缴的收入和非独立核算的附属事业单位的各项事业收入。

（六）投资收益。投资收益是指基层工会依据相关规定对外投资取得的收益。

（七）其他收入。其他收入是指基层工会取得的资产盘盈、固定资产处置净收入、接受捐赠收入和利息收入等。

**第五条** 基层工会应加强对各项经费收入的管理。要按照会员工资收入和规定的比例，按时收取全部会员应交的会费。要严格按照国家统计局公布的职工工资总额口径和所在省级工会规定的分成比例，及时足额拨缴工会经费；实行财政划拨或委托税务代收部分工会经费的基层工会，应加强与本单位党政部门的沟通，依法足额落实基层工会按照省级工会确定的留成比例应当留成的经费。要统筹安排行政补助收入，按照预算确定的用途开支，不得将与工会无关的经费以行政补助名义纳入账户管理。

## 第三章 工会经费支出

**第六条** 基层工会经费主要用于为职工服务和开展工会活动。

**第七条** 基层工会经费支出范围包括：职工活动支出、维权支出、业务支出、资本性支出、事业支出和其他支出。

**第八条** 职工活动支出是指基层工会组织开展职工教育、文体、宣传等活动所发生的支出和工会组织的职工集体福利支出。包括：

（一）职工教育支出。用于基层工会举办政治、法律、科技、业务等专题培训和职工技能培训所需的教材资料、教学用品、场地租金等方面的支出，用于支付职工教育活动聘请授课人员的酬金，用于基层工会组织的职工素质提升补助和职工教育培训优秀学员的奖励。

对优秀学员的奖励应以精神鼓励为主、物质激励为辅。授课人员酬金标准参照国家有关规定执行。

（二）文体活动支出。用于基层工会开展或参加上级工会组织的职工业余文体活动所需器材、服装、用品等购置、租赁与维修方面的支出以及活动场地、交通工具的租金支出等，用于文体活动优胜者的奖励支出，用于文体活动中必要的伙食补助费。

文体活动奖励应以精神鼓励为主、物质激励为辅。奖励范围不得超过参与人数的三分之二；不设置奖项的，可为参加人员发放少量纪念品。

文体活动中开支的伙食补助费，不得超过当地差旅费中的伙食补助标准。

基层工会可以用会员会费组织会员观看电影、文艺演出和体育比赛等，开展春游秋游，为会员购买当地公园年票。会费不足部分可以用工会经费弥补，弥补部分不超过基层工会当年会费收入的三倍。

基层工会组织会员春游秋游应当日往返，不得到有关部门明令禁止的风景名胜区开展春游秋游活动。

（三）宣传活动支出。用于基层工会开展重点工作、重大主题和重大节日宣传活动所需的材料消耗、场地租金、购买服务等方面的支出，用于培育和践行社会主义核心价值观，弘扬劳模精神和工匠精神等经常性宣传活动方面的支出，用于基层工会开展或参加上级工会举办的知识竞赛、宣讲、演讲比赛、展览等宣传活动支出。

（四）职工集体福利支出。用于基层工会逢年过节和会员生日、婚丧嫁娶、退休离岗的慰问支出等。

基层工会逢年过节可以向全体会员发放节日慰问品。逢年过节的年节是指国家规定的法定节日（即：新年、春节、清明节、劳动节、端午节、中秋节和国庆节）和经自治区以上人民政府批准设立的少数民族节日。节日慰问品原则上为符合中国传统节日习惯的用品和职工群众必需的生活用品等，基层工会可结合实际采取便捷灵活的发放方式。

工会会员生日慰问可以发放生日蛋糕等实物慰问品，也可以发放指定蛋糕店的蛋糕券。

工会会员结婚生育时，可以给予一定金额的慰问品。工会会员生病住院、工会会员或其直系亲属去世时，可以给予一定金额的慰问金。

工会会员退休离岗，可以发放一定金额的纪念品。

（五）其他活动支出。用于工会组织开展的劳动模范和先进职工疗休养补贴等其他活动支出。

**第九条** 维权支出是指基层工会用于维护职工权益的支出。包括：劳动关系协调费、劳动保护费、法律援助费、困难职工帮扶费、送温暖费和其他维权支出。

（一）劳动关系协调费。用于推进创建劳动关系和谐企业活动、加强劳动争议调解和队伍建设、开展劳动合同咨询活动、集体合同示范文本印制与推广等方面的支出。

（二）劳动保护费。用于基层工会开展群众性安全生产和职业病防治活动、加强群监员队伍建设、开展职工心理健康维护等促进安全健康生产、保护职工生命安全为宗旨开展职工劳动保护发生的支出等。

（三）法律援助费。用于基层工会向职工群众开展法治宣传、提供法律咨询、法律服务等发生的支出。

（四）困难职工帮扶费。用于基层工会对困难职工提供资金和物质帮助等发生的支出。

工会会员本人及家庭因大病、意外事故、子女就学等原因致困时，基层工会可给予一定金额的慰问。

（五）送温暖费。用于基层工会开展春送岗位、夏送清凉、金秋助学和冬送温暖等活动发生的支出。

（六）其他维权支出。用于基层工会补助职工和会员参加互助互济保障活动等其他方面的维权支出。

**第十条** 业务支出是指基层工会培训工会干部、加强自身建设以及开展业务工作发生的各项支出。包括：

（一）培训费。用于基层工会开展工会干部和积极分子培训发生的支出。开支范围和标准以有关部门制定的培训费管理办法为准。

（二）会议费。用于基层工会会员大会或会员代表大会、委员会、常委会、经费审查委员会以及其他专业工作会议的各项支出。开支范围和标准以有关部门制定的会议费管理办法为准。

（三）专项业务费。用于基层工会开展基层工会组织建设、建家活动、劳模和工匠人才创新工作室、职工创新工作室等创建活动发生的支出，用于基层工会开办的图书馆、阅览室和职工书屋等职工文体活动阵地所发生的支出，用于基层工会开展专题调研所发生的支出，用于基层工会开展女职工工作性支出，用于基层工会开展外事活动方面的支出，用于基层工会组织开展合理化建议、技术革新、发明创造、岗位练兵、技术比武、技术培训等劳动和技能竞赛活动支出及其奖励支出。

（四）其他业务支出。用于基层工会发放兼职工会干部和专职社会化工会工作者补贴，用于经上级批准评选表彰的优秀工会干部和积极分子的奖励支出，用于基层工会必要的办公费、差旅费，用于基层工会支付代理记账、中介机构审计等购买服务方面的支出。

基层工会兼职工会干部和专职社会化工会工作者发放补贴的管理办法由省级工会制定。

**第十一条** 资本性支出是指基层工会从事工会建设工程、设备工具购置、大型修缮和信息网络购建而发生的支出。

**第十二条** 事业支出是指基层工会对独立核算的附属事业单位的补助和非独立核算的附属事业单位的各项支出。

**第十三条** 其他支出是指基层工会除上述支出以外的其他各项支出。包括：资产盘亏、固定资产处置净损失、捐赠、赞助等。

**第十四条** 根据《中华人民共和国工会法》的有关规定，基层工会专职工作人员的工资、奖励、补贴由所在单位承担，基层工会办公和开展活动必要的设施和活动场所等物质条件由所在单位提供。所在单位保障不足且基层工会经费预算足以保证的前提下，可以用工会经费适当弥补。

## 第四章　财务管理

**第十五条**　基层工会主席对基层工会会计工作和会计资料的真实性、完整性负责。

**第十六条**　基层工会应根据国家和全国总工会的有关政策规定以及上级工会的要求，制定年度工会工作计划，依法、真实、完整、合理地编制工会经费年度预算，依法履行必要程序后报上级工会批准。严禁无预算、超预算使用工会经费。年度预算原则上一年调整一次，调整预算的编制审批程序与预算编制审批程序一致。

**第十七条**　基层工会应根据批准的年度预算，积极组织各项收入，合理安排各项支出，并严格按照《工会会计制度》的要求，科学设立和登记会计账簿，准确办理经费收支核算，定期向工会委员会和经费审查委员会报告预算执行情况。基层工会经费年度财务决算需报上级工会审批。

**第十八条**　基层工会应加强财务管理制度建设，健全完善财务报销、资产管理、资金使用等内部管理制度。基层工会应依法组织工会经费收入，严格控制工会经费支出，各项收支实行工会委员会集体领导下的主席负责制，重大收支须集体研究决定。

**第十九条**　基层工会应根据自身实际科学设置会计机构、合理配备会计人员，真实、完整、准确、及时反映工会经费收支情况和财务管理状况。具备条件的基层工会，应当设置会计机构或在有关机构中设置专职会计人员；不具备条件的，由设立工会财务结算中心的乡镇（街道）、开发区（工业园区）工会实行集中核算，分户管理，或者委托本单位财务部门或经批准设立从事会计代理记账业务的中介机构或聘请兼职会计人员代理记账。

## 第五章　监督检查

**第二十条**　全国总工会负责对全国工会系统工会经费的收入、支出和使用管理情况进行监督检查。按照“统一领导、分级管理”的管理体制，省以下各级工会应加强对本级和下一级工会经费收支与使用管理情况的监督检查，下一级工会应定期向本级工会委员会和上一级工会报告财务监督检查情况。

**第二十一条** 基层工会应加强对本单位工会经费使用情况的内部会计监督和工会预算执行情况的审查审计监督，依法接受并主动配合国家审计监督。内部会计监督主要对原始凭证的真实性合法性、会计账簿与财务报告的准确性及时性、财产物资的安全性完整性进行监督，以维护财经纪律的严肃性。审查审计监督主要对单位财务收支情况和预算执行情况进行审查监督。

**第二十二条** 基层工会应严格执行以下规定：

（一）不准使用工会经费请客送礼。

（二）不准违反工会经费使用规定，滥发奖金、津贴、补贴。

（三）不准使用工会经费从事高消费性娱乐和健身活动。

（四）不准单位行政利用工会账户，违规设立“小金库”。

（五）不准将工会账户并入单位行政账户，使工会经费开支失去控制。

（六）不准截留、挪用工会经费。

（七）不准用工会经费参与非法集资活动，或为非法集资活动提供经济担保。

（八）不准用工会经费报销与工会活动无关的费用。

**第二十三条** 各级工会对监督检查中发现违反基层工会经费收支管理办法的问题，要及时纠正。违规问题情节较轻的，要限期整改；涉及违纪的，由纪检监察部门依照有关规定，追究直接责任人和相关领导责任；构成犯罪的，依法移交司法机关处理。

## 第六章 附 则

**第二十四条** 各省级工会应根据本办法的规定，结合本地区、本产业和本系统工作实际，制定具体实施细则，细化支出范围，明确开支标准，确定审批权限，规范活动开展。各省级工会制定的实施细则须报全国总工会备案。基层工会制定的相关办法须报上级工会备案。

**第二十五条** 本办法自印发之日起执行。《中华全国总工会办公厅关于加强基层工会经费收支管理的通知》（总工办发〔2014〕23号）和《全总财务部关于〈关于加强基层工会经费收支管理的通知〉的补充通知》（工财发〔2014〕69号）同时废止。

**第二十六条** 基层工会预算编制审批管理办法由全国总工会另行制定。

**第二十七条** 本办法由全国总工会负责解释。

# 党政机关办公用房管理办法

（2017年12月5日起施行）

## 第一章 总 则

**第一条** 为了进一步规范党政机关办公用房管理，推进办公用房资源合理配置和节约集约使用，保障正常办公，降低行政成本，促进党风廉政建设和节约型机关建设，根据《党政机关厉行节约反对浪费条例》、《机关事务管理条例》、《机关团体建设楼堂馆所管理条例》等有关规定，制定本办法。

**第二条** 本办法适用于各级党政机关办公用房的规划、权属、配置、使用、维修、处置等管理工作。

本办法所称党政机关，是指党的机关、人大机关、行政机关、政协机关、监察机关、审判机关、检察机关，以及工会、共青团、妇联等人民团体和参照公务员法管理的事业单位。

本办法所称办公用房，是指党政机关占有、使用或者可以确认属于机关资产的，为保障党政机关正常运行需要设置的基本工作场所，包括办公室、服务用房、设备用房和附属用房。

**第三条** 党政机关办公用房管理应当遵循下列原则：

（一）依法合规，严格执行法律法规和党内有关制度规定，强化监督管理；

（二）科学规划，统筹机关办公和公共服务需求，优化布局和功能；

（三）规范配置，科学制定标准，严格审核程序，合理保障需求；

（四）有效利用，统筹调剂余缺，及时依规处置，避免闲置浪费；

（五）厉行节约，注重庄重朴素、经济适用，节约能源资源。

**第四条** 建立健全党政机关办公用房集中统一管理制度，统一规划、统一权属、统一配置、统一处置。县级以上党政机关办公用房有关管理部门根据职责分工，负责本级党政机关办公用房管理工作，指导下级党政机关办公用房管理工作。

中央和国家机关办公用房管理，由归口的机关事务管理部门负责规划、权属、调剂、使用监管、处置、维修等，国家发展改革委负责建设项目审批、建设标准制定以及投资安排等，财政部负责预算安排、指导开展资产管理等。中央和国家机关所属垂直管理机构、派出机构和参照公务员法管理的事业单位办公用房的权属、使用、维修等有关管理工作，由归口的机关事务管理部门委托行政主管部门负责。

地方各级党政机关办公用房管理的职责分工，由各省、自治区、直辖市参照前款规定，结合本地区实际情况合理确定相关机构承担办公用房管理职责。

各级党政机关是办公用房的使用单位，负责本单位占有、使用办公用房的内部管理和日常维护。

## 第二章 权属管理

**第五条** 党政机关办公用房的房屋所有权、土地使用权等不动产权利（以下统称办公用房权属），统一登记至本级机关事务管理部门名下。

中央和国家机关所属垂直管理机构、派出机构和参照公务员法管理的事业单位办公用房权属应当登记在行政主管部门名下。地方各级党政机关所属垂直管理机构、派出机构办公用房权属的登记主体由各省、自治区、直辖市规定。

涉及国家秘密、国家安全等特殊情况的，经机关事务管理部门核准，可以将办公用房权属登记在使用单位名下。

因历史资料缺失、权属不清等问题无法登记的，由机关事务管理部门协调有关部门进行办公用房权属备案，使用单位不得自行处置。

**第六条** 建立健全党政机关办公用房清查盘点制度。使用单位应当建立本单位办公用房资产管理分台账，资产信息发生变更的，及时调整更新。机关事务管理部门应当建立本级党政机关办公用房资产管理总台账，定期组织清查盘点，确保总台账信息与使用单位分台账信息账账相符，与办公用房实际状况账实相符，与权属证书信息账证相符。

**第七条** 建立健全党政机关办公用房管理信息统计报告制度。

各级机关事务管理部门应当建立健全本级党政机关办公用房管理信息系统，定期统计汇总办公用房管理情况，报上级机关事务管理部门，并送同级发展改革、财政部门。

国家机关事务管理局、中共中央直属机关事务管理局应当会同有关部门，建立全国党政机关办公用房信息数据库，并纳入国家数据共享交换平台，实现与发展改革、财政、国土资源、住房城乡建设等部门共享共用。各省、自治区、直辖市应当统筹推进本地区办公用房管理信息系统建设，实现上下一体、互联互通、动态管理。

**第八条** 建立健全党政机关办公用房档案管理制度。使用单位应当加强本单位办公用房档案管理，及时归集权属、建设、维修等原始档案，并移交产权单位。产权单位应当加强办公用房档案的收集、保存和利用，确保档案完整。

## 第三章　配置管理

**第九条** 县级以上机关事务管理、发展改革、财政部门应当会同有关部门，结合人员编制情况、办公与业务需要等，编制本级党政机关办公用房配置保障规划，优化办公用房布局，具备条件的逐步推进集中或者相对集中办公，共用配套附属设施。

地方各级人民政府编制土地利用总体规划和城乡规划时，应当统筹安排本级党政机关办公用房用地。县级以上党政机关的驻在地人民政府应当有效保障上级党政机关办公用房用地需求。

**第十条** 党政机关办公用房配置应当严格执行相关标准，从严核定面积。

国家发展改革委会同住房城乡建设部、财政部，制定和完善党政机关办公用房建设标准，并实行标准动态调整。

**第十一条** 党政机关办公用房配置方式包括调剂、置换、租用和建设。

**第十二条** 使用单位需要配置办公用房的，由机关事务管理部门优先整合现有办公用房资源调剂解决。

**第十三条** 采取置换方式配置办公用房的，应当严格履行审批程序，执行新建办公用房各项标准，确保符合办公用房各类功能要求，并按规定组织资产评估，置换所得超出面积标准的办公用房由机关事务管理部门统一调剂，置换所得收益按照非税收入有关规定管理。

置换旧房的，由机关事务管理部门会同发展改革、财政部门报同级人民政府审批；置换新房的，应当严格履行建设审批程序。不得以置换名义量身打造办公用房，不得以未使用政府预算建设资金、资产整合等名义规避审批。

**第十四条** 无法调剂或者置换解决办公用房的，可以面向市场租用，但应当严格按照规定履行审批程序。

需租用办公用房的，由使用单位提出申请，经机关事务管理部门核准后，报财政部门审核安排预算；或者由机关事务管理部门统筹本级党政机关办公用房使用需求，制定租用方案，报财政部门审核安排预算后，统一租赁并统筹安排使用。

任何单位不得以变相补偿方式租用由企业等单位提供的办公用房。

各级财政部门会同机关事务管理部门，制定本级党政机关办公用房租金标准，并实行标准动态调整。

**第十五条** 无法调剂、置换、租用办公用房，或者涉及国家秘密、国家安全等特殊情况的，可以采取建设方式解决，但应当按照国家有关政策从严控制，严格履行审批程序。党政机关办公用房建设包括新建、扩建、改建、购置。

中共中央直属机关办公用房建设项目由归口的机关事务管理部门审核同意后统一申报，由国家发展改革委核报国务院审批。

中央国家机关本级办公用房建设项目，由国家发展改革委核报国务院审批，申报前应当由归口的机关事务管理部门出具必要性审查意见。

中央国家机关所属垂直管理机构、派出机构办公用房建设项目，厅（局）级及以上单位的项目由国家发展改革委审批，申报前应当由归口的机关事务管理部门出具必要性审查意见；厅（局）级以下单位的项目由行政主管部门审批，并报国家发展改革委和归口的机关事务管理部门备案。

中央国家机关所属参照公务员法管理的事业单位的办公用房建设项目，由国务院、国家发展改革委和行政主管部门按照中央预算内投资审批权限分别负责审批，其中由国务院、国家发展改革委审批的项目，申报前应当由归口的机关事务管理部门出具必要性审查意见。

省、自治区、直辖市及计划单列市本级党政机关办公用房建设项目，由国家发展改革委核报国务院审批；地方其他党政机关办公用房建设项目，由省级人民政府审批。

县级党政机关直属单位和乡（镇）级党政机关办公用房建设项目，可以由省级人民政府根据实际情况委托市级人民政府审批。

地方各级党政机关所属垂直管理机构、派出机构和参照公务员法管理的事业单位办公用房建设项目的审批程序，由各省、自治区、直辖市规定。

**第十六条** 党政机关办公用房配置所需资金，应当通过政府预算安排，不得接受任何形式赞助或者捐款，不得搞任何形式集资或者摊派，不得向其他任何单位借款，不得让施工单位垫资，严禁挪用各类专项资金。

土地收益和资产转让收益按照非税收入有关规定管理，不得直接用于办公用房配置。涉及新增资产的，应当向财政部门申报新增资产配置预算。

**第十七条** 新配置办公用房的党政机关，应当在搬入新办公用房后1个月内，将超出核定面积的原有办公用房腾退移交同级机关事务管理部门统一调剂使用，不得继续占用或者自行处置，不得自行安排其他单位使用。

## 第四章 使用管理

**第十八条** 机关事务管理部门应当与使用单位签订办公用房使用协议，核发办公用房分配使用凭证。

办公用房分配使用凭证可以按照有关规定用于办理使用单位法人登记、集体户籍、大中修项目施工许可等，不得用于出租、出借、经营。

**第十九条** 使用单位应当严格按照有关规定在核定面积内合理安排使用办公用房，不得擅自改变办公用房使用功能，不得调整给其他单位使用。办公用房安排使用情况应当按年度通过政务内网、公示栏等平台进行内部公示；领导干部办公用房配备情况应当按年度报机关事务管理部门备案，严禁超标准配备、使用办公用房。

领导干部在不同单位同时任职的，应当在主要任职单位安排1处办公用房；主要任职单位与兼职单位相距较远且经常到兼职单位工作的，经严格审批后，可以由兼职单位再安排1处小于标准面积的办公用房，并在免去兼任职务后2个月内腾退兼职单位安排的办公用房。

工作人员调离或者退休的，使用单位应当在办理调离或者退休手续后1个月内收回其办公用房。

**第二十条** 党政机关工作人员办公室具备条件的，应当采用大开间等形式，提高办公用房利用率。

会议室、接待室等服务用房，可以采取可拆卸式隔断设计，提高空间使用的灵活性。

**第二十一条** 项目批复中已经明确和机关一并建设办公用房的事业单位，按照面积标准核定后可以继续无偿使用机关办公用房。

公益一类事业单位已经占用的机关办公用房，按照面积标准核定后可以继续无偿使用。公益二类事业单位已经占用的机关办公用房，应当按照规定予以腾退；确有困难的，经机关事务管理部门批准，可以继续有偿使用，租金收益按照非税收入有关规定管理。事业单位已经新建、购置办公用房或者租用其他房屋办公的，应当在6个月内将原有办公用房腾退移交机关事务管理部门。

生产经营类事业单位、国有企业和行业协会商会等社团组织，原则上不得占用党政机关办公用房。

**第二十二条** 党政机关办公用房使用单位机构、编制调整的，机关事务管理部门应当重新核定其办公用房面积。超出面积标准的，使用单位应当在6个月内将超出部分的办公用房腾退移交机关事务管理部门。

党政机关转为企业的，应当在办理企业工商注册后6个月内将原有办公用房腾退移交机关事务管理部门。转企单位确有困难的，经机关事务管理部门批准，可以继续有偿使用，租金收益按照非税收入有关规定管理；新建、购置或者租用办公用房的，应当在6个月内将原有办公用房腾退移交机关事务管理部门。

党政机关撤销的，应当在6个月内将原有办公用房腾退移交机关事务管理部门。

**第二十三条** 建立健全政府向社会购买物业服务机制，逐步实现办公用房物业服务社会化、专业化，具备条件的逐步推进统一物业管理服务。

机关事务管理部门应当会同有关部门，按照经济、适度的原则，制定本级党政机关办公用房物业服务内容、服务标准和费用定额。

**第二十四条** 鼓励有条件的地区探索试行办公用房租金制，逐步推进办公用房经费预算管理和实物资产管理相结合。

## 第五章　维修管理

**第二十五条**　党政机关办公用房维修包括日常维修和大中修。中央和国家机关办公用房维修标准由归口的机关事务管理部门、财政部会同住房城乡建设部制定，地方各级党政机关办公用房维修标准由各省、自治区、直辖市结合实际制定，并建立标准动态调整机制。

**第二十六条**　使用单位负责办公用房的日常检查和维修，所需资金通过部门预算安排。

**第二十七条**　党政机关办公用房因使用时间较长、设施设备老化、功能不全、存在安全隐患等原因需要大中修的，使用单位向机关事务管理部门提出申请；机关事务管理部门结合办公用房建筑年代、历史维修记录、老化损坏程度、单位建筑面积能耗水平和使用单位的实际需求，统筹安排办公用房大中修项目，报财政部门审核安排预算。

办公用房大中修项目应当严格按照规定履行审批程序，未经审批的项目，不得安排预算。中央和国家机关本级办公用房大中修项目，由归口的机关事务管理部门审批。中央和国家机关所属垂直管理机构、派出机构和参照公务员法管理的事业单位办公用房大中修项目，机关事务管理部门委托行政主管部门审批，其中厅（局）级及以上单位办公用房大中修项目审批情况应当报归口的机关事务管理部门备案。地方各级党政机关办公用房大中修项目的审批程序，由各省、自治区、直辖市规定。

## 第六章　处置利用管理

**第二十八条**　党政机关办公用房有下列情形之一闲置的，可以按照有关规定采取调剂使用、转换用途、置换、出租、拍卖、拆除等方式及时处置利用：

（一）同级党政机关办公用房总量满足使用需求，仍有余量的；

（二）因地理位置、周边环境、房屋结构等原因，不适合继续作为办公用房使用的；

（三）因城乡规划调整等需要拆迁的；

（四）经专业机构鉴定属于危房，且无加固改造价值的；

（五）其他原因导致办公用房闲置的。

处置利用党政机关办公用房涉及权属、用途等变更的，应当依法办理相关手续。

**第二十九条** 同一区域内闲置办公用房具备条件的，应当加强跨系统、跨层级调剂使用。

中央和国家机关所属垂直管理机构、派出机构之间调剂使用的，由行政主管部门审核提出意见，经归口的机关事务管理部门批准后实施，调剂使用情况报财政部备案。

中央和国家机关所属垂直管理机构、派出机构与地方各级党政机关之间调剂使用的，由行政主管部门会同有关地方人民政府审核提出意见，经归口的机关事务管理部门会同财政部批准后实施。

地方同级或者上下级党政机关之间，以及地方各级党政机关所属垂直管理机构、派出机构之间调剂使用的，参照前两款规定办理。

**第三十条** 具备条件的，机关事务管理部门可以商有关部门将闲置办公用房转为便民服务、社区活动等公益场所，或者按照有关规定置换为其他符合国家政策和需要的资产。

机关事务管理部门可以通过公共资源交易平台统一招租，租金收益按照非税收入有关规定管理。党政机关如有需要，应当及时收回出租的办公用房，统筹调剂使用。使用单位不得擅自出租办公用房。

**第三十一条** 闲置办公用房无法通过调剂使用、转换用途、置换、出租等方式处置利用的，机关事务管理部门报财政部门批准后，可以通过公共资源交易平台依法公开拍卖，拍卖收益按照非税收入有关规定管理。

## 第七章　监督问责

**第三十二条** 党政机关办公用房使用单位应当建立本单位内部使

用管理制度，加强监督检查和责任追究，及时发现和纠正违规问题。

党政机关办公用房有关管理部门应当根据职责分工，加强办公用房监管，严格履行相关管理程序，对使用单位的办公用房违规管理使用问题及时按照规定移交有关部门和单位查处。

纪检监察机关应当及时受理群众举报和有关部门移送的办公用房管理案件线索，严肃查处违规违纪问题。

**第三十三条** 建立健全党政机关办公用房巡检考核制度。

县级以上机关事务管理、发展改革、财政部门会同有关部门，定期对本级党政机关（含所属垂直管理机构、派出机构）办公用房使用情况以及下级党政机关办公用房管理情况进行专项联合巡检，及时发现和纠正违规问题。

办公用房专项巡检应当与党风廉政建设责任制检查考核、政府绩效考核以及党政领导班子和领导干部年度考核相结合，巡检考核结果作为干部管理监督、选拔任用的依据。

**第三十四条** 建立健全党政机关办公用房管理信息公开制度。除依照法律法规和有关要求需要保密的内容和事项外，办公用房建设、使用、维修、处置利用、运行费用支出等情况，应当在政府门户网站等公共平台定期公开，主动接受社会监督。

**第三十五条** 建立健全党政机关办公用房管理责任追究制度，对有令不行、有禁不止的，依照有关规定严肃追究相关人员责任。

管理部门有下列情形之一的，依纪依法追究相关人员责任：

（一）违规审批项目或者安排投资计划、预算的；

（二）不按照规定履行调剂、置换、租用、建设等审批程序的；

（三）为使用单位超标准配置办公用房的；

（四）不按照规定处置办公用房的；

（五）办公用房管理信息统计报送中瞒报、漏报的；

（六）对发现的违规问题不及时处理的；

（七）有其他违反办公用房管理规定情形的。

使用单位有下列情形之一的，依纪依法追究相关人员责任：

（一）擅自将办公用房权属登记至本单位或者所属单位名下，或者不配合办理权属登记的；

（二）未经批准建设或者大中修办公用房的；

（三）不按规定腾退移交办公用房的；

（四）未经批准租用、借用办公用房的；

（五）擅自改变办公用房使用功能或者处置办公用房的；

（六）擅自安排企事业单位、社会组织等使用机关办公用房的；

（七）为工作人员超标准配备办公用房，或者未经批准配备两处以上办公用房的；

（八）有其他违反办公用房管理规定情形的。

## 第八章　附　　则

**第三十六条**　党政机关本级的技术业务用房以及机关办公区内的技术业务用房，权属统一登记至本级机关事务管理部门名下，从严控制使用范围和用途，原则上不得调整用作办公用房。

党政机关本级的技术业务用房建设项目以及机关办公区内的技术业务用房建设项目，应当严格按规定履行审批程序，项目申报前由机关事务管理部门出具土地、人防等审查意见。

住房城乡建设部会同国家发展改革委、有关业务主管部门，制定和完善各类技术业务用房建设标准，合理区分办公用房和技术业务用房。

**第三十七条**　各省、自治区、直辖市以及中央和国家机关各部门，应当根据本办法，结合实际制定具体管理办法。

**第三十八条**　各民主党派机关办公用房管理适用本办法。

不参照公务员法管理的事业单位办公用房管理办法，另行制定。

**第三十九条**　本办法由国家机关事务管理局、中共中央直属机关事务管理局、国家发展改革委和财政部负责解释。

**第四十条**　本办法自 2017 年 12 月 5 日起施行。其他有关党政机关办公用房管理的规定，凡与本办法不一致的，按照本办法执行。

# 党政机关公务用车管理办法

（2017 年 12 月 5 日起施行）

## 第一章 总 则

**第一条** 为了进一步规范党政机关公务用车管理，有效保障公务活动，促进党风廉政建设和节约型机关建设，根据《党政机关厉行节约反对浪费条例》、《机关事务管理条例》等有关规定，制定本办法。

**第二条** 本办法适用于党的机关、人大机关、行政机关、政协机关、监察机关、审判机关、检察机关，以及工会、共青团、妇联等人民团体和参照公务员法管理的事业单位。

**第三条** 本办法所称公务用车，是指党政机关配备的用于定向保障公务活动的机动车辆，包括机要通信用车、应急保障用车、执法执勤用车、特种专业技术用车以及其他按照规定配备的公务用车。

机要通信用车是指用于传递、运送机要文件和涉密载体的机动车辆。

应急保障用车是指用于处理突发事件、抢险救灾或者其他紧急公务的机动车辆。

执法执勤用车是指中央批准的执法执勤部门（系统）用于一线执法执勤公务的机动车辆。

特种专业技术用车是指固定搭载专业技术设备、用于执行特殊工作任务的机动车辆。

**第四条** 党政机关公务用车管理遵循统一管理、定向保障、经济适用、节能环保的原则。

**第五条** 党政机关公务用车实行统一制度规范、分级分类管理。党政机关公务用车主管部门负责本级党政机关公务用车管理工作，根据职责实行统一编制、统一标准、统一购置经费、统一采购配备管理；指导监督下级党政机关公务用车管理工作。

## 第二章　编制和标准管理

**第六条**　党政机关公务用车实行编制管理。车辆编制根据机构设置、人员编制和工作需要等因素确定。

机要通信用车、应急保障用车和其他按照规定配备的公务用车编制由公务用车主管部门会同有关部门确定。

执法执勤用车、特种专业技术用车编制由财政部门会同有关部门确定，并送公务用车主管部门备案。

**第七条**　党政机关配备公务用车应当严格执行以下标准：

（一）机要通信用车配备价格 12 万元以内、排气量 1.6 升（含）以下的轿车或者其他小型客车。

（二）应急保障用车和其他按照规定配备的公务用车配备价格 18 万元以内、排气量 1.8 升（含）以下的轿车或者其他小型客车。确因情况特殊，可以适当配备价格 25 万元以内、排气量 3.0 升（含）以下的其他小型客车、中型客车或者价格 45 万元以内的大型客车。

（三）执法执勤用车配备价格 12 万元以内、排气量 1.6 升（含）以下的轿车或者其他小型客车，因工作需要可以配备价格 18 万元以内、排气量 1.8 升（含）以下的轿车或者其他小型客车。确因情况特殊，可以适当配备价格 25 万元以内、排气量 3.0 升（含）以下的其他小型客车、中型客车或者价格 45 万元以内的大型客车。

（四）特种专业技术用车配备标准由有关部门会同财政部门按照保障工作需要、厉行节约的原则确定。

公务用车配备新能源轿车的，价格不得超过 18 万元。

上述配备标准应当根据公务保障需要、汽车行业技术发展、市场价格变化等因素适时调整。

**第八条**　严格控制执法执勤用车的配备范围、编制和标准。执法执勤用车配备应当严格限定在一线执法执勤岗位。

## 第三章　配备和经费管理

**第九条**　公务用车主管部门根据公务用车配备更新标准和现状，

编制年度公务用车配备更新计划。

**第十条** 财政部门根据年度公务用车配备更新计划，按照预算管理有关规定统筹安排购置经费，列入公务用车主管部门预算。

**第十一条** 财政部门会同公务用车主管部门制定公务用车运行费用定额标准，统筹安排公务用车运行费用，列入党政机关部门预算。

**第十二条** 公务用车主管部门按照政府采购法律法规和国家有关政策规定，统一组织实施公务用车集中采购。

**第十三条** 党政机关应当配备使用国产汽车，带头使用新能源汽车，按照规定逐步扩大新能源汽车配备比例。

**第十四条** 地方各级党政机关确因工作需要超出规定标准配备公务用车的，必须报省级公务用车主管部门批准。

党政机关原则上不配备越野车。确因工作需要，按照程序报批后，可以适当配备国产越野车。越野车不得作为领导干部固定用车。

**第十五条** 除涉及国家安全、侦查办案等有保密要求的特殊工作用车外，党政机关公务用车产权注册登记所有人应当为本机关法人，不得将公务用车登记在下属单位、企业或者个人名下。

## 第四章 使用和处置管理

**第十六条** 党政机关应当加强公务用车使用管理，严格按照规定使用公务用车，严禁公车私用、私车公养，不得既领取公务交通补贴又违规使用公务用车。

**第十七条** 党政机关应当推进公务用车服务平台建设。各地区应当结合实际，将各类公务用车纳入平台集中管理，采用信息化手段统筹调度、高效使用，鼓励通过社会化专业机构提高平台管理运行效率。

**第十八条** 党政机关应当推进公务用车标识化管理。除涉及国家安全、侦查办案和其他有保密要求的特殊工作用车外，公务用车应当统一标识。

**第十九条** 党政机关应当建立公务用车管理台账，加强相关证照档案的保存和管理。

各省、自治区、直辖市以及中央和国家机关公务用车主管部门应当建立统一的公务用车管理信息系统，提高公务用车配备使用管理信息化水平。

**第二十条** 党政机关应当建立健全公务用车使用管理制度，严格执行，加强监督，降低运行成本。

严格公务用车使用时间、事由、地点、里程、油耗、费用等信息登记和公示制度。严格执行回单位或者其他指定地点停放制度，节假日期间除工作需要外应当封存停驶。

实行公务用车保险、维修、加油政府集中采购和定点保险、定点维修、定点加油制度，健全公务用车油耗、运行费用单车核算和年度绩效评价制度。

**第二十一条** 党政机关应当减少公务用车长途行驶，工作人员到外地办理公务，除特殊情况外，应当乘用公共交通工具。外事接待、会议和集体活动用车主要通过社会租赁方式解决。

**第二十二条** 公务用车使用年限超过 8 年的可以更新；达到更新年限仍能继续使用的，应当继续使用。因安全等原因确需提前更新的，应当严格履行审批手续。

公务用车按照规定更新后，可以采取拍卖、厂家回收、报废等方式规范处置旧车。处置收入按照非税收入有关规定管理。

## 第五章 监督问责

**第二十三条** 党政机关应当建立公务用车配备更新和使用情况统计报告制度。各省、自治区、直辖市公务用车主管部门负责统计汇总本地区公务用车配备更新和使用情况。国家机关事务管理局、中共中央直属机关事务管理局负责统计汇总中央和国家机关公务用车配备更新和使用情况。

**第二十四条** 党政机关应当严格执行公务用车配备使用管理各项规定，将公务用车配备更新、使用、处置和经费预算执行等情况纳入内部审计、政务公开和政务诚信建设范围，接受社会监督。

公务用车主管部门应当加强对党政机关公务用车配备更新、使用、处置等情况的监督检查，定期通报或者公示相关情况。

财政、审计部门应当加强对公务用车经费预算管理使用情况的监督检查，依法处理、督促整改违规问题，并将涉嫌违纪违法问题移送有关部门查处。

公安交通管理部门应当定期与公务用车主管部门交换公务用车注册登记信息、使用状态等情况。

纪检监察机关应当及时受理群众举报和有关部门移送的公务用车管理问题线索，严肃查处违纪违法问题。

**第二十五条** 公务用车主管部门有下列情形之一的，依纪依法追究相关人员责任：

（一）违规核定公务用车编制的；

（二）违规审批超编制、超标准配备公务用车的；

（三）违规审批未到年限更新公务用车的；

（四）违规安排公务用车经费预算的；

（五）有其他未按规定履行管理监督职责行为的。

**第二十六条** 党政机关有下列情形之一的，依纪依法追究相关人员责任：

（一）超编制、超标准配备公务用车的；

（二）违反规定将公务用车登记在下属单位、企业或者个人名下的；

（三）公车私用、私车公养，或者既领取公务交通补贴又违规使用公务用车的；

（四）换用、借用、占用下属单位或者其他单位和个人的车辆，或者擅自接受企事业单位和个人赠送车辆的；

（五）挪用或者固定给个人使用执法执勤、机要通信等公务用车的；

（六）为公务用车增加高档配置或者豪华内饰的；

（七）在车辆维修等费用中虚列名目或者夹带其他费用，为非本单位车辆报销运行维护费用的；

（八）违规处置公务用车的；

（九）有其他违反公务用车配备使用管理规定行为的。

## 第六章　附　　则

**第二十七条**　本办法所称小型客车、中型客车、大型客车等，依据中华人民共和国公共安全行业标准 GA802－2014《机动车类型　术语和定义》界定。

**第二十八条**　各省、自治区、直辖市以及中央和国家机关各部门，应当根据本办法，结合实际制定具体管理办法。

**第二十九条**　中央和国家机关所属垂直管理机构、派出机构公务用车由行政主管部门依照本办法进行管理。

各民主党派机关公务用车管理适用本办法。

不参照公务员法管理的事业单位公务用车，按照本办法的原则管理。

**第三十条**　本办法由国家机关事务管理局、中共中央直属机关事务管理局会同有关部门负责解释。

**第三十一条**　本办法自 2017 年 12 月 5 日起施行。中共中央办公厅、国务院办公厅 2011 年 1 月 6 日印发的《党政机关公务用车配备使用管理办法》同时废止。

# 中央和国家机关基层党组织党建活动经费管理办法

（财政部、中央直属机关工委、中央国家机关工委 2017 年 8 月 19 日印发）

## 第一章　总　　则

**第一条**　为加强中央和国家机关基层党组织建设，推进“两学一做”学习教育常态化制度化，规范党建活动经费管理，依据《中华人民共和国预算法》《中国共产党党和国家机关基层组织工作条例》等有关法律法规，制定本办法。

**第二条** 中央和国家机关基层党组织使用财政资金开展的党建活动，适用本办法。

本办法所称中央和国家机关基层党组织，是指党的关系隶属于中央直属机关工委、中央国家机关工委的中央和国家机关各部门、各人民团体（以下简称各单位）按照《中国共产党党和国家机关基层组织工作条例》设置的机关党的基层组织（包括党的基层委员会、党总支、党支部），不包括各单位机关党委。

本办法所称党建活动，是指基层党组织开展的“三会一课”、主题党日活动、党员和入党积极分子教育培训、学习调研等活动。

**第三条** 各单位基层党组织开展党建活动，必须坚持厉行节约、反对浪费的原则，统筹使用财政资金和党费，结合党建工作要求和机关工作实际，按年度编制计划，实行审批备案管理。

## 第二章 计划管理

**第四条** 各单位基层党组织开展党建活动，应当按年度编制党建活动计划（包括活动内容、形式、时间、地点、人数、所需经费及列支渠道等），报单位机关党委审核。

**第五条** 各单位基层党组织编制党建活动计划，应当充分听取党员意见，并经基层党的委员会或支部（总支）委员会讨论。

**第六条** 各单位机关党委汇总并审核所属基层党组织年度党建活动计划，经单位财务部门审核后，报部委（党组、党委）批准。

各单位机关党委要严格控制到常驻地以外开展的党建活动规模、时间和数量。

**第七条** 各单位基层党组织根据党建工作需要，临时增加使用财政资金开展的党建活动，应当报单位机关党委和财务部门批准。

**第八条** 各单位应当于每年3月31日前按党组织隶属关系，将党建活动计划分别报中央直属机关工委、中央国家机关工委备案。

## 第三章　开支范围和标准

**第九条**　本办法所称党建活动经费支出项目包括：租车费、城市间交通费、伙食费、住宿费、场地费、讲课费、资料费和其他费用。

（一）租车费是指开展党建活动需集体出行发生的租车费用。

（二）城市间交通费是指到常驻地以外开展党建活动发生的城市间交通支出。

（三）伙食费是指开展党建活动期间发生的用餐费用。

（四）住宿费是指开展党建活动期间发生的租住房间的费用。

（五）场地费是指用于党建活动的会议室、活动场地租金。

（六）讲课费是指请师资为党员授课所支付的费用。

（七）资料费是指为党员学习教育集中购买的培训资料费用。

**第十条**　党建活动经费按支出项目，分别执行下列标准：

（一）城市间交通费、住宿费，参照中央和国家机关差旅费有关规定，按标准执行；个人不得领取交通补助。

（二）伙食费，参照中央和国家机关差旅费有关规定，在差旅费伙食补助费标准内据实报销；一天仅一次就餐的，人均伙食费不超过 40 元；个人不得领取伙食补助。

（三）讲课费，参照中央和国家机关培训费有关标准执行。

（四）租车费，大巴士（25 座以上）每辆每天不超过 1500 元，中巴士（25 座及以下）每辆每天不超过 1000 元；租车到常驻地以外的，租车费可以适当增加。

（五）场地费，每半天人均不得超过 50 元。

（六）资料费和其他有关费用经批准后据实报销。

## 第四章　活动组织

**第十一条**　开展党建活动，要突出增强党员的政治意识、大局意识、核心意识、看齐意识，同时注重与中心工作结合，注重质量效果，防止形式主义。

**第十二条** 开展主题党日活动，应当有详细的活动方案，明确主题，注重活动的政治性和庄重感。

**第十三条** 开展党建活动，要充分发挥党员的主体作用，必须自行组织，不得将活动组织委托给旅行社等其他单位。

**第十四条** 开展党建活动，要因地制宜，充分利用本地条件；每个基层党组织到常驻地以外开展党建活动原则上每两年不超过一次；要严格控制租用场地举办活动，确需租用的，要选择安全、经济、便捷的场地。

**第十五条** 开展党建活动，要根据实际情况集体出行。集体出行确需租用车辆的，应当视人数多少租用大巴车或中巴车，不得租用轿车（5座及以下）。到常驻地以外开展党建活动，一般不得乘坐飞机。

**第十六条** 开展党建活动，要严格遵守中央八项规定精神，严格执行廉洁自律各项规定。

严禁借党建活动名义安排公款旅游；严禁到党中央、国务院明令禁止的风景名胜区开展党建活动；严禁借党建活动名义组织会餐或安排宴请；严禁组织高消费娱乐健身活动；严禁购置电脑、复印机、打印机、传真机等固定资产以及开支与党建活动无关的其他费用；严禁套取资金设立“小金库”；严禁发放任何形式的个人补助；严禁转嫁党建活动费用。

## 第五章 报销结算

**第十七条** 报销党建活动经费，需经单位机关党委审核后履行报销程序。

各单位财务部门应当严格按照规定进行审核报销。

**第十八条** 党建活动的资金支付，应当执行国库集中支付和公务卡管理有关制度规定。

**第十九条** 党建活动所需财政资金，原则上在部门预算公用经费中列支，由各单位在年度部门预算中合理保障。

## 第六章　监督检查

**第二十条**　各单位应当将党建活动经费开支情况以适当方式公开。

**第二十一条**　各单位应当于每年3月31日前将上年度党建活动开展情况（包括活动形式、内容、时间、地点、人数、经费开支及列支渠道等）按党组织隶属关系，分别报中央直属机关工委、中央国家机关工委备案。

**第二十二条**　中央直属机关工委、中央国家机关工委、财政部等有关部门对各单位党建活动经费管理使用情况进行监督检查。

（一）党建活动计划的编报是否符合规定；

（二）临时增加党建活动是否报单位机关党委批准；

（三）党建活动经费开支范围和开支标准是否符合规定；

（四）党建活动经费报销和支付是否符合规定；

（五）是否存在奢侈浪费现象；

（六）是否存在其他违反本办法的行为。

**第二十三条**　有违反本办法的行为，由中央直属机关工委、中央国家机关工委、财政部等有关部门责令改正，追回资金，并予以通报。相关责任人员按规定予以党纪政纪处分；涉嫌违法的，移交司法机关处理。

## 第七章　附　　则

**第二十四条**　各单位应当按照本办法，结合本单位业务特点和工作实际，制定基层党组织党建活动经费管理具体规定。

**第二十五条**　事业单位参照本办法执行。

**第二十六条**　本办法由财政部会同中央直属机关工委、中央国家机关工委负责解释。

**第二十七条**　本办法自2017年10月1日起施行。

# 中央和国家机关培训费管理办法

（财政部、中共中央组织部、国家公务员局2016年12月27日印发）

## 第一章　总　　则

**第一条**　为进一步规范中央和国家机关培训工作，保证培训工作需要，加强培训经费管理，依据《中华人民共和国公务员法》《干部教育培训工作条例》和其他有关法律法规，制定本办法。

**第二条**　本办法所称培训，是指中央和国家机关及其所属机构使用财政资金在境内举办的三个月以内的各类培训。

**第三条**　本办法所称中央和国家机关，是指党中央各部门，国务院各部委、各直属机构，全国人大常委会办公厅，全国政协办公厅，最高人民法院，最高人民检察院，各人民团体，各民主党派中央和全国工商联（以下简称各单位）。

**第四条**　各单位举办培训应当坚持厉行节约、反对浪费的原则，实行单位内部统一管理，增强培训计划的科学性和严肃性，增强培训项目的针对性和实效性，保证培训质量，节约培训资源，提高培训经费使用效益。

## 第二章　计划和备案管理

**第五条**　建立培训计划编报和审批制度。各单位培训主管部门制订的本单位年度培训计划（包括培训名称、目的、对象、内容、时间、地点、参训人数、所需经费及列支渠道等），经单位财务部门审核后，报单位领导办公会议或党组（党委）会议批准后施行。

**第六条**　年度培训计划一经批准，原则上不得调整。因工作需要确需临时增加培训项目的，报单位主要负责同志审批。

**第七条**　各单位年度培训计划于每年3月31日前同时报中央组织

部、财政部、国家公务员局备案。

## 第三章　开支范围和标准

**第八条**　本办法所称培训费，是指各单位开展培训直接发生的各项费用支出，包括师资费、住宿费、伙食费、培训场地费、培训资料费、交通费以及其他费用。

（一）师资费是指聘请师资授课发生的费用，包括授课老师讲课费、住宿费、伙食费、城市间交通费等。

（二）住宿费是指参训人员及工作人员培训期间发生的租住房间的费用。

（三）伙食费是指参训人员及工作人员培训期间发生的用餐费用。

（四）培训场地费是指用于培训的会议室或教室租金。

（五）培训资料费是指培训期间必要的资料及办公用品费。

（六）交通费是指用于培训所需的人员接送以及与培训有关的考察、调研等发生的交通支出。

（七）其他费用是指现场教学费、设备租赁费、文体活动费、医药费等与培训有关的其他支出。

参训人员参加培训往返及异地教学发生的城市间交通费，按照中央和国家机关差旅费有关规定回单位报销。

**第九条**　除师资费外，培训费实行分类综合定额标准，分项核定、总额控制，各项费用之间可以调剂使用。综合定额标准如下：

单位：元/人天

| 培训类别 | 住宿费 | 伙食费 | 场地、资料、交通费 | 其他费用 | 合计 |
|---|---|---|---|---|---|
| 一类培训 | 500 | 150 | 80 | 30 | 760 |
| 二类培训 | 400 | 150 | 70 | 30 | 650 |
| 三类培训 | 340 | 130 | 50 | 30 | 550 |

一类培训是指参训人员主要为省部级及相应人员的培训项目。

二类培训是指参训人员主要为司局级人员的培训项目。

三类培训是指参训人员主要为处级及以下人员的培训项目。

以其他人员为主的培训项目参照上述标准分类执行。

综合定额标准是相关费用开支的上限。各单位应在综合定额标准以内结算报销。

30 天以内的培训按照综合定额标准控制；超过 30 天的培训，超过天数按照综合定额标准的 70% 控制。上述天数含报到撤离时间，报到和撤离时间分别不得超过 1 天。

**第十条** 师资费在综合定额标准外单独核算。

（一）讲课费（税后）执行以下标准：副高级技术职称专业人员每学时最高不超过 500 元，正高级技术职称专业人员每学时最高不超过 1000 元，院士、全国知名专家每学时一般不超过 1500 元。

讲课费按实际发生的学时计算，每半天最多按 4 学时计算。

其他人员讲课费参照上述标准执行。

同时为多班次一并授课的，不重复计算讲课费。

（二）授课老师的城市间交通费按照中央和国家机关差旅费有关规定和标准执行，住宿费、伙食费按照本办法标准执行，原则上由培训举办单位承担。

（三）培训工作确有需要从异地（含境外）邀请授课老师，路途时间较长的，经单位主要负责同志书面批准，讲课费可以适当增加。

## 第四章　培训组织

**第十一条** 培训实行中央和地方分级管理，各单位举办培训，原则上不得下延至市、县及以下。

**第十二条** 各单位开展培训，应当在开支范围和标准内优先选择党校、行政学院、干部学院以及组织人事部门认可的其他培训机构承办。

**第十三条** 组织培训的工作人员控制在参训人员数量的 10% 以内，最多不超过 10 人。

**第十四条** 严禁借培训名义安排公款旅游；严禁借培训名义组织

会餐或安排宴请；严禁组织高消费娱乐健身活动；严禁使用培训费购置电脑、复印机、打印机、传真机等固定资产以及开支与培训无关的其他费用；严禁在培训费中列支公务接待费、会议费；严禁套取培训费设立“小金库”。

培训住宿不得安排高档套房，不得额外配发洗漱用品；培训用餐不得上高档菜肴，不得提供烟酒；除必要的现场教学外，7 日以内的培训不得组织调研、考察、参观。

**第十五条** 邀请境外师资讲课，须严格按照有关外事管理规定，履行审批手续。境内师资能够满足培训需要的，不得邀请境外师资。

**第十六条** 培训举办单位应当注重教学设计和质量评估，通过需求调研、课程设计和开发、专家论证、评估反馈等环节，推进培训工作科学化、精准化；注重运用大数据、“互联网+”等现代信息技术手段开展培训和管理。所需费用纳入部门预算予以保障。

## 第五章　报销结算

**第十七条** 报销培训费，综合定额范围内的，应当提供培训计划审批文件、培训通知、实际参训人员签到表以及培训机构出具的收款票据、费用明细等凭证；师资费范围内的，应当提供讲课费签收单或合同，异地授课的城市间交通费、住宿费、伙食费按照差旅费报销办法提供相关凭据；执行中经单位主要负责同志批准临时增加的培训项目，还应提供单位主要负责同志审批材料。

各单位财务部门应当严格按照规定审核培训费开支，对未履行审批备案程序的培训，以及超范围、超标准开支的费用不予报销。

**第十八条** 培训费的资金支付应当执行国库集中支付和公务卡管理有关制度规定。

**第十九条** 培训费由培训举办单位承担，不得向参训人员收取任何费用。

## 第六章　监督检查

**第二十条** 各单位应当将非涉密培训的项目、内容、人数、经费等情况，以适当方式公开。

**第二十一条** 各单位应当于每年3月31日前将上年度培训计划执行情况（包括培训名称、对象、内容、时间、地点、参训人数、工作人员数、经费开支及列支渠道、培训成效、问题建议等）报送中央组织部、财政部、国家公务员局。

**第二十二条** 中央组织部、财政部、国家公务员局等有关部门对各单位培训活动和培训费管理使用情况进行监督检查。主要内容包括：

（一）培训计划的编报是否符合规定；

（二）临时增加培训计划是否报单位主要负责同志审批；

（三）培训费开支范围和开支标准是否符合规定；

（四）培训费报销和支付是否符合规定；

（五）是否存在虚报培训费用的行为；

（六）是否存在转嫁、摊派培训费用的行为；

（七）是否存在向参训人员收费的行为；

（八）是否存在奢侈浪费现象；

（九）是否存在其他违反本办法的行为。

**第二十三条** 对于检查中发现的违反本办法的行为，由中央组织部、财政部、国家公务员局等有关部门责令改正，追回资金，并予以通报。对相关责任人员，按规定予以党纪政纪处分；涉嫌违法的，移交司法机关处理。

## 第七章　附　　则

**第二十四条** 各单位可以按照本办法，结合本单位业务特点和工作实际，制定培训费管理具体规定。

**第二十五条** 中央组织部、国家公务员局组织的调训和统一培训，有关部门组织的援外培训，不适用本办法，按有关规定执行。

**第二十六条** 中央事业单位培训费管理参照本办法执行。

**第二十七条** 本办法由财政部会同中央组织部、国家公务员局负责解释。

**第二十八条** 本办法自2017年1月1日起施行。《中央和国家机关培训费管理办法》(财行〔2013〕523号)同时废止。

# 中央和国家机关会议费管理办法

(财政部、国家机关事务管理局、中共中央直属机关事务管理局2016年6月29日印发)

## 第一章 总 则

**第一条** 为进一步加强和规范中央和国家机关会议费管理,精简会议,改进会风,提高会议效率和质量,节约会议经费开支,制定本办法。

**第二条** 中央和国家机关会议的分类、审批和会议费管理等,适用本办法。

本办法所称中央和国家机关,是指党中央各部门,国务院各部委、各直属机构,全国人大常委会办公厅,全国政协办公厅,最高人民法院,最高人民检察院,各人民团体、各民主党派中央和全国工商联(以下简称各单位)。

**第三条** 各单位召开会议应当坚持厉行节约、反对浪费、规范简朴、务实高效的原则,严格控制会议数量和规模,规范会议费管理。

**第四条** 各单位召开的会议实行分类管理、分级审批。

**第五条** 各单位应当严格会议费预算管理,控制会议费预算规模。会议费预算应当细化到具体会议项目,执行中不得突破。会议费应当纳入部门预算,并单独列示。

## 第二章 会议分类和审批

**第六条** 中央和国家机关会议分类如下:

一类会议。是以党中央和国务院名义召开的,要求省、自治区、直辖市、计划单列市或中央部门负责同志参加的会议。

二类会议。是党中央和国务院各部委、各直属机构，最高人民法院，最高人民检察院，各人民团体召开的，要求省、自治区、直辖市、计划单列市有关厅（局）或本系统、直属机构负责同志参加的会议。

三类会议。是党中央和国务院各部委、各直属机构，最高人民法院，最高人民检察院，各人民团体及其所属内设机构召开的，要求省、自治区、直辖市、计划单列市有关厅（局）或本系统机构有关人员参加的会议。

四类会议。是指除上述一、二、三类会议以外的其他业务性会议，包括小型研讨会、座谈会、评审会等。

**第七条**　中央和国家机关会议按以下程序和要求进行审批：

一类会议。应当由主办单位报经党中央和国务院批准。会议总务、经费预算及费用结算等工作分别由中共中央直属机关事务管理局（以下简称中直管理局）和国家机关事务管理局（以下简称国管局）负责。

二类会议。党中央和国务院各部委、各直属机构，各人民团体应当于每年 12 月底前，将下一年度会议计划（包括会议名称、召开的理由、主要内容、时间地点、代表人数、工作人员数、所需经费及列支渠道等）送财政部审核会签，按程序经中央办公厅、国务院办公厅审核后报批。各单位召开二类会议原则上每年不超过 1 次。

三类会议。各单位应当建立会议计划编报和审批制度，年度会议计划（包括会议数量、会议名称、召开的理由、主要内容、时间地点、代表人数、工作人员数、所需经费及列支渠道等）经单位领导办公会或党组（党委）会审批后执行。

四类会议。由单位分管领导审核后列入单位年度会议计划。

年度会议计划一经批准，原则上不得调整。对党中央、国务院交办等确需临时增加的会议，按规定程序报批。

**第八条**　一类会议会期按照批准文件，根据工作需要从严控制；二、三、四类会议会期均不得超过 2 天；传达、布置类会议会期不得超过 1 天。

会议报到和离开时间，一、二、三类会议合计不得超过 2 天，四类会议合计不得超过 1 天。

**第九条** 各单位应当严格控制会议规模。

一类会议参会人员按照批准文件，根据会议性质和主要内容确定，严格限定会议代表和工作人员数量。

二类会议参会人员不得超过 300 人，其中，工作人员控制在会议代表人数的 15% 以内；不请省、自治区、直辖市和中央部门主要负责同志、分管负责同志出席。

三类会议参会人员不得超过 150 人，其中，工作人员控制在会议代表人数的 10% 以内。

四类会议参会人员视内容而定，一般不得超过 50 人。

**第十条** 全国人大常委会办公厅、全国政协办公厅、各民主党派中央和全国工商联的会议分类、审批事项、会期及参会人员等，由上述部门依据法律法规、章程规定，参照第六条至第九条作出规定，并报财政部备案。

**第十一条** 各单位召开会议应当改进会议形式，充分运用电视电话、网络视频等现代信息技术手段，降低会议成本，提高会议效率。

传达、布置类会议优先采取电视电话、网络视频会议方式召开。电视电话、网络视频会议的主会场和分会场应当控制规模，节约费用支出。

**第十二条** 不能够采用电视电话、网络视频召开的会议实行定点管理。各单位会议应当到定点会议场所召开，按照协议价格结算费用。未纳入定点范围，价格低于会议综合定额标准的单位内部会议室、礼堂、宾馆、招待所、培训中心，可优先作为本单位或本系统会议场所。

无外地代表且会议规模能够在单位内部会议室安排的会议，原则上在单位内部会议室召开，不安排住宿。

**第十三条** 参会人员以在京单位为主的会议不得到京外召开。各单位不得到党中央、国务院明令禁止的风景名胜区召开会议。

## 第三章　会议费开支范围、标准和报销支付

**第十四条**　会议费开支范围包括会议住宿费、伙食费、会议场地租金、交通费、文件印刷费、医药费等。

前款所称交通费是指用于会议代表接送站，以及会议统一组织的代表考察、调研等发生的交通支出。

会议代表参加会议发生的城市间交通费，按照差旅费管理办法的规定回单位报销。

**第十五条**　会议费开支实行综合定额控制，各项费用之间可以调剂使用。

会议费综合定额标准如下：

单位：元/人天

| 会议类别 | 住宿费 | 伙食费 | 其他费用 | 合计 |
| --- | --- | --- | --- | --- |
| 一类会议 | 500 | 150 | 110 | 760 |
| 二类会议 | 400 | 150 | 100 | 650 |
| 三、四类会议 | 340 | 130 | 80 | 550 |

综合定额标准是会议费开支的上限。各单位应在综合定额标准以内结算报销。

**第十六条**　一类会议费在部门预算专项经费中列支，二、三、四类会议费原则上在部门预算公用经费中列支。

会议费由会议召开单位承担，不得向参会人员收取，不得以任何方式向下属机构、企事业单位、地方转嫁或摊派。

**第十七条**　各单位在会议结束后应当及时办理报销手续。会议费报销时应当提供会议审批文件、会议通知及实际参会人员签到表、定点会议场所等会议服务单位提供的费用原始明细单据、电子结算单等凭证。财务部门要严格按规定审核会议费开支，对未列入年度会议计划，以及超范围、超标准开支的经费不予报销。

**第十八条**　各单位会议费支付，应当严格按照国库集中支付制度

和公务卡管理制度的有关规定执行，以银行转账或公务卡方式结算，禁止以现金方式结算。

具备条件的，会议费应当由单位财务部门直接结算。

## 第四章 会议费公示和年度报告制度

**第十九条** 各单位应当将非涉密会议的名称、主要内容、参会人数、经费开支等情况在单位内部公示或提供查询，具备条件的应当向社会公开。

**第二十条** 一级预算单位应当于每年3月底前，将本级和下属预算单位上年度会议计划和执行情况（包括会议名称、主要内容、时间地点、代表人数、工作人员数、经费开支及列支渠道等）汇总后报财政部。党中央各部门同时抄送中直管理局，国务院各部门同时抄送国管局。

**第二十一条** 财政部对各单位报送的会议年度报告进行汇总分析，针对执行中存在的问题，及时完善相关制度。

## 第五章 管理职责

**第二十二条** 财政部的主要职责是：

（一）会同国管局、中直管理局等部门制定或修订中央本级会议费管理办法，并对执行情况进行监督检查；

（二）按规定对各单位报送的二类会议计划进行审核会签；

（三）对会议费支付结算实施动态监控；

（四）对各单位报送的会议年度报告进行汇总分析，提出加强管理的措施。

**第二十三条** 国管局的主要职责是：

（一）配合财政部制定或修订中央和国家机关会议费管理办法；

（二）负责国务院召开的一类会议的总务工作；

（三）配合财政部对国务院各部委、各直属机构会议费执行情况进行监督检查。

**第二十四条** 中直管理局的主要职责是：

（一）配合财政部制定或修订中央和国家机关会议费管理办法；

（二）负责党中央召开的一类会议的总务工作；

（三）配合财政部对中央各部门会议费执行情况进行监督检查。

**第二十五条** 各单位的主要职责是：

（一）负责制定本单位会议费管理的实施细则；

（二）负责单位年度会议计划编制和三类、四类会议的审批管理；

（三）负责安排会议预算并按规定管理、使用会议费，做好相应的财务管理和会计核算工作，对内部会议费报销进行审核把关，确保票据来源合法，内容真实、完整、合规；

（四）按规定报送会议年度报告，加强对本单位会议费使用的内控管理。

## 第六章 监督检查和责任追究

**第二十六条** 财政部、国管局、中直管理局会同有关部门对各单位会议费管理和使用情况进行监督检查。主要内容包括：

（一）会议计划的编报、审批是否符合规定；

（二）会议费开支范围和开支标准是否符合规定；

（三）会议费报销和支付是否符合规定；

（四）会议会期、规模是否符合规定，会议是否在规定的地点和场所召开；

（五）是否向下属机构、企事业单位或地方转嫁、摊派会议费；

（六）会议费管理和使用的其他情况。

**第二十七条** 严禁各单位借会议名义组织会餐或安排宴请；严禁套取会议费设立“小金库”；严禁在会议费中列支公务接待费。

各单位应严格执行会议用房标准，不得安排高档套房；会议用餐严格控制菜品种类、数量和份量，安排自助餐，严禁提供高档菜肴，不安排宴请，不上烟酒；会议会场一律不摆花草，不制作背景板，不提供水果。

不得使用会议费购置电脑、复印机、打印机、传真机等固定资产以及开支与本次会议无关的其他费用；不得组织会议代表旅游和与会议无关的参观；严禁组织高消费娱乐、健身活动；严禁以任何名义发放纪念品；不得额外配发洗漱用品。

**第二十八条** 违反本办法规定，有下列行为之一的，依法依规追究会议举办单位和相关人员的责任：

（一）计划外召开会议的；

（二）以虚报、冒领手段骗取会议费的；

（三）虚报会议人数、天数等进行报销的；

（四）违规扩大会议费开支范围，擅自提高会议费开支标准的；

（五）违规报销与会议无关费用的；

（六）其他违反本办法行为的。

有前款所列行为之一的，由财政部会同有关部门责令改正，追回资金，并经报批后予以通报。对直接负责的主管人员和相关负责人，报请其所在单位按规定给予行政处分。如行为涉嫌违法的，移交司法机关处理。

定点会议场所或单位内部宾馆、招待所、培训中心有关工作人员违反规定的，按照财政部定点会议场所管理的有关规定处理。

## 第七章 附 则

**第二十九条** 各单位应当按照本办法规定，结合本单位业务特点和工作需要，制定会议费管理具体规定。

**第三十条** 党中央、国务院直属事业单位的会议费管理参照本办法执行。中央和国家机关各部门所属事业单位的会议费管理由各部门依据从严从紧原则参照本办法作出具体规定。

**第三十一条** 本办法由财政部负责解释，自2016年7月1日起施行。《中央和国家机关会议费管理办法》（财行〔2013〕286号）同时废止。

# 中央和国家机关差旅费管理办法

（财政部 2013 年 12 月 31 日印发）

## 第一章　总　　则

**第一条**　为加强和规范中央和国家机关国内差旅费管理，推进厉行节约反对浪费，根据《党政机关厉行节约反对浪费条例》，制定本办法。

**第二条**　本办法适用于中央和国家机关，以及参照公务员法管理的事业单位（以下简称中央单位）。

本办法所称中央和国家机关，是指党中央各部门，国务院各部委、各直属机构，全国人大常委会办公厅，全国政协办公厅，最高人民法院，最高人民检察院，各人民团体、各民主党派中央和全国工商联。

**第三条**　差旅费是指工作人员临时到常驻地以外地区公务出差所发生的城市间交通费、住宿费、伙食补助费和市内交通费。

**第四条**　中央单位应当建立健全公务出差审批制度。出差必须按规定报经单位有关领导批准，从严控制出差人数和天数；严格差旅费预算管理，控制差旅费支出规模；严禁无实质内容、无明确公务目的的差旅活动，严禁以任何名义和方式变相旅游，严禁异地部门间无实质内容的学习交流和考察调研。

**第五条**　财政部按照分地区、分级别、分项目的原则制定差旅费标准，并根据经济社会发展水平、市场价格及消费水平变动情况适时调整。

## 第二章　城市间交通费

**第六条**　城市间交通费是指工作人员因公到常驻地以外地区出差乘坐火车、轮船、飞机等交通工具所发生的费用。

**第七条** 出差人员应当按规定等级乘坐交通工具。乘坐交通工具的等级见下表：

| 交通工具<br>级别 | 火车（含高铁、动车、全列软席列车） | 轮船（不包括旅游船） | 飞机 | 其他交通工具（不包括出租小汽车） |
|---|---|---|---|---|
| 部级及相当职务人员 | 火车软席（软座、软卧），高铁/动车商务座，全列软席列车一等软座 | 一等舱 | 头等舱 | 凭据报销 |
| 司局级及相当职务人员 | 火车软席（软座、软卧），高铁/动车一等座，全列软席列车一等软座 | 二等舱 | 经济舱 | 凭据报销 |
| 其余人员 | 火车硬席（硬座、硬卧），高铁/动车二等座、全列软席列车二等软座 | 三等舱 | 经济舱 | 凭据报销 |

部级及相当职务人员出差，因工作需要，随行一人可乘坐同等级交通工具。

未按规定等级乘坐交通工具的，超支部分由个人自理。

**第八条** 到出差目的地有多种交通工具可选择时，出差人员在不影响公务、确保安全的前提下，应当选乘经济便捷的交通工具。

**第九条** 乘坐飞机的，民航发展基金、燃油附加费可以凭据报销。

**第十条** 乘坐飞机、火车、轮船等交通工具的，每人次可以购买交通意外保险一份。所在单位统一购买交通意外保险的，不再重复购买。

## 第三章 住 宿 费

**第十一条** 住宿费是指工作人员因公出差期间入住宾馆（包括饭店、招待所，下同）发生的房租费用。

**第十二条** 财政部分地区制定住宿费限额标准。各省、自治区、直辖市和计划单列市财政厅（局）根据当地经济社会发展水平、市场价格、消费水平等因素，提出所在市（省会城市、直辖市、计划单列市，下同）的住宿费限额标准报财政部，经财政部统筹研究提出意见反馈地方审核确认后，由财政部统一发布作为中央单位工作人员到相关地区出差的住宿费限额标准。

对于住宿价格季节性变化明显的城市，住宿费限额标准在旺季可适当上浮一定比例，具体规定由财政部另行发布。

**第十三条** 部级及相当职务人员住普通套间，司局级及以下人员住单间或标准间。

**第十四条** 出差人员应当在职务级别对应的住宿费标准限额内，选择安全、经济、便捷的宾馆住宿。

## 第四章　伙食补助费

**第十五条** 伙食补助费是指对工作人员在因公出差期间给予的伙食补助费用。

**第十六条** 伙食补助费按出差自然（日历）天数计算，按规定标准包干使用。

**第十七条** 财政部分地区制定伙食补助费标准。各省、自治区、直辖市和计划单列市财政厅（局）负责根据当地经济社会发展水平、市场价格、消费水平等因素，参照所在市公务接待工作餐、会议用餐等标准提出伙食补助费标准报财政部，经财政部统筹研究提出意见反馈地方审核确认后，由财政部统一发布作为中央单位工作人员到相关地区出差的伙食补助费标准。

**第十八条** 出差人员应当自行用餐。凡由接待单位统一安排用餐的，应当向接待单位交纳伙食费。

## 第五章　市内交通费

**第十九条** 市内交通费是指工作人员因公出差期间发生的市内交

通费用。

**第二十条** 市内交通费按出差自然（日历）天数计算，每人每天80元包干使用。

**第二十一条** 出差人员由接待单位或其他单位提供交通工具的，应向接待单位或其他单位交纳相关费用。

## 第六章 报销管理

**第二十二条** 出差人员应当严格按规定开支差旅费，费用由所在单位承担，不得向下级单位、企业或其他单位转嫁。

**第二十三条** 城市间交通费按乘坐交通工具的等级凭据报销，订票费、经批准发生的签转或退票费、交通意外保险费凭据报销。

住宿费在标准限额之内凭发票据实报销。

伙食补助费按出差目的地的标准报销，在途期间的伙食补助费按当天最后到达目的地的标准报销。

市内交通费按规定标准报销。

未按规定开支差旅费的，超支部分由个人自理。

**第二十四条** 工作人员出差结束后应当及时办理报销手续。差旅费报销时应当提供出差审批单、机票、车票、住宿费发票等凭证。

住宿费、机票支出等按规定用公务卡结算。

**第二十五条** 财务部门应当严格按规定审核差旅费开支，对未经批准出差以及超范围、超标准开支的费用不予报销。

实际发生住宿而无住宿费发票的，不得报销住宿费以及城市间交通费、伙食补助费和市内交通费。

## 第七章 监督问责

**第二十六条** 各单位应当加强对本单位工作人员出差活动和经费报销的内控管理，对本单位出差审批制度、差旅费预算及规模控制负责，相关领导、财务人员等对差旅费报销进行审核把关，确保票据来源合法，内容真实完整、合规。对未经批准擅自出差、不按规定开支和报销差旅费的人员进行严肃处理。

一级预算单位应当强化对所属预算单位的监督检查，发现问题及时处理，重大问题向财政部报告。

各单位应当自觉接受审计部门对出差活动及相关经费支出的审计监督。

**第二十七条** 财政部会同有关部门对中央单位差旅费管理和使用情况进行监督检查。主要内容包括：

（一）单位差旅审批制度是否健全，出差活动是否按规定履行审批手续；

（二）差旅费开支范围和标准是否符合规定；

（三）差旅费报销是否符合规定；

（四）是否向下级单位、企业或其他单位转嫁差旅费；

（五）差旅费管理和使用的其他情况。

**第二十八条** 出差人员不得向接待单位提出正常公务活动以外的要求，不得在出差期间接受违反规定用公款支付的宴请、游览和非工作需要的参观，不得接受礼品、礼金和土特产品等。

**第二十九条** 违反本办法规定，有下列行为之一的，依法依规追究相关单位和人员的责任：

（一）单位无出差审批制度或出差审批控制不严的；

（二）虚报冒领差旅费的；

（三）擅自扩大差旅费开支范围和提高开支标准的；

（四）不按规定报销差旅费的；

（五）转嫁差旅费的；

（六）其他违反本办法行为的。

有前款所列行为之一的，由财政部会同有关部门责令改正，违规资金应予追回，并视情况予以通报。对直接责任人和相关负责人，报请其所在单位按规定给予行政处分。涉嫌违法的，移送司法机关处理。

## 第八章　附　　则

**第三十条** 工作人员外出参加会议、培训，举办单位统一安排食宿的，会议、培训期间的食宿费和市内交通费由会议、培训举办单位按规定统一开支；往返会议、培训地点的差旅费由所在单位按照规定报销。

**第三十一条** 不参照公务员法管理的事业单位参照本办法执行。

各单位应当根据本办法，结合本单位实际情况制定具体操作规定。

中国人民解放军和中国人民武装警察部队的差旅费管理办法参照本办法另行规定。

**第三十二条** 本办法由财政部负责解释。

**第三十三条** 本办法自2014年1月1日起施行。2006年11月13日发布的《财政部关于印发〈中央国家机关和事业单位差旅费管理办法〉的通知》（财行〔2006〕313号）同时废止，其他有关中央国家机关和事业单位差旅费管理规定与本办法不一致的，按照本办法执行。

# 党政机关公务用车预算决算管理办法

（财政部2011年2月25日印发）

## 第一章　总　　则

**第一条** 为了规范和加强党政机关公务用车预算决算管理，提高资金使用效益，降低行政成本，促进党风廉政建设，根据《党政机关公务用车配备使用管理办法》（中办发〔2011〕2号）和《中华人民共和国预算法》等国家法律法规，制定本办法。

**第二条** 各级党政机关及其所属行政单位的公务用车预算决算管理适用本办法。

各级党政机关包括各级共产党机关、人大机关、行政机关、政协机关、审判机关、检察机关、民主党派机关等。

**第三条** 本办法所称公务用车预算决算管理，是指为了保证党政机关公务用车的配备更新和正常使用，对所安排的公务用车购置费用和运行费用实施的预算编制、预算执行、决算编制等管理工作。

**第四条** 本办法所称公务用车，是指党政机关用于履行公务的机动车辆，分为一般公务用车、领导干部用车、执法执勤用车、特种专业技术用车和其他用车。

一般公务用车是指用于办理公务、机要通信等公务活动的机动车辆。

领导干部用车是指用于领导干部公务活动的机动车辆。

执法执勤用车是指用于办案、监察、稽查、税务征管等执法执勤公务的专用机动车辆。

特种专业技术用车是指加装特殊专业设备，用于通讯指挥、技术侦查、刑事勘查、抢险救灾、检验检疫、环境监测、救护、工程技术等的机动车辆。

其他用车是指上述四种用车之外的机动车辆，如大中型载客车辆、载货车辆等。

**第五条** 党政机关配备更新公务用车应当严格执行中央有关文件规定的配备标准。

**第六条** 党政机关公务用车实行编制管理。车辆编制按照中央有关文件规定，根据人员编制、领导职数和工作需要等因素确定。

## 第二章 公务用车配备更新计划

**第七条** 各有关部门根据公务用车的配备更新标准、编制数量和现状，在编制部门预算之前，编制年度公务用车配备更新计划，作为财政部门安排公务用车预算的重要依据。

**第八条** 中央和国家机关本级一般公务用车和部级干部用车配备更新计划，分别归口由国务院机关事务管理局、中共中央直属机关事务管理局、全国人大常委会办公厅机关事务管理局、全国政协办公厅机关事务管理局（以下简称四个管理局）负责编制。

中央和国家机关本级执法执勤用车、特种专业技术用车和其他用车配备更新计划，由各部门负责编制。

**第九条** 中央垂直管理部门所属单位的一般公务用车、执法执勤用车、特种专业技术用车和其他用车配备更新计划，由各主管部门负责编制。

**第十条** 地方各级党政机关公务用车配备更新计划，由地方各有关部门负责编制。

## 第三章 公务用车购置费用预算编制

**第十一条** 公务用车购置费用包括公务用车购置价款、车辆购置税和其他相关支出。

**第十二条** 对各有关部门编制的年度公务用车配备更新计划，财政部门应当按照公务用车管理规定严格审核。在此基础上，统筹安排公务用车购置费用，并实行严格管理。

**第十三条** 中央和国家机关本级一般公务用车和部级干部用车购置费用，分别归口列入四个管理局的部门预算。

中央和国家机关本级执法执勤用车、特种专业技术用车和其他用车购置费用，列入各部门的部门预算。

**第十四条** 中央垂直管理部门所属单位的一般公务用车、执法执勤用车、特种专业技术用车和其他用车购置费用，列入各主管部门的部门预算。

**第十五条** 地方各级党政机关公务用车购置费用，按照地方部门预算管理有关规定，列入地方各有关部门的部门预算。

**第十六条** 在编制部门预算时，党政机关公务用车购置费用列《政府收支分类科目》支出经济分类科目“基本建设支出”类或者“其他资本性支出”类下的“公务用车购置”款级科目。预算编制没有细化到经济分类的，应当将“公务用车购置”预算单独列示。

## 第四章 公务用车运行费用预算编制

**第十七条** 公务用车运行费用包括公务用车燃料费、维修费、保险费、过路过桥费、停车费和其他相关支出。

**第十八条** 财政部门应当根据实际需要，结合政府财力状况，科学制定公务用车运行费用定额标准。

**第十九条** 财政部门根据各单位编制内公务用车数量和运行费用定额标准，核定公务用车运行费用预算，按照隶属关系列入各部门的部门预算。

**第二十条** 在编制部门预算时，党政机关公务用车运行费用列《政府收支分类科目》支出经济分类科目“商品和服务支出”类下的“公务用车运行维护费”款级科目。预算编制没有细化到经济分类的，应当将“公务用车运行维护费”预算单独列示。

## 第五章　公务用车预算执行和决算编制

**第二十一条** 公务用车预算下达后，各部门、各单位应当严格执行，原则上不予调整。因特殊情况确需调整的，应当按照规定程序报经财政部门审批。资金支付按财政国库管理制度有关规定执行。

**第二十二条** 年度终了，各部门在编制部门年度决算时，应当统计汇总本部门及其所属单位公务用车增减变动和预算执行情况，并就有关情况作出说明，报送财政部门。

**第二十三条** 地方各级财政部门在审核批复本级各部门年度决算、汇总编制本级和本地区部门决算时，应当统计汇总党政机关公务用车增减变动和预算执行情况，并就有关情况作出说明。

**第二十四条** 财政部在汇总编制中央本级和全国部门决算时，负责统计汇总中央本级和地方各级党政机关公务用车增减变动和预算执行情况。

## 第六章　附　　则

**第二十五条** 参照公务员法管理并执行行政单位财务会计制度的事业单位和社会团体的公务用车预算决算管理，依照本办法执行。

**第二十六条** 地方各级财政部门可以根据本办法及上级财政部门

的规定，制定本地区和本级的具体办法，并报上一级财政部门备案。

**第二十七条** 本办法自发布之日起施行。此前有关公务用车预算决算管理的规定，凡与本办法不一致的，按照本办法执行。

# 中共中央办公厅、国务院办公厅关于党政机关停止新建楼堂馆所和清理办公用房的通知

（2013 年 7 月 14 日）

近年来，各地区各部门认真贯彻中央要求，在严格控制党政机关楼堂馆所建设方面采取了一些措施，取得了一定成效。但是，近期一些地区和部门又出现了违规修建楼堂馆所的现象，损害党风政风，影响党和政府形象，人民群众反映强烈。党中央、国务院对此高度重视，强调各级党政机关要大力弘扬艰苦奋斗、勤俭节约的优良作风，认真贯彻落实中央八项规定精神，树立过紧日子的思想，全面停止新建楼堂馆所，规范办公用房管理，切实把有限的资金和资源更多用在发展经济、改善民生上。经党中央、国务院同意，现就有关事项通知如下。

**一、全面停止新建党政机关楼堂馆所**

自本通知印发之日起，5 年内，各级党政机关一律不得以任何形式和理由新建楼堂馆所。

（一）停止新建、扩建楼堂馆所。严禁以任何理由新建楼堂馆所，严禁以危房改造等名义改扩建楼堂馆所，严禁以建技术业务用房名义搭车新建楼堂馆所，严禁改变技术业务用房的用途。

（二）停止迁建、购置楼堂馆所。严禁以城市改造、城市规划等理由在他处重新建设楼堂馆所，严禁以任何理由购置楼堂馆所。

（三）严禁以“学院”、“中心”等名义建设楼堂馆所。严禁接受任何形式的赞助建设和捐赠建设，严禁借企业名义搞任何形式的合作建设、集资建设或专项建设。

（四）已批准但尚未开工建设的楼堂馆所项目，一律停建。

**二、严格控制办公用房维修改造项目**

办公用房因使用时间较长、设施设备老化、功能不全、存在安全隐患，不能满足办公要求的，可进行维修改造。维修改造项目要以消除安全隐患、恢复和完善使用功能为重点，严格履行审批程序，严格执行维修改造标准，严禁豪华装修。

中央直属机关办公用房维修改造项目，由中直管理局审批。国务院各部门办公用房维修改造项目，由国管局审批。地方各级党政机关办公用房维修改造项目的审批程序，由各省、自治区、直辖市规定。各地区要根据本地区实际制定党政机关办公用房维修改造标准和工程消耗量定额。

各级党政机关要严格按照2007年印发的《中共中央办公厅、国务院办公厅关于进一步严格控制党政机关办公楼等楼堂馆所建设问题的通知》要求，加强预算和资金使用管理。党政机关办公用房维修改造项目所需投资，统一纳入预算安排财政资金解决，未经审批的项目，不得安排预算。

各级党政机关不得以任何理由安排财政资金用于包括培训中心在内的各类具有住宿、会议、餐饮等接待功能的设施或场所的维修改造。

**三、全面清理党政机关和领导干部办公用房**

各级党政机关要对占有、使用的办公用房进行全面清理，根据不同情况分别作出如下处理：

（一）超过《党政机关办公用房建设标准》（原国家计委计投资19992250号）规定的面积标准占有、使用办公用房的，应予以腾退。

（二）未经批准改变办公用房使用功能的，原则上应恢复原使用功能。

（三）已经出租、出借的办公用房到期应予收回，租赁合同未到期的，租金收入严格按照收支两条线规定管理，到期后不得续租。未经批准租用办公用房的，应予以清理并腾退，严禁以租用过渡性用房名义变相购建使用办公用房。

（四）除在立项批复中明确事业单位和行政机关办公用房一并建设外，所属其他企事业单位一律不得占用行政机关办公用房，已占用的，原则上应予以清理并腾退。

（五）部门和单位在机构变动中转为企业的，所占用的办公用房应予腾退，确实难以腾退的，经批准可租用原办公用房或按规定程序转为企业国有资本金。

（六）各级党政机关领导干部应当严格按照《党政机关办公用房建设标准》的规定配置办公用房。办公用房面积超标准配置的，应予以清理并腾退；领导干部在不同部门同时任职的，应在主要工作部门安排一处办公用房，其他任职部门不再安排办公用房；领导干部工作调动的，由调入部门安排办公用房，原单位的办公用房不再保留；领导干部在人大或政协任职，人大或政协已安排办公用房的，原单位的办公用房不再保留，人大或政协没有安排办公用房的，由原单位根据本人承担工作的实际情况，安排适当的办公用房；领导干部在协会等单位任职的，由协会等单位根据工作需要安排办公用房，原单位的办公用房不再保留；领导干部已办理离退休手续的，原单位的办公用房应及时腾退。

**四、严格规范党政机关办公用房管理**

各地区要按照有关规定，建立健全办公用房集中统一管理制度，实行统一调配、统一权属登记。要严格按照《党政机关办公用房建设标准》和各部门各单位“三定”规定，从严核定办公用房面积。新建、调整办公用房的部门和单位，要按照“建新交旧”、“调新交旧”原则，在搬入新建或新调整办公用房的同时，及时将原办公用房腾退移交机关事务主管部门。因机构增设、职能调整确需增加办公用房的，应在本部门本单位现有办公用房中解决；本部门本单位现有办公用房不能满足需要的，由机关事务主管部门整合办公用房资源调剂解决；无法调剂、确需租用办公用房的，要严格履行审批手续。各级党政机关要制定本部门本单位办公用房使用管理制度，严格办公用房使用管理。

各级机关事务主管部门要做好办公用房物业管理工作，制定和完善物业服务内容、服务标准和收费标准等制度，并结合机关后勤服务社会化改革，逐步推进办公用房物业服务社会化。

**五、切实加强领导，强化监督检查**

停止新建党政机关楼堂馆所和清理办公用房，是加强党风廉政建设的重要内容，是密切党群干群关系、维护党和政府形象的客观要求，各级党政机关要高度重视，领导干部要率先垂范。各地区各部门各单位要结合实际，抓紧制定相关制度标准和实施办法，切实加强领导，严格落实责任制，确保本通知精神落到实处。

投资主管部门要进一步完善审批程序，建立健全审批责任制和内部监督机制，对违规审批等行为要严肃处理。财政部门要严格公共财政预算管理，对未按规定履行审批手续的党政机关楼堂馆所建设和维修改造项目一律不得下达财政预算。各部门各单位年终应把楼堂馆所建设和维修改造项目实施情况作为政务公开的重要内容，主动接受社会监督。国土资源管理部门要严格土地供应管理，对未按规定履行审批手续的党政机关楼堂馆所建设和维修改造项目一律不得供地。住房城乡建设部门要加强对党政机关楼堂馆所建设和维修改造项目的监管，并制定相应的标准和工程消耗量定额。机关事务主管部门要完善党政机关办公用房管理制度，定期组织督促检查，并通报检查情况，督促落实办公用房清理工作。审计部门要加强对党政机关楼堂馆所建设和维修改造项目的审计监督。纪检监察机关要坚决纠正和查处党政机关楼堂馆所建设和维修改造项目及办公用房管理使用中的各种违规违纪行为，对有令不行、有禁不止的，依照有关规定严肃追究直接责任人和有关领导人员的责任。

2013 年 9 月 30 日前，各地区要将落实本通知的情况报中央办公厅、国务院办公厅；中央和国家机关各部门落实本通知的情况，按系统分别报中直管理局、国管局，汇总后报中央办公厅、国务院办公厅。中央办公厅、国务院办公厅将视情组织督促检查，并通报检查情况。

本通知所称党政机关，包括党的机关、人大机关、行政机关、政协机关、审判机关、检察机关。各级党政机关派出机构、直属事业单位及工会、共青团、妇联等人民团体适用本通知。国有及国有控股企业参照本通知执行。

本通知所称党政机关楼堂馆所，包括使用财政性资金建设的党政机关办公用房、培训中心，以及以“学院”、“中心”等名义兴建的具有住宿、会议、餐饮等接待功能的设施或场所；领导干部是指省部级以下（含省部级）各级党政领导干部。党政机关使用非财政性资金建设的楼堂馆所，参照本通知执行。

# 中共中央办公厅、国务院办公厅关于坚决制止公款出国（境）旅游的通知

（2009 年 2 月 20 日）

各省、自治区、直辖市党委和人民政府，中央和国家机关各部委，解放军各总部、各大单位，各人民团体：

2008 年 3 月，《中共中央办公厅、国务院办公厅印发〈关于进一步加强因公出国（境）管理的若干规定〉的通知》（中办发〔2008〕9 号）印发以来，中央纪委、外交部等 10 部门在全国范围内开展了制止公款出国（境）旅游专项治理工作，取得了一定成效。但是，因公出国（境）仍然存在一些突出问题：出访团组和人员数量增长过快；一些地方和部门对因公出国（境）审批把关不严，监管不力；借因公出国（境）之机公款旅游问题比较严重，名目繁多，花样翻新。公款出国（境）旅游不仅造成巨大浪费，而且严重损害党和政府形象，必须坚决制止。现就有关问题通知如下。

一、领导干部要以身作则，严格自律。各级领导干部要大力发扬艰苦奋斗和勤俭节约的优良传统，自觉抵制铺张浪费、奢靡之风。要带头严格执行中办发〔2008〕9 号文件和其他各项外事规章制度，不

组织、不参加各类公款出国（境）旅游活动。要从严掌握因公出国（境）任务安排，不得将因公出国（境）作为福利待遇，不得以任何方式影响因公出国（境）审核审批工作。

二、大力压缩因公出国（境）经费、团组数和人数。2009 年各地区各部门因公出国（境）经费支出要在近 3 年平均数基础上压缩 20%，并相应减少团组数和人数。要按照财政部等部门下发的《加强党政干部因公出国（境）经费管理暂行办法》，将因公出国（境）经费全部纳入专项预算管理，实行经费先行审核。党政干部因公出国（境）不得挪用其他公共资金，不得由企事业单位出资或补助，不得向下属机构和地方摊派，不得用公款报销违反规定持因私证件出国（境）的费用。

三、审核审批部门要认真履行职责，严格把关。审核审批部门要对因公出国（境）团组任务的必要性、报批材料的真实性、行程安排的合理性严格审核，切实防止以公务为名，行公款旅游之实。坚决禁止一般性考察和重复考察，从严控制团组在国（境）外停留时间。要对出访团组是否严格执行批准日程，以及完成任务和遵守纪律的情况进行检查，对出访报告进行评估。财政、审计等部门要加强对因公出国（境）经费使用情况的监督。对违规审核审批以及不认真履行审核审批职责的，要严肃追究有关领导和直接责任人的责任。

四、按照谁派出、谁负责的原则，强化因公出国（境）团组派出单位的责任。各派出单位要高度重视因公出国（境）管理工作，严格执行有关规定，杜绝弄虚作假和违规操作。出访团组负责人要切实负起责任，不得擅自更改行程，增加出访国家、地区或城市，延长境外停留时间。要将制止公款出国（境）旅游作为党风廉政建设责任制考核的一项重要内容，对出现公款出国（境）旅游情况的，既要追究团组负责人的责任，也要追究派出单位领导的责任。

五、严厉打击旅行社及中介机构为因公出国（境）团组联系或购买邀请函、编造虚假日程等行为。旅游、工商等职能部门要加强监管，对违规操作的，要依法处罚。情节严重的，要取消其经营资格。

六、严肃查处公款出国（境）旅游案件。各级纪检监察、审计等机关要高度重视查处公款出国（境）旅游案件，对顶风违纪的要从严处理并及时曝光。要重点查处虚报出国（境）任务、通过购买邀请函骗取批准的案件；擅自更改行程，增加出访国家、地区或城市，延长境外停留时间的案件；党政干部挪用其他公共资金，由企事业单位出资或补助，向下属机构或地方摊派出国（境）费用等案件。除严肃追究有关人员的责任外，公款出国（境）旅游的费用，一律由团组成员个人承担。

七、改革和完善因公出国（境）管理制度。外事管理部门要强化外事工作的集中统一管理，解决外事审批权方面存在的问题。要清理、规范审批权限，细化审批标准，提高审批质量。要完善因公出国（境）团组境外活动情况核查机制，并接受群众监督。

# 关于全面推进公务用车制度改革的指导意见

（中共中央办公厅、国务院办公厅2014年7月12日印发）

为贯彻落实党的十八大和十八届三中全会精神及《党政机关厉行节约反对浪费条例》，改革公务用车制度，规范公务用车运行管理，有效降低行政成本，现就全面推进公务用车制度改革提出如下指导意见。

**一、充分认识公务用车制度改革的重要意义**

新中国成立以来，公务用车一直实行实物供给制度，对保障公务出行发挥了重要作用。随着社会主义市场经济体制不断完善，传统公务用车制度越来越难以适应形势发展需要，车辆配备范围过大、运行管理成本偏高、公车私用等问题日益突出，社会对此反映强烈。为解决公务用车领域存在的突出问题，习近平总书记、李克强总理多次作出重要指示，党中央、国务院专门作出部署，强调要全面推进公务用车制度改革。近年来一些地方和部门进行了积极改革探索，为全面推进公务用车制度改革积累了有益经验。

全面推进公务用车制度改革，是加强党风廉政建设、厉行节约反对浪费的重要举措，是转变政府职能、推进后勤服务社会化改革的重要内容，是顺应民意、维护党和政府形象的迫切要求。各地区各部门要充分认识公务用车制度改革的重要意义，采取切实有效措施加快改革步伐。

**二、指导思想、基本原则和总体目标**

（一）指导思想

按照中央关于厉行节约反对浪费的要求，坚持社会化、市场化方向，加快推进公务用车制度改革，合理有效配置公务用车资源，创新公务交通分类提供方式，保障公务出行，降低行政成本，积极推进廉洁型机关和节约型社会建设。

（二）基本原则

1. 创新制度、分类保障。改革公务用车实物供给方式，取消一般公务用车，普通公务出行实行社会化提供并适度补贴交通费用，从严配备定向化保障的公务用车。

2. 统筹协调、政策配套。妥善处理公务用车制度改革涉及的各种利益关系，科学制定改革方案和配套政策，确保新旧制度平稳过渡、有机衔接。

3. 统一部署、分步实施。各地区各部门按照中央确定的改革方向和原则制定改革实施方案，中央和国家机关先行示范，地方党政机关加快实行，事业单位、国有企业和国有金融企业有序推进。

（三）总体目标

力争在2014年年底前基本完成中央和国家机关及其所属参照公务员法管理的事业单位公务用车制度改革，2015年年底前基本完成地方党政机关公务用车制度改革，用2至3年时间全面完成公务用车制度改革。通过改革，切实实现公务出行便捷合理、交通费用节约可控、车辆管理规范透明、监管问责科学有效，基本形成符合国情的新型公务用车制度。

## 三、主要任务

### （一）改革公务交通保障方式

改革党政机关（包括各级党委、人大、政府、政协、审判、检察机关，各民主党派和工商联，参照公务员法管理的人民团体、群众团体、事业单位，下同）公务用车实物供给方式，取消一般公务用车，保留必要的机要通信、应急、特种专业技术用车和符合规定的一线执法执勤岗位车辆及其他车辆。改革后，行政区域（城区或规定区域）内普通公务出行方式由公务人员自行选择，实行社会化提供，适度发放公务交通补贴。公务交通补贴保障范围要与差旅费保障范围搞好衔接，对边远地区和交通不便地区，要做好远距离公务出行的差旅费保障。鼓励省（自治区、直辖市）所属厅（局）正职主要负责人和市（地、州、盟）、县（市、区、旗）及乡（镇）党政主要负责人参加改革，确因环境所限和工作需要不便取消公务用车的，允许以适当集中形式提供工作用车实物保障，但须严格规范管理，不得再领取公务交通补贴，具体范围由各地根据本意见研究确定。

规范事业单位、国有企业和国有金融企业职务待遇和业务消费，对原符合车辆配备条件的岗位和人员，逐步按规定纳入改革，改革后不得再配备车辆；对保留的必要的国有企业、国有金融企业经营用车和事业单位业务用车实行集中管理；取消与经营和业务保障无关的车辆。事业单位、国有企业和国有金融企业公务用车制度改革要与年薪制、岗位津贴及国家相关财务管理制度等统筹考虑、相互衔接。

### （二）合理确定党政机关公务交通补贴标准

各级党政机关要从实际出发，综合考虑公务出行成本、经济发展水平、社会承受能力、辖区面积、自然地理环境、公务出行次数和距离、行政级别和实际承担的工作职责等因素，按照节约成本、保证公务、便于操作、简化档次的要求，确定本地区公务交通补贴标准。根据交通成本等相关因素变化情况，公务交通补贴标准可适时适度进行调整。允许参改单位根据实际情况，从公务交通补贴中划出一定比例作为单位统筹部分，集中用于解决不同岗位之间公务出行不均衡等问题，统筹资金使用须公开透明，具体管理办法由各单位制定。对特别重大抢险救灾、事故处理、突发事件处置等不可预测的特殊事项，各地可从实际出发在应急预案中另行制定特殊情况下公务用车保障办法。地方公务交通补贴标准不得高于中央和国家机关补贴标准的130%，边疆民族地区和其他边远地区标准不得高于中央和国家机关补贴标准的150%。各省（自治区、直辖市）之间补贴标准差距不宜过大，同一省（自治区、直辖市）内不同地区补贴标准差距不得超过20%，同一市（地、州、盟）实行统一的补贴标准。地方补贴标准层级划分可不与中央和国家机关层级完全对应。驻地方的中央垂直管理单位补贴标准按属地化原则参照所在地区标准执行，经费由中央财政负担。

（三）妥善安置司勤人员

各级党政机关根据改革后的实际需要，合理设置司勤人员岗位，采取公开、平等、竞争、择优的方式确定留用人员；未聘人员原则上以内部消化为主，通过内部转岗、开辟新的就业岗位、提前离岗等措施妥善安置。依法做好未留用人员聘用合同或劳动合同的终止、解除工作，维护其合法权益，相关必要支出由各级财政安排专项经费予以保障。各级人力资源社会保障部门会同有关部门组成工作组，负责指导参改单位做好司勤人员安置工作，确保改革平稳推进。参改事业单位、国有企业和国有金融企业要依法做好司勤人员安置工作。

（四）公开规范处置公务用车

取消的公务用车，由各级相关职能部门统一规范处置。对取消的一般公务用车，要制定处置办法，公开招标评估、拍卖机构，通过公开拍卖等方式公开处置。取消车辆处置要防止甩卖和贱卖现象，避免国有资产流失。党政机关公务用车处置收入，扣除有关税费后全部上缴国库。参改事业单位、国有企业和国有金融企业车辆处置收入，按国家有关财务管理制度执行。各地可根据实际情况，对未能及时处置的车辆，采取设立过渡性车辆服务中心或社会化车辆租赁公司的方式，进行市场化运营，减少车辆闲置浪费，过渡期由各地确定，政府不得变相为其提供财政性补贴。

## 四、健全公务用车管理和保障制度

（一）加强定向化保障车辆管理

各级党政机关公务用车主管部门要会同有关部门严格核定定向化保障公务用车的编制和标准，车辆配备优先选用新能源汽车。执法执勤用车配备应当严格限制在一线执法执勤岗位，机关内部管理和后勤岗位以及机关所属事业单位一律不得配备。除涉及国家安全、侦查办案等有保密要求的特殊工作用车外，执法执勤用车应当喷涂明显的统一标识。机要通信、应急等车辆要充分考虑不同部门的工作差异，根据实际需要合理配备，保障到位。按规定保留的公务用车实行集中管理，逐步探索社会化监督的有效形式和具体办法。在从严控制总量的前提下，各地可根据实际情况确定和优化配置相关一线执法执勤岗位车辆，鼓励各地建立跨部门综合性执法用车平台。进一步精简地方公务用车管理机构。

（二）完善财务管理

党政机关公务交通补贴属于改革性补贴，统一纳入财政预算，在交通费中列支、按月发放，用于保障公务人员普通公务出行。各单位要加强财务管理，按照在编在岗公务员数量和职级核定补贴数额，严格公务交通补贴发放，不得擅自扩大补贴范围、提高补贴标准。

（三）加强公务用车监督检查

把公务用车配备和运行维护费用、交通补贴发放、车辆处置情况等纳入日常和专项审计监督及政务公开范围。党政机关不得以特殊用途等理由变相超编制、超标准配备公务用车，不得以任何方式换用、借用、占用下属单位或其他单位和个人的车辆，不得接受企事业单位和个人赠送的车辆，不得以任何理由违反用途使用或固定给个人使用执法执勤、机要通信等公务用车，不得以公务交通补贴名义变相发放福利。公务人员不得既领取公务交通补贴、又违规乘坐公务用车。纪检监察机关要强化监督检查，及时受理群众举报，依法依纪严肃查处违反公务用车制度改革和公务用车管理的行为，严肃追究相关责任人的责任。

（四）切实保障公务出行

鼓励公务出行利用公共交通服务。各地要采取有效措施，完善城市公共交通服务体系，探索发展适合公务出行的市场化交通定制服务，增加社会化交通供给。及时解决公务出行遇到的实际问题，确保改革后公务出行得到有效保障。

**五、认真做好组织实施工作**

（一）加强领导，明确责任

公务用车制度改革政策性强、任务艰巨，各地区各部门要高度重视，切实加强领导，严格工作纪律，明确工作责任。中央和地方分别建立公务用车制度改革领导小组，明确工作机制，负责落实各项改革任务，确保改革扎实稳步推进，既要改成，更要改好。

中央公务用车制度改革领导小组由国家发展改革委、国管局、中直管理局牵头，财政部、人力资源社会保障部、审计署等部门参加，主要负责指导、协调全国公务用车制度改革工作，制定并组织实施中央和国家机关公务用车制度改革方案及配套政策，会同有关部门制定中央和国家机关所属非参公事业单位、中央企业和中央金融企业公务用车制度改革方案。

各省（自治区、直辖市）公务用车制度改革领导小组要根据本地区实际情况，负责制定并组织实施本省（自治区、直辖市）党政机关、事业单位、国有企业和国有金融企业公务用车制度改革方案及配套政策。各省（自治区、直辖市）党政机关公务用车制度改革方案报中央公务用车制度改革领导小组批准后实施。

（二）精心组织，扎实推进

各地区各部门要健全工作机制，深入调查研究，细致统计测算，周密制定公务用车制度改革方案，明确时限要求，加强监督检查，及时有效解决改革中遇到的新情况新问题，确保各项工作落到实处。中央和国家机关及各省（自治区、直辖市）要尽快启动公务用车制度改革工作，确保在规定时限内完成改革任务。已先行开展公务用车制度改革的地区和部门要按本意见进行规范。

（三）加强舆论引导，营造良好氛围

切实加强公务用车制度改革舆论宣传工作，做好政策解读，阐释改革的目的和意义，正确引导社会舆论，及时回应社会关切，使广大公务人员和人民群众了解、支持改革，努力为改革营造良好社会氛围。

## （四）群众纪律

# 中共中央政治局关于改进工作作风、密切联系群众的八项规定

（2012 年 12 月 4 日）

2012 年 12 月 4 日中共中央政治局召开会议，审议通过中央政治局关于改进工作作风、密切联系群众的八项规定。规定要求：

一、要改进调查研究，到基层调研要深入了解真实情况，总结经验、研究问题、解决困难、指导工作，向群众学习、向实践学习，多同群众座谈，多同干部谈心，多商量讨论，多解剖典型，多到困难和矛盾集中、群众意见多的地方去，切忌走过场、搞形式主义；要轻车简从、减少陪同、简化接待，不张贴悬挂标语横幅，不安排群众迎送，不铺设迎宾地毯，不摆放花草，不安排宴请。

二、要精简会议活动，切实改进会风，严格控制以中央名义召开的各类全国性会议和举行的重大活动，不开泛泛部署工作和提要求的会，未经中央批准一律不出席各类剪彩、奠基活动和庆祝会、纪念会、表彰会、博览会、研讨会及各类论坛；提高会议实效，开短会、讲短话，力戒空话、套话。

三、要精简文件简报，切实改进文风，没有实质内容、可发可不发的文件、简报一律不发。

四、要规范出访活动，从外交工作大局需要出发合理安排出访活动，严格控制出访随行人员，严格按照规定乘坐交通工具，一般不安排中资机构、华侨华人、留学生代表等到机场迎送。

五、要改进警卫工作，坚持有利于联系群众的原则，减少交通管制，一般情况下不得封路、不清场闭馆。

六、要改进新闻报道，中央政治局同志出席会议和活动应根据工作需要、新闻价值、社会效果决定是否报道，进一步压缩报道的数量、字数、时长。

七、要严格文稿发表，除中央统一安排外，个人不公开出版著作、讲话单行本，不发贺信、贺电，不题词、题字。

八、要厉行勤俭节约，严格遵守廉洁从政有关规定，严格执行住房、车辆配备等有关工作和生活待遇的规定。

# 中共中央办公厅、国务院办公厅关于对涉及农民负担案（事）件实行责任追究的暂行办法

（2002 年 8 月 9 日）

**第一条** 为贯彻落实党中央、国务院关于减轻农民负担的各项方针政策，强化减轻农民负担工作党政一把手负责制，切实抓好减轻农民负担工作，进一步密切党群、干群关系，维护农村社会稳定，根据《中共中央、国务院关于切实做好减轻农民负担工作的决定》（中发〔1996〕13 号）和《中共中央、国务院关于印发〈关于实行党风廉政建设责任制的规定〉的通知》（中发〔1998〕16 号）等文件精神和有关规定，结合实际，制定本办法。

**第二条** 地方各级党委、政府应当对本地区贯彻执行减轻农民负担政策的情况实行有效的监督管理，严格执行责任追究制度，对发生

涉及农民负担的恶性案件、严重群体性事件或造成重大影响的其他案（事）件负有责任的县（市、区）、乡（镇）党政领导人员和其他直接责任人员，给予党纪、政纪处分。

**第三条** 实行责任追究要坚持实事求是、客观公正的原则。

**第四条** 责任追究的对象，是指因农民负担问题引发的恶性案件、严重群体性事件或造成重大影响的其他案（事）件的县（市、区）、乡（镇）的党政主要负责人和对案（事）件发生负有直接领导责任的其他党政领导班子成员，以及有关部门的领导人员和其他直接责任人员。

**第五条** 具有下列情形之一的，对担任党内领导职务的责任追究对象给予警告、严重警告处分；情节严重的，给予撤销党内职务处分；情节特别严重的，给予留党察看、开除党籍处分。对担任行政领导职务的责任追究对象给予警告、记过、记大过处分；情节严重的，给予降级、撤职处分；情节特别严重的，给予开除公职处分。对同时担任党内领导职务和行政领导职务的责任追究对象，情节严重的，应当同时给予党纪、政纪处分。

（一）违反减轻农民负担政策、工作作风粗暴或违反规定采取措施，导致农民死亡或直接造成农民受重伤的；

（二）违反减轻农民负担政策，侵害农民的合法权益，导致发生干群冲突群体性事件或影响社会稳定的其他群体性事件的；

（三）发生因涉及农民负担而造成重大影响的其他案（事）件的。

**第六条** 责任追究权由省、自治区、直辖市和市（地）、县（市、区）党委、政府按照干部管理权限行使。

省、自治区、直辖市和市（地）、县（市、区）农民负担监督管理部门根据调查、检查和考核结果，向本级党委、政府提出责任追究的建议，经批准后，由纪检、监察、组织、人事等机关和部门根据各自的职责具体执行。

对涉及农民负担案（事）件的其他直接责任人员，按照干部管理权限和有关规定给予党纪、政纪处分。

**第七条** 对发生涉及农民负担案（事）件负有直接责任的有关部门的领导人员和其他直接责任人员，由有关部门或纪检、监察机关按照干部管理权限和有关规定进行处理。

**第八条** 各级组织、人事部门要把减轻农民负担工作作为考核和任用各级党政领导人员特别是县、乡两级党政领导人员的一项重要依据和内容，在涉及县（市、区）、乡（镇）党政领导人员晋职、晋级时，按照干部管理权限和规定的程序，征求有关方面的意见。

**第九条** 对屡次发生涉及农民负担恶性案件、严重群体性事件或造成重大影响的其他案（事）件，影响特别恶劣的，对该市（地）党政领导人员依照本办法第五条的规定处理。

**第十条** 涉及农民负担的恶性案件、严重群体性事件或造成重大影响的其他案（事）件发生后，县（市、区）、乡（镇）党委、政府及有关部门应当按照规定的程序和时限上报，并配合、协助上级机关进行调查，不得隐瞒不报、谎报或拖延报告，不得以任何方式阻碍、干扰调查。

对违反本条规定的，要对责任人和有关领导人员加重处理。

**第十一条** 辖区内有自然村的街道办事处依照本办法执行。

**第十二条** 各省、自治区、直辖市可根据本办法，结合本地实际，制定实施细则。

**第十三条** 本办法实施中的问题由中央纪委、监察部、农业部负责解释。

**第十四条** 本办法自发布之日起施行。

# （五）工作纪律

## 党政主要领导干部和国有企事业单位主要领导人员经济责任审计规定

（2019年7月7日起施行）

### 第一章 总 则

**第一条** 为了坚持和加强党对审计工作的集中统一领导，强化对党政主要领导干部和国有企事业单位主要领导人员（以下统称领导干部）的管理监督，促进领导干部履职尽责、担当作为，确保党中央令行禁止，根据《中华人民共和国审计法》和有关党内法规，制定本规定。

**第二条** 经济责任审计工作以马克思列宁主义、毛泽东思想、邓小平理论、“三个代表”重要思想、科学发展观、习近平新时代中国特色社会主义思想为指导，增强“四个意识”、坚定“四个自信”、做到“两个维护”，认真落实党中央、国务院决策部署，紧紧围绕统筹推进“五位一体”总体布局和协调推进“四个全面”战略布局，贯彻新发展理念，聚焦经济责任，客观评价，揭示问题，促进经济高质量发展，促进全面深化改革，促进权力规范运行，促进反腐倡廉，推进国家治理体系和治理能力现代化。

**第三条** 本规定所称经济责任，是指领导干部在任职期间，对其管辖范围内贯彻执行党和国家经济方针政策、决策部署，推动经济和社会事业发展，管理公共资金、国有资产、国有资源，防控重大经济风险等有关经济活动应当履行的职责。

**第四条** 领导干部经济责任审计对象包括：

（一）地方各级党委、政府、纪检监察机关、法院、检察院的正职领导干部或者主持工作1年以上的副职领导干部；

（二）中央和地方各级党政工作部门、事业单位和人民团体等单位的正职领导干部或者主持工作1年以上的副职领导干部；

（三）国有和国有资本占控股地位或者主导地位的企业（含金融机构，以下统称国有企业）的法定代表人或者不担任法定代表人但实际行使相应职权的主要领导人员；

（四）上级领导干部兼任下级单位正职领导职务且不实际履行经济责任时，实际分管日常工作的副职领导干部；

（五）党中央和县级以上地方党委要求进行经济责任审计的其他主要领导干部。

**第五条** 领导干部履行经济责任的情况，应当依规依法接受审计监督。

经济责任审计可以在领导干部任职期间进行，也可以在领导干部离任后进行，以任职期间审计为主。

**第六条** 领导干部的经济责任审计按照干部管理权限确定。遇有干部管理权限与财政财务隶属关系等不一致时，由对领导干部具有干部管理权限的部门与同级审计机关共同确定实施审计的审计机关。

审计署审计长的经济责任审计，按照中央审计委员会的决定组织实施。地方审计机关主要领导干部的经济责任审计，由地方党委与上一级审计机关协商后，由上一级审计机关组织实施。

**第七条** 审计委员会办公室、审计机关依规依法独立实施经济责任审计，任何组织和个人不得拒绝、阻碍、干涉，不得打击报复审计人员。

对有意设置障碍、推诿拖延的，应当进行批评和通报；造成恶劣影响的，应当严肃问责追责。

**第八条** 审计委员会办公室、审计机关和审计人员对经济责任审计工作中知悉的国家秘密、商业秘密和个人隐私，负有保密义务。

**第九条** 各级党委和政府应当保证履行经济责任审计职责所必需的机构、人员和经费。

## 第二章　组织协调

**第十条**　各级党委和政府应当加强对经济责任审计工作的领导，建立健全经济责任审计工作联席会议（以下简称联席会议）制度。联席会议由纪检监察机关和组织、机构编制、审计、财政、人力资源社会保障、国有资产监督管理、金融监督管理等部门组成，召集人由审计委员会办公室主任担任。联席会议在同级审计委员会的领导下开展工作。

联席会议下设办公室，与同级审计机关内设的经济责任审计机构合署办公。办公室主任由同级审计机关的副职领导或者相当职务层次领导担任。

**第十一条**　联席会议主要负责研究拟订有关经济责任审计的制度文件，监督检查经济责任审计工作情况，协调解决经济责任审计工作中出现的问题，推进经济责任审计结果运用，指导下级联席会议的工作，指导和监督部门、单位内部管理领导干部经济责任审计工作，完成审计委员会交办的其他工作。

联席会议办公室负责联席会议的日常工作。

**第十二条**　经济责任审计应当有计划地进行，根据干部管理监督需要和审计资源等实际情况，对审计对象实行分类管理，科学制定经济责任审计中长期规划和年度审计项目计划，推进领导干部履行经济责任情况审计全覆盖。

**第十三条**　年度经济责任审计项目计划按照下列程序制定：

（一）审计委员会办公室商同级组织部门提出审计计划安排，组织部门提出领导干部年度审计建议名单；

（二）审计委员会办公室征求同级纪检监察机关等有关单位意见后，纳入审计机关年度审计项目计划；

（三）审计委员会办公室提交同级审计委员会审议决定。

对属于有关主管部门管理的领导干部进行审计的，审计委员会办公室商有关主管部门提出年度审计建议名单，纳入审计机关年度审计项目计划，提交审计委员会审议决定。

**第十四条** 年度经济责任审计项目计划一经确定不得随意变更。确需调减或者追加的，应当按照原制定程序，报审计委员会批准后实施。

**第十五条** 被审计领导干部遇有被有关部门采取强制措施、纪律审查、监察调查或者死亡等特殊情况，以及存在其他不宜继续进行经济责任审计情形的，审计委员会办公室商同级纪检监察机关、组织部门等有关单位提出意见，报审计委员会批准后终止审计。

## 第三章 审计内容

**第十六条** 经济责任审计应当以领导干部任职期间公共资金、国有资产、国有资源的管理、分配和使用为基础，以领导干部权力运行和责任落实情况为重点，充分考虑领导干部管理监督需要、履职特点和审计资源等因素，依规依法确定审计内容。

**第十七条** 地方各级党委和政府主要领导干部经济责任审计的内容包括：

（一）贯彻执行党和国家经济方针政策、决策部署情况；

（二）本地区经济社会发展规划和政策措施的制定、执行和效果情况；

（三）重大经济事项的决策、执行和效果情况；

（四）财政财务管理和经济风险防范情况，民生保障和改善情况，生态文明建设项目、资金等管理使用和效益情况，以及在预算管理中执行机构编制管理规定情况；

（五）在经济活动中落实有关党风廉政建设责任和遵守廉洁从政规定情况；

（六）以往审计发现问题的整改情况；

（七）其他需要审计的内容。

**第十八条** 党政工作部门、纪检监察机关、法院、检察院、事业单位和人民团体等单位主要领导干部经济责任审计的内容包括：

（一）贯彻执行党和国家经济方针政策、决策部署情况；

（二）本部门本单位重要发展规划和政策措施的制定、执行和效果情况；

（三）重大经济事项的决策、执行和效果情况；

（四）财政财务管理和经济风险防范情况，生态文明建设项目、资金等管理使用和效益情况，以及在预算管理中执行机构编制管理规定情况；

（五）在经济活动中落实有关党风廉政建设责任和遵守廉洁从政规定情况；

（六）以往审计发现问题的整改情况；

（七）其他需要审计的内容。

**第十九条** 国有企业主要领导人员经济责任审计的内容包括：

（一）贯彻执行党和国家经济方针政策、决策部署情况；

（二）企业发展战略规划的制定、执行和效果情况；

（三）重大经济事项的决策、执行和效果情况；

（四）企业法人治理结构的建立、健全和运行情况，内部控制制度的制定和执行情况；

（五）企业财务的真实合法效益情况，风险管控情况，境外资产管理情况，生态环境保护情况；

（六）在经济活动中落实有关党风廉政建设责任和遵守廉洁从业规定情况；

（七）以往审计发现问题的整改情况；

（八）其他需要审计的内容。

**第二十条** 有关部门和单位、地方党委和政府的主要领导干部由上级领导干部兼任，且实际履行经济责任的，对其进行经济责任审计时，审计内容仅限于该领导干部所兼任职务应当履行的经济责任。

## 第四章　审计实施

**第二十一条** 审计委员会办公室、审计机关应当根据年度经济责任审计项目计划，组成审计组并实施审计。

**第二十二条** 对同一地方党委和政府主要领导干部，以及同一部门、单位2名以上主要领导干部的经济责任审计，可以同步组织实施，分别认定责任。

**第二十三条** 审计委员会办公室、审计机关应当按照规定，向被审计领导干部及其所在单位或者原任职单位（以下统称所在单位）送达审计通知书，抄送同级纪检监察机关、组织部门等有关单位。

地方审计机关主要领导干部的经济责任审计通知书，由上一级审计机关送达。

**第二十四条** 实施经济责任审计时，应当召开由审计组主要成员、被审计领导干部及其所在单位有关人员参加的会议，安排审计工作有关事项。联席会议有关成员单位根据工作需要可以派人参加。

审计组应当在被审计单位公示审计项目名称、审计纪律要求和举报电话等内容。

**第二十五条** 经济责任审计过程中，应当听取被审计领导干部所在单位领导班子成员的意见。

对地方党委和政府主要领导干部的审计，还应当听取同级人大常委会、政协主要负责同志的意见。

审计委员会办公室、审计机关应当听取联席会议有关成员单位的意见，及时了解与被审计领导干部履行经济责任有关的考察考核、群众反映、巡视巡察反馈、组织约谈、函询调查、案件查处结果等情况。

**第二十六条** 被审计领导干部及其所在单位，以及其他有关单位应当及时、准确、完整地提供与被审计领导干部履行经济责任有关的下列资料：

（一）被审计领导干部经济责任履行情况报告；

（二）工作计划、工作总结、工作报告、会议记录、会议纪要、决议决定、请示、批示、目标责任书、经济合同、考核检查结果、业务档案、机构编制、规章制度、以往审计发现问题整改情况等资料；

（三）财政收支、财务收支相关资料；

（四）与履行职责相关的电子数据和必要的技术文档；

（五）审计所需的其他资料。

**第二十七条** 被审计领导干部及其所在单位应当对所提供资料的真实性、完整性负责，并作出书面承诺。

**第二十八条** 经济责任审计应当加强与领导干部自然资源资产离任审计等其他审计的统筹协调，科学配置审计资源，创新审计组织管理，推动大数据等新技术应用，建立健全审计工作信息和结果共享机制，提高审计监督整体效能。

**第二十九条** 经济责任审计过程中，可以依规依法提请有关部门、单位予以协助。有关部门、单位应当予以支持，并及时提供有关资料和信息。

**第三十条** 审计组实施审计后，应当向派出审计组的审计委员会办公室、审计机关提交审计报告。

审计报告一般包括被审计领导干部任职期间履行经济责任情况的总体评价、主要业绩、审计发现的主要问题和责任认定、审计建议等内容。

**第三十一条** 审计委员会办公室、审计机关应当书面征求被审计领导干部及其所在单位对审计组审计报告的意见。

**第三十二条** 被审计领导干部及其所在单位应当自收到审计组审计报告之日起10个工作日内提出书面意见；10个工作日内未提出书面意见的，视同无异议。

审计组应当针对被审计领导干部及其所在单位提出的书面意见，进一步研究和核实，对审计报告作出必要的修改，连同被审计领导干部及其所在单位的书面意见一并报送审计委员会办公室、审计机关。

**第三十三条** 审计委员会办公室、审计机关按照规定程序对审计组审计报告进行审定，出具经济责任审计报告；同时出具经济责任审计结果报告，在经济责任审计报告的基础上，简要反映审计结果。

经济责任审计报告和经济责任审计结果报告应当事实清楚、评价客观、责任明确、用词恰当、文字精炼、通俗易懂。

**第三十四条** 经济责任审计报告、经济责任审计结果报告等审计结论性文书按照规定程序报同级审计委员会，按照干部管理权限送组织部门。根据工作需要，送纪检监察机关等联席会议其他成员单位、有关主管部门。

地方审计机关主要领导干部的经济责任审计结论性文书，由上一级审计机关送有关组织部门。根据工作需要，送有关纪检监察机关。

经济责任审计报告应当送达被审计领导干部及其所在单位。

**第三十五条** 经济责任审计中发现的重大问题线索，由审计委员会办公室按照规定向审计委员会报告。

应当由纪检监察机关或者有关主管部门处理的问题线索，由审计机关依规依纪依法移送处理。

被审计领导干部所在单位存在的违反国家规定的财政收支、财务收支行为，依法应当给予处理处罚的，由审计机关在法定职权范围内作出审计决定。

**第三十六条** 经济责任审计项目结束后，审计委员会办公室、审计机关应当组织召开会议，向被审计领导干部及其所在单位领导班子成员等有关人员反馈审计结果和相关情况。联席会议有关成员单位根据工作需要可以派人参加。

**第三十七条** 被审计领导干部对审计委员会办公室、审计机关出具的经济责任审计报告有异议的，可以自收到审计报告之日起30日内向同级审计委员会办公室申诉。审计委员会办公室应当组成复查工作小组，并要求原审计组人员等回避，自收到申诉之日起90日内提出复查意见，报审计委员会批准后作出复查决定。复查决定为最终决定。

地方审计机关主要领导干部对上一级审计机关出具的经济责任审计报告有异议的，可以自收到审计报告之日起30日内向上一级审计机关申诉。上一级审计机关应当组成复查工作小组，并要求原审计组人员等回避，自收到申诉之日起90日内作出复查决定。复查决定为最终决定。

本条规定的期间的最后一日是法定节假日的，以节假日后的第一个工作日为期间届满日。

## 第五章　审计评价

**第三十八条**　审计委员会办公室、审计机关应当根据不同领导职务的职责要求，在审计查证或者认定事实的基础上，综合运用多种方法，坚持定性评价与定量评价相结合，依照有关党内法规、法律法规、政策规定、责任制考核目标等，在审计范围内，对被审计领导干部履行经济责任情况，包括公共资金、国有资产、国有资源的管理、分配和使用中个人遵守廉洁从政（从业）规定等情况，作出客观公正、实事求是的评价。

审计评价应当有充分的审计证据支持，对审计中未涉及的事项不作评价。

**第三十九条**　对领导干部履行经济责任过程中存在的问题，审计委员会办公室、审计机关应当按照权责一致原则，根据领导干部职责分工，综合考虑相关问题的历史背景、决策过程、性质、后果和领导干部实际所起的作用等情况，界定其应当承担的直接责任或者领导责任。

**第四十条**　领导干部对履行经济责任过程中的下列行为应当承担直接责任：

（一）直接违反有关党内法规、法律法规、政策规定的；

（二）授意、指使、强令、纵容、包庇下属人员违反有关党内法规、法律法规、政策规定的；

（三）贯彻党和国家经济方针政策、决策部署不坚决不全面不到位，造成公共资金、国有资产、国有资源损失浪费，生态环境破坏，公共利益损害等后果的；

（四）未完成有关法律法规规章、政策措施、目标责任书等规定的领导干部作为第一责任人（负总责）事项，造成公共资金、国有资产、国有资源损失浪费，生态环境破坏，公共利益损害等后果的；

（五）未经民主决策程序或者民主决策时在多数人不同意的情况下，直接决定、批准、组织实施重大经济事项，造成公共资金、国有资产、国有资源损失浪费，生态环境破坏，公共利益损害等后果的；

（六）不履行或者不正确履行职责，对造成的后果起决定性作用的其他行为。

**第四十一条** 领导干部对履行经济责任过程中的下列行为应当承担领导责任：

（一）民主决策时，在多数人同意的情况下，决定、批准、组织实施重大经济事项，由于决策不当或者决策失误造成公共资金、国有资产、国有资源损失浪费，生态环境破坏，公共利益损害等后果的；

（二）违反部门、单位内部管理规定造成公共资金、国有资产、国有资源损失浪费，生态环境破坏，公共利益损害等后果的；

（三）参与相关决策和工作时，没有发表明确的反对意见，相关决策和工作违反有关党内法规、法律法规、政策规定，或者造成公共资金、国有资产、国有资源损失浪费，生态环境破坏，公共利益损害等后果的；

（四）疏于监管，未及时发现和处理所管辖范围内本级或者下一级地区（部门、单位）违反有关党内法规、法律法规、政策规定的问题，造成公共资金、国有资产、国有资源损失浪费，生态环境破坏，公共利益损害等后果的；

（五）除直接责任外，不履行或者不正确履行职责，对造成的后果应当承担责任的其他行为。

**第四十二条** 对被审计领导干部以外的其他责任人员，审计委员会办公室、审计机关可以适当方式向有关部门、单位提供相关情况。

**第四十三条** 审计评价时，应当把领导干部在推进改革中因缺乏经验、先行先试出现的失误和错误，同明知故犯的违纪违法行为区分开来；把上级尚无明确限制的探索性试验中的失误和错误，同上级明令禁止后依然我行我素的违纪违法行为区分开来；把为推动发展的无意过失，同为谋取私利的违纪违法行为区分开来。对领导干部在改革创新中的失误和错误，正确把握事业为上、实事求是、依纪依法、容纠并举等原则，经综合分析研判，可以免责或者从轻定责，鼓励探索创新，支持担当作为，保护领导干部干事创业的积极性、主动性、创造性。

## 第六章　审计结果运用

**第四十四条**　各级党委和政府应当建立健全经济责任审计情况通报、责任追究、整改落实、结果公告等结果运用制度，将经济责任审计结果以及整改情况作为考核、任免、奖惩被审计领导干部的重要参考。

经济责任审计结果报告以及审计整改报告应当归入被审计领导干部本人档案。

**第四十五条**　审计委员会办公室、审计机关应当按照规定以适当方式通报或者公告经济责任审计结果，对审计发现问题的整改情况进行监督检查。

**第四十六条**　联席会议其他成员单位应当在各自职责范围内运用审计结果：

（一）根据干部管理权限，将审计结果以及整改情况作为考核、任免、奖惩被审计领导干部的重要参考；

（二）对审计发现的问题作出进一步处理；

（三）加强审计发现问题整改落实情况的监督检查；

（四）对审计发现的典型性、普遍性、倾向性问题和提出的审计建议及时进行研究，将其作为采取有关措施、完善有关制度规定的重要参考。

联席会议其他成员单位应当以适当方式及时将审计结果运用情况反馈审计委员会办公室、审计机关。党中央另有规定的，按照有关规定办理。

**第四十七条**　有关主管部门应当在各自职责范围内运用审计

结果：

（一）根据干部管理权限，将审计结果以及整改情况作为考核、任免、奖惩被审计领导干部的重要参考；

（二）对审计移送事项依规依纪依法作出处理处罚；

（三）督促有关部门、单位落实审计决定和整改要求，在对相关行业、单位管理和监督中有效运用审计结果；

（四）对审计发现的典型性、普遍性、倾向性问题和提出的审计建议及时进行研究，并将其作为采取有关措施、完善有关制度规定的重要参考。

有关主管部门应当以适当方式及时将审计结果运用情况反馈审计委员会办公室、审计机关。

**第四十八条** 被审计领导干部及其所在单位根据审计结果，应当采取以下整改措施：

（一）对审计发现的问题，在规定期限内进行整改，将整改结果书面报告审计委员会办公室、审计机关，以及组织部门或者主管部门；

（二）对审计决定，在规定期限内执行完毕，将执行情况书面报告审计委员会办公室、审计机关；

（三）根据审计发现的问题，落实有关责任人员的责任，采取相应的处理措施；

（四）根据审计建议，采取措施，健全制度，加强管理；

（五）将审计结果以及整改情况纳入所在单位领导班子党风廉政建设责任制检查考核的内容，作为领导班子民主生活会以及领导班子成员述责述廉的重要内容。

## 第七章　附　　则

**第四十九条** 审计委员会办公室、审计机关和审计人员，被审计领导干部及其所在单位，以及其他有关单位和个人在经济责任审计中的职责、权限、法律责任等，本规定未作规定的，依照党中央有关规定、《中华人民共和国审计法》、《中华人民共和国审计法实施条例》和其他法律法规执行。

**第五十条** 有关部门、单位对内部管理领导干部开展经济责任审计参照本规定执行，或者根据本规定制定具体办法。

**第五十一条** 本规定由中央审计委员会办公室、审计署负责解释。

**第五十二条** 本规定自2019年7月7日起施行。2010年10月12日中共中央办公厅、国务院办公厅印发的《党政主要领导干部和国有企业领导人员经济责任审计规定》同时废止。

# 防范和惩治统计造假、弄虚作假督察工作规定

（2018年8月24日起施行）

**第一条** 为了构建防范和惩治统计造假、弄虚作假督察机制，推动各地区各部门严格执行统计法律法规，确保统计数据真实准确，根据《关于深化统计管理体制改革提高统计数据真实性的意见》、《统计违纪违法责任人处分处理建议办法》等有关规定和《中华人民共和国统计法》、《中华人民共和国统计法实施条例》等法律法规，制定本规定。

**第二条** 统计督察必须坚持以习近平新时代中国特色社会主义思想为指导，全面贯彻党的十九大和十九届二中、三中全会精神，牢固树立政治意识、大局意识、核心意识、看齐意识，坚持和加强党的全面领导，坚持稳中求进工作总基调，坚持新发展理念，紧扣我国社会主要矛盾变化，按照高质量发展的要求，围绕统筹推进“五位一体”总体布局和协调推进“四个全面”战略布局，聚焦统计法定职责履行、统计违纪违法现象治理、统计数据质量提升，注重实效、突出重点、发现问题、严明纪律，维护统计法律法规权威，推动统计改革发展，为经济社会发展做好统计制度保障。

**第三条** 根据党中央、国务院授权，国家统计局组织开展统计督察，监督检查各地区各部门贯彻执行党中央、国务院关于统计工作的决策部署和要求、统计法律法规、国家统计政令等情况。

**第四条** 国家统计局负责统筹、指导、协调、监督统计督察工作，主要职责是制定年度督察计划，批准督察事项，审定督察报告，研究解决督察中存在的重大问题。国家统计局统计执法监督局承担统计督察日常工作。

国家统计局通过组建统计督察组开展统计督察工作，统计督察组设组长、副组长，实行组长负责制，副组长协助组长开展工作。

**第五条** 统计督察对象是与统计工作相关的各地区、各有关部门。重点是各省、自治区、直辖市党委和政府主要负责同志和与统计工作相关的领导班子成员，必要时可以延伸至市级党委和政府主要负责同志和与统计工作相关的领导班子成员；国务院有关部门主要负责同志和与统计工作相关的领导班子成员；省级统计机构和省级政府有关部门领导班子成员。

**第六条** 对省级党委和政府、国务院有关部门开展统计督察的内容包括：

（一）贯彻落实党中央、国务院关于统计改革发展各项决策部署，加强对统计工作组织领导，指导重大国情国力调查，推动统计改革发展，研究解决统计建设重大问题等情况；

（二）履行统计法定职责，遵守执行统计法律法规，严守领导干部统计法律底线，依法设立统计机构，维护统计机构和人员依法行使统计职权，保障统计工作条件，支持统计活动依法开展等情况；

（三）建立防范和惩治统计造假、弄虚作假责任制，问责统计违纪违法行为，建立统计违纪违法案件移送机制，追究统计违纪违法责任人责任，发挥统计典型违纪违法案件警示教育作用等情况；

（四）应当督察的其他情况。

对市级及以下党委和政府、地方政府有关部门，可以参照上述规定开展统计督察。

**第七条** 对各级统计机构、国务院有关部门行使统计职能的内设机构开展统计督察的内容包括：

（一）贯彻落实党中央、国务院关于统计改革发展各项决策部署，完成国家统计调查任务，执行国家统计标准和统计调查制度，组织实施重大国情国力调查等情况；

（二）履行统计法定职责，遵守执行统计法律法规，严守统计机构、统计人员法律底线，依法独立行使统计职权，依法组织开展统计工作，依法实施和监管统计调查，依法报请审批或者备案统计调查项目及其统计调查制度，落实统计普法责任制等情况；

（三）执行国家统计规则，遵守国家统计政令，遵守统计职业道德，执行统计部门规章和规范性文件，落实各项统计工作部署，组织实施统计改革，加强统计基层基础建设，参与构建新时代现代化统计调查体系，建立统计数据质量控制体系等情况；

（四）落实防范和惩治统计造假、弄虚作假责任制，监督检查统计工作，开展统计执法检查，依法查处统计违法行为，依照有关规定移送统计违纪违法责任人处分处理建议或者违纪违法问题线索，落实统计领域诚信建设制度等情况；

（五）应当督察的其他情况。

对国务院有关部门行使统计职能的内设机构开展统计督察的内容还包括：依法提供统计资料、行政记录，建立统计信息共享机制，贯彻落实统计信息共享要求等情况。

对地方政府有关部门行使统计职能的内设机构，可以参照上述规定开展统计督察。

**第八条** 统计督察主要采取以下方式进行：

（一）召开有关统计工作座谈会，听取被督察地区、部门遵守执行统计法律法规、履行统计法定职责等情况汇报；

（二）与被督察地区、部门有关领导干部和统计人员进行个别谈话，向知情人员询问有关情况；

（三）设立统计违纪违法举报渠道，受理反映被督察地区、部门以及有关领导干部统计违纪违法行为问题的来信、来电、来访等；

（四）调阅、复制有关统计资料和与统计工作有关的文件、会议记录等材料，进入被督察地区、部门统计机构统计数据处理信息系统进行比对、查询；

（五）进行遵守执行统计法律法规等情况的问卷调查，开展统计执法“双随机”抽查，赴被督察地区、部门进行实地调查了解；

（六）经国家统计局批准的其他方式。

**第九条** 统计督察工作一般按照以下程序进行：

（一）制定方案。国家统计局根据具体任务组建统计督察组，确定统计督察组组长、副组长、成员，明确督察组及其成员职责。统计督察组根据其职责制定实施方案，明确督察目的、对象、内容、方式、期限等。

（二）实地督察。统计督察组赴有关地区、部门督察前应当先收集了解督察对象有关统计工作的基本情况，并向被督察地区、部门送达统计督察通知书。统计督察组到达后应当向被督察地区、部门通报督察内容，严格按照督察实施方案开展督察。

（三）报告情况。统计督察组实地督察结束后应当在规定时间内形成书面督察报告以及督察意见书，经与督察对象沟通后，向国家统计局报告督察基本情况，反映发现的统计违纪违法问题，提出处理建议。

**第十条** 国家统计局应当及时听取统计督察组的督察情况汇报，研究提出处理意见。对涉及有关国家工作人员涉嫌统计违纪违法、应当依纪依法给予处分处理的，按照有关规定办理。

**第十一条** 国家统计局应当及时向被督察地区、部门反馈相关督察情况，指出有关统计工作问题，有针对性地提出整改意见，将督察意见书提供给被督察地区、部门，并将督察报告以及督察意见书移交中央纪委国家监委、中央组织部。其中，对各省、自治区、直辖市党委和政府以及国务院有关部门的督察意见应当报经党中央、国务院同意后再反馈。统计督察情况应当以适当方式向社会公开。

**第十二条** 被督察地区、部门收到统计督察组反馈意见后，应当对存在的问题认真整改落实，并在3个月内将整改情况反馈国家统计局。国家统计局应当以适当方式监督整改落实情况。

**第十三条** 督察中发现统计违纪违法问题和线索的，按照《统计违纪违法责任人处分处理建议办法》有关规定办理。

**第十四条** 国家统计局每年年初应当向党中央、国务院报告上年度统计督察情况。

**第十五条** 被督察地区、部门应当支持配合统计督察工作。被督察地区、部门领导班子成员应当自觉接受统计督察监督，积极配合统计督察组开展工作。督察涉及的相关人员有义务向统计督察组如实反映情况。

**第十六条** 被督察地区、部门及其工作人员违反规定不支持配合甚至拒绝、阻碍和干扰统计督察工作的，应当视为包庇、纵容统计违纪违法行为，依照有关规定严肃处理。

**第十七条** 统计督察组应当坚持实事求是，深入调查研究，全面准确了解情况，客观公正反映问题。

统计督察工作人员应当严格遵守政治纪律、组织纪律、廉洁纪律、工作纪律等有关纪律要求，有下列情形之一的，视情节轻重，给予批评教育、组织处理或者党纪政务处分；涉嫌犯罪的，移送有关机关依法处理：

（一）对统计造假、弄虚作假问题瞒案不报、有案不查、查案不力，不如实报告统计督察情况，甚至隐瞒、歪曲、捏造事实的；

（二）泄露统计督察工作中知悉的国家秘密、商业秘密、个人信息及其工作秘密的；

（三）统计督察工作中超越权限造成不良后果的；

（四）违反中央八项规定精神，或者利用统计督察工作便利，谋取私利或者为他人谋取不正当利益的；

（五）有其他违反统计督察纪律行为的。

**第十八条** 国家统计局根据本规定制定具体实施办法。

**第十九条** 本规定由国家统计局负责解释。

**第二十条** 本规定自2018年8月24日起施行。

## 公务员平时考核办法（试行）

（2019年8月27日中共中央组织部制定 2019年11月26日发布）

**第一条** 为了加强党对公务员队伍的集中统一领导，贯彻落实习近平总书记关于干部考核要把功夫下在平时的重要要求，建立日常考核、分类考核、近距离考核的知事识人体系，激励广大公务员新时代新担当新作为，促进事业发展和公务员成长进步，根据《中华人民共和国公务员法》和有关法律法规，制定本办法。

**第二条** 本办法所称公务员平时考核，是指各级机关按照干部管理权限，对非领导成员公务员日常工作和一贯表现所进行的了解、核实和评价。

**第三条** 公务员平时考核坚持党管干部原则，坚持把政治标准放在首位，坚持严管和厚爱结合、激励和约束并重，坚持客观公正、精准科学，坚持注重实绩、奖惩分明，坚持分级分类、简便易行。

**第四条** 公务员平时考核由其所在机关组织实施，作为加强公务员日常管理的重要抓手，党委（党组）承担考核工作主体责任，组织（人事）部门承担具体工作责任。

公务员主管部门负责公务员平时考核工作的业务指导、综合管理和监督检查。

加强考核总量控制，除党中央、国务院统一部署和依照公务员法开展的考核外，机关不得自行设置以全体公务员为对象的经常性考核项目，防止多头考核、重复考核。

**第五条** 公务员平时考核以公务员的职位职责和所承担的工作任务为依据，及时了解公务员德、能、勤、绩、廉日常表现，重点考核深入学习贯彻习近平新时代中国特色社会主义思想、遵守政治纪律和政治规矩、践行党的群众路线、完成日常工作任务和阶段工作目标的情况，以及承担急难险重任务、处理复杂问题、应对重大考验的表现等。

对直接面向群众的窗口单位和服务部门的公务员，应当突出考核服务态度、服务质量和服务承诺兑现情况，注重了解为群众办实事解难事的实效，关注群众获得感满意度。

**第六条** 机关可以结合职能职责和工作任务，区分不同类别、层级和职位公务员特点，设置考核指标。注重制定量化指标，加强对公务员完成工作的数量和质量的考核。不得简单将有没有台账记录、工作笔记等作为工作是否落实的标准，不得简单以留痕多少评判工作好坏，防止过度留痕。

**第七条** 公务员平时考核一般按照下列程序进行：

（一）个人小结。公务员对照机关要求、职责任务或者考核指标，如实对本人工作表现情况进行简要小结，以书面或者口头汇报形式报主管领导。

（二）审核评鉴。主管领导对公务员的个人小结进行审核，提出考核结果等次建议，由同级主要领导审定，也可以由领导班子或者机关组织（人事）部门审定。

审核评鉴应当结合日常了解、群众评价以及服务对象意见等情况，吸收运用绩效管理等成果，根据需要听取纪检监察机关意见，注重看公务员担当作为表现情况，综合研判，实事求是确定考核结果，防止简单依据个人小结对公务员作出评价。

对直接面向群众的窗口单位和服务部门的公务员，可以在一定范围内开展服务对象评议。

（三）结果反馈。有关领导或者机关组织（人事）部门采取适当方式，及时向公务员本人反馈考核结果，肯定成绩、指出不足，提出改进要求，听取本人意见。

机关根据工作性质和队伍特点，合理确定公务员平时考核周期，确保达到考核效果，减轻公务员负担，防止搞形式、走过场。

机关应当将公务员平时考核周期报同级公务员主管部门同意后组织实施。

**第八条** 公务员平时考核结果分为好、较好、一般和较差 4 个等次。

好等次公务员人数原则上掌握在本机关参加平时考核的公务员总人数的 40% 以内。评定为好等次的公务员，应当在本机关范围内公开。

好等次名额应当向基层一线和艰苦岗位公务员倾斜。

**第九条** 机关组织（人事）部门应当结合实际，提出评定平时考核结果等次的标准，对考核工作进行督促检查，及时掌握平时考核情况。

**第十条** 公务员在承担急难险重任务、处理复杂问题、应对重大考验时，表现突出、有显著成绩和贡献的，当期平时考核结果可以直接确定为好等次，并及时给予奖励。

公务员在重大关头、关键时刻不服从组织安排，或者推诿扯皮、敷衍塞责造成不良后果的，当期平时考核结果可以直接确定为较差等次。

**第十一条** 强化平时考核结果运用，根据考核结果有针对性地加强激励约束、培养教育，鼓励先进、鞭策落后，营造见贤思齐、比学赶超的良好氛围。

对平时考核结果为好等次的公务员，以适当方式及时予以表扬，可以按照有关规定给予物质奖励。对平时考核一贯表现优秀的公务员，在选拔任用、职务职级晋升、评先奖优等方面优先考虑。

对平时考核结果为一般等次的公务员，及时谈话提醒。对平时考核结果为较差等次的公务员，及时批评教育，必要时进行诫勉。发现存在违纪违法问题的，按照有关纪律和法律法规处理。机关应当根据具体情形，帮助引导公务员查找分析原因，制定整改措施，激发自我完善的内生动力，为其改进提高创造条件。

**第十二条** 平时考核结果与年度考核结果挂钩。年度考核确定为优秀等次的，应当从当年平时考核结果好等次较多且无一般、较差等次的公务员中产生。当年平时考核结果均为好等次的，年度考核可以在规定比例内优先确定为优秀等次。

当年平时考核结果一般、较差等次累计次数超过一半的，年度考核原则上应当确定为基本称职或者不称职等次。当年平时考核结果均为较差等次的，年度考核可以直接确定为不称职等次。

平时考核结果记入公务员年度考核登记表。对年度考核为优秀等次的公务员进行公示时，应当公示其当年平时考核结果等次。

**第十三条** 机关应当把平时考核发现的问题作为优化内部职能和人员配置的重要参考，完善工作机制，提高工作效能。

**第十四条** 公务员应当按照规定参加平时考核。对无正当理由不参加的，或者在考核过程中有弄虚作假等行为的，视情况给予批评教育、责令检查；经教育后拒不改正的，当年年度考核确定为不称职等次。

公务员对本人考核结果有异议的，可以向机关组织（人事）部门反映。

派出参加学习培训、抽调参加专项工作的公务员，其平时考核由所在机关根据实际情况合理安排。公务员援派或者挂职期间，由接收单位进行平时考核。病、事假累计时间超过当期平时考核周期一半的，参加考核，不确定等次。

**第十五条** 严格考核工作纪律。严肃查处徇私舞弊、打击报复等行为。对于不按照规定组织开展平时考核、造成不良影响的，依规依纪作出处理。

**第十六条** 县级以上公务员主管部门可以根据平时考核工作开展情况，调整本辖区内机关年度考核优秀等次比例，调整后比例最高不超过35%。

**第十七条** 机关应当结合实际，运用互联网技术和信息化手段开展平时考核，提高考核工作智能化水平，力求简便快捷，防止繁琐操作。

**第十八条** 参照公务员法管理的机关（单位）除工勤人员以外的工作人员的平时考核，参照本办法执行。

**第十九条** 本办法由中共中央组织部负责解释。

**第二十条** 本办法自2020年1月1日起施行。

# 党委（党组）书记抓基层党建工作述职评议考核办法（试行）

（2019年12月30日起施行）

**第一条** 为坚持和加强党的全面领导，完善党委（党组）书记抓基层党建工作述职评议考核制度，夯实基层党建工作，落实管党治党政治责任，推进全面从严治党向基层延伸，根据《中国共产党章程》和《中国共产党地方委员会工作条例》《中国共产党党组工作条例》《党政领导干部考核工作条例》等党内法规，制定本办法。

**第二条** 开展党委（党组）书记抓基层党建工作述职评议考核（以下简称“述职评议考核”），必须坚持以习近平新时代中国特色社会主义思想为指导，把党的政治建设摆在首位，全面从严治党；坚持围绕中心、服务大局，推动基层党建与中心工作深度融合；坚持书记抓、抓书记，强化责任落实；坚持分类指导、务求实效，重在解决问题，坚决防止形式主义。

**第三条** 开展述职评议考核，以市（地、州、盟）、县（市、区、旗）、乡镇（街道）为重点，推动机关、国有企业和高校、公立医院等事业单位全覆盖。

每年由省（自治区、直辖市）、市（地、州、盟）、县（市、区、旗）党委分别组织开展市（地、州、盟）、县（市、区、旗）、乡镇（街道）党（工）委书记述职评议考核。省（自治区、直辖市）党委组织开展市（地、州、盟）党委书记述职评议考核时，应将同级机关工委、国资委党委、教育（高校）工委、非公有制企业和社会组织工委书记等纳入，可选择部分有代表性的省直机关、省属国有企业、高校等党委（党组）书记进行述职。市（地、州、盟）、县（市、区、旗）党委组织开展述职评议考核工作参照进行。

中央和国家机关工委组织开展中央和国家机关各部门机关党委书记述职评议考核，部门机关党委组织开展内设机构和直属单位党组织书记述职评议考核。中管金融企业和中央企业党委（党组）组织二级以下单位党组织书记逐级开展述职评议考核。

省以下各级机关、地方国有企业及其下属单位党组织书记和高校、公立医院等事业单位党组织书记述职评议考核，一般按照党组织隶属关系，由其上一级党组织开展。

**第四条** 述职评议考核应聚焦坚持和加强党的全面领导，落实党中央和上级党组织关于基层党建工作部署要求，履行基层党建工作责任，以提升组织力为重点，突出政治功能。主要包括以下内容：

（一）推进基层党组织和广大党员、干部深入学习贯彻习近平新时代中国特色社会主义思想，认真落实习近平总书记重要指示批示精神和党中央重大决策部署，把不忘初心、牢记使命作为全体党员、干部的终身课题，增强“四个意识”、坚定“四个自信”、做到“两个维护”等情况；

（二）党委（党组）书记履行抓基层党建和全面从严治党工作第一责任人职责，推动党委（党组）履行抓基层党建工作主体责任、班子其他成员履行分管领域基层党建工作责任等情况；

（三）落实基层党建工作重点任务，推进基层党组织建设，加强党支部建设和党员队伍建设，联系服务群众等情况；

（四）紧紧围绕党和国家工作大局、本地区本部门本单位中心任务，充分发挥基层党组织战斗堡垒作用和党员先锋模范作用等情况；

（五）推动基层党组织落实党风廉政建设责任制、意识形态工作责任制等全面从严治党有关工作情况。

各地区各部门各单位可结合实际，根据每年年初明确的基层党建工作重点任务，确定年度述职评议考核重点内容，注重考核上年度述职评议考核整改清单落实情况和巡视、巡察反馈中涉及基层党建工作问题整改情况，着力解决突出问题，防止面面俱到、走过场。

**第五条** 述职评议考核一般安排在当年年底或次年年初进行。

述职可采取现场述职与书面述职相结合的方式进行。市（地、州、盟）、县（市、区、旗）、乡镇（街道）党（工）委书记一般应现场述职。述职的党组织书记要紧扣述职评议考核重点内容，把自己摆进去，总结工作成效，主要查摆突出问题、分析产生根源，提出破解工作瓶颈的措施。

党委（党组）书记应经常深入一线调研了解基层党建工作情况，推动解决突出问题。述职评议前，要对履职尽责抓基层党建工作情况进行总结，为述职、点评做好准备。

上级党组织一般以党委常委会扩大会议或党委（党组）扩大会议的形式，听取下一级党组织书记述职。根据不同层级实际，可邀请部分熟悉基层党建工作情况的党代表、人大代表、政协委员和基层党员干部群众代表参加。

听取述职的上级党组织书记应逐一进行点评，班子其他成员可结合工作分工进行点评，重点指出存在的问题和努力方向。点评一般采取"一述一评"的方式进行，也可结合实际集中点评。现场述职评议时，要组织参会人员进行评议。述职评议后，应将述职报告在一定范围内公布，接受基层党组织和党员群众监督。

**第六条** 将基层党建考核统一纳入党委（党组）书记抓基层党建工作述职评议考核，推动与其他业务考核统筹开展。

述职评议前，上级党组织一般应对基层党建工作情况进行实地考核，深入了解下一级党组织书记抓基层党建工作情况。根据不同层级、不同类型党组织职责任务和工作实际，精简优化考核内容，注重实绩实效，越往下考核工作越要简化。改进考核方式，多到现场看，多见具体事，多听群众说，对可以通过现场查看、走访党员群众等作出评价的，一般不以听汇报、查资料、看台账的方式进行考核，不以开会发文、领导批示、记录留痕、信息宣传数量等评判工作好坏，防止形式主义，切实为基层减负。

上级党组织应依据述职评议和实地考核结果，并结合平时调研了解，对下一级党组织书记抓基层党建工作情况形成综合评价意见，肯定成绩，指出问题，并按“好、较好、一般、差”确定等次，评价为“较好”或以下等次的应占一定比例。综合评价意见及等次经党委（党组）研究后，向被评议考核人反馈，在一定范围内通报，并按照干部管理权限，由组织人事部门根据有关规定归入干部人事档案。

**第七条** 把抓基层党建工作情况作为党委（党组）书记工作实绩评定的重要内容，作为领导干部选拔任用、培养教育和奖励惩戒的重要依据，作为评价所在单位年度党建工作情况的重要依据。对述职评议考核综合评价等次未达到“好”的，其年度考核不得评定为“优秀”等次；对综合评价等次为“一般”和“差”的，要约谈提醒、限期整改，问题严重的要依照有关规定严肃追责问责。

述职的党组织书记应针对述职评议考核中指出的问题，列出整改清单，认真抓好整改落实。上级党组织应健全经常性指导推动机制，强化督促检查，及时通报整改情况，避免简单以问责代替整改。

**第八条** 各级党委（党组）加强对述职评议考核的领导，党委组织部门要精心组织实施。

中央组织部和省（自治区、直辖市）、市（地、州、盟）党委组织部门加强工作指导，分别派人参加省（自治区、直辖市）、市（地、州、盟）、县（市、区、旗）召开的述职评议会并进行点评。党委组织部门会同同级机关工委、国资委党委、教育（高校）工委等，加强对机关、国有企业、高校述职评议考核的指导。

各级党委（党组）开展述职评议考核情况，应及时向上一级党组织报告。

**第九条** 本办法由中共中央组织部负责解释。

**第十条** 本办法自 2019 年 12 月 30 日起施行。

# 中共中央办公厅、国务院办公厅<br>关于全面推进政务公开工作的意见

（2016 年 2 月 4 日）

公开透明是法治政府的基本特征。全面推进政务公开，让权力在阳光下运行，对于发展社会主义民主政治，提升国家治理能力，增强政府公信力执行力，保障人民群众知情权、参与权、表达权、监督权具有重要意义。党中央、国务院高度重视政务公开，作出了一系列重大部署，各级政府认真贯彻落实，政务公开工作取得积极成效。但与人民群众的期待相比，与建设法治政府的要求相比，仍存在公开理念不到位、制度规范不完善、工作力度不够强、公开实效不理想等问题。为进一步做好当前和今后一个时期政务公开工作，现提出以下意见。

**一、全面推进政务公开工作的总体要求**

（一）指导思想。认真落实党的十八大和十八届三中、四中、五中全会精神，深入贯彻习近平总书记系列重要讲话精神，紧紧围绕“四个全面”战略布局，牢固树立创新、协调、绿色、开放、共享的发展理念，深入推进依法行政，全面落实党中央、国务院有关决策部署和政府信息公开条例，坚持以公开为常态、不公开为例外，推进行政决策公开、执行公开、管理公开、服务公开和结果公开，推动简政放权、放管结合、优化服务改革，激发市场活力和社会创造力，打造法治政府、创新政府、廉洁政府和服务型政府。

（二）基本原则。紧紧围绕经济社会发展和人民群众关注关切，以公开促落实，以公开促规范，以公开促服务。依法依规明确政务公开的主体、内容、标准、方式、程序，加快推进权力清单、责任清单、负面清单公开。坚持改革创新，注重精细化、可操作性，务求公开实效，让群众看得到、听得懂、能监督。以社会需求为导向，以新

闻媒体为载体，推行“互联网＋政务”，扩大公众参与，促进政府有效施政。

（三）工作目标。到2020年，政务公开工作总体迈上新台阶，依法积极稳妥实行政务公开负面清单制度，公开内容覆盖权力运行全流程、政务服务全过程，公开制度化、标准化、信息化水平显著提升，公众参与度高，用政府更加公开透明赢得人民群众更多理解、信任和支持。

**二、推进政务阳光透明**

（四）推进决策公开。把公众参与、专家论证、风险评估、合法性审查、集体讨论决定确定为重大行政决策法定程序。实行重大决策预公开制度，涉及群众切身利益、需要社会广泛知晓的重要改革方案、重大政策措施、重点工程项目，除依法应当保密的外，在决策前应向社会公布决策草案、决策依据，通过听证座谈、调查研究、咨询协商、媒体沟通等方式广泛听取公众意见，以适当方式公布意见收集和采纳情况。探索利益相关方、公众、专家、媒体等列席政府有关会议制度，增强决策透明度。决策作出后，按照规定及时公开议定事项和相关文件。

（五）推进执行公开。主动公开重点改革任务、重要政策、重大工程项目的执行措施、实施步骤、责任分工、监督方式，根据工作进展公布取得成效、后续举措，听取公众意见建议，加强和改进工作，确保执行到位。各级政府及其工作部门都要做好督查和审计发现问题及整改落实情况的公开，对不作为、慢作为、乱作为问责情况也要向社会公开，增强抓落实的执行力。

（六）推进管理公开。全面推行权力清单、责任清单、负面清单公开工作，建立健全清单动态调整公开机制。推行行政执法公示制度，各级政府要根据各自的事权和职能，按照突出重点、依法有序、准确便民的原则，推动执法部门公开职责权限、执法依据、裁量基准、执法流程、执法结果、救济途径等，规范行政裁量，促进执法公平公正。推进监管情况公开，重点公开安全生产、生态环境、卫生防疫、食品药品、保障性住房、质量价格、国土资源、社会信用、交通运输、旅游市场、国有企业运营、公共资源交易等监管信息。公开民生资金等分配使用情况，重点围绕实施精准扶贫、精准脱贫，加大扶贫对象、扶贫资金分配、扶贫资金使用等信息公开力度，接受社会监督。

（七）推进服务公开。把实体政务服务中心与网上办事大厅结合起来，推动政务服务向网上办理延伸。各地区各部门要全面公开服务事项，编制发布办事指南，简化优化办事流程，让群众不跑冤枉路，办事更明白、更舒心。公布行政审批中介服务事项清单，公开项目名称、设置依据、服务时限。推行政府购买公共服务、政府和社会资本合作（PPP）提供公共服务的公开。大力推进公共企事业单位办事公开，行业主管部门要加强分类指导，组织编制公开服务事项目录，制定完善具体办法，切实承担组织协调、监督指导职责。通过最大限度方便企业和群众办事，打通政府联系服务群众“最后一公里”。

（八）推进结果公开。各级行政机关都要主动公开重大决策、重要政策落实情况，加大对党中央、国务院决策部署贯彻落实结果的公开力度。推进发展规划、政府工作报告、政府决定事项落实情况的公开，重点公开发展目标、改革任务、民生举措等方面事项。建立健全重大决策跟踪反馈和评估制度，注重运用第三方评估、专业机构鉴定、社情民意调查等多种方式，科学评价政策落实效果，增强结果公开的可信度，以工作实绩取信于民。

（九）推进重点领域信息公开。着力推进财政预决算、公共资源配置、重大建设项目批准和实施、社会公益事业建设等领域的政府信息公开，有关部门要制定实施办法，明确具体要求。各级行政机关对涉及公民、法人或其他组织权利和义务的规范性文件，都要按照政府信息公开要求和程序予以公布。规范性文件清理结果要向社会公开。加强突发事件、公共安全、重大疫情等信息发布，负责处置的地方和部门是信息发布第一责任人，要快速反应、及时发声，根据处置进展动态发布信息。

三、扩大政务开放参与

（十）推进政府数据开放。按照促进大数据发展行动纲要的要求，实施政府数据资源清单管理，加快建设国家政府数据统一开放平台，制定开放目录和数据采集标准，稳步推进政府数据共享开放。优先推动民生保障、公共服务和市场监管等领域的政府数据向社会有序开放。制定实施稳步推进公共信息资源开放的政策意见。支持鼓励社会力量充分开发利用政府数据资源，推动开展众创、众包、众扶、众筹，为大众创业、万众创新提供条件。

（十一）加强政策解读。将政策解读与政策制定工作同步考虑，同步安排。各地区各部门要发挥政策参与制定者，掌握相关政策、熟悉有关领域业务的专家学者和新闻媒体的作用，注重运用数字化、图表图解、音频视频等方式，提高政策解读的针对性、科学性、权威性。对涉及面广、社会关注度高、实施难度大、专业性强的政策法规，要通过新闻发布、政策吹风、接受访谈、发表文章等方式做好解读，深入浅出地讲解政策背景、目标和要点。各省（自治区、直辖市）政府和国务院各部门要充分利用新闻发布会和政策吹风会进行政策解读，领导干部要带头宣讲政策，特别是遇有重大突发事件、重要社会关切等，主要负责人要带头接受媒体采访，表明立场态度，发出权威声音，当好“第一新闻发言人”。新闻媒体、新闻网站、研究机构要做好党中央、国务院重大政策解读工作。

（十二）扩大公众参与。通过政务公开让公众更大程度参与政策制定、执行和监督，汇众智定政策抓落实，不断完善政策，改进工作。研究探索不同层级、不同领域公众参与的事项种类和方式，搭建政民互动平台，问政于民、问需于民、问计于民，增进公众对政府工作的认同和支持。充分利用互联网优势，积极探索公众参与新模式，提高政府公共政策制定、公共管理、公共服务的响应速度。

（十三）回应社会关切。建立健全政务舆情收集、研判、处置和回应机制，加强重大政务舆情回应督办工作，开展效果评估。对涉及本地区本部门的重要政务舆情、媒体关切、突发事件等热点问题，要按程序及时发布权威信息，讲清事实真相、政策措施以及处置结果等，认真回应关切。依法依规明确回应主体，落实责任，确保在应对重大突发事件及社会热点事件时不失声、不缺位。

（十四）发挥媒体作用。把新闻媒体作为党和政府联系群众的桥梁纽带，运用主要新闻媒体及时发布信息，解读政策，引领社会舆论。安排中央和地方媒体、新闻网站负责人参与重要活动，了解重大决策；畅通采访渠道，积极为媒体采访提供便利。同时也要发挥新闻网站、商业网站以及微博微信、移动客户端等新媒体的网络传播力和社会影响力，提高宣传引导的针对性和有效性。

**四、提升政务公开能力**

（十五）完善制度规范。建立健全政务公开制度，注重将政务公开实践成果上升为制度规范，对不适应形势要求的规定及时予以调整清理。修订政府信息公开条例，完善主动公开、依申请公开信息等规定。建立公开促进依法行政的机制，推动相关部门解决行政行为不规范等问题。建立健全政务公开内容、流程、平台、时限等相关标准。推进政务服务中心标准化建设，统一名称标识、进驻部门、办理事项、管理服务等。制定政府网站发展指引，明确功能定位、栏目设置、内容保障等要求。

（十六）建立政务公开负面清单。各省（自治区、直辖市）政府和国务院各部门要依法积极稳妥制定政务公开负面清单，细化明确不予公开范围，对公开后危及国家安全、经济安全、公共安全、社会稳定等方面的事项纳入负面清单管理，及时进行调整更新。负面清单要详细具体，便于检查监督，负面清单外的事项原则上都要依法依规予以公开。健全公开前保密审查机制，规范保密审查程序，妥善处理好政务公开与保守秘密的关系，对依法应当保密的，要切实做好保密工作。

（十七）提高信息化水平。积极运用大数据、云计算、移动互联网等信息技术，提升政务公开信息化、集中化水平。加快推进“互联网+政务”，构建基于互联网的一体化政务服务体系，通过信息共享、互联互通、业务协同，实行审批和服务事项在线咨询、网上办理、电子监察，做到利企便民。推动信用信息互联共享，促进“信用中国”建设。充分利用政务微博微信、政务客户端等新平台，扩大信息传播，开展在线服务，增强用户体验。

（十八）加强政府门户网站建设。强化政府门户网站信息公开第一平台作用，整合政府网站信息资源，加强各级政府网站之间协调联动，强化与中央和地方主要新闻媒体、主要新闻网站、重点商业网站的联动，充分运用新媒体手段拓宽信息传播渠道，完善功能，健全制度，加强内容和技术保障，将政府网站打造成更加全面的信息公开平台、更加权威的政策发布解读和舆论引导平台、更加及时的回应关切和便民服务平台。

（十九）抓好教育培训。各级政府要把政务公开列入公务员培训科目，依托各级党校、行政学院、干部学院等干部教育培训机构，加强对行政机关工作人员特别是领导干部的培训，增强公开意识，提高发布信息、解读政策、回应关切的能力。制定业务培训计划，精心安排培训科目和内容，分级分层组织实施，力争3年内将全国从事政务公开工作人员轮训一遍，支持政务公开工作人员接受相关继续教育。教育主管部门要鼓励高等学校开设政务公开课程，培养政务公开方面的专门人才。

**五、强化保障措施**

（二十）加强组织领导。各级党委和政府要高度重视政务公开工作。各级政府要在党委统一领导下，牵头做好政务公开工作，确定一位政府领导分管，建立健全协调机制，明确责任分工，切实抓好工作落实。各级政府及其工作部门办公厅（室）是政务公开工作的主管部门，具体负责组织协调、指导推进、监督检查本地区本系统的政务公开工作，要整合政务公开方面的力量和资源，加强与新闻媒体、新闻网站等的沟通协调，做好统筹指导；进一步理顺机制，明确工作机构，配齐配强专职工作人员。有条件的应把政务公开、政务服务、政府数据开放、公共资源交易监督管理等工作统筹考虑、协同推进。要加强政务公开工作经费保障，为工作顺利开展创造条件。鼓励通过引进社会资源、购买服务等方式，提升政务公开专业化水平。

（二十一）加强考核监督。把政务公开工作纳入绩效考核体系，加大分值权重。鼓励支持第三方机构对政务公开质量和效果进行独立公正的评估。指导新闻媒体和政府网站做好发布政府信息、解读政策、回应关切的工作。充分发挥人大代表、政协委员、民主党派、人民团体、社会公众、新闻媒体对政务公开工作的监督作用。强化激励和问责，对政务公开工作落实好的，按照有关规定予以表彰；对公开工作落实不到位的，予以通报批评；对违反政务公开有关规定、不履行公开义务或公开不应当公开事项，并造成严重影响的，依法依规严肃追究责任。

国务院办公厅根据本意见制定相关实施细则。各地区各部门要结合实际，制定具体实施办法，细化任务措施，明确责任分工，认真抓好落实。

# （六）人事纪律

## 党政领导干部选拔任用工作条例

（中共中央2019年3月3日印发）

### 第一章　总　　则

**第一条**　为了坚持和加强党的全面领导，深入贯彻新时代党的组织路线和干部工作方针政策，落实党要管党、全面从严治党特别是从严管理干部的要求，坚持新时期好干部标准，建立科学规范的党政领导干部选拔任用制度，形成有效管用、简便易行、有利于优秀人才脱颖而出的选人用人机制，推进干部队伍革命化、年轻化、知识化、专业化，建设一支高举中国特色社会主义伟大旗帜，以马克思列宁主义、毛泽东思想、邓小平理论、“三个代表”重要思想、科学发展观、习近平新时代中国特色社会主义思想为指导，忠诚干净担当的高素质专业化党政领导干部队伍，保证党的基本理论、基本路线、基本方略全面贯彻执行和新时代中国特色社会主义事业顺利发展，根据《中国共产党章程》等党内法规和有关国家法律，制定本条例。

**第二条** 选拔任用党政领导干部，必须坚持下列原则：

（一）党管干部；

（二）德才兼备、以德为先，五湖四海、任人唯贤；

（三）事业为上、人岗相适、人事相宜；

（四）公道正派、注重实绩、群众公认；

（五）民主集中制；

（六）依法依规办事。

**第三条** 选拔任用党政领导干部，必须把政治标准放在首位，符合将领导班子建设成为坚持党的基本理论、基本路线、基本方略，全心全意为人民服务，具有推进新时代中国特色社会主义事业发展的能力，结构合理、团结坚强的领导集体的要求。

树立注重基层和实践的导向，大力选拔敢于负责、勇于担当、善于作为、实绩突出的干部。

注重发现和培养选拔优秀年轻干部，用好各年龄段干部。

统筹做好培养选拔女干部、少数民族干部和党外干部工作。

对不适宜担任现职的领导干部应当进行调整，推进领导干部能上能下。

**第四条** 本条例适用于选拔任用中共中央、全国人大常委会、国务院、全国政协、中央纪律检查委员会工作部门领导成员或者机关内设机构担任领导职务的人员，国家监察委员会、最高人民法院、最高人民检察院领导成员（不含正职）和内设机构担任领导职务的人员；县级以上地方各级党委、人大常委会、政府、政协、纪委监委、法院、检察院及其工作部门领导成员或者机关内设机构担任领导职务的人员；上列工作部门内设机构担任领导职务的人员。

选拔任用参照公务员法管理的群团机关和县级以上党委、政府直属事业单位的领导成员及其内设机构担任领导职务的人员，参照本条例执行。

上列机关、单位选拔任用非中共党员领导干部，参照本条例执行。

选拔任用民族区域自治地方党政领导干部，法律法规和政策另有规定的，从其规定。

**第五条** 本条例第四条所列范围中选举和依法任免的党政领导职务，党组织推荐、提名人选的产生，适用本条例的规定，其选举和依法任免按照有关法律、章程和规定进行。

**第六条** 党委（党组）及其组织（人事）部门按照干部管理权限履行选拔任用党政领导干部职责，切实发挥把关作用，负责本条例的组织实施。

## 第二章 选拔任用条件

**第七条** 党政领导干部必须信念坚定、为民服务、勤政务实、敢于担当、清正廉洁，具备下列基本条件：

（一）自觉坚持以马克思列宁主义、毛泽东思想、邓小平理论、“三个代表”重要思想、科学发展观、习近平新时代中国特色社会主义思想为指导，努力用马克思主义立场、观点、方法分析和解决实际问题，坚持讲学习、讲政治、讲正气，牢固树立政治意识、大局意识、核心意识、看齐意识，坚决维护习近平总书记核心地位，坚决维护党中央权威和集中统一领导，自觉在思想上政治上行动上同党中央保持高度一致，经得起各种风浪考验；

（二）具有共产主义远大理想和中国特色社会主义坚定信念，坚定道路自信、理论自信、制度自信、文化自信，坚决贯彻执行党的理论和路线方针政策，立志改革开放，献身现代化事业，在社会主义建设中艰苦创业，树立正确政绩观，做出经得起实践、人民、历史检验的实绩；

（三）坚持解放思想，实事求是，与时俱进，求真务实，认真调查研究，能够把党的方针政策同本地区本部门实际相结合，卓有成效地开展工作，落实“三严三实”要求，主动担当作为，真抓实干，讲实话，办实事，求实效；

（四）有强烈的革命事业心、政治责任感和历史使命感，有斗争精神和斗争本领，有实践经验，有胜任领导工作的组织能力、文化水平和专业素养；

（五）正确行使人民赋予的权力，坚持原则，敢抓敢管，依法办事，以身作则，艰苦朴素，勤俭节约，坚持党的群众路线，密切联系群众，自觉接受党和群众的批评、监督，加强道德修养，讲党性、重品行、作表率，带头践行社会主义核心价值观，廉洁从政、廉洁用权、廉洁修身、廉洁齐家，做到自重自省自警自励，反对形式主义、官僚主义、享乐主义和奢靡之风，反对任何滥用职权、谋求私利的行为；

（六）坚持和维护党的民主集中制，有民主作风，有全局观念，善于团结同志，包括团结同自己有不同意见的同志一道工作。

**第八条** 提拔担任党政领导职务的，应当具备下列基本资格：

（一）提任县处级领导职务的，应当具有五年以上工龄和两年以上基层工作经历。

（二）提任县处级以上领导职务的，一般应当具有在下一级两个以上职位任职的经历。

（三）提任县处级以上领导职务，由副职提任正职的，应当在副职岗位工作两年以上；由下级正职提任上级副职的，应当在下级正职岗位工作三年以上。

（四）一般应当具有大学专科以上文化程度，其中厅局级以上领导干部一般应当具有大学本科以上文化程度。

（五）应当经过党校（行政学院）、干部学院或者组织（人事）部门认可的其他培训机构的培训，培训时间应当达到干部教育培训的有关规定要求。确因特殊情况在提任前未达到培训要求的，应当在提任后一年内完成培训。

（六）具有正常履行职责的身体条件。

（七）符合有关法律规定的资格要求。提任党的领导职务的，还应当符合《中国共产党章程》等规定的党龄要求。

职级公务员担任领导职务，按照有关规定执行。

**第九条** 党政领导干部应当逐级提拔。特别优秀或者工作特殊需要的干部，可以突破任职资格规定或者越级提拔担任领导职务。

破格提拔的特别优秀干部，应当政治过硬、德才素质突出、群众公认度高，且符合下列条件之一：在关键时刻或者承担急难险重任务中经受住考验、表现突出、作出重大贡献；在条件艰苦、环境复杂、基础差的地区或者单位工作实绩突出；在其他岗位上尽职尽责，工作实绩特别显著。

因工作特殊需要破格提拔的干部，应当符合下列情形之一：领导班子结构需要或者领导职位有特殊要求的；专业性较强的岗位或者重要专项工作急需的；艰苦边远地区、贫困地区急需引进的。

破格提拔干部必须从严掌握。不得突破本条例第七条规定的基本条件和第八条第一款第七项规定的资格要求。任职试用期未满或者提拔任职不满一年的，不得破格提拔。不得在任职年限上连续破格。不得越两级提拔。

**第十条** 拓宽选人视野和渠道，党政领导干部可以从党政机关选拔任用，也可以从党政机关以外选拔任用，注意从企业、高等学校、科研院所等单位以及社会组织中发现选拔。地方党政领导班子成员应当注意从担任过县（市、区、旗）、乡（镇、街道）党政领导职务的干部和国有企事业单位领导人员中选拔。

## 第三章　分析研判和动议

**第十一条** 组织（人事）部门应当深化对干部的日常了解，坚持知事识人，把功夫下在平时，全方位、多角度、近距离了解干部。根据日常了解情况，对领导班子和领导干部进行综合分析研判，为党委（党组）选人用人提供依据和参考。

**第十二条** 党委（党组）或者组织（人事）部门根据工作需要和领导班子建设实际，结合综合分析研判情况，提出启动干部选拔任用工作意见。

**第十三条** 组织（人事）部门综合有关方面建议和平时了解掌握的情况，对领导班子和领导干部进行动议分析，就选拔任用的职位、条件、范围、方式、程序和人选意向等提出初步建议。

个人向党组织推荐领导干部人选，必须负责地写出推荐材料并署名。

**第十四条** 组织（人事）部门将初步建议向党委（党组）主要领导成员汇报，对初步建议进行完善，在一定范围内进行沟通酝酿，形成工作方案。

对动议的人选严格把关，根据工作需要，可以提前核查有关事项。

**第十五条** 研判和动议时，根据工作需要和实际情况，如确有必要，也可以把公开选拔、竞争上岗作为产生人选的一种方式。领导职位出现空缺且本地区本部门没有合适人选的，特别是需要补充紧缺专业人才或者配备结构需要干部的，可以通过公开选拔产生人选；领导职位出现空缺，本单位本系统符合资格条件人数较多且需要进一步比选择优的，可以通过竞争上岗产生人选。公开选拔、竞争上岗一般适用于副职领导职位。

公开选拔、竞争上岗应当结合岗位特点，坚持组织把关，突出政治素质、专业素养、工作实绩和一贯表现，防止简单以分数、票数取人。

公开选拔、竞争上岗设置的资格条件突破规定的，应当事先报上级组织（人事）部门审核同意。

## 第四章　民主推荐

**第十六条** 选拔任用党政领导干部，应当经过民主推荐。民主推荐包括谈话调研推荐和会议推荐，推荐结果作为选拔任用的重要参考，在一年内有效。

**第十七条** 领导班子换届，民主推荐按照职位设置全额定向推荐；个别提拔任职或者进一步使用，可以按照拟任职位进行定向推荐，也可以根据拟任职位的具体情况进行非定向推荐；进一步使用的，可以采取听取意见的方式进行，其中正职也可以参照个别提拔任职进行民主推荐。

**第十八条** 地方领导班子换届，民主推荐应当经过下列程序：

（一）进行谈话调研推荐，提前向谈话对象提供谈话提纲、换届政策说明、干部名册等相关材料，提出有关要求，提高谈话质量；

（二）综合考虑谈话调研推荐情况以及人选条件、岗位要求、班子结构等，经与本级党委沟通协商后，由上级党委或者组织部门研究提出会议推荐参考人选，参考人选应当差额提出；

（三）召开推荐会议，由本级党委主持，考察组说明换届有关政策，介绍参考人选产生情况，提出有关要求，组织填写推荐表；

（四）对民主推荐情况进行综合分析；

（五）向上级党委或者组织部门汇报民主推荐情况。

**第十九条** 地方领导班子换届，谈话调研推荐一般由下列人员参加：

（一）党委成员；

（二）人大常委会、政府、政协领导成员；

（三）纪委监委领导成员；

（四）法院、检察院主要领导成员；

（五）党委工作部门、政府工作部门、群团组织主要领导成员；

（六）下一级党委和政府主要领导成员；

（七）其他需要参加的人员，可以根据知情度、关联度和代表性原则确定。

推荐人大常委会、政府、政协领导成员人选，应当有民主党派、工商联主要领导成员和无党派代表人士参加。

参加会议推荐的人员参照上列范围确定，可以适当调整。

**第二十条** 个别提拔任职，或者进一步使用需要进行民主推荐的，民主推荐程序可以参照本条例第十八条规定进行；必要时也可以先进行会议推荐，再进行谈话调研推荐。先进行谈话调研推荐的，可以提出会议推荐参考人选，参考人选应当差额提出。单位人数较少、参加会议推荐人员范围与谈话调研推荐人员范围基本相同，且谈话调研推荐意见集中的，根据实际情况，可以不再进行会议推荐。

根据工作需要，可以在民主推荐前对推荐职位、条件、范围以及符合职位要求和任职条件的人选，在人选所在地区或者单位领导班子范围内进行沟通。

**第二十一条** 个别提拔任职，或者进一步使用需要进行民主推荐的，参加民主推荐人员一般按照下列范围执行：

（一）民主推荐地方党政领导班子成员人选，参照本条例第十九条规定执行，可以适当调整。

（二）民主推荐工作部门领导成员人选，谈话调研推荐由本部门领导成员、内设机构担任主要领导职务的人员、直属单位主要领导成员以及其他需要参加的人员参加；根据实际情况还可以吸收本系统下级单位主要领导成员参加。参加会议推荐的人员范围可以适当调整。

（三）民主推荐内设机构领导职务拟任人选，参照前项所列范围确定，也可以在内设机构范围内进行。

**第二十二条** 党委和政府及其工作部门个别特殊需要的领导成员人选，可以由党委（党组）或者组织（人事）部门推荐，报上级组织（人事）部门同意后作为考察对象。

## 第五章 考　　察

**第二十三条** 确定考察对象，应当根据工作需要和干部德才条件，将民主推荐与日常了解、综合分析研判以及岗位匹配度等情况综合考虑，深入分析、比较择优，防止把推荐票等同于选举票、简单以推荐票取人。

**第二十四条** 有下列情形之一的，不得列为考察对象：

（一）违反政治纪律和政治规矩的；

（二）群众公认度不高的；

（三）上一年年度考核结果为基本称职以下等次的；

（四）有跑官、拉票等非组织行为的；

（五）除特殊岗位需要外，配偶已移居国（境）外，或者没有配偶但子女均已移居国（境）外的；

（六）受到诫勉、组织处理或者党纪政务处分等影响期未满或者期满影响使用的；

（七）其他原因不宜提拔或者进一步使用的。

**第二十五条** 地方领导班子换届，由本级党委书记与副书记、分管组织、纪检监察等工作的常委根据上级党委组织部门反馈的情况，对考察对象人选进行酝酿，本级党委常委会研究提出考察对象建议名单，经与上级党委组织部门沟通后，确定考察对象。对拟新进党政领导班子的考察对象，应当在一定范围内公示。

个别提拔任职或者进一步使用，按照干部管理权限，由党委（党组）或者上级组织（人事）部门研究确定考察对象。

考察对象一般应当多于拟任职务人数，个别提拔任职或者进一步使用时意见比较集中的，也可以等额确定考察对象。

**第二十六条** 对确定的考察对象，由组织（人事）部门进行严格考察。

双重管理干部的考察工作，由主管方负责组织实施，根据工作需要会同协管方进行。

**第二十七条** 考察党政领导职务拟任人选，必须依据干部选拔任用条件和不同领导职务的职责要求，全面考察其德、能、勤、绩、廉，严把政治关、品行关、能力关、作风关、廉洁关。

突出政治标准，注重了解政治理论学习情况，深入考察政治忠诚、政治定力、政治担当、政治能力、政治自律等方面的情况。

深入考察道德品行，加强对工作时间之外表现的考察，注重了解社会公德、职业道德、家庭美德、个人品德等方面的情况。

强化专业素养考察，深入了解专业知识、专业能力、专业作风、专业精神等方面的情况。

注重考察工作实绩，围绕贯彻落实党中央重大决策部署，统筹推进“五位一体”总体布局和协调推进“四个全面”战略布局，深入了解履行岗位职责、贯彻新发展理念、推动高质量发展取得的实际成效。考察地方党政领导班子成员，应当把经济建设、政治建设、文化建设、社会建设、生态文明建设和党的建设等情况作为考察评价的重要内容，防止单纯以经济增长速度评定工作实绩。考察党政工作部门领导干部，应当把履行党的建设职责，制定和执行政策、推动改革创新、营造良好发展环境、提供优质公共服务、维护社会公平正义等作为考察评价的重要内容。

加强作风考察，深入了解为民服务、求真务实、勤勉敬业、敢于担当、奋发有为，遵守中央八项规定精神，反对形式主义、官僚主义、享乐主义和奢靡之风等情况。

强化廉政情况考察，深入了解遵守廉洁自律有关规定，保持高尚情操和健康情趣，慎独慎微，秉公用权，清正廉洁，不谋私利，严格要求亲属和身边工作人员等情况。

根据实际需要，针对不同层级、不同岗位考察对象，实行差异化考察，对党政正职人选，坚持更高标准、更严要求，突出把握政治方向、驾驭全局、抓班子带队伍等方面情况的考察。

**第二十八条** 考察党政领导职务拟任人选，应当保证充足的考察时间，经过下列程序：

（一）制定考察工作方案；

（二）同考察对象呈报单位或者所在单位党委（党组）主要领导成员就考察工作方案沟通情况，征求意见；

（三）根据考察对象的不同情况，通过适当方式在一定范围内发布干部考察预告；

（四）采取个别谈话、发放征求意见表、民主测评、实地走访、查阅干部人事档案和工作资料等方法，广泛深入地了解情况，根据需要进行专项调查、延伸考察等，注意了解考察对象生活圈、社交圈情况；

（五）同考察对象面谈，进一步了解其政治立场、思想品质、价值取向、见识见解、适应能力、性格特点、心理素质等方面情况，以及缺点和不足，鉴别印证有关问题，深化对考察对象的研判；

（六）综合分析考察情况，与考察对象的一贯表现进行比较、相互印证，全面准确地对考察对象作出评价；

（七）向考察对象呈报单位或者所在单位党委（党组）主要领导成员反馈考察情况，并交换意见；

（八）考察组研究提出人选任用建议，向派出考察组的组织（人事）部门汇报，经组织（人事）部门集体研究提出任用建议方案，向本级党委（党组）报告。

考察内设机构领导职务拟任人选程序，可以根据实际情况适当简化。

**第二十九条** 考察地方党政领导班子成员拟任人选，个别谈话和征求意见的范围一般为：

（一）党委和政府领导成员，人大常委会、政协、纪委监委、法院、检察院主要领导成员；

（二）考察对象所在单位领导成员；

（三）考察对象所在单位有关工作部门主要领导成员或者内设机构担任主要领导职务的人员和直属单位主要领导成员；

（四）其他有关人员。

**第三十条** 考察工作部门领导班子成员拟任人选，个别谈话和征求意见的范围一般为：

（一）考察对象上级领导机关有关领导成员；

（二）考察对象所在单位领导成员；

（三）考察对象所在单位内设机构担任主要领导职务的人员和直属单位主要领导成员；

（四）其他有关人员。

考察内设机构领导职务拟任人选，个别谈话和征求意见的范围参照上列规定执行。

**第三十一条** 考察党政领导职务拟任人选，应当听取考察对象所在单位组织（人事）部门、纪检监察机关、机关党组织的意见，根据需要可以听取巡视巡察机构、审计机关和其他相关部门意见。

组织（人事）部门必须严格审核考察对象的干部人事档案，查核个人有关事项报告，就党风廉政情况听取纪检监察机关意见，对反映问题线索具体、有可查性的信访举报进行核查。对需要进行经济责任审计的考察对象，应当事先按照有关规定进行审计。

考察对象呈报单位或者所在单位党委（党组）必须就考察对象廉洁自律情况提出结论性意见，并由党委（党组）书记、纪委书记（纪检监察组组长）签字。机关内设机构领导职务的拟任人选考察对象，也应当由相关党组织和纪检监察机构出具廉洁自律情况结论性意见。

**第三十二条** 考察党政领导职务拟任人选，必须形成书面考察材料，建立考察文书档案。已经任职的，考察材料归入本人干部人事档案。考察材料必须写实，评判应当全面、准确、客观，用具体事例反映考察对象的情况，包括下列内容：

（一）德、能、勤、绩、廉方面的主要表现以及主要特长、行为特征；

（二）主要缺点和不足；

（三）民主推荐、民主测评、考察谈话情况；

（四）审核干部人事档案、查核个人有关事项报告、听取纪检监察机关意见、核查信访举报等情况的结论。

**第三十三条** 党委（党组）或者组织（人事）部门选派具有较高素质的人员组建考察组，考察组由两名以上成员组成。考察组负责人应当由思想政治素质好、具有较丰富工作经验并熟悉干部工作的人员担任。

实行干部考察工作责任制。考察组必须坚持原则，公道正派，深入细致，如实反映考察情况和意见，对考察材料负责，履行干部选拔任用风气监督职责。

## 第六章　讨论决定

**第三十四条**　党政领导职务拟任人选，在讨论决定或者决定呈报前，应当根据职位和人选的不同情况，分别在党委（党组）、人大常委会、政府、政协等有关领导成员中进行酝酿。

工作部门领导成员拟任人选，应当征求上级分管领导成员的意见。

非中共党员拟任人选，应当征求党委统战部门和民主党派、工商联主要领导成员、无党派代表人士的意见。

双重管理干部的任免，主管方应当事先征求协管方意见，进行酝酿。征求意见一般采用书面形式进行。协管方自收到主管方意见之日起一个月内未予答复的，视为同意。双方意见不一致时，正职的任免报上级党委组织部门协调，副职的任免由主管方决定。

**第三十五条**　选拔任用党政领导干部，应当按照干部管理权限由党委（党组）集体讨论作出任免决定，或者决定提出推荐、提名的意见。属于上级党委（党组）管理的，本级党委（党组）可以提出选拔任用建议。

对拟破格提拔的人选在讨论决定前，必须报经上级组织（人事）部门同意。越级提拔或者不经过民主推荐列为破格提拔人选的，应当在考察前报告，经批复同意后方可进行。

**第三十六条**　市（地、州、盟）、县（市、区、旗）党委和政府领导班子正职的拟任人选和推荐人选，一般应当由上级党委常委会提名并提交全会无记名投票表决；全会闭会期间，由党委常委会作出决定，决定前应当征求党委委员的意见。

**第三十七条**　有下列情形之一的，不得提交会议讨论：

（一）没有按照规定进行民主推荐、考察的；

（二）拟任人选所在单位党委（党组）对廉洁自律情况没有作出结论性意见的，或者纪检监察机关未反馈意见的，或者纪检监察机关有不同意见的；

（三）个人有关事项报告未查核或者经查核存疑尚未查清的；

（四）线索具体、有可查性的信访举报尚未调查清楚的；

（五）干部人事档案中身份、年龄、工龄、党龄、学历、经历等存疑尚未查清的；

（六）巡视巡察、审计等工作中发现重大问题尚未作出结论的；

（七）没有按照规定向上级报告或者报告后未经批复同意的干部任免事项；

（八）其他原因不宜提交会议讨论的。

**第三十八条** 党委（党组）讨论决定干部任免事项，必须有三分之二以上成员到会，并保证与会成员有足够时间听取情况介绍、充分发表意见。与会成员对任免事项，应当逐一发表同意、不同意或者缓议等明确意见，党委（党组）主要负责人应当最后表态。在充分讨论的基础上，采取口头表决、举手表决或者无记名投票等方式进行表决。意见分歧较大时，暂缓进行表决。

党委（党组）有关干部任免的决定，需要复议的，应当经党委（党组）超过半数成员同意后方可进行。

**第三十九条** 党委（党组）讨论决定干部任免事项，应当按照下列程序进行：

（一）党委（党组）分管组织（人事）工作的领导成员或者组织（人事）部门负责人，逐个介绍领导职务拟任人选的推荐、考察和任免理由等情况，其中涉及破格提拔等需要按照要求事先向上级组织（人事）部门报告的选拔任用有关工作事项，应当说明具体事由和征求上级组织（人事）部门意见的情况；

（二）参加会议人员进行充分讨论；

（三）进行表决，以党委（党组）应到会成员超过半数同意形成决定。

**第四十条** 需要报上级党委（党组）审批的拟提拔任职的干部，必须呈报党委（党组）请示并附干部任免审批表、干部考察材料、本人干部人事档案和党委（党组）会议纪要、讨论记录、民主推荐情况等材料。上级组织（人事）部门对呈报的材料应当严格审查。

需要报上级备案的干部，应当按照规定及时向上级组织（人事）部门备案。

## 第七章　任　　职

**第四十一条**　党政领导职务实行选任制、委任制，部分专业性较强的领导职务可以实行聘任制。

**第四十二条**　实行党政领导干部任职前公示制度。

提拔担任厅局级以下领导职务的，除特殊岗位和在换届考察时已进行过公示的人选外，在党委（党组）讨论决定后、下发任职通知前，应当在一定范围内公示。公示内容应当真实准确，便于监督，涉及破格提拔的还应当说明破格的具体情形和理由。公示期不少于五个工作日。公示结果不影响任职的，办理任职手续。

**第四十三条**　实行党政领导干部任职试用期制度。

提拔担任下列非选举产生的厅局级以下领导职务的，试用期为一年：

（一）党委、人大常委会、政府、政协工作部门副职和内设机构领导职务；

（二）纪委监委机关内设机构、派出机构领导职务；

（三）法院、检察院内设机构的非国家权力机关依法任命的领导职务。

试用期满后，经考核胜任现职的，正式任职；不胜任的，免去试任职务，一般按照试任前职级或者职务层次安排工作。

**第四十四条**　实行任职谈话制度。对决定任用的干部，由党委（党组）指定专人同本人谈话，肯定成绩，指出不足，提出要求和需要注意的问题。

对破格提拔以及通过公开选拔、竞争上岗任职的干部，试用期满正式任职时，党委（党组）还应当指定专人进行谈话。

**第四十五条**　党政领导职务的任职时间，按照下列时间计算：

（一）由党委（党组）决定任职的，自党委（党组）决定之日起计算；

（二）由党的代表大会、党的委员会全体会议、党的纪律检查委员会全体会议、人民代表大会、政协全体会议选举、决定任命的，自当选、决定任命之日起计算；

（三）由人大常委会或者政协常委会任命或者决定任命的，自人大常委会、政协常委会任命或者决定任命之日起计算；

（四）由党委向政府提名由政府任命的，自政府任命之日起计算。

## 第八章　依法推荐、提名和民主协商

**第四十六条**　党委向人民代表大会或者人大常委会推荐需要由人民代表大会或者人大常委会选举、任命、决定任命的领导干部人选，应当事先向人民代表大会临时党组织或者人大常委会党组和人大常委会组成人员中的党员介绍党委推荐意见。人民代表大会临时党组织、人大常委会党组和人大常委会组成人员以及人大代表中的党员，应当认真贯彻党委推荐意见，带头依法办事，正确履行职责。

**第四十七条**　党委向人民代表大会推荐由人民代表大会选举、决定任命的领导干部人选，应当以本级党委名义向人民代表大会主席团提交推荐书，介绍所推荐人选的有关情况，说明推荐理由。

党委向人大常委会推荐由人大常委会任命、决定任命的领导干部人选，应当在人大常委会审议前，按照规定程序提出，介绍所推荐人选的有关情况。

**第四十八条**　党委向政府提名由政府任命的政府工作部门和机构领导成员人选，在党委讨论决定后，由政府任命。

**第四十九条**　领导班子换届，党委推荐人大常委会、政府、政协领导成员人选和监察委员会主任、法院院长、检察院检察长人选，应当事先向民主党派、工商联主要领导成员和无党派代表人士通报有关情况，进行民主协商。

**第五十条**　党委推荐的领导干部人选，在人民代表大会选举、决定任命或者人大常委会任命、决定任命前，如果人大代表或者人大常委会组成人员对所推荐人选提出不同意见，党委应当认真研究，并作出必要的解释或者说明。如果发现有事实依据、足以影响选举或者任命的问题，党委可以建议人民代表大会或者人大常委会按照规定程序暂缓选举、任命、决定任命，也可以重新推荐人选。

政协领导成员候选人的推荐和协商提名，按照政协章程和有关规定办理。

## 第九章　交流、回避

**第五十一条**　实行党政领导干部交流制度。

（一）交流的对象主要是：因工作需要交流的；需要通过交流锻炼提高领导能力的；在一个地方或者部门工作时间较长的；按照规定需要回避的；因其他原因需要交流的。交流的重点是县级以上地方党委和政府的领导成员，纪委监委、法院、检察院、党委和政府部分工作部门的主要领导成员。

（二）地方党委和政府领导成员原则上应当任满一届，在同一职位上任职满十年的，必须交流；在同一职位连续任职达到两个任期的，不再推荐、提名或者任命担任同一职务。同一地方（部门）的党政正职一般不同时易地交流。

（三）党政机关内设机构处级以上领导干部在同一职位上任职时间较长的，应当进行交流。

（四）经历单一或者缺少基层工作经历的年轻干部，应当有计划地派到基层、艰苦边远地区和复杂环境工作，坚决防止“镀金”思想和短期行为。

（五）加强工作统筹，加大干部交流力度。推进地方与部门之间、地区之间、部门之间、党政机关与国有企事业单位以及其他社会组织之间的干部交流，推动形成国有企事业单位、社会组织干部人才及时进入党政机关的良性工作机制。

（六）干部交流由党委（党组）及其组织（人事）部门按照干部

管理权限组织实施，严格把握人选的资格条件。干部个人不得自行联系交流事宜，领导干部不得指定交流人选。同一干部不宜频繁交流。

（七）交流的干部接到任职通知后，应当在党委（党组）或者组织（人事）部门限定的时间内到任。跨地区跨部门交流的，应当同时转移行政关系、工资关系和党的组织关系。

**第五十二条** 实行党政领导干部任职回避制度。

党政领导干部任职回避的亲属关系为：夫妻关系、直系血亲关系、三代以内旁系血亲以及近姻亲关系。有上列亲属关系的，不得在同一机关担任双方直接隶属于同一领导人员的职务或者有直接上下级领导关系的职务，也不得在其中一方担任领导职务的机关从事组织(人事)、纪检监察、审计、财务工作。

领导干部不得在本人成长地担任县（市）党委和政府以及纪委监委、组织部门、法院、检察院、公安部门主要领导成员，一般不得在本人成长地担任市（地、盟）党委和政府以及纪委监委、组织部门、法院、检察院、公安部门主要领导成员。

**第五十三条** 实行党政领导干部选拔任用工作回避制度。

党委（党组）及其组织（人事）部门讨论干部任免，涉及与会人员本人及其亲属的，本人必须回避。

干部考察组成员在干部考察工作中涉及其亲属的，本人必须回避。

## 第十章 免职、辞职、降职

**第五十四条** 党政领导干部有下列情形之一的，一般应当免去现职：

（一）达到任职年龄界限或者退休年龄界限的；

（二）受到责任追究应当免职的；

（三）不适宜担任现职应当免职的；

（四）因违纪违法应当免职的；

（五）辞职或者调出的；

（六）非组织选派，个人申请离职学习期限超过一年的；

（七）因健康原因，无法正常履行工作职责一年以上的；

（八）因工作需要或者其他原因应当免去现职的。

**第五十五条** 实行党政领导干部辞职制度。辞职包括因公辞职、自愿辞职、引咎辞职和责令辞职。

辞职应当符合有关规定，手续依照法律或者有关规定程序办理。

**第五十六条** 引咎辞职、责令辞职和因问责被免职的党政领导干部，一年内不安排领导职务，两年内不得担任高于原任职务层次的领导职务。同时受到党纪政务处分的，按照影响期长的规定执行。

**第五十七条** 实行党政领导干部降职制度。党政领导干部在年度考核中被确定为不称职的，因工作能力较弱、受到组织处理或者其他原因不适宜担任现职务层次的，应当降职使用。降职使用的干部，其待遇按照新任职务职级的标准执行。

**第五十八条** 因不适宜担任现职调离岗位、免职的，一年内不得提拔。降职使用的干部重新提拔，按照有关规定执行。

重新任职或者提拔任职，应当根据具体情形、工作需要和个人情况综合考虑，合理安排使用。

对符合有关规定给予容错的干部，应当客观公正对待。

## 第十一章 纪律和监督

**第五十九条** 选拔任用党政领导干部，必须严格执行本条例的各项规定，并遵守下列纪律：

（一）不准超职数配备、超机构规格提拔领导干部、超审批权限设置机构配备干部，或者违反规定擅自设置职务名称、提高干部职务职级待遇；

（二）不准采取不正当手段为本人或者他人谋取职务、提高职级待遇；

（三）不准违反规定程序动议、推荐、考察、讨论决定任免干部，或者由主要领导成员个人决定任免干部；

（四）不准私自泄露研判、动议、民主推荐、民主测评、考察、酝酿、讨论决定干部等有关情况；

（五）不准在干部考察工作中隐瞒或者歪曲事实真相；

（六）不准在民主推荐、民主测评、组织考察和选举中搞拉票、助选等非组织活动；

（七）不准利用职务便利私自干预下级或者原任职地区、系统和单位干部选拔任用工作；

（八）不准在机构变动，主要领导成员即将达到任职年龄界限、退休年龄界限或者已经明确即将离任时，突击提拔、调整干部；

（九）不准在干部选拔任用工作中任人唯亲、排斥异己、封官许愿，拉帮结派、搞团团伙伙，营私舞弊；

（十）不准篡改、伪造干部人事档案，或者在干部身份、年龄、工龄、党龄、学历、经历等方面弄虚作假。

**第六十条** 加强干部选拔任用工作全程监督，严格执行干部选拔任用全程纪实和任前事项报告、“一报告两评议”、专项检查、离任检查、立项督查、“带病提拔”问题倒查等制度。严肃查处违反组织（人事）纪律的行为。对违反本条例规定的事项，按照有关规定对党委（党组）主要领导成员和有关领导成员、组织（人事）部门有关领导成员以及其他直接责任人作出组织处理或者纪律处分；涉嫌违法犯罪的，移送有关国家机关依法处理。

对无正当理由拒不服从组织调动或者交流决定的，依规依纪依法予以免职或者降职使用，并视情节轻重给予处分。

**第六十一条** 实行党政领导干部选拔任用工作责任追究制度。凡用人失察失误造成严重后果的，本地区本部门用人上的不正之风严重、干部群众反映强烈以及对违反组织（人事）纪律的行为查处不力的，应当根据具体情况，严肃追究党委（党组）及其主要领导成员、有关领导成员、组织（人事）部门、纪检监察机关、干部考察组有关领导成员以及其他直接责任人的责任。

**第六十二条** 党委（党组）及其组织（人事）部门对干部选拔

任用工作和贯彻执行本条例的情况进行监督检查，认真受理有关干部选拔任用工作的举报、申诉，制止、纠正违反本条例的行为，并对有关责任人提出处理意见或者处理建议。

纪检监察机关、巡视巡察机构按照有关规定，加强对干部选拔任用工作的监督检查。

**第六十三条** 实行地方党委组织部门和纪检监察、巡视巡察、机构编制、审计、信访等有关机构联席会议制度，就加强对干部选拔任用工作的监督，沟通信息、交流情况、研究问题，提出意见和建议。联席会议由组织部门召集。

**第六十四条** 党委（党组）及其组织（人事）部门在干部选拔任用工作中，必须严格执行本条例，坚持出以公心、公正用人，严格规范履职用权行为，自觉接受党内监督、社会监督、群众监督。下级机关和党员、干部、群众对干部选拔任用工作中的违规违纪行为，有权向上级党委（党组）及其组织（人事）部门、纪检监察机关举报、申诉，受理部门和机关应当按照有关规定查核处理。

## 第十二章　附　则

**第六十五条** 本条例对工作部门的规定，同时适用于办事机构、派出机构、特设机构以及其他直属机构。

**第六十六条** 选拔任用乡（镇、街道）的党政领导干部，由省、自治区、直辖市党委根据本条例制定相应的实施办法。

**第六十七条** 中国人民解放军和中国人民武装警察部队领导干部的选拔任用办法，由中央军事委员会根据本条例的原则作出规定。

**第六十八条** 本条例由中共中央组织部负责解释。

**第六十九条** 本条例自 2019 年 3 月 3 日起施行。2014 年 1 月 14 日中共中央印发的《党政领导干部选拔任用工作条例》同时废止。

# 党政领导干部考核工作条例

（中共中央办公厅2019年4月7日印发）

## 第一章　总　　则

**第一条**　为了坚持和加强党的全面领导，坚持党要管党、全面从严治党，推动各级党政领导班子和领导干部做到忠诚干净担当、带头贯彻落实党中央决策部署，完善干部考核评价机制，建设一支信念坚定、为民服务、勤政务实、敢于担当、清正廉洁的高素质党政领导干部队伍，根据《中国共产党章程》和有关法律，制定本条例。

**第二条**　本条例所称考核工作，是指党委（党组）及其组织（人事）部门按照干部管理权限，对党政领导班子和领导干部的政治素质、履职能力、工作成效、作风表现等所进行的了解、核实和评价，以此作为加强领导班子和领导干部队伍建设的重要依据。

考核方式主要包括平时考核、年度考核、专项考核、任期考核。

**第三条**　考核工作以马克思列宁主义、毛泽东思想、邓小平理论、“三个代表”重要思想、科学发展观、习近平新时代中国特色社会主义思想为指导，贯彻落实新时代党的建设总要求和新时代党的组织路线，坚持把政治标准放在首位，着眼于实现“两个一百年”奋斗目标，突出考核贯彻党中央重大决策部署，统筹推进“五位一体”总体布局和协调推进“四个全面”战略布局、贯彻落实新发展理念的实际成效，坚持严管和厚爱结合、激励和约束并重，奖勤罚懒、奖优罚劣，调动各级党政领导班子和领导干部积极性、主动性、创造性，树立讲担当、重担当、改革创新、干事创业的鲜明导向。

**第四条**　考核工作坚持下列原则：

（一）党管干部；

（二）德才兼备、以德为先；

（三）事业为上、公道正派；

（四）注重实绩、群众公认；

（五）客观全面、简便有效；

（六）考用结合、奖惩分明。

**第五条** 本条例适用于考核中共中央、全国人大常委会、国务院、全国政协工作部门或者有关工作机构的领导班子和领导干部；中央纪委国家监委领导班子和领导干部（不含正职）；最高人民法院、最高人民检察院领导班子和领导干部（不含正职）；县级以上地方各级党委、人大常委会、政府、政协、纪委监委、法院、检察院的领导班子和领导干部；县级以上地方各级党委、人大常委会、政府、政协工作部门或者有关工作机构的领导班子和领导干部。

参照公务员法管理的县级以上党委和政府直属事业单位、群团组织的领导班子和领导干部的考核，参照本条例执行。

**第六条** 中央和国家机关领导班子和领导干部应当在思想上政治上行动上发挥表率作用，带头接受高标准严格考核。

## 第二章 考核内容

**第七条** 领导班子考核内容主要包括：

（一）政治思想建设。全面考核领导班子坚决维护习近平总书记党中央的核心、全党的核心地位，坚决维护党中央权威和集中统一领导，坚持和加强党的全面领导，执行党的理论和路线方针政策，增强“四个意识”，做到“四个服从”，遵守政治纪律和政治规矩的情况；用习近平新时代中国特色社会主义思想武装头脑，坚定理想信念，坚定“四个自信”，不忘初心、牢记使命的情况；坚持民主集中制，执行新形势下党内政治生活若干准则，发现和解决自身问题，营造风清气正政治生态的情况；践行新时代党的组织路线，贯彻新时期好干部标准，树立正确选人用人导向的情况。

（二）领导能力。全面考核领导班子适应新时代要求、落实党中央决策部署、完成目标任务的能力，重点了解学习本领、政治领导本领、改革创新本领、科学发展本领、依法执政本领、群众工作本领、狠抓落实本领、驾驭风险本领。

（三）工作实绩。全面考核领导班子政绩观和工作成效。考核政绩观，主要看是否恪守立党为公、执政为民理念，是否具有“功成不必在我”精神，以造福人民为最大政绩，真正做到对历史和人民负责。考核地方党委和政府领导班子的工作实绩，应当看全面工作，看推动本地区经济建设、政治建设、文化建设、社会建设、生态文明建设，解决发展不平衡不充分问题，满足人民日益增长的美好生活需要的情况和实际成效。考核其他领导班子的工作实绩，主要看全面履行职能、服务大局和中心工作的情况和实际成效。注重考核各级党委（党组）领导班子落实新时代党的建设总要求、抓党建工作的实绩。

（四）党风廉政建设。全面考核领导班子履行管党治党政治责任，加强党风廉政建设，持之以恒正风肃纪，推进反腐败斗争等情况。

（五）作风建设。全面考核领导班子坚持以人民为中心，贯彻党的群众路线，密切联系群众，为群众排忧解难，全心全意为人民服务的情况；结合实际落实党中央决策部署，增强人民获得感、幸福感、安全感的情况；深入改进作风，落实中央八项规定及其实施细则精神，反对“四风”特别是形式主义、官僚主义的情况；实事求是，真抓实干，察实情、出实招、办实事、求实效的情况。

**第八条** 领导干部考核内容主要包括：

（一）德。全面考核领导干部政治品质和道德品行。考核领导干部的政治品质，重点了解坚定理想信念、对党忠诚、尊崇党章、遵守政治纪律和政治规矩，在思想上政治上行动上同以习近平同志为核心的党中央保持高度一致等情况。考核领导干部的道德品行，重点了解坚守忠诚老实、公道正派、实事求是、清正廉洁等价值观，遵守社会公德、职业道德、家庭美德和个人品德等情况。

（二）能。全面考核领导干部履职尽责特别是应对突发事件、群体性事件过程中的政治能力、专业素养和组织领导能力等情况。

（三）勤。全面考核领导干部的精神状态和工作作风，重点了解发扬革命精神、斗争精神，坚持“三严三实”，勤勉敬业、恪尽职守，认真负责、紧抓快办，锐意进取、敢于担当，艰苦奋斗、甘于奉献等情况。

（四）绩。全面考核领导干部坚持正确政绩观，履职尽责、完成日常工作、承担急难险重任务、处理复杂问题、应对重大考验的情况和实际成效。考核党委（党组）书记的工作实绩，首先看抓党建工作的成效，考核领导班子其他党员领导干部的工作实绩应当加大抓党建工作的权重。

（五）廉。全面考核领导干部落实党风廉政建设“一岗双责”政治责任，遵守廉洁自律准则，带头落实中央八项规定及其实施细则精神，秉公用权，树立良好家风，严格要求亲属和身边工作人员，反对“四风”和特权思想、特权现象等情况。

**第九条** 具体考核内容的确定必须以贯彻党中央精神为前提，根据党中央决策部署及时调整优化。

**第十条** 落实新发展理念，突出高质量发展导向，构建推动高质量发展指标体系，改进推动高质量发展的政绩考核，因地制宜合理设置经济社会发展实绩考核指标和权重，突出对打好重点任务攻坚战的考核，加强对深化供给侧结构性改革、保障和改善民生、加强和创新社会治理、推动创新发展、加强法治建设、促进社会公平正义等工作的考核，加大安全生产、社会稳定、新增债务等约束性指标的考核权重。

**第十一条** 坚持从实际出发，实行分级分类考核。考核内容应当体现不同区域、不同部门、不同类型、不同层次领导班子和领导干部特点。

**第十二条** 根据不同岗位职责要求，明确领导班子和领导干部不担当不作为的具体情形和评价标准，推动工作落实和担当尽责。

**第十三条** 建立健全可量化、能定责、可追责的领导班子和领导干部工作目标以及岗位职责规范，作为确定考核内容的重要依据。

## 第三章 平时考核

**第十四条** 平时考核是对领导班子日常运行情况和领导干部一贯

表现所进行的经常性考核，及时肯定鼓励、提醒纠偏。

**第十五条** 平时考核应当突出重点。

考核领导班子的日常运行情况，重点了解政治思想建设、执行民主集中制、贯彻党的群众路线、科学决策、完成重点任务和反对“四风”等情况。

考核领导干部的一贯表现，重点了解政治态度、担当精神、工作思路、工作进展，特别是对待是与非、公与私、真与假、实与虚的表现等情况。

**第十六条** 平时考核主要结合领导班子和领导干部日常管理进行，可以采取下列途径：

（一）列席领导班子民主生活会、理论学习中心组学习、重要工作会议，参加重要工作活动等；

（二）与干部本人或者知情人谈心谈话，到所在单位听取干部群众意见；

（三）开展调研走访、专题调查、现场观摩等；

（四）结合党内集中学习教育、纪委监委日常监督、巡视巡察、工作督查、干部培训等进行深入了解；

（五）其他适当方法。

**第十七条** 平时考核可以根据实际情况形成考核结果。考核结果可以采用考核报告、评语、等次或者鉴定等形式确定。

**第十八条** 建立平时考核工作档案，将相关材料整理归档，作为了解评价领导班子日常运行情况和领导干部一贯表现的重要依据。

## 第四章 年度考核

**第十九条** 年度考核是以年度为周期对领导班子和领导干部所进行的综合性考核，一般在每年年末或者次年年初组织开展。

根据工作需要，各级党委（党组）每年可以选定部分领导班子和领导干部进行重点考核。

**第二十条** 年度考核一般按照下列程序进行：

（一）总结述职。召开会议，领导班子总结报告全年工作，领导干部进行个人述职。

（二）民主测评。根据对领导班子和领导干部考核内容的要求设计测评表，由参加民主测评的人员填写评价意见。参加测评的人员范围，按照知情度、关联度、代表性原则，结合实际确定。

（三）个别谈话。与领导班子成员、相关干部群众以及其他需要参加的人员个别谈话了解情况。

（四）了解核实。根据需要采取查阅资料、采集有关数据和信息、实地调研等方式，核实考核对象有关情况。

（五）形成考核结果。对领导班子和领导干部进行综合分析，形成考核结果并及时反馈。

当年开展党内集中学习教育、换届考察、巡视巡察的，年度考核可以结合实际适当简化程序。

根据工作需要和实际情况，对公共服务部门和窗口单位的领导班子和领导干部，可以在一定范围内听取公众意见。

**第二十一条** 领导班子年度考核结果一般分为优秀、良好、一般、较差4个等次。领导干部年度考核结果分为优秀、称职、基本称职、不称职4个等次。

优秀是指综合表现突出，出色履行领导职责或者岗位要求，圆满地完成了年度工作任务，成绩显著。

良好、称职是指综合表现好，认真履行领导职责或者岗位要求，较好地完成了年度工作任务。

一般、基本称职是指综合表现勉强达到领导职责或者岗位要求，或者在某个方面存在明显不足、有较大问题。

较差、不称职是指综合表现达不到领导职责或者岗位要求，或者在某个方面存在严重问题、出现重大错误。

各级党委（党组）应当结合实际，制定考核等次具体评定标准。

**第二十二条** 担任多项职务的领导干部，一般在承担主要工作职责的单位进行考核，对兼任的其他工作以适当方式进行了解。

新提拔任职的领导干部，按照现任职务进行考核，注意了解在原任职岗位的工作情况。

交流任职的领导干部，在现工作单位进行考核，其交流任职前的有关情况由原单位提供。

援派或者挂职锻炼的领导干部，由当年工作半年以上的地方或者单位进行考核，以适当方式听取派出单位或者接收单位的意见。

本年度内病、事假累计超过半年的领导干部，参加年度考核，不确定等次。

涉嫌违纪违法被立案审查调查尚未结案、受党纪政务处分或者组织处理的领导干部，其年度考核按照有关规定进行。

## 第五章　专项考核

**第二十三条**　专项考核是对领导班子和领导干部在完成重要专项工作、承担急难险重任务、应对和处置重大突发事件中的工作态度、担当精神、作用发挥、实际成效等情况所进行的针对性考核。

根据平时掌握情况，对表现突出或者问题反映较多的领导班子和领导干部，可以进行专项考核。

**第二十四条**　专项考核一般应当按照下列程序进行：

（一）制定方案。明确考核对象、考核内容指标、程序步骤和工作要求等。

（二）听取考核对象的总结汇报。

（三）了解核实。采取查阅资料、实地调研、舆情分析、个别谈话、民主测评等方式，核实印证有关情况，必要时可以向纪检监察机关或者审计、信访等部门了解情况。

（四）形成考核结果。对领导班子和领导干部作出评价。

**第二十五条**　专项考核结果可以采用考核报告、评语、等次或者鉴定等形式确定。

## 第六章　任期考核

**第二十六条**　任期考核是对实行任期制的领导班子和领导干部在

一届任期内总体表现所进行的全方位考核，一般结合换届考察或者任期届满当年年度考核进行。

任期考核应当突出对完成届期目标或者任期目标情况的考核。

**第二十七条** 任期考核一般应当按照总结述职、民主测评、个别谈话、了解核实、实绩分析、形成考核结果等程序进行。

**第二十八条** 任期考核结果可以采用考核报告、评语、等次或者鉴定等形式确定。

## 第七章 考核结果确定

**第二十九条** 考核结果确定应当加强综合分析研判，坚持定性与定量相结合，全面、历史、辩证地分析个人贡献与集体作用、主观努力与客观条件、增长速度与质量效益、显绩与潜绩、发展成果与成本代价等情况，注重了解人民群众对经济社会发展的真实感受和评价，防止简单以地区生产总值以及增长率排名或者以民主测评、民意调查得票得分确定考核结果。

**第三十条** 平时考核、年度考核、专项考核、任期考核情况应当相互补充印证，坚持考人与考事相结合，注重吸收运用巡视巡察、审计、绩效管理、工作督查、相关部门业务考核、个人有关事项报告查核等成果，把敢不敢扛事、愿不愿做事、能不能干事作为识别干部、评判优劣的重要标准，增强考核结果的真实性、准确性。

**第三十一条** 考核结果应当全面准确反映考核对象情况，以考核报告、评语、鉴定等形式确定结果的，应当明确具体肯定成绩和优点，指出问题和不足。

**第三十二条** 年度考核结果以平时考核结果为基础，年度考核优秀等次应当在平时考核结果好的考核对象中产生。

领导班子年度考核优秀等次比例一般不超过参加考核领导班子总数的30%，领导干部年度考核优秀等次比例一般不超过参加考核领导干部总人数的25%。

领导班子为优秀等次的，其领导成员评为优秀等次的比例可以适当上调，最高不超过30%；领导班子为一般等次的，其领导成员评为优秀等次的比例不得超过20%，主要负责人一般不得确定为优秀等次；领导班子为较差等次的，其领导成员评为优秀等次的比例不得超过15%，主要负责人一般不得确定为称职及以上等次。

**第三十三条** 有下列情形之一，领导班子和领导干部年度考核结果不得确定为优秀等次：

（一）贯彻落实党中央决策部署成效不明显的；

（二）干事创业精气神不够，拈轻怕重、患得患失，不敢直面矛盾、不愿动真碰硬，不担当不作为的；

（三）受到上级党委和政府通报批评，责令检查的；

（四）工作实绩不突出的；

（五）组织领导能力较弱，年度工作目标任务完成不好的；

（六）履行管党治党责任不力，违反廉洁自律规定的；

（七）其他原因不宜确定为优秀等次的。

在上级党组织开展的基层党建述职评议考核工作中，党委（党组）书记抓基层党建工作情况综合评价等次未达到好的，其年度考核结果不得确定为优秀等次。

**第三十四条** 有下列情形之一，领导班子年度考核结果应当确定为较差等次，领导干部年度考核结果应当确定为不称职等次：

（一）违反政治纪律和政治规矩，政治上出现问题的；

（二）不执行民主集中制，领导班子运行状况不好，不能正常发挥职能作用，领导干部闹无原则纠纷，影响较差的；

（三）责任心差、能力水平低，不能履行或者不胜任岗位职责要求，依法履职出现重大问题的；

（四）表态多调门高，行动少落实差，敷衍塞责、庸懒散拖，作风形象不佳，群众意见大，造成恶劣影响的；

（五）不坚守工作岗位，擅离职守的；

（六）其他原因应当确定为较差或者不称职等次的。

**第三十五条** 领导班子和领导干部在履职担当、改革创新过程中出现失误错误，经综合分析给予容错的，应当客观评价，合理确定考核结果。

**第三十六条** 考核对象对考核结果有异议的，可以按照有关规定提出复核或者申诉。

## 第八章 考核结果运用

**第三十七条** 坚持考用结合，将考核结果与选拔任用、培养教育、管理监督、激励约束、问责追责等结合起来，鼓励先进、鞭策落后，推动能上能下，促进担当作为，严厉治庸治懒。

**第三十八条** 考核结果采取个别谈话、工作通报、会议讲评等方式，实事求是地向领导班子和领导干部反馈，肯定成绩、指出不足，督促整改，传导压力、激发动力。

**第三十九条** 依据考核结果，有针对性地加强领导班子建设：

（一）领导班子作出重要贡献的，按照有关规定记功、授予称号，给予物质奖励；

（二）领导班子表现突出或者年度考核结果为优秀等次的，按照有关规定给予嘉奖；

（三）领导班子运行状况不好、凝聚力战斗力不强、不担当不作为、干部群众意见较大的，应当进行调整；

（四）领导班子年度考核结果为一般等次的，应当责成其向上级党组织写出书面报告，剖析原因、进行整改；

（五）领导班子年度考核结果为较差或者连续两年为一般等次的，应当对主要负责人和相关责任人进行调整。

**第四十条** 依据考核结果，激励约束领导干部：

（一）领导干部作出重大贡献的，可以按照有关规定记功、授予称号，给予物质奖励；表现突出或者年度考核结果为优秀等次的，按照有关规定给予嘉奖；连续三年为优秀等次的，记三等功，同等条件下优先使用。

（二）领导干部年度考核结果为称职及以上等次的，按照有关规定享受年度考核奖金、晋升工资级别和级别工资档次。

（三）领导干部年度考核结果为基本称职等次的，应当对其进行诫勉，限期改进。

（四）领导干部年度考核结果为不称职等次的，按照规定程序降低一个职务或者职级层次任职。

（五）不参加年度考核、参加年度考核不确定等次或者年度考核结果为基本称职以下等次的，该年度不计算为晋升职务职级的任职年限，不计算为晋升工资级别和级别工资档次的考核年限。

（六）领导干部不适宜担任现职的，应当根据有关规定对其进行调整。

**第四十一条**　依据考核结果加强干部教育培养，按照“缺什么补什么”的原则，对领导干部进行调学调训、安排实践锻炼，补齐能力素质短板。对有潜力的优秀年轻干部加强针对性培养。

**第四十二条**　考核中发现领导班子和领导干部存在问题的，区分不同情形，予以谈话提醒直至组织处理；发现违纪违法问题线索，移送纪检监察、司法机关处理。

**第四十三条**　领导干部考核形成的结论性材料，应当存入干部人事档案。

## 第九章　组织实施

**第四十四条**　党委（党组）及其组织（人事）部门按照干部管理权限，履行考核领导班子和领导干部的职责。

党委（党组）承担考核工作主体责任，党委（党组）书记是第一责任人，组织（人事）部门承担具体工作责任。

**第四十五条**　考核人员应当具有较高的思想政治素质以及胜任考核工作的政策水平和业务知识，公道正派，组织纪律观念和保密意识强。考核人员按照规定实行公务回避。

根据工作需要，党委（党组）可以组建和派出考核组。考核组组长根据每次考核任务确定并授权，应当具有较强的组织领导能力，坚持原则、敢于担当。

**第四十六条** 实行考核工作责任制。

考核人员应当认真履行职责，按照规定的程序和要求实施考核，全面客观准确地了解和反映情况，公道公平公正地对待和评价领导班子和领导干部。

考核人员应当在考核材料上签名，对考核材料的客观性、真实性负责。

**第四十七条** 考核工作的组织实施应当严肃认真、稳妥审慎，注意与日常工作相协调、相促进。根据不同考核对象和考核任务，改进创新考核方法，充分发扬民主，多到基层干部群众中、多在乡语口碑中听取意见、了解情况，坚持在现场看、见具体事，多渠道、多层次、多侧面了解核实领导班子和领导干部的现实表现。

**第四十八条** 组织（人事）部门应当加强考核工作信息化建设，充分运用互联网技术和信息化手段开展考核，提高工作质量和效率。

**第四十九条** 各级党委（党组）应当加强对本地区本部门本单位干部考核工作与其他业务考核工作的统一领导、统筹协调和督促指导，整合考核力量，归并考核项目和种类，严格控制“一票否决”事项，防止多头考核、重复考核。

## 第十章 纪律与监督

**第五十条** 考核工作必须严格遵守下列纪律：

（一）不准搞形式、走过场；

（二）不准隐瞒、歪曲事实；

（三）不准弄虚作假；

（四）不准搞非组织活动；

（五）不准泄露谈话内容、测评结果等考核工作秘密；

（六）不准凭个人好恶评价干部、决定或者改变考核结果；

（七）不准借考核之机谋取私利；

（八）不准干扰、妨碍考核工作；

（九）不准打击报复干部和反映问题的人员。

**第五十一条** 领导班子和领导干部应当正确对待和接受组织考核，如实汇报工作和思想，客观反映情况。

对不按照要求参加或者不认真配合考核工作，经教育后仍不改正的，领导班子年度考核结果直接确定为较差等次，领导干部年度考核结果直接确定为不称职等次。

**第五十二条** 对不按照规定组织开展考核、考核工作失真失实造成严重后果、本地区本部门本单位考核工作中不正之风严重、干部群众反映强烈以及对违反考核工作纪律等行为查处不力的，应当追究党委（党组）及其组织（人事）部门主要负责人和有关领导成员、直接责任人的责任。

**第五十三条** 对违反本条例的，根据情节轻重，依规依纪给予批评教育、责令检查、通报批评、诫勉、组织调整或者组织处理，涉嫌违纪或者职务违法、职务犯罪的，按照有关纪律和法律法规处理。

**第五十四条** 党委（党组）、纪检监察机关、组织（人事）部门应当加强对考核工作的监督检查，自觉接受群众和舆论监督，认真受理有关举报、复核、申诉，严肃查处违反考核工作纪律的行为。

## 第十一章　附　　则

**第五十五条** 本条例对工作部门的规定，同时适用于党委和政府的办事机构、派出机构、特设机构以及其他直属机构。

**第五十六条** 本条例由中共中央组织部负责解释。

**第五十七条** 本条例自2019年4月7日起施行。1998年5月26日中共中央组织部印发的《党政领导干部考核工作暂行规定》、2009年7月16日中共中央组织部印发的《党政领导班子和领导干部年度考核办法（试行）》同时废止。此前发布的有关领导班子和领导干部考核的规定，凡与本条例不一致的，按照本条例执行。

# 推进领导干部能上能下若干规定（试行）

（中共中央办公厅2015年7月19日印发）

**第一条** 为贯彻落实党中央关于全面从严治党要求，严明党的政治纪律和政治规矩，完善从严管理干部队伍制度体系，形成能上能下的选人用人机制，建设信念坚定、为民服务、勤政务实、敢于担当、清正廉洁的高素质干部队伍，根据《党政领导干部选拔任用工作条例》等党内法规和《中华人民共和国公务员法》等有关法律法规，制定本规定。

**第二条** 本规定所称推进领导干部能上能下，重点是解决干部能下问题。必须坚持党要管党、从严治党，坚持实事求是、公道正派，坚持人岗相适、人尽其才，坚持依法依规、积极稳妥，着力解决为官不正、为官不为、为官乱为等问题，促使领导干部自觉践行“三严三实”要求，推动形成能者上、庸者下、劣者汰的用人导向和从政环境。

**第三条** 本规定适用于中央和国家机关各部门、地方县级以上党政机关的领导干部。

乡（镇、街道）党政领导干部，参照本规定执行。

本规定主要规范对有关领导干部的组织调整。涉及违纪违法行为的，按照党的纪律规定和有关法律法规办理。

**第四条** 推进领导干部能上能下，既要严格执行干部到龄免职（退休）、任期届满离任等制度规定，又要加大问责追究、调整不适宜担任现职干部等的工作力度。

**第五条** 严格执行干部退休制度，干部达到任职年龄界限或者退休年龄界限的，应当按照有关规定程序办理免职（退休）手续。确因工作需要而延迟免职（退休）的，应当按照干部管理权限，由党委（党组）研究提出意见，报上一级党组织同意。

**第六条** 严格执行领导干部职务任期制度，任期年限、届数和最高任职年限，一般不得延长。加强任期内考核和管理，经考核认定不适宜继续任职的，应当中止任期、免去现职，不得以任期未满为由继续留任。干部任期内免职按照有关规定程序办理。

**第七条** 加大领导干部问责力度。除《关于实行党政领导干部问责的暂行规定》第五条所列情形外，具有下列情形之一的，也应当对有关领导干部实行问责：

（一）落实从严治党责任不力，贯彻党风廉政建设责任制不到位，本地区本部门本单位或者分管领域在较短时间内连续出现违纪违法问题的；

（二）法治观念淡薄，不依法办事，不按法定程序决策，或者依法应当及时作出决策但久拖不决，造成不良影响和后果的；

（三）抓作风建设不力，本地区本部门本单位或者分管领域形式主义、官僚主义、享乐主义和奢靡之风比较突出的；

（四）在干部选拔任用工作中任人唯亲、营私舞弊，本地区本部门本单位或者分管领域用人上不正之风比较突出的；

（五）对配偶、子女及其配偶和身边工作人员教育管理不严、约束不力，甚至默许其利用自身职权或者职务上的影响谋取不正当利益的。

发生上述情形的，对有关领导干部实行问责的方式包括责令公开道歉、停职检查、引咎辞职、责令辞职、免职。问责程序按照《关于实行党政领导干部问责的暂行规定》执行。

**第八条** 对不适宜担任现职的干部应当进行调整。不适宜担任现职，主要指干部的德、能、勤、绩、廉与所任职务要求不符，不宜在现岗位继续任职。

干部具有下列情形之一，经组织提醒、教育或者函询、诫勉没有改正，被认定为不适宜担任现职的，必须及时予以调整：

（一）不严格遵守党的政治纪律和政治规矩，不坚决执行党的基本路线和各项方针政策，不能在思想上政治上行动上同党中央保持高度一致的；

（二）理想信念动摇，在重大原则问题上立场不坚定，关键时刻经不住考验的；

（三）违背党的民主集中制原则，独断专行或者软弱涣散，拒不执行或者擅自改变党组织作出的决定，在领导班子中闹无原则纠纷的；

（四）组织观念淡薄，不执行重要情况请示报告制度，或者个人有关事项不如实填报甚至隐瞒不报的；

（五）违背中央八项规定精神，不严格遵守廉洁从政有关规定的；

（六）不敢担当、不负责任，为官不为、庸懒散拖，干部群众意见较大的；

（七）不能有效履行职责、按要求完成工作任务，单位工作或者分管工作处于落后状态，或者出现较大失误的；

（八）品行不端，违背社会公德、职业道德、家庭伦理道德，造成不良影响的；

（九）配偶已移居国（境）外，或者没有配偶但子女均已移居国（境）外，不适宜担任其所任职务的；

（十）其他不适宜担任现职的情形。

**第九条** 调整不适宜担任现职干部，一般按照以下程序进行：

（一）考察核实。综合分析年度考核、平时考核、任职考察、巡视、审计、个人有关事项报告抽查核实、民主评议、信访举报核实等情况，有针对性地考察核实，作出客观公正评价和准确认定。要注重听取群众反映、了解群众口碑，特别是听取工作对象、服务对象等相关人员的意见。

（二）提出调整建议。党委（党组）或者组织（人事）部门根据考察核实结果，对不适宜担任现职干部提出调整建议。调整建议包括调整原因、调整方式等内容。提出调整建议前，应当与干部本人谈话，说明调整理由，听取其陈述意见。

（三）组织决定。党委（党组）召开会议集体研究，作出调整决定。作出决定前，应当听取有关方面意见。

（四）谈话。党委（党组）负责同志或者组织（人事）部门负责同志与调整对象进行谈话，宣布组织决定，认真细致做好思想工作。

（五）按照有关规定履行任免程序。对选举和依法任免的干部，按照有关法律法规规定的程序进行。

干部本人对调整决定不服的，可以按照有关规定申请复核或者向上级组织（人事）部门提出申诉。复核、申诉期间不停止调整决定的执行。从干部调整岗位的次月起，调整其级别和工资待遇。

**第十条** 对不适宜担任现职干部，应当根据其一贯表现和工作需要，区分不同情形，采取调离岗位、改任非领导职务、免职、降职等方式予以调整。对非个人原因不能胜任现职岗位的，应当予以妥善安排。

**第十一条** 因不适宜担任现职调离岗位、改任非领导职务、免职的，一年内不得提拔；降职的，两年内不得提拔。影响期满后，对德才表现和工作实绩突出，因工作需要且经考察符合任职条件的，可以提拔任职。

**第十二条** 干部因健康原因，无法正常履行工作职责一年以上的，应当对其工作岗位进行调整。恢复健康后，参照原任职务层次作出安排。

**第十三条** 干部因违纪违法应当免职的，按照规定程序及时予以免职。

**第十四条** 在推进领导干部能上能下工作中，严明工作纪律，不得搞好人主义，不得避重就轻、以纪律处分规避组织调整或者以组织调整代替纪律处分，不得借机打击报复。

**第十五条** 建立健全推进领导干部能上能下工作责任制，党委（党组）承担主体责任，党委（党组）书记是第一责任人，组织（人事）部门承担具体工作责任。把推进领导干部能上能下作为全面从严治党、从严管理干部的重要内容，坚持原则、敢于负责，做到真管真严、敢管敢严、长管长严。加强对干部的日常了解，定期分析研判领导班子和干部队伍情况，对应当调整的干部及时作出调整。对调整下来的干部，给予关心帮助，有针对性地加强教育管理。正确把握政策界限，注意保护干部干事创业、改革创新的积极性，宽容改革探索中的失误。

**第十六条** 各级党委（党组）及其组织（人事）部门应当加强对推进领导干部能上能下工作的督促检查，了解掌握相关工作情况。对工作不力的，应当根据具体情况，严格追究党委（党组）及其组织（人事）部门主要负责人和相关人员的责任。

**第十七条** 各地区各部门党委（党组）可以依据本规定，结合自身实际，制定具体实施细则。

**第十八条** 本规定由中央组织部负责解释。

**第十九条** 本规定自2015年7月19日起施行。

# 公务员回避规定（试行）

（中共中央组织部、人力资源和社会保障部2011年12月12日印发）

## 第一章 总 则

**第一条** 为加强对公务员的管理和监督，保证公务员依法、公正执行公务，促进机关廉政建设，根据公务员法和有关法律法规，制定本规定。

**第二条** 公务员回避包括任职回避、地域回避和公务回避。

**第三条** 法律法规对公务员回避另有规定的，从其规定。

**第四条** 各级机关按照管理权限负责公务员回避的组织实施。

## 第二章 任职回避

**第五条** 公务员凡有下列亲属关系的，不得在同一机关担任双方直接隶属于同一领导人员的职务或者有直接上下级领导关系的职务，也不得在其中一方担任领导职务的机关从事组织、人事、纪检、监察、审计和财务工作。

（一）夫妻关系；

（二）直系血亲关系，包括祖父母、外祖父母、父母、子女、孙子女、外孙子女；

（三）三代以内旁系血亲关系，包括伯叔姑舅姨、兄弟姐妹、堂兄弟姐妹、表兄弟姐妹、侄子女、甥子女；

（四）近姻亲关系，包括配偶的父母、配偶的兄弟姐妹及其配偶、子女的配偶及子女配偶的父母、三代以内旁系血亲的配偶。

本规定所指直接隶属，是指具有直接上下级领导关系；同一领导人员，包括同一级领导班子成员；直接上下级领导关系，包括上一级正副职与下一级正副职之间的领导关系。

**第六条** 公务员任职回避按照以下程序办理：

（一）本人提出回避申请或者所在机关提出回避建议。

（二）任免机关组织人事部门按照管理权限进行审核，并提出回避意见报任免机关。在报任免机关决定前，应当听取公务员本人及相关人员的意见。

（三）任免机关作出决定。需要回避的，予以调整。职务层次不同的，一般由职务层次较低的一方回避；职务层次相同的，根据工作需要和实际情况决定其中一方回避。

**第七条** 因地域或者工作性质特殊，需要变通执行任职回避的，由省级以上公务员主管部门规定。

## 第三章 地域回避

**第八条** 公务员担任县、乡党委、政府正职领导成员的，应当实行地域回避，一般不得在本人成长地担任市（地、盟）党委、政府正职领导成员。

公务员担任县级纪检机关、组织部门、人民法院、人民检察院、公安部门正职领导成员的，应当实行地域回避，一般不得在本人成长地担任市（地、盟）纪检机关、组织部门、人民法院、人民检察院、公安部门正职领导成员。

民族自治地方的少数民族领导干部的地域回避按照有关法律规定并结合本地实际执行。

**第九条** 公务员地域回避按照本规定第六条规定的任职回避程序办理。

## 第四章 公务回避

**第十条** 公务员应当回避的公务活动包括：

（一）考试录用、调任、职务升降任免、考核、考察、奖惩、交流、出国审批；

（二）监察、审计、仲裁、案件审理；

（三）税费稽征、项目资金审批、监管；

（四）其他应当回避的公务活动。

**第十一条** 公务员执行第十条所列公务时，有下列情形之一的，应当回避，不得参加有关调查、讨论、审核、决定，也不得以任何方式施加影响：

（一）涉及本人利害关系的；

（二）涉及与本人有本规定第五条所列亲属关系人员的利害关系的；

（三）其他可能影响公正执行公务的。

**第十二条** 公务员公务回避按以下程序办理：

（一）本人或者利害关系人提出回避申请，或者主管领导提出回避要求；

（二）所在机关进行审查作出是否回避的决定，并告知申请人；

（三）需要回避的由所在机关调整公务安排。

特殊情况下，所在机关可以直接作出回避决定。

## 第五章 管理与监督

**第十三条** 对拟进入机关的人员和拟调整的人员应当依据本规定严格审查把关，避免形成回避关系。对可能形成回避关系的，应当予以调整。

对因婚姻、职务变化等新形成的回避关系，应当及时予以调整。

**第十四条** 公务员必须服从回避决定。无正当理由拒不服从的，应当予以免职。

公务员应当主动报告应回避的情形。有需要回避的情形不及时报告或者有意隐瞒的，应当予以批评教育；影响公正执行公务，造成不良后果的，应当给予相应处分。

**第十五条** 对个人、组织据实反映公务员需要回避的情况，有关机关应当按照管理权限及时处理。

**第十六条** 各级公务员主管部门按照管理权限负责公务员回避工作的监督检查。

对违反本规定的，有关机关予以纠正，并按规定追究相关人员责任。

### 第六章 附　　则

**第十七条** 国家驻外机构公务员的回避，由有关部门另行规定。

参照公务员法管理机关（单位）除工勤人员以外的工作人员的回避，参照本规定执行。

**第十八条** 各省、自治区、直辖市公务员主管部门和中央机关可根据本规定，结合各自实际，制定实施办法。

**第十九条** 本规定由中共中央组织部、人力资源和社会保障部负责解释。

**第二十条** 本规定自发布之日起施行。1996 年 5 月 27 日人事部发布的《国家公务员任职回避和公务回避暂行办法》同时废止。

## 党政领导干部交流工作规定

（中共中央办公厅 2006 年 6 月 10 日印发）

### 第一章 总　　则

**第一条** 为了推进干部交流工作，进一步优化领导班子结构，提高领导干部的素质和能力，加强党风廉政建设，促进经济社会发展，根据《中华人民共和国公务员法》、《党政领导干部选拔任用工作条例》和有关法律法规，制定本规定。

**第二条** 本规定适用于中共中央、全国人大常委会、国务院、全国政协的工作部门和工作机构的领导成员，上述工作部门和工作机构的内设机构的领导干部；中央纪委和最高人民法院、最高人民检察院的副职领导成员及其机关内设机构的领导干部；县级以上地方党委、人大常委会、政府、政协及其工作部门和工作机构的领导成员，上述工作部门和工作机构的内设机构的领导干部；县级以上地方纪委和人民法院、人民检察院的领导成员及其机关内设机构的领导干部。

**第三条** 本规定所称的党政领导干部交流，是指各级党委（党组）及其组织（人事）部门按照干部管理权限，通过调任、转任对党政领导干部的工作岗位进行调整。挂职锻炼工作另行规定。

## 第二章 交流对象

**第四条** 交流的对象主要是下列人员：

（一）因工作需要交流的；

（二）需要通过交流锻炼提高领导能力的；

（三）在一个地方或者部门工作时间较长的；

（四）按照规定需要回避的；

（五）其他原因需要交流的。

交流的重点是县级以上地方党委、政府正职领导成员及其他领导成员，纪委、人民法院、人民检察院和党委、政府部分工作部门的正职领导成员。

**第五条** 县级以上地方党委、政府领导成员在同一职位上任职满10年的，必须交流。民族自治地方的少数民族党政领导干部经批准可以适当放宽。

在同一地区党政领导班子中担任同一层次领导职务满10年的，应当交流。

新提拔担任县（市、区、旗）以上地方党委、政府领导成员的，应当有计划地易地交流任职。

**第六条** 县级以上地方纪检机关（监察部门）、组织部门、人民法院、人民检察院、公安部门的正职领导成员，在同一职位任职满10年的，必须交流；新提拔的一般应易地交流任职。副职领导成员在同一领导班子中任职满10年的，应当交流。

**第七条** 党政机关处级以上领导干部，特别是从事执纪执法、干部人事、审计、项目审批和资金管理工作的领导干部，在同一职位任职满10年的，应当交流。

**第八条** 缺少基层工作经验或者岗位经历单一的县（处）级以上领导干部，应当有计划地交流。

**第九条** 实行干部双重管理、以上级业务部门为主管理的单位的正职领导成员，在同一领导班子中任职满10年的，应当交流。

**第十条** 党政领导干部任职回避交流按有关规定执行。

**第十一条** 党政领导干部有下列情形之一的，可不交流或者暂缓交流：

（一）离最高任职年龄不满5年的（属于必须交流的对象，可区别不同情况对其工作进行调整）；

（二）因健康原因不宜交流的；

（三）涉嫌违纪违法正在接受纪检监察或者司法机关审查尚未作出结论的；

（四）其他原因不适合交流的。

## 第三章　交流范围和方式

**第十二条** 干部交流可以在地区之间，部门之间，地方与部门之间，党政机关与国有企业事业单位、人民团体、群众团体之间进行。

**第十三条** 地（厅）级干部一般在本省（自治区、直辖市）内交流，根据工作需要，也可跨省（自治区、直辖市）交流。县（处）级干部一般在本市（地、州、盟）范围内交流，根据工作需要，县

（市、区、旗）委书记、县（市、区、旗）长可在本省（自治区、直辖市）范围内交流。

**第十四条** 地区之间的干部交流，重点围绕国家经济社会发展战略和人才战略、地方经济社会发展布局和支柱产业及重大项目建设进行。

**第十五条** 中央和国家机关、省级党政机关应当注意选调有地方工作经验的干部，特别是市（地、州、盟）、县（市、区、旗）党政领导班子中的优秀年轻干部到机关任职，同时根据工作需要有计划地选派机关干部到地方任职。

**第十六条** 实行党政机关与国有企业事业单位之间的干部交流。选调国有企业事业单位领导人才到党政机关任职，推荐党政领导干部到国有企业事业单位任职。

**第十七条** 实行干部双重管理、以上级业务部门为主管理的单位的领导干部，可在本系统内交流，也可与地方或者其他系统交流。

## 第四章　组织实施

**第十八条** 干部交流工作按照干部管理权限组织实施。根据工作需要，上级党委（党组）及其组织（人事）部门也可直接组织实施。

中央和国家机关与地方之间组织成批干部交流，由中共中央组织部协调后实施；个别干部的交流，原则上由调出单位与调入单位协商办理。

实行干部双重管理部门的干部交流，由主管单位提出，征求协管单位的意见。

**第十九条** 干部交流工作一般按照下列程序办理：

（一）组织（人事）部门拟定交流方案，提出交流人选；

（二）征求干部调出、调入单位意见；

（三）党委（党组）集体讨论决定；

（四）党委（党组）或者组织（人事）部门与交流干部谈话，听取本人意见，做好思想工作；

（五）组织（人事）部门办理调动手续。

**第二十条** 干部交流应突出重点，增强计划性、针对性，注意与领导班子换届调整相结合。市、县两级党政正职领导成员未任满一届的一般不交流，同一地区党政正职领导成员一般不同时交流；领导班子一次性交流一般不超过班子成员的三分之一；需按法定程序选举或者任免的干部，交流时应当按照法定程序办理。按规定需作离任审计的，应当进行审计。

## 第五章　交流工作纪律

**第二十一条** 干部交流必须严格执行下列纪律：

（一）任何地方和单位必须执行上级党委（党组）关于干部交流的决定，不得以任何理由拒绝执行。

（二）各级党委（党组）必须严格执行干部交流程序，集体研究决定交流对象，不得借干部交流突击提拔干部。任何人不得借干部交流对干部进行打击报复。

（三）干部应当服从组织的交流决定。接到交流通知后，须尽快办理工作交接手续，在限定的时间内报到。跨地区跨部门交流的，应当同时迁转行政关系和党的组织关系。无正当理由拒不服从组织安排的，就地免职或者降职使用。

（四）调出单位应尽快向调入单位转递干部档案，提供真实情况和材料，不得弄虚作假。调入单位应当认真审核有关材料。

（五）干部调离时，不得违反规定随调工作人员，不准随带公共物品；干部调离后，不得干预原单位的工作。

**第二十二条** 实行干部交流工作责任追究制度。对违反纪律或者执行纪律不严格的，应当严肃批评教育；造成严重后果的，追究主要责任人以及其他直接责任人的责任。

**第二十三条** 党委（党组）及其组织（人事）部门负责对干部交流工作进行监督检查，受理有关举报、申诉，制止、纠正违反本规定的行为，对有关责任人提出处理意见或者建议。

## 第六章　保障措施

**第二十四条**　建立健全干部交流激励机制。坚持交流与培养使用相结合，采取有利于干部健康成长的政策措施，鼓励干部到艰苦边远地区、复杂环境、重点建设工程和基层经受锻炼，建功立业。

**第二十五条**　党委（党组）及其组织（人事）部门应关心爱护交流干部，妥善安排其工作、生活，充分发挥他们的作用。干部调入、调出单位应当相互配合，帮助交流干部解决困难和问题，解除其后顾之忧。

**第二十六条**　交流干部的配偶、子女是否随调随迁，尊重本人意愿，按有关规定办理。配偶、子女随调随迁的，应当妥善安排其就业、就学。

**第二十七条**　党委（党组）及其组织（人事）部门应当跟踪了解交流干部的思想、工作情况，加强教育、管理和监督。

## 第七章　附　　则

**第二十八条**　工会、共青团、妇联等人民团体和县级以上党政机关所属事业单位的干部交流，参照本规定执行。

**第二十九条**　各地区各部门可根据本规定制定实施办法。

**第三十条**　本规定由中共中央组织部负责解释。

**第三十一条**　本规定自发布之日起施行。《党政领导干部交流工作暂行规定》同时废止。

# 党政领导干部职务任期暂行规定

（中共中央办公厅2006年6月10日印发）

**第一条**　为了规范党政领导干部职务任期和任期管理工作，保持领导干部任期内的稳定，增强干部队伍的活力，根据《中华人民共和国宪法》、《中国共产党章程》、《中华人民共和国地方各级人民代表大会和地方各级人民政府组织法》、《中华人民共和国公务员法》、《党政领导干部选拔任用工作条例》和有关法律法规，制定本规定。

**第二条** 本规定适用于中共中央、全国人大常委会、国务院、全国政协的工作部门和工作机构的正职领导成员；县级以上地方党委、政府领导成员，纪委、人民法院、人民检察院的正职领导成员；省（自治区、直辖市）、市（地、州、盟）党委、人大常委会、政府、政协的工作部门和工作机构的正职领导成员。

**第三条** 党政领导职务每个任期为5年。

**第四条** 党政领导干部在任期内应当保持稳定。除有下列情形之一的，应当任满一个任期：

（一）达到退休年龄的；

（二）由于健康原因不能或者不宜继续担任现职务的；

（三）不称职需要调整职务的；

（四）自愿辞职或者引咎辞职、责令辞职的；

（五）因受处分或处罚需要变动职务或者被罢免职务的；

（六）因工作特殊需要调整职务的。

党政领导干部在一个任期内因工作特殊需要调整职务，一般不得超过一次。

**第五条** 党政领导干部任期内和任期届满应当按照有关规定进行考核，考核结果作为干部使用的重要依据。

**第六条** 党政领导干部在同一职位上连续任职达到两个任期，不再推荐、提名或者任命担任同一职务。

**第七条** 党政领导干部担任同一层次领导职务累计达到15年的，不再推荐、提名或者任命担任第二条所列范围内的同一层次领导职务。根据干部个人情况和工作需要对其工作予以适当安排。

**第八条** 民族自治地方的少数民族党政领导干部执行本规定第六条和第七条，经批准可以适当放宽。

**第九条** 党政领导干部任期内调整职务，任职3年以上的，计算为一个任期；任职不足3年的，只计算任职年限，不计算任期届数。

**第十条** 选任制党政领导干部在新一届领导班子选举产生时，原任领导职务自然解除。

工作部门和工作机构正职领导成员任期届满不再连任的，按有关规定由任免机关下达免职通知，免去其担任的领导职务。

**第十一条** 各级党委（党组）及其组织（人事）部门按照干部管理权限，负责本规定的组织实施，对执行本规定的情况进行监督，对违反本规定的行为予以纠正。

**第十二条** 工会、共青团、妇联等人民团体的正职领导成员实行任期制度，按照有关章程并参照本规定执行。

市（地、州、盟）级以上党委、政府直属事业单位的正职领导成员实行任期制度，参照本规定执行。

**第十三条** 省（自治区、直辖市）党委根据本规定精神，结合各地实际，对乡（科）级党政领导干部实行任期制度作出规定，并报中共中央组织部备案。

**第十四条** 本规定由中共中央组织部负责解释。

**第十五条** 本规定自发布之日起施行。

# 党政领导干部任职回避暂行规定

（中共中央办公厅2006年6月10日印发）

**第一条** 为了加强对党政领导干部的管理和监督，保证领导干部公正履行职责，促进党风廉政建设，根据《中华人民共和国公务员法》、《党政领导干部选拔任用工作条例》和有关法律法规，制定本规定。

**第二条** 本规定适用于中共中央、全国人大常委会、国务院、全国政协的工作部门和工作机构的领导成员，上述工作部门和工作机构的内设机构的领导干部；中央纪委和最高人民法院、最高人民检察院的副职领导成员及其机关内设机构的领导干部；县级以上地方党委、人大常委会、政府、政协及其工作部门和工作机构的领导成员，上述工作部门和工作机构的内设机构的领导干部；县级以上地方纪委和人民法院、人民检察院的领导成员及其机关内设机构的领导干部。

**第三条** 有夫妻关系、直系血亲关系、三代以内旁系血亲关系以及近姻亲关系的，不得在同一机关担任双方直接隶属于同一领导人员的职务或者有直接上下级领导关系的职务，也不得在其中一方担任领导职务的机关从事组织（人事）、纪检（监察）、审计、财务等工作。

**第四条** 领导干部的配偶、子女及其配偶以独资、合伙或者较大份额参股的方式，经营企业或者举办经营性民办非企业单位的，该领导干部不得在上述企业或者单位的行业监管或者业务主管部门担任领导成员。

**第五条** 领导干部不得在本人成长地担任县（市）党委、政府以及纪检机关、组织部门、人民法院、人民检察院、公安部门正职领导成员，一般不得在本人成长地担任市（地、盟）党委、政府以及纪检机关、组织部门、人民法院、人民检察院、公安部门正职领导成员。

民族自治地方的少数民族领导干部参照上款规定执行。

**第六条** 领导干部任职时存在需要回避情况的，按照干部管理权限由组织（人事）部门提出回避意见，报党委（党组）作出决定。必要时，组织（人事）部门可要求领导干部报告拟任职务所需要回避的情况。

**第七条** 领导干部任职期间出现需要回避情况的，本人应当提出回避申请。所在单位党组织发现其有需要回避情况的应当提出回避建议，按照干部管理权限由组织（人事）部门审核后提出意见，报党委（党组）作出决定。

**第八条** 个人、组织有权反映领导干部需要回避的情况，接到反映的机关应当按照干部管理权限交有关组织（人事）部门处理。

**第九条** 出现本规定第三条所列需要回避情形时，职务层次不同的，一般由职务层次较低的一方回避；职务层次相当的，根据工作需要和实际情况决定其中一方回避。

**第十条** 实行回避需要跨地区跨部门调整、按照干部管理权限本级难以安排的，报请上级组织（人事）部门协调解决。

**第十一条** 经人民代表大会选举产生的领导干部需要实行地域回避的，根据实际情况，可以在任期内调整的，在任期内予以调整；任期内难以调整的，任期届满后予以调整。

**第十二条** 组织（人事）部门提出回避意见报党委（党组）决定前，可以听取领导干部本人及相关人员的意见。

**第十三条** 领导干部有需要回避的情况不及时报告或者有意隐瞒的，应当予以批评，情节严重的进行组织处理。

**第十四条** 领导干部必须服从回避决定。无正当理由拒不服从的，就地免职或者降职使用。

**第十五条** 除本规定第三条、第四条、第五条所列情形外，法律法规对领导干部任职回避另有规定的，从其规定。

国家驻外机构领导干部的任职回避，由有关部门另行规定。

**第十六条** 各级党委（党组）及其组织（人事）部门按照干部管理权限，负责本规定的组织实施，对执行党政领导干部任职回避制度的情况进行监督，对违反本规定的行为予以纠正。

**第十七条** 工会、共青团、妇联等人民团体和县级以上党政机关所属事业单位领导干部的任职回避，参照本规定执行。

**第十八条** 乡（镇、街道）领导干部的任职回避办法，由省（自治区、直辖市）党委根据本规定制定。

**第十九条** 本规定由中共中央组织部负责解释。

**第二十条** 本规定自发布之日起施行。

# 公开选拔党政领导干部工作暂行规定

（中共中央办公厅2004年4月8日印发）

## 第一章 总 则

**第一条** 为进一步规范和完善公开选拔党政领导干部工作，推进干部工作的科学化、民主化、制度化，促使优秀人才脱颖而出，根据《党政领导干部选拔任用工作条例》和有关法律、法规，制定本规定。

**第二条** 公开选拔是党政领导干部选拔任用方式之一。

本规定所称的公开选拔党政领导干部，是指党委（党组）及其组织（人事）部门面向社会采取公开报名，考试与考察相结合的办法，选拔党政领导干部。

**第三条** 公开选拔党政领导干部工作必须遵循《党政领导干部选拔任用工作条例》规定的原则，坚持公开、公平、公正，坚持考试与考察相结合。

**第四条** 公开选拔适用于选拔地方党委、人大常委会、政府、政协、纪委工作部门或者工作机构的领导成员或者其人选，以及其他适于公开选拔的领导成员或者其人选。

涉及国家安全、重要机密等特殊职位，不宜进行公开选拔。

**第五条** 公开选拔党政领导干部应当根据领导班子和干部队伍建设的需要，有计划地进行，逐步做到经常化、制度化。

有下列情形之一的，一般应当进行公开选拔：

（一）为了改善领导班子结构，需要集中选拔领导干部；

（二）领导职位空缺较多，需要集中选拔领导干部；

（三）领导职位出现空缺，本单位无合适人选；

（四）选拔专业性较强职位和紧缺专业职位的领导干部；

（五）其他需要进行公开选拔的情形。

**第六条** 公开选拔工作应当经过下列程序：

（一）发布公告；

（二）报名与资格审查；

（三）统一考试（包括笔试和面试）；

（四）组织考察，研究提出人选方案；

（五）党委（党组）讨论决定；

（六）办理任职手续。

**第七条** 公开选拔工作在党委（党组）领导下，由组织（人事）

部门组织实施。

公开选拔工作应当坚持从实际出发，制定合理的工作方案，提高科学化水平，降低成本。

## 第二章　公告、报名和资格审查

**第八条**　公开选拔应当在适当范围内发布公告。公告内容包括选拔职位以及职位说明、选拔范围、报名条件与资格、选拔程序和遴选方式、时间安排等。

**第九条**　公开选拔应当在调查研究和分析预测的基础上，根据选拔职位的层次、人才分布情况和国家有关政策，合理确定报名人员的范围。

**第十条**　报名人员应当符合《党政领导干部选拔任用工作条例》规定的基本条件和任职资格。

在国有企业、事业单位工作的报名人员，应当具备与所报职位要求相当的资格。

对有特殊要求的职位，可以附加其他条件。

**第十一条**　根据选拔职位对人才的需求和选拔优秀年轻干部的需要，可以对报名人员的职务层次、任职年限等任职资格适当放宽。但报上一级职位的，需在本级职位任满一年；越一级报名的，应当在本级职位任满四年；不得越两级报名。

**第十二条**　海外留学回国人员、非公有制经济组织和社会组织中的人员等，其报名条件和资格由组织实施公开选拔的党委（党组）及其组织（人事）部门根据有关政策确定。

**第十三条**　报名人员通过组织推荐或者个人自荐等方式报名，并填写报名登记表。报名登记表一般应由所在单位组织（人事）部门审核。

**第十四条**　组织（人事）部门按照公布的报名条件和资格进行资格审查，审查合格者准予参加笔试。经资格审查合格参加笔试的人数与选拔职位的比例一般不低于10∶1。

## 第三章 考 试

**第十五条** 考试分为笔试和面试。笔试主要测试应试者对领导干部应具备的基本理论、基本知识、基本方法和专业知识的掌握程度，特别是运用理论、知识和方法分析解决领导工作中实际问题的能力。面试主要测试应试者在领导能力素质、个性特征等方面对选拔职位的适应程度。

**第十六条** 笔试、面试依据《党政领导干部公开选拔和竞争上岗考试大纲》命题。命题前应当进行职位分析，增强命题的针对性。试题一般从全国领导干部考试通用题库以及经认定合格的省级组织部门题库中提取。

**第十七条** 笔试分为公共科目考试和专业科目考试，采用闭卷方式进行。

**第十八条** 根据笔试成绩，从高分到低分确定面试人选。面试人选与选拔职位的比例一般为5:1。

**第十九条** 面试应当根据需要选择适当的测评方法，注重科学性。

**第二十条** 面试由面试小组负责考试和评分。面试小组由有关领导、专家、组织人事干部等人员组成，一般不少于7人。

同一职位的面试一般由同一面试小组负责考试和评分。

**第二十一条** 面试小组成员应当具有较高的思想政治素质，公道正派，并熟悉人才测评工作。面试小组中必须有熟悉选拔职位业务的人员。面试小组成员要实行回避制度。面试前应当对面试小组成员进行培训。

**第二十二条** 根据笔试、面试成绩确定应试者的考试综合成绩。

**第二十三条** 笔试、面试成绩和考试综合成绩应当及时通知应试者本人，并在适当范围内公开。

**第二十四条** 市（地）、县（市）公开选拔党政领导干部，条件允许时可以由上一级党委组织部门统一组织考试。

## 第四章　组织考察

**第二十五条**　根据考试综合成绩，从高分到低分确定考察人选。考察人选与选拔职位的比例一般为3:1。

**第二十六条**　组织（人事）部门依据干部选拔任用条件和选拔职位的职责要求，坚持德才兼备原则，对考察对象的德、能、勤、绩、廉进行全面考察，对是否适合和胜任选拔职位作出评价。要注重考察工作实绩和群众公认程度。

**第二十七条**　实行考察预告制。将考察对象的简要情况、考察时间、考察组联系方式等，向考察对象所在工作单位或者向社会进行预告。

**第二十八条**　考察采取个别谈话、发放征求意见表、民主测评、实地考察、查阅资料、专项调查、同考察对象面谈等方法进行。

**第二十九条**　同一职位的考察对象，应当由同一考察组考察。

**第三十条**　跨地区、跨部门的考察，考察对象所在单位的组织（人事）部门，应当积极支持和配合，并出具鉴定材料。

## 第五章　决定任用

**第三十一条**　组织（人事）部门根据考察情况和考试成绩，研究提出任用建议。

**第三十二条**　按照干部管理权限，由党委（党组）集体讨论作出任用决定，或者决定提出推荐、提名的意见。

党委（党组）集体讨论认为无合适人选的，该职位选拔可以空缺。

**第三十三条**　对党委（党组）决定任用的干部和决定推荐、提名的人选进行公示。公示后，未发现影响任用问题的，办理任职手续或者按照有关规定推荐、提名，并向社会公布选拔结果。

**第三十四条**　对公开选拔任用的干部实行一年的试用期。试用期满后，经考核胜任的，正式任职；不胜任的，免去试任职务，一般按试任前职务层次安排工作。

不适用试用期制的干部，任职一年后经考核不胜任的，提出免职意见。

**第三十五条** 对经过考察符合任用条件但未能任用的人员，符合后备干部条件的，可以纳入后备干部队伍进行培养。

## 第六章 纪律和监督

**第三十六条** 公开选拔党政领导干部必须遵守以下纪律：

（一）确保公开、公平、公正，不准事先内定人选；

（二）严格按照公开选拔工作方案规定的内容和程序操作，不准在实施过程中随意更改；

（三）报考人员要自觉遵守公开选拔工作的有关规定，不准弄虚作假，搞非组织活动；

（四）有关单位要客观、全面地反映和提供考察对象的真实情况，不得夸大、隐瞒或者歪曲事实；

（五）工作人员要严格遵守干部人事工作纪律，特别要严格执行保密制度和回避制度，不准泄露考试试题、评分情况、考察情况、党委（党组）讨论情况等。

**第三十七条** 对公开选拔工作要加强监督。必要时，成立由纪检机关（监察部门）等有关方面组成的监督小组，对公开选拔工作进行监督。

对公开选拔工作中的违纪行为，干部、群众可以向上级组织（人事）部门或者纪检机关（监察部门）检举、申诉。受理机关和部门应当按照有关规定认真核实处理。

**第三十八条** 对违反本规定第三十六条的，要按照有关规定给予相应的党纪政纪处分。

## 第七章 附　　则

**第三十九条** 各省、自治区、直辖市党委组织部门可以根据本规定，结合本地实际，制定实施细则。

**第四十条** 公开选拔工会、共青团、妇联等人民团体的领导成员推荐人选和国有企业、事业单位的领导人员，可以参照本规定执行。

**第四十一条** 本规定由中共中央组织部负责解释。

**第四十二条** 本规定自发布之日起施行。

# 党政机关竞争上岗工作暂行规定

（中共中央办公厅2004年4月8日印发）

## 第一章 总 则

**第一条** 为进一步规范和完善党政机关领导干部选拔任用制度，推进干部工作的科学化、民主化、制度化，促使优秀人才脱颖而出，根据《党政领导干部选拔任用工作条例》、《国家公务员暂行条例》和有关法律、法规，制定本规定。

**第二条** 竞争上岗是党政领导干部选拔任用的方式之一。

本规定主要适用于选拔任用中央、国家机关内设的司局级、处级机构领导成员，县级以上地方各级党委、人大常委会、政府、政协、纪委、人民法院、人民检察院机关或者工作部门的内设机构领导成员。

涉及重要机密和国家安全的职位，按照法律、法规不宜公开竞争的职位，不列入竞争上岗的范围。

**第三条** 通过竞争上岗选拔党政机关内设机构领导成员，一般在本机关内部实施，也可根据需要允许所属机关、事业单位符合条件的人员参加。

**第四条** 竞争上岗工作必须坚持《党政领导干部选拔任用工作条例》规定的原则，坚持公开、公平、公正，坚持考试与考察相结合，坚持个人意愿与组织安排相结合。

**第五条** 竞争上岗必须在核定的编制和领导职数限额内进行。

**第六条** 竞争上岗一般应当经过下列程序:

(一)制定并公布实施方案;

(二)报名与资格审查;

(三)笔试、面试;

(四)民主测评、组织考察;

(五)党委(党组)讨论决定;

(六)办理任职手续。

笔试、面试与民主测评的操作顺序,可根据实际情况确定。

**第七条** 党政机关竞争上岗工作在本单位党委(党组)领导下,由干部(人事)部门组织实施。

## 第二章 制定方案、报名与资格审查

**第八条** 竞争上岗应当制定实施方案。实施方案内容包括指导原则、竞争职位、任职条件、选拔范围、方法程序(含遴选方式)、时间安排、组织领导和纪律要求等。

实施方案应当征求干部群众的意见,由党委(党组)讨论决定。

**第九条** 实施方案确定后,应当将主要内容在本机关及所属有关单位公布。

**第十条** 参加竞争上岗人员的基本条件和资格应当符合《党政领导干部选拔任用工作条例》的有关规定以及竞争职位的要求。

**第十一条** 报名参加竞争上岗的人员,自愿填报竞争职位,可只报一个志愿,也可兼报其他志愿。报名时应填写是否服从组织安排。

在报名过程中,应当允许报名人员查询各职位报名情况,报名人员可在规定时间内调整所报职位。仅有个别人报名,形不成有效竞争的职位,可不列入本次竞争上岗的范围,允许报考该职位人员改报其他职位。

**第十二条** 干部(人事)部门按照竞争上岗实施方案规定的条件,对报名人员进行资格审查并公布结果。

## 第三章　笔试与面试

**第十三条**　竞争上岗应当进行笔试、面试并量化计分。笔试、面试可依据《党政领导干部公开选拔和竞争上岗考试大纲》命题。笔试、面试结束后应将成绩通知本人。

**第十四条**　笔试主要测试竞争者履行竞争职位职责所必备的基本知识以及调研综合、办文办事、文字表达等能力。

笔试一般由本单位组织实施。有条件的地方，可由党委组织部门和政府人事部门统一组织。

**第十五条**　面试主要测试竞争者履行竞争职位职责所必备的基本素质和能力，应当根据需要采取适当的测评方法进行。

**第十六条**　面试由面试小组实施。面试小组一般由本单位领导、干部（人事）部门和相关单位领导及专家组成，一般不得少于7人，其中外单位人员应占一定比例。

面试小组成员应当挑选公道正派、政策理论或者专业水平高、熟悉相关业务的人员担任。面试小组成员要实行回避制度。面试前应当对面试小组成员进行培训。

面试应当允许本单位人员旁听。

## 第四章　民主测评与组织考察

**第十七条**　对竞争上岗人员应当进行民主测评并量化计分。民主测评结果应当通知本人。

**第十八条**　民主测评主要对竞争者的德才表现及其对竞争职位的适应程度进行评价，地方党政机关一般在机关全体工作人员中进行，单位规模较大、竞争者所在内设机构人员较多的，可在该内设机构中进行；中央、国家机关一般以司局为单位进行。

参加民主测评的人数必须达到应参加人数的80%以上。

**第十九条**　民主测评内容包括德、能、勤、绩、廉等项，每项可细分为若干要素，每个要素划分为若干档次，每档确定相应的分值，由参加测评人员无记名填写评价分数，由干部（人事）部门汇总计算每位竞争者的平均分数。

**第二十条** 考察对象一般通过综合遴选的方式择优确定，即竞争者参加笔试、面试、民主测评各个环节的竞争，依据总分高低，按照一定比例择优确定考察对象并公布名单以及最低入围分数。笔试、面试成绩和民主测评结果应当按照一定比例计入总分。

参加竞争的人数较多时，可通过逐轮遴选的方式择优确定考察对象。采用逐轮遴选方式，应当公布每轮遴选入围者的名单以及最低入围分数。民主测评在笔试、面试之后的，可与组织考察结合进行。

确定考察对象时，可适当考虑竞争者的资历、学历（学位）及近年来年度考核情况等因素。

**第二十一条** 对民主测评分数过低的人员，可不列为考察对象。民主测评在笔试、面试之前的，对民主测评分数过低的人员，可取消其参加笔试、面试的资格。

**第二十二条** 列入考察对象的人选数，应当多于竞争职位数。

**第二十三条** 考察工作由干部（人事）部门组织进行。考察要坚持德才兼备原则，考察内容包括考察对象的德、能、勤、绩、廉情况及其政治业务素质与竞争职位的适应程度，注重考察工作实绩和群众公认程度。

## 第五章 任　　职

**第二十四条** 党委（党组）根据竞争者笔试、面试、民主测评的结果和考察情况，集体讨论决定拟任人选。

决定人选拟任职位，应当尊重本人所报志愿。必要时，在听取本人意见的基础上，可由组织统一调剂。对没有合适人选的职位，党委（党组）可决定暂时空缺。

**第二十五条** 对拟任人选要按照任前公示的有关规定进行公示。

**第二十六条** 对通过竞争上岗任职的人员，需要进行任职试用的，按任职试用期的有关规定办理。

## 第六章　纪律与监督

**第二十七条**　竞争上岗必须严格执行《党政领导干部选拔任用工作条例》及本规定，并遵守下列纪律：

（一）要确保竞争上岗的公开、公平、公正，不准事先内定人选；

（二）要严格执行竞争上岗实施方案，不准在实施过程中随意更改；

（三）有关人员要严格遵守保密纪律，不准泄露考试试题、考察情况、党委（党组）讨论情况等；

（四）面试小组成员要客观公正，不准打人情分；

（五）参加考察的人员要公道正派，不准隐瞒或者歪曲事实真相；

（六）参加竞争的人员要正确对待竞争，不准弄虚作假，搞拉票等非组织活动。

对竞争上岗工作中的违纪行为，按照有关规定予以组织处理或者纪律处分。情节严重的，可宣布竞争上岗结果无效，并追究有关人员的责任。

**第二十八条**　党政机关竞争上岗工作必须接受上级党委及其组织（人事）部门的监督，接受上级纪检（监察）机关的监督，接受本单位机关党组织和纪检（监察）机构的监督，接受干部、群众的监督。干部、群众对竞争上岗工作中的违纪行为，有权向党组织或者组织（人事）部门、纪检（监察）机关检举、申诉。受理部门应当按照有关规定及时进行调查核实。

## 第七章　附　　则

**第二十九条**　工会、共青团、妇联等人民团体机关及乡（镇、街道）机关、事业单位实施竞争上岗，可参照本规定执行。

**第三十条**　本规定由中共中央组织部商人事部解释。

**第三十一条**　本规定自发布之日起施行。过去有关规定与本规定不一致的，以本规定为准。

# 党政领导干部辞职暂行规定

（中共中央办公厅2004年4月8日印发）

## 第一章　总　则

**第一条**　为建立健全党政领导干部辞职制度，加强对党政领导干部的管理和监督，根据《党政领导干部选拔任用工作条例》和有关法律、法规，制定本规定。

**第二条**　党政领导干部辞职包括因公辞职、自愿辞职、引咎辞职和责令辞职。

**第三条**　本规定适用于中共中央、全国人大常委会、国务院、全国政协、中央纪律检查委员会的工作部门或者机关内设机构的领导成员，最高人民法院、最高人民检察院的领导成员（不含正职）和内设机构的领导成员；县级以上地方各级党委、人大常委会、政府、政协、纪委、人民法院、人民检察院及其工作部门或者机关内设机构的领导成员；上列工作部门的内设机构的领导成员。

**第四条**　党委（党组）及其组织（人事）部门，按照干部管理权限履行本规定中的有关职责，负责本规定的组织实施。

## 第二章　因公辞职

**第五条**　领导干部担任由人大、政协选举产生的领导职务，任期未满因工作需要变动职务，依照法律或者政协章程规定应当辞去现任领导职务的，向本级人民代表大会、人大常委会或者政协提出辞去现任领导职务。

**第六条**　领导干部因公辞职，应当在接到党委（党组）通知后7日内，向任免机关提出辞去现任职务的书面申请。

**第七条**　因公辞职的领导干部另有任用，按照有关法律规定拟任职务与现任职务不能同时担任的，应当在任免机关批准其辞职后，再对外公布其新任职务。

## 第三章 自愿辞职

**第八条** 党政领导干部因个人或者其他原因，可以自愿提出辞去现任领导职务或者公职。

**第九条** 党政领导干部自愿辞职应当经过下列程序：

（一）干部本人按照干部管理权限，以书面形式向党委（党组）提出辞职申请。辞职申请应当说明辞职原因等情况，同时辞去公职的还应说明辞职后去向等。

（二）组织（人事）部门对干部辞职原因、辞职条件等有关情况进行了解审核，并提出初步意见。审核中应当听取干部所在单位的意见及纪检机关（监察部门）的意见，并与干部本人谈话。

（三）按照干部管理权限，党委（党组）集体研究，作出同意辞职、不同意辞职或者暂缓辞职的决定。对申请辞去领导职务同时辞去公职的，党委（党组）除对是否同意其辞去领导职务作出决定外，还应对是否同意其辞去公职作出决定。

（四）党委（党组）作出同意辞职决定后，按照有关规定办理辞职手续。由人大、政协选举、任命、决定任命的领导干部，依照法律或者政协章程的有关规定办理。

**第十条** 党委（党组）应当自接到干部辞职申请之日起三个月内予以答复。答复意见应当以书面形式通知辞职干部所在单位和干部本人。超过三个月未予答复的，视为同意辞职。

**第十一条** 党政领导干部有下列情形之一的，不得辞去领导职务：

（一）有重要公务尚未处理完毕，而且须由本人继续处理的；

（二）由人大、政协选举、任命、决定任命的领导干部任职不满一年的；

（三）正在接受纪检机关（监察部门）、司法机关调查或者审计机关审计的；

（四）有其他特殊原因的。

**第十二条** 党政领导干部具有本规定第十一条所列情形之一的或者有下列情形之一的，不得辞去公职：

（一）在涉及国家安全、重要机密等特殊职位上任职或者离开上述职位不满解密期限的；

（二）未满最低服务年限的；

（三）有其他特殊原因的。

**第十三条** 党政领导干部辞去公职后三年内，不得到原任职务管辖的地区和业务范围内的企业、经营性事业单位和社会中介组织任职；不得从事或者代理与原工作业务直接相关的经商办企业活动。

## 第四章 引咎辞职

**第十四条** 党政领导干部因工作严重失误、失职造成重大损失或者恶劣影响，或者对重大事故负有重要领导责任等，不宜再担任现职，本人应当引咎辞去现任领导职务。

**第十五条** 党政领导干部有下列情形之一的，应当引咎辞职：

（一）因工作失职，引发严重的群体性事件，或者对群体性、突发性事件处置失当，造成严重后果或者恶劣影响，负主要领导责任的；

（二）决策严重失误，造成巨大经济损失或者恶劣影响，负主要领导责任的；

（三）在抗灾救灾、防治疫情等方面严重失职，造成重大损失或者恶劣影响，负主要领导责任的；

（四）在安全工作方面严重失职，连续或者多次发生重大责任事故，或者发生特大责任事故，负主要领导责任的；连续或者多次发生特大责任事故，或者发生特别重大责任事故，负主要领导责任、重要领导责任的；

（五）在市场监管、环境保护、社会管理等方面管理、监督严重失职，连续或者多次发生重大事故、重大案件，造成巨大损失或者恶劣影响，负主要领导责任的；

（六）执行《党政领导干部选拔任用工作条例》不力，造成用人严重失察、失误，影响恶劣，负主要领导责任的；

（七）疏于管理监督，致使班子成员或者下属连续或多次出现严重违纪违法行为，造成恶劣影响，负主要领导责任的；

（八）对配偶、子女、身边工作人员严重违纪违法知情不管，造成恶劣影响的；

（九）有其他应当引咎辞职情形的。

**第十六条** 党政领导干部引咎辞职应当经过下列程序：

（一）干部本人按照干部管理权限，以书面形式向党委（党组）提出辞职申请。辞职申请应当说明辞职原因和思想认识等。

（二）组织（人事）部门对辞职原因等情况进行了解审核，并提出初步意见。审核中应当听取纪检机关（监察部门）的意见，并与干部本人谈话。

（三）按照干部管理权限，党委（党组）集体研究，作出同意辞职、不同意辞职或者暂缓辞职的决定。党委（党组）的决定应当及时通知干部所在单位和干部本人。

（四）党委（党组）作出同意辞职决定后，按照有关规定办理辞职手续。由人大、政协选举、任命、决定任命的领导干部，依照法律或者政协章程的有关规定办理。

**第十七条** 党委（党组）应当自接到干部引咎辞职申请三个月内予以答复。

**第十八条** 任免机关在同意干部引咎辞职后，一般应当将干部引咎辞职情况在一定范围内公布。

## 第五章 责令辞职

**第十九条** 党委（党组）及其组织（人事）部门根据党政领导干部任职期间的表现，认定其已不再适合担任现职，可以通过一定程序责令其辞去现任领导职务。

党政领导干部有本规定第十五条所列情形之一，应当引咎辞职而不提出辞职申请的，党委（党组）应当责令其辞职。

**第二十条** 责令辞职应当经过下列程序：

（一）党委（党组）作出责令干部辞职的决定，并指派专人与干部本人谈话。责令干部辞职的决定应当以书面形式通知干部本人。

（二）被责令辞职的干部应当在接到责令辞职通知后15日内向任免机关提出书面辞职申请。

（三）按照有关规定办理辞职手续。由人大、政协选举、任命、决定任命的领导干部，依照法律或者政协章程的有关规定办理。

**第二十一条** 被责令辞职的干部若对组织决定不服，可以在接到责令辞职通知后15日内，向作出决定的党委（党组）提出书面申诉。

**第二十二条** 党委（党组）接到申诉后，应当及时组织人员进行核查，并在一个月内作出复议决定。复议决定以书面形式通知干部本人。

复议决定仍维持原决定的，干部本人应当在接到复议决定后3日内向任免机关提出书面辞职申请。对复议决定仍有不同意见的，可以向上级党委（党组）反映，但应当执行复议决定。

**第二十三条** 被责令辞职的领导干部不服从组织决定、拒不辞职的，予以免职或者提请任免机关予以罢免。

## 第六章 相关事宜

**第二十四条** 党政领导干部辞职，按照有关规定需进行经济责任审计的，党委（党组）及其组织（人事）部门应当委托审计机关进行经济责任审计。

**第二十五条** 党政领导干部辞职，应当自任免机关批准之日起15日内，办理公务交接等相关手续。

对拒不办理公务交接手续的，按照有关规定给予相应的党纪政纪处分。

**第二十六条** 党政领导干部在辞职审批期间或者组织决定其暂缓辞职期间不得擅自离职。对擅自离职的，按照有关规定给予相应的党纪政纪处分。

**第二十七条** 引咎辞职、责令辞职的干部同时提出辞去公职的，应当符合本规定第十二条所列的条件。其中，责令辞职的干部同时提出辞去公职的，须按自愿辞去公职的程序办理。

**第二十八条** 引咎辞职、责令辞职的干部构成违纪的，按照有关规定给予党纪政纪处分；触犯法律的，依法追究法律责任。

**第二十九条** 对引咎辞职、责令辞职以及自愿辞去领导职务的干部，根据辞职原因、个人条件、工作需要等情况予以适当安排。

## 第七章 附 则

**第三十条** 本规定所称主要领导责任，是指在其职责范围内，对直接主管的工作不负责、不履行或者不正确履行职责，对造成的损失和影响负直接领导责任；重要领导责任，是指在其职责范围内，对应管的工作或者参与决定的工作，不履行或者不正确履行职责，对造成的损失和影响负次要领导责任。

**第三十一条** 本规定对工作部门的规定，同时适用于办事机构、派出机构以及其他直属机构。

乡（镇、街道）的党政领导干部辞职，可以适用本规定。

县级以上党委、政府直属事业单位和工会、共青团、妇联等人民团体的领导成员辞职，参照本规定执行。

**第三十二条** 本规定第三条、第三十一条所列范围内，担任同级非领导职务的干部辞职，参照本规定执行。

**第三十三条** 国有企业领导人员的辞职，由有关部门根据本规定的精神，制定具体办法。

**第三十四条** 本规定由中共中央组织部负责解释。

**第三十五条** 本规定自发布之日起施行。

# 党政领导干部任职试用期暂行规定

（中共中央组织部2001年2月6日印发）

**第一条** 为认真贯彻执行党的干部路线、方针、政策，完善党政领导干部选拔任用制度，建设高素质的领导干部队伍，根据有关法律、法规，制定本规定。

**第二条** 本规定适用于提拔担任下列非选举产生的司厅局级以下（含司厅局级）领导职务的干部；

党委、政府工作部门（含派出机构）的副职和内设机构的领导职务；

人大、政协工作机构（含派出机构）的副职和内设机构的领导职务；

纪委内设机构的领导职务；

法院、检察院内设机构的非国家权力机关依法任命的领导职务。

由非领导职务转任上述同级领导职务的，适用本规定。

**第三条** 领导干部任职试用期为一年，从任免机关发出试用任职通知时计算。按干部管理权限，需要办理备案手续的，应在发出试用任职通知前一个月办理备案手续。

**第四条** 领导干部在试用期间，履行所任职务的职责，享受相应的政治和工资待遇。

**第五条** 试用期满，按照干部管理权限，由组织（人事）部门对领导干部进行考核。考核可根据实际情况，采取适当方式进行。

**第六条** 领导干部试用期满的考核，应坚持实事求是、客观公正的原则。在了解试用期间的思想政治表现、组织领导能力、工作作风、工作实绩和廉洁自律等情况的同时，重点考核对所任职务的适应能力和履行职责的情况。

**第七条** 领导干部试用期满，经考核合格的，由组织（人事）部门办理正式任职手续。

正式任职的，试用期计入任职时间。

**第八条** 领导干部试用期满，经考核不合格的，按干部管理权限审批或备案后，免去试任职务，一般按试用前原职级安排适当工作。

**第九条** 领导干部在试用期间工作出现重大失误或犯有严重错误，不宜继续试用的，按干部管理权限审批或备案后，提前结束试用期，并按有关规定予以处理。

**第十条** 党委（党组）及组织（人事）部门按照干部管理权限，履行领导干部试用期间的教育、管理和监督职责。

**第十一条** 各级党委（党组）及组织（人事）部门要严格执行本规定。对违反本规定的，上级党委（党组）及组织（人事）部门要及时予以纠正，并给主要责任者以批评教育或者纪律处分。

**第十二条** 各省、自治区、直辖市党委组织部和中央、国家机关各部委干部（人事）部门可根据本规定制定实施办法。

**第十三条** 工会、共青团、妇联等人民团体中非选举产生的领导职务参照本规定执行。

**第十四条** 本规定由中共中央组织部负责解释。

**第十五条** 本规定自发布之日起施行。

# 机构编制监督检查工作暂行规定

（中央编办、监察部2007年2月13日印发）

**第一条** 为规范机构编制监督检查工作，严肃机构编制纪律，根据《中华人民共和国行政监察法》等有关法律、行政法规，制定本规定。

**第二条** 机构编制监督检查工作必须遵循实事求是、依法办事、注重实效的原则。坚持监督检查与加强管理相结合，预防、教育与惩处相结合。

**第三条** 各级机构编制管理机关应当按照法定管理权限，履行机构编制监督检查职责。

各级监察机关应当依法履行行政监察职责，检查执行机构编制管理规定中存在的问题，查处机构编制违法违纪行为。

**第四条** 机构编制管理机关与监察机关在机构编制监督检查工作中应当互相支持，协作配合。

**第五条** 机构编制监督检查的对象是：

（一）国务院所属的行政机构；

（二）地方各级人民政府及其所属的行政机构；

（三）事业单位。

**第六条** 机构编制管理机关、监察机关对下列事项实施监督检查：

（一）机构编制管理法律、法规的贯彻执行情况；

（二）地方各项机构编制管理政策、措施是否符合法律、行政法规和国家有关规定；

（三）上级党委、政府、机构编制管理机关批准的改革方案中涉及机构编制事项的执行情况；

（四）地方各级人民政府行政机构限额、行政和事业编制总量控制情况；

（五）行政机构、事业单位职能配置、机构设置、编制配备、领导职数配备等机构编制事项的执行情况；

（六）机构编制管理权限和审核、审批程序的执行情况；

（七）受理违反机构编制管理规定问题的举报和查处违反机构编制管理规定问题的情况；

（八）机构编制统计的情况；

（九）其他需要监督检查的事项。

**第七条** 各级机构编制管理机关应当公开其政策规定、业务范围、审批程序等。

各级机构编制管理机关应当督促行政机构、事业单位对不涉及国家秘密的编制和实有人员等情况，向本单位工作人员或者社会公开。

**第八条** 各级机构编制管理机关应当每年组织行政机构、事业单位开展机构编制管理自查自纠，并将有关情况报告同级人民政府和上级机构编制管理机关；遇有重要情况，随时报告。

各级机构编制管理机关可以根据需要对有关单位的机构编制管理情况进行评估。

**第九条** 机构编制管理机关可以采取例行检查、专项检查等方式开展检查工作。

检查工作按照下列程序进行：

（一）拟订方案；

（二）根据管理权限报批立项；

（三）发出通知；

（四）组织实施；

（五）报告检查情况；

（六）向被检查单位反馈检查情况，提出意见或者建议。

特殊情况下，机构编制检查可以不事先通知。

重大检查活动，机构编制管理机关可以会同监察机关联合进行。

**第十条** 实施机构编制检查，可以采取听取汇报、召开座谈会、个别谈话、走访等方式进行。

**第十一条** 对违反机构编制管理规定的问题，机构编制管理机关应当按照职责和权限进行调查核实。调查核实应当两人以上共同进行。

**第十二条** 在调查核实过程中，被调查的单位和人员有权向机构编制管理机关申辩。

**第十三条** 上级机构编制管理机关可以责成下级机构编制管理机关调查核实有关违反机构编制管理规定的问题，并应当进行督办；必要时，可派出督促检查组进行督查。

下级机构编制管理机关对上级机构编制管理机关批转的查核件，应当在60日内报告办理结果；逾期不能报告的，应当书面说明理由。

**第十四条** 监察机关检查执行机构编制管理规定中存在的问题，查处机构编制违法违纪行为，依照《中华人民共和国行政监察法》规定的程序办理。

**第十五条** 机构编制监督检查的对象应当配合机构编制监督检查工作，及时、全面、客观地提供相关材料，并对调查事项涉及的有关问题做出解释和说明。凡弄虚作假、妨碍监督检查以及对监督检查人员打击报复的，依据有关规定严肃处理。

**第十六条** 机构编制管理机关对违反机构编制管理规定的行为，可以采取下列处理措施：

（一）通报批评；

（二）建议改正或者责令限期纠正；

（三）予以纠正；

（四）建议财政部门对超编人员不予核拨经费；

（五）建议对负有直接责任的主管人员和其他直接责任人员给予处分。

**第十七条** 地方各级人民政府在机构编制工作中有下列行为之一的，由上级机构编制管理机关依照本规定第十六条第（二）项的规定处理：

（一）超越权限或者违反规定程序设立、撤并各类机构，提高机构规格或者变更机构性质的；

（二）超职数、超规格配备领导干部的；

（三）超编制限额配备人员的；

（四）其他违反机构编制管理规定的行为。

**第十八条** 国务院和地方各级人民政府所属行政机构、事业单位在机构编制工作中有下列行为之一的，由同级或者上级机构编制管理机关依照本规定第十六条第（一）、（二）、（三）、（五）项的规定处理：

（一）违反规定干预下级职能配置、机构设置或者编制、职数配备的；

（二）违反规定擅自扩大或者缩小职责范围和权限的；

（三）擅自设立、撤并机构以及提高机构规格或者变更机构名称、隶属关系和经费渠道的；

（四）超职数配备内设机构或者下属机构领导干部的；

（五）擅自超过核定的编制使用工作人员或者改变编制使用范围的；

（六）为超编人员核拨经费或者办理录用、调任、社会保障等手续的；

（七）统计信息失实或者不按规定报送统计数据的；

（八）其他违反机构编制管理规定的行为。

有本条第（三）、（五）、（六）项行为之一的，可以同时适用本规定第十六条第（四）项的规定。

**第十九条** 各级机构编制管理机关在机构编制工作中有下列行为之一的，由上级机构编制管理机关依照本规定第十六条第（一）、（二）、（三）、（五）项的规定处理：

（一）超机构限额审批机构，超越权限提高机构规格、加挂机构牌子、变更机构性质或者名称的；

（二）超编制限额审批编制，或者违反规定挤占、挪用编制的；

（三）违反规定核定领导职数的；

（四）其他违反机构编制管理规定的行为。

**第二十条** 机构编制管理机关经过调查核实，认为需要追究有关责任人员纪律责任的，属于监察对象的，移送监察机关处理；不属于监察对象的，移送任免机关处理。涉嫌犯罪的，移送司法机关依法处理。

监察机关发现有违反机构编制管理规定的问题时，应当及时向机构编制管理机关通报有关情况。

**第二十一条** 各级机构编制管理机关应当建立举报制度。

任何单位和个人有权向机构编制管理机关或者监察机关举报违反机构编制管理规定的行为。受理机关对举报人的情况应当予以保密。

**第二十二条** 各级机构编制管理机关应当加强内部监督，建立健全机构编制审批和监督检查的协调配合机制。

**第二十三条** 各级机构编制管理机关应当加强机构编制监督检查的信息工作，拓宽监督渠道，扩大信息来源，逐步建立覆盖面广、反应灵敏的机构编制监督检查信息网络。

**第二十四条** 机构编制管理机关对使用行政编制和事业编制的其他机关、团体的监督检查工作依照本规定执行。

**第二十五条** 本规定由中央机构编制委员会办公室、监察部负责解释。

**第二十六条** 本规定自发布之日起施行。

# 事业单位领导人员管理暂行规定

（中共中央办公厅2015年5月28日印发）

## 第一章 总 则

**第一条** 为加强和改进事业单位领导人员管理，健全选拔任用机制和管理监督机制，建设一支信念坚定、为民服务、勤政务实、敢于担当、清正廉洁的高素质事业单位领导人员队伍，根据《中国共产党章程》等党内法规和有关法律法规，制定本规定。

**第二条** 本规定适用于省级以上党委和政府直属以及部门所属事业单位领导班子成员，省级以上人大常委会、政协、纪委、人民法院、人民检察院、群众团体机关所属事业单位领导班子成员。

党内法规和法律法规对事业单位领导人员管理另有规定的，从其规定。

**第三条** 事业单位领导人员的管理，应当体现事业单位公益性、服务性、专业性、技术性等特点，遵循领导人员成长规律，激发事业单位活力，推动公益事业又好又快发展。

**第四条** 事业单位领导人员的管理，应当坚持下列原则：

（一）党管干部原则；

（二）德才兼备、以德为先原则；

（三）注重实绩、群众公认原则；

（四）分级分类管理原则；

（五）依法依规办事原则。

**第五条** 党委（党组）及其组织（人事）部门按照干部管理权限履行事业单位领导人员管理职责，负责本规定的组织实施。

## 第二章 任职条件和资格

**第六条** 事业单位领导人员应当具备下列基本条件：

（一）政治素质好，坚持以马克思列宁主义、毛泽东思想、邓小平理论、“三个代表”重要思想、科学发展观为指导，深入学习贯彻习近平总书记系列重要讲话精神，理想信念坚定，思想上、政治上、行动上同党中央保持高度一致，坚决执行党的基本路线和各项方针政策，坚持民主集中制，带头践行社会主义核心价值观，忠实履行公共服务的政治责任和社会责任；

（二）组织领导能力强，善于科学管理、沟通协调、依法办事、推动落实，有较强的公共服务意识和改革创新精神，工作实绩突出；

（三）有相关的专业素质或者从业经历，熟悉有关政策法规和行业发展情况，业界声誉好；

（四）事业心和责任感强，热爱公益事业，求真务实，团结协作，遵纪守法，廉洁从业，群众威信高。

担任党内领导职务的领导人员，应当牢固树立党建责任意识，熟悉党务，善于做思想政治工作。

正职领导人员，应当具有驾驭全局的能力，善于抓班子带队伍，民主作风好。

**第七条** 事业单位领导人员应当具备下列基本资格：

（一）一般应当具有大学本科以上文化程度。

（二）提任六级以上管理岗位领导职务的，一般应当具有五年以上工作经历。

（三）从管理岗位领导职务副职提任正职的，应当具有副职岗位两年以上任职经历；从下级正职提任上级副职的，应当具有下级正职岗位三年以上任职经历。

（四）具有正常履行职责的身体条件。

（五）符合有关党内法规、法律法规和行业主管部门规定的其他任职资格要求。

**第八条** 从专业技术岗位到管理岗位担任领导职务的，其任职资格应当符合第七条第（一）、（二）、（四）、（五）项规定，并且具有相应的专业技术职务（岗位）任职经历和一定的管理工作经历。

**第九条** 特别优秀或者工作特殊需要的，可以适当放宽任职资格。

放宽任职资格以及从专业技术岗位到管理岗位担任领导职务正职或者担任四级以上管理岗位领导职务的，必须从严掌握。

## 第三章 选拔任用

**第十条** 党委（党组）及其组织（人事）部门按照干部管理权限，根据事业单位不同领导体制和领导班子建设实际，提出启动领导人员选拔任用工作意见。

**第十一条** 事业单位领导人员的配备，必须严格按照核定或者批准的领导职数和岗位设置方案进行。

**第十二条** 选拔事业单位领导人员，根据行业特点和岗位要求，可以采取组织选拔、竞争（聘）上岗、公开选拔（聘）等方式进行，也可以探索委托相关机构遴选等方式进行。

**第十三条** 对事业单位领导职务拟任人选，必须依据选拔任用条件，结合行业特点和岗位要求，全面考察其德、能、勤、绩、廉。

**第十四条** 综合分析人选的考察考核、一贯表现和人岗相适等情况，全面历史辩证地作出评价，既重管理能力、专业水平和工作实绩，更重政治品质、道德品行，防止简单以票或者以分取人。

**第十五条** 任用事业单位领导人员，区别不同情况实行选任制、委任制、聘任制。对行政领导人员，逐步加大聘任制推行力度。

实行聘任制的，聘任关系通过聘任通知、聘任书、聘任合同等形式确定，所聘职务及相关待遇在聘期内有效。

**第十六条** 提任三级以下管理岗位领导职务的，应当在一定范围内进行公示，公示期不少于五个工作日。

**第十七条** 提任非选举产生的三级以下管理岗位领导职务的，实行任职试用期制度。试用期一般为一年。

**第十八条** 选拔任用工作具体程序和要求，参照《党政领导干部选拔任用工作条例》及有关规定，结合事业单位实际确定。

## 第四章 任期和任期目标责任

**第十九条** 事业单位领导人员一般应当实行任期制。

每个任期一般为三至五年，在同一岗位连续任职一般不超过十年。工作特殊需要的，按照干部管理权限经批准后可以适当延长任职年限。

**第二十条** 事业单位领导班子和领导人员一般应当实行任期目标责任制。

任期目标内容的设定，应当体现不同行业、不同类型事业单位特点，注重打基础、利长远、求实效。

**第二十一条** 任期目标由事业单位领导班子集体研究确定，领导班子的任期目标一般应当报经主管机关批准或者备案。

制定任期目标时，应当充分听取单位职工代表大会或者职工代表的意见，注意体现服务对象的意见。

## 第五章 考核评价

**第二十二条** 事业单位领导班子和领导人员的考核，分为平时考核、年度考核和任期考核。考核评价以任期目标为依据，以日常管理为基础，注重业绩导向和社会效益，突出党建工作实效。

积极推进分类考核，注意改进考核方法，简化程序，提高效率。

**第二十三条** 综合分析研判考核情况和日常了解掌握情况，客观公正地作出评价，形成考核评价意见，确定考核评价等次。

领导班子年度考核和任期考核的评价等次，分为优秀、良好、一般、较差；领导人员年度考核和任期考核的评价等次，分为优秀、合格、基本合格、不合格。

**第二十四条** 考核评价结果作为领导班子建设和领导人员培养、使用、奖惩等的重要依据。

## 第六章 职业发展和激励保障

**第二十五条** 完善事业单位领导人员培养教育制度，加强政治引领和能力培养，强化岗位培训，注重实践锻炼，提高思想政治素质和管理工作能力。

**第二十六条** 完善事业单位领导人员交流制度，统筹推进事业单位之间、事业单位与党政机关和国有企业之间领导人员的交流。注意选拔事业单位优秀领导人员进入党政领导班子。

**第二十七条** 任期结束后未达到退休年龄界限的事业单位领导人员，适合继续从事专业工作的，鼓励和支持其后续职业发展；其他领导人员，根据本人实际和工作需要，作出适当安排。

**第二十八条** 完善事业单位领导人员收入分配制度，根据事业单位类别，结合考核情况合理确定领导人员的绩效工资水平，使其收入与履职情况和单位长远发展相联系，与本单位职工的平均收入水平保持合理关系。

**第二十九条** 事业单位领导人员在本职工作中表现突出、有显著成绩和贡献的，在处理突发事件和承担专项重要工作中作出显著成绩和贡献的，或者有其他突出事迹的，按照有关规定给予表彰奖励。

## 第七章 监督约束

**第三十条** 党委（党组）及纪检监察机关、组织（人事）部门、行业主管部门按照管理权限和职责分工，履行对事业单位领导班子和领导人员的监督责任。

**第三十一条** 监督的重点内容是：贯彻执行党的理论和路线方针政策，依法依规办事，执行民主集中制，履行职责，行风建设，选人用人，国有资产管理，收入分配，职业操守，廉洁自律等情况。

**第三十二条** 发挥党内监督、民主监督、法律监督、审计监督和舆论监督等作用，综合运用考察考核、述职述廉、民主生活会、巡视、提醒、函询、诫勉等措施，对领导班子和领导人员进行监督。

严格实行干部选拔任用工作“一报告两评议”、领导干部报告个人有关事项、经济责任审计、问责和任职回避等制度。

**第三十三条** 事业单位领导人员有违反政治纪律和政治规矩、组织人事纪律、工作纪律、财经纪律、廉洁从业纪律的，以及违反社会公德、职业道德、家庭美德且造成不良社会影响等情形的，按照有关规定给予组织处理或者纪律处分；涉嫌违法犯罪的，按照国家有关法律规定处理。

## 第八章　退　　出

**第三十四条** 事业单位领导人员有下列情形之一的，一般应当免职：

（一）达到任职年龄界限或者退休年龄界限的；

（二）年度考核、任期考核被确定为不合格的，或者连续两年年度考核被确定为基本合格的；

（三）受到责任追究应当免职的；

（四）因工作需要或者其他原因应当免职的。

**第三十五条** 实行事业单位领导人员辞职制度。辞职包括因公辞职、自愿辞职、引咎辞职和责令辞职。辞职程序参照有关规定执行。

**第三十六条** 事业单位领导人员的退休，按照有关规定执行。

## 第九章　附　　则

**第三十七条** 中央有关行业主管部门根据本规定，制定本行业事业单位领导人员管理具体办法。

**第三十八条** 各省、自治区、直辖市党委根据本规定，制定市（地、州、盟）级以下党委和政府直属以及部门所属事业单位和人大常委会、政协、纪委、人民法院、人民检察院、群众团体机关所属事业单位领导人员管理办法。

**第三十九条** 本规定由中共中央组织部负责解释。

**第四十条** 本规定自2015年5月28日起施行。

# 国有重要骨干企业领导人员任职和公务回避暂行规定

（中共中央组织部、中共中央企业工作委员会2001年4月30日印发）

## 第一章 总 则

**第一条** 为加强对国有重要骨干企业的管理，保证国有重要骨干企业领导人员公正履行职责，促进国有重要骨干企业党风廉政建设，制定本规定。

**第二条** 本规定所称国有重要骨干企业（含国有控股企业）领导人员是指列入中共中央管理和中央企业工委管理的职务名称表的企业领导人员。

**第三条** 本规定所称企业领导人员亲属是指：配偶，父母，配偶的父母，子女及其配偶，兄弟姐妹及其配偶、子女，配偶的兄弟姐妹。

## 第二章 任职回避

**第四条** 企业领导人员有第三条所列亲属关系，并有下列情况之一的，应当实行任职回避。

（一）在同一领导班子中任职的；

（二）同时在有直接隶属关系的领导班子中任主要领导职务的；

（三）一方在领导班子，另一方在其分管的部门、企业、驻外机构（境内外，下同）及工程、投资项目中任领导职务的；

（四）企业领导班子主管部门提出需要任职回避的。

**第五条** 企业领导人员任职回避应当按照下列程序进行：

（一）本人提出回避申请或者领导班子、有关管理部门提出回避建议；

（二）按企业领导人员管理权限进行审核和做出决定；

（三）需要回避的，由企业领导班子主管部门调整工作岗位。

**第六条** 回避双方职务不同的，一般由职务较低一方回避；职务相同的，由企业领导班子主管部门根据工作需要和当事人的实际情况决定其中一方回避。

**第七条** 新任用或新调入的人员在任职或调入企业前，应如实报告应回避的关系，并及时申请回避。因婚姻、职务变化等情况新形成的回避关系，当事人应当及时申请回避。

当事人申请任职回避的，企业领导班子主管部门应在半年内予以调整。

## 第三章　公务回避

**第八条** 企业领导人员所在企业不准与企业领导人员的配偶、子女个人所从事的生产经营活动直接发生经济关系；因专利、特许经营等原因具有经营项目的独占性，企业必须与其发生经济往来的，其经营的项目及项目所涉及的重要指标应当列为厂务公开的一项内容。

第三条所列企业领导人员配偶、子女以外的亲属和其他来往密切的亲属，本人或代表其所在单位与企业领导人员所在企业进行业务往来时，企业领导人员应申请公务回避。企业领导人员无法回避时，应将有关情况以适当形式在一定范围内公示，并向纪检监察部门报告。

**第九条** 企业领导人员在纪检监察、仲裁、组织处理、出国审批、人事考核、任免、奖惩、录用、聘用、调配、专业技术职务评聘、专家选拔、发展党员、调资、安置复转军人、毕业生分配等公务活动中，涉及本人和亲属时，不得参加有关调查、讨论、审核、决定，也不得以任何方式施加影响。

**第十条** 企业领导人员与在党政机关任职的第三条所列亲属发生直接公务关系时，应回避，不得影响亲属公正执行公务。

**第十一条** 企业领导人员公务回避程序依照任职回避程序进行。特殊情况下，主管领导或领导班子可直接作出回避决定。

**第十二条** 严禁企业领导人员利用职权为第三条所列亲属及其他亲属或关系密切的个人从事下列活动：

（一）为其经商办企业提供场地、设备、备品备件及其他生产资料等（含无偿提供、有偿使用、暂时使用）；

（二）为其经商办企业挪用、拆借资金，提供贷款抵押、质押、担保等；

（三）向其批售或授意批售本企业物资、产成品，提供加工产品、备品备件或批购其推销的原材料及产品；

（四）将本企业的项目或下属企业、单位以委托、承包、租赁、转卖等方式给其经营或与其合作、联营；

（五）为其承揽本企业工程或参加自己主管、参与的工程施工、物资采购、加工制作等方面的招投标业务；

（六）企业改制重组时，在处理物资设备、发行股票和企业内部债券等业务中，向其提供便利和优惠条件；

（七）为其提供商标、品牌、专利、非公开信息、客户市场等方面的便利；

（八）其他侵害企业利益的行为。

## 第四章 监督与处罚

**第十三条** 企业领导人员任职三个月内，必须向有关管理部门或企业领导班子书面报告第三条所列来往密切的亲属任职从业的情况。

**第十四条** 企业领导人员每年应向职代会或领导班子成员民主生

活会报告执行任职回避和公务回避的情况。

**第十五条** 本规定按企业领导人员管理权限，由组织人事部门组织实施，纪检监察机关负责监督检查。企业党组织应将回避工作纳入党风廉政建设责任制。

**第十六条** 企业领导人员有下列行为之一的，视情节轻重，给予组织处理，或根据有关规定给予党纪政纪处分。涉嫌犯罪的，移送司法机关处理。

（一）违反任职回避规定，或拒不执行回避决定；

（二）违反公务回避有关规定，不履行或不正确履行职责，使国家、企业利益受到损害；

（三）违反公务回避有关规定，以权谋私，使本人、亲属、亲属所在单位或合伙人获取不正当利益。

**第十七条** 企业领导班子主管部门和企业领导班子在回避工作中玩忽职守，致使企业造成重大经济损失或其他严重后果的，要追究有关责任人员的责任，根据情节轻重给予组织处理或党纪政纪处分。

## 第五章 附 则

**第十八条** 本规定适用于中共中央和中央企业工委管理的国有重要骨干企业（含国有控股企业）。

**第十九条** 未列入中共中央和中央企业工委管理的职务名称表的总会计师、总经济师、总工程师等重要岗位的人员，参照本规定执行。

**第二十条** 各国有重要骨干企业依据本规定，结合企业实际，制定实施办法，分别报中央组织部和中央企业工委备案。个别执行任职回避确有困难的企业，可适当放宽，但必须根据监督制约原则，在实施办法中制定内部监管的条款。

**第二十一条** 本规定由中央组织部、中央企业工委负责解释。

**第二十二条** 本规定自发布之日起施行。

# 公务员职务、职级与级别管理办法

（2019 年 12 月 23 日中共中央组织部制定　2020 年 3 月 3 日发布）

**第一条**　为了完善公务员领导职务、职级与级别设置和管理制度，健全公务员激励和保障机制，建设信念坚定、为民服务、勤政务实、敢于担当、清正廉洁的高素质专业化公务员队伍，根据《中华人民共和国公务员法》等有关法律法规和《公务员职务与职级并行规定》，制定本办法。

**第二条**　公务员领导职务、职级与级别设置和管理坚持以马克思列宁主义、毛泽东思想、邓小平理论、“三个代表”重要思想、科学发展观、习近平新时代中国特色社会主义思想为指导，贯彻新时代中国共产党的组织路线，坚持党管干部原则，加强党对公务员队伍的集中统一领导，遵循依法、科学、规范、效能的原则。

**第三条**　领导职务、职级与级别是实施公务员管理，确定公务员工资以及其他待遇的依据。

**第四条**　公务员级别由低至高依次为二十七级至一级。

**第五条**　公务员领导职务层次与级别的对应关系是：

（一）国家级正职：一级；

（二）国家级副职：四级至二级；

（三）省部级正职：八级至四级；

（四）省部级副职：十级至六级；

（五）厅局级正职：十三级至八级；

（六）厅局级副职：十五级至十级；

（七）县处级正职：十八级至十二级；

（八）县处级副职：二十级至十四级；

（九）乡科级正职：二十二级至十六级；

（十）乡科级副职：二十四级至十七级。

副部级机关内设机构、副省级城市机关的司局级正职对应十五级至十级；司局级副职对应十七级至十一级。

**第六条** 公务员领导职务与职级的设置、厅局级以下领导职务对应的最低职级、职级与级别的对应关系，按照有关规定执行。

**第七条** 确定公务员领导职务、职级，应当在规定的领导职务、职级序列和职数限额内，按照有关任职条件和程序进行。

**第八条** 晋升、降低领导职务、职级或者调任、转任以及因其他原因需要明确领导职务、职级的，按照拟任领导职务、职级任职条件等确定。

**第九条** 公务员晋升领导职务应当具备的资格条件，按照《党政领导干部选拔任用工作条例》和有关法律、法规、章程规定执行。其中，晋升乡科级领导职务的最低任职年限条件为：

（一）晋升乡科级正职领导职务的，应当任乡科级副职领导职务2年以上，或者任乡科级副职领导职务和三级、四级主任科员及相当层次职级累计2年以上，或者任三级、四级主任科员及相当层次职级累计2年以上，或者任四级主任科员及相当层次职级2年以上。

（二）晋升乡科级副职领导职务的，应当任一级科员及相当层次职级3年以上。

**第十条** 公务员级别应当根据其所任领导职务、职级及德才表现、工作实绩、资历确定。

**第十一条** 新录用的公务员试用期满考核合格后，职级、级别的确定按照有关规定执行。

**第十二条** 通过面向社会选拔、调任等方式进入机关的公务员，其级别按照新任领导职务、职级，结合本人原任职务、工作经历、文化程度等条件，参照机关同类人员确定。

**第十三条** 公务员晋升领导职务、职级后，原级别低于新任领导职务、职级对应最低级别的，晋升到新任领导职务、职级对应的最低级别；原级别已在新任领导职务、职级对应范围的，除晋升一级、三级调研员和一级、三级主任科员及相当层次职级外，在原级别的基础上晋升一个级别。

**第十四条** 公务员累计5年年度考核结果均为称职以上等次的，可以在领导职务、职级对应级别范围内晋升一个级别。

**第十五条** 担任领导职务的公务员辞去领导职务后的级别确定，以及公务员因年度考核被确定为不称职等次、受到组织调整或者组织处理、受到处分应当降低领导职务、职级与级别的，按照有关规定执行。

**第十六条** 公务员受到诫勉、组织调整或者组织处理、处分等，遇有影响期且影响期未满或者期满影响使用的，以及有法律法规规定的其他影响晋升的情形的，不晋升领导职务、职级与级别。

**第十七条** 公务员级别的确定、晋升，按照管理权限，由决定其领导职务、职级任免的机关批准。

**第十八条** 县级以上公务员主管部门负责领导职务、职级与级别设置、确定工作的组织实施和监督管理。

**第十九条** 对不按照规定的职数要求、资格条件及程序等设置、确定公务员领导职务、职级与级别的，不予批准或者备案；已经作出的决定一律无效，由公务员主管部门按照管理权限予以纠正。

**第二十条** 对违反规定进行公务员领导职务、职级与级别确定的，应当根据具体情况，依规依纪依法追究负有责任的领导人员和直接责任人员的责任。

**第二十一条** 监察官、法官、检察官等职务、职级的设置和管理另行规定。

**第二十二条** 本办法由中共中央组织部负责解释。

**第二十三条** 本办法自发布之日起施行，2006年4月9日中共中央、国务院印发的《〈中华人民共和国公务员法〉实施方案》附件三《公务员职务与级别管理规定》同时废止。

# 公务员登记办法

（2019 年 12 月 23 日中共中央组织部制定　2020 年 3 月 3 日发布）

**第一条**　为了规范公务员登记，依法确定公务员身份，建设信念坚定、为民服务、勤政务实、敢于担当、清正廉洁的高素质专业化公务员队伍，根据《中华人民共和国公务员法》（以下简称公务员法）等有关法律法规，制定本办法。

**第二条**　公务员登记坚持以马克思列宁主义、毛泽东思想、邓小平理论、“三个代表”重要思想、科学发展观、习近平新时代中国特色社会主义思想为指导，贯彻新时代中国共产党的组织路线，坚持党管干部原则，加强党对公务员队伍的集中统一领导，坚持依法依规、分级负责、及时准确。

**第三条**　公务员登记采取各级机关统一组织的形式，由各级机关按照规定的程序确定登记对象、填写《公务员登记表》，报审核、审批及备案机关。

**第四条**　公务员登记应当在国家行政编制限额内，严格按照规定的范围、对象、条件和程序进行。

**第五条**　登记的范围和条件：

（一）依法履行公职、纳入国家行政编制、由国家财政负担工资福利且在编在职的除工勤人员以外的工作人员；

（二）具备公务员法第十三条规定的条件。

**第六条**　登记的对象：

（一）试用期满经考核合格的新录用公务员；

（二）按规定安置到公务员职位工作的军队转业干部；

（三）通过调任、聘任、面向社会选拔等方式到机关任职的人员；

（四）原不具有公务员身份，依照法律或者有关章程经选举等方式担任机关领导职务的人员；

（五）已经进行参照公务员法管理机关（单位）工作人员登记，因工作需要交流到机关任职的人员；

（六）其他符合登记条件的人员。

**第七条** 对违反有关法律法规和政策规定进入机关的人员，不予登记。

**第八条** 登记工作的程序：

（一）所在机关确定登记对象，填写《公务员登记表》，报审核机关；

（二）审核机关签署意见，报审批机关；

（三）审批机关签署意见；

（四）需要备案的，由审批机关报备案机关。

**第九条** 登记工作的管理权限：

（一）县级以下机关公务员登记，由所在机关确定登记对象、填写《公务员登记表》，县级公务员主管部门审核，市（地）级公务员主管部门审批后，报省级公务员主管部门备案。

市（地）级机关公务员登记，由所在机关干部人事部门确定登记对象、填写《公务员登记表》，所在机关审核，同级公务员主管部门审批后，报省级公务员主管部门备案。

省级机关公务员登记，由所在机关干部人事部门确定登记对象、填写《公务员登记表》，所在机关审核，同级公务员主管部门审批。

（二）中央机关公务员登记，由所在机关干部人事部门确定登记对象、填写《公务员登记表》并审核，所在机关审批后，报中央公务员主管部门备案。

（三）中央垂直管理部门公务员登记，由所在机关确定登记对象、填写《公务员登记表》，省级机关审核，中央垂直管理机关审批后，报中央公务员主管部门备案。

省以下垂直管理部门公务员登记，由所在机关确定登记对象、填写《公务员登记表》，省垂直管理机关审核，省级公务员主管部门审批。

（四）各级机关领导成员的公务员登记按照干部管理权限进行。

**第十条** 公务员登记审批一般应当在公务员任职后1个月内进行。

除新录用公务员外，公务员登记审批完成后，所在机关方可按照有关规定履行工资审批等各项手续。

审批后的《公务员登记表》应当装入被登记人员干部人事档案。

**第十一条** 备案机关可根据实际情况，确定登记备案的方式和时限，但每年度应当至少集中备案一次。

**第十二条** 登记备案的材料一般应当包括登记备案说明、《公务员登记备案汇总表》、《公务员登记表》复印件、被登记人员进入机关的证明材料等。

登记备案说明的内容一般应当包括本单位行政编制数、实有人员数、各职务职级层次的职数及实有人员数等。

**第十三条** 备案机关发现存在违规登记情形的，应当责令审批机关撤销登记。

**第十四条** 对因撤销登记、调出机关、辞去公职、被辞退、被开除、退休、死亡等原因退出公务员队伍的人员，所在机关应当于次年1月31日前，按照登记工作管理权限，将上一年度退出情况说明及《公务员退出汇总表》报审批机关、备案机关。

**第十五条** 各级公务员主管部门要加强对公务员登记工作的监督指导，严肃登记工作纪律。对在登记过程中违反规定、弄虚作假的，应当根据具体情况，依规依纪依法追究负有责任的领导人员和直接责任人员的责任。

**第十六条** 各级公务员主管部门要做好公务员登记的基础工作，结合公务员管理信息系统建设，推进公务员登记工作信息化，加强登记数据信息的管理维护。

**第十七条** 参照公务员法管理的机关（单位）中除工勤人员以外的工作人员的登记工作，参照本办法执行。

**第十八条** 担任中央管理职务的公务员登记工作按照有关规定执行。

**第十九条** 本办法由中共中央组织部负责解释。

**第二十条** 本办法自发布之日起施行，2006 年 4 月 9 日中共中央、国务院印发的《〈中华人民共和国公务员法〉实施方案》附件二《公务员登记实施办法》，2009 年 9 月 22 日中共中央组织部办公厅、人力资源社会保障部办公厅印发的《关于进一步做好公务员登记工作的通知》同时废止。

**附件：**

1. 公务员登记表（略）
2. 参照公务员法管理机关（单位）工作人员登记表（略）
3. 公务员登记备案汇总表（略）
4. 参照公务员法管理机关（单位）工作人员登记备案汇总表（略）
5. 公务员退出汇总表（略）
6. 参照公务员法管理机关（单位）工作人员退出汇总表（略）

# 三、纪检监察程序法规

## (一) 检举控告

### 纪检监察机关处理检举控告工作规则

(2020 年 1 月 2 日中共中央政治局常委会会议审议批准
2020 年 1 月 21 日中共中央办公厅发布)

#### 第一章 总 则

**第一条** 为了规范纪检监察机关处理检举控告工作，保障党员、群众行使监督权利，维护党员、干部合法权益，根据《中国共产党章程》、《中国共产党党内监督条例》等党内法规和《中华人民共和国宪法》、《中华人民共和国监察法》等法律，制定本规则。

**第二条** 坚持以马克思列宁主义、毛泽东思想、邓小平理论、“三个代表”重要思想、科学发展观、习近平新时代中国特色社会主义思想为指导，增强“四个意识”、坚定“四个自信”、做到“两个维护”，深入推进全面从严治党，贯彻纪律检查委员会和监察委员会合署办公要求，依规依纪依法处理检举控告，完善党和国家监督体系，强化对权力运行的制约和监督。

**第三条** 纪检监察机关应当认真处理检举控告，回应群众关切，发挥党和国家监督专责机关作用，保障党的理论和路线方针政策以及重大决策部署贯彻落实，为党风廉政建设、社会和谐稳定服务。

**第四条** 任何组织和个人对以下行为，有权向纪检监察机关提出检举控告：

（一）党组织、党员违反政治纪律、组织纪律、廉洁纪律、群众纪律、工作纪律、生活纪律等党的纪律行为；

（二）监察对象不依法履职，违反秉公用权、廉洁从政从业以及道德操守等规定，涉嫌贪污贿赂、滥用职权、玩忽职守、权力寻租、利益输送、徇私舞弊以及浪费国家资财等职务违法、职务犯罪行为；

（三）其他依照规定应当由纪检监察机关处理的违纪违法行为。

**第五条** 纪检监察机关处理检举控告工作应当遵循以下原则：

（一）实事求是。以事实为依据处理检举控告，鼓励支持检举控告人客观真实地反映情况。

（二）依规依纪依法。按照党章党规党纪和宪法法律以及信访工作有关规定处理检举控告，引导检举控告人依规依法、理性有序地反映问题。

（三）保障合法权利。贯彻“三个区分开来”要求，既保障检举控告人的监督权利，又查处诬告陷害行为，保护党员、干部干事创业积极性。

（四）分级负责、分工处理。按照管理权限受理检举控告，建立信访举报、监督检查、审查调查、案件监督管理等部门相互配合、相互制约的工作机制。

**第六条** 建设覆盖纪检监察系统的检举举报平台，运用互联网技术和信息化手段，畅通检举控告渠道，规范处理检举控告工作，及时发现问题线索，科学研判政治生态，更好服务群众。

## 第二章 检举控告的接收和受理

**第七条** 纪检监察机关应当接收检举控告人通过以下方式提出的检举控告：

（一）向纪检监察机关邮寄信件反映的；

（二）到纪检监察机关指定的接待场所当面反映的；

（三）拨打纪检监察机关检举控告电话反映的；

（四）向纪检监察机关的检举控告网站、微信公众平台、手机客户端等网络举报受理平台发送电子材料反映的；

（五）通过纪检监察机关设立的其他渠道反映的。

对其他机关、部门、单位转送的属于纪检监察机关受理范围的检举控告，应当按规定予以接收。

**第八条** 县级以上纪检监察机关应当明确承担信访举报工作职责的部门和人员，设置接待群众的场所，公开检举控告地址、电话、网站等信息，公布有关规章制度，归口接收检举控告。

巡视巡察工作机构对收到的检举控告，按有关规定处理。

**第九条** 纪检监察机关应当负责任地接待来访人员，耐心听取其反映的问题，做好解疑释惑和情绪疏导工作，妥善处理问题。

建立纪检监察干部定期接访制度，有关负责人应当接待重要来访、处理重要信访问题。

**第十条** 纪检监察机关信访举报部门对属于受理范围的检举控告，应当进行编号登记，按规定录入检举举报平台。

对涉及同级党委管理的党员、干部以及监察对象的检举控告，应当定期梳理汇总，并向本机关主要负责人报告。

**第十一条** 检举控告工作按照管理权限实行分级受理：

（一）中央纪委国家监委受理反映中央委员、候补中央委员，中央纪委委员，中央管理的领导干部，党中央工作机关、党中央批准设立的党组（党委），各省、自治区、直辖市党委、纪委等涉嫌违纪或者职务违法、职务犯罪问题的检举控告。

（二）地方各级纪委监委受理反映同级党委委员、候补委员，同级纪委委员，同级党委管理的党员、干部以及监察对象，同级党委工作机关、党委批准设立的党组（党委），下一级党委、纪委等涉嫌违纪或者职务违法、职务犯罪问题的检举控告。

（三）基层纪委受理反映同级党委管理的党员，同级党委下属的各级党组织涉嫌违纪问题的检举控告；未设立纪律检查委员会的党的基层委员会，由该委员会受理检举控告。

各级纪委监委按照管理权限受理反映本机关干部涉嫌违纪或者职

务违法、职务犯罪问题的检举控告。

**第十二条** 对反映党的组织关系在地方、干部管理权限在主管部门的党员、干部以及监察对象涉嫌违纪或者职务违法、职务犯罪问题的检举控告，由设在主管部门、有管辖权的纪检监察机关受理。地方纪检监察机关接到检举控告的，经与设在主管部门、有管辖权的纪检监察机关协调，可以按规定受理。

**第十三条** 纪检监察机关对反映的以下事项，不予受理：

（一）已经或者依法应当通过诉讼、仲裁、行政裁决、行政复议等途径解决的；

（二）依照有关规定，属于其他机关或者单位职责范围的；

（三）仅列举出违纪或者职务违法、职务犯罪行为名称但无实质内容的。

对前款第一项、第二项所列事项，通过来信反映的，应当及时转有关机关或者单位处理；通过来访、来电、网络举报受理平台等方式反映的，应当告知检举控告人依规依法向有权处理的机关或者单位反映。

## 第三章　检举控告的办理

**第十四条** 纪检监察机关信访举报部门经筛选，对属于本级受理的初次检举控告，应当移送本机关监督检查部门或者相关部门，并按规定将移送情况通报案件监督管理部门；对于重复检举控告，按规定登记后留存备查，并定期向有关部门通报情况。

承办部门应当指定专人负责管理，逐件登记、建立台账。

**第十五条** 纪检监察机关信访举报部门收到属于上级纪检监察机关受理的检举控告，应当径送本机关主要负责人，并在收到之日起5个工作日内报送上一级纪检监察机关信访举报部门；收到反映本机关主要负责人问题的检举控告，应当径送上一级纪检监察机关信访举报部门。

对属于上级纪检监察机关受理的检举控告，不得瞒报、漏报、迟报，不得扩大知情范围，不得复制、摘抄检举控告内容，不得将有关信息录入检举举报平台。

**第十六条** 纪检监察机关信访举报部门收到属于下级纪检监察机关受理的检举控告，应当及时予以转送。

下一级纪检监察机关对转送的检举控告，应当进行登记，在收到之日起5个工作日内完成受理或者转办工作。

**第十七条** 纪检监察机关监督检查部门应当对收到的检举控告进行认真甄别，对没有实质内容的检举控告或者属于其他纪检监察机关受理的检举控告，在沟通研究、经本机关分管领导批准后，按程序退回信访举报部门处理。

监督检查部门对属于本级受理的检举控告，应当结合日常监督掌握的情况，进行综合分析、适当了解，经集体研究并履行报批程序后，以谈话函询、初步核实、暂存待查、予以了结等方式处置，或者按规定移送审查调查部门处置。

**第十八条** 纪检监察机关监督检查、审查调查部门应当每季度向信访举报部门反馈已办结的检举控告处理结果。

反馈内容应当包括处置方式、属实情况、向检举控告人反馈情况等。

**第十九条** 纪检监察机关案件监督管理部门应当加强对检举控告办理情况的监督。信访举报、监督检查、审查调查部门应当定期向案件监督管理部门通报有关情况。

## 第四章 检查督办

**第二十条** 纪检监察机关信访举报部门对属于下级纪检监察机关受理的检举控告，有以下情形之一，经本机关分管领导批准，可以发函交办：

（一）在落实党中央决策部署中，存在明显违纪违法问题的；

（二）问题典型、群众反映强烈的；

（三）对检举控告问题久拖不办，造成不良影响的；

（四）其他需要交办的情形。

**第二十一条** 下级纪检监察机关接到交办的检举控告后，一般应当在3个月内办结，并报送核查处理情况；经本机关主要负责人批准，可以延长3个月，并向上级纪检监察机关报告。特殊情况需要再次延长办理期限的，应当报上级纪检监察机关批准。

**第二十二条** 对交办的检举控告，有以下情形之一，经交办机关分管领导批准，可以采取发函、听取汇报、审阅案卷、检查督促等方式督办：

（一）超过期限仍未办结的；

（二）组织不力、核查处理不认真，或者推诿敷衍的；

（三）需要补充核查、重新研究处理意见或者补报有关材料的；

（四）其他需要督办的情形。

**第二十三条** 检举控告承办机关对拟上报的核查处理情况，应当集体审核研究，经本机关主要负责人批准后，报上一级纪检监察机关。

## 第五章 实名检举控告的处理

**第二十四条** 检举控告人使用本人真实姓名或者本单位名称，有电话等具体联系方式的，属于实名检举控告。

纪检监察机关信访举报部门可以通过电话、面谈等方式核实是否属于实名检举控告。

**第二十五条** 纪检监察机关提倡、鼓励实名检举控告，对实名检举控告优先办理、优先处置、给予答复。

**第二十六条** 纪检监察机关信访举报部门对属于本机关受理的实名检举控告，应当在收到检举控告之日起15个工作日内告知实名检举控告人受理情况。重复检举控告的，不再告知。

**第二十七条** 承办的监督检查、审查调查部门应当将实名检举控告的处理结果在办结之日起15个工作日内向检举控告人反馈，并记录反馈情况。检举控告人提出异议的，承办部门应当如实记录，并予以说明；提供新的证据材料的，承办部门应当核查处理。

**第二十八条** 实名检举控告经查证属实，对突破重大案件起到重要作用，或者为国家、集体挽回重大经济损失的，纪检监察机关可以按规定对检举控告人予以奖励。

**第二十九条** 匿名检举控告，属于受理范围的，纪检监察机关应当按程序受理。

对匿名检举控告材料，不得擅自核查检举控告人的笔迹、网际协议地址（IP 地址）等信息。对检举控告人涉嫌诬告陷害等违纪违法行为，确有需要采取上述方式追查其身份的，应当经设区的市级以上纪委监委批准。

**第三十条** 虽有署名但不是检举控告人真实姓名（单位名称）或者无法验证的检举控告，按照匿名检举控告处理。

## 第六章 检举控告情况的综合运用

**第三十一条** 纪检监察机关应当定期研判所辖地区、部门、单位检举控告情况，对反映的典型性、普遍性、苗头性问题提出有针对性的工作建议，形成综合分析报告，报上一级纪检监察机关，必要时向同级党委报告。

纪检监察机关应当根据全面从严治党、党风廉政建设和反腐败工作重点以及检举控告反映的热点问题，开展专题分析。

对问题集中、反映强烈的地区、部门、单位，可以将相关分析情况向有关党组织通报。

**第三十二条** 纪检监察机关应当根据巡视巡察工作机构要求，及时提供涉及被巡视巡察地区、部门、单位的检举控告情况。

**第三十三条** 纪检监察机关在开展日常监督工作中应当对检举控告情况进行收集、研判，综合各方面信息，全面掌握被监督单位政治生态情况和被监督对象的思想、工作、作风、生活情况，提高监督的针对性和实效性。

**第三十四条** 对检举控告较多的地区、部门、单位，纪检监察机关经了解核实后，发现有关党组织或者单位党风廉政建设和履行职责存在问题的，应当向其提出纪律检查建议或者监察建议，并督促整改落实。

## 第七章　当事人的权利和义务

**第三十五条**　检举控告人享有以下权利：

（一）对党组织和党员、干部以及监察对象涉嫌违纪违法的行为提出检举控告；

（二）申请与检举控告事项相关的工作人员回避；

（三）对受理机关以及处理检举控告工作人员的失职渎职等违纪违法行为提出检举控告；

（四）因检举控告致其合法权利受到威胁或者侵害的，可以提出保护申请；

（五）检举控告严重违纪违法问题，经查证属实的，按规定获得表扬或者奖励；

（六）党内法规和法律法规规定的其他权利。

**第三十六条**　检举控告人应当履行以下义务：

（一）如实提供所掌握的全部情况和证据，对检举控告内容的真实性负责，不得夸大、歪曲事实，不得诬告陷害他人；

（二）自觉维护社会公共秩序和信访秩序，不得损害党、国家和人民的利益以及公民个人的合法权利；

（三）接受党组织、单位的正确处理意见，不得提出党内法规和法律法规规定以外的要求；

（四）对反馈的处理结果等情况予以保密；

（五）党内法规和法律法规规定的其他义务。

**第三十七条**　被检举控告人应当履行以下义务：

（一）正确对待检举控告，有则改之、无则加勉，习惯在受监督和约束的环境中工作生活；

（二）相信组织、依靠组织，配合做好了解核实工作，实事求是说明问题，不得对抗审查调查；

（三）尊重检举控告人和处理检举控告工作人员，不得进行打击报复；

（四）党内法规和法律法规规定的其他义务。

**第三十八条** 被检举控告人享有以下权利：

（一）对被检举控告的问题作出说明、辩解；

（二）基层党组织讨论决定对自身处理、处分时，可以参加和进行申辩；

（三）申请反馈核查处理结论；

（四）对所受处理、处分不服的，可以申诉或者申请复审；

（五）对受理机关以及处理检举控告工作人员的失职渎职等违纪违法行为提出检举控告；

（六）党内法规和法律法规规定的其他权利。

## 第八章　诬告陷害行为的查处

**第三十九条** 采取捏造事实、伪造材料等方式反映问题，意图使他人受到不良政治影响、名誉损失或者责任追究的，属于诬告陷害。

认定诬告陷害，应当经设区的市级以上党委或者纪检监察机关批准。

**第四十条** 纪检监察机关应当加强对检举控告的分析甄别，注意发现异常检举控告行为，有重点地进行查证。属于诬告陷害的，依规依纪依法严肃处理，或者移交有关机关依法处理。

**第四十一条** 诬告陷害具有以下情形之一，应当从重处理：

（一）手段恶劣，造成不良影响的；

（二）严重干扰换届选举或者干部选拔任用工作的；

（三）经调查已有明确结论，仍诬告陷害他人的；

（四）强迫、唆使他人诬告陷害的；

（五）其他造成严重后果的。

**第四十二条** 纪检监察机关应当将查处的诬告陷害典型案件通报曝光。

**第四十三条** 纪检监察机关对通过诬告陷害获得的职务、职级、职称、学历、学位、奖励、资格等利益，应当建议有关组织、部门、单位按规定予以纠正。

**第四十四条** 对被诬告陷害的党员、干部以及监察对象，纪检监察机关、所在单位党组织应当开展思想政治工作，谈心谈话、消除顾虑，保护干事创业积极性，推动履职尽责、担当作为。

**第四十五条** 纪检监察机关应当区分诬告陷害和错告。属于错告的，可以对检举控告人进行教育。

## 第九章 工作要求和责任

**第四十六条** 纪检监察机关及其工作人员在处理检举控告工作中，应当强化宗旨意识，改进工作作风，注意工作方法，对于不予受理事项或者不合理诉求做好解释说明，不得自以为是、盛气凌人，不得漠视群众疾苦、对群众利益麻木不仁。

**第四十七条** 纪检监察机关应当建立健全检举控告保密制度，严格落实保密要求：

（一）对检举控告人的姓名（单位名称）、工作单位、住址等有关情况以及检举控告内容必须严格保密；

（二）严禁将检举控告材料、检举控告人信息转给或者告知被检举控告的组织、人员；

（三）受理检举控告或者开展核查工作，应当在不暴露检举控告人身份的情况下进行；

（四）宣传报道检举控告有功人员，涉及公开其姓名、单位等个人信息的，应当征得本人同意。

**第四十八条** 处理检举控告工作人员有以下情形之一，应当主动提出回避，当事人有权要求其回避，回避决定由纪检监察机关作出：

（一）本人是被检举控告人或者其近亲属的；

（二）本人或者近亲属与被检举控告问题有利害关系的；

（三）其他可能影响检举控告问题公正处理的情形。

**第四十九条** 检举控告人及其近亲属的人身、财产安全因检举控告而受到威胁或者侵害，并提出保护申请的，纪检监察机关应当依法、及时提供保护。必要时，纪检监察机关可以商请有关机关予以协助。

被检举控告人有危害人身安全和损害财产、名誉等打击报复行为的，依规依纪依法严肃处理。

**第五十条** 纪检监察机关核查认定检举控告失实、有必要予以澄清的，经本机关主要负责人批准后，可以采取以下方式予以澄清：

（一）向被检举控告人所在地区、部门、单位党委（党组）主要负责人以及本人发函说明或者当面说明；

（二）向被检举控告人所在地区、部门、单位党委（党组）通报情况；

（三）在一定范围内通报。

**第五十一条** 对因检举控告失实而受到错误处理、处分的，纪检监察机关应当在职权范围内予以纠正，或者向有权机关提出纠正建议。

**第五十二条** 纪检监察机关及其工作人员有以下情形之一，依规依纪严肃处理；涉嫌职务违法、职务犯罪的，依法追究法律责任：

（一）私存、扣压、篡改、伪造、撤换、隐匿、遗失或者私自销毁检举控告材料的；

（二）超越权限，擅自处理检举控告材料的；

（三）泄露检举控告人信息或者检举控告内容等，或者将检举控告材料转给被检举控告的组织、人员的；

（四）隐瞒、谎报、未按规定期限上报重大检举控告信息，造成严重后果的；

（五）其他违规违纪违法的情形。

利用检举控告材料谋取个人利益或者为打击报复检举控告人提供便利的，应当从重处理。

## 第十章　附　　则

**第五十三条** 本规则所称监督检查部门、审查调查部门，指的是纪检监察机关中履行监督检查、审查调查职能的部门和跨部门组建的审查调查组。

**第五十四条** 对纪检监察机关在监督检查、审查调查中发现的问题线索，审计机关、执法部门、司法机关等单位移交的信访举报以外的问题线索的处理，其他党内法规和法律法规另有规定的，从其规定。

**第五十五条** 纪委监委派驻（派出）机构和国有企业、高校等企事业单位纪检监察机构除执行本规则外，还应当执行党中央以及中央纪委国家监委相关规定。

**第五十六条** 中央军事委员会可以根据本规则，制定相关规定。

**第五十七条** 本规则由中央纪委国家监委负责解释。

**第五十八条** 本规则自发布之日起施行。此前发布的其他有关纪检监察机关处理检举控告工作的规定，凡与本规则不一致的，按照本规则执行。

# 信访条例

（2005年1月5日国务院第76次常务会议通过 2005年1月10日中华人民共和国国务院令第431号公布 自2005年5月1日起施行）

## 第一章 总 则

**第一条** 为了保持各级人民政府同人民群众的密切联系，保护信访人的合法权益，维护信访秩序，制定本条例。

**第二条** 本条例所称信访，是指公民、法人或者其他组织采用书信、电子邮件、传真、电话、走访等形式，向各级人民政府、县级以上人民政府工作部门反映情况，提出建议、意见或者投诉请求，依法由有关行政机关处理的活动。

采用前款规定的形式，反映情况，提出建议、意见或者投诉请求的公民、法人或者其他组织，称信访人。

**第三条** 各级人民政府、县级以上人民政府工作部门应当做好信访工作，认真处理来信、接待来访，倾听人民群众的意见、建议和要求，接受人民群众的监督，努力为人民群众服务。

各级人民政府、县级以上人民政府工作部门应当畅通信访渠道，为信访人采用本条例规定的形式反映情况，提出建议、意见或者投诉请求提供便利条件。

任何组织和个人不得打击报复信访人。

**第四条** 信访工作应当在各级人民政府领导下，坚持属地管理、分级负责，谁主管、谁负责，依法、及时、就地解决问题与疏导教育相结合的原则。

**第五条** 各级人民政府、县级以上人民政府工作部门应当科学、民主决策，依法履行职责，从源头上预防导致信访事项的矛盾和纠纷。

县级以上人民政府应当建立统一领导、部门协调，统筹兼顾、标本兼治，各负其责、齐抓共管的信访工作格局，通过联席会议、建立排查调处机制、建立信访督查工作制度等方式，及时化解矛盾和纠纷。

各级人民政府、县级以上人民政府各工作部门的负责人应当阅批重要来信、接待重要来访、听取信访工作汇报，研究解决信访工作中的突出问题。

**第六条** 县级以上人民政府应当设立信访工作机构；县级以上人民政府工作部门及乡、镇人民政府应当按照有利工作、方便信访人的原则，确定负责信访工作的机构（以下简称信访工作机构）或者人员，具体负责信访工作。

县级以上人民政府信访工作机构是本级人民政府负责信访工作的行政机构，履行下列职责：

（一）受理、交办、转送信访人提出的信访事项；

（二）承办上级和本级人民政府交由处理的信访事项；

（三）协调处理重要信访事项；

（四）督促检查信访事项的处理；

（五）研究、分析信访情况，开展调查研究，及时向本级人民政府提出完善政策和改进工作的建议；

（六）对本级人民政府其他工作部门和下级人民政府信访工作机构的信访工作进行指导。

**第七条** 各级人民政府应当建立健全信访工作责任制，对信访工作中的失职、渎职行为，严格依照有关法律、行政法规和本条例的规定，追究有关责任人员的责任，并在一定范围内予以通报。

各级人民政府应当将信访工作绩效纳入公务员考核体系。

**第八条** 信访人反映的情况，提出的建议、意见，对国民经济和社会发展或者对改进国家机关工作以及保护社会公共利益有贡献的，由有关行政机关或者单位给予奖励。

对在信访工作中做出优异成绩的单位或者个人，由有关行政机关给予奖励。

## 第二章　信访渠道

**第九条** 各级人民政府、县级以上人民政府工作部门应当向社会公布信访工作机构的通信地址、电子信箱、投诉电话、信访接待的时间和地点、查询信访事项处理进展及结果的方式等相关事项。

各级人民政府、县级以上人民政府工作部门应当在其信访接待场所或者网站公布与信访工作有关的法律、法规、规章，信访事项的处理程序，以及其他为信访人提供便利的相关事项。

**第十条** 设区的市级、县级人民政府及其工作部门，乡、镇人民政府应当建立行政机关负责人信访接待日制度，由行政机关负责人协调处理信访事项。信访人可以在公布的接待日和接待地点向有关行政机关负责人当面反映信访事项。

县级以上人民政府及其工作部门负责人或者其指定的人员，可以就信访人反映突出的问题到信访人居住地与信访人面谈沟通。

**第十一条** 国家信访工作机构充分利用现有政务信息网络资源，建立全国信访信息系统，为信访人在当地提出信访事项、查询信访事项办理情况提供便利。

县级以上地方人民政府应当充分利用现有政务信息网络资源，建立或者确定本行政区域的信访信息系统，并与上级人民政府、政府有关部门、下级人民政府的信访信息系统实现互联互通。

**第十二条** 县级以上各级人民政府的信访工作机构或者有关工作部门应当及时将信访人的投诉请求输入信访信息系统，信访人可以持行政机关出具的投诉请求受理凭证到当地人民政府的信访工作机构或者有关工作部门的接待场所查询其所提出的投诉请求的办理情况。具体实施办法和步骤由省、自治区、直辖市人民政府规定。

**第十三条** 设区的市、县两级人民政府可以根据信访工作的实际需要，建立政府主导、社会参与、有利于迅速解决纠纷的工作机制。

信访工作机构应当组织相关社会团体、法律援助机构、相关专业人员、社会志愿者等共同参与，运用咨询、教育、协商、调解、听证等方法，依法、及时、合理处理信访人的投诉请求。

## 第三章 信访事项的提出

**第十四条** 信访人对下列组织、人员的职务行为反映情况，提出建议、意见，或者不服下列组织、人员的职务行为，可以向有关行政机关提出信访事项：

（一）行政机关及其工作人员；

（二）法律、法规授权的具有管理公共事务职能的组织及其工作人员；

（三）提供公共服务的企业、事业单位及其工作人员；

（四）社会团体或者其他企业、事业单位中由国家行政机关任命、派出的人员；

（五）村民委员会、居民委员会及其成员。

对依法应当通过诉讼、仲裁、行政复议等法定途径解决的投诉请求，信访人应当依照有关法律、行政法规规定的程序向有关机关提出。

**第十五条** 信访人对各级人民代表大会以及县级以上各级人民代表大会常务委员会、人民法院、人民检察院职权范围内的信访事项，应当分别向有关的人民代表大会及其常务委员会、人民法院、人民检察院提出，并遵守本条例第十六条、第十七条、第十八条、第十九条、第二十条的规定。

**第十六条** 信访人采用走访形式提出信访事项，应当向依法有权处理的本级或者上一级机关提出；信访事项已经受理或者正在办理的，信访人在规定期限内向受理、办理机关的上级机关再提出同一信访事项的，该上级机关不予受理。

**第十七条** 信访人提出信访事项，一般应当采用书信、电子邮件、传真等书面形式；信访人提出投诉请求的，还应当载明信访人的姓名（名称）、住址和请求、事实、理由。

有关机关对采用口头形式提出的投诉请求，应当记录信访人的姓名（名称）、住址和请求、事实、理由。

**第十八条** 信访人采用走访形式提出信访事项的，应当到有关机关设立或者指定的接待场所提出。

多人采用走访形式提出共同的信访事项的，应当推选代表，代表人数不得超过5人。

**第十九条** 信访人提出信访事项，应当客观真实，对其所提供材料内容的真实性负责，不得捏造、歪曲事实，不得诬告、陷害他人。

**第二十条** 信访人在信访过程中应当遵守法律、法规，不得损害国家、社会、集体的利益和其他公民的合法权利，自觉维护社会公共秩序和信访秩序，不得有下列行为：

（一）在国家机关办公场所周围、公共场所非法聚集，围堵、冲击国家机关，拦截公务车辆，或者堵塞、阻断交通的；

（二）携带危险物品、管制器具的；

（三）侮辱、殴打、威胁国家机关工作人员，或者非法限制他人人身自由的；

（四）在信访接待场所滞留、滋事，或者将生活不能自理的人弃留在信访接待场所的；

（五）煽动、串联、胁迫、以财物诱使、幕后操纵他人信访或者以信访为名借机敛财的；

（六）扰乱公共秩序、妨害国家和公共安全的其他行为。

## 第四章　信访事项的受理

**第二十一条**　县级以上人民政府信访工作机构收到信访事项，应当予以登记，并区分情况，在15日内分别按下列方式处理：

（一）对本条例第十五条规定的信访事项，应当告知信访人分别向有关的人民代表大会及其常务委员会、人民法院、人民检察院提出。对已经或者依法应当通过诉讼、仲裁、行政复议等法定途径解决的，不予受理，但应当告知信访人依照有关法律、行政法规规定程序向有关机关提出。

（二）对依照法定职责属于本级人民政府或者其工作部门处理决定的信访事项，应当转送有权处理的行政机关；情况重大、紧急的，应当及时提出建议，报请本级人民政府决定。

（三）信访事项涉及下级行政机关或者其工作人员的，按照“属地管理、分级负责，谁主管、谁负责”的原则，直接转送有权处理的行政机关，并抄送下一级人民政府信访工作机构。

县级以上人民政府信访工作机构要定期向下一级人民政府信访工作机构通报转送情况，下级人民政府信访工作机构要定期向上一级人民政府信访工作机构报告转送信访事项的办理情况。

（四）对转送信访事项中的重要情况需要反馈办理结果的，可以直接交由有权处理的行政机关办理，要求其在指定办理期限内反馈结果，提交办结报告。

按照前款第（二）项至第（四）项规定，有关行政机关应当自收到转送、交办的信访事项之日起15日内决定是否受理并书面告知信访人，并按要求通报信访工作机构。

**第二十二条** 信访人按照本条例规定直接向各级人民政府信访工作机构以外的行政机关提出的信访事项，有关行政机关应当予以登记；对符合本条例第十四条第一款规定并属于本机关法定职权范围的信访事项，应当受理，不得推诿、敷衍、拖延；对不属于本机关职权范围的信访事项，应当告知信访人向有权的机关提出。

有关行政机关收到信访事项后，能够当场答复是否受理的，应当当场书面答复；不能当场答复的，应当自收到信访事项之日起 15 日内书面告知信访人。但是，信访人的姓名（名称）、住址不清的除外。

有关行政机关应当相互通报信访事项的受理情况。

**第二十三条** 行政机关及其工作人员不得将信访人的检举、揭发材料及有关情况透露或者转给被检举、揭发的人员或者单位。

**第二十四条** 涉及两个或者两个以上行政机关的信访事项，由所涉及的行政机关协商受理；受理有争议的，由其共同的上一级行政机关决定受理机关。

**第二十五条** 应当对信访事项作出处理的行政机关分立、合并、撤销的，由继续行使其职权的行政机关受理；职责不清的，由本级人民政府或者其指定的机关受理。

**第二十六条** 公民、法人或者其他组织发现可能造成社会影响的重大、紧急信访事项和信访信息时，可以就近向有关行政机关报告。地方各级人民政府接到报告后，应当立即报告上一级人民政府；必要时，通报有关主管部门。县级以上地方人民政府有关部门接到报告后，应当立即报告本级人民政府和上一级主管部门；必要时，通报有关主管部门。国务院有关部门接到报告后，应当立即报告国务院；必要时，通报有关主管部门。

行政机关对重大、紧急信访事项和信访信息不得隐瞒、谎报、缓报，或者授意他人隐瞒、谎报、缓报。

**第二十七条** 对于可能造成社会影响的重大、紧急信访事项和信访信息，有关行政机关应当在职责范围内依法及时采取措施，防止不良影响的产生、扩大。

## 第五章　信访事项的办理和督办

**第二十八条**　行政机关及其工作人员办理信访事项，应当恪尽职守、秉公办事，查明事实、分清责任，宣传法制、教育疏导，及时妥善处理，不得推诿、敷衍、拖延。

**第二十九条**　信访人反映的情况，提出的建议、意见，有利于行政机关改进工作、促进国民经济和社会发展的，有关行政机关应当认真研究论证并积极采纳。

**第三十条**　行政机关工作人员与信访事项或者信访人有直接利害关系的，应当回避。

**第三十一条**　对信访事项有权处理的行政机关办理信访事项，应当听取信访人陈述事实和理由；必要时可以要求信访人、有关组织和人员说明情况；需要进一步核实有关情况的，可以向其他组织和人员调查。

对重大、复杂、疑难的信访事项，可以举行听证。听证应当公开举行，通过质询、辩论、评议、合议等方式，查明事实，分清责任。听证范围、主持人、参加人、程序等由省、自治区、直辖市人民政府规定。

**第三十二条**　对信访事项有权处理的行政机关经调查核实，应当依照有关法律、法规、规章及其他有关规定，分别作出以下处理，并书面答复信访人：

（一）请求事实清楚，符合法律、法规、规章或者其他有关规定的，予以支持；

（二）请求事由合理但缺乏法律依据的，应当对信访人做好解释工作；

（三）请求缺乏事实根据或者不符合法律、法规、规章或者其他有关规定的，不予支持。

有权处理的行政机关依照前款第（一）项规定作出支持信访请求意见的，应当督促有关机关或者单位执行。

**第三十三条** 信访事项应当自受理之日起60日内办结；情况复杂的，经本行政机关负责人批准，可以适当延长办理期限，但延长期限不得超过30日，并告知信访人延期理由。法律、行政法规另有规定的，从其规定。

**第三十四条** 信访人对行政机关作出的信访事项处理意见不服的，可以自收到书面答复之日起30日内请求原办理行政机关的上一级行政机关复查。收到复查请求的行政机关应当自收到复查请求之日起30日内提出复查意见，并予以书面答复。

**第三十五条** 信访人对复查意见不服的，可以自收到书面答复之日起30日内向复查机关的上一级行政机关请求复核。收到复核请求的行政机关应当自收到复核请求之日起30日内提出复核意见。

复核机关可以按照本条例第三十一条第二款的规定举行听证，经过听证的复核意见可以依法向社会公示。听证所需时间不计算在前款规定的期限内。

信访人对复核意见不服，仍然以同一事实和理由提出投诉请求的，各级人民政府信访工作机构和其他行政机关不再受理。

**第三十六条** 县级以上人民政府信访工作机构发现有关行政机关有下列情形之一的，应当及时督办，并提出改进建议：

（一）无正当理由未按规定的办理期限办结信访事项的；

（二）未按规定反馈信访事项办理结果的；

（三）未按规定程序办理信访事项的；

（四）办理信访事项推诿、敷衍、拖延的；

（五）不执行信访处理意见的；

（六）其他需要督办的情形。

收到改进建议的行政机关应当在30日内书面反馈情况；未采纳改进建议的，应当说明理由。

**第三十七条** 县级以上人民政府信访工作机构对于信访人反映的有关政策性问题，应当及时向本级人民政府报告，并提出完善政策、解决问题的建议。

**第三十八条** 县级以上人民政府信访工作机构对在信访工作中推诿、敷衍、拖延、弄虚作假造成严重后果的行政机关工作人员，可以向有关行政机关提出给予行政处分的建议。

**第三十九条** 县级以上人民政府信访工作机构应当就以下事项向本级人民政府定期提交信访情况分析报告：

（一）受理信访事项的数据统计、信访事项涉及领域以及被投诉较多的机关；

（二）转送、督办情况以及各部门采纳改进建议的情况；

（三）提出的政策性建议及其被采纳情况。

## 第六章 法律责任

**第四十条** 因下列情形之一导致信访事项发生，造成严重后果的，对直接负责的主管人员和其他直接责任人员，依照有关法律、行政法规的规定给予行政处分；构成犯罪的，依法追究刑事责任：

（一）超越或者滥用职权，侵害信访人合法权益的；

（二）行政机关应当作为而不作为，侵害信访人合法权益的；

（三）适用法律、法规错误或者违反法定程序，侵害信访人合法权益的；

（四）拒不执行有权处理的行政机关作出的支持信访请求意见的。

**第四十一条** 县级以上人民政府信访工作机构对收到的信访事项应当登记、转送、交办而未按规定登记、转送、交办，或者应当履行督办职责而未履行的，由其上级行政机关责令改正；造成严重后果的，对直接负责的主管人员和其他直接责任人员依法给予行政处分。

**第四十二条** 负有受理信访事项职责的行政机关在受理信访事项过程中违反本条例的规定，有下列情形之一的，由其上级行政机关责令改正；造成严重后果的，对直接负责的主管人员和其他直接责任人员依法给予行政处分：

（一）对收到的信访事项不按规定登记的；

（二）对属于其法定职权范围的信访事项不予受理的；

（三）行政机关未在规定期限内书面告知信访人是否受理信访事项的。

**第四十三条** 对信访事项有权处理的行政机关在办理信访事项过程中，有下列行为之一的，由其上级行政机关责令改正；造成严重后果的，对直接负责的主管人员和其他直接责任人员依法给予行政处分：

（一）推诿、敷衍、拖延信访事项办理或者未在法定期限内办结信访事项的；

（二）对事实清楚，符合法律、法规、规章或者其他有关规定的投诉请求未予支持的。

**第四十四条** 行政机关工作人员违反本条例规定，将信访人的检举、揭发材料或者有关情况透露、转给被检举、揭发的人员或者单位的，依法给予行政处分。

行政机关工作人员在处理信访事项过程中，作风粗暴，激化矛盾并造成严重后果的，依法给予行政处分。

**第四十五条** 行政机关及其工作人员违反本条例第二十六条规定，对可能造成社会影响的重大、紧急信访事项和信访信息，隐瞒、谎报、缓报，或者授意他人隐瞒、谎报、缓报，造成严重后果的，对直接负责的主管人员和其他直接责任人员依法给予行政处分；构成犯罪的，依法追究刑事责任。

**第四十六条** 打击报复信访人，构成犯罪的，依法追究刑事责任；尚不构成犯罪的，依法给予行政处分或者纪律处分。

**第四十七条** 违反本条例第十八条、第二十条规定的，有关国家机关工作人员应当对信访人进行劝阻、批评或者教育。

经劝阻、批评和教育无效的，由公安机关予以警告、训诫或者制止；违反集会游行示威的法律、行政法规，或者构成违反治安管理行为的，由公安机关依法采取必要的现场处置措施、给予治安管理处罚；构成犯罪的，依法追究刑事责任。

**第四十八条** 信访人捏造歪曲事实、诬告陷害他人，构成犯罪的，依法追究刑事责任；尚不构成犯罪的，由公安机关依法给予治安管理处罚。

## 第七章　附　　则

**第四十九条**　社会团体、企业事业单位的信访工作参照本条例执行。

**第五十条**　对外国人、无国籍人、外国组织信访事项的处理，参照本条例执行。

**第五十一条**　本条例自2005年5月1日起施行。1995年10月28日国务院发布的《信访条例》同时废止。

# 中共中央纪委、监察部关于保护检举、控告人的规定

（中共中央纪律检查委员会、监察部1996年1月19日印发）

**第一条**　为了保障检举、控告人依法行使检举、控告的权利，维护检举、控告人的合法权益，促进党风廉政建设和反腐败斗争，根据《中国共产党党员权利保障条例（试行）》和行政监察法律、法规，制定本规定。

**第二条**　任何单位和个人有权向纪检监察机关检举、控告党组织、党员以及国家行政机关、国家公务员和国家行政机关任命的其他人员违纪违法的行为。

任何单位和个人不得以任何借口阻拦、压制检举、控告人依法进行的检举、控告。

**第三条**　检举、控告人应据实检举、控告，不得捏造事实、制造假证、诬告陷害他人。

纪检监察机关对如实检举、控告的，应给予支持，鼓励。对检举、控告有功的，应给予奖励。对检举、控告不实的，必须分清是错

告还是诬告。对错告的，应澄清事实；对诬告的，应依照有关规定予以处理。

**第四条** 纪检监察机关受理检举、控告和查处检举、控告案件，必须严格保密：

（一）纪检监察机关应设立检举、控告接待室，接受当面检举、控告应单独进行，无关人员不得在场。

（二）检举、控告信函的收发、拆阅、登记，当面或电话检举、控告的接待、接听、记录、录音等工作，应建立健全责任制，严防泄密或遗失检举、控告材料。

（三）对检举、控告人的姓名、工作单位、家庭住址等有关情况及检举、控告的内容必须严格保密，严禁将检举、控告人的有关情况以及检举、控告的内容透露给被检举、控告单位和被检举、控告人以及其他单位和人员。

（四）检举、控告材料列入密件管理，不得私自摘抄、复制、扣压、销毁。

（五）检举、控告材料，除查处案件工作需要外，不得向有关人员出示；因查处案件工作需要出示的，必须经本委、部（厅、局）主管领导批准，并隐去可能暴露检举、控告人身份的内容。

（六）核实情况必须在不暴露检举、控告人的情况下进行。

（七）未经检举、控告人同意，不得公开检举、控告人的姓名、工作单位及其他有关情况。

**第五条** 受理机关工作人员无意或故意泄露检举、控告情况的，应追究责任，严肃处理。

**第六条** 严禁将检举、控告材料转给被检举、控告单位或被检举、控告人。

**第七条** 任何单位和个人不得擅自追查检举、控告人。对确属诬告陷害，需要追查诬告陷害者的，必须经地、市级以上（含地、市级）党的委员会、政府或纪检监察机关批准。

**第八条** 对匿名检举、控告材料，除查处案件工作需要外，不得擅自核对笔迹或进行文检；因查处案件工作需要核对笔迹或进行文检的，必须经地、市级以上（含地、市级）纪检监察机关批准。

**第九条** 受理机关工作人员有下列情形之一的，应当回避：

（一）是被检举、控告人或被检举、控告人近亲属的；

（二）本人或近亲属与被检举、控告问题有利害关系的；

（三）与检举、控告问题有其他关系，可能影响检举、控告问题公正处理的。

受理机关工作人员应当主动提出回避，检举、控告人有权要求其回避，回避决定由受理机关作出。

**第十条** 任何单位和个人不得以任何借口和手段打击报复检举、控告人及其亲属或假想检举、控告人。

指使他人打击报复的，或者被指使人、被指使单位的主要负责人和直接责任人员明知实施的行为是打击报复的，以打击报复论处。

**第十一条** 打击报复检举、控告人的，纪检监察机关应分别不同情况予以处理：

（一）对于正在实施的打击报复行为，纪检监察机关应在其职权范围内采取措施及时制止，并予以处理，或者及时移送有关部门予以处理。

（二）检举、控告人因被打击报复而受到错误处理的，纪检监察机关应在其职权范围内依照有关规定予以纠正，或者建议有关部门予以纠正。

（三）检举、控告人因被打击报复而造成人身伤害及名誉损害、财产损失的，纪检监察机关应在其职权范围内负责处理，或者移送有关部门予以处理。

**第十二条** 违反本规定的，应依照党纪、政纪的有关规定给予党纪处分、行政处分或其他处理；构成犯罪的，移送司法机关依法追究刑事责任。

**第十三条** 纪检监察机关受理纪检监察业务范围内的港澳台胞、华侨及外国人的检举、控告，适用本规定。

**第十四条** 本规定由中共中央纪律检查委员会、中华人民共和国监察部负责解释。

**第十五条** 本规定自发布之日起施行。

# 监察机关举报工作办法

（1991 年 12 月 24 日监察部令第 3 号发布　自发布之日起施行）

## 第一章　总　　则

**第一条** 为保障公民依法行使检举、控告的权利，健全举报制度，加强行政监察工作，根据《中华人民共和国行政监察条例》的有关规定，制定本办法。

**第二条** 公民、法人和其他组织认为国家行政机关及其工作人员和国家行政机关任命的其他人员有违反国家法律、法规、政策和决定、命令以及政纪的行为，依照本办法向监察机关举报。

**第三条** 县以上各级监察机关设立举报机构（举报中心或举报站、室）负责受理公民、法人和其他组织对国家行政机关及其工作人员和国家行政机关任命的其他人员违反国家法律、法规、政策和决定、命令以及政纪行为的检举、控告。

上级监察机关的举报机构负责指导和协调下级监察机关的举报机构的工作。下级监察机关应向上级监察机关报告举报工作的情况。

**第四条** 举报工作人员必须忠于职守、廉洁奉公、保守秘密。

**第五条** 举报工作实行依靠群众、方便群众，接受社会监督，分级负责、归口办理的原则。

## 第二章　举　　报

**第六条** 举报人可以采用电话、电报、信函、当面举报等方式，也可以委托他人举报。

**第七条** 举报人应当尽可能据实告知监察机关被举报人的姓名、

工作单位、违法违纪事实的具体情节和证据。

对借举报故意捏造事实，诬告陷害他人的或者以举报为名制造事端，干扰监察机关的正常工作的，依照有关规定严肃处理，构成犯罪的，移送司法机关依法处理。

由于对事实了解不全面而发生误告、错告等检举失实的，不适用前款规定。

**第八条** 监察机关提倡署名举报，对署名举报和匿名举报都要认真对待，妥善处理。

**第九条** 举报信函和向监察机关递交的举报书面材料，可以用汉字、少数民族文字、盲文或外文书写。

## 第三章 举报处理

**第十条** 监察机关设立举报电话并向社会公布电话号码，设立专门的举报接待室，在人口比较集中的地方可以设立举报箱。

**第十一条** 监察机关接受举报人当面举报，应当分别单独进行，接待人员应当做好笔录，必要时可以录音。

**第十二条** 监察机关接受电话举报，必须细心接听，询问清楚，如实记录，有条件的可以录音。

**第十三条** 监察机关对举报信函和提交的书面材料，要逐件拆阅、登记，及时处理。

**第十四条** 不属于监察机关受理范围的当面或电话举报，应当告知举报人向有处理权的机关反映，并做好解释工作；对于其中的重要问题或紧急事项，可以协助举报人联系受理单位或报告有关领导后再处理。不属于监察机关受理范围的信函举报，转交有处理权的机关处理，并酌情予以回复。其中的重要问题或紧急事项，应当报告有关领导。

**第十五条** 属于监察机关受理范围的举报，举报机构分别不同情况作如下处理：

（一）对属于本机关管辖的，转交本机关有关职能机构、派出机构办理；其中急待查明、易查易结以及打击报复举报人的，经主管负责人批准，举报机构可以进行初步审查，直至立案调查；

（二）对不属于本机关管辖的，移送有管辖权的监察机关办理；

（三）对重要的举报应当及时向本机关负责人报告；

（四）以其他方式处理。

**第十六条** 监察机关经过初步审查，认为被举报行为不需要进行政纪处理的，应当作出初步审查报告，并以适当方式回告举报人。

**第十七条** 经过初步审查，认为需要立案调查的，依照《监察机关调查处理政纪案件办法》的有关规定办理。

**第十八条** 对上级监察机关交办的举报事项，下级监察机关作出处理后，应当向交办机关报告处理结果。交办机关对报来的处理结果应当认真审核。对处理结果没有异议的，经有关领导批准后，予以了结。对处理结果有异议的，可以提出意见或建议，通知承办机关补充调查或重新处理。承办机关应当在规定的时限内向交办机关报告处理结果。

## 第四章 保护与奖励

**第十九条** 向监察机关举报国家行政机关及其工作人员和国家行政机关任命的其他人员违法违纪行为的公民、法人和其他组织，其人身权利、民主权利和其他合法权益受法律保护。

**第二十条** 监察机关的举报保密制度：

（一）对举报人的姓名、工作单位、家庭住址等有关情况及举报的内容必须严格保密，举报材料列入密件管理；

（二）严禁将举报材料转给被举报单位、被举报人；

（三）接受举报人举报或向举报人核查情况时，应当在做好保密工作、不暴露举报人身份的情况下进行；

（四）宣传报道和对举报有功人员的奖励，除征得举报人的同意外，不得公开举报人的姓名、工作单位。

**第二十一条** 对违反上述第二十条保密规定的责任人员，依照有关规定严肃处理，构成犯罪的，移送司法机关依法处理。

**第二十二条** 任何单位和个人不得以任何借口阻拦、压制举报人的举报和打击报复举报人。

**第二十三条** 对侵害举报人及其亲属、假想举报人及有关的证人和协助办案人员的合法权益的，按打击报复处理。

**第二十四条** 打击报复举报人的，一经查实，依照有关规定严肃处理，构成犯罪的，移送司法机关依法处理。

**第二十五条** 举报人因受打击报复而造成人身伤害及名誉、经济损失的，监察机关应当依照《中华人民共和国行政监察条例》第二十四条的规定处理，举报人也可以依法向人民法院起诉，请求损害赔偿。

**第二十六条** 举报事项经查证属实，使违法违纪者受到应有惩处，并为国家、集体挽回或减少损失的，对举报人可酌情给予奖励，有重大贡献的，要给予重奖。

监察机关奖励举报人所需的经费，由各省、自治区、直辖市监察厅（局）根据当地人民政府的意见，商有关部门作出规定。

## 第五章　附　　则

**第二十七条** 外国人、华侨、港澳台胞的来信来访及举报电话应指定专人依照《监察部处理外国人和华侨、港澳台胞来信来访试行办法》的规定处理。

**第二十八条** 各省、自治区、直辖市监察厅（局）根据本办法，制定实施办法，报监察部备案。

**第二十九条** 《监察部信访工作暂行办法》、《监察部处理电话举报暂行办法》中的规定与本办法不一致的，依照本办法执行。

**第三十条** 本办法由监察部负责解释。

**第三十一条** 本办法自发布之日起施行。

# （二）执纪审查

## 中国共产党纪律检查机关监督执纪工作规则

（2019 年 1 月 1 日起施行）

### 第一章　总　　则

**第一条**　为了加强党对纪律检查和国家监察工作的统一领导，加强党的纪律建设，推进全面从严治党，规范纪检监察机关监督执纪工作，根据《中国共产党章程》和有关法律，结合纪检监察体制改革和监督执纪工作实践，制定本规则。

**第二条**　坚持以马克思列宁主义、毛泽东思想、邓小平理论、“三个代表”重要思想、科学发展观、习近平新时代中国特色社会主义思想为指导，全面贯彻纪律检查委员会和监察委员会合署办公要求，依规依纪依法严格监督执纪，坚持打铁必须自身硬，把权力关进制度笼子，建设忠诚干净担当的纪检监察干部队伍。

**第三条**　监督执纪工作应当遵循以下原则：

（一）坚持和加强党的全面领导，牢固树立政治意识、大局意识、核心意识、看齐意识，坚定中国特色社会主义道路自信、理论自信、制度自信、文化自信，坚决维护习近平总书记党中央的核心、全党的核心地位，坚决维护党中央权威和集中统一领导，严守政治纪律和政治规矩，体现监督执纪工作的政治性，构建党统一指挥、全面覆盖、权威高效的监督体系；

（二）坚持纪律检查工作双重领导体制，监督执纪工作以上级纪委领导为主，线索处置、立案审查等在向同级党委报告的同时应当向上级纪委报告；

（三）坚持实事求是，以事实为依据，以党章党规党纪和国家法律法规为准绳，强化监督、严格执纪，把握政策、宽严相济，对主动投案、主动交代问题的宽大处理，对拒不交代、欺瞒组织的从严处理；

（四）坚持信任不能代替监督，执纪者必先守纪，以更高的标准、更严的要求约束自己，严格工作程序，有效管控风险，强化对监督执纪各环节的监督制约，确保监督执纪工作经得起历史和人民的检验。

**第四条** 坚持惩前毖后、治病救人，把纪律挺在前面，精准有效运用监督执纪“四种形态”，把思想政治工作贯穿监督执纪全过程，严管和厚爱结合，激励和约束并重，注重教育转化，促使党员自觉防止和纠正违纪行为，惩治极少数，教育大多数，实现政治效果、纪法效果和社会效果相统一。

## 第二章　领导体制

**第五条** 中央纪律检查委员会在党中央领导下进行工作。地方各级纪律检查委员会和基层纪律检查委员会在同级党的委员会和上级纪律检查委员会双重领导下进行工作。

党委应当定期听取、审议同级纪律检查委员会和监察委员会的工作报告，加强对纪委监委工作的领导、管理和监督。

**第六条** 党的纪律检查机关和国家监察机关是党和国家自我监督的专责机关，中央纪委和地方各级纪委贯彻党中央关于国家监察工作的决策部署，审议决定监委依法履职中的重要事项，把执纪和执法贯通起来，实现党内监督和国家监察的有机统一。

**第七条** 监督执纪工作实行分级负责制：

（一）中央纪委国家监委负责监督检查和审查调查中央委员、候补中央委员，中央纪委委员，中央管理的领导干部，党中央工作部门、党中央批准设立的党组（党委），各省、自治区、直辖市党委、纪委等党组织的涉嫌违纪或者职务违法、职务犯罪问题。

（二）地方各级纪委监委负责监督检查和审查调查同级党委委员、候补委员，同级纪委委员，同级党委管理的党员、干部以及监察对象，同级党委工作部门、党委批准设立的党组（党委），下一级党委、纪委等党组织的涉嫌违纪或者职务违法、职务犯罪问题。

（三）基层纪委负责监督检查和审查同级党委管理的党员，同级党委下属的各级党组织的涉嫌违纪问题；未设立纪律检查委员会的党的基层委员会，由该委员会负责监督执纪工作。

地方各级纪委监委依照规定加强对同级党委履行职责、行使权力情况的监督。

**第八条** 对党的组织关系在地方、干部管理权限在主管部门的党员、干部以及监察对象涉嫌违纪违法问题，应当按照谁主管谁负责的原则进行监督执纪，由设在主管部门、有管辖权的纪检监察机关进行审查调查，主管部门认为有必要的，可以与地方纪检监察机关联合审查调查。地方纪检监察机关接到问题线索反映的，经与主管部门协调，可以对其进行审查调查，也可以与主管部门组成联合审查调查组，审查调查情况及时向对方通报。

**第九条** 上级纪检监察机关有权指定下级纪检监察机关对其他下级纪检监察机关管辖的党组织和党员、干部以及监察对象涉嫌违纪或者职务违法、职务犯罪问题进行审查调查，必要时也可以直接进行审查调查。上级纪检监察机关可以将其直接管辖的事项指定下级纪检监察机关进行审查调查。

纪检监察机关之间对管辖事项有争议的，由其共同的上级纪检监察机关确定；认为所管辖的事项重大、复杂，需要由上级纪检监察机关管辖的，可以报请上级纪检监察机关管辖。

**第十条** 纪检监察机关应当严格执行请示报告制度。中央纪委定期向党中央报告工作，研究涉及全局的重大事项、遇有重要问题以及作出立案审查调查决定、给予党纪政务处分等事项应当及时向党中央请示报告，既要报告结果也要报告过程。执行党中央重要决定的情况应当专题报告。

地方各级纪检监察机关对作出立案审查调查决定、给予党纪政务处分等重要事项，应当向同级党委请示汇报并向上级纪委监委报告，形成明确意见后再正式行文请示。遇有重要事项应当及时报告。

纪检监察机关应当坚持民主集中制，对于线索处置、谈话函询、初步核实、立案审查调查、案件审理、处置执行中的重要问题，经集体研究后，报纪检监察机关相关负责人、主要负责人审批。

**第十一条** 纪检监察机关应当建立监督检查、审查调查、案件监督管理、案件审理相互协调、相互制约的工作机制。市地级以上纪委监委实行监督检查和审查调查部门分设，监督检查部门主要负责联系地区和部门、单位的日常监督检查和对涉嫌一般违纪问题线索处置，审查调查部门主要负责对涉嫌严重违纪或者职务违法、职务犯罪问题线索进行初步核实和立案审查调查；案件监督管理部门负责对监督检查、审查调查工作全过程进行监督管理，案件审理部门负责对需要给予党纪政务处分的案件审核把关。

纪检监察机关在工作中需要协助的，有关组织和机关、单位、个人应当依规依纪依法予以协助。

**第十二条** 纪检监察机关案件监督管理部门负责对监督执纪工作全过程进行监督管理，做好线索管理、组织协调、监督检查、督促办理、统计分析等工作。党风政风监督部门应当加强对党风政风建设的综合协调，做好督促检查、通报曝光和综合分析等工作。

## 第三章 监督检查

**第十三条** 党委（党组）在党内监督中履行主体责任，纪检监察机关履行监督责任，应当将纪律监督、监察监督、巡视监督、派驻监督结合起来，重点检查遵守、执行党章党规党纪和宪法法律法规，坚定理想信念，增强“四个意识”，坚定“四个自信”，维护习近平总书记核心地位，维护党中央权威和集中统一领导，贯彻执行党和国家的路线方针政策以及重大决策部署，坚持主动作为、真抓实干，落实全面从严治党责任、民主集中制原则、选人用人规定以及中央八项规定精神，巡视巡察整改，依法履职、秉公用权、廉洁从政从业以及恪守社会道德规范等情况，对发现的问题分类处置、督促整改。

**第十四条** 纪委监委（纪检监察组、纪检监察工委）报请或者会同党委（党组）定期召开专题会议，听取加强党内监督情况专题报告，综合分析所联系的地区、部门、单位政治生态状况，提出加强和改进的意见及工作措施，抓好组织实施和督促检查。

**第十五条** 纪检监察机关应当结合被监督对象的职责，加强对行使权力情况的日常监督，通过多种方式了解被监督对象的思想、工作、作风、生活情况，发现苗头性、倾向性问题或者轻微违纪问题，应当及时约谈提醒、批评教育、责令检查、诫勉谈话，提高监督的针对性和实效性。

**第十六条** 纪检监察机关应当畅通来信、来访、来电和网络等举报渠道，建设覆盖纪检监察系统的检举举报平台，及时受理检举控告，发挥党员和群众的监督作用。

**第十七条** 纪检监察机关应当建立健全党员领导干部廉政档案，主要内容包括：

（一）任免情况、人事档案情况、因不如实报告个人有关事项受到处理的情况等；

（二）巡视巡察、信访、案件监督管理以及其他方面移交的问题线索和处置情况；

（三）开展谈话函询、初步核实、审查调查以及其他工作形成的有关材料；

（四）党风廉政意见回复材料；

（五）其他反映廉政情况的材料。

廉政档案应当动态更新。

**第十八条** 纪检监察机关应当做好干部选拔任用党风廉政意见回复工作，对反映问题线索认真核查，综合用好巡视巡察等其他监督成果，严把政治关、品行关、作风关、廉洁关。

**第十九条** 纪检监察机关对监督中发现的突出问题，应当向有关党组织或者单位提出纪律检查建议或者监察建议，通过督促召开专题民主生活会、组织开展专项检查等方式，督查督办，推动整改。

## 第四章 线索处置

**第二十条** 纪检监察机关应当加强对问题线索的集中管理、分类处置、定期清理。信访举报部门归口受理同级党委管理的党组织和党员、干部以及监察对象涉嫌违纪或者职务违法、职务犯罪问题的信访举报，统一接收有关纪检监察机关、派驻或者派出机构以及其他单位移交的相关信访举报，移送本机关有关部门，深入分析信访形势，及时反映损害群众最关心、最直接、最现实的利益问题。

巡视巡察工作机构和审计机关、行政执法机关、司法机关等单位发现涉嫌违纪或者职务违法、职务犯罪问题线索，应当及时移交纪检监察机关案件监督管理部门统一办理。

监督检查部门、审查调查部门、干部监督部门发现的相关问题线索，属于本部门受理范围的，应当送案件监督管理部门备案；不属于本部门受理范围的，经审批后移送案件监督管理部门，由其按程序转交相关监督执纪部门办理。

**第二十一条** 纪检监察机关应当结合问题线索所涉及地区、部门、单位总体情况，综合分析，按照谈话函询、初步核实、暂存待查、予以了结 4 类方式进行处置。

线索处置不得拖延和积压，处置意见应当在收到问题线索之日起 1 个月内提出，并制定处置方案，履行审批手续。

**第二十二条** 纪检监察机关对反映同级党委委员、候补委员，纪委常委、监委委员，以及所辖地区、部门、单位主要负责人的问题线索和线索处置情况，应当及时向上级纪检监察机关报告。

**第二十三条** 案件监督管理部门对问题线索实行集中管理、动态更新、定期汇总核对，提出分办意见，报纪检监察机关主要负责人批准，按程序移送承办部门。承办部门应当指定专人负责管理问题线索，逐件编号登记、建立管理台账。线索管理处置各环节应当由经手人员签名，全程登记备查。

**第二十四条** 纪检监察机关应当根据工作需要，定期召开专题会议，听取问题线索综合情况汇报，进行分析研判，对重要检举事项和反映问题集中的领域深入研究，提出处置要求，做到件件有着落。

**第二十五条** 承办部门应当做好线索处置归档工作，归档材料齐全完整，载明领导批示和处置过程。案件监督管理部门定期汇总、核对问题线索及处置情况，向纪检监察机关主要负责人报告，并向相关部门通报。

## 第五章 谈话函询

**第二十六条** 各级党委（党组）和纪检监察机关应当推动加强和规范党内政治生活，经常拿起批评和自我批评的武器，及时开展谈话提醒、约谈函询，促使党员、干部以及监察对象增强党的观念和纪律意识。

**第二十七条** 纪检监察机关采取谈话函询方式处置问题线索，应当起草谈话函询报批请示，拟订谈话方案和相关工作预案，按程序报批。需要谈话函询下一级党委（党组）主要负责人的，应当报纪检监察机关主要负责人批准，必要时向同级党委主要负责人报告。

**第二十八条** 谈话应当由纪检监察机关相关负责人或者承办部门负责人进行，可以由被谈话人所在党委（党组）、纪委监委（纪检监察组、纪检监察工委）有关负责人陪同；经批准也可以委托被谈话人所在党委（党组）主要负责人进行。

谈话应当在具备安全保障条件的场所进行。由纪检监察机关谈话的，应当制作谈话笔录，谈话后可以视情况由被谈话人写出书面说明。

**第二十九条** 纪检监察机关进行函询应当以办公厅（室）名义发函给被反映人，并抄送其所在党委（党组）和派驻纪检监察组主要负责人。被函询人应当在收到函件后 15 个工作日内写出说明材料，由其所在党委（党组）主要负责人签署意见后发函回复。

被函询人为党委（党组）主要负责人的，或者被函询人所作说明涉及党委（党组）主要负责人的，应当直接发函回复纪检监察机关。

**第三十条** 承办部门应当在谈话结束或者收到函询回复后 1 个月

内写出情况报告和处置意见，按程序报批。根据不同情形作出相应处理：

（一）反映不实，或者没有证据证明存在问题的，予以采信了结，并向被函询人发函反馈。

（二）问题轻微，不需要追究纪律责任的，采取谈话提醒、批评教育、责令检查、诫勉谈话等方式处理。

（三）反映问题比较具体，但被反映人予以否认且否认理由不充分具体的，或者说明存在明显问题的，一般应当再次谈话或者函询；发现被反映人涉嫌违纪或者职务违法、职务犯罪问题需要追究纪律和法律责任的，应当提出初步核实的建议。

（四）对诬告陷害者，依规依纪依法予以查处。

必要时可以对被反映人谈话函询的说明情况进行抽查核实。

谈话函询材料应当存入廉政档案。

**第三十一条** 被谈话函询的党员干部应当在民主生活会、组织生活会上就本年度或者上年度谈话函询问题进行说明，讲清组织予以采信了结的情况；存在违纪问题的，应当进行自我批评，作出检讨。

## 第六章 初步核实

**第三十二条** 党委（党组）、纪委监委（纪检监察组）应当对具有可查性的涉嫌违纪或者职务违法、职务犯罪问题线索，扎实开展初步核实工作，收集客观性证据，确保真实性和准确性。

**第三十三条** 纪检监察机关采取初步核实方式处置问题线索，应当制定工作方案，成立核查组，履行审批程序。被核查人为下一级党委（党组）主要负责人的，纪检监察机关应当报同级党委主要负责人批准。

**第三十四条** 核查组经批准可以采取必要措施收集证据，与相关人员谈话了解情况，要求相关组织作出说明，调取个人有关事项报告，查阅复制文件、账目、档案等资料，查核资产情况和有关信息，进行鉴定勘验。对被核查人及相关人员主动上交的财物，核查组应当予以暂扣。

需要采取技术调查或者限制出境等措施的，纪检监察机关应当严格履行审批手续，交有关机关执行。

**第三十五条** 初步核实工作结束后，核查组应当撰写初步核实情况报告，列明被核查人基本情况、反映的主要问题、办理依据以及初步核实结果、存在疑点、处理建议，由核查组全体人员签名备查。

承办部门应当综合分析初步核实情况，按照拟立案审查调查、予以了结、谈话提醒、暂存待查，或者移送有关党组织处理等方式提出处置建议。

初步核实情况报告应当报纪检监察机关主要负责人审批，必要时向同级党委主要负责人报告。

## 第七章 审查调查

**第三十六条** 党委（党组）应当按照管理权限，加强对党员、干部以及监察对象涉嫌严重违纪或者职务违法、职务犯罪问题审查调查处置工作，定期听取重大案件情况报告，加强反腐败协调机构的机制建设，坚定不移、精准有序惩治腐败。

**第三十七条** 纪检监察机关经过初步核实，对党员、干部以及监察对象涉嫌违纪或者职务违法、职务犯罪，需要追究纪律或者法律责任的，应当立案审查调查。

凡报请批准立案的，应当已经掌握部分违纪或者职务违法、职务犯罪事实和证据，具备进行审查调查的条件。

**第三十八条** 对符合立案条件的，承办部门应当起草立案审查调查呈批报告，经纪检监察机关主要负责人审批，报同级党委主要负责人批准，予以立案审查调查。

立案审查调查决定应当向被审查调查人宣布，并向被审查调查人所在党委（党组）主要负责人通报。

**第三十九条** 对涉嫌严重违纪或者职务违法、职务犯罪人员立案审查调查，纪检监察机关主要负责人应当主持召开由纪检监察机关相关负责人参加的专题会议，研究批准审查调查方案。

纪检监察机关相关负责人批准成立审查调查组，确定审查调查谈话方案、外查方案，审批重要信息查询、涉案财物查扣等事项。

监督检查、审查调查部门主要负责人组织研究提出审查调查谈话方案、外查方案和处置意见建议，审批一般信息查询，对调查取证审核把关。

审查调查组组长应当严格执行审查调查方案，不得擅自更改；以书面形式报告审查调查进展情况，遇有重要事项及时请示。

**第四十条** 审查调查组可以依照党章党规和监察法，经审批进行谈话、讯问、询问、留置、查询、冻结、搜查、调取、查封、扣押（暂扣、封存）、勘验检查、鉴定，提请有关机关采取技术调查、通缉、限制出境等措施。

承办部门应当建立台账，记录使用措施情况，向案件监督管理部门定期备案。

案件监督管理部门应当核对检查，定期汇总重要措施使用情况并报告纪委监委领导和上一级纪检监察机关，发现违规违纪违法使用措施的，区分不同情况进行处理，防止擅自扩大范围、延长时限。

**第四十一条** 需要对被审查调查人采取留置措施的，应当依据监察法进行，在24小时内通知其所在单位和家属，并及时向社会公开发布。因可能毁灭、伪造证据，干扰证人作证或者串供等有碍调查情形而不宜通知或者公开的，应当按程序报批并记录在案。有碍调查的情形消失后，应当立即通知被留置人员所在单位和家属。

**第四十二条** 审查调查工作应当依照规定由两人以上进行，按照规定出示证件，出具书面通知。

**第四十三条** 立案审查调查方案批准后，应当由纪检监察机关相关负责人或者部门负责人与被审查调查人谈话，宣布立案决定，讲明党的政策和纪律，要求被审查调查人端正态度、配合审查调查。

审查调查应当充分听取被审查调查人陈述，保障其饮食、休息，提供医疗服务，确保安全。严格禁止使用违反党章党规党纪和国家法律的手段，严禁逼供、诱供、侮辱、打骂、虐待、体罚或者变相体罚。

**第四十四条** 审查调查期间，对被审查调查人以同志相称，安排学习党章党规党纪以及相关法律法规，开展理想信念宗旨教育，通过深入细致的思想政治工作，促使其深刻反省、认识错误、交代问题，写出忏悔反思材料。

**第四十五条** 外查工作必须严格按照外查方案执行，不得随意扩大审查调查范围、变更审查调查对象和事项，重要事项应当及时请示报告。

外查工作期间，未经批准，监督执纪人员不得单独接触任何涉案人员及其特定关系人，不得擅自采取审查调查措施，不得从事与外查事项无关的活动。

**第四十六条** 纪检监察机关应当严格依规依纪依法收集、鉴别证据，做到全面、客观，形成相互印证、完整稳定的证据链。

调查取证应当收集原物原件，逐件清点编号，现场登记，由在场人员签字盖章，原物不便搬运、保存或者取得原件确有困难的，可以将原物封存并拍照录像或者调取原件副本、复印件；谈话应当现场制作谈话笔录并由被谈话人阅看后签字。已调取证据必须及时交审查调查组统一保管。

严禁以威胁、引诱、欺骗以及其他违规违纪违法方式收集证据；严禁隐匿、损毁、篡改、伪造证据。

**第四十七条** 查封、扣押（暂扣、封存）、冻结、移交涉案财物，应当严格履行审批手续。

执行查封、扣押（暂扣、封存）措施，监督执纪人员应当会同原财物持有人或者保管人、见证人，当面逐一拍照、登记、编号，现场填写登记表，由在场人员签名。对价值不明物品应当及时鉴定，专门封存保管。

纪检监察机关应当设立专用账户、专门场所，指定专门人员保管涉案财物，严格履行交接、调取手续，定期对账核实。严禁私自占有、处置涉案财物及其孳息。

**第四十八条** 对涉嫌严重违纪或者职务违法、职务犯罪问题的审查调查谈话、搜查、查封、扣押（暂扣、封存）涉案财物等重要取证工作应当全过程进行录音录像，并妥善保管，及时归档，案件监督管理部门定期核查。

**第四十九条** 对涉嫌严重违纪或者职务违法、职务犯罪问题的审查调查，监督执纪人员未经批准并办理相关手续，不得将被审查调查人或者其他重要的谈话、询问对象带离规定的谈话场所，不得在未配置监控设备的场所进行审查调查谈话或者其他重要的谈话、询问，不得在谈话期间关闭录音录像设备。

**第五十条** 监督检查、审查调查部门主要负责人、分管领导应当定期检查审查调查期间的录音录像、谈话笔录、涉案财物登记资料，发现问题及时纠正并报告。

纪检监察机关相关负责人应当通过调取录音录像等方式，加强对审查调查全过程的监督。

**第五十一条** 查明涉嫌违纪或者职务违法、职务犯罪问题后，审查调查组应当撰写事实材料，与被审查调查人见面，听取意见。被审查调查人应当在事实材料上签署意见，对签署不同意见或者拒不签署意见的，审查调查组应当作出说明或者注明情况。

审查调查工作结束，审查调查组应当集体讨论，形成审查调查报告，列明被审查调查人基本情况、问题线索来源及审查调查依据、审查调查过程，主要违纪或者职务违法、职务犯罪事实，被审查调查人的态度和认识，处理建议及党纪法律依据，并由审查调查组组长以及有关人员签名。

对审查调查过程中发现的重要问题和意见建议，应当形成专题报告。

**第五十二条** 审查调查报告以及忏悔反思材料，违纪或者职务违法、职务犯罪事实材料，涉案财物报告等，应当按程序报纪检监察机关主要负责人批准，连同全部证据和程序材料，依照规定移送审理。

审查调查全过程形成的材料应当案结卷成、事毕归档。

## 第八章　审　　理

**第五十三条**　纪检监察机关应当对涉嫌违纪或者违法、犯罪案件严格依规依纪依法审核把关，提出纪律处理或者处分的意见，做到事实清楚、证据确凿、定性准确、处理恰当、手续完备、程序合规。

纪律处理或者处分必须坚持民主集中制原则，集体讨论决定，不允许任何个人或者少数人决定和批准。

**第五十四条**　坚持审查调查与审理相分离的原则，审查调查人员不得参与审理。纪检监察机关案件审理部门对涉嫌违纪或者职务违法、职务犯罪问题，依照规定应当给予纪律处理或者处分的案件和复议复查案件进行审核处理。

**第五十五条**　审理工作按照以下程序进行：

（一）案件审理部门收到审查调查报告后，经审核符合移送条件的予以受理，不符合移送条件的可以暂缓受理或者不予受理。

（二）对于重大、复杂、疑难案件，监督检查、审查调查部门已查清主要违纪或者职务违法、职务犯罪事实并提出倾向性意见的；对涉嫌违纪或者职务违法、职务犯罪行为性质认定分歧较大的，经批准案件审理部门可以提前介入。

（三）案件审理部门受理案件后，应当成立由两人以上组成的审理组，全面审理案卷材料，提出审理意见。

（四）坚持集体审议原则，在民主讨论基础上形成处理意见；对争议较大的应当及时报告，形成一致意见后再作出决定。案件审理部门根据案件审理情况，应当与被审查调查人谈话，核对违纪或者职务违法、职务犯罪事实，听取辩解意见，了解有关情况。

（五）对主要事实不清、证据不足的，经纪检监察机关主要负责人批准，退回监督检查、审查调查部门重新审查调查；需要补充完善证据的，经纪检监察机关相关负责人批准，退回监督检查、审查调查部门补充审查调查。

（六）审理工作结束后应当形成审理报告，内容包括被审查调查人基本情况、审查调查简况、违纪违法或者职务犯罪事实、涉案财物处置、监督检查或者审查调查部门意见、审理意见等。审理报告应当体现党内审查特色，依据《中国共产党纪律处分条例》认定违纪事实性质，分析被审查调查人违反党章、背离党的性质宗旨的错误本质，反映其态度、认识以及思想转变过程。涉嫌职务犯罪需要追究刑事责任的，还应当形成《起诉意见书》，作为审理报告附件。

对给予同级党委委员、候补委员，同级纪委委员、监委委员处分的，在同级党委审议前，应当与上级纪委监委沟通并形成处理意见。

审理工作应当在受理之日起1个月内完成，重大复杂案件经批准可以适当延长。

**第五十六条** 审理报告报经纪检监察机关主要负责人批准后，提请纪委常委会会议审议。需报同级党委审批的，应当在报批前以纪检监察机关办公厅（室）名义征求同级党委组织部门和被审查调查人所在党委（党组）意见。

处分决定作出后，纪检监察机关应当通知受处分党员所在党委（党组），抄送同级党委组织部门，并依照规定在1个月内向其所在党的基层组织中的全体党员以及本人宣布。处分决定执行情况应当及时报告。

**第五十七条** 被审查调查人涉嫌职务犯罪的，应当由案件监督管理部门协调办理移送司法机关事宜。对于采取留置措施的案件，在人民检察院对犯罪嫌疑人先行拘留后，留置措施自动解除。

案件移送司法机关后，审查调查部门应当跟踪了解处理情况，发现问题及时报告，不得违规过问、干预处理工作。

审理工作完成后，对涉及的其他问题线索，经批准应当及时移送有关纪检监察机关处置。

**第五十八条** 对被审查调查人违规违纪违法所得财物，应当依规依纪依法予以收缴、责令退赔或者登记上交。

对涉嫌职务犯罪所得财物，应当随案移送司法机关。

对经认定不属于违规违纪违法所得的，应当在案件审结后依规依纪依法予以返还，并办理签收手续。

**第五十九条** 对不服处分决定的申诉，由批准或者决定处分的党委（党组）或者纪检监察机关受理；需要复议复查的，由纪检监察机关相关负责人批准后受理。

申诉办理部门成立复查组，调阅原案案卷，必要时可以进行取证，经集体研究后，提出办理意见，报纪检监察机关相关负责人批准或者纪委常委会会议研究决定，作出复议复查决定。决定应当告知申诉人，抄送相关单位，并在一定范围内宣布。

坚持复议复查与审查审理分离，原案审查、审理人员不得参与复议复查。

复议复查工作应当在3个月内办结。

## 第九章　监督管理

**第六十条** 纪检监察机关应当严格依照党内法规和国家法律，在行使权力上慎之又慎，在自我约束上严之又严，强化自我监督，健全内控机制，自觉接受党内监督、社会监督、群众监督，确保权力受到严格约束，坚决防止“灯下黑”。

纪检监察机关应当加强对监督执纪工作的领导，切实履行自身建设主体责任，严格教育、管理、监督，使纪检监察干部成为严守纪律、改进作风、拒腐防变的表率。

**第六十一条** 纪检监察机关应当严格干部准入制度，严把政治安全关，纪检监察干部必须忠诚坚定、担当尽责、遵纪守法、清正廉洁，具备履行职责的基本条件。

**第六十二条** 纪检监察机关应当加强党的政治建设、思想建设、组织建设，突出政治功能，强化政治引领。审查调查组有正式党员3人以上的，应当设立临时党支部，加强对审查调查组成员的教育、管理、监督，开展政策理论学习，做好思想政治工作，及时发现问题、进行批评纠正，发挥战斗堡垒作用。

**第六十三条** 纪检监察机关应当加强干部队伍作风建设，树立依规依法、纪律严明、作风深入、工作扎实、谦虚谨慎、秉公执纪的良好形象，力戒形式主义、官僚主义，力戒特权思想，力戒口大气粗、颐指气使，不断提高思想政治水平和把握政策能力，建设让党放心、人民信赖的纪检监察干部队伍。

**第六十四条** 对纪检监察干部打听案情、过问案件、说情干预的，受请托人应当向审查调查组组长和监督检查、审查调查部门主要负责人报告并登记备案。

发现审查调查组成员未经批准接触被审查调查人、涉案人员及其特定关系人，或者存在交往情形的，应当及时向审查调查组组长和监督检查、审查调查部门主要负责人直至纪检监察机关主要负责人报告并登记备案。

**第六十五条** 严格执行回避制度。审查调查审理人员是被审查调查人或者检举人近亲属、本案证人、利害关系人，或者存在其他可能影响公正审查调查审理情形的，不得参与相关审查调查审理工作，应当主动申请回避，被审查调查人、检举人以及其他有关人员也有权要求其回避。选用借调人员、看护人员、审查场所，应当严格执行回避制度。

**第六十六条** 审查调查组需要借调人员的，一般应当从审查调查人才库选用，由纪检监察机关组织部门办理手续，实行一案一借，不得连续多次借调。加强对借调人员的管理监督，借调结束后由审查调查组写出鉴定。借调单位和党员干部不得干预借调人员岗位调整、职务晋升等事项。

**第六十七条** 监督执纪人员应当严格执行保密制度，控制审查调查工作事项知悉范围和时间，不准私自留存、隐匿、查阅、摘抄、复制、携带问题线索和涉案资料，严禁泄露审查调查工作情况。

审查调查组成员工作期间，应当使用专用手机、电脑、电子设备和存储介质，实行编号管理，审查调查工作结束后收回检查。

汇报案情、传递审查调查材料应当使用加密设施，携带案卷材料应当专人专车、卷不离身。

**第六十八条** 纪检监察机关相关涉密人员离岗离职后，应当遵守脱密期管理规定，严格履行保密义务，不得泄露相关秘密。

监督执纪人员辞职、退休3年内，不得从事与纪检监察和司法工作相关联、可能发生利益冲突的职业。

**第六十九条** 纪检监察机关开展谈话应当做到全程可控。谈话前做好风险评估、医疗保障、安全防范工作以及应对突发事件的预案；谈话中及时研判谈话内容以及案情变化，发现严重职务违法、职务犯罪，依照监察法需要采取留置措施的，应当及时采取留置措施；谈话结束前做好被谈话人思想工作，谈话后按程序与相关单位或者人员交接，并做好跟踪回访等工作。

**第七十条** 建立健全安全责任制，监督检查、审查调查部门主要负责人和审查调查组组长是审查调查安全第一责任人，审查调查组应当指定专人担任安全员。被审查调查人发生安全事故的，应当在24小时内逐级上报至中央纪委，及时做好舆论引导。

发生严重安全事故的，或者存在严重违规违纪违法行为的，省级纪检监察机关主要负责人应当向中央纪委作出检讨，并予以通报、严肃问责追责。

案件监督管理部门应当组织开展经常性检查和不定期抽查，发现问题及时报告并督促整改。

**第七十一条** 对纪检监察干部越权接触相关地区、部门、单位党委（党组）负责人，私存线索、跑风漏气、违反安全保密规定，接受请托、干预审查调查、以案谋私、办人情案，侮辱、打骂、虐待、体罚或者变相体罚被审查调查人，以违规违纪违法方式收集证据，截留挪用、侵占私分涉案财物，接受宴请和财物等行为，依规依纪严肃处理；涉嫌职务违法、职务犯罪的，依法追究法律责任。

**第七十二条** 纪检监察机关在维护监督执纪工作纪律方面失职失责的，予以严肃问责。

**第七十三条** 对案件处置出现重大失误，纪检监察干部涉嫌严重违纪或者职务违法、职务犯罪的，开展“一案双查”，既追究直接责任，还应当严肃追究有关领导人员责任。

建立办案质量责任制，对滥用职权、失职失责造成严重后果的，实行终身问责。

## 第十章　附　　则

**第七十四条**　各省（自治区、直辖市）党委、中央和国家机关工委可以根据本规则，结合工作实际，制定实施细则。

中央军事委员会可以根据本规则，制定相关规定。

**第七十五条**　纪委监委派驻纪检监察组、纪检监察工委除执行本规则外，还应当执行党中央以及中央纪委相关规定。

国有企事业单位纪检监察机构结合实际执行本规则。

**第七十六条**　本规则由中央纪律检查委员会负责解释。

**第七十七条**　本规则自 2019 年 1 月 1 日起施行。2017 年 1 月 15 日中央纪委印发的《中国共产党纪律检查机关监督执纪工作规则（试行）》同时废止。此前发布的其他有关纪检监察机关监督执纪工作的规定，凡与本规则不一致的，按照本规则执行。

# 中国共产党纪律检查机关案件检查工作条例

（中共中央纪律检查委员会 1994 年 3 月 25 日印发）

## 第一章　总　　则

**第一条**　检查中国共产党内违纪案件是中国共产党的纪律检查机关的一项重要工作，是严肃党纪的中心环节。为使案件检查工作规范化、制度化，提高办案质量和效率，根据中国共产党章程有关规定，结合案件检查工作的实践，制定本条例。

**第二条**　案件检查工作的指导思想是，通过执纪办案，维护党的章程和其他党内法规，严肃党的纪律，加强党风廉政建设，保护改革开放，促进经济发展，保证党的基本路线的贯彻执行。

**第三条** 纪检机关依照党章和本条例行使案件检查权，不受国家机关、社会组织和个人的干涉。

**第四条** 案件检查必须坚持实事求是的原则，以事实为根据，以党纪为准绳，做到事实清楚，证据确凿，定性准确，处理恰当，手续完备。

**第五条** 案件检查要坚持在党的纪律面前人人平等的原则，对任何党员和党组织违犯党的纪律的行为，都必须依据本条例进行检查。

**第六条** 案件检查要依靠党的各级组织，走群众路线，加强纪检系统内部以及与有关部门的协调配合。

**第七条** 案件检查要贯彻惩前毖后、治病救人的方针，达到既维护党纪的严肃性，又教育本人和广大党员的目的。

**第八条** 案件检查中，要切实保障党员包括被检查的党员行使党章所赋予的各项权利。

**第九条** 案件检查实行分级办理、各负其责的工作制度。

## 第二章 受理和初步核实

**第十条** 纪检机关对检举、控告以及发现的下列违纪问题，予以受理：

（一）同级党委委员、纪委委员的违纪问题；

（二）属上级党委管理在本地区、本部门工作的党员干部的违纪问题；

（三）同级党委管理的党员干部的违纪问题；

（四）下一级党组织的违纪问题；

（五）领导交办的反映其他党员和党组织的违纪问题。

属下级党委管理的党员和党组织重大、典型的违纪问题，必要时也可以受理。

**第十一条** 纪检机关受理反映党员或党组织的违纪问题后，应根据情况决定是否进行初步核实。需初步核实的，应及时派人进行，必要时也可委托下级纪检机关办理。

**第十二条** 初步核实的任务是，了解所反映的主要问题是否存在，为立案与否提供依据。

**第十三条** 初步核实可以采用本条例第二十八条中（一）、（二）、（三）、（四）、（五）、（八）的方法收集证据。

**第十四条** 初步核实后，由参与核实的人员写出初步核实情况报告，纪检机关区别不同情况作出处理：

（一）反映问题失实的，应向被反映人所在单位党组织说明情况，必要时还应向被反映人说明情况或在一定范围内予以澄清；

（二）有违纪事实，但情节轻微，不需追究党纪责任的，应建议有关党组织作出恰当处理；

（三）确有违纪事实，需要追究党纪责任的，应予立案。

**第十五条** 初步核实的时限为两个月，必要时可延长一个月。重大或复杂的问题，在延长期内仍不能初核完毕的，经批准后可再适当延长。

## 第三章 立 案

**第十六条** 对检举、控告以及发现的党员或党组织的违纪问题，经初步核实，确有违纪事实，并需追究党纪责任的，按照规定的权限和程序办理立案手续。

**第十七条** 对党员的违纪问题，实行分级立案。

（一）党的中央委员会委员、中央纪律检查委员会委员违犯党纪的问题，由中央纪委报请中央批准立案。

（二）党的中央以下各级委员会、纪律检查委员会常务委员（基层党委、纪委为书记、副书记）违犯党纪的问题，与党委常务委员同职级的党委委员违犯党纪的问题，由上一级纪委决定立案，上一级纪委在决定立案前，应征求同级党委的意见。其他委员违犯党纪的问题，由同级纪委报请同级党委批准立案。

（三）其他党员干部违犯党纪的问题，均按照干部管理权限，由相应的纪委或纪工委、纪检组决定立案，在决定立案前应征求同级党委或党工委、党组的意见。未设立纪委或纪工委、纪检组的，由相应的党委或党工委、党组决定立案。

（四）不是干部的党员违犯党纪的问题，由基层纪委决定立案。未设立纪委的，由基层党委决定立案。

**第十八条** 党的关系在地方、干部任免权限在主管部门的党员干部违犯党纪的问题，除另有规定的外，一般由地方纪检机关决定立案。

若地方纪检机关认为由部门纪检机关立案更为适宜的，经协商可由部门纪检机关立案；根据规定应由部门纪检机关立案的违纪问题，经协商也可由地方纪检机关立案。

**第十九条** 对于党组织严重违犯党纪的问题，由上一级纪检机关报请同级党委批准立案，再上一级纪委在征求同级党委意见后也可直接决定立案。

**第二十条** 属于下级纪检机关立案范围的重大违纪问题，必要时上级纪检机关可直接决定立案。

**第二十一条** 上级纪检机关发现应由下级纪检机关立案的违纪问题，可责成下级纪检机关予以立案。

**第二十二条** 凡需立案的，应写出立案呈批报告，并附检举材料和初步核实情况报告，按立案批准权限呈报审批。

立案审批时限不得超过一个月。

经批准立案的案件，纪检机关应通报同级党委组织部门。

## 第四章　调　　查

**第二十三条** 对已经立案的案件，立案机关应根据案情组织调查组。

**第二十四条** 调查组要熟悉案情，了解与案件有关的政策、规定，研究制订调查方案，并将立案决定通知被调查人所在单位党组织。

被调查人所在单位党组织应积极支持办案工作，加强对被调查人和案件知情人的教育。未经立案机关或调查组同意，不得批准被调查人出境、出国、出差，或对其进行调动、提拔、奖励。

**第二十五条** 调查开始时，在一般情况下，调查组应会同被调查人所在单位党组织与被调查人谈话，宣布立案决定和应遵守的纪律，要求其正确对待组织调查。调查中，应认真听取被调查人的陈述和意见，做好思想教育工作。

**第二十六条** 调查组认为被调查的党员干部确犯有严重错误，已不适宜担任现任职务或妨碍案件调查时，可建议对其采取停职检查措施。停止党内职务，属党委批准立案的，停职检查由党委决定；属纪检机关直接立案的，停职检查由纪检机关征求同级党委意见后决定。停止党外职务的，由纪检机关向有关党外组织提出建议。

**第二十七条** 证明案件真实情况的一切事实，都是证据。证据包括：物证、书证、证人证言、受侵害人的陈述、被调查人的陈述、视听材料、现场笔录、鉴定结论和勘验、检查笔录。证据应经过鉴别属实，才能作为定案的根据。

**第二十八条** 凡是知道案件情况的组织和个人都有提供证据的义务。调查组有权按照规定程序，采取以下措施调查取证，有关组织和个人必须如实提供证据，不得拒绝和阻挠。

（一）查阅、复制与案件有关的文件、资料、账册、单据、会议记录、工作笔记等书面材料；

（二）要求有关组织提供与案件有关的文件、资料等书面材料以及其他必要的情况；

（三）要求有关人员在规定的时间、地点就案件所涉及的问题作出说明；

（四）必要时可以对与案件有关的人员和事项，进行录音、拍照、摄像；

（五）对案件所涉及的专门性问题，提请有关的专门机构或人员作出鉴定结论；

（六）经县级以上（含县级）纪检机关负责人批准，暂予扣留、封存可以证明违纪行为的文件、资料、账册、单据、物品和非法所得；

（七）经县级以上（含县级）纪检机关负责人批准，可以对被调查对象在银行或其他金融机构的存款进行查核，并可以通知银行或其他金融机构暂停支付；

（八）收集其他能够证明案件真实情况的一切证据。

**第二十九条** 调查取证要做到：

（一）收集物证、书证，应尽量收取原物、原件；不能收取原物、原件的，也可拍照、复制，但须注明保存单位和出处，书证还须由原件的保存单位或个人签字、盖章。

（二）收集证言，应对出证人提出要求，讲明责任。证言材料要一人一证，可由证人书写，也可由调查人员作笔录，并经本人认可。所有证言材料应注明证人身份、出证时间，并由证人签字、盖章或押印。证人要求对原证作出部分或全部更改时，应重新出证并注明更改原因，但不退原证。与证人谈话，调查人员不得少于两人。收集被侵害人的陈述、被调查人的陈述，适用本项规定。

（三）对于有关机关移送的调查材料，必须认真审核，经调查人员认定后才可作证据使用。

**第三十条** 调查中，如需公安、司法机关和其他执法部门等提供与违纪案件有关的证据材料，有关机关应予积极配合。

**第三十一条** 应认真鉴别证据，严防伪证、错证。发现证据存在疑点或含糊不清的，应重新取证或补证。

**第三十二条** 认定错误事实须有确实、充分的证据。只有被调查人的交待，而无其他证据或无法查证的，不能认定；被调查人拒不承认而证据确实、充分的，可以认定。

**第三十三条** 调查组应将所认定的错误事实写成错误事实材料与被调查人进行核对。对被调查人的合理意见应予采纳，必要时还应作补充调查；对不合理的意见，应写出有事实根据的说明。

被调查人应在错误事实材料上签署意见。对拒不签署意见的，由调查组在错误事实材料上注明。

**第三十四条** 调查取证基本结束后，调查组应经过集体讨论，写出调查报告。调查报告的基本内容是：立案依据，主要错误事实及性质；有关人员的责任；被调查人对错误的态度；处理建议。对调查否定的问题应交待清楚。对难以认定的重要问题用写实的方法予以反映。调查报告须由调查组全体成员签名。

如调查组内部对错误性质、有关人员的责任及处理建议等有较大分歧，经过讨论仍不能一致时，应按调查组长的意见写出调查报告。但对不同意见应在报告中作适当反映，或另以书面形式反映。

调查组应将调查报告的主要内容向被调查人所在单位党组织通报，并征求意见。

**第三十五条** 调查中，发现检举人确属诬告或证人出具伪证等妨碍案件检查的行为，应予追究。

**第三十六条** 要保护办案人、检举人、证人。对上述人员进行诬告陷害、打击报复的，应予追究。

**第三十七条** 调查中，若发现违纪党员同时又触犯刑律，应适时将案件材料移送有关司法机关处理。

**第三十八条** 调查结束后，调查组要总结工作，并应协助发案单位党组织总结经验教训。

**第三十九条** 案件调查的时限为三个月，必要时可延长一个月。案情重大或复杂的案件，在延长期内仍不能查结的，可报经立案机关批准后延长调查时间。

## 第五章　移送审理

**第四十条** 凡属立案调查需追究党纪责任的案件，调查终结后，都要移送审理。

个别重大复杂的案件，调查过程中，可提前介入审理。

**第四十一条** 移送审理时，应移送下列材料，并办交接手续：

（一）分管领导同意移送审理的批示；

（二）立案依据；

（三）调查报告和承办纪检室的意见；

（四）全部证据材料；

（五）与被调查人见面的错误事实材料；

（六）被调查人对错误事实材料的书面意见和检讨材料；

（七）调查组对被调查人意见的说明。

**第四十二条** 案件经审理并报本级纪委常委会讨论后，应将调查报告、被调查人对错误事实材料的书面意见和检讨材料以及调查组对被调查人意见的说明材料的复制件，送交被调查人所在单位党组织作出处理决定。

被调查人所在单位党组织应在一个月内作出处理决定，并按照处分党员的批准权限呈报审批。

特殊情况下，由县以上纪检机关直接作出处分决定的，事前应征求被调查人所在单位党组织的意见。

**第四十三条** 审理过程中，发现证据不足的，应予补证；认为案件主要事实不清的，应补充调查。

**第四十四条** 对公安、司法机关已处理的案件中所涉及的党员，需要给予党纪处分的，由纪检机关直接审理。如需进一步调查的，应由纪检机关办理立案手续。

## 第六章 对办案人员的要求

**第四十五条** 办案人员应遵守以下纪律：

（一）不准对被调查人或有关人员采取违犯党章或国家法律的手段；

（二）不准泄露案情，扩散证据材料；

（三）不准伪造、篡改、隐匿、销毁证据，故意夸大或缩小案情；

（四）不准接受与案件有关人员的财物和其他利益。

**第四十六条** 办案人员有下列情形之一的，应当自行回避，被调查人、检举人及其他与案件有关的人员也有权要求回避：

（一）是本案被调查人的近亲属；

（二）是本案的检举人、主要证人；

（三）本人或近亲属与本案有利害关系的；

（四）与本案有其他关系，可能影响公正查处案件的。

办案人员的回避，由纪检机关有关负责人决定。

对办案人员的回避作出决定前，办案人员不停止对案件的调查。

## 第七章　附　　则

**第四十七条**　本条例是党的纪律检查机关案件检查工作的规则，各级党组织和纪检机关都必须严格执行。

**第四十八条**　中国人民解放军党的纪律检查机关的案件检查工作，军委纪委可参照本条例的精神作出规定，报中央军委批准施行，并报中央纪律检查委员会备案。

**第四十九条**　本条例由中央纪律检查委员会负责解释；实施细则由中央纪律检查委员会制定。

**第五十条**　本条例自1994年5月1日起施行，《中国共产党纪律检查机关案件检查工作条例（试行）》同时废止。

# 中国共产党纪律检查机关案件检查工作条例实施细则

（中共中央纪律检查委员会1994年3月25日印发）

## 第一章　总　　则

**第一条**　根据《中国共产党纪律检查机关案件检查工作条例》（以下简称《条例》）第四十九条的规定，制定本细则。

**第二条**　《条例》第三条所称“纪检机关依照党章和本条例行使案件检查权”，是指纪律检查机关在党章和《条例》规定的职权范围内，对党员和党组织的违纪问题有权进行初步核实、立案和调查。

任何国家机关、社会组织和个人均不得以违反法律、法规和党章、《条例》的手段，干扰、阻挠纪检机关的办案活动。对妨碍案件检查工作的，应按照《中共中央纪律检查委员会关于对妨碍违纪案件查处的党组织和党员党纪处分的规定（试行）》作出处理。

**第三条** 《条例》第四条所称“事实清楚、证据确凿、定性准确、处理恰当、手续完备”是指：

1. 案件发生的时间、地点、手段、情节、后果和有关人员的责任等应清楚明确；

2. 认定的每一案件事实都应有经过鉴别属实的充分证据；

3. 确定错误性质和提出处理建议，均应以事实为依据，以党章、党纪和国家法律、法规为准绳；

4. 案件检查的各个环节都应符合《条例》和本细则规定的程序，并履行相应的手续；收集的证据和形成的案件材料也应符合规定的要求。

**第四条** 根据《条例》第八条的规定，在案件检查中，纪检机关要切实保障党员和群众提出批评、检举、控告等项权利，保障被调查党员行使申辩、申诉等项权利，保障检举控告人、证人、被调查人和办案人不受打击报复。

## 第二章 受理和初步核实

**第五条** 根据《条例》第十条第一项的规定，纪检机关受理同级党委委员、纪委委员的违纪问题，如被反映人同时担任两个以上党委或纪委委员职务的，一般应由与其最高职务同级的纪检机关受理。

**第六条** 《条例》第十条第五项所称“领导交办的”，是指：

1. 上级党委（党工委、党组）、纪委（纪工委、纪检组）及其负责人交办的；

2. 同级党委（党工委、党组）及其负责人和本级纪委（纪工委、纪检组）负责人交办的。

上述领导交办的反映党员和党组织的违纪问题，必须经分管纪检室领导阅批后，才予以受理。

**第七条** 根据《条例》第十一条的规定，凡纪检室认为需进行初步核实的，应填写《初步核实呈批表》（附式1）；凡委托下级纪检机关进行初步核实的，应当制作《委托初步核实通知书》（附式2）。受委托的纪检机关应及时办理，并将核实情况报告委托机关。

**第八条** 根据《条例》第十二条、十三条的规定，初步核实应当尽力收集证据，并抓住主要问题进行，注意保守秘密。

**第九条** 《条例》第十四条所称“初步核实情况报告”，其内容应包括：被反映人的自然情况、反映的主要问题及初步核实的结果、存在的疑点、处理建议。参与核实的人员须在初核情况报告上签名。

承办纪检室应对初步核实情况报告进行审议并提出处理建议，由室主任（室主任不在时由副主任）签名后呈报分管纪检室领导审批。

**第十条** 根据《条例》第十四条第一项的规定，对经初步核实，反映问题不实的，纪检机关除应向被反映人所在单位党组织说明情况外，还应注意做好以下工作：

1. 在初核过程中如向被反映人作过了解或纪检机关认为有必要的，应向本人说明情况；

2. 因反映问题不实而对被反映人造成不良影响的，应采取适当方式在一定范围内予以澄清；

3. 发现被反映人在工作中做出显著成绩的，应向有关党组织反映；

4. 对检举人因了解情况不全面而错告的，应帮助其总结经验教训；

5. 对蓄意诬告、陷害的，应调查处理或建议有关组织严肃追究。

**第十一条** 根据《条例》第十四条第二项的规定，对经初步核实，虽有违纪事实，但情节轻微，不需追究党纪责任的，纪检机关应建议有关党组织按照以下办法做出处理：

1. 党组织负责人同被反映人谈话，进行批评教育；

2. 责成被反映人作出口头或书面检查；

3. 召开民主生活会，对被反映人进行批评帮助；

4. 纠正被反映人的违纪行为或责令其停止正在实施的违纪行为；

5. 对被反映人的工作或职务进行调整；

6. 在一定范围内进行通报批评；

7. 责成被反映人退出违纪所得。

上述处理办法对同一被反映人可以单独使用，也可合并使用。

纪检机关对党组织提出建议时，应制作《纪律检查建议书》（附式3），送达有关党组织。对纪检机关的建议，有关党组织如无正当理由，应予采纳，并应将办理结果及时报告或告知提出建议的纪检机关。

**第十二条** 《条例》第十五条所称“初步核实的时限”，从初步核实工作实际开始之日算起，至纪检室提出处理意见呈报分管领导审批时为止。

## 第三章 立 案

**第十三条** 《条例》所称“追究党纪责任”，是指给予纪律处分和免予纪律处分。

**第十四条** 《条例》第十八条第一款所称“另有规定的”部门，是指铁路、外交、民航、海关、税务、新华社、人民日报社等部门。

**第十五条** 根据《条例》第十八条第二款的规定，对应由地方纪检机关立案的违纪问题，有下列情形之一的，可由部门纪检机关立案：

1. 违纪问题涉及几个地方，由一个地方纪检机关立案调查不便的；

2. 部门纪检机关已受理并经初步核实的。

**第十六条** 根据《条例》第十九条的规定，对违纪党组织的立案，应由有立案权的党委、纪委常委会议研究决定。

**第十七条** 根据《条例》第二十一条的规定，上级纪检机关责成下级纪检机关立案的，必须是上级纪检机关或有关部门经过初步核实，认为符合立案条件的。

凡责成立案的，上级纪检机关应制作《责成立案通知书》（附式4）并附核实材料；有关下级纪检机关应即立案，并将查处结果报告上级纪检机关。

**第十八条** 根据《条例》规定，党员违犯党纪需要立案的，一般由纪委常委会议或纪检组组务会议讨论决定；党委委员、纪委委员违犯党纪需同级党委批准立案的，一般由党委常委会议讨论决定。党委或纪委因常务委员不够常委会议法定人数而无法召开常委会的，可由二名以上常务委员批准立案，但事后应即向其他常务委员通报。

不设常委会的各级党工委、纪工委，地级党委、纪委，基层党委、纪委的立案问题，比照前款规定执行。

立案审批时限，从收到立案呈批报告之日算起，至批准立案之日止。

**第十九条** 根据《条例》第二十二条的规定，凡需立案的，由承办纪检室写出《立案呈批报告》（附式5）。经批准立案的案件，承办纪检室应填写《立案决定书》（附式6），通报同级党委组织部门。

**第二十条** 党员工作调动后，发现在原单位有违纪问题并需立案调查的，由其现所在单位承办，原单位应予配合。

离退休后提高职级待遇的党员，其违纪问题需立案调查的，应按其提高待遇后的干部管理权限办理。

## 第四章 调　　查

**第二十一条** 《条例》所称“立案机关”，是指决定立案或经批准后决定立案的机关。

**第二十二条** 《条例》第二十四条第一款所称“调查方案”，其内容应包括：需查清的主要问题，调查步骤、方法，预计完成任务的时间，办案人员的组成和领导关系以及应注意的事项等。

调查方案应经分管纪检室领导批准后实施。

**第二十三条** 《条例》所称“被调查人（被反映人）所在单位党

组织”，是指与被调查人（被反映人）在其工作单位担任的党内职务或党外职务相应的一级党组织。

根据《条例》第二十四条第一款的规定，将立案决定通知被调查人所在单位党组织，应填写《立案决定书》，送交被调查人所在单位党组织的主要负责人。

**第二十四条** 根据《条例》第二十五条的规定，调查开始时，在一般情况下，调查组应会同被调查人所在单位党组织负责人与被调查人谈话，宣布立案决定，进行思想教育，并提出应遵守的纪律：

1. 自觉接受组织的调查，如实说明情况，主动交待问题，认真检查错误，配合组织尽快查清问题；

2. 不得与同案人或知情人串通情况、订立攻守同盟，不得对抗调查或进行反调查；

3. 不得对检举控告人、证人及上述人员家属等进行打击报复。

如调查组认为，调查开始时与被调查人谈话和宣布立案决定，会影响案件调查工作的，可根据案情，在适当时机谈话和宣布立案决定。

被调查对象是一级党组织的，调查开始时，调查组应会同其上一级党组织负责人，与被调查党组织的主要负责人谈话。

**第二十五条** 《条例》第二十六条所称“已不适宜担任现任职务”，是指具有下列情形之一的：

1. 被调查人犯有严重错误，已无法继续履行其职责；

2. 被调查人犯有严重错误，担任现任职务已严重影响调查工作。

本条所称“妨碍案件调查”，是指被调查人具有下列行为之一的：

1. 本人或指使他人对办案人、检举控告人、证明人及上述人员的家属进行侮辱、诽谤、诬陷、威胁、围攻、殴打以及其他形式的打击报复；

2. 本人或指使他人出伪证、不出证，隐匿、篡改、销毁证据，或嫁祸于人；

3. 利用职权或工作之便，采取欺骗、威胁、贿赂等手段阻止知情人如实反映情况、提供证据，或唆使知情人变证；

4. 本人或指使他人与同案人或知情人串通情况，订立攻守同盟，对抗调查或进行反调查。

**第二十六条** 根据《条例》第二十六条的规定，停止被调查人党内职务的，党委或纪检机关在作出停职检查决定后，应制作《停职检查决定书》（附式7）。纪检机关作出的停职检查决定，应将《停职检查决定书》报同级党委、党组备案，并通报同级党委组织部门。

属于停止被调查人党外职务的，纪检机关应制作《停职检查建议书》（附式8），送达有关党外组织。但由党委批准立案的，停职检查建议应在报经党委同意后提出。对纪检机关的建议，有关党外组织如无正当理由应予采纳，并应将结果及时报告或告知纪检机关。

停职检查的期限，不得超过办案期限。

**第二十七条** 《条例》第二十七条所称证据的种类分别指：

1. 物证：指能够证明案件真实情况的物品和物质痕迹。

2. 书证：指以其记载的内容证明案件真实情况的文字（包括符号、图画）。

3. 证人证言：指证人就其所了解的案件事实情况作的陈述。凡是知道案件真实情况的人都可以作为证人。生理上、精神上有缺陷或者年幼，不能辨别是非、不能正确表达意志的人，不能作证人。

4. 受侵害人的陈述：指受违纪行为直接侵害的人员就案件事实情况所作的控告和诉说。

5. 被调查人的陈述：指被调查党员就案件事实所作的交待、申辩和对同案人员的检举。

6. 视听材料：指可以重现原始声响或形象的用作证明案件事实的材料。

7. 现场笔录：指调查人员对案件（非刑事案件）有关的场所进行检查时所作的笔录。

8. 鉴定结论：指鉴定人运用专门知识或技能对办案人员不能解决的专门事项进行科学鉴定后所作出的结论。

9. 勘验、检查笔录：指公安、司法人员对与案件有关的场所、物品及其他证据材料进行勘验、检查时所作的笔录。

**第二十八条** 《条例》第二十八条所称“知道案件情况的组织和个人”，包括党组织和党外组织、党员和党外人员。

党员拒绝作证或故意提供虚假情况，情节严重的应按照有关规定给予党纪处分；是党外人员的，应建议其主管机关予以追究。

**第二十九条** 根据《条例》第二十八条第四项的规定，对与案件有关的人员和事项进行录音、拍照、摄像，应严格掌握。与被调查人、受侵害人和证人谈话时，如进行录音、拍照、摄像，应事先告知本人。制作的录音带、录像带和照片，应严加保管，不得扩散外传。被调查人、证人等未经调查人员许可，不得对调查人员使用这些手段。

**第三十条** 根据《条例》第二十八条第五项的规定，对案件所涉及的专门性问题，调查组可以提请有关专门机构或人员作出鉴定结论。鉴定人员应在鉴定结论上签名，并由鉴定单位加盖公章。

用作证据的鉴定结论，应告知被调查人。如被调查人提出申请，或调查组认为必要时，可以补充鉴定或重新鉴定。调查人员使用鉴定结论时，要注意与其他证据相互印证。

**第三十一条** 根据《条例》第二十八条第六项的规定，纪检机关暂予扣留、封存可以证明违纪行为的文件、资料、账册、单据、物品和非法所得时，参加的调查人员不得少于二人，并要填写《暂予扣留、封存物品登记表》（附式9），调查人和文件、物品的保管或持有人均应在登记表上签名。对扣留封存的文件、物品等，要指定专人妥善保管。

扣留封存的期限不得超过办案期限。

**第三十二条** 根据《条例》第二十八条第七项的规定，查核和暂停支付被调查对象在银行或其他金融机构的存款，按照中央纪委、中国人民银行关于纪检机关查询和暂停支付被调查对象存款有关规定办理，并要分别填写《查核银行存款通知书》（附式10）、《暂停支付存款通知书》（附式11）、《解除暂停支付存款通知书》（附式12）。

暂停支付的期限不得超过办案期限。

**第三十三条** 根据《条例》第二十九条的规定，调查取证还要注意做到：

1. 收集书证时，对可作书证的私人日记、信件等原始材料，应采取动员的方法，不能强行收集。涉及个人隐私的，应为其保密。

2. 收集证人证言，应个别进行，不得采取开座谈会的形式。证人作证后，应为其保密。

3. 调查人员与被调查人、证人、受侵害人谈话时，应制作《谈话笔录》（附式13）。

4. 对与案件（非刑事案件）有关的场所进行检查时，调查人员不得少于二人，并应制作现场笔录，调查人员应在现场笔录上签名。

**第三十四条** 根据《条例》第三十二条的规定，在没有物证、书证的情况下，仅凭言词证据认定错误事实时，必须有两个以上（含两个）直接证据，才能认定。

在没有直接证据的情况下，运用间接证据认定错误事实时，所有间接证据必须查证属实；每个证据与案件事实都有客观联系；所取得的证据必须形成一个完整的证明体系，并且这个证明体系足以排除其他可能性，才能认定。如不能排除其他可能性，或证据之间、证据与案件事实之间有矛盾的，不能认定。

**第三十五条** 根据《条例》第三十三条的规定，与被调查人进行核对的错误事实材料，其内容应包括：被调查人的主要错误事实、错误性质及责任。错误事实材料不得泄露立案依据、调查过程、检举人、证明人等内容。错误事实材料，以调查组的名义落款。

错误事实材料与被调查人见面，应由二名以上调查人员进行，必要时可请被调查人所在单位党组织负责人参加。

**第三十六条** 调查组在调查过程中，如发现被调查人有新的违纪问题，应一并查清，并及时向派出机关报告；如发现与本案无关的其他重大违纪问题，应即向派出机关报告。

**第三十七条** 对署真实姓名的检举人，调查结束后，调查组应向其口头通报所检举问题的调查结果，并征求意见。对案情需要保密的，应要求检举人不得泄密或扩散。

**第三十八条** 经调查，属于检举失实的案件，由承办纪检室写出《销案呈批报告》（附式14），报请立案机关批准后销案，并向被调查人及其所在单位党组织说明情况。

**第三十九条** 《条例》第三十九条规定的案件调查时限，从批准立案之日算起，至承办纪检室将调查报告报送分管领导审议之日止。

## 第五章 移送审理

**第四十条** 根据《条例》第四十条第二款的规定，凡需审理室提前介入审理的案件，应由调查组提出意见，经纪检室审议后，报分管纪检室、审理室领导批准；分管纪检室、审理室领导认为必要时，也可直接决定提前介入审理。

**第四十一条** 根据《条例》第四十一条的规定，纪检室在向审理室移送案件材料时，应填写《案件移送审理登记表》（附式15）。

**第四十二条** 《条例》第四十一条所称"立案依据"包括：

1. 检举材料；
2. 有关领导关于进行初步核实的批示；
3. 初步核实情况报告；
4. 立案呈批报告；
5. 《立案决定书》和其他批准立案的材料。

**第四十三条** 《条例》第四十一条所称"全部证据材料"，既包括对所调查的问题认定的证据材料，也包括对所调查的问题否定的证据材料。在移送以上材料时，应按调查报告中认定或否定问题的顺序编号。

**第四十四条** 根据《条例》第四十二条第一款的规定，将调查报告等案件有关材料的复制件送交被调查人所在单位党组织作出处理决定，由纪检室办理。

根据《条例》第四十二条第三款的规定，特殊情况下，由县以上纪检机关直接作出处分决定的，纪检室应将案件有关材料移送本级纪委审理室，由审理室审理后起草处分决定并征求被调查人所在单位党组织的意见，然后，报本级纪委常委会讨论。

**第四十五条** 根据《条例》第四十三条的规定，审理过程中，如需个别补证，由审理室直接办理；如审理室认为案件主要事实不清或需要由纪检室补证的，应提出意见，报经分管审理室和纪检室领导同意后，由纪检室补充调查。

**第四十六条** 根据《条例》第四十四条的规定，对已经公安、司法机关处理的移送纪检机关的案件，由审理室直接受理，不再履行立案手续，但应作为本级纪检机关办理的案件予以统计。如需个别补证的，由审理室办理。需要进一步调查的，报经分管审理室和纪检室的领导同意后，由纪检室办理立案手续。

**第四十七条** 《条例》第四十四条所称“需进一步调查的案件”，是指主要事实不清，证据不足，需要补充调查或重新调查的案件。

## 第六章 对办案人员的要求

**第四十八条** 根据《条例》第四十五条的规定，对办案人员违反本条规定的，应查明情况，追究责任。

**第四十九条** 《条例》第四十六条所称“近亲属”包括：配偶、父母、子女及其配偶、同胞兄弟姊妹。

**第五十条** 根据《条例》第四十六条的规定，办案人员未提出回避，被调查人、检举人及其他与案件有关的人员也未要求回避，但纪检机关认为办案人员应当回避的，可以直接作出回避决定。

纪检室负责人的回避，由纪检机关负责人决定；其他办案人员的回避，由纪检室负责人决定。

## 第七章 附 则

**第五十一条** 本细则由中央纪律检查委员会负责解释。

**第五十二条** 本细则自1994年5月1日起施行。

附式：略

# 纪检监察机关查办案件涉案财物价格认定工作暂行办法

（2010年12月10起施行）

## 第一章　总　　则

**第一条**　为规范纪检监察机关查办案件涉案财物价格认定工作，保证查办案件工作的顺利进行，根据《中国共产党纪律检查机关案件检查工作条例》、《中华人民共和国行政监察法》、《中华人民共和国价格法》等法律法规，制定本办法。

**第二条**　纪检监察机关查办案件涉案财物价格认定工作，适用本办法。

本办法所称价格认定，是指纪检监察机关在查办案件中，对价格不明，价格有争议的涉案财物，向人民政府价格主管部门设立的价格认证机构（以下简称价格认证机构）提出价格认定，由价格认证机构依法对涉案财物的价格进行测算，并作出认定结论的行为。

本办法所称涉案财物，是指可以证明违纪违法行为的财物和违纪违法所得的财物，包括房地产、金银珠宝、文物、艺术品、家具、电器、交通工具、通信工具、有价证券等。

**第三条**　纪检监察机关查办案件涉案财物价格认定工作，应当遵循依法、公正、科学、合理、保密的原则，按照规定的程序进行。

**第四条**　纪检监察机关工作人员和价格认证机构工作人员在价格认定工作中应当遵守保密法律、法规和纪律，不得泄露国家秘密、工作秘密，以及因工作掌握的商业秘密和个人隐私。

**第五条**　办理价格认定事项的纪检监察机关工作人员和价格认定人员，有下列情形之一的，应当自行回避，案件被调查人以及与价格认证事项有利害关系的公民、法人或者其他组织有权要求其回避：

（一）是被调查人近亲属的；

（二）办理的价格认定事项与本人有利害关系的；

（三）与办理的价格认定事项有其他关系，可能影响价格认定工作公正进行的。纪检监察机关和价格认证机构发现其所属人员有应当回避的情形，可以直接决定该人员回避。

## 第二章　提出与受理

**第六条**　纪检监察机关查办案件，需要进行价格认定的，应当向本级价格认证机构提出协助请求；案件被调查人要求价格认定的，可以向承办案件的纪检监察机关提出。

涉案财物在外地的，承办案件的纪检监察机关可以向涉案财物所在地的纪检监察机关提请协助，并由涉案财物所在地的纪检监察机关向其本级价格认证机构提出并办理相关手续。

纪检监察机关派驻机构查办案件需要进行价格认定的，依照本条第一款、第二款的规定办理。

未设立价格认证机构的乡（镇），其纪委查处案件需要进行价格认定的，应当提请上一级纪检监察机关办理。

**第七条**　纪检监察机关向价格认证机构提出对涉案财物进行价格认定的，应当出具价格认定协助书以及价格认定所必需的材料。

**第八条**　在价格认定过程中，需要对涉案财物先行作出技术、质量检测报告的，价格认证机构应当向纪检监察机关提出，纪检监察机关应当委托有关检测机构进行技术、质量检测；必要时，价格认证机构应当积极予以配合。

**第九条**　价格认证机构接到价格认定协助书和相关材料后，应当予以受理。经审查认为内容不完整的，应及时向纪检监察机关提出，由纪检监察机关予以补充。

## 第三章　价格认定

**第十条**　价格认证机构受理协助请求后，应当指派两名以上价格认定人员共同进行价格认定。

**第十一条** 价格认定人员应当对需要进行价格认定的涉案财物进行勘验。如勘验结果与价格认证协助书所载事项不符，应及时向纪检监察机关提出，由纪检监察机关重新出具价格认定协助书。

**第十二条** 价格认定机构一般不留存涉案财物，如确需留存，应当征得纪检监察机关同意并办理交接手续。

价格认证机构对留存的涉案财物应当妥善保管，不得调换、灭失和私自使用。价格认定工作结束后，应当将涉案财物退回纪检监察机关。

**第十三条** 价格认定机构在勘验、调查等价格认定过程中，确需纪检监察机关配合的，纪检监察机关应当配合。

**第十四条** 价格认定的期限，由纪检监察机关与价格认证机构约定，补充或者重新提取认定材料等，可以由双方商定延长期限。

**第十五条** 因不可抗力或者其他原因致使价格认定暂时无法进行的，应当中止价格认定；确实无法进行的，应当终止价格认定。

价格认证机构中止或者终止价格认定的，应当向纪检监察机关出具通知书，纪检监察机关提出中止或者终止价格认定的，应当以书面形式通知价格认证机构。

价格认定中止事项消除后，应当恢复价格认定工作。终止价格认定的，价格认证机构应当将全部材料退还纪检监察机关。

**第十六条** 纪检监察机关增加与原价格认定有关的内容的，可以向原价格认证机构提出补充价格认定。

**第十七条** 价格认证机构完成价格认定后，应当向纪检监察机关出具价格认定结论书。结论书应载明复核裁定的受理机构。

## 第四章　重新认定和复核裁定

**第十八条** 纪检监察机关对价格认定结论有异议的，可以向原价格认证机构提出重新认定，也可以直接向价格认定结论书中告知的复核裁定受理机构提出复核裁定。

对重新认定仍有异议的，应当向复核裁定受理机构提出复核裁定。

**第十九条** 纪检监察机关对复核裁定结论仍有异议的，可以向国务院价格主管部门设立的价格认证机构再次提出复核裁定。

国务院价格主管部门设立的价格认证机构作出的复核裁定为最终复核裁定。

**第二十条** 纪检监察机关在收到价格认定、重新认定或者复核裁定结论书后，应当告知案件被调查人。

案件被调查人对结论有异议的，应当在收到结论书之日起 3 日内向纪检监察机关提出。纪检监察机关根据具体情况决定是否向价格认证机构提出重新认定、复核裁定或者再次复核裁定。

## 第五章 纪律责任

**第二十一条** 纪检监察机关及其工作人员违反本办法，构成违纪的，对有关责任人员，依照有关规定给予党纪政纪处分；涉嫌犯罪的，移送司法机关依法处理。

**第二十二条** 价格认证机构及其工作人员违反本办法，有下列行为之一的，对有关责任人员，依照有关规定给予党纪政纪处分；涉嫌犯罪的，移送司法机关依法处理：

（一）出具虚假价格认定结论的；

（二）违反规定造成价格认定结论严重失实的；

（三）泄露价格认定工作中所掌握的国家秘密、工作秘密、商业秘密和个人隐私，造成不良后果的；

（四）有其他滥用职权、徇私舞弊、玩忽职守行为的。

## 第六章 附 则

**第二十三条** 价格认证机构对纪检监察机关查办案件涉案财物进行价格认定不收费，该项经费由同级财政预算安排。

**第二十四条** 本办法由中央纪委、国家发展改革委、监察部、财政部负责解释。

**第二十五条** 本办法自发布之日起施行。

# 监察机关调查处理政纪案件办法

（1991年11月22日监察部令第1号发布　自发布之日起施行）

## 第一章　总　　则

**第一条**　为保证监察机关调查处理政纪案件工作规范化，依法正确、及时地查处政纪案件，根据《中华人民共和国行政监察条例》制定本办法。

**第二条**　监察机关调查处理国家行政机关及其工作人员和国家行政机关任命的其他人员的政纪案件，适用本办法。

**第三条**　监察机关依照国家法律、法规和政策调查处理政纪案件，不受其他行政机关、社会团体和个人的干涉。

**第四条**　调查处理政纪案件，必须以事实为根据，以法律、法规和政策为准绳，在适用法律和政纪上人人平等。

**第五条**　调查处理政纪案件，坚持行政监察与群众监督相结合，监督与改进工作相结合，惩处与教育相结合的原则。

**第六条**　调查处理政纪案件，必须做到事实清楚，证据确凿，定性准确，处理恰当，程序合法。

**第七条**　调查处理政纪案件应当严格遵守国家保密规定。

## 第二章　立　　案

**第八条**　监察机关按照《中华人民共和国行政监察条例》第三章关于各级监察机关的管辖的规定，分别受理下列涉及国家行政机关及其工作人员和国家行政机关任命的其他人员违法违纪行为的线索和材料：

（一）公民、法人或者其他组织检举、控告的；

（二）上级机关交办的；

（三）有关机关移送的；

（四）行为人自述的；

（五）监察机关发现的。

行为人和检举、控告人口头陈述的，监察机关应制作笔录，经核对无误后，由陈述人签名或者盖章；必要时可以录音。

**第九条** 受理违法违纪行为的线索和材料，应当填写受理登记表，经监察机关负责人批准后，进行初步审查。

**第十条** 初步审查后，应当写出初步审查报告，经本机关负责人批准后，分别作出以下处理：

（一）认为违法违纪事实不存在，或者虽有违法违纪事实，但情节显著轻微，不需要给予行政处分的，予以了结；

（二）认为虽有违法违纪事实，不需要给予行政处分，但依法应当由其他行政主管机关予以行政处理的，移送有关主管机关；

（三）认为需要给予刑事处分的，移送司法机关；

（四）认为有违法违纪事实，需要给予行政处分的，予以立案。

**第十一条** 重要、复杂的案件，监察机关可以会同政府有关部门共同立案。

**第十二条** 决定立案调查的，应当通知被调查单位及其上级机关或者被调查人及其所在单位。但有碍调查或者无法通知的除外。

**第十三条** 监察机关对重要案件的立案，应当报本级人民政府和上一级监察机关备案。接受备案的机关在十五日内未提出异议的，视为同意。接受备案的人民政府与报备案的监察机关意见不一致的，由该监察机关的上一级监察机关决定。

**第十四条** 政纪案件应当在立案后六个月内结案。因特殊原因需延长办案期限的，应当经办案机关负责人批准，并报上一级监察机关备案，但至迟不得超过一年。上级机关交办的案件，不能如期结案的，应当向交办机关说明理由。

**第十五条** 监察机关办案人员有下列情形之一的，应当自行回避；被调查人、检举、控告人及与案件有利害关系的公民、法人或者其他组织有权申请其回避：

（一）是案件被调查人或者检举、控告人的近亲属的；

（二）本人或者近亲属与案件有利害关系的；

（三）与案件被调查人或者检举、控告人有其他关系，可能影响对案件公正处理的。

监察机关负责人的回避，由其所在人民政府主管监察工作的负责人或者上一级监察机关负责人决定；其他办案人员的回避，由监察机关的负责人决定。

对办案人员的回避作出决定前，办案人员不能停止对案件的调查。

对驳回申请回避的决定，被调查人、检举、控告人及有关公民、法人或者其他组织可以申请复议一次。

## 第三章 调 查

**第十六条** 政纪案件立案后，应当制定调查方案。调查方案主要包括调查人员的组成；应当查明的问题和线索；调查步骤、方法和措施等内容。

**第十七条** 能够证明案件真实情况的一切事实，都是证据。证据有以下几种：

（一）书证；

（二）物证；

（三）证人证言；

（四）被调查人的陈述和辩解；

（五）视听资料；

（六）鉴定结论；

（七）勘验、检查笔录。

以上证据必须经查证属实，才能作为定案的根据。

**第十八条** 监察机关应当依法全面、客观地收集证据。对于能够证实被调查人有违法违纪行为或者无违法违纪行为，以及违法违纪行为情节轻重的各种证据都应当收集。严格禁止以威胁、引诱、欺骗以及其他非法手段收集证据。

**第十九条** 监察机关有权向有关单位和个人收集、调取证据。调查取证时，调查人员应当出示有关证明文件。调查取证人员不得少于二人。

**第二十条** 调查取证时，应当问明证人的身份、证人与被调查人之间的关系，并告知证人应当如实提供证据，以及有意作伪证或者隐匿证据应负的法律责任。

**第二十一条** 询问证人应当个别进行；必要时经证人同意可以录音、录像。调查人员应当当场制作调查笔录，也可由证人用钢笔、毛笔书写证言，没有书写能力的证人可由他人代为书写，经核对无误后，由其签名或者盖章。如果证人要求对原证作部分或全部更改时，可允许在注明更改原因的情况下另行作证，但不退还原证。

**第二十二条** 收集证据应当取得原物、原件，如果不能收取原物、原件时，可以拍照、影印、复制，但应注明原物、原件的保存单位或者出处，并由提供原物、原件的单位或个人签名或者盖章。

**第二十三条** 现场勘验、检查情况，应制作笔录或勘验、检查报告，由参加勘验、检查的人员和见证人签名或者盖章；必要时可以拍照、录像。

**第二十四条** 对具有专业技术性的证据，可指派或者聘请具有专门知识、技术的人员参加调取；需要进行鉴定的，由鉴定人写出书面结论，并签名或者盖章。

**第二十五条** 监察机关应当询问被调查人，听取其陈述和辩解。

**第二十六条** 对有关机关提供、移送的证明材料，监察机关应当进行审查核实。

**第二十七条** 监察机关在调查中，可以按照《中华人民共和国行政监察条例》第二十一条和第三十三条的规定，采取调查措施。

**第二十八条** 须暂予扣留、封存可以证明违法违纪行为的文件、物品和非法所得的，应当出示监察通知书，并开列清单。

暂予扣留、封存的时间不得超过办案期限。

**第二十九条** 按照规定程序，查核被调查人以及与所查案件有直接关系的人员在银行或者其他金融机构的存款的，应当出具查核通知书，并提供存款人的姓名和其他有关情况；暂停支付被调查人以及与所查案件有直接关系的人员在银行或者其他金融机构的存款的，应当出具停止支付通知书，并提供有关证明材料。

经调查如果不需要继续停止支付银行存款的，应当出具解除停止支付通知书。

**第三十条** 根据需要，责令被调查人和有关人员在规定的时间、地点就有关问题作出解释和说明的，应当出具监察通知书，通知被调查人和有关人员持该书在规定的时间、地点接受询问。

**第三十一条** 责令被调查人停止正在或者可能损害国家利益和公民合法权益的行为的，应当出具监察通知书，送达被调查人及其所在单位；必要时也可以同时通知其上级主管机关。

**第三十二条** 建议主管机关暂停有严重违法违纪嫌疑人员的公务活动或者职务的，应制作监察建议书送达主管机关。

**第三十三条** 监察机关对调查事项涉及管辖范围以外的单位和个人有权进行查询和调查，有关单位和个人应当予以协助。

对应当予以协助、又能够协助而拒不协助的，监察机关可以建议其主管机关给予相应的处理。

**第三十四条** 监察机关在调查中，确需提请公安机关予以协助时，按照《监察部、公安部关于监察机关在查办案件中公安机关予以协助配合的问题的通知》的规定办理。

**第三十五条** 监察机关应当将认定的违法违纪事实形成书面材料与被调查人见面，并允许其申辩。必要时应当重新调查或者补充调查。对查证属实的应当采纳。

被调查人应当在见面材料上签署意见并签字或者盖章，也可以另附书面意见。拒绝签署意见或者拒绝签字、盖章的，由调查人员在见面材料上注明，并由被调查人所在单位负责人签署意见。

**第三十六条** 调查终结后，应当制作案件调查报告。案件调查报告的内容包括：立案依据；违法违纪事实、性质；被调查人和有关人员的责任；被调查人的态度和对见面材料的意见；被调查人所在单位的意见；处理意见；调查人员签字或者盖章；报告时间等。

## 第四章　审　　理

**第三十七条**　审理部门是监察机关负责政纪案件审理的专门机构，对下列调查终结的政纪案件进行审理：

（一）认为需要给予行政处分的案件；

（二）监察机关负责人认为需要进行审理的其他案件。

**第三十八条**　审理部门在审理案件时，认为需要对案件进行补充调查或者补办手续的，可以通知调查部门补充调查或者补办手续，经监察机关负责人同意，也可以自行调查或者补办手续。

**第三十九条**　审理部门应当就案件事实是否清楚、证据是否确凿、定性是否准确、处理意见是否恰当、程序是否合法进行全面审核，并提出审理报告。

**第四十条**　审理部门经过审理，对下列政纪案件应当提交审理委员会审议：

（一）重要、复杂的案件；

（二）审理部门与调查部门意见不一致的案件；

（三）审理部门认为需要提交审理委员会审议的案件。

**第四十一条**　审理委员会经审议，可提出如下审议意见：

（一）同意审理部门的审理意见；

（二）改变审理部门的审理意见；

（三）要求重新审理。

**第四十二条**　审理委员会提出的审议意见，经监察机关负责人审定后实施。重要的监察决定和监察建议应当报经本级政府和上一级监察机关同意。

不需经审理委员会审议的案件，按监察机关负责人审定意见处理。

## 第五章　处　　理

**第四十三条**　政纪案件调查、审理结束，分别不同情况，以下列方式处理：

（一）有违法违纪事实，需要给予撤职以下行政处分的，作出行政处分的决定；

（二）有违法违纪事实，但情节轻微或者具有减轻情节，不需要给予处分的，经批评教育后作出免予行政处分的决定；

（三）对需要在一定范围内予以通报的违法违纪的单位或者个人，进行内部通报或者公开报道；

（四）违反国家法律、法规的规定取得非法收入，依法应当由监察机关没收、追缴或者责令退赔，以及已经给国家利益和公民的合法权益造成损害，需要采取补救措施的，作出处理决定；

（五）根据《中华人民共和国行政监察条例》第二十三条、第二十四条的规定，提出监察建议；

（六）认为需要由其他机关给予处理的，移送有关机关处理；

（七）违法违纪事实不存在，或者不需要以上述方式处理的，对案件予以撤销。以上方式可以单独使用，也可以根据需要合并使用。

**第四十四条**　监察机关作出给予行政处分及其他处理决定或者撤销案件决定的，应当制作监察决定书；监察机关建议给予行政处分及其他处理的，应当制作监察建议书。

监察机关依法决定没收、追缴非法所得的，除应当制作监察决定书外，还应当使用监察机关商同级财政部门制发的专用凭证；责令退赔的，使用监察机关统一制发的凭证。

**第四十五条**　监察决定书和监察建议书由监察机关直接送达有关部门、单位和人员，也可以留置送达、邮寄送达，或者委托其他监察机关、主管部门代为送达。

送达监察决定书和监察建议书，必须有送达回证，由受送达人在送达回证上记明收到日期、签名或者盖章。受送达人在送达回证上的签收日期为送达日期。邮寄送达，以挂号回执上注明的收件日期为送达日期。受送达人拒收的，不影响决定及建议的执行，并应当由送达人在送达回证上予以说明。

**第四十六条** 对监察机关作出的行政处分及其他处理决定不服的，按照《监察机关处理不服行政处分申诉的办法》处理；对监察机关作出的给予行政处分及其他处理的建议有异议的，按照《中华人民共和国行政监察条例》第四十条规定处理。

**第四十七条** 监察机关直接作出行政处分决定的，按照国家人事管理有关规定由人事部门办理有关手续。受行政处分的人员属于党委管理的，监察机关应当把有关材料抄送所属党委组织部门。

**第四十八条** 监察机关对政纪案件处理后，应当写出结案报告，报经监察机关负责人同意后结案，并按规定办理立卷、归档、呈报、备案等事项。

**第四十九条** 被调查人或者其他有关人员妨碍案件查处和执行的，属于国家行政机关工作人员和国家行政机关任命的其他人员，监察机关可以根据情节轻重给予批评教育，建议其主管机关给予行政处分或者直接给予行政处分；属于非国家行政机关工作人员和非国家行政机关任命的人员，监察机关可以将其妨碍案件调查的事实材料移送有关主管机关建议给予处理。监察人员在查办案件中有违反《中华人民共和国行政监察条例》第四十七条规定行为的，由所在监察机关根据情节轻重给予相应的行政处分。

## 第六章 附 则

**第五十条** 本办法下列概念的含义是：

（一）“近亲属”，包括配偶、父母、子女、兄弟姐妹、祖父母、外祖父母、孙子女、外孙子女。

（二）“重要案件”和“重要、复杂的案件”、“重要的监察决定和监察建议”：“重要案件”和“重要、复杂的案件”，是指涉及政府所属部门及其负责人、下一级政府及其负责人的案件，案情复杂、情节严重的案件。就上述案件作出的监察决定和监察建议，为重要的监察决定和监察建议。

（三）“期限”，指监察机关查处政纪案件应当遵守的时间。凡时间计算，均不含当日和在途中时间；遇有法定节假日自然顺延。

**第五十一条** 本办法由监察部负责解释。

**第五十二条** 本办法自发布之日起施行。一九八八年五月十一日监察部发布的《中华人民共和国监察机关调查处理政纪案件试行办法》同时废止。

# （三）案件审理

## 党的纪律检查机关案件审理工作条例

（中共中央纪律检查委员会1987年7月14日印发）

### 第一章 总 则

**第一条** 根据党章和《关于党内政治生活的若干准则》，结合案件审理工作的实践经验，制定本条例。

**第二条** 案件审理工作，是对违犯党的纪律的案件的审核处理工作，是党的纪律检查工作的重要组成部分，是检查处理党员或党组织违犯党纪案件的重要环节。做好案件审理工作，对于正确地处理违犯党的纪律的案件，维护党的纪律的严肃性，端正党风；对于坚持四项基本原则，保证党的路线、方针、政策、决议的贯彻执行，促进社会主义物质文明和精神文明建设，有着积极的作用。

**第三条** 审理党员或党组织违犯党的纪律的案件，必须坚持实事求是的原则。以事实为依据，重证据，不主观臆断，不带框框。对于处理错了的案件，一经发现，坚决改正。

**第四条** 对犯错误的同志，必须坚持“惩前毖后，治病救人”的方针。对他们耐心地进行思想教育，根据其错误，恰当处理，既反对惩办主义，又不得姑息、迁就。

**第五条** 处理党员或党组织违犯党的纪律的案件，必须坚持严肃慎重、区别对待的原则。违纪必究，严肃处理，不能含糊敷衍。但在处理的时候，必须慎重从事。对具体案件，要具体分析其错误事实、性质、情节和危害，根据不同情况，做不同处理。

**第六条** 对于违犯党的纪律的党员，必须坚持在党的纪律面前人人平等的原则。不论其职位高低，贡献大小，资历长短，都要严肃查处，决不容许有不受党纪约束的特殊党员。

**第七条** 对党员或党组织的处分，必须坚持民主集中制的原则，由党委或纪委集体讨论决定。不允许任何个人或少数人决定和批准对党员或党组织的处分。

**第八条** 审查处理违犯党的纪律的案件的人员，需要回避的，经批准后实行回避。

## 第二章 任务和职责范围

**第九条** 案件审理工作的任务是：审查处理党员、党组织违犯党的纪律的案件和复查的案件。实事求是地核对违犯党的纪律的案件的事实材料，审核鉴别证据，根据党的政策和国家的法律法规，分析认定问题的性质，按照党章的规定和党对犯错误党员的一贯政策以及规定的程序，正确地处理违犯党的纪律的党员或党组织。

**第十条** 职责范围：

（一）审理按照批准权限由本级纪委或同级党委批准的违犯党的纪律的案件；

（二）审理报送上级纪委或党委审批的案件；

（三）审理下级纪委报的特别重要或复杂的案件；

（四）审理下级纪委对同级党委处理案件的决定有不同意见请求予以复查或复议的案件；

（五）审理下级纪委报来的备案案件；

（六）审理领导同志交办的其他案件；

（七）受理本级党委、纪委及上级党委、纪委批准的案件中党员对所受处分或结论不服的申诉；

（八）调查研究案件审理工作和执行党纪的情况，拟定有关案件审理工作规范化的规定，对下级纪委的审理工作进行业务指导；

（九）为进行党性党风党纪教育选择典型案例。

## 第三章　审理案件的基本要求

**第十一条**　事实清楚

事实是定案的基础。审理案件，必须将错误事实发生的时间、地点、情节、后果、本人应负的责任，以及产生错误的主客观原因等，审核清楚。如发现事实不清，要责成或协同原报案单位重新查证清楚，要使所认定的错误事实符合客观实际。

**第十二条**　证据确凿

证据是判断事实的依据。对证据必须认真地进行鉴别，去伪存真。认定错误的事实，一定要有充分的证据。没有证据或证据不充分、不确凿，不能认定。证据充分、确凿，即使犯错误的人拒不承认，也可以认定。

**第十三条**　定性准确

认定问题的性质，必须在事实清楚、证据确凿的基础上，以党章、《关于党内政治生活的若干准则》、党的方针政策和国家的法律法规为准绳，进行具体分析，是什么性质的问题就定什么性质。性质难以确定的，用写实的办法作出结论。

**第十四条**　处理恰当

在事实清楚、证据确凿、定性准确的基础上，作出恰当处理。既不要处理过头，又不要姑息迁就。

在任何情况下都不得株连无辜。

**第十五条**　手续完备

处理案件要严格按照党章规定的手续办理，按照处分党员或党组织的批准权限审批。手续不完备的，原报案单位必须补办。

报请审批的案件，须报以下材料：

（1）处分决定；

（2）错误事实调查报告和主要证据材料；

（3）本人检查材料和对处分决定的意见以及党组织对本人意见的说明；

（4）党的纪律检查委员会或党组织的审查意见。

复查的案件须报：复查或复议报告和主要证据材料；处理决定及有关党组织的意见；本人意见和党组织对本人不同意见的说明；原处分决定和原定案的主要证据材料。

## 第四章　保障党员的合法权利

**第十六条**　基层党组织在讨论决定对党员的处分时，如无特殊情况，应通知本人出席会议，允许他在会上为自己申辩，也允许他人为之辩护。

**第十七条**　党组织对党员所要作出的处分决定和所依据的事实材料必须同本人见面，听取本人说明情况和申辩。当本人对党组织所认定的错误事实有不同意见时，要认真地进行复核，采纳其合理的意见。对事实清楚、证据确凿，本人坚持错误意见或拒不签署意见的，由党组织作出书面说明，并根据事实作出处理决定。需要报上级审批的案件，连同本人意见一并上报。

要切实保障检举人、证明人的权利，检举材料和证人证言，不能给犯错误的人看。

**第十八条**　党组织作出的处分决定（或结论），需由本人签字，经上级批准后，连同批复给本人一份，并在适当范围内宣布。

**第十九条**　处分决定一经批准即执行。如果本人不服提出申诉，有关党组织必须负责及时处理或迅速转递，不得扣压，承办单位不得推诿。对于申诉有理，需要改变的，要实事求是地予以改正；对于错误事实清楚，证据确凿，定性准确，处理恰当，而本人坚持错误和无理要求的，要批评教育；对于无理取闹的，要严肃处理。

## 第五章　审理案件工作程序

**第二十条**　凡需经本级党委、纪委决定或批准以及需报上级党委、纪委批准的案件，在正式决定或批准前，必须经过审理部门审理。

**第二十一条**　审理部门在接到需由本部门审理的案件后，应即指定承办人。除案情简单者外，每个案件应由两人共同承办，特别重大复杂的案件，应组成两人以上的审议组办理。

**第二十二条**　承办人员按照本条例第三章的基本要求，对案件认真审理，提出审理意见。对于重大或复杂的案件，必要时，对主要事实和证据直接进行复查核实。

**第二十三条**　审理部门集体审议案件。由承办人员汇报案情和审理意见。汇报案情要言必有据，不得随意扩大或缩小事实。讨论中充分发扬民主，畅所欲言，允许为犯错误者申辩。然后根据会议决定写出审理报告。讨论中如有不同意见，同时上报。

**第二十四条**　一般情况下，批准机关在审理过程中应派专人与受处分人谈话，认真听取受处分人的意见。同时根据情况对犯错误的党员进行必要的帮助教育。做好谈话记录。

**第二十五条**　需要征求有关部门意见的案件，在常委审定前进行。

**第二十六条**　经过审理部门集体审议的案件，将案件审理报告和下级纪委或党委报来的有关材料，一并提请本纪委常委会审批。

**第二十七条**　经本纪委常委会讨论决定后，按照批准权限，由本纪委批准的案件，立即办理批复手续；需报同级党委或上级党委、纪委审批的案件，及时办理请示手续。在接到同级党委或上级党委、纪委的批复后，及时办理给有关党组织的批复手续。

**第二十八条**　已经批复或同意备案的案件，及时抄送同级党委组织部门和其他有关部门。给予党员的处分决定中，有向党外组织建议撤销党外职务和给予其他行政处分时，应将处分决定送党外有关组织。

**第二十九条** 案件办理完结后，由承办人按照规定立卷归档。

## 第六章 对案件审理工作人员的要求

**第三十条** 案件审理工作人员应具有的党性原则和工作作风：

（一）要有坚强的党性和高度的责任感，坚持原则，刚正不阿，秉公办案，不徇私情，敢于同一切违反党纪国法的行为作坚决斗争。

（二）坚持实事求是，一切从实际出发，不主观臆断；坚持调查研究，走群众路线，不偏听偏信，善于听取不同意见。

（三）注重总结经验，努力提高工作质量和效率。

（四）模范地遵守党纪国法，严格遵守保密制度，不得向无关人员泄露所办案件的情况。

（五）认真学习党的各项方针政策、党规党法和国家的法律法规，不断提高自己的政治思想水平和政策、业务水平。

**第三十一条** 本条例是案件审理工作的法规。各级党组织和各级纪委审查处理案件，必须按照本条例办理。

# 纪检监察机关办案工作保密规定

（中共中央纪律检查委员会1996年8月19日印发）

**第一条** 为了确保纪检监察机关在办案中严格保守国家秘密，加强办案中的保密工作，保证纪检监察工作的顺利进行，根据《中华人民共和国保守国家秘密法》、《纪检监察工作中国家秘密及其密级具体范围的规定》和国家有关规定，制定本规定。

**第二条** 本规定适用于纪检监察机构办案人员和纪检监察机构内部因工作需要接触案情的人员。

**第三条** 受理检举、控告、申诉的保密要求按照《保护检举、控告人的规定》的有关规定办理。

**第四条** 对案件或问题初核时，不准向被调查人暴露意图。

**第五条** 《立案呈批报告》、《初步核实报告》等有关案件材料，应指定专人登记、管理。

**第六条** 制定案件调查计划要同时制定保密措施，调查大案要案要有具体保密方案。

**第七条** 拟采取的调查手段、措施要严格控制知悉范围，不准向被调查人泄露；严禁泄露当事人提供的物证、书证、证人证言等证据。

**第八条** 外出调查一般不准携带案卷，如确需携带时必须经领导批准，并做到：两人专管，卷不离人，严防丢失；上下车、船、飞机时，要及时检查，相互提示。

**第九条** 不准在公共场所谈论案件内容，不准携带案卷和调查材料探亲访友、游览、购物等。

**第十条** 汇报案情及有关情况时，应使用加密传真，不得使用平信、明码电报和电话。传递办案材料，应通过机要部门。

**第十一条** 出境调查携带案件材料，应当按国家保密局、海关总署《关于禁止邮寄或非法携运国家秘密文件、资料和其他物品出境的规定》执行。

**第十二条** 移送审理的案件材料，要严格登记和履行交接手续。

**第十三条** 在审理案件过程中，案卷材料由承办人负责保管，审理结束后，按规定移送。

**第十四条** 阅卷笔录、审理讨论笔录等，未经批准，不得向无关人员提供。

**第十五条** 案件材料及办案请示、报告和其他有关文字材料，均应按《纪检监察工作中国家秘密及其密级具体范围的规定》划定密级和期限，并妥善加以保管。

**第十六条** 正在办理的案件，一般不对外宣传报道；需要宣传报道时，必须经主管领导同意并报同级纪检监察机关领导批准。

**第十七条** 办案中如发生泄密情况，要及时向主管领导和本单位保密委员会报告，同时采取有效措施尽力补救；事后要认真追查，严肃处理，并向上一级纪检监察机关保密委员会报告。

**第十八条** 违反本规定的，应依照党纪、政纪的有关规定给予党纪处分、行政处分或其他处理；构成犯罪的，移送司法机关依法追究刑事责任。

**第十九条** 本规定自发布之日起施行。

# 中共中央纪委关于查处党员违纪案件中收集、鉴别、使用证据的具体规定

（1991 年 7 月 23 日）

**第一条** 为正确收集、鉴别和使用证据，保证办案质量，正确执行党的纪律，特制定本规定。

**第二条** 证明案件真实情况的一切事实都是证据。证据包括：

1. 物证，指能够证明案件真实情况的物品和痕迹。

2. 书证，指以其记载的内容证明案件真实情况的文字（包括符号、图画）。

3. 证人证言，指证人就其所了解的案件情况所作的陈述。凡是知道案件真实情况的人都可以作为证人。不能辨别是非的人，不能正确表达的人，不能作证人。

4. 视听材料，指可以将重现的原始声响或形象的录音录像用作证明案件事实的材料。

5. 受侵害人员的陈述，指受违纪行为直接侵害的人员就案件事实情况所作的控告和述说。

6. 受审查党员的陈述，指受审查党员就案件事实所作的交待、申辩和对同案违纪人员的检举、揭发。

7. 鉴定结论，指鉴定人运用专门知识或技能对办案人员不能解决的专门事项进行科学鉴定后所作出的结论。

8. 勘验、检查笔录，指公安、司法人员对与案件有关的场所、物品及其他证据材料进行勘验、检查时所作的笔录。

9. 现场笔录，指纪律检查人员对案件（非刑事案件）有关的场所进行检查时所作的笔录。

证据必须经过审核属实，才能作为定案的根据。

**第三条** 收集、鉴别和使用证据必须实事求是，一切从客观实际出发，不得带框框、主观臆断、偏听偏信；必须尊重党员的民主权利和公民的合法权利。任何党员和群众都有向党组织提供自己所知道的案情的义务。严禁使用威胁、引诱、欺骗及其他非法手段收集证据。

**第四条** 收集违犯党纪案件的证据，由党的纪律检查工作人员或党组织委派的党员负责进行，收集证据必须两人以上。收集证据要及时、客观、全面。

证据的收集主要由案件检查人员进行。案件审理人员在审理案件时，发现证据不足或证据间存在矛盾，一般由报案单位补充调查取证，需要补充个别证据的也可以由案件审理部门补充收集。

**第五条** 收集物证应尽可能提取原物。物证能随卷保存的即随卷保存，不能提取的原物或不能随卷保存的原物应拍成照片入卷，并注明原物存放何处。

**第六条** 收集书证采用提取会议记录、介绍信、文件、个人记录、私人信件、日记等方法，并尽可能提取原件。如不能提取原件的，用摘抄或复印的方法提取，但应注明出处、原件保存单位，并应由原件保存单位加盖公章。摘抄或复印会议记录、个人记录、私人日记时，要注意时间的连续性，节录材料不得断章取义。

对可作为书证的原始材料或复制件，党的各级组织不得以任何借口拒绝提供。收集的材料涉及机密事项应履行一定的批准手续。党员有义务向组织提供记载有与案情有关系的工作记录本。

对可作为书证的私人日记、信件等原始材料的收集只能采取动员的方法，不得强行收集，涉及个人隐私的，有关党组织应为其保密。

**第七条** 凡是知道案件情况的党员和群众，都应及时地、如实地提供证言，不得拒绝作证。党员故意提供虚假情况，情节严重的给予必要的纪律处分。

收集证人证言，不要采取座谈会的形式。证人证言要一人一证，一般情况下一事一证。由证人用钢笔或毛笔书写。没有书写能力的，由他人或调查取证人根据证人的讲述代写，写好后读给证人听，并按证人意见进行修改，然后由证人签字、盖章或按手印。书写证人证言，应把所要证明的事实发生的时间、地点、当事人、原因、情节、手段、结果等书写清楚。调查人员要作好询问笔录，并应由被询问人签字。

对证人证言，应由取证人注明证人工作单位、职务，并由取证人签字。不必由所在单位加盖公章或加注“属实”、“供参考”之类的文字。

证人作证后，如有补充、更正，可另行书写，并说明更正的理由。办案人员应将补充、更正的证人证言与该证人原出具的证言一并归入案卷。

证人作证后，党组织应为其保密。如发现受审查党员及其亲友对证人打击报复，从严处理。

**第八条** 收集受审查党员的陈述包括：受审查党员对自己所犯错误的交待或申辩；揭发同案违纪人员的材料。

受审查党员应对党忠诚老实，如实向组织交待自己的问题，同时也有依据党章的规定为自己申辩的权利。受审查党员对“处分所依据的事实材料”如提出不同意见，有关党组织应认真研究并作出说明，一并归入案卷。

**第九条** 纪律检查机关在需要时，可以运用公安机关、人民检察院、人民法院的鉴定结论、勘验检查笔录等。

从公安机关、人民检察院、人民法院取得证据，按有关规定办理。

纪律检查人员对有作案现场的非刑事案件，应注意对现场作出检查，并作好笔录。

**第十条** 对受到刑事处罚、政纪处分的党员作党纪处理，必须收集主要证据材料。

**第十一条** 鉴别证据的任务是：根据各种证据材料的具体特征，逐个进行审查和分析研究，鉴别其真伪，判断其与案件事实有无内在联系，对查明和证实案情有无意义。经过鉴别，确实符合客观实际，与案件事实有内在联系的证据，才能作为定案的依据。

**第十二条** 鉴别证据，首先鉴别每个证据是否客观真实，是否伪造；是否与案件事实有联系；是原始证据还是传来证据，是直接证据还是间接证据，其来源有无问题，然后，综合分析证明案件的同一事实的各类证据之间有无矛盾；各种证据之间有无内在的联系，要注意时间、条件的变化对证据的影响，要把不同的证据摆到案件发生、发展的过程中去，考虑当时的历史背景，同其他证据联系起来综合分析。

**第十三条** 对物证的鉴别，要审查是否错误地收集了疑似的物品和痕迹，收集的物证是否伪造，有无栽赃陷害的情况。研究、分析所取物证与案件事实的联系，确定其有无证明作用。

**第十四条** 对书证的鉴别，要查清其原始制作人，是在何种情况下制作的，是否伪造，节录材料是否断章取义，所记载的内容有无差错，联系其他证据判断所取书证的真实性。

**第十五条** 对证人证言的鉴别，要注意审查证言的内容与案件事实是否有联系，来源有无问题，是否受到外界不正常因素的干扰，是否属实，证言前后是否一致，有无矛盾。不得采用对质的方法鉴别证言。

**第十六条** 对受审查党员陈述的鉴别，要审查其交待或申辩前后是否一致，有无矛盾，将交待或申辩与其他证据相对照，看其是否合情合理，是否属实。

**第十七条** 对视听材料的鉴别，要注意是否伪造，是否被裁剪，是否拼接组合。

**第十八条** 对受侵害人员陈述的鉴别，要注意受侵害人员感情因素对其陈述真实性的影响。

**第十九条** 认定案件事实，证据必须确凿。证据经过鉴别，其真实性得到确认后，即成为有效证据，任何人无权涂改或弃毁，有关党组织在移送证据时，不得任意取舍。特别不得舍弃那些经过鉴别证明受审查党员无错的证据。要综合运用证据，证据之间矛盾时，不能仅凭数量多少决定其真实可靠性；认定主要错误事实所依据的证据之间的矛盾不能排除时，不能定案。

**第二十条** 在没有物证、书证的情况下，仅凭言词证据定案时，必须有两个以上（含两个）证据，才能定案。

**第二十一条** 没有直接证据而仅凭间接证据定案时，所有间接证据必须查证属实；每个证据与案件事实都有着客观联系；取得的证据必须形成一个完整的证明体系，这个证明体系足以排除其他可能性，才能定案。不能排除其他可能时，不能定案。

**第二十二条** 仅有受审查党员的交待，没有其他证据，不能定案；受审查党员拒不承认，其他证据确实充分，仍可定案。

**第二十三条** 本规定由中共中央纪律检查委员会案件审理室负责解释。

**第二十四条** 本规定自下发之日起施行。

# 中共中央纪委关于审理党员违纪案件工作程序的规定

（1991 年 7 月 13 日）

## 第一章 总 则

**第一条** 根据《党的纪律检查机关案件审理工作条例》的有关规定，结合审理党员违纪案件工作的经验和实际情况，制定本规定。

**第二条** 为了保证办案质量，保障党员民主权利，正确执行党的纪律，各级纪律检查机关必须遵照本规定审理案件。

**第三条** 案件检查结束后，必须移送案件审理部门或专兼职审理人员进行审理。

**第四条** 审理案件应按照处理违纪案件批准权限的规定，分级负责。

**第五条** 审理案件的人员是本案的当事人，或者是当事人的近亲属，或者与本案有利害关系的，应当回避，犯错误的党员也有权要求他们回避。审理案件人员的回避须经批准，未经批准之前不得停止对案件的审理。

案件审理部门负责人的回避，由本级纪委分管案件审理工作的常委决定；其他案件审理人员的回避，由审理部门负责人决定。

## 第二章 违纪案件的受理

**第六条** 案件审理部门受理下列案件：

（一）下级党委、纪委呈报的需由本级党委、纪委批准的案件；

（二）本级纪委检查部门直接检查的，并需由本级党委、纪委直接决定处理的案件；

（三）需呈报上级党委、纪委审批的案件；

（四）下级党委、纪委呈报的备案案件；

（五）本级纪委负责同志或上级党组织交办的案件；

（六）下级党委、纪委呈报的，原由本级纪委、同级党委及上级党委、纪委批准的案件中的申诉复查案件；

（七）原由下级党委、纪委批准经复查复议后申诉人对复查结论和复查处理决定仍不服，下级党委、纪委呈报请求复核的复查案件；

（八）行政监察机关、公安机关、人民检察院、人民法院移送的需给予党纪处分的案件。其中，需要进一步调查取证的，由受理案件的纪委检查部门或商请移送案件的机关补充调查后移送审理。需要个别调查补充证据的，由受理案件的纪委审理部门调查补证。

**第七条** 下级党委、纪委呈报上级审批的案件，应具备下列材料：

（一）呈报审批的请示；

（二）处分决定和所依据的错误事实材料；

（三）调查报告和主要证据材料；

（四）有关的各级纪委和党组织的审查意见；

（五）犯错误党员的检查和对处分决定的意见；

（六）党组织对犯错误党员所提意见的说明。

本级纪委检查部门移送的案件，应具备下列材料：

（一）立案依据；

（二）错误事实材料、被检查人对错误事实材料的意见及检查组对其意见的说明；

（三）调查报告和主要证据材料；

（四）被检查人的书面检讨。

行政监察机关、公安机关、人民检察院、人民法院移送的案件，应具备下列材料：

（一）行政监察机关移送的案件应具备处理意见或决定、调查报告、主要证据材料、与本人见面材料、本人意见和有关组织的说明；

（二）公安机关移送的案件应具备行政处罚决定或行政强制措施决定、摘抄或复制的主要证据和本人检查交待等材料；

（三）人民检察院移送的案件应具备免予起诉或不予起诉决定书的副本、侦查终结报告、摘抄或复制的主要证据和本人交待等材料；

（四）人民法院移送的案件应具备起诉书、判决书或裁定书、摘抄或复制的主要证据和本人交待等材料。

**第八条** 案件审理部门或审理人员，接到下级纪委呈报的案件或本级纪委检查部门移送的案件或行政监察机关、公安机关、人民检察院、人民法院移送的案件后，经审查，符合本规定第六、七条规定的，给予受理。

## 第三章 违纪案件的审理

**第九条** 各级纪委审理部门受理案件后，应及时指定承办人办理。除情节简单的案件外，一般应由两人办理，特别重大复杂的案件，应组成两人以上的审议组办理，并确定其中一人主办。

**第十条** 审理案件，要按照事实清楚，证据确凿，定性准确，处理恰当，手续完备的要求进行审理。

**第十一条** 承办人对处分决定中所列举的错误事实要认真审核，弄清犯错误党员犯有哪些错误，每一错误发生的时间、地点、起因、情节及造成的后果，有关人员的责任。审核认定的每一错误事实是否都有确凿的证据。犯错误党员对处分决定所依据的错误事实如提出不同意见，有关组织的说明能否将所提问题说明清楚。

**第十二条** 承办人根据《党章》、《关于党内政治生活的若干准则》、党的政策、党纪处分规定、国家的法律法规和社会主义道德规范，判断处分决定中所认定的错误性质是否准确，所给予的处分是否恰当。

**第十三条** 在审理过程中，如发现事实不清、证据不足、有关人员责任不明时，应主动听取报案单位的意见，确需补报材料时，应请报案单位补报材料。

**第十四条** 一般情况下，案件在提请本级纪委常委决定前，应派人与犯错误党员谈话，核对错误事实，听取本人意见。本人如对处分决定和所依据的事实材料提出不同意见，应写出书面材料。没有书写能力的，应由谈话人将其意见整理成书面材料，并交本人签字。

与犯错误党员谈话，应作好谈话记录。

**第十五条** 案件涉及专业技术问题或具体业务政策、规定的，必要时征求有关部门的意见。

**第十六条** 承办人审理后，草拟审理报告。报告中应写明错误事实、性质、政策法规依据、报案单位的意见和承办人的意见。

**第十七条** 承办人办理的案件，要经过案件审理部门室务会议审议。审议时，承办人根据起草的审理报告，如实清楚地汇报。会议要充分发扬民主，认真讨论，提出结论性意见。

**第十八条** 承办人根据集体审议的结论性意见修改审理报告，经审理部门负责同志审核后，连同报案单位呈报的有关材料一并提请本级纪委常委会审定。

由本级纪委参与检查或过问的案件在报本级纪委常委会审议前，还要征求有关检查部门的意见，需要本级纪委直接决定的案件，经审理部门集体审议后代常委草拟处分决定，连同审理报告一并提请本级纪委常委会审定，如果检查部门有不同意见，应同时上报。

**第十九条** 常委会决定后，对由本级纪委批准的案件，审理部门即办理批复手续，其中需要向同级党委和上级党委、纪委备案的，同时办理备案手续；对需要由同级党委或上级党委、纪委批准的案件应及时办理报批手续，在接到同级党委或上级党委、纪委的批复后，及时通知犯错误党员所在单位的党组织宣布执行。

**第二十条** 凡给予党纪处分或免予党纪处分的案件，要按照干部管理权限，将处分决定或免予处分的结论、错误事实调查报告、上级批示、本人检讨及本人对处分决定或免予处分的结论的意见抄送组织部门；如建议给予行政处分的，抄送有关人事部门；如建议司法机关追究刑事责任的，抄送有关司法机关。

**第二十一条** 办理批复和备案手续后结案。承办人根据有关规定立卷归档。

**第二十二条** 给予党员的纪律处分，从处分决定批准之日起生效。处分决定和批复给受处分的党员一份。

## 第四章　复查案件的审理

**第二十三条** 对党员的申诉，一般情况下，由原来作出处分决定的党组织进行复查或复议；原办案单位如已撤销，由申诉人现在单位复查复议。

**第二十四条** 对于上级党委、纪委交办复查或复议的案件，下级纪委应及时办理，并报告处理结果。如果决定撤销或改变原处分决定或结论，应作出书面决定，并报请原来批准给予处分的党组织审批。

“文化大革命”前经中央或中央监委批准处理的案件，经过复查或复议需要改变原结论和处分的，报中央纪委审批，由中央纪委报中央备案；原经中央局批准处理的案件，由有关省、自治区、直辖市党委或纪委审批，报中央纪委备案。各地区、各部门处理的，按各地区、各部门的有关规定办理。

**第二十五条** 报送复查案件，应具备下列材料：

（一）呈报审批的请示；

（二）复查报告和主要证据材料；

（三）复查处理决定及有关党组织的意见；

（四）受处分党员对复查处理决定的意见和党组织对其意见的说明；

（五）原处分决定、错误事实材料、调查报告和主要证据材料。

**第二十六条** 审理复查案件除按审理违纪案件的要求进行外，还应注意审阅原处理案卷材料。对照原处分决定和证据，审核改变处理的依据是否充分。如果原证据和复查时取得的证据有矛盾，应认真鉴别。

**第二十七条** 对案件的复查复议决定，经原批准处分的机关批准后，申诉人对复查复议结论仍不服的，原批准处分的机关应将本人申诉和复查复议材料一并报上一级党委或纪委审查决定。一经上级党委、纪委审查决定后，申诉人仍然不服，继续申诉的，一般不再受理。

## 第五章　备案案件的审理

**第二十八条** 呈报上级纪委备案的案件，应具备下列材料：

（一）呈报备案的报告；

（二）处分决定和所依据的事实材料；

（三）调查报告和主要证据材料；

（四）受处分党员的检查和对处分决定的意见及党组织对其意见的说明；

（五）批准机关的批复。

**第二十九条** 承办人和审理部门审理备案案件，按本规定第十、十一、十二、十六、十七条的要求进行审理。

**第三十条** 对下级纪委报来的备案案件，审理部门如同意下级党委、纪委的意见，经有关领导批准后归档。如对下级党委、纪委对案件的处理有不同意见，审理部门将审理报告连同备案材料一并提请本级常委会讨论。常委会如作出改变下级纪委对案件处理的决定，审理部门应将常委会的决定通知下级纪委，请他们重新研究处理。如果所要改变的下级纪委的决定是经过它的同级党委批准的，按本规定第三十二条办理。

## 第六章 执行监督

**第三十一条** 各级党委对同级纪委批准的案件，有权调卷审查，对审查结论和处理决定直接作出改变，也可以责成纪委重新审查。

**第三十二条** 上级党委对下级党委、纪委，上级纪委对下级纪委批准的案件，有权调卷审查，对审查结论和处理决定，直接作出改变，也可以责成下级党委或纪委重新审查。但是，如果上级纪委所要改变的下级纪委的决定是经过它的同级党委批准的，这种改变应尽量经过协商取得一致意见，由这一级党委自行改变；如果不能取得一致意见，应将双方的意见同时报上级党委决定。

**第三十三条** 上级党委或纪委对违纪案件作出的处理决定，下级党组织必须贯彻执行。如有不同意见，可以向上级党委或纪委提出，但是，当上级党委或纪委没有改变原处理决定时，不得停止执行，对拒不执行的要追究有关人员的责任。

**第三十四条** 党的地方各级纪委如果对同级党委处理的案件有不同意见，可以请求上一级纪委予以复查。上一级纪委应予受理。

**第三十五条** 各级党委或纪委对犯错误党员的处分决定中，如有建议给予行政处分的内容，有关部门的党组织应保证其得以贯彻，并将执行情况报告作出决定的党委或纪委。

**第三十六条** 本规定由中共中央纪律检查委员会负责解释。

**第三十七条** 本规定自下发之日起施行。

# 监察机关审理政纪案件的暂行办法

（1999 年 1 月 15 日监察部令第 8 号发布　自发布之日起施行）

**第一条**　为保证审理案件工作的质量和效率，正确执行行政纪律，惩处违反行政纪律的行为，根据《中华人民共和国行政监察法》和有关行政法规，结合监察机关案件审理工作的实际制定本办法。

**第二条**　对调查终结需要给予行政处分或者作出其他处理的案件，都要进行审理。

**第三条**　各级监察机关要分级负责，严格按照本级监察机关的管辖审理案件。

**第四条**　审理案件要坚持专人审核、集体审议的原则。

**第五条**　审理案件要按照事实清楚、证据确凿、定性准确、处理恰当、程序合法的基本要求进行。

**第六条**　案件审理部门受理下列案件：

（一）本监察机关的案件调查部门移送的调查终结并应由本监察机关决定给予行政处分或作出其他处理的案件；

（二）本监察机关的派出机构呈报的需由本监察机关审批的案件；

（三）本监察机关负责人交办的其他案件。

**第七条**　本监察机关的案件调查部门移送审理的案件，应具备下列材料：

（一）立案依据；

（二）调查报告；

（三）案件移送单位的意见及其主管领导的指示；

（四）全部证据材料；

（五）被调查人违纪事实见面材料、被调查人对事实见面材料的意见及案件调查部门对其意见的说明；

（六）被调查人所在单位或其主管部门的意见；

（七）其他应当移送审理的材料。

**第八条** 呈报审批的案件应具备下列材料：

（一）呈报审批的请示；

（二）调查报告；

（三）全部证据材料；

（四）处分决定；

（五）被调查人违纪事实见面材料、被调查人对事实见面材料的意见及案件调查部门对其意见的说明；

（六）其他应当呈报的材料。

**第九条** 案件审理部门受理案件后，应及时指定承办人办理。一般案件应由两人办理，重要、复杂案件，应由两人以上办理，并确定一人主办。

**第十条** 承办人在审理中，要审查核实：

（一）被调查人实施的每一违反行政纪律行为的时间、地点、情节、原因及造成的后果；

（二）证据是否确实、充分；

（三）有关人员责任的划分是否准确；

（四）案件调查部门对被调查人违反行政纪律行为性质的认定是否准确，适用法律、法规及提出的处分意见是否恰当；

（五）调查工作是否符合规定的程序和要求；

（六）是否还有其他应认定的违反行政纪律行为。

**第十一条** 案件审理部门在审理案件过程中，如发现事实不清、证据不足、有关人员责任不明时，应同移送单位交换意见，确需补充调查的，一般应由案件调查部门进行补充调查，必要时案件审理部门也可协同案件调查部门进行补充调查或经分管审理的领导批准后直接补充调查。

**第十二条** 在审理案件过程中，遇有下列情形之一，可以由案件审理部门负责人提出意见，经分管审理的领导批准后中止审理：

（一）手续不完备，材料不齐全，需由案件移送单位补办手续或补报材料的；

（二）案件的主要事实不清或有关人员责任不明，需由案件移送单位补充调查的；

（三）发现被调查人有新问题或被调查人提出新的辩解，需案件移送单位补报证据或说明的。

**第十三条** 在审理案件过程中，案件审理部门认为必要时，可以同被调查人核对违反行政纪律事实，听取被调查人的陈述和辩解。

**第十四条** 审理案件过程中，遇有适用国家法律、法规、政策、地方性法规和规章方面或专业技术方面问题时，应征求有关部门的意见。

**第十五条** 承办人阅卷后，应将案件审阅情况和初步处理意见提交案件审理部门集体审议并形成审议意见。承办人根据审议意见，草拟审理报告。

**第十六条** 审理报告经案件审理部门负责人审核后，连同移送或呈报单位报送的有关材料一并呈报本监察机关主管领导。

**第十七条** 案件经本监察机关作出决定后，案件审理部门负责办理呈报、批复或处分决定等手续。

**第十八条** 本办法由监察部负责解释。

**第十九条** 本办法自发布之日起施行。

## （四）违纪处分

# 干部选拔任用工作监督检查和责任追究办法

（2019年5月13日起施行）

### 第一章 总 则

**第一条** 为了落实全面从严治党和从严管理干部要求，规范干部选拔任用工作监督检查和责任追究，根据《党政领导干部选拔任用工作条例》、《中国共产党党内监督条例》、《中国共产党问责条例》等党内法规，制定本办法。

**第二条** 干部选拔任用工作监督检查和责任追究，坚持以习近平新时代中国特色社会主义思想为指导，贯彻新时代党的组织路线，落实新时期好干部标准，树立正确导向，突出政治监督，从严查处违规用人问题和选人用人中的不正之风，严肃追究失职失察责任，促进形成风清气正的用人生态。

**第三条** 干部选拔任用工作监督检查和责任追究，坚持党委（党组）领导、分级负责，实事求是、依法依规，发扬民主、群众参与，分类施策、精准有效，防治并举、失责必究。

**第四条** 党委（党组）及其组织（人事）部门按照职责权限，负责干部选拔任用工作的监督检查和责任追究，纪检监察机关、巡视巡察机构按照有关规定履行干部选拔任用工作监督职责。

中央组织部负责监督检查和责任追究工作的宏观指导，地方党委组织部和垂直管理单位组织（人事）部门负责指导本地区本系统的监督检查和责任追究工作。

**第五条** 本办法适用于各级党的机关、人大机关、行政机关、政协机关、监察机关、审判机关、检察机关以及事业单位、群团组织、国有企业干部选拔任用工作的监督检查和责任追究。

## 第二章 监督检查重点内容

**第六条** 坚持党管干部原则情况。重点监督检查是否按照干部管理权限由党委（党组）履行干部选拔任用责任，是否按照民主集中制和党委（党组）议事规则、决策程序讨论决定干部任免事项。

**第七条** 坚持好干部标准和树立正确用人导向情况。重点监督检查是否坚持德才兼备、以德为先，坚持五湖四海、任人唯贤，坚持事业为上、公道正派；是否坚持新时期好干部标准，严把政治关、品行关、能力关、作风关、廉洁关，选拔任用忠诚干净担当的干部。

**第八条** 执行干部选拔任用工作政策规定情况。重点监督检查是否按照机构规格和职数、资格条件、工作程序选拔任用干部；是否深入考察，认真查核，对人选严格把关；是否严格执行交流、回避、任期、退休、干部选拔任用请示报告等制度规定；是否严格落实干部管理监督制度。

**第九条** 遵守组织人事纪律和匡正选人用人风气情况。重点监督检查是否严格遵守干部选拔任用工作纪律，是否采取有力措施严肃查处和纠正选人用人不正之风。

**第十条** 促进干部担当作为情况。重点监督检查是否采取有效措施激励干部担当作为，是否对不担当不作为的干部严格管理、严肃问责。

## 第三章 监督检查工作机制

**第十一条** 建立健全干部选拔任用工作组织监督、民主监督机制，把专项检查与日常监督结合起来，将监督检查贯穿干部选拔任用工作全过程。

**第十二条** 强化上级党组织监督检查。主要采取任前事项报告、"一报告两评议"、专项检查、离任检查、问题核查等方式进行。

**第十三条** 完善党委（党组）领导班子内部监督。党委（党组）研究干部任免事项，应当把酝酿贯穿始终，认真听取班子成员意见。会议讨论决定时，领导班子成员应当逐一发表意见，主要负责人最后表态。领导班子成员对人选意见分歧较大时，应当暂缓表决。不得以个别征求意见、领导圈阅等形式代替集体讨论决定。

**第十四条** 健全组织（人事）部门内部监督。选拔任用领导干部应当向干部监督机构了解情况，干部监督机构负责人列席研究讨论干部任免事项会议。认真执行干部选拔任用工作纪实制度，建立自查制度，每年对干部选拔任用工作情况进行1次自查。

**第十五条** 拓宽群众监督渠道。认真查核和处理群众举报反映的问题，定期开展分析研判，及时研究提出工作意见。自觉接受舆论监督，及时回应群众关切。完善“12380”举报受理平台，提高举报受理工作信息化水平。

**第十六条** 健全地方党委干部选拔任用监督工作联席会议制度，加强有关部门的沟通协调，形成监督工作合力。联席会议由组织部门召集，一般每年召开1次，重要情况随时沟通。

## 第四章 任前事项报告

**第十七条** 在干部选拔任用工作中，有下列情形之一，应当在事前向上级组织（人事）部门报告：

（一）机构变动或者主要领导成员即将离任前提拔、调整干部的；

（二）除领导班子换届外，一次集中调整干部数量较大或者一定时期内频繁调整干部的；

（三）因机构改革等特殊情况暂时超职数配备干部的；

（四）党委和政府及其工作部门个别特殊需要的领导成员人选，不经民主推荐，由组织推荐提名作为考察对象的；

（五）破格、越级提拔干部的；

（六）领导干部秘书等身边工作人员提拔任用的；

（七）领导干部近亲属在领导干部所在单位（系统）内提拔任用，或者在领导干部所在地区提拔担任下一级领导职务的；

（八）国家级贫困县、集中连片特困地区地市在完成脱贫任务前党政正职职级晋升或者岗位变动的，以及市（地、州、盟）、县（市、区、旗）、乡（镇）党政正职任职不满3年进行调整的；

（九）领导干部因问责引咎辞职或者被责令辞职、免职、降职、撤职，影响期满拟重新担任领导职务或者提拔任职的；

（十）各类高层次人才中配偶已移居国（境）外或者没有配偶但子女均已移居国（境）外人员、本人已移居国（境）外的人员（含外籍专家），因工作需要在限制性岗位任职的；

（十一）干部达到任职或者退休年龄界限，需要延迟免职（退休）的；

（十二）其他应当报告的事项。

**第十八条** 上级组织（人事）部门接到干部选拔任用工作有关事项报告后，应当认真审核研究，并在15个工作日内予以答复。未经答复或者未经同意的人选不得提交党委（党组）会议讨论决定。未按照规定报告或者报告后未经同意作出的干部任用决定，应当予以纠正。

## 第五章 干部选拔任用工作"一报告两评议"

**第十九条** 党委（党组）每年应当结合全会或者领导班子和领导干部年度总结考核，报告干部选拔任用工作情况，接受对年度干部选拔任用工作和所提拔任用干部的民主评议。

**第二十条** 参加民主评议人员范围，地方一般为参加和列席全会人员，其他单位一般为参加领导班子和领导干部年度总结考核会议人员，并有一定数量的干部群众代表。

提拔任用干部民主评议对象，地方一般为本级党委近一年内提拔的正职领导干部；其他单位一般为近一年内提拔担任内设机构领导职务的人员和直属单位领导班子成员。

**第二十一条** "一报告两评议"由上级组织（人事）部门会同被评议地方和单位组织实施，评议结果应当及时反馈，并作为考核领导班子和领导干部的重要参考。

对评议反映的突出问题，上级组织（人事）部门应当采取约谈、责令作出说明等方式，督促被评议地方和单位整改。对认可度明显偏低的干部，被评议地方和单位应当对其选拔任用过程进行分析、作出说明，并视情进行教育或者处理。

**第二十二条** 被评议地方和单位应当向参加民主评议人员通报评议结果和整改情况。

## 第六章 专项检查

**第二十三条** 党委（党组）开展常规巡视巡察期间，同级组织

（人事）部门应当通过派出检查组等方式，对选人用人工作进行专项检查。

结合专项检查，可以对领导干部担当作为情况进行检查。

**第二十四条** 检查组在巡视巡察组组长领导下开展工作。检查前，巡视巡察组应当向检查组提供所发现的选人用人问题线索。检查组发现的主要问题，应当提供给巡视巡察组，并写入巡视巡察报告。

**第二十五条** 检查工作结束后，检查组应当形成检查情况报告，报派出检查组的组织（人事）部门主要负责人或者党委（党组）负责人审定后，与巡视巡察情况一并反馈，并有针对性地提出整改意见。

**第二十六条** 被检查地方和单位应当积极配合检查，如实提供情况，对照检查反馈意见抓好整改落实，并于收到反馈意见后2个月内向派出检查组的组织（人事）部门报告整改情况。派出检查组的组织（人事）部门应当加强对整改情况的监督，确保问题整改到位。

**第二十七条** 对选人用人问题反映突出的地方和单位，上级组织（人事）部门可以视情开展重点检查。

## 第七章　离任检查

**第二十八条** 市（地、州、盟）、县（市、区、旗）党委书记离任时，应当对其任职期间干部选拔任用工作进行检查。

**第二十九条** 离任检查通过民主评议、查阅干部选拔任用工作相关材料、听取干部群众意见等方式进行。

**第三十条** 离任检查按照干部管理权限由上级组织部门开展。对拟提拔重用的检查对象，结合干部考察工作进行，检查结果在考察材料中予以反映，并作为评价使用的重要参考。

## 第八章　问题核查

**第三十一条** 组织（人事）部门对监督检查发现和群众举报、媒体反映的违规选人用人问题线索，应当采取调查核实、提醒、函询或者要求作出说明等方式办理。

**第三十二条** 对严重违规选人用人问题实行立项督查，办理单位应当认真组织调查，不得层层下转。查核结果和处理意见一般在2个月内书面报告上级组织（人事）部门。

**第三十三条** 对提拔任现职后受到撤销党内职务或者撤职以上党纪政务处分，且其违纪违法问题发生在提拔任职前的干部，应当按照干部管理权限，由组织（人事）部门对其选拔任用过程进行倒查，也可以由上级组织（人事）部门倒查，并及时形成倒查工作报告。

## 第九章　责任追究

**第三十四条** 对违规选人用人问题，党委（党组）负全面领导责任，领导班子主要负责人和直接主管的班子成员承担主要领导责任，参与决策的领导班子其他成员承担领导责任。组织（人事）部门、纪检监察机关、干部考察组有关负责人和其他责任人员在各自职责范围内承担相应责任。

**第三十五条** 干部选拔任用工作有下列情形之一，应当追究党委（党组）及其主要负责人或者直接主管的领导班子成员、参与决策的领导班子其他成员的责任：

（一）民主集中制执行不到位，党委（党组）领导把关作用发挥不力，出现重大用人失察失误，产生恶劣影响的；

（二）用人导向出现偏差，选人用人不正之风严重，干部不担当不作为问题突出，干部群众反映强烈的；

（三）落实主体责任不到位，对选人用人问题和干部不担当不作为问题不处置、不整改、不问责，造成严重后果的；

（四）维护和执行组织人事纪律不力，导致选人用人违规违纪行为多发，造成恶劣影响的；

（五）其他应当追究的失职失责情形。

**第三十六条** 干部选拔任用工作有下列情形之一，应当追究组织（人事）部门有关负责人和其他责任人员的责任：

（一）不按照规定的职数、资格条件、工作程序、纪律要求选拔任用干部的；

（二）不按照规定向上级组织（人事）部门报告干部选拔任用工作有关事项的；

（三）不按照规定对所属地方、单位干部选拔任用工作监督检查导致问题突出的；

（四）对反映线索具体、有可查性的选人用人问题不按照规定进行调查核实或者作出处理的；

（五）其他应当追究的失职失责情形。

**第三十七条** 干部选拔任用工作有下列情形之一，应当追究纪检监察机关有关负责人和其他责任人员的责任：

（一）不如实回复拟任人选廉洁自律情况并提出结论性意见的；

（二）对收到的反映拟任人选问题线索具体、有可查性的信访举报不按照规定调查核实，或者对相关违纪违法问题不按照规定调查处理的；

（三）不按照规定履行干部选拔任用工作监督职责造成严重后果的；

（四）其他应当追究的失职失责情形。

**第三十八条** 干部选拔任用工作有下列情形之一，应当追究干部考察组有关负责人和其他责任人员的责任：

（一）不按照规定程序和要求进行考察的；

（二）考察严重失真失实，或者隐瞒歪曲事实真相、泄露重要考察信息的；

（三）不认真审核干部人事档案信息，或者对反映考察对象的举报不如实报告，以及不按照规定对问题进行了解核实，造成严重后果的；

（四）其他应当追究的失职失责情形。

**第三十九条** 党委（党组）有本办法所列应当追究责任的情形，情节较轻的，责令作出书面检查；情节较重的，责令整改并在一定范围内通报；情节严重、本身又不能纠正的，应当予以改组。

**第四十条** 领导干部和有关责任人员有本办法所列应当追究责任的情形，情节较轻的，给予批评教育、责令作出书面检查、通报或者诫勉处理；情节较重的，给予停职检查、调离岗位、限制提拔使用处理；情节严重的，应当引咎辞职或者给予责令辞职、免职、降职处理。

应当给予纪律处分的，依照有关规定追究纪律责任。涉嫌违法犯罪的，移送有关国家机关依法处理。

## 第十章 附 则

**第四十一条** 本办法由中央组织部负责解释。

**第四十二条** 本办法自2019年5月13日起施行。2003年6月19日中央办公厅印发的《党政领导干部选拔任用工作监督检查办法（试行）》、2010年3月7日中央办公厅印发的《党政领导干部选拔任用工作责任追究办法（试行）》同时废止。

# 党组讨论和决定党员处分事项工作程序规定（试行）

（中共中央办公厅2018年11月29日印发）

**第一条** 为了贯彻落实党的十九大精神，规范党组讨论和决定党员处分事项，根据《中国共产党章程》等有关规定，结合工作实际，制定本规定。

**第二条** 党组（包含党组性质党委，下同）应当认真履行全面从严治党主体责任，纪委监委派驻纪检监察组应当认真履行监督责任。坚持党要管党、全面从严治党，坚持党纪面前一律平等，坚持实事求是，坚持惩前毖后、治病救人，强化监督执纪问责，确保案件处理取得良好政治效果、纪法效果和社会效果，确保案件质量经得起历史和人民的检验。

**第三条** 党组对其管理的党员干部实施党纪处分，应当按照规定程序经党组集体讨论决定，不允许任何个人或者少数人擅自决定和批准。党纪处分决定以党组名义作出并自党组讨论决定之日起生效。

**第四条** 中央纪委国家监委派驻纪检监察组（以下简称派驻纪检监察组）按照干部管理权限，对驻在部门（含综合监督单位，下同）党组管理的司局级党员干部涉嫌违纪问题进行立案审查和内部审理，经派驻纪检监察组集体研究，提出党纪处分初步建议，与驻在部门党组沟通并取得一致意见后，将案件移送中央和国家机关纪检监察工委（以下简称纪检监察工委）进行审理。

纪检监察工委对移送的案件应当认真履行审核把关和监督制约职能，形成审理报告并反馈派驻纪检监察组，做到事实清楚、证据确凿、定性准确、处理恰当、手续完备、程序合规。

纪检监察工委在审理过程中，应当加强与派驻纪检监察组沟通。派驻纪检监察组原则上应当尊重纪检监察工委的审理意见。如出现分歧，经沟通不能形成一致意见的，由纪检监察工委将双方意见报中央纪委研究决定。

派驻纪检监察组应当加强与有关方面沟通，特别是对驻在部门党组管理的正司局级党员领导干部违纪案件，在驻在部门党组会议召开前，应当与驻在部门党组和中央纪委充分交换意见。

**第五条** 经纪检监察工委审理后，派驻纪检监察组将党纪处分建议通报驻在部门党组，由党组讨论决定，党纪处分建议与党组的意见不同又不能协商一致的，由中央纪委研究决定。党纪处分决定应当正式通报派驻纪检监察组。

**第六条** 给予驻在部门的处级及以下党员干部党纪处分，由部门机关党委、机关纪委进行审查和审理，并依据《中国共产党章程》第四十二条规定履行相应程序后，由党组讨论决定。在作出党纪处分决定前，应当征求派驻纪检监察组意见。

根据工作需要，派驻纪检监察组可以直接审查驻在部门的处级及以下党员干部违反党纪的案件。派驻纪检监察组进行审查和审理后，提出党纪处分建议，移交驻在部门机关党委、机关纪委按照规定履行相应程序后，由党组讨论决定。必要时，派驻纪检监察组可以将党纪处分建议直接通报驻在部门党组，由党组讨论决定。

**第七条** 给予驻在部门党组管理的司局级党员干部党纪处分、给予处级党员干部撤销党内职务及以上党纪处分的，由驻在部门机关纪委在党纪处分决定生效之日起30日内，将党纪处分决定及相关材料报纪检监察工委备案。纪检监察工委对备案材料应当认真审核，发现问题及时反馈并督促解决。

纪检监察工委应当每季度向中央纪委、中央和国家机关工委报送备案监督情况专项报告，必要时可以随时报告。

给予向中央备案的党员干部党纪处分的，驻在部门党组应当按照规定将党纪处分决定通报中央组织部。

**第八条** 对于党的组织关系在地方、干部管理权限在主管部门党组的党员干部违纪案件，凡由派驻纪检监察组查处的，由主管部门党组讨论决定，并向地方党组织通报处理结果。

对于地方纪委首先发现并立案审查，接受上级纪委指定或者与派驻纪检监察组协商后由地方纪委立案审查的上述案件，应当由地方纪委按照程序作出党纪处分决定，并向主管部门党组通报处理结果。在作出立案审查决定及审查处理过程中，地方纪委应当与主管部门党组和派驻纪检监察组加强沟通协调；经沟通不能形成一致意见的，报共同的上级党委或者纪委研究决定。

**第九条** 纪检监察工委在中央纪委领导下建立健全对中央和国家机关审查处理违纪案件的质量评查机制，对党组讨论决定、派驻纪检监察组审查处理的案件事实证据、性质认定、处分档次、程序手续等进行监督检查，采取通报、约谈等方式反馈评查结果。

**第十条** 党的工作机关、直属事业单位领导机构讨论和决定党员处分事项，参照本规定执行。

派驻纪检监察组给予驻在部门党组管理的干部政务处分，参照本规定办理，并以派驻纪检监察组名义作出政务处分决定，或者交由其任免机关、单位给予处分。

**第十一条** 各省、自治区、直辖市党委和纪检监察工委可以根据本规定精神，结合实际情况制定实施细则。

**第十二条** 本规定由中央纪委负责解释。

**第十三条** 本规定自2019年1月1日起施行。此前发布的有关规定与本规定不一致的，按照本规定执行。

# 行政机关公务员处分条例

（2007年4月4日国务院第173次常务会议通过 2007年4月22日中华人民共和国国务院令第495号公布 自2007年6月1日起施行）

## 第一章 总 则

**第一条** 为了严肃行政机关纪律，规范行政机关公务员的行为，保证行政机关及其公务员依法履行职责，根据《中华人民共和国公务员法》和《中华人民共和国行政监察法》，制定本条例。

**第二条** 行政机关公务员违反法律、法规、规章以及行政机关的决定和命令，应当承担纪律责任的，依照本条例给予处分。

法律、其他行政法规、国务院决定对行政机关公务员处分有规定的，依照该法律、行政法规、国务院决定的规定执行；法律、其他行政法规、国务院决定对行政机关公务员应当受到处分的违法违纪行为做了规定，但是未对处分幅度做规定的，适用本条例第三章与其最相类似的条款有关处分幅度的规定。

地方性法规、部门规章、地方政府规章可以补充规定本条例第三章未作规定的应当给予处分的违法违纪行为以及相应的处分幅度。除国务院监察机关、国务院人事部门外，国务院其他部门制定处分规章，应当与国务院监察机关、国务院人事部门联合制定。

除法律、法规、规章以及国务院决定外，行政机关不得以其他形式设定行政机关公务员处分事项。

**第三条** 行政机关公务员依法履行职务的行为受法律保护，非因法定事由，非经法定程序，不受处分。

**第四条** 给予行政机关公务员处分，应当坚持公正、公平和教育与惩处相结合的原则。

给予行政机关公务员处分，应当与其违法违纪行为的性质、情节、危害程度相适应。

给予行政机关公务员处分，应当事实清楚、证据确凿、定性准确、处理恰当、程序合法、手续完备。

**第五条** 行政机关公务员违法违纪涉嫌犯罪的，应当移送司法机关依法追究刑事责任。

## 第二章 处分的种类和适用

**第六条** 行政机关公务员处分的种类为：

（一）警告；

（二）记过；

（三）记大过；

（四）降级；

（五）撤职；

（六）开除。

**第七条** 行政机关公务员受处分的期间为：

（一）警告，6个月；

（二）记过，12个月；

（三）记大过，18个月；

（四）降级、撤职，24个月。

**第八条** 行政机关公务员在受处分期间不得晋升职务和级别，其中，受记过、记大过、降级、撤职处分的，不得晋升工资档次；受撤职处分的，应当按照规定降低级别。

**第九条** 行政机关公务员受开除处分的，自处分决定生效之日起，解除其与单位的人事关系，不得再担任公务员职务。

行政机关公务员受开除以外的处分，在受处分期间有悔改表现，并且没有再发生违法违纪行为的，处分期满后，应当解除处分。解除处分后，晋升工资档次、级别和职务不再受原处分的影响。但是，解除降级、撤职处分的，不视为恢复原级别、原职务。

**第十条** 行政机关公务员同时有两种以上需要给予处分的行为的，应当分别确定其处分。应当给予的处分种类不同的，执行其中最重的处分；应当给予撤职以下多个相同种类处分的，执行该处分，并在一个处分期以上、多个处分期之和以下，决定处分期。

行政机关公务员在受处分期间受到新的处分的，其处分期为原处分期尚未执行的期限与新处分期限之和。

处分期最长不得超过 48 个月。

**第十一条** 行政机关公务员 2 人以上共同违法违纪，需要给予处分的，根据各自应当承担的纪律责任，分别给予处分。

**第十二条** 有下列情形之一的，应当从重处分：

（一）在 2 人以上的共同违法违纪行为中起主要作用的；

（二）隐匿、伪造、销毁证据的；

（三）串供或者阻止他人揭发检举、提供证据材料的；

（四）包庇同案人员的；

（五）法律、法规、规章规定的其他从重情节。

**第十三条** 有下列情形之一的，应当从轻处分：

（一）主动交代违法违纪行为的；

（二）主动采取措施，有效避免或者挽回损失的；

（三）检举他人重大违法违纪行为，情况属实的。

**第十四条** 行政机关公务员主动交代违法违纪行为，并主动采取措施有效避免或者挽回损失的，应当减轻处分。

行政机关公务员违纪行为情节轻微，经过批评教育后改正的，可以免予处分。

**第十五条** 行政机关公务员有本条例第十二条、第十三条规定情形之一的，应当在本条例第三章规定的处分幅度以内从重或者从轻给予处分。

行政机关公务员有本条例第十四条第一款规定情形的，应当在本条例第三章规定的处分幅度以外，减轻一个处分的档次给予处分。应当给予警告处分，又有减轻处分的情形的，免予处分。

**第十六条** 行政机关经人民法院、监察机关、行政复议机关或者上级行政机关依法认定有行政违法行为或者其他违法违纪行为，需要追究纪律责任的，对负有责任的领导人员和直接责任人员给予处分。

**第十七条** 违法违纪的行政机关公务员在行政机关对其作出处分决定前，已经依法被判处刑罚、罢免、免职或者已经辞去领导职务，依法应当给予处分的，由行政机关根据其违法违纪事实，给予处分。

行政机关公务员依法被判处刑罚的，给予开除处分。

## 第三章 违法违纪行为及其适用的处分

**第十八条** 有下列行为之一的，给予记大过处分；情节较重的，给予降级或者撤职处分；情节严重的，给予开除处分：

（一）散布有损国家声誉的言论，组织或者参加旨在反对国家的集会、游行、示威等活动的；

（二）组织或者参加非法组织，组织或者参加罢工的；

（三）违反国家的民族宗教政策，造成不良后果的；

（四）以暴力、威胁、贿赂、欺骗等手段，破坏选举的；

（五）在对外交往中损害国家荣誉和利益的；

（六）非法出境，或者违反规定滞留境外不归的；

（七）未经批准获取境外永久居留资格，或者取得外国国籍的；

（八）其他违反政治纪律的行为。

有前款第（六）项规定行为的，给予开除处分；有前款第（一）项、第（二）项或者第（三）项规定的行为，属于不明真相被裹挟参加，经批评教育后确有悔改表现的，可以减轻或者免予处分。

**第十九条** 有下列行为之一的，给予警告、记过或者记大过处分；情节较重的，给予降级或者撤职处分；情节严重的，给予开除处分：

（一）负有领导责任的公务员违反议事规则，个人或者少数人决定重大事项，或者改变集体作出的重大决定的；

（二）拒绝执行上级依法作出的决定、命令的；

（三）拒不执行机关的交流决定的；

（四）拒不执行人民法院对行政案件的判决、裁定或者监察机关、审计机关、行政复议机关作出的决定的；

（五）违反规定应当回避而不回避，影响公正执行公务，造成不良后果的；

（六）离任、辞职或者被辞退时，拒不办理公务交接手续或者拒不接受审计的；

（七）旷工或者因公外出、请假期满无正当理由逾期不归，造成不良影响的；

（八）其他违反组织纪律的行为。

**第二十条** 有下列行为之一的，给予记过、记大过处分；情节较重的，给予降级或者撤职处分；情节严重的，给予开除处分：

（一）不依法履行职责，致使可以避免的爆炸、火灾、传染病传播流行、严重环境污染、严重人员伤亡等重大事故或者群体性事件发生的；

（二）发生重大事故、灾害、事件或者重大刑事案件、治安案件，不按规定报告、处理的；

（三）对救灾、抢险、防汛、防疫、优抚、扶贫、移民、救济、社会保险、征地补偿等专项款物疏于管理，致使款物被贪污、挪用，或者毁损、灭失的；

（四）其他玩忽职守、贻误工作的行为。

**第二十一条** 有下列行为之一的，给予警告或者记过处分；情节较重的，给予记大过或者降级处分；情节严重的，给予撤职处分：

（一）在行政许可工作中违反法定权限、条件和程序设定或者实施行政许可的；

（二）违法设定或者实施行政强制措施的；

（三）违法设定或者实施行政处罚的；

（四）违反法律、法规规定进行行政委托的；

（五）对需要政府、政府部门决定的招标投标、征收征用、城市房屋拆迁、拍卖等事项违反规定办理的。

**第二十二条**　弄虚作假，误导、欺骗领导和公众，造成不良后果的，给予警告、记过或者记大过处分；情节较重的，给予降级或者撤职处分；情节严重的，给予开除处分。

**第二十三条**　有贪污、索贿、受贿、行贿、介绍贿赂、挪用公款、利用职务之便为自己或者他人谋取私利、巨额财产来源不明等违反廉政纪律行为的，给予记过或者记大过处分；情节较重的，给予降级或者撤职处分；情节严重的，给予开除处分。

**第二十四条**　违反财经纪律，挥霍浪费国家资财的，给予警告处分；情节较重的，给予记过或者记大过处分；情节严重的，给予降级或者撤职处分。

**第二十五条**　有下列行为之一的，给予记过或者记大过处分；情节较重的，给予降级或者撤职处分；情节严重的，给予开除处分：

（一）以殴打、体罚、非法拘禁等方式侵犯公民人身权利的；

（二）压制批评，打击报复，扣压、销毁举报信件，或者向被举报人透露举报情况的；

（三）违反规定向公民、法人或者其他组织摊派或者收取财物的；

（四）妨碍执行公务或者违反规定干预执行公务的；

（五）其他滥用职权，侵害公民、法人或者其他组织合法权益的行为。

**第二十六条**　泄露国家秘密、工作秘密，或者泄露因履行职责掌握的商业秘密、个人隐私，造成不良后果的，给予警告、记过或者记大过处分；情节较重的，给予降级或者撤职处分；情节严重的，给予开除处分。

**第二十七条** 从事或者参与营利性活动，在企业或者其他营利性组织中兼任职务的，给予记过或者记大过处分；情节较重的，给予降级或者撤职处分；情节严重的，给予开除处分。

**第二十八条** 严重违反公务员职业道德，工作作风懈怠、工作态度恶劣，造成不良影响的，给予警告、记过或者记大过处分。

**第二十九条** 有下列行为之一的，给予警告、记过或者记大过处分；情节较重的，给予降级或者撤职处分；情节严重的，给予开除处分：

（一）拒不承担赡养、抚养、扶养义务的；

（二）虐待、遗弃家庭成员的；

（三）包养情人的；

（四）严重违反社会公德的行为。

有前款第（三）项行为的，给予撤职或者开除处分。

**第三十条** 参与迷信活动，造成不良影响的，给予警告、记过或者记大过处分；组织迷信活动的，给予降级或者撤职处分，情节严重的，给予开除处分。

**第三十一条** 吸食、注射毒品或者组织、支持、参与卖淫、嫖娼、色情淫乱活动的，给予撤职或者开除处分。

**第三十二条** 参与赌博的，给予警告或者记过处分；情节较重的，给予记大过或者降级处分；情节严重的，给予撤职或者开除处分。

为赌博活动提供场所或者其他便利条件的，给予警告、记过或者记大过处分；情节严重的，给予撤职或者开除处分。

在工作时间赌博的，给予记过、记大过或者降级处分；屡教不改的，给予撤职或者开除处分。

挪用公款赌博的，给予撤职或者开除处分。

利用赌博索贿、受贿或者行贿的，依照本条例第二十三条的规定给予处分。

**第三十三条** 违反规定超计划生育的，给予降级或者撤职处分；情节严重的，给予开除处分。

## 第四章　处分的权限

**第三十四条**　对行政机关公务员给予处分，由任免机关或者监察机关（以下统称处分决定机关）按照管理权限决定。

**第三十五条**　对经全国人民代表大会及其常务委员会决定任命的国务院组成人员给予处分，由国务院决定。其中，拟给予撤职、开除处分的，由国务院向全国人民代表大会提出罢免建议，或者向全国人民代表大会常务委员会提出免职建议。罢免或者免职前，国务院可以决定暂停其履行职务。

**第三十六条**　对经地方各级人民代表大会及其常务委员会选举或者决定任命的地方各级人民政府领导人员给予处分，由上一级人民政府决定。

拟给予经县级以上地方人民代表大会及其常务委员会选举或者决定任命的县级以上地方人民政府领导人员撤职、开除处分的，应当先由本级人民政府向同级人民代表大会提出罢免建议。其中，拟给予县级以上地方人民政府副职领导人员撤职、开除处分的，也可以向同级人民代表大会常务委员会提出撤销职务的建议。拟给予乡镇人民政府领导人员撤职、开除处分的，应当先由本级人民政府向同级人民代表大会提出罢免建议。罢免或者撤销职务前，上级人民政府可以决定暂停其履行职务；遇有特殊紧急情况，省级以上人民政府认为必要时，也可以对其作出撤职或者开除的处分，同时报告同级人民代表大会常务委员会，并通报下级人民代表大会常务委员会。

**第三十七条**　对地方各级人民政府工作部门正职领导人员给予处分，由本级人民政府决定。其中，拟给予撤职、开除处分的，由本级人民政府向同级人民代表大会常务委员会提出免职建议。免去职务前，本级人民政府或者上级人民政府可以决定暂停其履行职务。

**第三十八条**　行政机关公务员违法违纪，已经被立案调查，不宜继续履行职责的，任免机关可以决定暂停其履行职务。

被调查的公务员在违法违纪案件立案调查期间，不得交流、出境、辞去公职或者办理退休手续。

## 第五章　处分的程序

**第三十九条**　任免机关对涉嫌违法违纪的行政机关公务员的调查、处理，按照下列程序办理：

（一）经任免机关负责人同意，由任免机关有关部门对需要调查处理的事项进行初步调查；

（二）任免机关有关部门经初步调查认为该公务员涉嫌违法违纪，需要进一步查证的，报任免机关负责人批准后立案；

（三）任免机关有关部门负责对该公务员违法违纪事实做进一步调查，包括收集、查证有关证据材料，听取被调查的公务员所在单位的领导成员、有关工作人员以及所在单位监察机构的意见，向其他有关单位和人员了解情况，并形成书面调查材料，向任免机关负责人报告；

（四）任免机关有关部门将调查认定的事实及拟给予处分的依据告知被调查的公务员本人，听取其陈述和申辩，并对其所提出的事实、理由和证据进行复核，记录在案。被调查的公务员提出的事实、理由和证据成立的，应予采信；

（五）经任免机关领导成员集体讨论，作出对该公务员给予处分、免予处分或者撤销案件的决定；

（六）任免机关应当将处分决定以书面形式通知受处分的公务员本人，并在一定范围内宣布；

（七）任免机关有关部门应当将处分决定归入受处分的公务员本人档案，同时汇集有关材料形成该处分案件的工作档案。

受处分的行政机关公务员处分期满解除处分的程序，参照前款第（五）项、第（六）项和第（七）项的规定办理。

任免机关应当按照管理权限，及时将处分决定或者解除处分决定报公务员主管部门备案。

**第四十条**　监察机关对违法违纪的行政机关公务员的调查、处理，依照《中华人民共和国行政监察法》规定的程序办理。

**第四十一条** 对行政机关公务员违法违纪案件进行调查，应当由2名以上办案人员进行；接受调查的单位和个人应当如实提供情况。

严禁以暴力、威胁、引诱、欺骗等非法方式收集证据；非法收集的证据不得作为定案的依据。

**第四十二条** 参与行政机关公务员违法违纪案件调查、处理的人员有下列情形之一的，应当提出回避申请；被调查的公务员以及与案件有利害关系的公民、法人或者其他组织有权要求其回避：

（一）与被调查的公务员是近亲属关系的；

（二）与被调查的案件有利害关系的；

（三）与被调查的公务员有其他关系，可能影响案件公正处理的。

**第四十三条** 处分决定机关负责人的回避，由处分决定机关的上一级行政机关负责人决定；其他违法违纪案件调查、处理人员的回避，由处分决定机关负责人决定。

处分决定机关或者处分决定机关的上一级行政机关，发现违法违纪案件调查、处理人员有应当回避的情形，可以直接决定该人员回避。

**第四十四条** 给予行政机关公务员处分，应当自批准立案之日起6个月内作出决定；案情复杂或者遇有其他特殊情形的，办案期限可以延长，但是最长不得超过12个月。

**第四十五条** 处分决定应当包括下列内容：

（一）被处分人员的姓名、职务、级别、工作单位等基本情况；

（二）经查证的违法违纪事实；

（三）处分的种类和依据；

（四）不服处分决定的申诉途径和期限；

（五）处分决定机关的名称、印章和作出决定的日期。

解除处分决定除包括前款第（一）项、第（二）项和第（五）项规定的内容外，还应当包括原处分的种类和解除处分的依据，以及受处分的行政机关公务员在受处分期间的表现情况。

**第四十六条** 处分决定、解除处分决定自作出之日起生效。

**第四十七条** 行政机关公务员受到开除处分后，有新工作单位的，其本人档案转由新工作单位管理；没有新工作单位的，其本人档案转由其户籍所在地人事部门所属的人才服务机构管理。

## 第六章 不服处分的申诉

**第四十八条** 受到处分的行政机关公务员对处分决定不服的，依照《中华人民共和国公务员法》和《中华人民共和国行政监察法》的有关规定，可以申请复核或者申诉。

复核、申诉期间不停止处分的执行。

行政机关公务员不因提出复核、申诉而被加重处分。

**第四十九条** 有下列情形之一的，受理公务员复核、申诉的机关应当撤销处分决定，重新作出决定或者责令原处分决定机关重新作出决定：

（一）处分所依据的违法违纪事实证据不足的；

（二）违反法定程序，影响案件公正处理的；

（三）作出处分决定超越职权或者滥用职权的。

**第五十条** 有下列情形之一的，受理公务员复核、申诉的机关应当变更处分决定，或者责令原处分决定机关变更处分决定：

（一）适用法律、法规、规章或者国务院决定错误的；

（二）对违法违纪行为的情节认定有误的；

（三）处分不当的。

**第五十一条** 行政机关公务员的处分决定被变更，需要调整该公务员的职务、级别或者工资档次的，应当按照规定予以调整；行政机关公务员的处分决定被撤销的，应当恢复该公务员的级别、工资档次，按照原职务安排相应的职务，并在适当范围内为其恢复名誉。

被撤销处分或者被减轻处分的行政机关公务员工资福利受到损失的，应当予以补偿。

## 第七章 附 则

**第五十二条** 有违法违纪行为应当受到处分的行政机关公务员，

在处分决定机关作出处分决定前已经退休的，不再给予处分；但是，依法应当给予降级、撤职、开除处分的，应当按照规定相应降低或者取消其享受的待遇。

**第五十三条** 行政机关公务员违法违纪取得的财物和用于违法违纪的财物，除依法应当由其他机关没收、追缴或者责令退赔的，由处分决定机关没收、追缴或者责令退赔。违法违纪取得的财物应当退还原所有人或者原持有人的，退还原所有人或者原持有人；属于国家财产以及不应当退还或者无法退还原所有人或者原持有人的，上缴国库。

**第五十四条** 对法律、法规授权的具有公共事务管理职能的事业单位中经批准参照《中华人民共和国公务员法》管理的工作人员给予处分，参照本条例的有关规定办理。

**第五十五条** 本条例自2007年6月1日起施行。1988年9月13日国务院发布的《国家行政机关工作人员贪污贿赂行政处分暂行规定》同时废止。

# 财政违法行为处罚处分条例

（2004年11月30日中华人民共和国国务院令第427号公布 根据2011年1月8日中华人民共和国国务院令第588号《国务院关于废止和修改部分行政法规的决定》修订）

**第一条** 为了纠正财政违法行为，维护国家财政经济秩序，制定本条例。

**第二条** 县级以上人民政府财政部门及审计机关在各自职权范围内，依法对财政违法行为作出处理、处罚决定。

省级以上人民政府财政部门的派出机构，应当在规定职权范围内，依法对财政违法行为作出处理、处罚决定；审计机关的派出机构，应当根据审计机关的授权，依法对财政违法行为作出处理、处罚决定。

根据需要，国务院可以依法调整财政部门及其派出机构（以下统称财政部门）、审计机关及其派出机构（以下统称审计机关）的职权范围。

有财政违法行为的单位，其直接负责的主管人员和其他直接责任人员，以及有财政违法行为的个人，属于国家公务员的，由监察机关及其派出机构（以下统称监察机关）或者任免机关依照人事管理权限，依法给予行政处分。

**第三条** 财政收入执收单位及其工作人员有下列违反国家财政收入管理规定的行为之一的，责令改正，补收应当收取的财政收入，限期退还违法所得。对单位给予警告或者通报批评。对直接负责的主管人员和其他直接责任人员给予警告、记过或者记大过处分；情节严重的，给予降级或者撤职处分：

（一）违反规定设立财政收入项目；

（二）违反规定擅自改变财政收入项目的范围、标准、对象和期限；

（三）对已明令取消、暂停执行或者降低标准的财政收入项目，仍然依照原定项目、标准征收或者变换名称征收；

（四）缓收、不收财政收入；

（五）擅自将预算收入转为预算外收入；

（六）其他违反国家财政收入管理规定的行为。

《中华人民共和国税收征收管理法》等法律、行政法规另有规定的，依照其规定给予行政处分。

**第四条** 财政收入执收单位及其工作人员有下列违反国家财政收入上缴规定的行为之一的，责令改正，调整有关会计账目，收缴应当上缴的财政收入，限期退还违法所得。对单位给予警告或者通报批评。对直接负责的主管人员和其他直接责任人员给予记大过处分；情节较重的，给予降级或者撤职处分；情节严重的，给予开除处分：

（一）隐瞒应当上缴的财政收入；

（二）滞留、截留、挪用应当上缴的财政收入；

（三）坐支应当上缴的财政收入；

（四）不依照规定的财政收入预算级次、预算科目入库；

（五）违反规定退付国库库款或者财政专户资金；

（六）其他违反国家财政收入上缴规定的行为。

《中华人民共和国税收征收管理法》、《中华人民共和国预算法》等法律、行政法规另有规定的，依照其规定给予行政处分。

**第五条** 财政部门、国库机构及其工作人员有下列违反国家有关上解、下拨财政资金规定的行为之一的，责令改正，限期退还违法所得。对单位给予警告或者通报批评。对直接负责的主管人员和其他直接责任人员给予记过或者记大过处分；情节较重的，给予降级或者撤职处分；情节严重的，给予开除处分：

（一）延解、占压应当上解的财政收入；

（二）不依照预算或者用款计划核拨财政资金；

（三）违反规定收纳、划分、留解、退付国库库款或者财政专户资金；

（四）将应当纳入国库核算的财政收入放在财政专户核算；

（五）擅自动用国库库款或者财政专户资金；

（六）其他违反国家有关上解、下拨财政资金规定的行为。

**第六条** 国家机关及其工作人员有下列违反规定使用、骗取财政资金的行为之一的，责令改正，调整有关会计账目，追回有关财政资金，限期退还违法所得。对单位给予警告或者通报批评。对直接负责的主管人员和其他直接责任人员给予记大过处分；情节较重的，给予降级或者撤职处分；情节严重的，给予开除处分：

（一）以虚报、冒领等手段骗取财政资金；

（二）截留、挪用财政资金；

（三）滞留应当下拨的财政资金；

（四）违反规定扩大开支范围，提高开支标准；

（五）其他违反规定使用、骗取财政资金的行为。

**第七条** 财政预决算的编制部门和预算执行部门及其工作人员有下列违反国家有关预算管理规定的行为之一的，责令改正，追回有关款项，限期调整有关预算科目和预算级次。对单位给予警告或者通报批评。对直接负责的主管人员和其他直接责任人员给予警告、记过或者记大过处分；情节较重的，给予降级处分；情节严重的，给予撤职处分：

（一）虚增、虚减财政收入或者财政支出；

（二）违反规定编制、批复预算或者决算；

（三）违反规定调整预算；

（四）违反规定调整预算级次或者预算收支种类；

（五）违反规定动用预算预备费或者挪用预算周转金；

（六）违反国家关于转移支付管理规定的行为；

（七）其他违反国家有关预算管理规定的行为。

**第八条** 国家机关及其工作人员违反国有资产管理的规定，擅自占有、使用、处置国有资产的，责令改正，调整有关会计账目，限期退还违法所得和被侵占的国有资产。对单位给予警告或者通报批评。对直接负责的主管人员和其他直接责任人员给予记大过处分；情节较重的，给予降级或者撤职处分；情节严重的，给予开除处分。

**第九条** 单位和个人有下列违反国家有关投资建设项目规定的行为之一的，责令改正，调整有关会计账目，追回被截留、挪用、骗取的国家建设资金，没收违法所得，核减或者停止拨付工程投资。对单位给予警告或者通报批评，其直接负责的主管人员和其他直接责任人员属于国家公务员的，给予记大过处分；情节较重的，给予降级或者撤职处分；情节严重的，给予开除处分：

（一）截留、挪用国家建设资金；

（二）以虚报、冒领、关联交易等手段骗取国家建设资金；

（三）违反规定超概算投资；

（四）虚列投资完成额；

（五）其他违反国家投资建设项目有关规定的行为。

《中华人民共和国政府采购法》、《中华人民共和国招标投标法》、《国家重点建设项目管理办法》等法律、行政法规另有规定的，依照其规定处理、处罚。

**第十条** 国家机关及其工作人员违反《中华人民共和国担保法》及国家有关规定，擅自提供担保的，责令改正，没收违法所得。对单位给予警告或者通报批评。对直接负责的主管人员和其他直接责任人员给予警告、记过或者记大过处分；造成损失的，给予降级或者撤职处分；造成重大损失的，给予开除处分。

**第十一条** 国家机关及其工作人员违反国家有关账户管理规定，擅自在金融机构开立、使用账户的，责令改正，调整有关会计账目，追回有关财政资金，没收违法所得，依法撤销擅自开立的账户。对单位给予警告或者通报批评。对直接负责的主管人员和其他直接责任人员给予降级处分；情节严重的，给予撤职或者开除处分。

**第十二条** 国家机关及其工作人员有下列行为之一的，责令改正，调整有关会计账目，追回被挪用、骗取的有关资金，没收违法所得。对单位给予警告或者通报批评。对直接负责的主管人员和其他直接责任人员给予降级处分；情节较重的，给予撤职处分；情节严重的，给予开除处分：

（一）以虚报、冒领等手段骗取政府承贷或者担保的外国政府贷款、国际金融组织贷款；

（二）滞留政府承贷或者担保的外国政府贷款、国际金融组织贷款；

（三）截留、挪用政府承贷或者担保的外国政府贷款、国际金融组织贷款；

（四）其他违反规定使用、骗取政府承贷或者担保的外国政府贷款、国际金融组织贷款的行为。

**第十三条** 企业和个人有下列不缴或者少缴财政收入行为之一的，责令改正，调整有关会计账目，收缴应当上缴的财政收入，给予警告，没收违法所得，并处不缴或者少缴财政收入10%以上30%以下的罚款；对直接负责的主管人员和其他直接责任人员处3000元以上5万元以下的罚款：

（一）隐瞒应当上缴的财政收入；

（二）截留代收的财政收入；

（三）其他不缴或者少缴财政收入的行为。

属于税收方面的违法行为，依照有关税收法律、行政法规的规定处理、处罚。

**第十四条** 企业和个人有下列行为之一的，责令改正，调整有关会计账目，追回违反规定使用、骗取的有关资金，给予警告，没收违法所得，并处被骗取有关资金10%以上50%以下的罚款或者被违规使用有关资金10%以上30%以下的罚款；对直接负责的主管人员和其他直接责任人员处3000元以上5万元以下的罚款：

（一）以虚报、冒领等手段骗取财政资金以及政府承贷或者担保的外国政府贷款、国际金融组织贷款；

（二）挪用财政资金以及政府承贷或者担保的外国政府贷款、国际金融组织贷款；

（三）从无偿使用的财政资金以及政府承贷或者担保的外国政府贷款、国际金融组织贷款中非法获益；

（四）其他违反规定使用、骗取财政资金以及政府承贷或者担保的外国政府贷款、国际金融组织贷款的行为。

属于政府采购方面的违法行为，依照《中华人民共和国政府采购法》及有关法律、行政法规的规定处理、处罚。

**第十五条** 事业单位、社会团体、其他社会组织及其工作人员有财政违法行为的，依照本条例有关国家机关的规定执行；但其在经营活动中的财政违法行为，依照本条例第十三条、第十四条的规定执行。

**第十六条** 单位和个人有下列违反财政收入票据管理规定的行为之一的，销毁非法印制的票据，没收违法所得和作案工具。对单位处5000元以上10万元以下的罚款；对直接负责的主管人员和其他直接责任人员处3000元以上5万元以下的罚款。属于国家公务员的，还应当给予降级或者撤职处分；情节严重的，给予开除处分：

（一）违反规定印制财政收入票据；

（二）转借、串用、代开财政收入票据；

（三）伪造、变造、买卖、擅自销毁财政收入票据；

（四）伪造、使用伪造的财政收入票据监（印）制章；

（五）其他违反财政收入票据管理规定的行为。

属于税收收入票据管理方面的违法行为，依照有关税收法律、行政法规的规定处理、处罚。

**第十七条** 单位和个人违反财务管理的规定，私存私放财政资金或者其他公款的，责令改正，调整有关会计账目，追回私存私放的资金，没收违法所得。对单位处3000元以上5万元以下的罚款；对直接负责的主管人员和其他直接责任人员处2000元以上2万元以下的罚款。属于国家公务员的，还应当给予记大过处分；情节严重的，给予降级或者撤职处分。

**第十八条** 属于会计方面的违法行为，依照会计方面的法律、行政法规的规定处理、处罚。对其直接负责的主管人员和其他直接责任人员，属于国家公务员的，还应当给予警告、记过或者记大过处分；情节较重的，给予降级或者撤职处分；情节严重的，给予开除处分。

**第十九条** 属于行政性收费方面的违法行为，《中华人民共和国行政许可法》、《违反行政事业性收费和罚没收入收支两条线管理规定行政处分暂行规定》等法律、行政法规及国务院另有规定的，有关部门依照其规定处理、处罚、处分。

**第二十条** 单位和个人有本条例规定的财政违法行为，构成犯罪的，依法追究刑事责任。

**第二十一条** 财政部门、审计机关、监察机关依法进行调查或者检查时，被调查、检查的单位和个人应当予以配合，如实反映情况，不得拒绝、阻挠、拖延。

违反前款规定的，责令限期改正。逾期不改正的，对属于国家公务员的直接负责的主管人员和其他直接责任人员，给予警告、记过或者记大过处分；情节严重的，给予降级或者撤职处分。

**第二十二条** 财政部门、审计机关、监察机关依法进行调查或者检查时，经县级以上人民政府财政部门、审计机关、监察机关的负责人批准，可以向与被调查、检查单位有经济业务往来的单位查询有关情况，可以向金融机构查询被调查、检查单位的存款，有关单位和金融机构应当配合。

财政部门、审计机关、监察机关在依法进行调查或者检查时，执法人员不得少于2人，并应当向当事人或者有关人员出示证件；查询存款时，还应当持有县级以上人民政府财政部门、审计机关、监察机关签发的查询存款通知书，并负有保密义务。

**第二十三条** 财政部门、审计机关、监察机关依法进行调查或者检查时，在有关证据可能灭失或者以后难以取得的情况下，经县级以上人民政府财政部门、审计机关、监察机关的负责人批准，可以先行登记保存，并应当在7日内及时作出处理决定。在此期间，当事人或者有关人员不得销毁或者转移证据。

**第二十四条** 对被调查、检查单位或者个人正在进行的财政违法行为，财政部门、审计机关应当责令停止。拒不执行的，财政部门可以暂停财政拨款或者停止拨付与财政违法行为直接有关的款项，已经拨付的，责令其暂停使用；审计机关可以通知财政部门或者其他有关主管部门暂停财政拨款或者停止拨付与财政违法行为直接有关的款项，已经拨付的，责令其暂停使用，财政部门和其他有关主管部门应当将结果书面告知审计机关。

**第二十五条** 依照本条例规定限期退还的违法所得，到期无法退还的，应当收缴国库。

**第二十六条** 单位和个人有本条例所列财政违法行为，财政部门、审计机关、监察机关可以公告其财政违法行为及处理、处罚、处分决定。

**第二十七条** 单位和个人有本条例所列财政违法行为，弄虚作假骗取荣誉称号及其他有关奖励的，应当撤销其荣誉称号并收回有关奖励。

**第二十八条** 财政部门、审计机关、监察机关的工作人员滥用职权、玩忽职守、徇私舞弊的，给予警告、记过或者记大过处分；情节较重的，给予降级或者撤职处分；情节严重的，给予开除处分。构成犯罪的，依法追究刑事责任。

**第二十九条** 财政部门、审计机关、监察机关及其他有关监督检查机关对有关单位或者个人依法进行调查、检查后，应当出具调查、检查结论。有关监督检查机关已经作出的调查、检查结论能够满足其他监督检查机关履行本机关职责需要的，其他监督检查机关应当加以利用。

**第三十条** 财政部门、审计机关、监察机关及其他有关机关应当加强配合，对不属于其职权范围的事项，应当依法移送。受移送机关应当及时处理，并将结果书面告知移送机关。

**第三十一条** 对财政违法行为作出处理、处罚和处分决定的程序，依照本条例和《中华人民共和国行政处罚法》、《中华人民共和国行政监察法》等有关法律、行政法规的规定执行。

**第三十二条** 单位和个人对处理、处罚不服的，依照《中华人民共和国行政复议法》、《中华人民共和国行政诉讼法》的规定申请复议或者提起诉讼。

国家公务员对行政处分不服的，依照《中华人民共和国行政监察法》、《中华人民共和国公务员法》等法律、行政法规的规定提出申诉。

**第三十三条** 本条例所称“财政收入执收单位”，是指负责收取税收收入和各种非税收入的单位。

**第三十四条** 对法律、法规授权的具有管理公共事务职能的组织以及国家行政机关依法委托的组织及其工勤人员以外的工作人员，企业、事业单位、社会团体中由国家行政机关以委任、派遣等形式任命的人员以及其他人员有本条例规定的财政违法行为，需要给予处分的，参照本条例有关规定执行。

**第三十五条** 本条例自2005年2月1日起施行。1987年6月16日国务院发布的《国务院关于违反财政法规处罚的暂行规定》同时废止。

# 违规发放津贴补贴行为处分规定

（2013年6月13日监察部、人力资源和社会保障部、财政部、审计署令第31号公布 自2013年8月1日起施行）

**第一条** 为维护收入分配秩序，严肃财经纪律，规范津贴补贴政策执行，根据《中华人民共和国行政监察法》、《中华人民共和国公务员法》、《行政机关公务员处分条例》及其他有关法律、行政法规，制定本规定。

**第二条** 本规定所称津贴补贴包括国家统一规定的津贴补贴和工作性津贴、生活性补贴、离退休人员补贴、改革性补贴以及奖金、实物、有价证券等。

**第三条** 有违规发放津贴补贴行为的单位，其负有责任的领导人员和直接责任人员，以及有违规发放津贴补贴行为的个人，应当承担纪律责任。属于下列人员的，由任免机关或者监察机关按照管理权限依法给予处分：

（一）行政机关公务员；

（二）法律、法规授权的具有公共事务管理职能的事业单位中经批准参照《中华人民共和国公务员法》管理的工作人员。

法律、行政法规对违规发放津贴补贴行为的处分另有规定的，从其规定。

**第四条** 有下列行为之一的，给予警告处分；情节较重的，给予记过或者记大过处分；情节严重的，给予降级或者撤职处分：

（一）违反规定自行新设项目或者继续发放已经明令取消的津贴

补贴的；

（二）超过规定标准、范围发放津贴补贴的；

（三）违反中共中央组织部、人力资源社会保障部有关公务员奖励的规定，以各种名义向职工普遍发放各类奖金的；

（四）在实施职务消费和福利待遇货币化改革并发放补贴后，继续开支相关职务消费和福利费用的；

（五）违反规定发放加班费、值班费和未休年休假补贴的；

（六）违反《中共中央纪委、中共中央组织部、监察部、财政部、人事部、审计署关于规范公务员津贴补贴问题的通知》（中纪发〔2006〕17号）等规定，擅自提高标准发放改革性补贴的；

（七）超标准缴存住房公积金的；

（八）以有价证券、支付凭证、商业预付卡、实物等形式发放津贴补贴的；

（九）违反规定使用工会会费、福利费及其他专项经费发放津贴补贴的；

（十）借重大活动筹备或者节日庆祝之机，变相向职工普遍发放现金、有价证券或者与活动无关的实物的；

（十一）违反规定向关联单位（企业）转移好处，再由关联单位（企业）以各种名目给机关职工发放津贴补贴的；

（十二）其他违反规定发放津贴补贴的。

**第五条** 将执收执罚工作与津贴补贴挂钩，使用行政事业性收费、罚没收入发放津贴补贴的，给予记大过处分；情节严重的，给予降级或者撤职处分。

**第六条** 以发放津贴补贴的形式，变相将国有资产集体私分给个人的，给予记大过处分；情节较重的，给予降级或者撤职处分；情节严重的，给予开除处分。

**第七条** 违反财政部关于行政事业单位工资津贴补贴有关会计核算的规定核算津贴补贴的，给予警告处分；情节较重的，给予记过或者记大过处分；情节严重的，给予降级或者撤职处分。

**第八条** 使用“小金库”款项发放津贴补贴的，给予警告处分；情节较重的，给予记过或者记大过处分；情节严重的，给予降级或者撤职处分。

**第九条** 利用职务上的便利或者职务影响，违反规定在其他单位领取津贴补贴的，给予记过或者记大过处分；情节较重的，给予降级或者撤职处分；情节严重的，给予开除处分。

**第十条** 以虚报、冒领等手段骗取财政资金发放津贴补贴的，给予记大过处分；情节较重的，给予降级或者撤职处分；情节严重的，给予开除处分。

以虚报、冒领等手段骗取财政资金，并以发放津贴补贴的形式合伙私分的，依照前款规定从重处分。

**第十一条** 在执行津贴补贴政策中不负责任，导致本地区、本部门、本系统和本单位发生严重违规发放津贴补贴行为的，给予记过或者记大过处分；情节较重的，给予降级或者撤职处分；情节严重的，给予开除处分。

**第十二条** 不制止、不查处本地区、本部门、本系统和本单位发生的严重违规发放津贴补贴行为的，给予记过或者记大过处分；情节较重的，给予降级或者撤职处分；情节严重的，给予开除处分。

**第十三条** 对违规发放的津贴补贴，应当按有关规定责令整改，并清退收回。

**第十四条** 经费来源由财政补助的事业单位工作人员有本规定所列行为的，参照本规定第四条至第十二条规定的违纪情节，依照《事业单位工作人员处分暂行规定》处理。

**第十五条** 处分的程序和不服处分的申诉，依照《中华人民共和国行政监察法》、《中华人民共和国公务员法》、《行政机关公务员处分条例》等有关法律法规的规定办理。

**第十六条** 有违规发放津贴补贴行为，应当给予党纪处分的，移送党的纪律检查机关处理；涉嫌犯罪的，移送司法机关处理。

**第十七条** 本规定由监察部、人力资源社会保障部、财政部、审计署负责解释。

**第十八条** 本规定自2013年8月1日起施行。

# 事业单位工作人员处分暂行规定

（2012年8月22日人力资源和社会保障部、监察部令第18号公布 自2012年9月1日起施行）

## 第一章 总 则

**第一条** 为严肃事业单位纪律，规范事业单位工作人员行为，保证事业单位及其工作人员依法履行职责，制定本规定。

**第二条** 事业单位工作人员违法违纪，应当承担纪律责任的，依照本规定给予处分。

对法律、法规授权的具有公共事务管理职能的事业单位中经批准参照《中华人民共和国公务员法》管理的工作人员给予处分，参照《行政机关公务员处分条例》的有关规定办理。

对行政机关任命的事业单位工作人员，法律、法规授权的具有公共事务管理职能的事业单位中不参照《中华人民共和国公务员法》管理的工作人员，国家行政机关依法委托从事公共事务管理活动的事业单位工作人员给予处分，适用本规定；但监察机关对上述人员违法违纪行为进行调查处理的程序和作出处分决定的权限，以及作为监察对象的事业单位工作人员对处分决定不服向监察机关提出申诉的，依照《中华人民共和国行政监察法》及其实施条例办理。

**第三条** 给予事业单位工作人员处分，应当坚持公正、公平和教育与惩处相结合的原则。

给予事业单位工作人员处分，应当与其违法违纪行为的性质、情节、危害程度相适应。

给予事业单位工作人员处分，应当事实清楚、证据确凿、定性准确、处理恰当、程序合法、手续完备。

**第四条** 事业单位工作人员涉嫌犯罪的，应当移送司法机关依法追究刑事责任。

## 第二章 处分的种类和适用

**第五条** 处分的种类为：

（一）警告；

（二）记过；

（三）降低岗位等级或者撤职；

（四）开除。

其中，撤职处分适用于行政机关任命的事业单位工作人员。

**第六条** 受处分的期间为：

（一）警告，6 个月；

（二）记过，12 个月；

（三）降低岗位等级或者撤职，24 个月。

**第七条** 事业单位工作人员受到警告处分的，在受处分期间，不得聘用到高于现聘岗位等级的岗位；在作出处分决定的当年，年度考核不能确定为优秀等次。

事业单位工作人员受到记过处分的，在受处分期间，不得聘用到高于现聘岗位等级的岗位，年度考核不得确定为合格及以上等次。

事业单位工作人员受到降低岗位等级处分的，自处分决定生效之日起降低一个以上岗位等级聘用，按照事业单位收入分配有关规定确定其工资待遇；在受处分期间，不得聘用到高于受处分后所聘岗位等级的岗位，年度考核不得确定为基本合格及以上等次。

行政机关任命的事业单位工作人员在受处分期间的任命、考核、工资待遇按照干部人事管理权限，参照本条第一款、第二款、第三款规定执行。

事业单位工作人员受到开除处分的，自处分决定生效之日起，终止其与事业单位的人事关系。

**第八条** 事业单位工作人员受到记过以上处分的，在受处分期间不得参加本专业（技术、技能）领域专业技术职务任职资格或者工勤技能人员技术等级考试（评审）。应当取消专业技术职务任职资格或者职业资格的，按照有关规定办理。

**第九条** 事业单位工作人员同时有两种以上需要给予处分的行为的，应当分别确定其处分。应当给予的处分种类不同的，执行其中最重的处分；应当给予开除以外多个相同种类处分的，执行该处分，但处分期应当按照一个处分期以上、两个处分期之和以下确定。

事业单位工作人员在受处分期间受到新的处分的，其处分期为原处分期尚未执行的期限与新处分期限之和，但是最长不得超过48个月。

**第十条** 事业单位工作人员两人以上共同违法违纪，需要给予处分的，按照各自应当承担的责任，分别给予相应的处分。

**第十一条** 有下列情形之一的，应当从重处分：

（一）在两人以上的共同违法违纪行为中起主要作用的；

（二）隐匿、伪造、销毁证据的；

（三）串供或者阻止他人揭发检举、提供证据材料的；

（四）包庇同案人员的；

（五）法律、法规、规章规定的其他从重情节。

**第十二条** 有下列情形之一的，应当从轻处分：

（一）主动交代违法违纪行为的；

（二）主动采取措施，有效避免或者挽回损失的；

（三）检举他人重大违法违纪行为，情况属实的。

**第十三条** 事业单位工作人员主动交代违法违纪行为，并主动采取措施有效避免或者挽回损失的，应当减轻处分或者免予处分。

事业单位工作人员违法违纪行为情节轻微，经过批评教育后改正的，可以免予处分。

**第十四条** 事业单位工作人员有本规定第十一条、第十二条规定情形之一的，应当在本规定第三章规定的处分幅度以内从重或者从轻给予处分。

事业单位工作人员有本规定第十三条第一款规定情形的，应当在本规定第三章规定的处分幅度以外，减轻一个处分的档次给予处分。应当给予警告处分，又有减轻处分的情形的，免予处分。

**第十五条** 事业单位有违法违纪行为，应当追究纪律责任的，依法对负有责任的领导人员和直接责任人员给予处分。

## 第三章 违法违纪行为及其适用的处分

**第十六条** 有下列行为之一的，给予记过处分；情节较重的，给予降低岗位等级或者撤职处分；情节严重的，给予开除处分：

（一）散布损害国家声誉的言论，组织或者参加旨在损害国家利益的集会、游行、示威等活动的；

（二）组织或者参加非法组织的；

（三）接受境外资助从事损害国家利益或者危害国家安全活动的；

（四）接受损害国家荣誉和利益的境外邀请、奖励，经批评教育拒不改正的；

（五）违反国家民族宗教法规和政策，造成不良后果的；

（六）非法出境、未经批准获取境外永久居留资格或者取得外国国籍的；

（七）携带含有依法禁止内容的书刊、音像制品、电子读物进入国（境）内的；

（八）其他违反政治纪律的行为。

有前款第（一）项至第（三）项规定的行为，但属于不明真相被裹挟参加、经批评教育后确有悔改表现的，可以减轻或者免予处分。

**第十七条** 有下列行为之一的，给予警告或者记过处分；情节较重的，给予降低岗位等级或者撤职处分；情节严重的，给予开除处分：

（一）在执行国家重要任务、应对公共突发事件中，不服从指挥、调遣或者消极对抗的；

（二）破坏正常工作秩序，给国家或者公共利益造成损失的；

（三）违章指挥、违规操作，致使人民生命财产遭受损失的；

（四）发生重大事故、灾害、事件，擅离职守或者不按规定报告、不采取措施处置或者处置不力的；

（五）在项目评估评审、产品认证、设备检测检验等工作中徇私舞弊，或者违反规定造成不良影响的；

（六）泄露国家秘密的；

（七）泄露因工作掌握的内幕信息，造成不良后果的；

（八）采取不正当手段为本人或者他人谋取岗位，或者在事业单位公开招聘等人事管理工作中有其他违反组织人事纪律行为的；

（九）其他违反工作纪律失职渎职的行为。

有前款第（六）项规定行为的，给予记过以上处分。

**第十八条**　有下列行为之一的，给予警告或者记过处分；情节较重的，给予降低岗位等级或者撤职处分；情节严重的，给予开除处分：

（一）贪污、索贿、受贿、行贿、介绍贿赂、挪用公款的；

（二）利用工作之便为本人或者他人谋取不正当利益的；

（三）在公务活动或者工作中接受礼金、各种有价证券、支付凭证的；

（四）利用知悉或者掌握的内幕信息谋取利益的；

（五）用公款旅游或者变相用公款旅游的；

（六）违反国家规定，从事、参与营利性活动或者兼任职务领取报酬的；

（七）其他违反廉洁从业纪律的行为。

有前款第（一）项规定行为的，给予记过以上处分。

**第十九条**　有下列行为之一的，给予警告或者记过处分；情节较重的，给予降低岗位等级或者撤职处分；情节严重的，给予开除处分：

（一）违反国家财政收入上缴有关规定的；

（二）违反规定使用、骗取财政资金或者社会保险基金的；

（三）擅自设定收费项目或者擅自改变收费项目的范围、标准和对象的；

（四）挥霍、浪费国家资财或者造成国有资产流失的；

（五）违反国有资产管理规定，擅自占有、使用、处置国有资产的；

（六）在招标投标和物资采购工作中违反有关规定，造成不良影响或者损失的；

（七）其他违反财经纪律的行为。

**第二十条** 有下列行为之一的，给予警告或者记过处分；情节较重的，给予降低岗位等级或者撤职处分；情节严重的，给予开除处分：

（一）利用专业技术或者技能实施违法违纪行为的；

（二）有抄袭、剽窃、侵吞他人学术成果，伪造、篡改数据文献，或者捏造事实等学术不端行为的；

（三）利用职业身份进行利诱、威胁或者误导，损害他人合法权益的；

（四）利用权威、地位或者掌控的资源，压制不同观点，限制学术自由，造成重大损失或者不良影响的；

（五）在申报岗位、项目、荣誉等过程中弄虚作假的；

（六）工作态度恶劣，造成不良社会影响的；

（七）其他严重违反职业道德的行为。

有前款第（一）项规定行为的，给予记过以上处分。

**第二十一条** 有下列行为之一的，给予警告或者记过处分；情节较重的，给予降低岗位等级或者撤职处分；情节严重的，给予开除处分：

（一）制造、传播违法违禁物品及信息的；

（二）组织、参与卖淫、嫖娼等色情活动的；

（三）吸食毒品或者组织、参与赌博活动的；

（四）违反规定超计划生育的；

（五）包养情人的；

（六）有虐待、遗弃家庭成员，或者拒不承担赡养、抚养、扶养义务等的；

（七）其他严重违反公共秩序、社会公德的行为。

有前款第（二）项、第（三）项、第（四）项、第（五）项规定行为的，给予降低岗位等级或者撤职以上处分。

**第二十二条** 事业单位工作人员被依法判处刑罚的，给予降低岗位等级或者撤职以上处分。其中，被依法判处有期徒刑以上刑罚的，给予开除处分。

行政机关任命的事业单位工作人员，被依法判处刑罚的，给予开除处分。

## 第四章 处分的权限和程序

**第二十三条** 对事业单位工作人员的处分，按照以下权限决定：

（一）警告、记过、降低岗位等级或者撤职处分，按照干部人事管理权限，由事业单位或者事业单位主管部门决定。其中，由事业单位决定的，应当报事业单位主管部门备案。

（二）开除处分由事业单位主管部门决定，并报同级事业单位人事综合管理部门备案。

对中央和地方直属事业单位工作人员的处分，按照干部人事管理权限，由本单位或者有关部门决定；其中，由本单位作出开除处分决定的，报同级事业单位人事综合管理部门备案。

**第二十四条** 对事业单位工作人员的处分，按照以下程序办理：

（一）对事业单位工作人员违法违纪行为初步调查后，需要进一步查证的，应当按照干部人事管理权限，经事业单位负责人批准或者有关部门同意后立案；

（二）对被调查的事业单位工作人员的违法违纪行为作进一步调查，收集、查证有关证据材料，并形成书面调查报告；

（三）将调查认定的事实及拟给予处分的依据告知被调查的事业

单位工作人员，听取其陈述和申辩，并对其所提出的事实、理由和证据进行复核，记录在案。被调查的事业单位工作人员提出的事实、理由和证据成立的，应予采信；

（四）按照处分决定权限，作出对该事业单位工作人员给予处分、免予处分或者撤销案件的决定；

（五）处分决定单位印发处分决定；

（六）将处分决定以书面形式通知受处分事业单位工作人员本人和有关单位，并在一定范围内宣布；

（七）将处分决定存入受处分事业单位工作人员的档案。

处分决定自作出之日起生效。

**第二十五条** 事业单位工作人员涉嫌违法违纪，已经被立案调查，不宜继续履行职责的，可以按照干部人事管理权限，由事业单位或者有关部门暂停其职责。

被调查的事业单位工作人员在违法违纪案件立案调查期间，不得解除聘用合同、出国（境）或者办理退休手续。

**第二十六条** 对事业单位工作人员违法违纪案件进行调查，应当由两名以上办案人员进行；接受调查的单位和个人应当如实提供情况。

以暴力、威胁、引诱、欺骗等非法方式收集的证据不得作为定案的根据。

**第二十七条** 参与事业单位工作人员违法违纪案件调查、处理的人员有下列情形之一的，应当提出回避申请；被调查的事业单位工作人员以及与案件有利害关系的公民、法人或者其他组织有权要求其回避：

（一）与被调查的事业单位工作人员有夫妻关系、直系血亲、三代以内旁系血亲关系或者近姻亲关系的；

（二）与被调查的案件有利害关系的；

（三）与被调查的事业单位工作人员有其他关系，可能影响案件公正处理的。

**第二十八条** 处分决定单位负责人的回避，按照干部人事管理权限决定；其他参与违法违纪案件调查、处理的人员的回避，由处分决定单位负责人决定。

处分决定单位发现参与违法违纪案件调查、处理的人员有应当回避情形的，可以直接决定该人员回避。

**第二十九条** 给予事业单位工作人员处分，应当自批准立案之日起6个月内作出决定；案情复杂或者遇有其他特殊情形的可以延长，但是办案期限最长不得超过12个月。

**第三十条** 处分决定应当包括下列内容：

（一）受处分事业单位工作人员的姓名、工作单位、原所聘岗位（所任职务）名称及等级等基本情况；

（二）经查证的违法违纪事实；

（三）处分的种类、受处分的期间和依据；

（四）不服处分决定的申诉途径和期限；

（五）处分决定单位的名称、印章和作出决定的日期。

**第三十一条** 事业单位工作人员受到开除处分后，事业单位应当及时办理档案和社会保险关系转移手续，具体办法按照有关规定执行。

## 第五章 处分的解除

**第三十二条** 事业单位工作人员受开除以外的处分，在受处分期间有悔改表现，并且没有再出现违法违纪情形的，处分期满，经原处分决定单位批准后解除处分。

事业单位工作人员在受处分期间终止或解除聘用合同的，处分期满后，自然解除处分。受处分事业单位工作人员要求原处分决定单位提供解除处分相关证明的，原处分决定单位应当予以提供。

**第三十三条** 事业单位工作人员在受处分期间有重大立功表现，按照有关规定给予个人记功以上奖励的，经批准后可以提前解除处分。

**第三十四条** 事业单位工作人员处分的解除或者提前解除，按照以下程序办理：

（一）按照干部人事管理权限，事业单位或者有关部门对受处分事业单位工作人员在受处分期间的表现情况，进行全面了解，并形成书面报告；

（二）按照处分决定权限，作出解除或者提前解除处分的决定；

（三）印发解除或者提前解除处分的决定；

（四）将解除或者提前解除处分的决定以书面形式通知本人，并在原宣布处分的范围内宣布；

（五）将解除或者提前解除处分的决定存入该工作人员的档案。

解除处分决定自作出之日起生效。

**第三十五条** 事业单位工作人员处分的解除或者提前解除按照本规定第二十七条、第二十八条的规定执行回避。

**第三十六条** 解除或者提前解除处分的决定应当包括原处分的种类和解除或者提前解除处分的依据，以及该工作人员在受处分期间的表现情况等内容。

**第三十七条** 处分解除后，考核、竞聘上岗和晋升工资按照国家有关规定执行，不再受原处分的影响。但是，受到降低岗位等级或者撤职处分的，不视为恢复受处分前的岗位等级和工资待遇。

**第三十八条** 解除处分的决定应当在处分期满后一个月内作出。

## 第六章　复核和申诉

**第三十九条** 受到处分的事业单位工作人员对处分决定不服的，可以自知道或者应当知道该处分决定之日起三十日内向原处分决定单位申请复核。对复核结果不服的，可以自接到复核决定之日起三十日内，按照规定向原处分决定单位的主管部门或者同级事业单位人事综合管理部门提出申诉。

受到处分的中央和地方直属事业单位工作人员的申诉，按照干部人事管理权限，由同级事业单位人事综合管理部门受理。

**第四十条** 原处分决定单位应当自接到复核申请后的三十日内作

出复核决定。受理申诉的单位应当自受理之日起六十日内作出处理决定；案情复杂的，可以适当延长，但是延长期限最多不超过三十日。

复核、申诉期间不停止处分的执行。

事业单位工作人员不因提出复核、申诉而被加重处分。

**第四十一条** 有下列情形之一的，受理处分复核、申诉的单位应当撤销处分决定，重新作出决定或者责令原处分决定单位重新作出决定：

（一）处分所依据的事实不清、证据不足的；

（二）违反规定程序，影响案件公正处理的；

（三）超越职权或者滥用职权作出处分决定的。

**第四十二条** 有下列情形之一的，受理复核、申诉的单位应当变更处分决定或者责令原处分决定单位变更处分决定：

（一）适用法律、法规、规章错误的；

（二）对违法违纪行为的情节认定有误的；

（三）处分不当的。

**第四十三条** 事业单位工作人员的处分决定被变更，需要调整该工作人员的岗位等级或者工资待遇的，应当按照规定予以调整；事业单位工作人员的处分决定被撤销的，应当恢复该工作人员的岗位等级、工资待遇，按照原岗位等级安排相应的岗位，并在适当范围内为其恢复名誉。

被撤销处分或者被减轻处分的事业单位工作人员工资待遇受到损失的，应当予以补偿。

## 第七章 附 则

**第四十四条** 已经退休的事业单位工作人员有违法违纪行为应当受到处分的，不再作出处分决定。但是，应当给予降低岗位等级或者撤职以上处分的，相应降低或者取消其享受的待遇。

**第四十五条** 对事业单位工作人员处分工作中有滥用职权、玩忽职守、徇私舞弊、收受贿赂等违法违纪行为的工作人员，按照有关规定给予处分；涉嫌犯罪的，移送司法机关依法追究刑事责任。

**第四十六条** 对机关工勤人员给予处分，参照本规定执行。

**第四十七条** 教育、医疗卫生、科技、体育等部门，可以依据本规定，结合自身工作的实际情况，与国务院人力资源社会保障部门和国务院监察机关联合制定具体办法。

**第四十八条** 本规定自2012年9月1日起施行。

# 税收违法违纪行为处分规定

（2012年6月6日监察部、人力资源和社会保障部、国家税务总局令第26号公布　自2012年8月1日起施行）

**第一条** 为了加强税收征收管理，惩处税收违法违纪行为，促进税收法律法规的贯彻实施，根据《中华人民共和国税收征收管理法》、《中华人民共和国行政监察法》、《中华人民共和国公务员法》、《行政机关公务员处分条例》及其他有关法律、行政法规，制定本规定。

**第二条** 有税收违法违纪行为的单位，其负有责任的领导人员和直接责任人员，以及有税收违法违纪行为的个人，应当承担纪律责任。属于下列人员的（以下统称有关责任人员），由任免机关或者监察机关按照管理权限依法给予处分：

（一）行政机关公务员；

（二）法律、法规授权的具有公共事务管理职能的组织中从事公务的人员；

（三）行政机关依法委托从事公共事务管理活动的组织中从事公务的人员；

（四）企业、事业单位、社会团体中由行政机关任命的人员。

法律、行政法规、国务院决定和国务院监察机关、国务院人力资源社会保障部门制定的处分规章对税收违法违纪行为的处分另有规定的，从其规定。

**第三条** 税务机关及税务人员有下列行为之一的，对有关责任人员，给予警告或者记过处分；情节较重的，给予记大过或者降级处分；情节严重的，给予撤职处分：

（一）违反法定权限、条件和程序办理开业税务登记、变更税务登记或者注销税务登记的；

（二）违反规定发放、收缴税控专用设备的；

（三）违反规定开具完税凭证、罚没凭证的；

（四）违反法定程序为纳税人办理减税、免税、退税手续的。

**第四条** 税务机关及税务人员有下列行为之一的，对有关责任人员，给予记过或者记大过处分；情节较重的，给予降级或者撤职处分；情节严重的，给予开除处分：

（一）违反规定发售、保管、代开增值税专用发票以及其他发票，致使国家税收遭受损失或者造成其他不良影响的；

（二）违反规定核定应纳税额、调整税收定额，导致纳税人税负水平明显不合理的。

**第五条** 税务机关及税务人员有下列行为之一的，对有关责任人员，给予警告或者记过处分；情节较重的，给予记大过或者降级处分；情节严重的，给予撤职处分：

（一）违反规定采取税收保全、强制执行措施的；

（二）查封、扣押纳税人个人及其所扶养家属维持生活必需的住房和用品的。

**第六条** 税务机关及税务人员有下列行为之一的，对有关责任人员，给予记过或者记大过处分；情节较重的，给予降级或者撤职处分；情节严重的，给予开除处分：

（一）对管辖范围内的税收违法行为，发现后不予处理或者故意拖延查处，致使国家税收遭受损失的；

（二）徇私舞弊或者玩忽职守，不征或者少征应征税款，致使国家税收遭受损失的。

**第七条** 税务机关及税务人员违反规定要求纳税人、扣缴义务人委托税务代理，或者为其指定税务代理机构的，对有关责任人员，给予记过或者记大过处分；情节较重的，给予降级或者撤职处分；情节严重的，给予开除处分。

**第八条** 税务机关领导干部的近亲属在本人管辖的业务范围内从事与税收业务相关的中介活动，经劝阻其近亲属拒不退出或者本人不服从工作调整的，给予记过或者记大过处分；情节较重的，给予降级或者撤职处分；情节严重的，给予开除处分。

**第九条** 税务人员有下列行为之一的，对有关责任人员，给予记过或者记大过处分；情节较重的，给予降级或者撤职处分；情节严重的，给予开除处分：

（一）在履行职务过程中侵害公民、法人或者其他组织合法权益的；

（二）滥用职权，故意刁难纳税人、扣缴义务人的；

（三）对控告、检举税收违法违纪行为的纳税人、扣缴义务人以及其他检举人进行打击报复的。

**第十条** 税务机关及税务人员有下列行为之一的，对有关责任人员，给予记过或者记大过处分；情节较重的，给予降级或者撤职处分；情节严重的，给予开除处分：

（一）索取、接受或者以借为名占用纳税人、扣缴义务人财物的；

（二）以明显低于市场的价格向管辖范围内纳税人购买物品的；

（三）以明显高于市场的价格向管辖范围内纳税人出售物品的；

（四）利用职权向纳税人介绍经营业务，谋取不正当利益的；

（五）违反规定要求纳税人购买、使用指定的税控装置的。

**第十一条** 税务机关私分、挪用、截留、非法占有税款、滞纳金、罚款或者查封、扣押的财物以及纳税担保财物的，对有关责任人员，给予记大过处分；情节较重的，给予降级或者撤职处分；情节严重的，给予开除处分。

**第十二条** 税务机关及税务人员有下列行为之一的，对有关责任人员，给予记过或者记大过处分；情节较重的，给予降级或者撤职处分；情节严重的，给予开除处分：

（一）隐匿、毁损、伪造、变造税收违法案件证据的；

（二）提供虚假税务协查函件的；

（三）出具虚假涉税证明的。

**第十三条** 有下列行为之一的，对有关责任人员，给予警告或者记过处分；情节较重的，给予记大过或者降级处分；情节严重的，给予撤职处分：

（一）违反规定作出涉及税收优惠的资格认定、审批的；

（二）未按规定要求当事人出示税收完税凭证或者免税凭证而为其办理行政登记、许可、审批等事项的；

（三）违反规定办理纳税担保的；

（四）违反规定提前征收、延缓征收税款的。

**第十四条** 有下列行为之一的，对有关责任人员，给予记过或者记大过处分；情节较重的，给予降级或者撤职处分；情节严重的，给予开除处分：

（一）违反法律、行政法规的规定，摊派税款的；

（二）违反法律、行政法规的规定，擅自作出税收的开征、停征或者减税、免税、退税、补税以及其他同税收法律、行政法规相抵触的决定的。

**第十五条** 不依法履行代扣代缴、代收代缴税款义务，致使国家税款遭受损失的，对有关责任人员，给予记过或者记大过处分；情节较重的，给予降级或者撤职处分；情节严重的，给予开除处分。

**第十六条** 未经税务机关依法委托征收税款，或者虽经税务机关依法委托但未按照有关法律、行政法规的规定征收税款的，对有关责任人员，给予警告或者记过处分；情节较重的，给予记大过或者降级处分；情节严重的，给予撤职处分。

**第十七条** 有下列行为之一的，对有关责任人员，给予记大过处分；情节较重的，给予降级或者撤职处分；情节严重的，给予开除处分：

（一）违反规定为纳税人、扣缴义务人提供银行账户、发票、证明或者便利条件，导致未缴、少缴税款或者骗取国家出口退税款的；

（二）向纳税人、扣缴义务人通风报信、提供便利或者以其他形式帮助其逃避税务行政处罚的；

（三）逃避缴纳税款、抗税、逃避追缴欠税、骗取出口退税的；

（四）伪造、变造、非法买卖发票的；

（五）故意使用伪造、变造、非法买卖的发票，造成不良后果的。

税务人员有前款第（二）项所列行为的，从重处分。

**第十八条** 受到处分的人员对处分决定不服的，可以依照《中华人民共和国行政监察法》、《中华人民共和国公务员法》、《行政机关公务员处分条例》等有关规定申请复核或者申诉。

**第十九条** 任免机关、监察机关和税务行政主管部门建立案件移送制度。

任免机关、监察机关查处税收违法违纪案件，认为应当由税务行政主管部门予以处理的，应当及时将有关案件材料移送税务行政主管部门。税务行政主管部门应当依法及时查处，并将处理结果书面告知任免机关、监察机关。

税务行政主管部门查处税收管理违法案件，认为应当由任免机关或者监察机关给予处分的，应当及时将有关案件材料移送任免机关或者监察机关。任免机关或者监察机关应当依法及时查处，并将处理结果书面告知税务行政主管部门。

**第二十条** 有税收违法违纪行为，应当给予党纪处分的，移送党的纪律检查机关处理。涉嫌犯罪的，移送司法机关依法追究刑事责任。

**第二十一条** 有关税、船舶吨税及海关代征税收违法违纪行为的，按照法律、行政法规及有关处分规章的规定处理。

**第二十二条** 本规定由监察部、人力资源社会保障部和国家税务总局负责解释。

**第二十三条** 本规定自2012年8月1日起施行。

# 用公款出国（境）旅游及相关违纪行为处分规定

（2010年8月12日监察部、人力资源和社会保障部令第23号公布　自公布之日起施行）

**第一条**　为规范因公出国（境）管理秩序，明确相关政策界限，惩处用公款出国（境）旅游及相关违纪行为，根据《中华人民共和国行政监察法》、《中华人民共和国公务员法》和《行政机关公务员处分条例》等有关法律、行政法规，制定本规定。

**第二条**　本规定适用于下列人员：

（一）行政机关公务员；

（二）法律、法规授权的具有管理公共事务职能的组织以及国家行政机关依法委托的组织中除工勤人员以外的工作人员；

（三）企业、事业单位、社会团体中由行政机关任命的人员。

**第三条**　本规定所称用公款出国（境）旅游行为，是指无出国（境）公务，组织或者参加用公款支付全部或者部分费用，到国（境）外进行参观、游览等活动的行为；其中包括无实质性公务，以考察、学习、培训、研讨、招商、参展、参加会议等名义，变相用公款出国（境）旅游的行为。

**第四条**　用公款出国（境）旅游的，给予记过或者记大过处分；情节较重的，给予降级或者撤职处分；情节严重的，给予开除处分。

组织用公款出国（境）旅游的，给予降级或者撤职处分；情节严重的，给予开除处分。

**第五条**　有下列行为之一的，给予警告或者记过处分；情节较重的，给予记大过或者降级处分；情节严重的，给予撤职处分：

（一）虚报出国（境）公务骗取批准的；

（二）购买、伪造邀请函或者编造虚假日程骗取批准的；

（三）采取伪造个人身份、资料等形式，安排与出国（境）公务无关人员出国（境）的；

（四）避开主管部门委托非主管部门办理因公出国（境）审核审批手续的；

（五）违反因公出国（境）管理规定，将一个团组拆分为若干团组报批或者审核审批的；

（六）其他违反因公出国（境）审核审批管理规定的。

**第六条** 组织以营利为目的的跨地区、跨部门团组用公款出国（境）的，给予记过或者记大过处分；情节较重的，给予降级或者撤职处分；情节严重的，给予开除处分。

**第七条** 擅自批准或者同意延长在国（境）外停留时间，绕道安排行程，或者到未经批准进行公务活动的国家（地区）、城市，造成不良影响或者经济损失的，给予警告、记过或者记大过处分；情节较重的，给予降级或者撤职处分；情节严重的，给予开除处分。

**第八条** 因公出国（境）派出单位和审核审批管理部门玩忽职守、滥用职权，致使发生用公款出国（境）旅游行为，造成不良影响或者经济损失的，给予记过或者记大过处分；情节较重的，给予降级或者撤职处分；情节严重的，给予开除处分。

**第九条** 对本地区、本部门、本系统、本单位发生的用公款出国（境）旅游行为不制止、不查处，造成不良影响或者经济损失的，给予记过或者记大过处分；情节较重的，给予降级或者撤职处分；情节严重的，给予开除处分。

**第十条** 用公款出国（境）旅游的，应当责令其退赔用公款支付的各项费用。

**第十一条** 处分的程序和不服处分的申诉，依照《中华人民共和国行政监察法》、《中华人民共和国公务员法》、《行政机关公务员处分条例》等有关法律法规的规定办理。

**第十二条** 有公款出国（境）旅游及相关违纪行为，应当给予党纪处分的，移送党的纪律检查机关处理；涉嫌犯罪的，移送司法机关处理。

**第十三条** 本规定由监察部、人力资源社会保障部负责解释。

**第十四条** 本规定自公布之日起施行。

# 违反规定插手干预工程建设领域行为处分规定

（2010 年 7 月 8 日监察部、人力资源和社会保障部令第 22 号公布 自公布之日起施行）

**第一条** 为进一步促进行政机关公务员廉洁从政，规范工程建设秩序，惩处违反规定插手干预工程建设领域行为，确保工程建设项目安全、廉洁、高效运行，根据《中华人民共和国行政监察法》、《中华人民共和国公务员法》和《行政机关公务员处分条例》等有关法律、行政法规，制定本规定。

**第二条** 本规定适用于副科级以上行政机关公务员。

**第三条** 本规定所称违反规定插手干预工程建设领域行为，是指行政机关公务员违反法律、法规、规章或者行政机关的决定、命令，利用职权或者职务上的影响，向相关部门、单位或者有关人员以指定、授意、暗示等方式提出要求，影响工程建设正常开展或者干扰正常监管、执法活动的行为。

**第四条** 违反规定插手干预工程建设项目决策，有下列情形之一，索贿受贿、为自己或者他人谋取私利的，给予记过或者记大过处分；情节较重的，给予降级或者撤职处分；情节严重的，给予开除处分：

（一）要求有关部门允许未经审批、核准或者备案的工程建设项目进行建设的；

（二）要求建设单位对未经审批、核准或者备案的工程建设项目进行建设的；

（三）要求有关部门审批或者核准违反产业政策、发展规划、市场准入标准以及未通过节能评估和审查、环境影响评价审批等不符合有关规定的工程建设项目的；

（四）要求有关部门或者单位违反技术标准和有关规定，规划、设计项目方案的；

（五）违反规定以会议或者集体讨论决定方式安排工程建设有关事项的；

（六）有其他违反规定插手干预工程建设项目决策行为的。

**第五条** 违反规定插手干预工程建设项目招标投标活动，有下列情形之一，索贿受贿、为自己或者他人谋取私利的，给予记过或者记大过处分；情节较重的，给予降级或者撤职处分；情节严重的，给予开除处分：

（一）要求有关部门对依法应当招标的工程建设项目不招标，或者依法应当公开招标的工程建设项目实行邀请招标的；

（二）要求有关部门或者单位将依法必须进行招标的工程建设项目化整为零，或者假借保密工程、抢险救灾等特殊工程的名义规避招标的；

（三）为招标人指定招标代理机构并办理招标事宜的；

（四）影响工程建设项目投标人资格的确定或者评标、中标结果的；

（五）有其他违反规定插手干预工程建设项目招标投标活动行为的。

**第六条** 违反规定插手干预土地使用权、矿业权审批和出让，有下列情形之一，索贿受贿、为自己或者他人谋取私利的，给予记过或者记大过处分；情节较重的，给予降级或者撤职处分；情节严重的，给予开除处分：

（一）要求有关部门对应当实行招标拍卖挂牌出让的土地使用权采用划拨、协议方式供地的；

（二）要求有关部门或者单位采用合作开发、招商引资、历史遗留问题等名义或者使用先行立项、先行选址定点确定用地者等手段规避招标拍卖挂牌出让的；

（三）影响土地使用权招标拍卖挂牌出让活动中竞买人的确定或者招标拍卖挂牌出让结果的；

（四）土地使用权出让金确定后，要求有关部门违反规定批准减免、缓缴土地使用权出让金的；

（五）要求有关部门为不符合供地政策的工程建设项目批准土地，或者为不具备发放国有土地使用证书条件的工程建设项目发放国有土地使用证书的；

（六）要求有关部门违反规定审批或者出让探矿权、采矿权的；

（七）有其他违反规定插手干预土地使用权、矿业权审批和出让行为的。

**第七条** 违反规定插手干预城乡规划管理活动，有下列情形之一，索贿受贿、为自己或者他人谋取私利的，给予记过或者记大过处分；情节较重的，给予降级或者撤职处分；情节严重的，给予开除处分：

（一）要求有关部门违反规定改变城乡规划的；

（二）要求有关部门违反规定批准调整土地用途、容积率等规划设计条件的；

（三）有其他违反规定插手干预城乡规划管理活动行为的。

**第八条** 违反规定插手干预房地产开发与经营活动，有下列情形之一，索贿受贿、为自己或者他人谋取私利的，给予记过或者记大过处分；情节较重的，给予降级或者撤职处分；情节严重的，给予开除处分：

（一）要求有关部门同意不具备房地产开发资质或者资质等级不相符的企业从事房地产开发与经营活动的；

（二）要求有关部门为不符合商品房预售条件的开发项目发放商品房预售许可证的；

（三）对未经验收或者验收不合格的房地产开发项目，要求有关部门允许其交付使用的；

（四）有其他违反规定插手干预房地产开发用地、立项、规划、建设和销售等行为的。

**第九条** 违反规定插手干预工程建设实施和工程质量监督管理，有下列情形之一，索贿受贿、为自己或者他人谋取私利的，给予记过或者记大过处分；情节较重的，给予降级或者撤职处分；情节严重的，给予开除处分：

（一）要求建设单位或者勘察、设计、施工等单位转包、违法分包工程建设项目，或者指定生产商、供应商、服务商的；

（二）要求试验检测单位弄虚作假的；

（三）要求项目单位违反规定压缩工期、赶进度，导致发生工程质量事故或者严重工程质量问题的；

（四）在对工程建设实施和工程质量进行监督管理过程中，对有关行政监管部门或者中介机构施加影响，导致发生工程质量事故或者严重工程质量问题的；

（五）有其他违反规定插手干预工程建设实施和工程质量监督管理行为的。

**第十条** 违反规定插手干预工程建设安全生产，有下列情形之一，索贿受贿、为自己或者他人谋取私利的，给予记过或者记大过处分；情节较重的，给予降级或者撤职处分；情节严重的，给予开除处分：

（一）要求有关部门为不具备安全生产条件的单位发放安全生产许可证的；

（二）对有关行政监管部门进行的工程建设安全生产监督管理活动施加影响，导致发生生产安全事故的；

（三）有其他违反规定插手干预工程建设安全生产行为的。

**第十一条** 违反规定插手干预工程建设环境保护工作，有下列情形之一，索贿受贿、为自己或者他人谋取私利的，给予记过或者记大过处分；情节较重的，给予降级或者撤职处分；情节严重的，给予开除处分：

（一）要求有关部门降低建设项目环境影响评价等级、拆分审批、超越审批权限审批环境影响评价文件的；

（二）对有关行政监管部门进行的环境保护监督检查活动施加影响，导致建设项目中防治污染或者防治生态破坏的设施不能与工程建设项目主体工程同时设计、同时施工、同时投产使用的；

（三）有其他违反规定插手干预工程建设环境保护工作行为的。

**第十二条** 违反规定插手干预工程建设项目物资采购和资金安排使用管理，有下列情形之一，索贿受贿、为自己或者他人谋取私利的，给予记过或者记大过处分；情节较重的，给予降级或者撤职处分；情节严重的，给予开除处分：

（一）要求有关部门违反招标投标法和政府采购法的有关规定，进行物资采购的；

（二）要求有关部门对不符合预算要求、工程进度需要的工程建设项目支付资金，或者对符合预算要求、工程进度需要的工程建设项目不及时支付资金的；

（三）有其他违反规定插手干预物资采购和资金安排使用管理行为的。

**第十三条** 有本规定第四条至第十二条行为之一，虽未索贿受贿、为自己或者他人谋取私利，但给国家和人民利益以及公共财产造成较大损失，或者给本地区、本部门造成严重不良影响的，给予记过或者记大过处分；情节较重的，给予降级或者撤职处分；情节严重的，给予开除处分。

**第十四条** 利用职权或者职务上的影响，干预有关部门对工程建设领域中的违法违规行为进行查处的，给予记过或者记大过处分；情节较重的，给予降级或者撤职处分；情节严重的，给予开除处分。

**第十五条** 受到处分的人员对处分决定不服的，依照《中华人民共和国行政监察法》、《中华人民共和国公务员法》、《行政机关公务员处分条例》等有关规定，可以申请复核或者申诉。

**第十六条** 有违反规定插手干预工程建设领域行为，应当给予党纪处分的，移送党的纪律检查机关处理；涉嫌犯罪的，移送司法机关依法追究刑事责任。

**第十七条** 下列人员有本规定第四条至第十四条行为之一的，依照本规定给予处分：

（一）法律、法规授权的具有公共事务管理职能的组织以及国家行政机关依法委托的组织中副科级或者相当于副科级以上工作人员；

（二）企业、事业单位、社会团体中由行政机关任命的副科级或者相当于副科级以上人员。

**第十八条** 本规定由监察部、人力资源社会保障部负责解释。

**第十九条** 本规定自公布之日起施行。

# 关于实行党政领导干部问责的暂行规定

（中共中央办公厅、国务院办公厅2009年6月30日印发）

## 第一章 总 则

**第一条** 为加强对党政领导干部的管理和监督，增强党政领导干部的责任意识和大局意识，促进深入贯彻落实科学发展观，提高党的执政能力和执政水平，根据《中国共产党章程》、《党政领导干部选拔任用工作条例》等党内法规和《中华人民共和国行政监察法》、《中华人民共和国公务员法》等国家法律法规，制定本规定。

**第二条** 本规定适用于中共中央、国务院的工作部门及其内设机构的领导成员；县级以上地方各级党委、政府及其工作部门的领导成员，上列工作部门内设机构的领导成员。

**第三条** 对党政领导干部实行问责，坚持严格要求、实事求是，权责一致、惩教结合，依靠群众、依法有序的原则。

**第四条** 党政领导干部受到问责，同时需要追究纪律责任的，依照有关规定给予党纪政纪处分；涉嫌犯罪的，移送司法机关依法处理。

## 第二章 问责的情形、方式及适用

**第五条** 有下列情形之一的，对党政领导干部实行问责：

（一）决策严重失误，造成重大损失或者恶劣影响的；

（二）因工作失职，致使本地区、本部门、本系统或者本单位发生特别重大事故、事件、案件，或者在较短时间内连续发生重大事故、事件、案件，造成重大损失或者恶劣影响的；

（三）政府职能部门管理、监督不力，在其职责范围内发生特别重大事故、事件、案件，或者在较短时间内连续发生重大事故、事件、案件，造成重大损失或者恶劣影响的；

（四）在行政活动中滥用职权，强令、授意实施违法行政行为，或者不作为，引发群体性事件或者其他重大事件的；

（五）对群体性、突发性事件处置失当，导致事态恶化，造成恶劣影响的；

（六）违反干部选拔任用工作有关规定，导致用人失察、失误，造成恶劣影响的；

（七）其他给国家利益、人民生命财产、公共财产造成重大损失或者恶劣影响等失职行为的。

**第六条** 本地区、本部门、本系统或者本单位在贯彻落实党风廉政建设责任制方面出现问题的，按照《关于实行党风廉政建设责任制的规定》，追究党政领导干部的责任。

**第七条** 对党政领导干部实行问责的方式分为：责令公开道歉、停职检查、引咎辞职、责令辞职、免职。

**第八条** 党政领导干部具有本规定第五条所列情形，并且具有下列情节之一的，应当从重问责：

（一）干扰、阻碍问责调查的；

（二）弄虚作假、隐瞒事实真相的；

（三）对检举人、控告人打击、报复、陷害的；

（四）党内法规和国家法律法规规定的其他从重情节。

**第九条** 党政领导干部具有本规定第五条所列情形，并且具有下列情节之一的，可以从轻问责：

（一）主动采取措施，有效避免损失或者挽回影响的；

（二）积极配合问责调查，并且主动承担责任的。

**第十条** 受到问责的党政领导干部，取消当年年度考核评优和评选各类先进的资格。

引咎辞职、责令辞职、免职的党政领导干部，一年内不得重新担任与其原任职务相当的领导职务。

对引咎辞职、责令辞职、免职的党政领导干部，可以根据工作需要以及本人一贯表现、特长等情况，由党委（党组）、政府按照干部管理权限酌情安排适当岗位或者相应工作任务。

引咎辞职、责令辞职、免职的党政领导干部，一年后如果重新担任与其原任职务相当的领导职务，除应当按照干部管理权限履行审批手续外，还应当征求上一级党委组织部门的意见。

## 第三章 实行问责的程序

**第十一条** 对党政领导干部实行问责，按照干部管理权限进行。纪检监察机关、组织人事部门按照管理权限履行本规定中的有关职责。

**第十二条** 对党政领导干部实行问责，依照下列程序进行：

（一）对因检举、控告、处理重大事故事件、查办案件、审计或者其他方式发现的党政领导干部应当问责的线索，纪检监察机关按照权限和程序进行调查后，对需要实行问责的，按照干部管理权限向问责决定机关提出问责建议；

（二）对在干部监督工作中发现的党政领导干部应当问责的线索，组织人事部门按照权限和程序进行调查后，对需要实行问责的，按照干部管理权限向问责决定机关提出问责建议；

（三）问责决定机关可以根据纪检监察机关或者组织人事部门提出的问责建议作出问责决定；

（四）问责决定机关作出问责决定后，由组织人事部门办理相关事宜，或者由问责决定机关责成有关部门办理相关事宜。

**第十三条** 纪检监察机关、组织人事部门提出问责建议，应当同时向问责决定机关提供有关事实材料和情况说明，以及需要提供的其他材料。

**第十四条** 作出问责决定前，应当听取被问责的党政领导干部的陈述和申辩，并且记录在案；对其合理意见，应当予以采纳。

**第十五条** 对于事实清楚、不需要进行问责调查的，问责决定机关可以直接作出问责决定。

**第十六条** 问责决定机关按照干部管理权限对党政领导干部作出的问责决定，应当经领导班子集体讨论决定。

**第十七条** 对党政领导干部实行问责，应当制作《党政领导干部问责决定书》。《党政领导干部问责决定书》由负责调查的纪检监察机关或者组织人事部门代问责决定机关草拟。

《党政领导干部问责决定书》应当写明问责事实、问责依据、问责方式、批准机关、生效时间、当事人的申诉期限及受理机关等。作出责令公开道歉决定的，还应当写明公开道歉的方式、范围等。

**第十八条** 《党政领导干部问责决定书》应当送达被问责的党政领导干部本人及其所在单位。

问责决定机关作出问责决定后，应当派专人与被问责的党政领导干部谈话，做好其思想工作，督促其做好工作交接等后续工作。

**第十九条** 组织人事部门应当及时将被问责的党政领导干部的有关问责材料归入其个人档案，并且将执行情况报告问责决定机关，回复问责建议机关。

党政领导干部问责情况应当报上一级组织人事部门备案。

**第二十条** 问责决定一般应当向社会公开。

**第二十一条** 对经各级人民代表大会及其常务委员会选举或者决定任命的人员实行问责，按照有关法律规定的程序办理。

**第二十二条** 被问责的党政领导干部对问责决定不服的，可以自接到《党政领导干部问责决定书》之日起15日内，向问责决定机关提出书面申诉。问责决定机关接到书面申诉后，应当在30日内作出申诉处理决定。申诉处理决定应当以书面形式告知申诉人及其所在单位。

**第二十三条** 被问责的党政领导干部申诉期间，不停止问责决定的执行。

## 第四章 附 则

**第二十四条** 对乡（镇、街道）党政领导成员实行问责，适用本规定。

对县级以上党委、政府直属事业单位以及国有企业、国有金融企业领导人员实行问责，参照本规定执行。

**第二十五条** 本规定由中央纪委、中央组织部负责解释。

**第二十六条** 本规定自发布之日起施行。

**附件：**党政领导干部问责决定书（略）

# 关于国有企业领导人员违反廉洁自律“七项要求”政纪处分规定

（2009年1月23日监察部、人力资源和社会保障部、国务院国有资产监督管理委员会令第17号公布 自2009年3月1日起施行）

**第一条** 为了促进国有企业领导人员廉洁从业，惩处违反廉洁自律要求的行为，根据《中华人民共和国行政监察法》、《行政机关公务员处分条例》、《财政违法行为处罚处分条例》等有关法律法规，制定本规定。

**第二条** 本规定适用于国有独资、国有控股、国有参股企业中由行政机关或者政府直属特设机构以委任、派遣、提名、聘任等形式任命的国有企业领导人员。

**第三条** 国有企业领导人员不得有下列行为：

（一）利用职务上的便利通过同业经营或关联交易为本人或特定关系人谋取利益；

（二）相互为对方及其配偶、子女和其他特定关系人从事营利性经营活动提供便利条件；

（三）在企业资产整合、引入战略投资者等过程中利用职权谋取私利；

（四）擅自抵押、担保、委托理财；

（五）利用企业上市或上市公司并购、重组、定向增发等过程中的内幕信息为本人或特定关系人谋取利益；

（六）授意、指使、强令财会人员提供虚假财务报告；

（七）违规自定薪酬、兼职取酬、滥发补贴和奖金。

**第四条** 利用职务上的便利通过同业经营或者关联交易为本人或者特定关系人谋取利益，有下列情形之一的，给予记过或者记大过处分；情节较重的，给予降级或者撤职处分；情节严重的，给予开除处分：

（一）本人经营或者为特定关系人经营与其所任职企业相同或者有竞争关系业务的；

（二）为本人或者特定关系人谋取属于本企业商业机会的；

（三）利用本企业商业秘密、知识产权、业务渠道、资质、品牌或者商业信誉，为本人或者特定关系人谋取利益的；

（四）与本人或者特定关系人经营或者实际控制的企业订立合同或者进行交易的；

（五）本人或者特定关系人在本企业的关联企业或者与本企业有业务关系的企业从事证券投资以外的投资入股的；

（六）不按照独立企业之间的业务往来支付价款、费用，或者以优于对非关联方同类交易的条件进行交易的；

（七）为本人或者特定关系人经营的企业拆借资金、提供担保或者转嫁风险的；

（八）不按照规定披露关联交易信息的。

**第五条** 相互为对方及其配偶、子女和其他特定关系人从事营利性经营活动提供便利条件，有下列情形之一的，给予记过或者记大过处分；情节较重的，给予降级或者撤职处分；情节严重的，给予开除处分：

（一）将本单位的盈利业务交由对方及其配偶、子女和其他特定关系人经营的；

（二）以明显高于市场的价格向对方及其配偶、子女和其他特定关系人经营管理的单位采购商品、提供服务或者以明显低于市场的价格向对方及其配偶、子女和其他特定关系人经营管理的单位销售商品、提供服务的；

（三）向对方及其配偶、子女和其他特定关系人经营管理的单位采购不合格商品的；

（四）向对方及其配偶、子女和其他特定关系人经营管理的单位提供本企业的商业机会或者商业秘密的；

（五）为对方及其配偶、子女和其他特定关系人经营管理的单位拆借资金、提供担保或者承担风险的；

（六）通过虚假招标、串通招标或者控制中标结果等方式为对方及其配偶、子女和其他特定关系人谋求中标的。

授意、指使下属单位、关联企业、与本企业有业务关系的企业或者人员从事前款所列行为的，按照前款规定处理。

**第六条** 在企业资产整合、引入战略投资者等过程中，利用职权谋取私利，有下列情形之一的，给予记过或者记大过处分；情节较重的，给予降级或者撤职处分；情节严重的，给予开除处分：

（一）索取他人财物，或者收受他人财物，非法处置国有资产权益的；

（二）隐匿、截留、转移国有资产的；

（三）违反规定以经济补偿金、企业年金、商业保险等名义将国有资产集体私分给个人的；

（四）为谋求业绩，编造或者提供虚假财务报告的；

（五）为谋取其他不正当利益，不履行或者不正确履行职责，造成国有资产流失的。

**第七条** 擅自以企业资产提供担保的，给予警告、记过或者记大过处分；造成损失的，给予降级或者撤职处分；造成重大损失的，给予开除处分。

**第八条** 擅自将企业资金、证券等金融性资产委托他人管理投资的，给予警告、记过或者记大过处分；情节较重的，给予降级或者撤职处分；情节严重的，给予开除处分。

**第九条** 利用企业上市或者上市公司并购、重组、定向增发等过程中的内幕信息为本人或特定关系人谋取利益的，给予记过或者记大过处分；情节较重的，给予降级或者撤职处分；情节严重的，给予开除处分。

**第十条** 授意、指使、强令财会人员提供虚假财务报告的，给予警告处分；情节较重的，给予记过或者记大过处分；情节严重的，给予降级或者撤职处分。

**第十一条** 违反规定自行决定本级领导人员薪酬或者滥发补贴和奖金的，给予警告、记过或者记大过处分；情节较重的，给予降级或者撤职处分；情节严重的，给予开除处分。

**第十二条** 违反规定兼职或者兼职取酬的，给予记过或者记大过处分；情节较重的，给予降级或者撤职处分；情节严重的，给予开除处分。

**第十三条** 本规定所称特定关系人，是指与国有企业领导人员有近亲属、情妇（夫）以及其他共同利益关系的人。

**第十四条** 本规定由监察部、人力资源和社会保障部、国务院国资委负责解释。

**第十五条** 本规定自2009年3月1日起施行。

# 关于违反信访工作纪律处分暂行规定

（2008年6月30日监察部、人力资源和社会保障部、国家信访局公布　自公布之日起施行）

**第一条**　为严格执行处理信访突出问题及群体性事件工作责任制，切实落实领导责任，惩处信访工作违纪行为，维护信访工作秩序，保护信访人合法权益，促进社会和谐稳定，根据《中华人民共和国行政监察法》、《中华人民共和国公务员法》、《信访条例》、《行政机关公务员处分条例》及其他有关法律法规，制定本规定。

**第二条**　本规定适用于各级行政机关公务员。

**第三条**　本规定所称违反信访工作纪律，是指违反党和国家有关信访工作的规定的行为。

**第四条**　本规定所称领导责任，是指有关领导人员在处理信访突出问题及群体性事件时，承担的与领导工作职责相关的责任，分为主要领导责任和重要领导责任。

主要领导责任，是指在其职责范围内，对直接主管的工作不履行或不正确履行职责，对造成的影响或后果负直接领导责任。

重要领导责任，是指在其职责范围内，对应管的工作或参与决策的工作不履行或不正确履行职责，对造成的影响或后果负次要领导责任。

**第五条**　有下列情形之一的，对负有直接责任者，给予记大过、降级、撤职或者开除处分；负有主要领导责任者，给予记大过、降级或者撤职处分；负有重要领导责任者，给予记过、记大过或者降级处分：

（一）决策违反法律法规和政策，严重损害群众利益，引发信访突出问题或群体性事件的；

（二）主要领导不及时处理重要来信、来访或不及时研究解决信访突出问题，导致矛盾激化，造成严重后果的；

（三）对疑难复杂的信访问题，未按有关规定落实领导专办责任，久拖不决，造成严重后果的。

**第六条** 有下列情形之一的，对负有直接责任者，给予记大过、降级、撤职或者开除处分；负有主要领导责任者，给予记过、记大过、降级或者撤职处分；负有重要领导责任者，给予警告、记过、记大过或者降级处分：

（一）拒不办理上级机关和信访工作机构交办、督办的重要信访事项，或者编报虚假材料欺骗上级机关，造成严重后果的；

（二）拒不执行有关职能机关提出的支持信访请求意见，引发信访突出问题或群体性事件的；

（三）本地区、单位或部门发生越级集体上访或群体性事件后，未认真落实上级机关的明确处理意见，导致矛盾激化、事态扩大或引发重复越级集体上访，造成较大社会影响的；

（四）不按有关规定落实信访工作机构提出的改进工作、完善政策、给予处分等建议，造成严重后果的；

（五）对可能造成社会影响的重大、紧急信访事项和信访信息，隐瞒、谎报、缓报，或者授意他人隐瞒、谎报、缓报，造成严重后果的。

**第七条** 有下列情形之一的，对负有直接责任者，给予记过、记大过、降级或者撤职处分；负有主要领导责任者，给予记过、记大过或者降级处分；负有重要领导责任者，给予警告、记过或者记大过处分：

（一）在处理信访事项过程中，工作作风简单粗暴，造成严重后果的；

（二）对信访事项应当受理、登记、转送、交办、答复而未按规定办理或逾期未结，或者应当履行督查督办职责而未履行，造成严重后果的；

（三）在处理信访事项过程中，敷衍塞责、推诿扯皮导致矛盾激化，造成严重后果的；

（四）对重大信访突出问题和群体性事件，应到现场处置而未到现场处置或处置不当，造成严重后果或较大社会影响的。

**第八条** 有下列情形之一的，对负有直接责任者，给予记大过、降级、撤职或者开除处分；负有主要领导责任者，给予记过、记大过、降级或者撤职处分；负有重要领导责任者，给予警告、记过、记大过或者降级处分：

（一）超越或者滥用职权，侵害公民、法人或者其他组织合法权益，导致信访事项发生，造成严重后果的；

（二）应当作为而不作为，侵害公民、法人或者其他组织合法权益，导致信访事项发生，造成严重后果的；

（三）因故意或重大过失导致认定事实错误，或者适用法律、法规错误，或者违反法定程序，侵害公民、法人或者其他组织合法权益，导致信访事项发生，造成严重后果的。

**第九条** 违反规定使用警力处置群体性事件，或者滥用警械、强制措施，或者违反规定携带、使用武器的，对负有直接责任者，给予记过、记大过、降级或者撤职处分。造成严重后果的，对负有直接责任者，给予撤职或者开除处分；负有主要领导责任者，给予记过、记大过、降级或者撤职处分；负有重要领导责任者，给予警告、记过、记大过或者降级处分。

**第十条** 在信访工作中有其他失职、渎职行为，引发信访突出问题或群体性事件的，对负有直接责任者，给予记大过、降级、撤职或者开除处分；负有主要领导责任者，给予记过、记大过、降级或者撤职处分；负有重要领导责任者，给予警告、记过、记大过或者降级处分。

**第十一条** 有本规定第五条至第十条规定的行为，除给予政纪处分外，对负有领导责任的人员，可同时建议有关机关给予组织处理。

**第十二条** 有本规定第五条至第十条规定的行为，但未造成较大影响或严重后果的，可以责令作出深刻检查或给予通报批评。

**第十三条** 对法律、法规授权的具有公共事务管理职能的事业单位中经批准参照《中华人民共和国公务员法》管理的工作人员和其他事业单位中由国家行政机关任命的人员有本规定第五条至第十条规定的行为的，参照本规定执行。

**第十四条** 本规定由监察部、人力资源和社会保障部、国家信访局负责解释。

**第十五条** 本规定自公布之日起施行。

## （五）申诉复查

### 事业单位工作人员申诉规定

（2014 年 6 月 27 日）

#### 第一章 总 则

**第一条** 为保障事业单位工作人员合法权益，依法处理事业单位工作人员的申诉，促进事业单位及其主管部门依法行使职权，根据《事业单位人事管理条例》，制定本规定。

**第二条** 事业单位工作人员对涉及本人的人事处理不服的，可以依照本规定申请复核；对复核结果不服的，可以依照本规定提出申诉、再申诉。

法律法规对事业单位工作人员申诉另有规定的，从其规定。

各级党委管理的事业单位领导人员的申诉，依照干部人事管理权限，按照有关规定办理。

**第三条** 处理事业单位工作人员申诉，应当坚持合法、公正、公平、及时的原则，依照规定的权限、条件和程序进行。

**第四条** 事业单位工作人员提出申诉，应当以事实为依据，不得捏造事实，诬告、陷害他人。

**第五条** 复核、申诉、再申诉期间不停止人事处理的执行。

事业单位工作人员不因申请复核或者提出申诉、再申诉而被加重处理。

**第六条** 复核、申诉、再申诉应当由事业单位工作人员本人申请。本人丧失行为能力、部分丧失行为能力或者死亡的，可以由其近亲属或监护人代为申请。

## 第二章 管 辖

**第七条** 事业单位工作人员对人事处理不服申请复核的，由原处理单位管辖。

**第八条** 事业单位工作人员对中央和地方直属事业单位作出的复核决定不服提出的申诉，由同级事业单位人事综合管理部门管辖。

事业单位工作人员对中央和地方各部门所属事业单位作出的复核决定不服提出的申诉，由主管部门管辖。

事业单位工作人员对主管部门或者其他有关部门作出的复核决定不服提出的申诉，由同级事业单位人事综合管理部门管辖。

事业单位工作人员对乡镇党委和人民政府作出的复核决定不服提出的申诉，由县级事业单位人事综合管理部门管辖。

**第九条** 事业单位工作人员对主管部门作出的申诉处理决定不服提出的再申诉，由同级事业单位人事综合管理部门管辖。

事业单位工作人员对市级、县级事业单位人事综合管理部门作出的申诉处理决定不服提出的再申诉，由上一级事业单位人事综合管理部门管辖。

**第十条** 事业单位工作人员对中央垂直管理部门省级以下机关作出的复核决定不服提出的申诉，由上一级机关管辖；对申诉处理决定不服提出的再申诉，由作出申诉处理决定机关的同级事业单位人事综合管理部门或者上一级机关管辖。

## 第三章 申请与受理

**第十一条** 事业单位工作人员对涉及本人的下列人事处理不服，

可以申请复核或者提出申诉、再申诉：

（一）处分；

（二）清退违规进人；

（三）撤销奖励；

（四）考核定为基本合格或者不合格；

（五）未按国家规定确定或者扣减工资福利待遇；

（六）法律、法规、规章规定可以提出申诉的其他人事处理。

**第十二条** 申请复核或者提出申诉、再申诉的时效期间为三十日。复核的时效期间自申请人知道或者应当知道人事处理之日起计算；申诉、再申诉的时效期间自申请人收到复核决定、申诉处理决定之日起计算。

因不可抗力或者有其他正当理由，当事人不能在本条规定的时效期间内申请复核或者提出申诉、再申诉的，经受理机关批准可以延长期限。

**第十三条** 申请人申请复核和提出申诉、再申诉，应当提交申请书，同时提交原人事处理决定、复核决定或者申诉处理决定等材料的复印件。申请书可以通过当面提交、邮寄或者传真等方式提出。

申请人当面递交申请书的，受理单位应当场出具收件回执。

**第十四条** 申请书应当载明下列内容：

（一）申请人的姓名、出生年月、单位、岗位、政治面貌、联系方式、住址及其他基本情况；

（二）原处理单位的名称、地址、联系方式；

（三）复核、申诉、再申诉的事项、理由和要求；

（四）申请日期。

**第十五条** 受理单位应当对申请人提交的申请书是否符合受理条件进行审查，在接到申请书之日起十五日内，作出受理或者不予受理的决定，并以书面形式通知申请人。不予受理的，应当说明理由。

**第十六条** 符合以下条件的复核、申诉、再申诉，应予受理：

（一）申请人符合本规定第六条的规定；

（二）复核、申诉、再申诉事项属于本规定第十一条规定的受理范围；

（三）在规定的期限内提出；

（四）属于受理单位管辖范围；

（五）材料齐备。

凡不符合上述条件之一的，不予受理。申请材料不齐备的，应当一次性告知申请人所需补正的全部材料，申请人按照要求补正全部材料的，应予受理。

**第十七条** 在处理决定作出前，申请人可以以书面形式提出撤回复核、申诉、再申诉的申请。

受理单位在接到申请人关于撤回复核、申诉、再申诉的书面申请后，可以决定终结处理工作。

终结复核决定应当以书面形式告知申请人；终结申诉处理决定应以书面形式告知申请人和原处理单位；终结再申诉处理决定应当以书面形式告知申请人、申诉受理单位和原处理单位。

## 第四章 审理与决定

**第十八条** 受理复核申请的单位应当自接到申请书之日起三十日内作出维持、撤销或者变更原人事处理的复核决定，并以书面形式通知申请人。

受理申诉、再申诉申请的单位应当自决定受理之日起六十日内作出处理决定。案情复杂的，可以适当延长，但是延长期限不得超过三十日。

**第十九条** 受理申诉、再申诉的单位应当组成申诉公正委员会审理案件。

申诉公正委员会由受理申诉、再申诉的单位相关工作人员组成，必要时可以吸收其他相关人员参加。申诉公正委员会组成人数应当是单数，不得少于三人。申诉公正委员会负责人一般由主管申诉、再申诉工作的单位负责人或者负责申诉、再申诉的工作机构负责人担任。

**第二十条** 受理申诉、再申诉的单位有权要求有关单位提交答辩材料，有权对申诉、再申诉事项进行相关调查。

调查应当由两名以上工作人员进行，接受调查的单位或者个人有配合调查的义务，应当如实提供情况和证据。

**第二十一条** 申诉公正委员会应当根据调查情况对下列事项进行审议：

（一）原人事处理认定的事实是否存在、清楚，证据是否确实充分；

（二）原人事处理适用的法律、法规、规章和有关规定是否正确；

（三）原人事处理的程序是否符合规定；

（四）原人事处理是否显失公正；

（五）被申诉单位有无超越或者滥用职权的情形；

（六）其他需要审议的事项。

在审理对复核决定、申诉处理决定不服的申诉、再申诉时，申诉公正委员会还应当对复核决定、申诉处理决定进行审议。

审理期间，申诉公正委员会应当允许申请人进行必要的陈述或者申辩。

**第二十二条** 申诉公正委员会应当按照客观公正和少数服从多数的原则，提出审理意见。

**第二十三条** 受理单位应当根据申诉公正委员会的审理意见，区别不同情况，作出下列申诉处理决定：

（一）原人事处理认定事实清楚，适用法律、法规、规章和有关规定正确，处理恰当、程序合法的，维持原人事处理；

（二）原人事处理认定事实不存在的，或者超越职权、滥用职权做出处理的，按照管理权限责令原处理单位撤销或者直接撤销原人事处理；

（三）原人事处理认定事实清楚，但认定情节有误，或者适用法律、法规、规章和有关规定有错误，或者处理明显不当的，按照管理权限责令原处理单位变更或者直接变更原人事处理；

（四）原人事处理认定事实不清，证据不足，或者违反规定程序和权限的，责令原处理单位重新处理。

再申诉处理决定应当参照前款规定作出。

事业单位工作人员对重新处理后作出的处理决定不服，可以提出申诉或者再申诉。

**第二十四条** 作出申诉处理决定后，应当制作申诉处理决定书。申诉处理决定书应当载明下列内容：

（一）申诉人的姓名、出生年月、单位、岗位及其他基本情况；

（二）原处理单位的名称、地址、联系方式、人事处理和复核决定所认定的事实、理由及适用的法律、法规、规章和有关规定；

（三）申诉的事项、理由及要求；

（四）申诉公正委员会认定的事实、理由及适用的法律、法规、规章和有关规定；

（五）申诉处理决定；

（六）作出决定的日期；

（七）其他需要载明的内容。

再申诉处理决定作出后，应当制作再申诉处理决定书。再申诉处理决定书除前款规定内容外，还应当载明申诉处理决定的内容和作出申诉处理决定的日期。

申诉、再申诉处理决定书应当加盖受理申诉、再申诉单位或者申诉公正委员会的印章。

**第二十五条** 复核决定应当及时送达申请人。

申诉处理决定书应当及时送达申请人和原处理单位。

再申诉处理决定书应当及时送达申请人、申诉受理单位和原处理单位。

**第二十六条** 复核决定、申诉处理决定书、再申诉处理决定书按照下列规定送达：

（一）直接送达申请人本人，受送达人在送达回证上签名或者盖章，签收日期为送达日期；

（二）申请人本人不在的，可以由其同住的具有完全民事行为能力的近亲属在送达回证上签名或者盖章，视为送达，签收日期为送达日期；

（三）申请人或者其同住的具有完全民事行为能力的近亲属拒绝接收或者拒绝签名、盖章的，送达人应当邀请有关基层组织的代表或者其他有关人员到场，见证现场情况，由送达人在送达回证上记明拒收事由和日期，由送达人、见证人签名或者盖章，将处理决定留在申请人的住所或者所在单位，视为送达。送达人、见证人签名或者盖章日期为送达日期；

（四）直接送达确有困难的，可以通过邮寄送达。以回执上注明的收件日期为送达日期；

（五）上述规定的方式无法送达的，可以在相关媒体上公告送达，并在案卷中记明原因和经过。自公告发布之日起，经过六十日，即视为送达。

**第二十七条** 原处理单位应当将复核决定、申诉处理决定书、再申诉处理决定书存入申请人的个人档案。

## 第五章 执行与监督

**第二十八条** 处理决定应当在发生效力后三十日内执行。

下列处理决定是发生效力的最终决定：

（一）已过规定期限没有提出申诉的复核决定；

（二）已过规定期限没有提出再申诉的申诉处理决定；

（三）中央和省级事业单位人事综合管理部门作出的申诉处理决定；

（四）再申诉处理决定。

**第二十九条** 除维持原人事处理外，原处理单位应当在申诉、再申诉决定执行期满后三十日内将执行情况报申诉、再申诉受理单位备案。

原处理单位逾期不执行的，申请人可以向作出发生效力的决定的单位提出执行申请。接到执行申请的单位应当责令原处理单位执行。

**第三十条** 对事业单位工作人员处理错误的，应当及时予以纠正；造成名誉损害的，应当赔礼道歉、恢复名誉、消除影响；造成经济损失的，应当根据有关规定给予赔偿。

**第三十一条** 参与复核、申诉、再申诉审理的工作人员有下列情形之一的，应当提出回避申请：

（一）与申请人或者原处理单位主要负责人、承办人员有夫妻关系、直系血亲、三代以内旁系血亲关系或者近姻亲关系的；

（二）与原人事处理及案件有利害关系的；

（三）与申请人或者原处理单位主要负责人、承办人员有其他关系，可能影响案件公正处理的。

有前款规定的情形的，申请人、与原人事处理及案件有利害关系的公民、法人或者其他组织有权要求其回避。

复核案件审理工作人员的回避，由受理复核单位负责人决定。申诉或再申诉案件审理工作组织负责人的回避由受理单位负责人员集体决定；其他工作人员的回避，由申诉或再申诉案件审理工作组织负责人决定。回避决定作出前，相关人员应当暂停参与案件的调查和审理。

**第三十二条** 因下列情形之一侵害事业单位工作人员合法权益的，对相关责任人员和直接责任人员，应当根据有关规定，视情节轻重，给予批评教育、调离岗位或者处分；涉嫌犯罪的，移送司法机关处理：

（一）对申请复核或者提出申诉、再申诉的事业单位工作人员打击报复的；

（二）超越或者滥用职权的；

（三）适用法律、法规、规章错误或者违反规定程序的；

（四）在复核、申诉、再申诉工作中应当作为而不作为的；

（五）拒不执行发生效力的申诉、再申诉处理决定的；

（六）违反本规定的其他情形。

**第三十三条** 申请复核、提出申诉的事业单位工作人员弄虚作假、捏造事实、诬陷他人的，根据情节轻重，给予批评教育或者处分；涉嫌犯罪的，移送司法机关处理。

## 第六章　附　　则

**第三十四条**　机关工勤人员申请复核或者提出申诉、再申诉，参照本规定执行。

**第三十五条**　本规定自2014年7月1日起施行。

# 公务员申诉规定（试行）

（2008年5月14日）

## 第一章　总　　则

**第一条**　为了保障公务员的合法权益，依法处理公务员的申诉，规范公务员的管理，促进机关依法行使职权，根据公务员法，制定本规定。

**第二条**　公务员对涉及本人的人事处理不服，可以按照本规定申请复核或者提出申诉。

法律法规对法官、检察官的申诉另有规定的，从其规定。

对领导成员的申诉，由主管机关按照有关规定办理。

**第三条**　处理公务员的申诉，应当坚持合法、公正、公平、及时的原则，依照法定的权限、条件和程序进行。

**第四条**　公务员提出申诉，应当实事求是，不得捏造事实，诬告、陷害他人。

**第五条**　复核、申诉期间不停止人事处理的执行。

公务员不因申请复核、提出申诉而被加重处理。

**第六条**　受理公务员申诉的机关应当组成公务员申诉公正委员会，负责受理和审理公务员的申诉案件。

公务员申诉公正委员会在决定受理申诉案件后，应当对案件事实、适用法规、工作程序等进行全面审议，并向受理机关提出明确的审理意见。

公务员申诉公正委员会一般由受理机关中相关工作机构的人员组成。必要时，可以吸收其他机关的有关人员参加。公务员申诉公正委员会的组成人数应当是单数，主任一般由主管公务员申诉工作的机关负责人或者负责处理公务员申诉的工作机构负责人担任。

**第七条** 公务员申诉公正委员会委员和处理公务员复核、申诉的工作人员，根据有关规定需要回避的，本人应当申请回避；利害关系人也有权要求其回避。

公务员申诉公正委员会委员和工作人员的回避，由受理机关负责人决定。回避决定作出前，相关人员应当暂停参与调查和审理。

## 第二章 管 辖

**第八条** 公务员对涉及本人的人事处理不服的复核，由原处理机关管辖。

**第九条** 公务员对本人所在机关作出的人事处理不服的申诉，由同级公务员主管部门管辖。

公务员对同级公务员主管部门作出的申诉处理决定不服的再申诉，由本级党委、人民政府或者上一级公务员主管部门管辖。其中，对省、自治区、直辖市公务员主管部门作出的申诉处理决定不服的再申诉，按照管理权限由省、自治区、直辖市党委和人民政府管辖。

**第十条** 县级以下机关公务员对县级、乡镇党委和人民政府作出的人事处理不服的申诉，由上一级公务员主管部门管辖；对公务员主管部门作出的申诉处理决定不服的再申诉，由本级党委、人民政府或者上一级公务员主管部门管辖。

**第十一条** 中央垂直管理部门省级以下机关公务员对人事处理不服的申诉，由上一级机关管辖。对申诉处理决定不服的再申诉，由作出申诉处理决定的机关的上一级机关管辖。

**第十二条** 省以下垂直管理部门公务员申诉的管辖，参照本规定

第十一条的规定执行。其中，对省垂直管理机关作出的申诉处理决定不服的再申诉，由省、自治区、直辖市人民政府管辖。

**第十三条** 行政机关公务员对行政监察机关作出的处分决定不服的申诉，由行政监察机关按照管理权限管辖。

行政机关公务员对任免机关作出的处分决定不服，向公务员主管部门或者行政监察机关申诉的，由受理机关管辖。行政机关公务员不得同时向公务员主管部门和行政监察机关提出申诉。

行政机关公务员对处分不服向行政监察机关申诉的，按照《中华人民共和国行政监察法》的规定办理。

## 第三章 申请与受理

**第十四条** 公务员对涉及本人的下列人事处理不服，可以申请复核或者提出申诉、再申诉：

（一）处分；

（二）辞退或者取消录用；

（三）降职；

（四）定期考核定为不称职；

（五）免职；

（六）申请辞职、提前退休未予批准；

（七）未按规定确定或者扣减工资、福利、保险待遇；

（八）法律、法规规定可以申诉的其他情形。

前款第（七）项所称“规定”，是指“国家规定”。

**第十五条** 公务员申请复核，应当自知道人事处理之日起三十日内提交书面申请。在复核决定作出前，申请复核的公务员不得提出申诉。

**第十六条** 公务员对复核结果不服的，应当自接到复核决定之日起十五日内提出申诉；也可以不经复核，自知道人事处理之日起三十日内直接提出申诉。

公务员对申诉处理决定不服的，应当自接到申诉处理决定之日起三十日内提出再申诉。

**第十七条** 公务员提出申诉和再申诉，应当提交申诉书，同时提交原人事处理决定、复核决定或者申诉处理决定等材料的复印件。

申诉书应当载明下列内容：

（一）申诉人的姓名、单位、职务、联系方式、住址及其他基本情况；

（二）被申诉机关的名称；

（三）申诉的事项、理由及要求；

（四）提出申诉的日期。

**第十八条** 因不可抗力等正当理由在规定的期限内未能申请复核和提出申诉、再申诉的，经受理机关批准可以延长期限。

**第十九条** 复核、申诉、再申诉应当由受到人事处理的公务员本人提出；如本人丧失行为能力或者死亡，可以由其近亲属代为提出。

**第二十条** 受理机关应当对申请人提出的申诉、再申诉是否符合受理条件进行审查，在接到申诉书之日起三十日内，作出受理或者不予受理的决定，并以书面形式通知申请人。不予受理的，应当说明理由。

**第二十一条** 符合以下条件的申诉、再申诉，应予受理：

（一）申请人符合本规定第十九条的规定；

（二）申诉、再申诉事项属于本规定第十四条规定的受理范围；

（三）在规定的期限内提出；

（四）属于受理机关管辖；

（五）申诉材料齐备。

凡不符合上述条件之一的申诉、再申诉，不予受理。

申诉材料不齐备的，应当及时告知申请人，限期十五日内补正。申请人按照要求补正全部材料的，应予受理。

**第二十二条** 在处理决定作出前，申请人可以提出撤回复核、申诉和再申诉的申请，申请应当以书面形式提出。

受理机关在接到申请人关于撤回复核、申诉和再申诉的书面申请后，可以决定终结处理工作，并以书面形式告知申请人和被申诉机关。

## 第四章 审理与决定

**第二十三条** 原处理机关在接到复核申请书后，应当在三十日内作出维持、撤销或者变更原人事处理的复核决定，并以书面形式通知申请人。

**第二十四条** 受理申诉和再申诉的机关应当自决定受理之日起六十日内作出处理决定。案情复杂的，可以适当延长，但是延长时间不得超过三十日。

**第二十五条** 受理机关对涉及公务员申诉、再申诉事项，有权进行调查。调查应当由2名以上工作人员进行。接受调查的机关和个人应当如实提供情况。

**第二十六条** 公务员申诉公正委员会应当根据调查情况对下列事项进行审议：

（一）原人事处理认定的事实是否存在、清楚，证据是否充分；

（二）原人事处理适用法律、法规、规章和有关规定是否正确；

（三）原人事处理的程序是否符合规定；

（四）原人事处理是否显失公正；

（五）被申诉机关有无超越职权或者滥用职权的情形；

（六）其他需要审议的事项。

在审理对复核决定、申诉处理决定不服的申诉、再申诉时，公务员申诉公正委员会还应当对复核决定和申诉处理决定进行审议。

**第二十七条** 公务员申诉公正委员会应当按照少数服从多数的原则，对申诉、再申诉案件提出明确审理意见，并向受理机关提交审理报告。

**第二十八条** 受理机关应当根据公务员申诉公正委员会的审理意见，区别不同情况，作出下列申诉处理决定：

（一）原人事处理认定事实清楚，适用法律、法规、规章和有关规定正确，处理恰当、程序合法的，维持原人事处理。

（二）原人事处理认定事实不存在的，按照管理权限责令原处理机关撤销或者直接撤销原人事处理。

（三）原人事处理认定事实没有错误，但适用法律、法规、规章和有关规定有错误，或者处理明显不当的，按照管理权限责令原处理机关变更或者直接变更原人事处理。

（四）原人事处理认定事实不清楚，证据不足，或者违反规定程序和权限的，责令原处理机关重新处理。

再申诉处理决定应当参照前款规定作出。

公务员对重新处理后作出的处理决定不服，可以提出申诉或者再申诉。

**第二十九条** 申诉处理决定作出后，要制作申诉处理决定书。申诉处理决定书应当载明下列内容：

（一）申诉人的姓名、单位、职务及其他基本情况；

（二）被申诉机关的名称，以及人事处理和复核决定所认定的事实、理由及适用的法律、法规、规章和有关规定；

（三）申诉的事项、理由及要求；

（四）公务员申诉公正委员会认定的事实、理由及适用的法律、法规、规章和有关规定；

（五）申诉处理决定；

（六）作出决定的日期；

（七）其他需要载明的内容。

再申诉处理决定作出后，要制作再申诉处理决定书。再申诉处理决定书除前款规定内容外，还应当载明申诉处理决定的内容和作出申诉处理决定的日期。

申诉处理决定书和再申诉处理决定书应当加盖公务员申诉公正委员会的印章。

**第三十条** 申诉处理决定书和再申诉处理决定书应当及时送达申诉人和原处理机关。再申诉处理决定书还应送达作出申诉处理决定的机关。

**第三十一条** 原处理机关应当将复核决定、申诉处理决定书和再申诉处理决定书存入公务员的个人档案。

**第三十二条** 复核决定、申诉处理决定和再申诉处理决定按照下列规定送达：

（一）直接送达受送达人本人，受送达人在送达回证上签名或者盖章；

（二）受送达人本人不在的，可以由其同住的成年近亲属在送达回证上签名或者盖章，即视为送达；

（三）受送达人或者其同住的成年近亲属拒绝接收或者拒绝签名、盖章的，送达人应当邀请有关基层组织的代表或者其他有关人员到场，见证现场情况，由送达人在送达回证上记明拒收事由和日期，由送达人、见证人签名或者盖章，将处理决定留在受送达人的住所或者所在单位，即视为送达；

（四）直接送达有困难的，可以通过邮寄送达。邮寄送达的，以回执上注明的收件日期为送达日期；

（五）上述规定的方式无法送达的，可以在相关媒体上公告送达。自发出公告之日起，经过六十日，即视为送达。公告送达，应当在案卷中记明原因和经过。

送达日期为受送达人或者有关人员在送达回证上的签收日期。

## 第五章 执行与监督

**第三十三条** 处理决定在发生效力后执行。

下列处理决定是发生效力的决定：

（一）已过法定期限没有提出再申诉的申诉处理决定。

（二）中央公务员主管部门作出的申诉处理决定。

（三）中央垂直管理机关作出的申诉处理决定。

（四）再申诉处理决定。

**第三十四条** 原处理机关在处理决定发生效力后，应当及时执行，并自处理决定发生效力之日起六十日内将执行情况以书面形式告知作出处理决定的机关。

**第三十五条** 各级公务员主管部门处理的申诉案件，应当自作出处理决定之日起六十日内，按照管理权限向上一级公务员主管部门备案。

其他受理机关处理的申诉案件，按照管辖权限向同级公务员主管部门或者上一级机关备案。

备案的内容包括申诉人的基本情况、基本案情、审理过程、处理决定、执行情况和其他需要说明的情况。

**第三十六条** 机关对公务员处理错误的，应当及时予以纠正；造成名誉损害的，应当赔礼道歉、恢复名誉、消除影响；造成经济损失的，应当根据有关规定给予赔偿，并视情节对作出错误处理的责任人进行处理。

**第三十七条** 机关不执行发生效力的处理决定，或者对申诉人打击报复的，对负有责任的领导人员和直接责任人员，受理申诉的机关可以向有关机关提出给予其处分的建议；构成犯罪的，依法追究刑事责任。

**第三十八条** 公务员在复核、申诉中弄虚作假、捏造事实、诬陷他人的，根据情节轻重，给予批评教育或者处分；给他人造成名誉损害的，应当赔礼道歉、恢复名誉、消除影响；构成犯罪的，依法追究刑事责任。

**第三十九条** 受理机关和公务员申诉公正委员会的工作人员，不按本规定处理公务员复核、申诉的，根据情节轻重，给予批评教育或者处分；构成犯罪的，依法追究刑事责任。

## 第六章 附 则

**第四十条** 公务员复核、申诉和再申诉，除本规定第十九条规定的情形外，不得委托代理人代为进行。

**第四十一条** 人事处理决定根据本规定第三十二条规定送达的，

即视为受处理公务员知道该人事处理。

**第四十二条** 本规定所称“近亲属”，是指配偶、父母、子女、兄弟姐妹。

**第四十三条** 参照公务员法管理的机关（单位）工作人员的申诉，参照本规定执行。

**第四十四条** 本规定由中共中央组织部、人力资源和社会保障部负责解释。

**第四十五条** 本规定自发布之日起施行。

# 监察部行政复议和行政应诉工作办法

（2006年4月30日）

**第一条** 为了规范监察部的行政复议和行政应诉工作，保证正确、及时地办理行政复议和行政应诉事项，根据《中华人民共和国行政复议法》（以下简称《行政复议法》）、《中华人民共和国行政诉讼法》（以下简称《行政诉讼法》）及其他有关法律、法规，结合监察部实际，制定本办法。

**第二条** 本办法所称行政复议，是指公民、法人或者其他组织认为具体行政行为侵犯其合法权益，向监察部提出行政复议申请，监察部依法受理行政复议申请、作出行政复议决定的活动。

本办法所称行政应诉，是指监察部在人民法院受理的行政案件中作为被告出庭，依法进行的诉讼活动。

**第三条** 监察部受理行政复议申请、作出行政复议决定、办理行政应诉事项，应当依照《行政复议法》、《行政诉讼法》及其他有关法律、法规和本办法办理。

**第四条** 监察部履行行政复议职责，应当遵循合法、公正、公开、及时、便民的原则，坚持有错必纠，保障法律、法规的正确实施。

**第五条** 监察部受理以下行政复议案件：

（一）对监察部、监察部派出的监察机构以及省、自治区、直辖市监察机关不作为或超越职权作出的具体行政行为不服提出行政复议申请的行政复议案件；

（二）国务院指定监察部管辖的行政复议案件；

（三）法律、法规规定的其他应当由监察部受理的行政复议案件。

公民、法人或者其他组织认为具体行政行为所依据的除法律、法规、规章和国务院文件以外的其他规范性文件不合法，在对具体行政行为申请行政复议时，可以一并向监察部提出对该规范性文件的审查申请。

对监察决定不服或对监察建议有异议的，按照《中华人民共和国行政监察法》和《中华人民共和国行政监察法实施条例》有关规定办理。

**第六条** 监察部设立行政复议机构，负责行政复议和行政应诉的日常工作。其主要职责是：

（一）受理行政复议申请，审查行政复议申请是否符合法定条件和法定程序；

（二）向争议双方、有关单位及有关人员调查取证、听取意见；

（三）审理行政复议案件，提出行政复议决定的建议；

（四）起草和送达行政复议法律文书；

（五）办理根据《行政复议法》第七条提出的对规定的审查申请；

（六）办理国务院裁决案件中要求监察部办理的事项；

（七）组织和具体办理行政应诉事宜；

（八）指导下级监察机关的行政复议和行政应诉工作，做好对下级监察机关行政复议和行政应诉备案案件的审查工作。

（九）按照有关规定做好行政复议和行政应诉的统计和归档工作。

（十）承担监察部部长委托的其他行政复议和行政应诉工作。

监察部行政复议机构设在案件审理司，具体工作由该司法制（协调）处承办。

**第七条** 从事行政复议和行政应诉工作的人员（以下简称行政复议人员）应当具备下列条件：

（一）具有较高的政治素质，清正廉洁、秉公执法、忠于职守；

（二）熟悉行政监察法及行政复议法、行政诉讼法等有关法律、法规；

（三）了解行政监察业务及行政复议、行政诉讼相关知识；

（四）具有法律专业大学本科以上的学历。

**第八条** 监察部各司局负责其主管业务范围内的行政复议和行政应诉工作，并明确一位司局领导分管。其主要职责是：

（一）对由本司局以监察部名义直接作出的具体行政行为而发生的行政复议案件，提交作出具体行政行为的证据、依据和其他有关材料，并提出书面答复；

（二）协助监察部行政复议机构审理本司局主管业务范围内的、因下一级监察机关的具体行政行为而发生的行政复议案件，并提出书面处理意见；

（三）对由本司局以监察部名义直接作出的具体行政行为而发生的行政诉讼案件，提交作出具体行政行为的证据、依据和其他有关材料，并提出书面意见；

（四）协同监察部行政复议机构承办其他与本司局主管业务范围有关的行政复议和行政诉讼工作。

**第九条** 监察部行政复议机构在收到行政复议申请后，应主要审查下列事项：

（一）是否符合法定申请期限；

（二）是否符合《行政复议法》第十条规定；

（三）是否属于行政复议范围；

（四）是否已向人民法院提起行政诉讼；

（五）是否已向其他行政机关申请行政复议；

（六）是否符合监察部的受理权限；

（七）是否有明确的被申请人和具体行政行为；

（八）是否有具体的行政复议请求、事实根据和理由。

监察部行政复议机构应当在监察部收到行政复议申请之日起5日内，对行政复议申请进行审查。对符合行政复议条件的，自监察部行政复议机构收到行政复议申请之日起即为受理，行政复议人员应当填写立案登记表；对不符合《行政复议法》规定的行政复议申请，提出不予受理的意见，报经部领导批准后，依法制作和送达《监察部不予受理决定书》，告知申请人不予受理的理由；对符合《行政复议法》规定，但不属于监察部受理的行政复议申请，依法制作和送达《监察部行政复议告知书》，告知申请人向有关行政复议机关提出。

申请人口头申请行政复议的，负责接待的人员应当做好记录，并由申请人签字确认。

**第十条** 监察部其他工作机构收到行政复议申请的，应于当日向监察部行政复议机构报告，并根据监察部行政复议机构的要求立即转送该行政复议申请。

**第十一条** 行政复议原则上采取书面审查的办法。但有下列情形之一的，可以采取其他方式审查：

（一）主要事实不清，当事人双方争议较大的；

（二）当事人一方或双方要求到监察部当面说明问题或情况的；

（三）具有案情重大、影响面广以及书面审查不能查明案情的其他情况的。

**第十二条** 监察部行政复议机构应当在受理行政复议申请之日起7日内，依法制作《监察部提出答复通知书》，连同行政复议申请书副本或者行政复议申请笔录复印件一并发送被申请人。被申请人应当在收到行政复议申请书副本或者行政复议申请笔录复印件之日起10日内，向监察部行政复议机构提出书面答复，并提交当初作出具体行政行为的证据、依据和其他有关材料。

监察部是被申请人的，以监察部名义作出具体行政行为的有关司局应当在收到行政复议申请书副本或者行政复议申请笔录复印件之日起10日内，向监察部行政复议机构提出书面答复，并提交当初作出具体行政行为的证据、依据和其他有关材料。

具体行政行为是由监察部两个以上司局共同作出的，共同作出具体行政行为的司局应当协商一致后，按上款规定提出书面答复；协商不成的，由监察部部长指定其中一个司局，按上款规定提出书面答复。共同作出具体行政行为的司局应当按上款规定提交当初作出具体行政行为的证据、依据和其他有关材料。

申请人、第三人可以向监察部行政复议机构申请查阅被申请人提出的书面答复、当初作出具体行政行为的证据、依据和其他有关材料，但涉及国家秘密、商业秘密或者个人隐私的材料除外。

**第十三条** 被申请人的书面答复应载明下列内容：

（一）被申请人的名称、地址、邮政编码、电话，法定代表人的姓名、职务，委托代理人的姓名、职务、电话；

（二）答辩的理由；

（三）作出具体行政行为的事实依据及有关的证据材料；

（四）作出具体行政行为所依据的法律、法规、规章的具体条款；

（五）对行政复议请求的答复意见；

（六）作出答复的日期。

书面答复应当加盖被申请人的印章并由其法定代表人或负责人签名。

**第十四条** 申请人、第三人委托代理人代为参加行政复议的，应当向监察部行政复议机构提交由委托人签名或者盖章的委托书，委托书应当载明委托事项和具体权限。

申请人、第三人解除或者变更委托的，应当书面通知监察部行政复议机构。

**第十五条** 在行政复议过程中，被申请人不得自行或委托他人向申请人和其他有关组织或者个人收集证据。

监察部是被申请人的，以监察部名义作出具体行政行为的有关司局不得自行或委托他人向申请人和其他有关组织或者个人收集证据。

被申请人自行收集的证据不具有法律效力。

**第十六条** 具有《行政复议法》第二十一条规定的情形，行政复议期间需要停止执行具体行政行为的，由监察部行政复议机构提出意见，报经部领导批准后，制作《监察部停止执行通知书》，送达当事人。

**第十七条** 行政复议决定作出前，申请人要求撤回行政复议申请的，监察部行政复议机构经审查认为可以撤回的，报经部领导批准后，制作《监察部行政复议终止通知书》，送达当事人。

**第十八条** 申请人、被申请人、第三人认为行政复议人员与行政复议案件有利害关系或者其他关系可能影响公正审理行政复议案件的，有权申请行政复议人员回避。

行政复议人员认为自己与本案有利害关系或者其他关系的，应当申请回避。

行政复议人员的回避由行政复议机构负责人决定，行政复议机构负责人的回避由监察部部长决定。

**第十九条** 依据《行政复议法》第二十六条、第二十七条规定，监察部行政复议机构在审查具体行政行为所依据的有关规定的合法性时，应视情况作出以下处理：

（一）该规定是监察部或者下级行政监察机关制定的，应当商监察部法规司及其他有关单位，依法在30日内作出处理结论；

（二）该规定是其他行政机关制定的，应当在7日内制作《监察部规范性文件转送函》，将有关材料转送制定该规定的行政机关依法处理。

处理期间，中止对具体行政行为的审查，监察部行政复议机构依法制作《监察部行政复议中止通知书》，送达当事人。

中止对具体行政行为审查的时间，不计算在行政复议期间内。中止审查的原因消失后，应当及时恢复对具体行政行为的审查。

**第二十条** 监察部行政复议机构应当组成案件审理小组对行政复议案件进行审理。审理小组的成员，应当是三人以上的单数。对案情简单、法律关系明确的行政复议案件，可以由一人独任审理。对具体行政行为的审查应当包括以下内容：

（一）主要事实是否清楚，证据是否确实充分；

（二）适用法律、法规、规章和其他具有普遍约束力的规范性文件是否准确；

（三）作出具体行政行为是否符合法定程序；

（四）作出具体行政行为是否超越或滥用职权；

（五）具体行政行为是否明显不当；

（六）其他按规定需要审查的内容。

**第二十一条** 有下列情形之一的，监察部行政复议机构可以进行调查核实：

（一）申请人对案件主要事实有异议的；

（二）被申请人提供的证据相互矛盾的；

（三）申请人或者第三人提出新的证据，可能否定被申请人认定的案件主要事实的；

（四）可能引发行政诉讼的；

（五）其他需要调查核实的情形。

行政复议人员调查时，应制作调查笔录，经被调查人校阅后，由被调查人、调查人共同签名或者盖章。

在行政复议过程中收集和补充的证据，不能作为维持原具体行政行为的依据。

**第二十二条** 监察部行政复议机构在必要时可以委托下级监察机关或组织进行调查。

委托调查，必须提出明确的内容和要求，受委托的下级监察机关或组织可以主动补充调查，并按要求的期限完成调查；因故不能完成的，应当在要求的期限内向监察部行政复议机构说明情况。

**第二十三条** 监察部行政复议机构根据行政复议案件的审理情况，经集体研究后，向监察部部长提出作出下列行政复议决定的建议：

（一）具体行政行为认定事实清楚，证据确凿，适用依据正确，程序合法，内容适当的，予以维持；

（二）具体行政行为主要事实不清、证据不足的，适用法律依据错误或不当的，违反法定程序的，超越或者滥用职权的和明显不当的，建议撤销、变更或者确认该具体行政行为违法。撤销或者确认具体行政行为违法的，应责令被申请人在一定期限内重新作出具体行政行为；

（三）被申请人不按规定提出书面答复、提交当初作出具体行政行为的证据、依据和其他有关材料的，视为该具体行政行为没有证据、依据，撤销该具体行政行为。

**第二十四条** 申请人在申请行政复议时一并提出行政赔偿请求的，监察部对符合《中华人民共和国国家赔偿法》有关规定应当给予赔偿的，在决定撤销、变更具体行政行为或者确认具体行政行为违法时，应当同时决定被申请人依法给予赔偿。

**第二十五条** 根据监察部部长批示或者监察部部长办公会议决议，监察部行政复议机构制作《监察部行政复议决定书》，送达当事人。《监察部行政复议决定书》应当载明下列事项：

（一）申请人的姓名、职业、住址（法人或其他组织的名称、地址，法定代表人或者主要负责人的姓名、职务），申请人的代理人的姓名、职业、住址；

（二）被申请人名称、住址、法定代表人的姓名、职务，第三人的姓名、职业、住址（法人或其他组织的名称、地址，法定代表人或者主要负责人的姓名、职务）；

（三）申请人申请行政复议的主要请求和理由；

（四）被申请人具体行政行为所认定的事实、证据和法律依据及处理结论；

（五）监察部所认定的事实和证据，适用的法律依据；

（六）行政复议结论；

（七）不服行政复议决定向人民法院起诉的期限；

（八）作出行政复议决定的日期。

行政复议决定应当自受理行政复议申请之日起60日内作出。情况复杂不能在规定期限内作出行政复议决定需要延长法定期限的，应当经监察部领导批准，并告知申请人和被申请人；但延长期限最多不超过30日。经批准延长的，监察部行政复议机构应当制作《监察部决定延期通知书》，送达当事人。

**第二十六条**　监察部送达行政复议法律文书，可以直接送交受送达人，也可以委托下级监察机关或组织代为送达，或者邮寄送达。

**第二十七条**　行政复议决定一经送达，即发生法律效力。

申请人、第三人对监察部的行政复议决定不服的，可以依法向人民法院提起行政诉讼，也可以依法向国务院申请裁决。

**第二十八条**　被申请人无正当理由拖延履行行政复议决定的，由监察部行政复议机构提出处理意见，报经监察部领导批准后，制作《监察部责令履行通知书》，送达被申请人。

**第二十九条**　监察部是被申请人的，由以监察部名义作出具体行政行为的司局履行行政复议决定。

**第三十条**　有下列情形之一的，监察部应当依法参加行政诉讼：

（一）公民、法人或者其他组织因不服监察部具体行政行为提起行政诉讼且人民法院已受理的；

（二）公民、法人或者其他组织因不服监察部改变原具体行政行为的行政复议决定提起行政诉讼且人民法院已受理的；

（三）具有法律、法规规定的监察部应当参加行政诉讼的其他情况的。

**第三十一条**　监察部按下列程序进行行政应诉：

（一）确定应诉人员。根据本办法第七条的规定，经监察部行政复议机构或者有关司局推荐，由监察部部长决定委托出庭应诉的代理人。必要时，经监察部部长同意，也可委托律师担任诉讼代理人。

（二）办理委托手续。监察部行政复议机构根据监察部部长的决定，为诉讼代理人办理授权委托书。

（三）准备答辩状。对监察部有关司局以监察部名义作出的具体行政行为直接引起的行政诉讼，监察部有关司局应当在收到起诉状副本之日起5日内起草答辩状，连同作出具体行政行为的证据、依据和其他有关材料送交监察部行政复议机构。监察部行政复议机构对答辩状进行审核后，报监察部部长审定。

对监察部有关司局以监察部名义作出的具体行政行为经行政复议维持原具体行政行为而引起的行政诉讼，适用上款。

（四）对经监察部行政复议改变原具体行政行为而引起的行政诉讼，由监察部行政复议机构起草答辩状，并报监察部部长审定。

（五）监察部行政复议机构应当在收到起诉状副本之日起10日内向人民法院提交作出具体行政行为的证据、依据和其他有关材料，并提出答辩状。

**第三十二条** 公民、法人或者其他组织依法提出行政复议申请，下一级监察机关无正当理由不予受理的，监察部行政复议机构应当依法制作《监察部责令受理通知书》，责令其在法定期限内受理。

**第三十三条** 有下列情形之一的，监察部可以直接或者责成有关部门对直接负责的主管人员和其他直接责任人员给予批评，直至行政处分：

（一）拒绝履行行政复议决定的；

（二）逾期不提供答辩状及作出具体行政行为的证据、依据和其他有关材料的；

（三）不接受委托出庭应诉或者出庭应诉严重失职的。

**第三十四条** 行政复议人员失职、徇私舞弊的，依法由监察部对其批评教育或者给予行政处分；情节严重构成犯罪的，依法追究刑事责任。

**第三十五条** 监察部行政复议机构受理行政复议申请，不得向申请人收取任何费用。行政复议和行政应诉活动所需经费，应当列入监察部的行政经费，由本级财政予以保障。

**第三十六条** 监察部行政复议机构配备行政复议专用章、行政应诉专用章，在行政复议、行政应诉工作中，行政复议专用章、行政应诉专用章与监察部印章具有同等效力。

**第三十七条** 本办法由监察部负责解释。

**第三十八条** 本办法自颁布之日起施行。

# 监察机关处理不服行政处分申诉的办法

（1991年11月30日监察部令第2号发布　自发布之日起施行）

## 第一章　总　　则

**第一条** 为保证监察机关正确、及时地处理不服行政处分的申诉，维护国家法律、法规和政纪的严肃性，保障国家行政机关工作人员的合法权益，根据《中华人民共和国行政监察条例》的有关规定，制定本办法。

**第二条** 监察机关处理国家行政机关工作人员和国家行政机关任命的其他人员不服行政处分决定的申诉，适用本办法。

**第三条** 监察机关处理不服行政处分申诉坚持实事求是，有错必纠，不错不纠的原则。

**第四条** 监察机关处理不服行政处分申诉实行分级负责、归口办理和复审复核终结制。

**第五条** 向监察机关提出不服行政处分申诉的，申诉期间不停止原行政处分决定的执行。

## 第二章　申诉案件的管辖

**第六条** 监察部受理下列不服行政处分的申诉案件：

（一）不服监察部行政处分决定的；

（二）不服省、自治区、直辖市监察厅（局）和监察部派出监察机构行政处分复审决定的；

（三）不服国务院各部门行政处分决定的；

（四）不服省、自治区、直辖市人民政府行政处分决定的。

**第七条** 省、自治区、直辖市监察厅（局）受理下列不服行政处分的申诉案件：

（一）不服本厅（局）行政处分决定的；

（二）不服下一级监察机关和本厅（局）派出监察机构行政处分复审决定的；

（三）不服本级人民政府各部门行政处分决定的；

（四）不服自治州、设区的市、直辖市辖区（县）人民政府行政处分决定的。

**第八条** 自治州、设区的市的监察局受理下列不服行政处分的申诉案件：

（一）不服本局行政处分决定的；

（二）不服下一级监察机关和本局派出监察机构行政处分复审决定的；

（三）不服本级人民政府各部门行政处分决定的；

（四）不服县、自治县、不设区的市、市辖区人民政府行政处分决定的。

**第九条** 县、自治县、不设区的市、市辖区的监察局受理下列不服行政处分的申诉案件：

（一）不服本局行政处分决定的；

（二）不服本级人民政府各部门行政处分决定的；

（三）不服乡、民族乡、镇人民政府行政处分决定的。

**第十条** 监察机关受理由上级领导机关交办的不服行政处分的申诉案件和认为需要由本机关办理的其他不服行政处分的申诉案件。

**第十一条** 监察机关的派出监察机构受理下列不服行政处分的申诉案件：

（一）不服本派出监察机构行政处分决定的；

（二）不服与派驻部门有垂直领导关系的下级行政部门行政处分决定的；

（三）不服与派驻部门有垂直领导关系的下级行政部门的监察机

构的行政处分复审决定的。

**第十二条** 对不服行政处分的申诉案件的管辖有争议的，由涉及的监察机关协商确定，或者由它们共同的上一级监察机关指定。

## 第三章 申诉的提起和受理

**第十三条** 国家行政机关工作人员和国家行政机关任命的其他人员对监察机关行政处分决定不服的，可以在收到该决定次日起十五日内向作出决定的监察机关申请复审；对监察机关行政处分复审决定仍不服的，可以在收到复审决定次日起十五日内向作出复审决定的上一级监察机关申请复核。

监察部作出的复审决定为最终决定。

法律、法规另有规定的依照法律、法规的规定办理。

**第十四条** 提起不服行政处分的申诉应当符合下列条件：

（一）申诉应当由受到行政处分的国家行政机关工作人员和国家行政机关任命的其他人员提起；受处分人丧失行为能力或者死亡的，可以由其近亲属代为提起；

（二）有明确的作出行政处分决定的机关；

（三）有具体的申诉请求和事实根据；

（四）属于受理申诉的监察机关管辖；

（五）法律、法规规定的其他条件。

**第十五条** 申诉人向监察机关提出不服行政处分的申诉时，应当在规定期限内提交不服行政处分的申诉书，并附原行政处分决定书、复审决定书复制件。申诉书应当载明下列内容：

（一）申诉人的姓名、性别、年龄、职业、住址等；

（二）作出行政处分决定或者复审决定的机关名称；

（三）申诉的请求和理由；

（四）提出申诉的日期。

**第十六条** 申诉人不得借申诉歪曲事实，提供伪证或者诬陷他人，扰乱工作秩序、社会秩序，违者应当依法处理。

**第十七条** 监察机关应当自收到申诉书次日起十五日内，分别作出以下处理：

（一）申诉符合本办法规定的，应予受理，并告知申诉人；

（二）不属于本监察机关管辖的申诉案件，移送有权处理的监察机关或者其他有关机关、单位，并告知申诉人；

（三）申诉不符合本办法第十四条规定之一的，不予受理并告之理由；

（四）申诉书未载明本办法第十五条规定内容之一的，应当把申诉书发还申诉人，限期补正。

## 第四章 复审和复核

**第十八条** 不服行政处分的申诉案件，由监察机关处理申诉案件的专门机构负责办理；由审理部门负责办理的，应当指定原承办本案以外的人员办理。复审或者复核申诉案件，由二人承办；复审或者复核重要、复杂的申诉案件，由二人以上承办。

**第十九条** 对不服行政处分决定的复审申请，应当在受理后一个月内作出复审决定；对不服行政处分复审决定的复核申请，应当在受理后二个月内作出复核决定。逾期未能办结的，应当向本级监察机关负责人报告并说明理由；对上级监察机关交办的申诉案件逾期未能办结的，本级监察机关应当向上级监察机关申明原因。因特殊原因经本级监察机关负责人批准后，办案期限可延长二个月。

**第二十条** 复审或者复核申诉案件，必须调阅原案的全部材料，对原案进行全面审查，不受申诉内容的限制。

**第二十一条** 复审或者复核申诉案件，应当查清以下内容：

（一）事实是否清楚，证据是否确实充分；

（二）应当追究政纪责任的人员是否遗漏，申诉人是否代人受过；

（三）定性是否准确；

（四）行政处分是否恰当；

（五）是否符合规定的办案程序；

（六）其他需要查清的问题。

**第二十二条** 监察机关可以根据需要，采用下列形式复审或者复核申诉案件：

（一）对案卷材料进行书面审查；

（二）直接调查核实；

（三）与原办案部门共同调查核实。

采取上述（二）、（三）项形式的，必要时可以根据有关规定使用政纪案件调查的措施和手段。

**第二十三条** 承办人应当认真审阅申请复审或者复核的原案卷，并制作阅卷笔录。

阅卷后，认为有必要进行调查核实的，应当确定需要核查的主要问题，并拟制核查方案，报部门领导同意，按规定程序进行。

**第二十四条** 承办人对申诉案件复审或者复核后，应当提出意见，经部门讨论后，写出复审或者复核报告。复审或者复核报告的主要内容包括：

（一）原案处理的经过、原行政处分决定或者行政处分复审决定认定的事实和处理结论；

（二）申诉的请求理由；

（三）复审或者复核的情况和认定的事实、证据、定性以及适用的法律、法规和政策的规定等；

（四）复审或者复核意见。

**第二十五条** 经复审或者复核，认为原行政处分决定或者行政处分复审决定具备下列条件的，报经监察机关负责人审定，决定维持：

（一）事实清楚，证据确实充分；

（二）适用法律、法规、政策正确，定性准确；

（三）处分适当。

**第二十六条** 经复审或者复核，认为监察机关或者主管部门作出的原行政处分决定或者行政处分复审决定具有下列情形之一的，报经监察机关案件审理委员会讨论后，由监察机关负责人审定，决定撤销；认为下一级人民政府作出的行政处分决定具有下列情形之一的，报经监察机关案件审理委员会讨论后，由监察机关负责人审定，建议该人民政府予以撤销，或者由监察机关报经本级人民政府或者上一级监察机关同意直接予以撤销：

（一）违法违纪事实不存在的；

（二）认定事实不清，证据不足的；

（三）违反法定程序，影响案件公正处理的。

属于上述（二）、（三）项情形的，决定撤销后，由原决定机关重新审理。

**第二十七条** 经复审或者复核，认为监察机关或者主管部门作出的原行政处分决定或者行政处分复审决定具有下列情形之一的，报经监察机关案件审理委员会讨论后，由监察机关负责人审定，决定变更；认为下一级人民政府作出的行政处分决定具有下列情形之一的，报经监察机关案件审理委员会讨论后，由监察机关负责人审定，建议该人民政府予以变更，或者由监察机关报经本级人民政府或者上一级监察机关同意直接予以变更：

（一）适用法律、法规、政策不当，定性不准确的；

（二）处分明显不当的。

**第二十八条** 监察机关作出复审或者复核决定，应当制作复审或者复核决定书。复审或者复核决定书应当载明下列事项：

（一）申诉人的姓名、性别、年龄、单位、职务（职称）、住址；

（二）原作出行政处分决定或者复审决定的机关的名称；

（三）原作出行政处分决定或者复审决定所决定的事实、理由，适用的法律、法规和政策；

（四）申诉的主要请求和理由；

（五）监察机关复审或者复核后认定的事实、理由，适用的法律、法规和政策；

（六）复审或者复核结论；

（七）作出复审或者复核决定的年、月、日。

复审决定书还应载明不服复审决定向上一级监察机关申请复核的期限。

复审或者复核决定书加盖监察机关的印章。

**第二十九条** 复审或者复核决定书由监察机关直接送达申诉人和原作出行政处分决定或者复审决定的机关，也可以留置送达、邮寄送达，或者委托其他监察机关、主管部门代为送达。

**第三十条** 送达复审决定书和复核决定书，必须有送达回证，由受送达人在送达回证上记明收到日期、签名或者盖章。受送达人在送达回证上的签收日期为送达日期。邮寄送达，以挂号回执上注明的收件日期为送达日期。

## 第五章 附 则

**第三十一条** 监察机关处理不服其他监察决定的申诉也可适用本办法。法律、法规另有规定的除外。

**第三十二条** 本办法由监察部负责解释。

**第三十三条** 本办法自发布之日起施行。

图书在版编目（CIP）数据

纪检监察常用法律及党内法规汇编／中国法制出版社编著．—北京：中国法制出版社，2020.4

ISBN 978－7－5216－0994－3

Ⅰ.①纪… Ⅱ.①中… Ⅲ.①中国共产党－党的纪律－纪律检查－法规－汇编②中国共产党－党的纪律－监察－法规－汇编 Ⅳ.①D262.6②D922.119

中国版本图书馆 CIP 数据核字（2020）第 055650 号

责任编辑：程　思　李宏伟　　封面设计：蒋　怡

**纪检监察常用法律及党内法规汇编**

JIJIAN JIANCHA CHANGYONG FALÜ JI DANGNEI FAGUI HUIBIAN

经销/新华书店

印刷/三河市国英印务有限公司

开本/880 毫米×1230 毫米　32 开　　印张/22　字数/495 千

版次/2020 年 4 月第 1 版　　2020 年 4 月第 1 次印刷

中国法制出版社出版

书号 ISBN 978－7－5216－0994－3　　定价：78.00 元

北京西单横二条 2 号

邮政编码 100031　　传真：010－66031119

**网址：http：//www.zgfzs.com**　　**编辑部电话：010－66054900**

**市场营销部电话：010－66033393**　　**邮购部电话：010－66033288**

（如有印装质量问题，请与本社印务部联系调换。电话：010－66032926）